Frank Keuper / Kiumars Hamidian
Eric Verwaayen / Torsten Kalinowski
(Hrsg.)

transformIT

Optimale Geschäftsprozesse
durch eine transformierende IT

Bibliografische Information der Deutschen Nationalbibliothek
Die Deutsche Nationalbibliothek verzeichnet diese Publikation in der
Deutschen Nationalbibliografie; detaillierte bibliografische Daten sind im Internet über
<http://dnb.d-nb.de> abrufbar.

Prof. Dr. Frank Keuper ist Inhaber des Lehrstuhls für Betriebswirtschaftslehre, insbesondere Medien- und Konvergenzmanagement an der Steinbeis-Hochschule Berlin. Weiterhin ist er Akademischer Leiter und Geschäftsführer des Sales & Service Research Center, dessen Förderer die Telekom Shop Vertriebsgesellschaft mbH ist.
www.konvergenz-management.com

Kiumars Hamidian ist Partner bei der BearingPoint GmbH und SAP Solution Leader.

Eric Verwaayen ist Partner bei der BearingPoint GmbH im Bereich SAP Advisory.

Torsten Kalinowski ist im Bereich SAP Advisory der BearingPoint GmbH als Senior Manager tätig.

1. Auflage 2010

Alle Rechte vorbehalten
© Gabler | GWV Fachverlage GmbH, Wiesbaden 2010

Lektorat: Barbara Roscher | Jutta Hinrichsen

Gabler ist Teil der Fachverlagsgruppe Springer Science+Business Media.
www.gabler.de

Das Werk einschließlich aller seiner Teile ist urheberrechtlich geschützt. Jede Verwertung außerhalb der engen Grenzen des Urheberrechtsgesetzes ist ohne Zustimmung des Verlags unzulässig und strafbar. Das gilt insbesondere für Vervielfältigungen, Übersetzungen, Mikroverfilmungen und die Einspeicherung und Verarbeitung in elektronischen Systemen.

Die Wiedergabe von Gebrauchsnamen, Handelsnamen, Warenbezeichnungen usw. in diesem Werk berechtigt auch ohne besondere Kennzeichnung nicht zu der Annahme, dass solche Namen im Sinne der Warenzeichen- und Markenschutz-Gesetzgebung als frei zu betrachten wären und daher von jedermann benutzt werden dürften.

Umschlaggestaltung: KünkelLopka Medienentwicklung, Heidelberg
Druck und buchbinderische Verarbeitung: Ten Brink, Meppel
Gedruckt auf säurefreiem und chlorfrei gebleichtem Papier
Printed in the Netherlands

ISBN 978-3-8349-1378-4

Geleitwort

Die Anforderungen an einen CIO sind heute komplexer und vielseitiger denn je. Der Druck auf die Kosten steigt und dringend notwendige Investitionen müssen verschoben werden. Gleichzeitig wird von der IT eine zunehmende Flexibilität erwartet, um die Wettbewerbsfähigkeit und die Innovationsfähigkeit zu gewährleisten sowie den globalen Anforderungen an Compliance und Governance gerecht zu werden.

Die IT von heute muss sich mit den Anforderungen aus *Effizienz, Innovation* und *Effektivität* auseinandersetzen. Der CIO hat dafür Sorge zu tragen, dass die IT nicht als Cost Center wahrgenommen wird, dessen Effizienz sich rein an der Einsparung von IT-Kosten messen lässt. Vielmehr muss er sicherstellen, dass die IT ihre Rolle als Business Enabler – gerade unter den wirtschaftlich schwierigen Rahmenbedingungen – erfüllt. Es ist zwingend erforderlich, dass die IT mit innovativen Lösungen und Methoden ihren Beitrag zum Unternehmenserfolg leistet. So muss beispielsweise die Integration von Unternehmenszukäufen ebenso schnell und reibungslos vonstattengehen, wie die Bereitstellung von Services für innovative Kundenlösungen im Zeitalter des Web 2.0.

Die Dimensionen *Effizienz, Innovation* und *Effektivität* sind aus Gründen begrenzter Ressourcen voneinander abhängig. Um die optimale Ausrichtung der IT-Organisation zu erreichen, gilt es in Anbetracht der Ausrichtung des Gesamtunternehmens, die richtige Balance zwischen den Dimensionen zu ermitteln. Dabei muss diese Balance sich den Veränderungen der Märkte und im Unternehmen anpassen. Das geht nur, wenn die IT und das „Business" gemeinsam dafür verantwortlich sowie die Unternehmensgesamt- und die IT-Strategie über das entsprechende Alignment verzahnt sind.

Durch geeignete Methoden, Instrumente und Werkzeuge muss das Business-IT-Alignment von der strategischen Unternehmensführung bis hin zur Prozessebene durchgängig verstanden und umgesetzt werden.

Ich würde mich sehr freuen, wenn der vorliegende Sammelband Ihnen hierfür als Informationsquelle und Nachschlagewerk dient und Sie als Praktiker auf dem Weg zum Business-IT-Alignment unterstützt.

Frankfurt am Main

HANS-WERNER WURZEL
Partner, Leiter Commercial Services
BearingPoint GmbH

Vorwort

Oftmals sind es zunächst unbedeutend anmutende Ereignisse, die die Welt, wie wir sie kennen, grundlegend verändern. Im Mai 2003 tritt ein solches Ereignis ein. NICHOLAS G. CARR publiziert in der renommierten Harvard Business Review einen Beitrag mit dem provokanten Titel „IT Doesn't Matter"[1]. Hierin versucht CARR den Nachweis zu erbringen, dass Informationstechnologie (kurz IT) nicht mehr den wettbewerbsdifferenzierenden Charakter habe, der ihr bis dato immer wieder zugesprochen wurde. Vielmehr sei IT zur Commodity geworden, mit all den sich hieraus ergebenden Konsequenzen.

Wohl kaum ein anderer Artikel wurde seither in Wissenschaft und Praxis so intensiv und kontrovers diskutiert. An dieser Stelle kann und soll nicht beurteilt werden, inwieweit die Ausführungen von CARR richtig oder falsch sind. Gleichwohl hat die Auseinandersetzung mit den Argumenten von CARR dazu geführt, dass die Art und der Umfang der (Eigen-)Erstellung von IT-Leistungen durch die Unternehmen zunehmend kritisch hinterfragt werden. Zwei grundsätzliche Paradigmenwechsel haben Einzug gehalten, denen es in Zukunft Rechnung zu tragen gilt: Erstens muss sich die IT konsequent an den Bedürfnissen der Fachanwender orientieren und mit Augenmaß eine proaktivere Rolle im Sinne eines Business Enablers übernehmen. Die reine Kostenzentrierung ist Vergangenheit (Effizienzfokussierung). Durch den Wandel der Kundenwünsche im Sinne einer heterogen-hybriden Nachfragestruktur muss auch die IT zu deren Befriedigung und damit letztlich zur langfristigen Erhaltung des Unternehmensfortbestands (Effektivitätssteigerung) beitragen.

Mit dieser simultanen Effektivitäts-Effizienz-Ausrichtung der IT-Organisation von morgen geht ein weiteres Paradigma eng einher: Zweitens gibt es keine „einfachen Lösungen" mehr, um die Effektivität und Effizienz der IT-Organisation sicherzustellen. Das Heil der Zukunft liegt nicht zwangsläufig darin, IT-Leistungen komplett an Dritte abzugeben (Outsourcing) oder ständig neue verheißungsvolle technologische Konzepte auszuprobieren. Vielmehr muss eine sich an der unternehmerischen Vision ausrichtende und folgerichtig aus der Unternehmensgesamtstrategie abgeleitete IT-Funktionalstrategie formuliert und umgesetzt werden, die sich an den Bedürfnissen des Unternehmens orientiert und weniger kurzfristigen Trends folgt. Vielfach wird deshalb vom Business-IT-Alignment gesprochen, denn eine nach modernen, nachhaltig ausgerichteten Prinzipen aufgestellte IT-Organisation eröffnet durch ihren funktionsübergreifenden Charakter, die ihr innewohnenden Prozesszeit-, Kostenreduktions- und Qualitätsverbesserungspotenziale in steigendem Maße die strategischen Handlungsoptionen für Unternehmen.

Die zuvor beschriebenen Paradigmenwechsel bedeuten in der Konsequenz, dass IT auch unter Management-Gesichtspunkten zwangsläufig strategischer gehandhabt werden muss. Durch geeignete Methoden, Instrumente und Werkzeuge muss die IT aus der statischen in eine dynamische, die langfristige Überlebensfähigkeit des Unternehmens sichernde sowie die Wettbewerbsposition verbessernde IT-Funktion transformiert werden. Business und IT müssen – bildlich gesprochen – zum Janusgesicht des betrieblichen Erfolgs miteinander verwoben werden.

---

[1] CARR, N. G. (2003): IT Doesn't Matter, in: Harvard Business Review, 81. Jg. (2003), S. 41–49.

Die Unternehmen von morgen sind aufgefordert, IT-Organisationen aufzubauen bzw. fortzuentwickeln, die sich diesen Paradigmenwechseln zu stellen vermögen. Die Autoren von „transformIT – optimale Geschäftsprozesse durch eine transformierende IT" geben genau hierzu aus unterschiedlichen Perspektiven konkrete Anregungen und zeigen darüber hinaus die zukünftig relevanten Entwicklungen auf. Somit ist das Werk ein unentbehrlicher Begleiter für alle, denen Transformation der IT bzw. die Transformation von Unternehmen durch IT Herausforderung und Ansporn zu Höherem zugleich ist.

Entsprechend der notwendigen integrierten Betrachtung einer transformierenden IT sowie der intensiven Vernetzung von Wissenschaft und Praxis zu diesem Thema wurde für den Aufbau des Sammelbands die in Abbildung 1 dargestellte Struktur gewählt.

Teil 1:	transformIT – Strategische und technische Perspektive
Teil 2:	transformIT – Governance- und Controlling-Perspektive
Teil 3:	transformIT – Organisations- und Change-Management-Perspektive

Abbildung 1:   *Struktur des Sammelbands*

Der *erste Teil des Sammelbands* beleuchtet ausgewählte strategische und technische Perspektiven einer transformierenden IT. THOMAS SCHMIDT sieht in integrierten Informationssystemen die Lebensader von Unternehmen. Integrierte Informationssysteme müssen zur Umsetzung der Geschäftsstrategie beitragen, Geschäftsprozesse integrieren können und möglichst flexibel sein, wenn es darum geht, Geschäftsprozesse neu zu gestalten. Diesen Anforderungen widmet sich THOMAS SCHMIDT in seinem Beitrag und leitet als Ergebnis eine Architektur eines integrierten Informationssystems ab, durch die die explizierten Anforderungen erfüllt werden können.

An den Beitrag von THOMAS SCHMIDT knüpfen MATTHIAS MEHRTENS und IVONNE SERVAES an, die anhand eines konkreten Fallbeispiels für ein Unternehmen aus der Energiewirtschaft Schritt für Schritt darlegen, wie aus der Unternehmensgesamtstrategie eine IT-Funktionalstrategie abgeleitet werden kann. Die Autoren beleuchten damit eines der schwierigsten Themen des modernen IT-Managements: das Business-IT-Alignment. Ausgehend von der IT-Strategie zeigen MATTHIAS MEHRTENS und IVONNE SERVAES die Herleitung einer IT-Architektur und machen darüber hinaus deutlich, welche Architekturfragen in der IT zukünftig zu klären sein werden und welche technisch-organisatorischen Implikationen sich hieraus ergeben. Eines der aktuell intensiv diskutierten IT-Architekturkonzepte ist die Service-orientierte Architektur (SOA).

PETER UNKEL und WOLFGANG PURITZ diskutieren in ihrem Beitrag die Vorteile und Argumente für die Nutzung des SOA-Konzepts in Unternehmen der produzierenden Industrie. Besonderes Augenmerk verdienen die Ausführungen der Autoren zu den Umsetzungsperspektiven von SOA in der Praxis. PETER UNKEL und WOLFGANG PURITZ benennen bspw. erste erfolgversprechende Einsatzfelder für SOA, behandeln die Notwendigkeit veränderter Verantwortungsstrukturen beim Aufbau und bei der Nutzung einer Service-orientierten Architektur und beleuchten zudem den Zusammenhang zwischen SOA, EAM und dem IT-Bebauungsplan. Abgerundet wird dieser äußerst interessante und vor allem praxisrelevante Beitrag durch die Schilderung der von den Autoren gewonnenen Erfahrungen bei der Umsetzung eines SOA-Pilotprojekts sowie den Erwartungen, die sie mit der SOA im Unternehmen verbinden.

SANJAY DEWAL widmet sich in seinem Beitrag ebenfalls dem Thema Service-orientierte Architekturen und arbeitet in einem ersten Schritt auf der Grundlage eines Dimensionenmodells heraus, dass SOA weniger eine Technologie, sondern vielmehr eine Philosophie darstellt. Im nächsten Schritt stellt SANJAY DEWAL ein Maßnahmenpaket zur SOA-Einführung vor, benennt die „Do's and Don't" einer SOA-Einführung und legt ferner dar, wie Services als Basis von Service-orientierten Architekturen in Unternehmen überhaupt identifiziert werden können.

Ein wesentliches Element im Rahmen der Einführung von Service-orientierten Architekturen ist die Erstellung eines Business Case. MARTIN ASSMANN, MARKUS HAACK, NICO VOM HAGEN, HENDRIK SCHEIDER und ROGER ZACHARIAS stellen die Vorgehensweise und den Aufbau eines SOA Business Case vor und gehen auf ausgewählte Aspekte des Projektmanagements zur Umsetzung des Business Case ein. Ein zentrales Element des Beitrags ist die Kosten-Nutzen-Betrachtung von SOA, die den Business-Case-Ersteller in der Praxis immer wieder vor große Herausforderungen stellt. Die von den Autoren konzeptualisierte Systematik gibt hierfür wertvolle Hilfestellungen.

Der wirtschaftliche Erfolg von Unternehmen ist nach Ansicht von STEFAN HACK davon abhängig, inwieweit es Unternehmen gelingt, ihre Geschäftsprozesse flexibel an sich wandelnde Umfeldverhältnisse anzupassen. Das konsequente Management der Geschäftsprozesse und eine moderne Softwarearchitektur sind sowohl Basis als auch Erfolgsfaktor hierfür. Aus diesem Grund beschreibt STEFAN HACK auf der Grundlage von konkreten Kundenprojekten die Erfahrungen und Vorteile bei der Einführung serviceorientierter Lösungen. Wesentliches Augenmerk legt STEFAN HACK auf die Darstellung von Vorgehensweisen und Methoden eines stringenten Geschäftsprozessmanagements.

NICOLAS LÖWE diskutiert in seinem Beitrag User-Interface-Technologien, durch deren Einsatz Service-orientierte Architekturen noch genauer auf die Prozess- und Nutzeranforderungen ausgerichtet werden können. Hierzu betrachtet NICOLAS LÖWE User-Interface-Technologien zunächst aus einem strategischen Blickwinkel und erläutert deshalb die Ziele, die Einflussfaktoren und die Ergebnisse einer User-Interface-Strategie. Nachfolgend beschreibt der Autor, wie eine flexible User-Interface-Selektion auszugestalten ist, und fokussiert dann die User-Interface-Entwicklung im Zusammenhang mit Service-orientierten Architekturen. Der Beitrag wird durch eine Zusammenfassung der zentralen Aussagen und einen Ausblick auf die zukünftigen Entwicklungen und Herausforderungen abgerundet.

Im nächsten Beitrag widmet sich JÜRGEN TREFFERT SOA-Enterprise-Portalen als Integrations-Plattformen für Business Suites. Nach einer Klärung des Enterprise-Portal-Begriffs aus Unternehmens- und IT-Sicht geht JÜRGEN TREFFERT auf die Architekturvoraussetzungen an ein „business-suite-fähiges" Enterprise-Portal ein: Service-orientierte Architektur als Grundlage, Integrationsfähigkeit und Mission-Critical-Fähigkeit.

CARSTEN DORRHAUER thematisiert den Wandel in den Unternehmen zur „Digital Firm". Hieraus leitet der Autor konkreten Handlungsbedarf für das IT-Servicemanagement ab und diskutiert, ob und inwieweit die IT Infrastructure Library in der aktuellen Version – ITIL V3 – dazu geeignet ist, die Umwandlung zur „Digital Firm" zu unterstützen.

Enterprise-Resource-Planning-Systeme (ERP-Systeme) sind aus dem Unternehmensalltag kaum mehr wegzudenken. Auch ihr Einsatz muss sich zunehmend an der Steigerung des nachhaltigen Unternehmenserfolgs messen lassen. Während CARSTEN DORRHAUER in seinem Beitrag eindrucksvoll die Herausforderungen für die Unternehmen auf dem Weg zur „Digital Firm" beschreibt, nimmt KIUMARS HAMIDIAN eine andere Perspektive ein und zeigt auf, welche Auswirkungen die sich wandelnden Umfeldverhältnisse für die Kunden und Anbieter von ERP-Systemen haben. Darüber hinaus diskutiert KIUMARS HAMIDIAN, welche Anforderungen sich hieraus für die Unternehmensberatungen bei der Anpassung und Weiterentwicklung von ERP-Systemen an der Nahtstelle zwischen Kunden und Anbieter ergeben. Der Autor beschreibt hierfür sowohl die Umsetzungsdimensionen als auch die Umsetzungsszenarien und Vorgehensmodelle.

Eine der Kernaufgaben von Unternehmensberatungen ist es, aktuelle technologische Trends und Entwicklungen – hier spezifisch im IT-Umfeld – aufzugreifen und auf ihren Nutzwert für Unternehmen hin zu untersuchen. Ein solches Thema ist das Cloud Computing. LARSEN GÜNTHER erläutert deshalb zunächst die Entwicklung des Cloud Computing, unternimmt den Versuch einer Begriffsdefinition, arbeitet die Merkmale des Cloud Computing heraus und zeigt vor allem, was Cloud Computing nicht ist. Im nächsten Schritt beschreibt LARSEN GÜNTHER das gegenwärtige IT-Produktportfolio in Unternehmen und dessen Veränderung, um dann die Möglichkeiten zur Gestaltung bestimmter IT-Leistungen auf der Grundlage des Cloud-Gedankens auszuloten.

Wenn integrierte Informationssysteme die Lebensader für Unternehmen darstellen, dann sind Daten das Blut in dieser Lebensader. Der Beitrag von ERIC VERWAAYEN und BODO SCHOLLE fokussiert die Frage, wie das Thema Master Data Management (MDM) aus einem strategischen Blickwinkel zu betrachten und zu realisieren ist. Deshalb wird zunächst der Zusammenhang zwischen der normativ-strategischen Managementebene und MDM aufgezeigt. Danach erfolgt die Konzeptualisierung eines strategischen MDM-Ansatzes, und zwar auf der Ebene der IT-Funktionalstrategie. Besonderes Augenmerk liegt auf der Erweiterung des „klassischen" strategischen MDM-Ansatzes um eine lebenszyklusorientierte Betrachtung – Master Data Lifecycle Management.

SVEN FESSLER thematisiert das Zusammenspiel von SOA und Stammdaten-Managementsystemen (MDM-Systeme). Hierzu stellt er dar, welchen Anforderungen ein MDM-System genügen muss und warum es neben den Basisfunktionen, mit denen sich Stammdaten analysieren, korrigieren und konvertieren lassen, auch alle Grundanforderungen für seine Nutzung in einer SOA erfüllen sollte. Ferner geht SVEN FESSLER auf das Konzept von Informations-Services ein, und beleuchtet, wie dieses das Konzept von SOA erweitern könnte.

Der *zweite Teil des Sammelbands* widmet sich der Governance- und Controlling-Perspektive einer transformierenden IT. Wenn IT den Transformationsschritt vom Geschäftsunterstützer zum Business Enabler erfolgreich meistern will, dann müssen auch die IT-Steuerungsinstrumente implementiert und optimiert werden. Es muss eine Governance-Struktur geschaffen werden, die als Leitlinie für die IT-Organisation bei der Umsetzung des Transformationsprozesses dient. Der Beitrag von FRANK KEUPER, STEFAN RÖDER und CARL KORSUKÉWITZ orientiert sich an der Zielsetzung, die organisationstheoretische Perspektive von Governance-Entscheidungen theoretisch fundiert darzustellen. Hierzu gliedert sich der Artikel in drei zentrale Abschnitte. Der erste Abschnitt greift Governance-Formen auf. Ausgehend von der Dichotomie zwischen Markt und Hierarchie wird diese Sichtweise um die Möglichkeit hybrider Organisationsformen zwischen Markt und Hierarchie ergänzt, wobei strategische Kooperationen im Mittelpunkt der Betrachtung stehen. Im Anschluss daran geht der zweite Abschnitt auf die Determinanten ein, die den Governance-Entscheidungen zugrunde liegen. Die Ausarbeitung folgt dabei dem Vorschlag von LEIBLEIN, der die Bedeutung der folgenden Theorien zur Erklärung von Governance-Entscheidungen unterstreicht: Transaktionskostentheorie und Real Options Theory. Die Transaktionskostentheorie fokussiert dabei insbesondere auf die Kosten einer Transaktion, während die Real Options Theory die Flexibilität in den Mittelpunkt der Betrachtung rückt. Im letzten Abschnitt folgt eine kurze Zusammenfassung der beiden genannten Theorien im Rahmen von Governance-Entscheidungen, aus der mögliche Implikationen für die Managementforschung abgeleitet werden

CHRISTOPH STEENS, UWE WILHELM und SERKAN CALISKAN stellen zwar fest, dass die Einsicht der Notwendigkeit einer IT-Governance bei den Unternehmen vorhanden ist, aber eher als Ballast denn als Positivum empfunden wird. Aus diesem Grund entwickeln die Autoren in ihrem Beitrag einen praxisorientierten, ganzheitlichen Ansatz für den Aufbau einer effektivitäts- und effizienzorientierten IT-Governance.

Datenqualität ist nicht nur ein internes Thema. In der deutschen Finanzwirtschaft muss eine Vielzahl von Daten im Zuge des Meldewesens an externe Aufsichtsbehörden übermittelt werden. Nicht zuletzt die aktuelle Finanzkrise und die Diskussion um die Neugestaltung der internationalen Finanzmarktarchitektur werden die Anforderungen an das Meldewesen maßgeblich beeinflussen. Insofern ist es wichtig für die betroffenen Unternehmen, frühzeitig den Handlungsbedarf zu erkennen und mögliche Handlungsoptionen abzuwägen. ULRICH BECHT und SANJAY DEWAL beschreiben die Anforderungen an das künftige Meldewesen und entwickeln das Konzept einer Meldewesenfabrik. Die Autoren betrachten hierbei sowohl die infrastrukturelle als auch die applikatorische und die prozessuale Ebene. Darüber hinaus legen ULRICH BECHT und SANJAY DEWAL dar, wie eine Meldewesenfabrik zur Qualitätsverbesserung beitragen kann, und skizzieren abschließend den Weg zum Aufbau einer Meldewesenfabrik.

Der zweite Teil des Sammelbands wird durch ein Thema abgerundet, das im Zuge der Klimadebatte von hoher Brisanz ist: Green IT und hier vor allem Nachhaltigkeit der IT. Dieses Thema wurde von den IT-Controllern bisher sträflich vernachlässigt, obschon mittlerweile der Handlungsbedarf und der Nutzen erkannt wurden. ANDREAS GADATSCH widmet sich deshalb in seinem Beitrag dem Einfluss von Green IT auf das IT-Controlling. Nach einer Einführung in die verständnisrelevanten Begriffe IT-Controlling und Green IT diskutiert ANDREAS GADATSCH ausführlich die Ergebnisse einer von der *Hochschule Bonn-Rhein-Sieg* Anfang 2009 durchgeführten Expertenbefragung zum Stand von Green IT im deutschen Sprachraum. Ausgehend von den Ergebnissen dieser empirischen Befragung erweitert ANDREAS GADATSCH das IT-Controlling-Konzept um „Grüne Ziele" für das IT-Controlling. Der Autor benennt auf strategischer und operativer Ebene die jeweiligen Ziele, Maßnahmen und Werkzeuge zur Umsetzung von Green IT. Damit leistet ANDREAS GADATSCH einen signifikanten Beitrag zur nachhaltigen Transformation der IT selbst sowie zur Unternehmenstransformation durch IT.

Im *dritten Teil des Sammelbands* wird die transformierende IT aus einer Organisations- und Change-Management-Perspektive heraus betrachtet. Einleitend stellt THOMAS PIETSCH den Chief Information Officer (CIO) ins Zentrum seiner Betrachtungen. Diese Funktionsbezeichnung findet in großen und mittelständischen Unternehmen zwar zunehmend Verbreitung, ihre Bedeutung ist aber noch weitgehend unklar. Dieses Dilemma greift THOMAS PIETSCH auf. Im ersten Schritt erläutert der Autor die historische Entstehung des CIO-Begriffs, die Anforderungen, die an einen CIO gestellt werden, und skizziert den Status und das Rollenverhalten von CIOs in der Realität. Im nächsten Schritt untersucht THOMAS PIETSCH die möglichen

Gründe für eine Abweichung zwischen Ideal und Wirklichkeit und stellt abschließend dar, wie die Zukunft des CIO ausgestaltet werden sollte.

Eine der zentralen Fragestellungen, denen sich ein CIO 2.0 heute und in der Zukunft widmen muss, ist die nach der optimalen Leistungstiefe der eigenen IT-Organisation. STEFAN PECHARDSCHECK widmet sich in seinem Beitrag dem Outsourcing und betrachtet hier insbesondere ausgewählte Auslagerungsbereiche im *SAP*-Umfeld. Der Autor beschreibt die Herausforderungen in Bezug auf die Kostentransparenz und die Preisgestaltung von *SAP*-Services und entwirft mögliche Lösungen hierfür. Ferner gibt STEFAN PECHARDSCHECK konkrete Hilfestellungen zur Gestaltung von Service Level Agreements und beleuchtet, wie die Forderung nach einem verstärkten Business-IT-Alignment in Outsourcing-Projekten zu erfüllen ist.

Das Business-IT-Alignment steht auch im Mittelpunkt des Beitrags von TORSTEN KALINOWSKI, der darauf abzielt, die zur Verfügung stehenden Ansätze aufzuzeigen, um sich in Richtung dieses Ziels zu entwickeln. Zu Beginn untersucht TORSTEN KALINOWSKI, warum die Umsetzung von neuen Geschäftsmodellen der zentrale Treiber für die Transformation der IT ist und warum neue Geschäftsmodelle erforderlich sind für den Erhalt der Wettbewerbsfähigkeit von Unternehmen. Diese These wird durch wissenschaftliche Erkenntnisse untermauert und dadurch erklärt, welche Einflüsse auf die Umsetzung von Geschäftsmodellen wirken. Aufbauend auf den Anforderungen des Business an die IT legt der Autor dar, welche technischen Lösungen auf den Markt gebracht worden sind, die zu genau der geforderten Flexibilisierung der IT führen sollen. Im Folgenden werden Ansätze geschildert, die ein erfolgreiches Business-IT-Alignment ermöglichen sollen. Dabei werden die Anforderungen an den Wandel von vorhandenen Unternehmensstrukturen und Denkweisen diskutiert und Möglichkeiten für ein erfolgreiches Change Management skizziert. Abschließend fasst TORSTEN KALINOWSKI die Erfolgsfaktoren nochmals im Fazit zusammen und wagt einen vorsichtigen Ausblick in die Zukunft.

Das globalisierte IT-Geschäft erfordert auch andere Formen des Lernens. SUSANNE MÖRL, HANS-JÜRGEN STENGER und THOMAS WESTERHOFF diskutieren deshalb zunächst die Anforderungen an ein globales industrialisiertes IT-Geschäft und gehen dann auf die die Unterschiede von Wissen und Lernen in einer industriellen, tayloristischen Arbeitsorganisation und einer handwerklichen Arbeitsorganisation ein. Nachfolgend geben die Autoren Einblick in die Möglichkeiten von Social Software zur Unterstützung nachhaltigen Lernens im globalen IT-Umfeld. Mit Methods 2.0 zeigen SUSANNE MÖRL, HANS-JÜRGEN STENGER und THOMAS WESTERHOFF auf der Grundlage eines konstruktivistischen Lernansatzes, wie träges Wissen in globalisierten IT-Organisationen nutzbar gemacht werden kann, wie Methods 2.0 mit Konzepten des Enterprise 2.0 umgesetzt werden kann und welche Erfolgsfaktoren zu beachten sind.

Eine der Formen konstruktivistischen Lernens ist z. B. das Wiki, welches wiederum zu den Web-2.0-Anwendungen zählt. In Theorie und Praxis wird vermehrt gefordert, Web-2.0-Anwendungen auch für Unternehmen zu nutzen. Eines der zentralen Probleme hierbei ist jedoch die Herstellung von Vertrauen und kooperativem Verhalten. Sogenannte Reputationssysteme haben in diesem Zusammenhang große Beachtung gefunden. Der Beitrag von IVO REITZENSTEIN und RALF PETERS erläutert die duale Funktionsweise von Reputationssystemen und zeigt deren Einsatzmöglichkeiten im Enterprise 2.0 auf. Vor dem Hintergrund der jeweiligen Anwendungsdomäne sind unterschiedliche Anforderungen zu erfüllen, die im Rahmen eines funktionalen Architekturschemas diskutiert werden. Des Weiteren enthält der Beitrag verschiedene Probleme und Lösungsansätze aus dem und für den praktischen Einsatz von Reputationssystemen.

Der Sammelband findet seinen Abschluss in einem zunehmend bedeutsamer werdenden Thema: Krisenkommunikation und Intervention bei Gerüchten im Internet. Die neuen technischen Möglichkeiten erlauben es Dritten, auf relativ einfache Art einem Unternehmen zu schaden, bspw. durch die Verbreitung von Gerüchten im Internet. Für diese neue Bedrohung müssen Unternehmen gewappnet sein. Der Beitrag von *ANDREAS F. FRÄDRICH* und *MARCELL VOLLMER* beinhaltet deshalb konkrete Strategien der Krisenkommunikation und -intervention.

Dank gebührt in erster Linie den Autorinnen und Autoren, die trotz des engen Zeitplans und des äußerst komplexen Themas qualitativ äußerst hochwertige Beiträge für diesen Sammelband verfasst haben.

Die Projektdurchlaufzeit vom Projektstart im Januar 2009 bis zur Abgabe des druckfähigen Skripts an den *Gabler-Verlag* im Oktober 2009 konnte nur durch eine Vielzahl engagierter Helfer eingehalten werden. Auch diesen sei an dieser Stelle gedankt.

Besonderen Dank schulden die Herausgeber darüber hinaus auch Frau *BARBARA ROSCHER* und Frau *JUTTA HINRICHSEN* vom *Gabler-Verlag* für die hervorragende Zusammenarbeit bei der Publikation dieses Sammelbands.

Hamburg und Düsseldorf

PROF. DR. FRANK KEUPER, KIUMARS HAMIDIAN, ERIC VERWAAYEN
und *TORSTEN KALINOWSKI*

Call for Papers

Im April 2010 erscheint die erste Ausgabe von

„Business + Innovation – Steinbeis Executive Magazin (B+I)".

Als unabhängige, betriebswirtschaftliche Fachzeitschrift mit dem Fokus der transferorientierten Forschung widmen sich Autoren aus Theorie und Praxis vier Mal jährlich auf mehr als 60 hochwertig gestalteten Seiten praxisrelevanten Themen aus den Bereichen

- Strategie (Strategisches Management, Organisations-Management, Business Modelling),
- Innovation (Innovations- und Wissensmanagement, Technologie- sowie IuK-Management),
- Global View (v. a. branchenübergreifende Trends und aktuelle Marktentwicklungen).

Interviews, interdisziplinäre Fallstudien und ein Meinungsspiegel runden die genannten Rubriken zusätzlich ab. Der Leser erhält kurz und prägnant die erfolgsrelevanten Informationen, um mit den sich wandelnden Management-Herausforderungen permanent Schritt halten zu können.

Als Schmelztiegel zwischen Theorie und Praxis richtet sich B+I an

- Entscheidungsträger aus großen und mittleren Unternehmen aller Branchen,
- Fach- und Führungskräfte aus den Bereichen strategische Unternehmens- und Organisationsentwicklung sowie
- Universitätsprofessoren, Hochschuldozenten und Studenten betriebswirtschaftlicher Studiengänge.

Die Qualität der eingereichten Beiträge wird durch das Double-blind-review-Verfahren gesichert. Diese Aufgabe nimmt das fachlich exzellent besetzte Editorial-Board, dem namhafte Experten aus Wirtschaft und Wissenschaft angehören, wahr.

Interessierte Autoren aus Wissenschaft und Praxis sind gleichermaßen herzlich zur Einreichung von Beiträgen zu den oben genannten Themenbereichen aufgefordert. Weiterführende Informationen erhalten Sie unter der unten angegebenen Kontaktadresse:

Kontakt zum Herausgeber:

Prof. Dr. rer. pol. habil. Frank Keuper | Mollerstraße 12 | 20148 Hamburg | +49 (0)40 41 33 086 0 | dr.keuper@t-online.de | www.konvergenz-management.com

Inhaltsverzeichnis

Erster Teil

transformIT – Strategische und technische Perspektive 1

Unternehmenstransformation mit Integrierten Informationssystemen – quo vadis? 3
THOMAS SCHMIDT
(Fachhochschule Flensburg)

IT-Strategie und -Architektur für die Energiewirtschaft 23
MATTHIAS MEHRTENS und IVONNE SERVAES
(Informationsservice der Stadtwerke Düsseldorf AG)

Erwartungen an eine Service-orientierte Architektur in der Praxis eines Unternehmens der Energieerzeugung 51
PETER UNKEL und WOLFGANG PURITZ
(RWE Power Aktiengesellschaft)

Make SOA Work – Eine Frage des Gleichgewichts 77
SANJAY DEWAL
(BearingPoint GmbH)

SOA Business Case 97
MARTIN ASSMANN, MARKUS HAACK, NICO VOM HAGEN, HENDRIK SCHEIDER und ROGER ZACHARIAS

Geschäftsprozessmanagement und Service-orientierte Architekturen (SOA) – Erfahrungen beim Aufbau von Geschäftsprozessplattformen – Projektbeispiele und Vorgehen 127
STEFAN HACK
(SAP Deutschland AG)

User-Interface-Flexibilisierung mit Hilfe
Service-orientierter Architekturen 157
NICOLAS LÖWE

(BearingPoint GmbH)

SOA-Enterprise-Portale –
Integrations-Plattformen für eine Business Suite 179
JÜRGEN TREFFERT

*(Duale Hochschule Baden Württemberg Lörrach
und STZ-ManagementCockpit)*

ITIL V3 – IT-Servicemanagement für die „Digital Firm"? 201
CARSTEN DORRHAUER

(Fachhochschule Ludwigshafen am Rhein)

BusinessIT-Transformation –
Neue Ansätze der Umsetzung im SAP-Umfeld 217
KIUMARS HAMIDIAN

(BearingPoint GmbH)

Vom Cloud Computing zum flexiblen IT-Produktportfolio –
Fortführung des Cloud-Gedankens zu einer standardisierten
Ausgestaltung betrieblicher IT-Leistungen 233
LARSEN GÜNTHER

(BearingPoint GmbH)

Stammdaten-Management – Strategische Bedeutung
von Unternehmens-Stammdaten 253
ERIC VERWAAYEN und BODO SCHOLLE

(BearingPoint GmbH)

Master Data Management und Service-orientierte Architekturen –
eine symbiotische Beziehung. 277
SVEN FESSLER

(IBM Deutschland GmbH)

Zweiter Teil

transform IT – Governance- und Controlling-Perspektive — **293**

Die organisationstheoretische Perspektive von
Governance-Entscheidungen im Spannungsfeld
zwischen Markt und Hierarchie — 295
FRANK KEUPER, STEFAN RÖDER und CARL KORSUKÉWITZ
(Steinbeis-Hochschule Berlin)

IT-Governance – Weg vom administrativen Ballast
hin zu einer business-orientierten Governance — 317
CHRISTOPH STEENS, UWE WILHELM und SERKAN CALISKAN
(BearingPoint GmbH)

Meldewesenfabrik – die flexible BPM-Lösung
in einem heterogenen Anforderungskontext — 337
ULRICH BECHT und SANJAY DEWAL
(BearingPoint GmbH)

Auswirkungen von Green IT auf das IT-Controlling — 357
ANDREAS GADATSCH
(Hochschule Bonn-Rhein-Sieg)

Dritter Teil

transformIT – Organisations- und Change-Management-Perspektive — **375**

Der CIO 2.0 – Schlüsselfigur für das Enterprise 2.0 — 377
THOMAS PIETSCH
(HTW Berlin)

SAP-Outsourcing – Der Weg zum effektiven Betrieb
von SAP-Applikationen   399
STEFAN PECHARDSCHECK
(BearingPoint GmbH)

Business Transformation Process –
Die Auswirkungen einer transformierenden IT auf
vorhandene Unternehmensstrukturen und Denkweisen   421
TORSTEN KALINOWSKI
(BearingPoint GmbH)

Nachhaltiges Lernen im globalisierten IT-Geschäft:
Konzepte, Realisierung und Erfahrungen mit Methods 2.0   443
SUSANNE MÖRL, HANS-JÜRGEN STENGER und THOMAS WESTERHOFF
(Siemens AG, IT-Solutions and Services)

Reputationssysteme für das Enterprise 2.0   459
IVO REITZENSTEIN und RALF PETERS
(Martin-Luther-Universität Halle-Wittenberg)

Krisenkommunikation und Intervention
bei bedrohlichen Gerüchten im Internet   473
ANDREAS FRÄDRICH und MARCELL VOLLMER
*(mediXtra – Agentur für Krisenkommunikation
und Unternehmensberater)*

Autorenverzeichnis   **509**

Stichwortverzeichnis   **517**

Erster Teil:

transformIT – Strategische und technische Perspektive

Unternehmenstransformation mit Integrierten Informationssystemen – quo vadis?

THOMAS SCHMIDT

Fachhochschule Flensburg

1 Einleitung 5
2 Unterstützung der Geschäftsstrategie 5
    2.1 Organisation ist wichtiger als Technologie 6
    2.2 Informationstechnologie intelligent einsetzen 7
    2.3 Qualität geht vor Quantität 8
    2.4 Nicht nur Kosten senken, sondern Nutzen steigern 9
    2.5 Trends nicht nachlaufen und gezielt desinvestieren 10
3 Integration der Geschäftsprozesse 11
    3.1 Anforderungen an die Integration nehmen zu 11
    3.2 Integration kann unterschiedlich realisiert werden 14
4 Flexibilität zur Umsetzung neuer Organisationsmodelle 15
    4.1 Organisationen müssen flexibler agieren 15
    4.2 Systemarchitekturen orientieren sich an Netzwerken 17
5 Zukünftige Architektur Integrierter Informationssysteme 17
    5.1 Unterstützung der Anforderungen durch aktuelle Architekturen 17
    5.2 Service-orientierte Architekturen als Lösungsansatz!? 18
6 Fazit 20
Quellenverzeichnis 20

1 Einleitung

Die Frage, welchen Beitrag die Investitionen in integrierte Informationssysteme zur Wertschöpfung in Unternehmen beitragen ist nach wie vor eine kontrovers diskutierte Frage. Dabei steht im Mittelpunkt der Diskussion nicht mehr die Frage, ob der Einsatz von integrierten Informationssystemen einen Beitrag zur Verbesserung der Wertkette liefert, sondern vielmehr, wie Systeme gestaltet sein müssen, um Effizienz und Effektivität der Organisation zu steigern. Diese Frage ist von erheblicher Bedeutung für die Unternehmensführung in der Praxis.

Unstrittig ist, dass integrierte Informationssysteme lebensnotwendig für ein Unternehmen sind. Bereits der kurzfristige Ausfall des Systems kann das Unternehmen in seiner Überlebensfähigkeit bedrohen. Aber auch langfristig ist die gute Gestaltung des Systems von immenser Bedeutung, da die Adaption des Unternehmens an neue Umweltbedingungen von den Informationssystemen geeignet unterstützt werden müssen. Ein System, das zum Erfolg des Unternehmens beiträgt, muss somit

➢ die Geschäftsstrategie unterstützen,

➢ die Geschäftsprozesse integrieren und

➢ flexibel bei der Neugestaltung von Geschäftsprozessen sein.

Welche Bedeutung diese einzelnen Faktoren haben, soll in diesem Text näher erläutert werden. Als Ergebnis wird vorgestellt, wie eine Architektur eines integrierten Informationssystems aussehen muss, das diese Faktoren berücksichtigt.

2 Unterstützung der Geschäftsstrategie

Soll eine Unternehmenstransformation mit integrierten Informationssystemen erfolgreich sein, sind nicht nur technologische Fragen zu betrachten, sondern Strategie, Organisation und Informationstechnologie zu verknüpfen. Insbesondere Informatikstrategie und Geschäftsstrategie sind zu verzahnen und spielen für den Unternehmenserfolg eine zentrale Rolle.

Obwohl dies eigentlich inzwischen eine Binsenweisheit darstellen sollte, sieht die Praxis anders aus. Zwar zeigen neuere Untersuchungen, dass über die Hälfte der Unternehmen mehrjährige Informatikpläne erstellen und Geschäftsinnovationen verstärkt durch Informationstechnologien unterstützt werden. Allerdings sind immer noch zwei Drittel der Geschäftsverantwortlichen der Meinung, dass eine engere Integration von Geschäfts- und Informatikstrategie mehr Geschäftsinnovationen ermöglichen würde.[1]

---

[1] Vgl. *MCKINSEY* (2008).

Es besteht immer noch eine starke Diskrepanz zwischen dem Leistungsvermögen der Informationssysteme und den bestehenden Prioritäten der Geschäftseinheiten. Informationsmanager und Geschäftsführer erwarten, dass Informationstechnologie dazu beiträgt, neue Produkte, Services und Geschäftsfelder zu erschließen sowie Prozesse effektiver und effizienter zu gestalten. Informationstechnologie sollte nicht nur das bestehende Geschäft abdecken, sondern muss neue Fähigkeiten erschließen.

Da offensichtlich noch immer die Geschäftsstrategie mit der Informatikstrategie nicht ausreichend verzahnt ist, soll ein kurzer Abriss über wesentliche Untersuchungen zum Zusammenspiel zwischen Informatikstrategie und Geschäftsstrategie einen Einblick in den Wirkungszusammenhang geben.

2.1 Organisation ist wichtiger als Technologie

Mitte der 1980er Jahre haben die weltweiten japanischen Absatzerfolge die amerikanische Automobilindustrie dazu bewegt, nach den Ursachen der eigenen Verluste an Marktanteilen zu suchen. Vom *Massachusetts Institute of Technology* wurde ein Forschungsprogramm koordiniert, das in der Zeit von 1985 bis 1989 über 90 Montagewerke in 17 Ländern untersuchte. Die Ergebnisse dieser Studie zeigten systematisch, dass zwischen europäischen und amerikanischen Herstellern einerseits und den japanischen Herstellern andererseits gravierende Unterschiede hinsichtlich Produktivität und Qualität bestanden. Diese Unterschiede ließen sich allerdings nicht auf kulturelle oder technologische Faktoren, sondern auf die überlegene Organisation zurückführen.[2]

Kulturelle Unterschiede konnten ausgeschlossen werden, da Werke japanischer Unternehmen in Amerika annähernd so produktiv wie Unternehmen in Japan waren, aber wesentlich produktiver als amerikanische Unternehmen. Offensichtlich war die kulturelle Herkunft der Mitarbeiter weniger wichtig als die Form der Unternehmensorganisation.

Technologische Gründe waren ebenfalls untergeordnet, da keine wesentliche Korrelation zwischen Produktivität und Automatisierungsgrad in der Fertigung und Administration gefunden werden konnte. Eingang in die allgemeine Diskussion fand deshalb der Begriff der Lean Production (etwa „Schlanke Fertigung"). Es zeigte sich, dass sich die schlanke Organisation nicht ausschließlich auf den Produktionsbereich beschränkte, sondern auch Funktionen wie Beschaffung, Vertrieb, Produktentwicklung und Personalmanagement einbezog. Deshalb wurde von Lean Management als integrativem Organisationskonzept gesprochen. Technologie im Allgemeinen, spezieller die Informationstechnologie und Informationssysteme haben sich der Organisation unterzuordnen und tragen nur zum Unternehmenserfolg bei, wenn sie gut gestaltete Unternehmensprozesse unterstützen.

---

[2] Vgl. WOMACK/JONES/ROOS (1989).

2.2 Informationstechnologie intelligent einsetzen

Ausgelöst durch die Kontroverse über das Produktivitätsparadoxon des IT-Einsatzes, wonach angeblich zwischen Aufwandshöhe für und Nutzen von Informationstechnologie im Unternehmen keine eindeutige Beziehung besteht, gab es in den 1990er Jahren mehrere interessante Untersuchungen über die Frage nach dem richtigen Einsatz von Informationstechnologie. In einem Projekt „Nutzen der Informationstechnologie in der produzierenden Industrie" zwischen der *TU Darmstadt* und *McKinsey* wurden 1996/97 weltweit 70 Fertigungsunternehmen befragt und über Fragebögen und Interviews jeweils 3.500 Einzeldaten erhoben.[3]

Wesentliches Ergebnis dieser Studie war, dass die Effektivität des IT-Einsatzes für den Unternehmenserfolg wichtiger ist als die Effizienz. Effektivität bedeutet, was durch Informationstechnologie unterstützt wird. Effizienz ist dagegen, wie die Unterstützung geschieht.

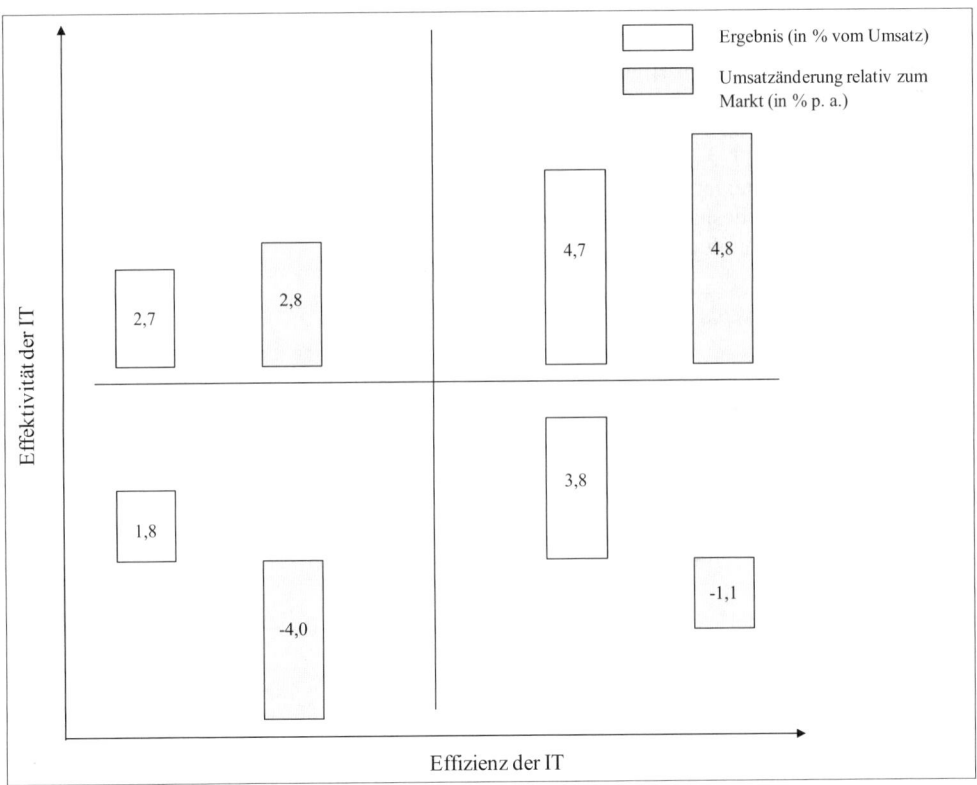

Abbildung 1:   Zusammenhang zwischen IT-Effektivität, IT-Effizienz und Unternehmenserfolg[4]

In Unternehmen mit guter IT-Unterstützung bei niedrigen IT-Kosten und guter Termineinhaltung beschäftigten sich Top-Manager intensiv mit IT-Fragen. Die Kernprozesse wurden mit dem IT-Einsatz abgestimmt und zuerst die Prozesse verbessert und erst danach neue IT-Systeme eingeführt. Es wurden klare Ziele zum IT-Einsatz verfolgt (siehe Abbildung 1).

---

[3] Vgl. KEMPIS (1993).
[4] Nach KEMPIS (1993), S. 36.

Unternehmen mit schlechter IT-Funktionalität bei gleichzeitig hohen Kosten verfolgten vage Ziele und verfügten nur selten über eine mittelfristige IT-Projektplanung mit Abstimmung auf die Unternehmensstrategie.

Interessant war weiterhin, dass Unternehmen mit guter Informationstechnologie ihre Anwender intensiver in Entwicklung und Betrieb einbanden und den Anwendern klare Preis- und Leistungsangebote bei definierten Service-Levels auf der Grundlage eines IT-Kosten- und Leistungscontrollings machten. Sie nutzten Outsourcing weniger zur Kostenreduzierung, sondern erzielten höhere Service-Qualität und verbesserten den Zugang zu neuen Technologien und Know-how.

2.3 Qualität geht vor Quantität

Es scheint offensichtlich zu sein, dass Investitionen in die Infrastruktur sinnvoll sind. Eine direkte Beziehung zwischen Höhe der Ausgaben in Informationstechnologie und der Produktivitätssteigerung ist jedoch nicht per se gegeben. Mitte der 1990er Jahre untersuchte STRASSMANN die Bilanzen der 66 größten US-Unternehmen und stellte dabei fest, dass Unternehmen mit hohen IT-Ausgaben nicht notwendigerweise erfolgreicher im Geschäft sind. Viele Unternehmen neigen dazu, beinahe unkontrolliert in neue Technologien zu investieren. STRASSMANN forderte deshalb eine klare Geschäftsorientierung von IT-Investitionen, um nicht Technologie der Technologie willen zu kaufen.[5]

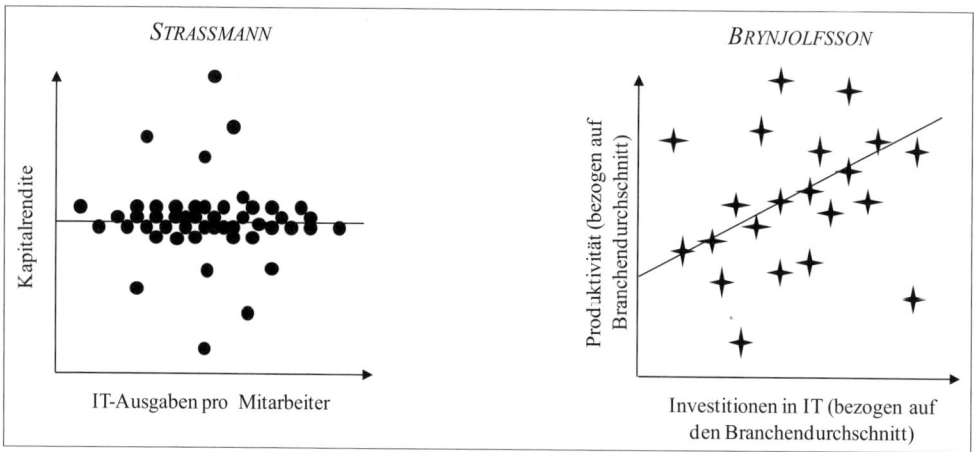

Abbildung 2: Branchenübergreifender und branchenspezifischer Zusammenhang zwischen IT-Ausgaben und Rendite/Produktivität (Prinzipskizze nach STRASSMANN und BRYNJOLFSSON)

---

[5] Vgl. STRASSMANN, (1997).

Konkret bedeutet dies, dass eine Informatikstrategie nicht ohne Berücksichtigung der Geschäftsstrategie entwickelt werden kann und umgekehrt die Erarbeitung einer Geschäftsstrategie heute in vielen Branchen ohne die Miteinbeziehung der Informatikstrategie nicht mehr möglich ist.

BRYNJOLFSSON und *HITT* brachten einen anderen methodologischen Ansatz zur Messung von computerinduzierter Produktivität in die Diskussion. Sie analysierten die Produktivitätsgewinne spezifisch nach Branchen.[6] Nach ihren Untersuchungen gab es einen Teil Investitionen in Informationstechnologie, der zu keinerlei Wettbewerbsvorteilen führte, da diese Investitionen branchenspezifisch von allen Unternehmen der Branche getätigt wurden. Es gab aber innerhalb einer Branche einen nachweisbaren Anteil an Investitionen, der zu Vorteilen gegenüber den Wettbewerbern führte.[7] Insofern ist es wichtig, die spezifische Branchensituation zu betrachten, um zu einen vernünftigen Gleichgewicht an Ausgaben und Nutzen durch Informationstechnologie zu kommen.

2.4 Nicht nur Kosten senken, sondern Nutzen steigern

Das Internet scheint einen positiven Effekt auf die Produktivität zu haben. Untersuchungen des *McKinsey Global Institutes* zeigten aber, dass die Wurzeln für diese Produktivitätssteigerung nicht in der Technologie des Internets lagen. Es gab eine Reihe von Branchen, die zwar intensiv in Informationstechnologie investiert hatten, aber dennoch die Produktivität nicht steigern konnten, während es im wesentlichen nur sechs Branchen gab, die durch besseren IT-Einsatz höhere Produktivität erzielen konnten.[8]

Diese Verbesserung entstand aus der Intensivierung des Wettbewerbs und der daraus resultierenden Flut von Innovationen im Management. Unternehmen, die Informationssysteme bündelten um Kernkompetenzen zu unterstützen und neue Geschäftsmodelle zu entwickeln, waren erfolgreich. So konnte die Bankbranche im Filialgeschäft die Produktivität nicht steigern, weil Internettechnologie wie beispielsweise Homebanking nur zur Kostensenkung eingesetzt wurde. In der Handelsbranche wurden dagegen völlig neue Geschäfts- und Organisationsmodelle entwickelt und damit konnte durch Informationstechnologie der Nutzen gesteigert werden. So entwickelte die Supermarktkette *Walmart* neue Organisationsformen wie beispielsweise das Cross Docking. Informationssysteme der Warenwirtschaft, Sendungsverfolgung und Lagermanagement wurden gekoppelt und darauf aufbauend eine neue Organisation entwickelt (siehe Abbildung 3). Dies führte zu einem nachhaltigem Wettbewerbsvorsprung, da eine solche Verknüpfung von Informationssystemen und Organisationsmodellen wesentlich schwerer als eine isolierte Initiative zu kopieren war.

Die Rolle der Informationstechnologie ist somit viel komplizierter als angenommen. Die Informationstechnologie ist für die Entwicklung von Branchen und einzelnen Unternehmen sehr wichtig, sie ist aber nur zusammen mit betriebswirtschaftlichen Innovationen zu sehen. Unternehmen, die isoliert organisatorische Innovationen und Innovationen der Informationstechnologie anstreben, sind weniger erfolgreich als Unternehmen, die integriert Informationstechnologie und Organisation entwickeln.

---

[6] Vgl. *BRYNJOLFSSON/HITT* (2003).
[7] Vgl. *BRYNJOLFSSON/MCAFEE* (2008).
[8] Vgl. *FARELL*, (2004), zitiert nach *MCKINSEY GLOBAL INSTITUTE* (2002).

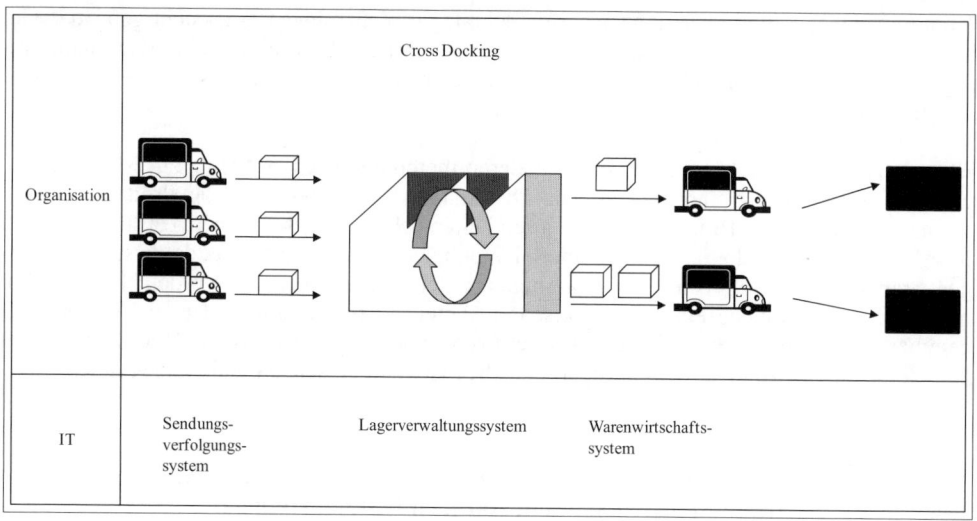

Abbildung 3:   Informationssysteme ermöglichen neue Geschäftsabläufe

2.5   Trends nicht nachlaufen und gezielt desinvestieren

Der Anteil der Investitionen in Informationstechnologie an den gesamten Investitionen ist von fünf Prozent im Jahre 1965 auf heute fast 50 Prozent angestiegen. Dahinter steckt die einfache Annahme, dass je mehr technische Möglichkeiten die Informationstechnologie bietet und je mehr sie sich zu einem weltweit verfügbaren Gut entwickelt, desto mehr wachse auch ihr strategischer Wert.

Diese Kernthese stellte CARR in Frage und forderte weniger in IT zu investieren, nicht Innovationsführer zu sein und Risiken zu managen statt auf Nutzen zu fokussieren.[9] Seine Argumentation beruhte auf der Kernthese, dass Informationstechnologie kein strategischer Wettbewerbsfaktor mehr sei, weil sie mittlerweile ein Gemeingut wäre. Nur eine knappe Ressource sei aber von strategischer Bedeutung. Der Einsatz von Informationstechnologie sei demnach vergleichbar mit dem anderer Technologien wie Dampfmaschine, Eisenbahn, Telegraf, Telefon, deren Nutzung zu einem bestimmten Zeitpunkt einen Wettbewerbsvorteil brachte, die aber heute nur noch ein verfügbares und preisgünstiges Allerweltsgut und Infrastruktur ohne Bedeutung als Wettbewerbsfaktor seien. Informationstechnologie wirke nur noch auf volkswirtschaftlicher oder Branchenebene, schaffe aber keine Vorteile.

Informationstechnologie werde standardisiert und homogenisiert, sodass die Geschäftsprozesse leicht kopierbar seien. Weil sie ihre Bedeutung als wettbewerbsentscheidender Faktor verloren habe, sollten Verantwortliche stärker auf Kosten, als auf Nutzen achten und nur das Risiko des Ausfalls der Infrastruktur managen.

---

[9]   Vgl. CARR (2003).

Kritiker von CARR bemängelten die methodische Ungenauigkeit der Untersuchung. Beim Vergleich der Entwicklungskurven von Eisenbahnen, Elektrizität und Informationstechnologie habe er für die Informationstechnologie einfach nur die wachsende Zahl von Computern gerechnet. Informationssysteme um Geschäftsprozesse zuverlässiger, schneller und zu geringeren Kosten auszuführen, den Umsatz zu steigern, Produkte schneller einzuführen, den Kundendienst zu verbessern und Informationen zu liefern, die bessere Geschäftsentscheidungen ermöglichen, seien aber nicht mit der Anzahl Computer gleichzusetzen. Nutzen entstünde für ein Unternehmen falls die Informationstechnologie die Unternehmensziele unterstütze, neue Geschäftsabläufe ermögliche und eine Informatikstrategie erkennbar sei.

3 Integration der Geschäftsprozesse

Integration war eine der Haupttriebfedern für die Gestaltung von integrierten Informationssystemen. Ziele, die durch die Integration erzielt werden können, sind[10]

- Aufhebung der künstlichen Grenzen zwischen Abteilungen, Funktionsbereichen und Prozessen,
- Realisierung neuer betriebswirtschaftlicher Konzeptionen,
- Reduzierung des personellen Aufwands für den Input von Daten,
- Höhere Prozesssicherheit durch Verteilung der relevanten Daten an alle betroffenen Stellen im Unternehmen,
- Reduzierung der Erfassungsfehler durch weniger personelle Erfassung und Verwendung der Daten an verschiedenen Stellen der Prozesskette,
- Reduzierung des Speicher- und Dokumentationsaufwandes durch Vermeidung von Datenredundanz,
- Schaffung integrierter Vorhersage-, Planungs- und Optimierungsmodelle zur Vermeidung von Suboptima.

Es soll in diesem Kapitel gezeigt werden, wie die Anforderungen an die Integration zugenommen haben und welche Alternativen der Realisierung der Integration prinzipiell existieren.

3.1 Anforderungen an die Integration nehmen zu

Integrierte Informationssysteme unterstützen die horizontale Integration der Teilsysteme der betrieblichen Wertschöpfungskette. Die Entwicklungsrichtung ging dabei von der Bereichsintegration über die innerbetriebliche Integration zur überbetrieblichen Integration. Ausgangspunkt der Entwicklung war die Bereichsintegration mit Material Requirement Planning (MRP) bzw. Manufacturing Resource Planning (MRP II).

---

[10] Vgl. MERTENS (2008), S. 9 f.

Wie die englische Bezeichnung Material Requirements Planning zum Ausdruck bringt sind dies Systeme zur Materialbedarfsplanung. Es wird ermittelt, welcher Materialbedarf entsteht, um ein bestimmtes Produktionsprogramm zu ermöglichen und wie dieser Bedarf gedeckt werden kann. Dies ist eine anspruchsvolle Aufgabe bei hoher Vielzahl und Komplexität der Erzeugnisstrukturen und bringt erheblichen Nutzen. Eine gute Planung der Materialmengen ist aber noch lange nicht ausreichend für eine gute Planung der Produktion. Zusätzlich sind Fertigungskapazitäten und der zeitliche Ablauf der Produktion zu beachten, damit die geplanten Mengen auch tatsächlich zu den Bedarfsterminen hergestellt werden können. Auch ist eine integrierte Absatz- und Produktionsplanung nötig um zu einem vernünftigen Ergebnis zu kommen.

Beim Manufacturing Resource Planning (MRP II) werden diese Gesichtspunkte berücksichtigt. [11] Es ist eine ganzheitliche markt- und ressourcenorientierte Planung der Absatz-, Produktions- und Bestandsmengen. Es ist ein hierarchisches Planungskonzept, das auf oberster Managementebene beginnt und eng mit dem Geschäftsplan verbunden ist. Bei MRP-II Systemen wird die Planung stärker unterstützt und die erforderlichen Kapazitäten mit den im Planungszeitraum tatsächlich verfügbaren Kapazitäten im Rahmen der Kapazitätsplanung abgeglichen. Außerdem wird der Fertigungsablauf in die Planung einbezogen und terminiert.[12] Auf dieser Grundlage entwickelten sich in Deutschland in den 1970er Jahren die Produktionsplanungs- und Steuerungssysteme (PPS), die als Synonym für das zentrale Informationssystem eines Produktionsunternehmens galten. PPS-Systeme deckten auch angrenzende Funktionen wie Erzeugniskalkulation und Beschaffung ab.

Daran wird deutlich, dass ein Unternehmen neben der Produktion und den indirekt damit verbundenen Bereichen noch andere Funktionen hat, die für den Geschäftserfolg wichtig sind. Auch gibt es andere Branchen als die Industrie, deren innerbetriebliche Abläufe durch ein integriertes Informationssystem zu unterstützen sind.

In den 1990er Jahren wurde von den Herstellern betriebswirtschaftlicher Standardsoftware der Begriff Enterprise Resource Planning (ERP) eingeführt. Dies sind integrierte betriebswirtschaftliche Informationssysteme, die nahezu alle Aufgabenbereiche und Prozesse innerhalb des Unternehmens unterstützen wie Beschaffung, Produktion, Vertrieb, Personalwirtschaft, internes und externes Rechnungswesen. [13] Es werden alle Ressourcen, die für das Unternehmen relevant sind, in die Planung einbezogen und müssen informationstechnisch unterstützt werden.

---

[11] Vgl. WIGHT (1981), S. 255
[12] Vgl. THONEMANN (2005), S. 286 f.
[13] Vgl. MONK/WAGNER (2009), S. 27 ff.

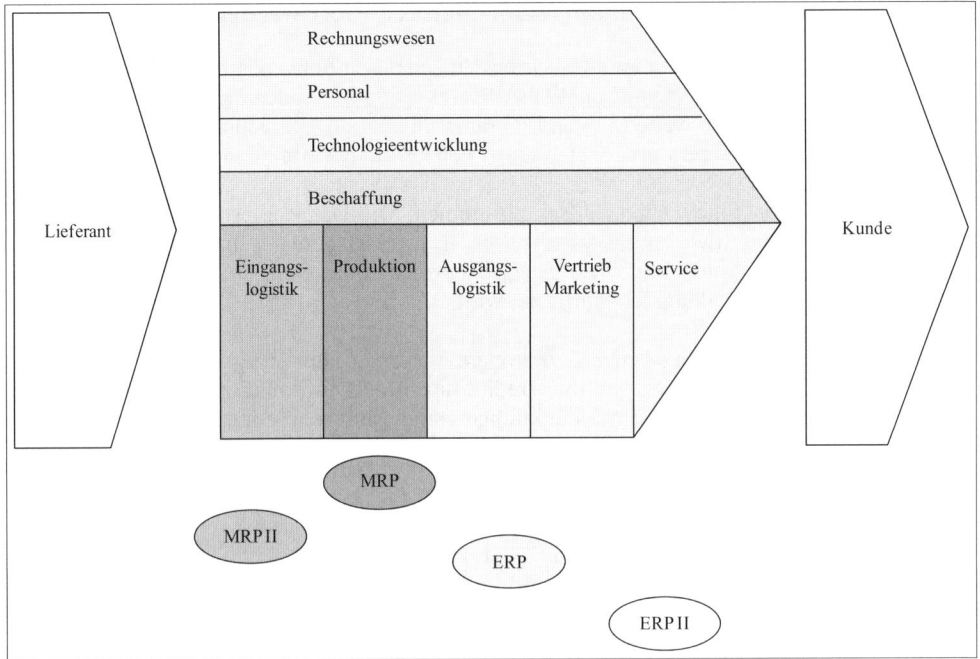

Abbildung 4: Entwicklung von MRP zur ERP II

ERP-Systeme sind primär darauf ausgerichtet, die internen Prozesse zu unterstützen.[14] Heute gewinnt jedoch die überbetriebliche Kooperation zunehmende Bedeutung. Internettechnologien ermöglichen die Einbindung von Lieferanten (E-Procurement) und Kunden (Customer Relationship Management und E-Sales). Supply Chain Management Systeme steuern und koordinieren Wertschöpfungsnetze. Es ist nicht mehr ausreichend, nur ein Informationssystem zur unternehmensinternen Integration zu besitzen. Informationen müssen abgeglichen und überall in der Wertkette real-time verfügbar gemacht werden, um über Unternehmensgrenzen hinweg zu agieren. Die lediglich unternehmensintern ausgerichteten ERP-Systeme können dies nicht ausreichend unterstützen, weshalb der Begriff ERP II entstanden ist, bei der die Module des Enterprise Resource Planning, E-Procurement, Customer Relationship Management, E-Sales und Supply Chain Management untereinander kommunizieren. Unter ERP II versteht man somit die Erweiterung klassischer ERP-Systeme um Funktionen zur Unterstützung unternehmensübergreifender Prozesse. Es geht darum, über Unternehmensgrenzen hinaus zu sehen und zu agieren (siehe Abbildung 4).

---

[14] Vgl. LAUDON/LAUDON/SCHODER (2006), S. 99.

3.2 Integration kann unterschiedlich realisiert werden

Welche Möglichkeiten gibt es nun, die betriebswirtschaftlich notwendige Integration umzusetzen? Nach MERTENS kann Daten-, Funktions-, Prozess- und Methodenintegration unterschieden werden.[15] MERTENS spricht weiterhin von Programmintegration, die sich aber eher auf die Softwarerealisierung bezieht und weniger eine prinzipielle Form der Abbildung der Integration ist.

Die Datenintegration führt Daten logisch zusammen. Die Daten aller Funktionen eines betriebswirtschaftlichen Anwendungssystems werden in einer gemeinsamen Datenbank gehalten. Alle Funktionen können auf diese Daten zugreifen, sodass eine redundanzfreie, konsistente und integre Datenhaltung gewährleistet wird.

Bei der Funktionsintegration werden Funktionen, die organisatorisch getrennt waren, wie die Annahme von Kundenaufträgen und die Kreditlimitprüfung, informationstechnisch miteinander verknüpft. Dadurch können diese Funktionen gemeinsam bearbeitet werden.

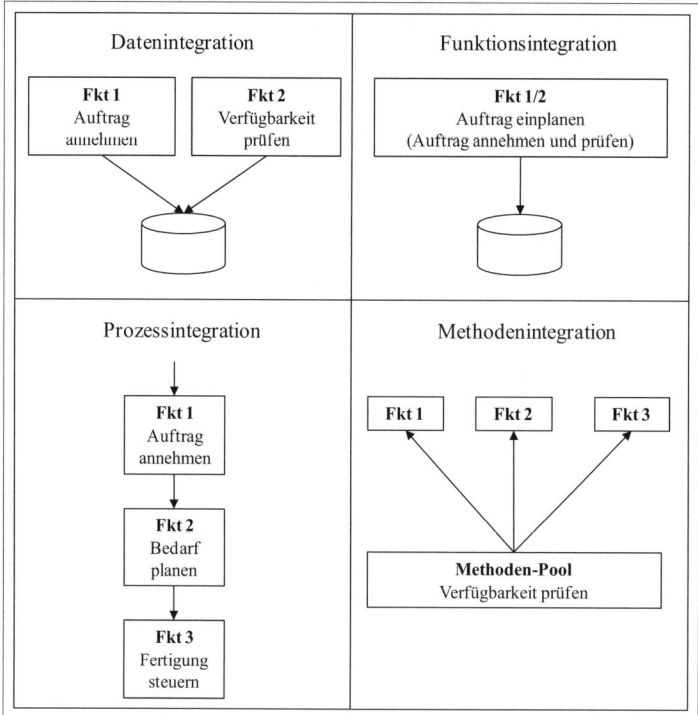

Abbildung 5:   *Formen der Integration in Informationssystemen*

Werden Prozesse wie Kundenauftragsabwicklung und Bedarfsplanung miteinander verknüpft, so ist dies die Prozessintegration. Hierbei ist zu gewährleisten, dass harmonisierte betriebswirtschaftliche Verfahren verwendet werden. Im Rahmen der Kundenauftragsabwicklung sollten beispielsweise Verfahren der Verfügbarkeitsprüfung mit Verfahren der Materialbe-

---

[15] Vgl. MERTENS (2008), S. 1 ff.

darfs- und Kapazitätsplanung der Produktion abgestimmt sein. Man spricht dann von Methodenintegration.

Enterprise-Resource-Planning-Systeme basieren heute mindestens auf dem Prinzip der Datenintegration.[16] Eine gemeinsame Datenbank ist der Kern des Systems. Die Integration von Funktionen und Prozessen wird ermöglicht durch den Zugriff auf konsistente Daten. Neben diesem Konzept der gemeinsamen Datenhaltung gewährleisten gemeinsame Programmbausteine die Methodenintegration. Erkauft wird diese Integration durch eine Starrheit der Systeme und Schwerfälligkeit bei der Anpassung der Systeme auf sich flexibel ändernde Umweltbedingungen.

4 Flexibilität zur Umsetzung neuer Organisationsmodelle

Da die Geschwindigkeit der Änderung der Umwelt sich stark erhöht hat, ist die Gestaltung flexibler Strukturen essentiell für den Erfolg eines Unternehmens. Es entwickeln sich flexible Organisationsmodelle. Anwendungssysteme müssen in der Lage sein, diese flexiblen Organisationsmodelle umzusetzen. Als Grundlage hierfür sind die Entwicklungen der informationstechnischen Systemarchitekturen zu berücksichtigen.

4.1 Organisationen müssen flexibler agieren

Betrachtet man die Entwicklung der Organisationsformen von Unternehmen, so ist ein Trend weg von zentralen, hin zu netzwerkartigen Organisationsformen erkennbar.

Die zentrale Organisation basiert auf dem Prinzip der Arbeitsteilung. Die einzelnen Elemente eines Geschäftsprozesses sind verschiedenen Mitarbeitern zugeordnet. Ein Vorgang wird also nicht ganzheitlich bearbeitet, sondern geht im Laufe seiner Bearbeitung durch mehrere Hände. Die Aktivitäten der Mitarbeiter werden durch übergeordnete Leitungsebenen koordiniert. Übertragen auf die Unternehmensstruktur bedeutet eine zentrale Organisation, dass die Gesamtverantwortung nicht bei den dezentralen Einheiten liegt, sondern in der Zentrale. Die dezentralen Einheiten sind ausführende Organe.

Bei der dezentralen Organisation sind die Einheiten verantwortlich für das operative Geschäft und haben weitgehende Entscheidungskompetenz bei taktischen und strategischen Fragen. Die Zentrale koordiniert lediglich die Teileinheiten. Üblicherweise vermindert sich der Koordinationsaufwand, und es kann gegebenenfalls ganz auf eine übergeordnete Leitung verzichtet werden. Dies bedeutet, dass weniger Leitungsebenen erforderlich sind, sich die vertikale Arbeitsteilung verringert und das Management näher an die Basis rückt. Die verbliebenen Leitungsebenen haben entsprechend größere Leitungs- und Kontrollspannen. Das Unternehmen profitiert durch eine größere Flexibilität und die Reduzierung einseitiger Belastungen. Allerdings stellen die größeren Verantwortungsspielräume der Mitarbeiter hohe Anforderungen an deren Qualifikation und Fähigkeit zur Selbstorganisation.

---

[16] Vgl. GRONAU (2004), S. 4.

Die prozessorientierte Denkweise in der Unternehmensorganisation hat dazu geführt, dass sich die Organisationsmodelle von vertikalen hierarchischen Strukturen zu eher horizontal-egalitär orientierten Strukturen gewandelt haben. Als erster Ansatz wurde hierzu das Konzept der Fraktalen Organisation entwickelt[17], bei der jedes Fraktal eine horizontale Einheit ist, die markt- und produktorientiert zu gestalten ist. Es sollen kleine und schnelle Regelkreise entstehen, wobei die Kommunikation und Lösung der Aufgaben direkt in den Einheiten abgewickelt wird. Die Fraktale erhalten dazu alle erforderlichen Mitarbeiter und Betriebsmitteln. Sie sind selbständige, eigenverantwortliche, dynamische und selbststeuernde Einheiten und bilden Unternehmen im Unternehmen.

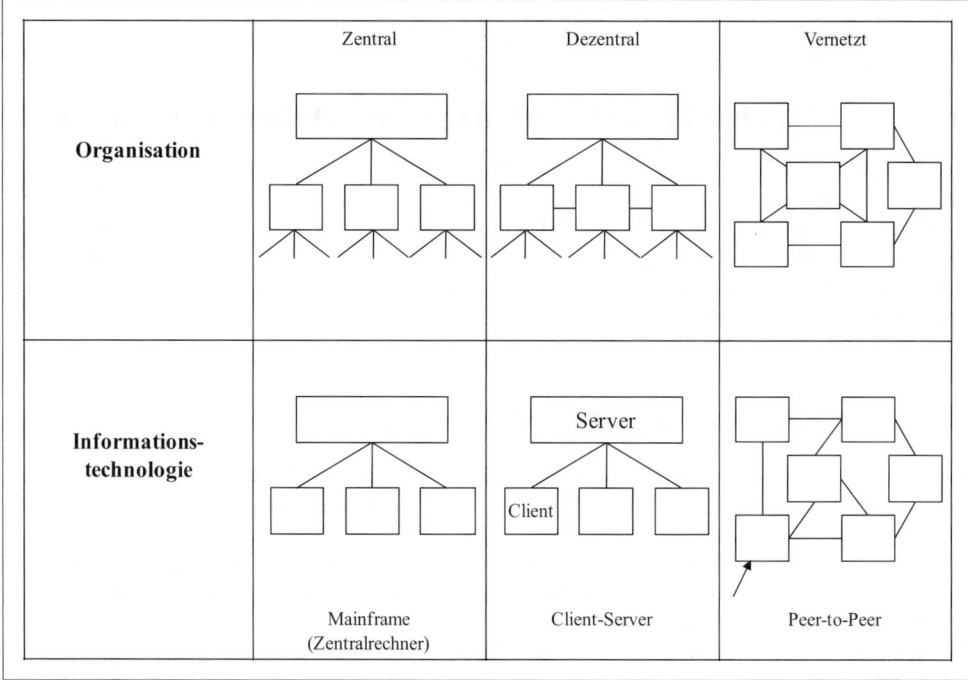

Abbildung 6:   Entwicklung der Informationstechnologie und der Unternehmensorganisation

Die Entwicklung geht weiter in Richtung einer zunehmenden Virtualisierung und Vernetzung von Unternehmen durch Auslagerung von Aufgaben auf Dritte, aber auch durch Zugriff auf spezielles Know-how. Bei der virtuellen Organisation schließen sich rechtlich unabhängige Unternehmungen unterstützt durch die technischen Hilfsmittel des Internet für einen gewissen Zeitraum zu einem gemeinsamen Geschäftsverbund zusammen. Der physische Standort der Teilnehmer ist dabei nicht von Bedeutung. Es wird versucht, die Wertschöpfungskette durch die Kooperation von Partnern mit spezifischen Kernkompetenzen zu optimieren. Dadurch entsteht eine kundenorientierte und wettbewerbsfähige Leistung. Virtuelle Unternehmen kooperieren zeitlich begrenzt, ohne dafür ein Unternehmen zu gründen, einen Standort zu suchen, Personal einzustellen und eine Organisation aufzubauen. Es wird auf die Institutionalisierung von zentralen Managementfunktionen verzichtet. Virtuelle Organisation stellen hohe Anfor-

---

[17]   Vgl. WARNCEKE (1996).

derungen an die Flexibilität der Informationssysteme, damit die interne Kommunikation trotz häufig wechselnder Partner reibungslos gewährleistet werden kann.

4.2 Systemarchitekturen orientieren sich an Netzwerken

Betriebswirtschaftlich entwickeln sich Organisationen offensichtlich in Richtung offener Systeme, die flexibel auf Markt- und Umweltbedingungen reagieren. Parallel dazu gibt es eine ähnliche Entwicklungsrichtung in der Architektur von Informationssystemen von Zentralsystemen zu netzwerkartigen Systemen (siehe Abbildung 6).

Waren beim Zentralrechner (Mainframe) alle Aufgaben in einem Rechner vereint und die Terminals ohne eigene Intelligenz, so werden bei Client/Server-Systemen die Aufgaben von Programmen erledigt, die in Clients und Server unterteilt werden. Ein Server bietet einen Dienst an, den der Client nutzen kann. Der Client fordert eine Aufgabe vom Server an. Der Server beantwortet die Anforderung. Die Kommunikation zwischen Client und Server ist abhängig vom angefragten Dienst. Der Dienst bestimmt, welche Daten zwischen ausgetauscht werden, wobei der Server passiv in Bereitschaft ist, um jederzeit auf den aktiven Kontakt eines Clients reagieren zu können. Im Gegensatz zum Zentralrechner haben wir es beim Client/Server mit einem dezentralen, aber dennoch hierarchischem System zu tun.

Ähnlich wie bei der Unternehmensorganisation entwickeln sich die Systemarchitekturen hin zu offenen und verteilten Systemen wie Peer-to-Peer-Architekturen und Grid-Computing.[18] In einem Peer-to-Peer-Netz sind alle Computer gleichberechtigt und können sowohl Dienste in Anspruch nehmen als auch Dienste zur Verfügung stellen. Im Gegensatz zum Client/Server ist beim echten Peer-to-Peer-Netz jeder Rechner gleichzeitig Client und Server. Grid-Computing ist eine Form des verteilten Rechnens, bei der ein virtueller Computer aus einer Verknüpfung lose gekoppelter, oft geographisch weit verteilten Computer erzeugt wird. Verteilte Ressourcen werden für eine bestimmte Aufgabe zur Verfügung gestellt.

5 Zukünftige Architektur Integrierter Informationssysteme

Nachdem die kritischen Anforderungen an integrierte Informationssysteme analysiert wurden, wird nun gezeigt wie diese Anforderungen aktuell erfüllt werden und wie eine zukunftsorientierte Architektur aussehen könnte.

5.1 Unterstützung der Anforderungen durch aktuelle Architekturen

Was lässt sich aus diesen Forschungsergebnissen für eine erfolgreiche Unternehmenstransformation durch integrierte Informationssysteme folgern? Bevor über technische Alternativen nachgedacht werden sollte, muss zunächst die Organisation bereinigt werden. Der intelligente Einsatz von Technologien ist wichtiger, als die reine quantitative Betrachtung des IT-Einsat-

---

[18] Vgl. MANDL (2009), S. 341 ff.

zes. Es geht darum nutzenzentriert zu denken und nicht jedem Trend hinterher zu laufen. Dies ist zu beachten, wenn wir jetzt stärker auf informationstechnische Realisierungsalternativen eingehen.

Die obigen Ausführungen machen deutlich, dass die Integration stärker und die Aufgaben komplexer werden. Die Zeit monolithischer Systeme scheint jedoch vorbei zu sein. Dies bedeutet, dass sich die Anforderungen an die Integration der Prozesse und die Integration der Methoden ändern werden. Es müssen betriebswirtschaftlich konsistente Systeme geschaffen werden, die Integration nicht über die Integration in einer Software lösen.

War der Treiber der Entwicklung der Systeme bisher die Frage der Integration der Prozesse, so steht zukünftig stärker die Flexibilität im Vordergrund. Organisationen werden flexibler agieren und ihre Organisation häufiger anpassen. Dieser Trend wird durch geeignete Systemarchitekturen unterstützt werden müssen. Integrierte Informationssysteme der Zukunft müssen nach diesen Prinzipien gestaltet werden.

Neben der Ausrichtung der Systeme an den Unternehmenszielen sind die Integration und Flexibilität die Hauptanforderungen an integrierte Informationssysteme. In heutigen datenintegrierten Systemen schließen sich dabei hoher Integrationsgrad und hohe Flexibilität häufig aus. Zukünftige Systemarchitekturen sollten deshalb auf dem Prinzip der Methodenintegration aufbauen, weil Systeme, die derart gestaltet sind, flexibler zu koppeln sind bei gleichzeitiger Sicherstellung der Integration der Geschäftsprozesse.

5.2   Service-orientierte Architekturen als Lösungsansatz!?

Service-orientierte Architekturen (SOA) sollen diese Methodenintegration unterstützen. Ein Service stellt eine Funktionalität bereit, die über eine Schnittstelle verwendet werden kann. Der Service kann in einem beliebigen Softwarebaustein implementiert werden.[19] Es werden Dienste angeboten, die sich an den Geschäftsprozessen orientieren. Geschäftsprozesse setzen sich aus konkret implementierten Diensten zusammen. Ein Dienst „Lieferbedingungen eines Lieferanten anlegen" setzt sich mit weiteren Diensten wie „Bestellvorschlag anlegen" und „Angebotspreise ermitteln" zu einem Geschäftsprozess „Einkaufsabwicklung" zusammen. Durch Kopplung von einfachen Services können so Services höherer Abstraktion bzw. komplette Geschäftsprozesse geschaffen werden, die flexibel sind und eine häufige Wiederverwendung ermöglichen. Ziel der Service-orientierten Architektur ist es, eine höhere Flexibilität der Geschäftsprozesse zu erreichen durch Wiederverwendung bestehender Services. Außerdem kann mit dieser Architektur erreicht werden, dass der Erbringer einer Leistung leichter ausgetauscht werden kann, da die benötigten Services und Informationssysteme gekapselt sind und nur lose in den gesamten Prozess integriert sind.

Wie könnte ein Kundenauftrag mittels SOA abgewickelt werden, der aus den Prozessschritten „Auftrag erstellen" – „Preis bilden" – „Auftragsstatus prüfen" – „Verfügbarkeit prüfen" – „Kreditlimit prüfen" – „Lieferung erstellen " – „Lieferung kommissionieren " – „Transport abfertigen" – „Rechnung erstellen " – „Zahlung erfassen" – „Offene Posten ausgleichen" besteht? Für jeden Schritt gibt es einen Dienst. Die zur Implementierung verwendeten Systemvoraussetzungen wie Programmiersprache und Datenbank können unterschiedlich sein.

---

[19] Vgl. MANDL (2009), S. 339.

Auch die Hardware muss nicht einheitlich sein. Die Kreditlimitprüfung kann ein darauf spezialisiertes Unternehmen ermitteln, die Verfügbarkeitsprüfung der Logistikdienstleister, der mit der Lagerung beauftragt wurde. Es werden den Diensten nur die jeweils benötigten Daten zur Verfügung gestellt (siehe Abbildung 7).

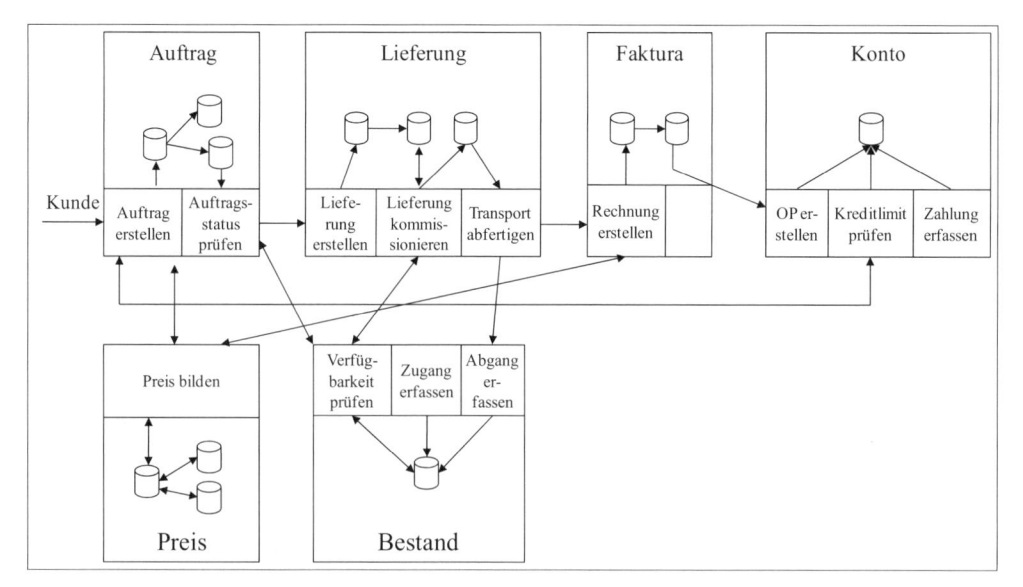

Abbildung 7: *Beispiel der Vertriebsabwicklung mit einer Service-orientierten Architektur*

Dies erfordert eine sehr starke methodische Integration der einzelnen Komponenten, damit die Verknüpfung einfach möglich ist. Insbesondere ist darauf zu achten, dass nur Dienste, welche die gleichen betriebswirtschaftlichen Methoden verwenden, gekoppelt werden. So ist bei Verwendung einer bestimmten Form der Verfügbarkeitsprüfung im Kundenauftrag darauf zu achten, dass diese Form auch in der Produktionsplanung verwendet wird, um nicht inkonsistente Planungen zu provozieren.

Wichtig ist, dass die verwendeten Dienste immer einheitlich genutzt werden. So muss beispielsweise die Kreditlimitprüfung immer dieselbe sein, auch wenn sie von unterschiedlichen Prozessen genutzt wird. Dies erleichtert auch die Pflegbarkeit, Durchgängigkeit und Einheitlichkeit. Entscheidet sich das Unternehmen, einen Dienst in andere Hände zu legen, so muss nur dieser Dienst bei einem anderen Anbieter aufgerufen werden, aber ist nicht neu zu implementieren.

Service-orientierte Architekturen übertragen das Prinzip der Objektorientierung auf betriebswirtschaftliche Abläufe. Es werden Datenbanken, Programme, Netzwerkkomponenten und Hardware so gekapselt und zusammengesetzt, dass die Leistungen zu höheren Diensten zusammengefasst werden, die von anderen Diensten, Programmen oder dem Anwender verwendet werden können. Die Integration wird sichergestellt, wobei die Komplexität der einzelnen Anwendungen hinter den standardisierten Diensten verborgen wird.

6 Fazit

Informationssysteme, die zum Erfolg eines Unternehmens beitragen, müssen jederzeit dazu beitragen die Unternehmensziele zu realisieren. Wesentliche Anforderungen sind, dass die Geschäftsprozesse integriert unterstützt werden, wobei gleichzeitig flexibel auf Änderungen der Geschäftsmodelle reagiert werden muss.

Service-orientierte Architekturen scheinen ein Lösungsansatz zu sein, um integrierte Informationssysteme zu erstellen, die flexibler sind als derzeitige ERP-Ansätze, aber dennoch einen hohen Integrationsgrad der Geschäftsprozesse aufweisen. Ob dies ein Allheilmittel ist, wird sich zeigen. Heutige ERP-Systeme steuern die Prozesse stark über viele Einstellparameter in den Stammdaten und im Customizing was die Flexibilität der Systeme beeinträchtigt. Ob diese Vielzahl der Parameter nicht durch eine Vielzahl unterschiedlicher, aber ähnlicher Dienste ersetzt wird, wird die zukünftige Gestalt integrierter Informationssysteme mit Service-orientierten Architekturen zeigen.

Quellenverzeichnis

BRYNJOLFSSON, E./HITT, L. (2003): Computing Productivity: Firm-level Evidence, Review of Economics and Statistics, in: MIT Press Journals, 85. Jg. (2003), Heft 4, S. 793–808.

BRYNJOLFSSON, E./MCAFEE, A. (2008): Wie IT zum strategischen Vorteil wird, in: Harvard Business Manager, 30. Jg. (2008), Heft 10, S. 24–37.

CARR, N. (2003): IT doesn't matter, in: Harvard Business Review, 81. Jg. (2003), Heft 5, S. 41–49.

FARELL, D. (2004): Die wahre New Economy, in: Harvard Business Manager, 26. Jg. (2004), Heft 1, S. 81–90.

GRONAU, N. (2004): Enterprise Resource Planning und Supply Chain Management, München 2004.

KEMPIS, R.-D. (1993): Do IT Smart, Wien 1993.

KOCH M./RICHTER, A. (2007): Enterprise 2.0, München 2007.

LAUDON, K. C./LAUDON, J. P./SCHODER, D. (2006): Wirtschaftsinformatik, München 2006.

MANDL, P. (2009): Verteilte betriebliche Informationssysteme, Wiesbaden 2009.

MCKINSEY GLOBAL INSTITUTE (2002): How IT Enables Productivity Growth, online: http://www.mckinsey.com/mgi/publications/it_prod_growth.asp, Stand: Oktober 2002, Abruf: 01.07.2009.

MCKINSEY (2008): IT's unmet potential, in: McKinsey Quarterly, online: http://www.mckinsey.de/downloads/publikation/mck_on_bt/2009/mck_on_bt_15_unmet_potential.pdf, Stand: November 2008, Abruf: 01.07.2009.

MERTENS, P. (2007): Integrierte Informationsverarbeitung 1, 16. Auflage, Wiesbaden 2007.

MONK, E./WAGNER, B. (2009): Enterprise Resource Planning, 3. Auflage, Boston 2009.

STRASSMANN, P. A. (1997): The Squandered Computer, New Canaan 1997.

SUMNER, M. (2004): Enterprise Resource Planning, Upper Saddle River 2004.

THONEMANN, U. (2005): Operations Management, München 2005.

WARNECKE, H.-J. (1996): Die Fraktale Fabrik, Reinbek 1996.

WOMACK, J. P./JONES, D. T./ROOS, D. (1989): Die zweite Revolution in der Automobilindustrie, Frankfurt 1989.

WIGHT, O. W. (1981): MRP II – Unlocking America's Productivity Potential, in: OWL Publications, Essex Junction, VT (1981), S. 555.

IT-Strategie und -Architektur für die Energiewirtschaft

Matthias Mehrtens und *Ivonne Servaes*

Informationsservice der Stadtwerke Düsseldorf AG

1	IT-Strategie und -Architektur – Energiewirtschaftliche Herausforderungen	25
2	Von der Unternehmensstrategie zur IT-Strategie	26
	2.1 Herleitung der IT-Strategie	26
	2.2 Ziele	26
	2.3 Alignment – Abgleich der IT-Strategie mit der Business-Strategie	27
	2.4 Entwicklung der IT-Strategie	28
3	Von der IT-Strategie zur IT-Architektur	31
	3.1 Herleitung der IT-Architektur	31
	3.2 Ziele	32
	3.3 Abgleich der IT-Architektur mit der IT-Strategie	34
	3.4 Aufbau	35
	3.5 Anwendungsarchitektur	36
	3.6 Systemarchitektur	41
4	Herausforderungen - Fazit	47
Quellenverzeichnis		48

1 IT-Strategie und -Architektur – Energiewirtschaftliche Herausforderungen

Die Informationstechnologie (IT) hat sich in den vergangenen Jahren zu einem der wesentlichen Wettbewerbsfaktoren von Unternehmen entwickelt. Die Geschäftsprozesse innerhalb eines Unternehmens sowie in Kommunikation mit Geschäftspartnern und Kunden werden durch unterschiedliche, teilweise über Schnittstellen miteinander verbundene Anwendungssysteme realisiert.

Vor diesem Hintergrund ist die konsistente Planung der aktuellen und zukünftigen Informationssysteme eines Unternehmens sowie der zugrunde liegenden Infrastruktur geschäftskritisch.

Informationstechnologie ist zu einem allgemeinen Wettbewerbsfaktor geworden, den Unternehmen in allen Geschäftsprozessen einsetzen – bei Kundenmanagement und -gewinnung, im Produktionsprozess ebenso wie zur Kommunikation mit Lieferanten und Partnern oder als Austauschplattform für die eigenen Mitarbeiter.

Ziele sind neben der Wahrung der Investitionssicherheit im Unternehmen insbesondere die Schaffung von Wettbewerbsvorteilen vor den Marktpartnern.

Vor diesem Hintergrund gilt es, die Geschäftsstrategie eines Unternehmens mittels geeigneter und wirtschaftlicher Informationstechnologie zu unterstützen. Die Ableitung der erforderlichen IT aus den Anforderungen der Geschäftsstrategie, ihre Dokumentation, Weiterentwicklung und Pflege als Gesamtsystem ist die Aufgabe der IT-Strategie und -Architektur.

Die im Rahmen des vorliegenden Abschnitts genutzten Beispiele und Fragen beziehen sich auf ein Unternehmen der Energiebranche mittlerer Größe:

➢ ca. 2.500 Mitarbeiter
➢ Sparten: Strom, Gas, Wasser, Fernwärme, Entsorgung
➢ Umsatz: ca. 1,7 Mrd. EUR jährlich.

Die IT-Abteilung ist hier als interner Dienstleister positioniert und umfasst ca. 150 Mitarbeiter, die in die Aufgabenbereiche Anwendungssysteme, Produktionssysteme (inkl. Rechenzentren) und Kommunikationstechnik aufgeteilt sind.

Die „Energiewirtschaftlichen Herausforderungen" für das Beispielunternehmen liegen in der permanenten Evaluation von Effizienzpotenzialen aus technologischen Neuerungen (z. B. Energieeffizienz, Elektromobilität). Zudem finden am Markt Veränderungen der Eigentümerstrukturen bei Energieversorgungsunternehmen statt und es sind zunehmend gesetzliche Vorgaben zu berücksichtigen (z. B. Unbundling). Letztlich gibt es Anforderungen der IT-Nutzer an ein klares und gemeinsames Rollenverständnis sowie klare Richtlinien für die Zusammenarbeit.

2 Von der Unternehmensstrategie zur IT-Strategie

2.1 Herleitung der IT-Strategie

Abgeleitet aus der Unternehmensstrategie definiert die *Informationssystem-Strategie*, welche Informationssysteme zur Unterstützung der fachlichen Anforderungen im Unternehmen eingesetzt werden sollen. Dabei kommen neben unternehmensweit einheitlichen Standardkomponenten (bspw. Enterprise-Resource-Planning-, Office-Systemen) auch geschäftsfeldspezifische Applikationen zum Einsatz (bspw. geographische Informationssysteme). Fragestellung ist hier: Wo liegt der Bedarf der verschiedenen fachlichen Anwender?

Die Infrastruktur, auf deren Basis die Anwendungssysteme im Unternehmen eingesetzt werden (bspw. Betriebssysteme, Datenbanken, Netzwerkkomponenten etc.), wird im Rahmen der *Informations- und Kommunikations-Strategie* festgelegt. Fragestellung ist hierbei: Welche Infrastruktur wird von den im Rahmen der Informationssystem-Strategie definierten Anwendungen benötigt?

Schließlich legt die *Informationsmanagement-Strategie* die organisatorische Ausgestaltung des IT-Managements fest. Dabei werden sowohl die Prozesse innerhalb der IT, als auch die Anbindung zu den Fachbereichen festgelegt. Fragestellung ist: Wie wird der Abgleich der Anforderungen an die IT von Seiten der Fachanwender mit den Ressourcen der IT gemanagt?[1]

2.2 Ziele

Die IT-Strategie eines Unternehmens dient der langfristigen Ausrichtung der IT an den Geschäftszielen. Sie definiert Lösungen, welche die spezifischen Anforderungen der Fachbereiche mit der Notwendigkeit einer übergeordneten und standardisierten IT-Architektur verbinden. Im Vordergrund stehen somit die folgenden Rahmenbedingungen:

- Strategische Entwicklung des Unternehmens
- Abbildung der Kriterien Wirtschaftlichkeit und Werthaltigkeit im Wettbewerb
- Unterstützung der Integration neu akquirierter Unternehmen
- Erfüllung der Ordnungsfunktion bei Sicherheitsfragen und Qualitätsmanagement
- Integration neuer Technologien und Trends.

Aus energiewirtschaftlicher Sicht ist der meisterliche Dreisprung aus Ökonomie, Versorgungssicherheit und in den letzen Jahren auch der Ökologie zu absolvieren. Service-orientierte Architekturen müssen flexibilisiert, entkoppelt und beschleunigt werden. Außerdem ist ein energieeffizienter Betrieb der IT zu gewährleisten.

---

[1] Vgl. in Anlehnung an *EARL* (1989), o. S.

2.3 Alignment – Abgleich der IT-Strategie mit der Business-Strategie

Wie bereits beschrieben, ist eine wesentliche Rahmenbedingung der IT-Strategie eines Unternehmens, einen direkten und möglichst engen Abgleich mit den geschäftsstrategischen Vorgaben herbeizuführen.

Zu diesem Zweck können unterschiedliche Methoden und Werkzeuge eingesetzt werden:

- Balanced Scorecard
- Governance-Mechanismen[2] (bspw. Gremienorganisation)
- Strategic Alignment Model (SAM)[3]

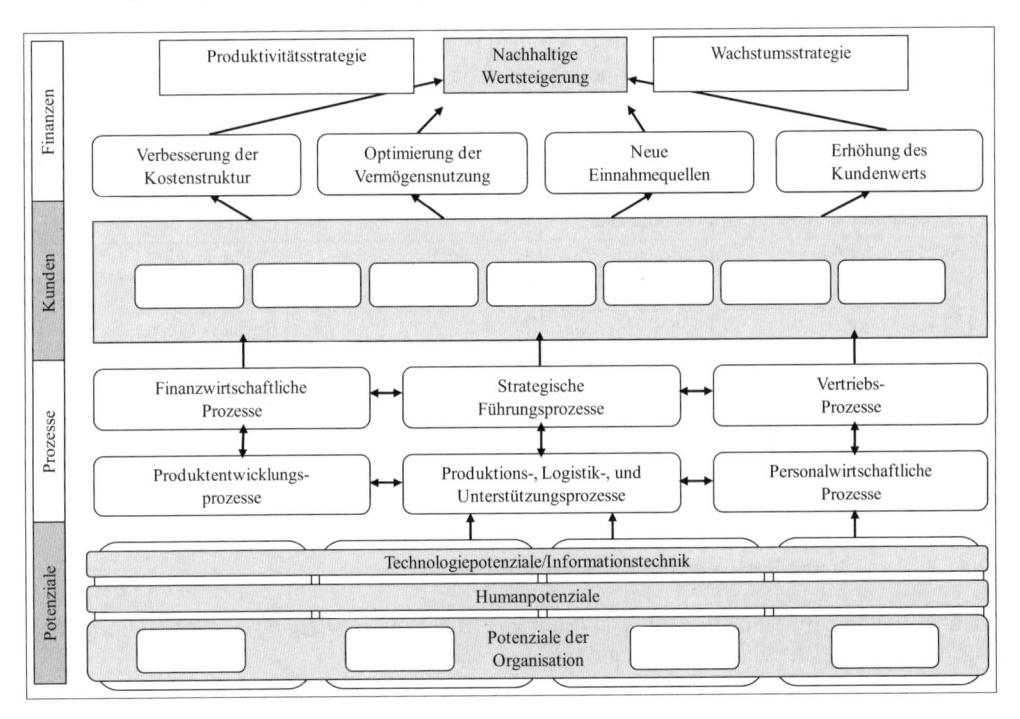

Abbildung 1:   *Balanced Scorecard (Strategy Map)*

Der Einsatz einer Balanced Scorecard soll im Folgenden näher erläutert werden. Die Balanced Scorecard basiert auf der Abbildung der Unternehmensziele in verschiedenen Betrachtungsebenen. Hierbei werden finanzielle Zielgrößen mit eher qualitativen Zielen (bspw. aus Prozess- oder Potenzialsicht) in einen direkten Bezug gebracht (siehe Abbildung 1).

---

[2] Unter „Governance-Mechanismen" werden Hilfsmittel meist organisatorischen Ursprungs verstanden, die die Implementierung und Umsetzung entsprechender „Regelkreise" unterstützen. Als Beispiele seien Gremienstrukturen und Prozesse (bspw. zur Einführung einer IT-Strategie) genannt.

[3] Vgl. HENDERSON/VENKATRAMAN (1993), o. S.

Über die Pfeildarstellung lässt sich zudem nachvollziehen, inwieweit ein einzelnes Ziel einen Mehrwert für ein übergeordnetes Ziel darstellt.

Die formulierten Ziele werden in der Folge über die Zuordnung von Messgrößen und geeigneten Maßnahmen zur Zielerreichung konkretisiert und einem Monitoring zugeführt. Dies kann visuell durch Ampel- oder Tachoanzeigen unterstützt werden.

Auf der Basis dieser regelmäßigen Auswertungen wird dem Management ermöglicht zu erkennen, inwieweit die gesetzten Ziele bereits erreicht wurden. Gegebenenfalls können dann weitere Maßnahmen gestartet werden, um die Zielerreichung zu verbessern.

Beim Abgleich der IT-Strategie mit der Business-Strategie ist auch die Aufgabenteilung für Strategie- und Architekturfragen zu klären. Grundsätzlich sind Studien über Good Practice und Benchmarking verfügbar, um diese mit dem betrachteten Unternehmen abzugleichen. Ein Auszug aus einer ITMC Studie „Business Value & IT" ist in der folgenden Tabelle dargestellt.

IT–Domänen	Good Practice	Studienergebnis	%	Beispielunternehmen
IT-Strategie	Föderal	Föderal	64	Föderal
Anwendungsarchitektur	IT-Monarchie	Föderal	67	Föderal
Systemarchitektur	IT-Monarchie	IT-Monarchie	73	IT-Monarchie
Facharchitektur	Föderal	Föderal	53	Business Monarchie
IT-Investitionen	Föderal	Föderal	86	Business Monarchie
IT Risiko Management	Business Monarchie	Föderal	50	Föderal

Tabelle 1:   ITMC Studie, Business Value & IT

2.4   Entwicklung der IT-Strategie

Den Auftakt zur Entwicklung einer IT-Strategie bildet die *Festlegung des Wirkungsbereichs* der drei Teilbereiche einer IT-Strategie (siehe Abschnitt 2)

➢ Informationssystem-Strategie

➢ Informations- und Kommunikations-Strategie

➢ Informationsmanagement-Strategie

Hat man den Scope der IT-Strategie anhand der Wirkungsbereiche definiert, empfiehlt sich eine strukturierte Vorgehensweise zur Entwicklung der IT-Strategie. Die Entwicklung einer IT-Strategie wird nun anhand des energiewirtschaftlichen Fallbeispiels (siehe Fallbeispiel „Projekt" in Abschnitt 1) erläutert.

IT-Strategie und -Architektur für die Energiewirtschaft

1. Assessment der Ist-Situation	2. Strategische Positionierung	3. Operationalisierung	4. Umsetzungsplanung
1. Unternehmens- und IT-Strategie	1. Vision, Mission	1. IT-Governance	1. Initiativen (priorisiert)
2. existierende Governance	2. Strategische Ziele	2. Prozesse	2. IT-Masterplan (3- bis 5-Jahresplanung)
3. Markt- und Technologietrends	3. Service- und Produktportfolio	3. Aufbauorganisation	3. IT-Projektportfolio
4. existierende IT-Landschaft und -Standards	4. Sourcing-Strategie	4. Technologie	4. Strategisches Controlling
		5. Initiativen und deren Bewertung	

Tabelle 2: Entwicklung einer IT-Strategie[4]

Assessment der Ist-Situation: Sind die Wirkungsbereiche der drei IT-Strategie-Teilbereiche definiert, wird in einer ersten Phase die *aktuelle Situation der IT* sowie des Gesamtunternehmens aufgenommen. Fragestellungen sind hierbei:

➢ Welche Geschäftsstrategie verfolgt das Unternehmen?[5]
➢ Welche Schwerpunkte beinhaltet die aktuelle Unternehmensstrategie?
➢ Welche Prozesse und Gremien existieren bereits zur Gewährleistung einer IT-Governance?
➢ Gibt es aktuelle Technologietrends, die ggf. Eingang in die IT-Strategie finden sollten?
➢ Wie sieht die gegenwärtige IT-Landschaft für Anwendungen und Infrastruktur aus?

Zur Erfassung dieser Fragestellungen werden entsprechende Dokumente gesammelt sowie Interviews und Workshops durchgeführt. Ergänzend können Marktanalysen Informationen insbesondere über innovative Themen des IT-Marktes liefern. Die gesammelten Informationen finden Eingang in die *strategische Positionierung* der IT.

Strategische Positionierung: Ausgangspunkt dieser Phase ist die Erstellung einer Vision bzw. eines Leitbildes für die IT. Hierbei handelt es sich um eine möglichst kurze, prägnante Aussage zur Ausrichtung der IT auf die Zukunft. Den Mitarbeitern soll ein Leitbild vorgegeben werden, welches sie motiviert, auf das angegebene Ziel engagiert hinzuarbeiten. Als Beispiel sei hier das Leitbild der IT unseres betrachteten Energieversorgungsunternehmens genannt: „Der Informationsservice ist der Partner für die Unterstützung zukunftsorientierter Geschäftsprozesse mit IT-Lösungen."

---

[4] Vgl. Projektunterlagen *SWD AG, IBM Deutschland GmbH* 2008.
[5] Zu diesem Punkt vgl. die Aufteilung in drei Wettbewerbsstrategien nach PORTER (2000), o. S.

Anhand des Leitbilds lassen sich einige Kerngedanken erkennen, die sowohl den IT-Mitarbeitern als auch deren Kunden vermittelt werden sollen:

> Die IT entwickelt sich vom „Kostensenker" über den „Versorger/Dienstleister" hin zu einem Partner mit Verständnis für die fachlichen Geschäftsprozesse.

> Die IT verstärkt außerdem ihre Funktion als Dienstleister der Fachfunktionen des Unternehmens.

> Die IT behält dabei die Entwicklungen des Marktes (sowohl technisch wie auch branchenspezifisch) im Blick.

Auf der Basis dieses Leitbilds sowie insbesondere der strategischen Unternehmensziele werden in der Folge die strategischen IT-Ziele definiert. Bezogen auf das Fallbeispiel „Energieversorgungsunternehmen" können folgende Beispiele für IT-Ziele genannt werden:

> Kosten für IKT[6] senken und Wirtschaftlichkeit steigern

> IT-Strategie und -Sicherheit gewährleisten („Ordnungsfunktion")

> Interne IT-Prozesse verschlanken

> Innovative IuK-Technologien, -Anwendungen und -Arbeitstechniken verfolgen und initiieren usw.

In Ergänzung wird ein evtl. bereits bestehendes Service- und Produktportfolio mit Blick auf die strategischen IT-Ziele verfeinert und durch eine angemessene Sourcing-Strategie (zur Bereitstellung der erforderlichen technischen wie auch personellen Ressourcen und Kompetenzen) ergänzt.

Die aktuelle Entwicklung zeigt, dass eine Unternehmens-IT nicht mehr alle Aufgaben im Bereich des Informationsmanagements komplett eigenständig durchführt. Vielmehr werden Dienstleistungen vermehrt extern vergeben und durch die unternehmenseigenen IT-Spezialisten koordiniert.

Die in der strategischen Positionierung festgelegten Prozess- und Organisationsstrukturen werden in der nachfolgenden Phase der *Operationalisierung* um Details ergänzt, die eine Umsetzung der IT-Strategie im Tagesgeschäft ermöglichen.

Operationalisierung: Im Rahmen der Operationalisierung werden insbesondere Gremien, Werkzeuge/Methoden und Prozesse zur Umsetzung einer IT-Governance definiert. Bezogen auf das Beispiel des betrachteten Energieversorgungsunternehmens, wurden zur Operationalisierung der IT-Strategie die folgenden Governance-Mechanismen festgelegt: [7]

---

[6] IKT = Informations- und Kommunikationstechnologie.

[7] Projektunterlagen *SWD AG, IBM Deutschland GmbH* 2008.

- Prinzipien (IT-Governance)
- Grundsätzliche Aussagen mit Weisungscharakter, bspw. „Die IT-Strategie richtet sich an den Unternehmenszielen und Geschäftsstrategien aus. Sie wird in partnerschaftlicher Abstimmung mit der Unternehmensstrategie als integraler Bestandteil der Unternchmensplanung entwickelt."
- Prozesse
- Definition von Standard-IT-Governance-Prozessen (siehe COBIT-Modell), die jeweils durch eine Kurzbeschreibung, Nutzenevaluation, Ergebnistypen (bspw. Excel-Tabelle, Prozess-Grafik) sowie Verantwortlichkeiten (Durchführung, Entscheidung, Einbeziehung) detailliert beschrieben werden.
- Gremien (Aufbauorganisation)
- Festlegung von Governance-Gremien mit entsprechenden Kompetenzen und Befugnissen, bspw. eines IT-Strategie-Ausschusses mit Vertretern der Managementebene aller Stakeholder.
- Architekturen (Technologie)
- Aufbau von Bebauungsplänen für Anwendungssysteme (IT-Masterplan) und Infrastruktur (siehe Abschnitte 3.5 bzw. 3.6).
- Strategische Initiativen
- Festlegen von Maßnahmen, die ein strategisches Thema näher evaluieren sollen, bspw. Machbarkeitsstudien zu technologischen Innovationen (bspw. Service-orientierte Architekturen) oder Konzeptionen zu übergreifenden Prozessanpassungen (bspw. für Prozesse innerhalb der IT: Einsatz ITIL, Six Sigma).

Umsetzungsplanung: Der abschließende Schritt in der Entwicklung einer IT-Strategie befasst sich mit der *Umsetzungsplanung*. Ziel dieser Phase ist im Wesentlichen, die zuvor festgelegten Aufgaben und Maßnahmen der Umsetzung im operativen Tagesgeschäft zuzuführen. Dazu werden die in Schritt 3 definierten strategischen Initiativen priorisiert und terminlich eingeplant. Aus Sicht auf das Gesamtunternehmen wird zudem ein IT-Masterplan mit einem Planungshorizont von 3–5 Jahren für alle Projekte mit IT-Bezug erstellt. Als Extrakt hieraus fungiert das IT-Projektportfolio, welches in der Regel jährlich definiert und festgeschrieben wird und somit die Priorisierung der Projekte mit IT-Bezug für das laufende Jahr festlegt.

3 Von der IT-Strategie zur IT-Architektur

3.1 Herleitung der IT-Architektur

Unter Architektur versteht man ganz allgemein einen Bauplan zur Errichtung eines Gebäudes. Der Bauplan dient u. a. als Kommunikationsgrundlage zwischen Konstrukteur und Nutzer. Zur besseren Veranschaulichung und zur Reduzierung von Komplexität unterscheidet man verschiedene „Sichten" einer Architektur: Grundriss, Vorderansicht, Seitenansicht, Raumaufteilung, Inneneinrichtung, 3D-Sicht etc.

Der grundsätzliche Aufbau und die ganzheitliche Beschreibung verschiedener Bestandteile eines Informationssystems mit seinen funktionalen und technischen Eigenschaften wird als *Informationssystemarchitektur* bezeichnet. Hierbei sind verschiedene Aspekte (Sichten) zu berücksichtigen: Daten, Funktionen, Anwendungsprogramme, Hardware, Vernetzung und Organisation. Folgende Ziele werden dabei verfolgt:

- Verringerung von Komplexität
- Wiederverwendbarkeit von einzelnen Modulen
- Standardisierung

3.2 Ziele

Hauptziel der IT-Architektur ist die Koordination der Anwendungs- und Systemarchitektur mit der Geschäfts- und Prozessarchitektur. Daraus können die folgenden Teilziele abgeleitet werden[8]:

- Optimale Ausrichtung von Geschäft und IT (Alignment) zur flexiblen, zeitnahen Umsetzung von Änderungen an den Geschäftsprozessen des Unternehmens.

- Flexibilität der IT-Landschaft

- Homogenität der IT-Landschaft auf der Basis weitgreifender Standardisierungen, insbesondere in den betriebswirtschaftlichen Kernfeldern (bspw. Enterprise-Ressource-Planning-Bereiche wie Materialwirtschaft, Einkauf, Personalwesen). Zusätzlich ist allerdings eine ausreichende Flexibilität zur Abdeckung von fachspezifischen Anforderungen (bspw. Routenplanung bei der Entsorgung von Abfall; Portfolio-Management im Energiehandel) zu gewährleisten.

- Beherrschbarkeit der IT-Landschaft: Die IT-Landschaft muss plan- und wartbar gestaltet sein. Als Beispiel sei hier die Migration der Client-Betriebssysteme genannt: die IT-Landschaft sollte ausreichend transparent und flexibel gestaltet sein, um Migrationen einfach durchführen zu können. Die IT-Sicherheit darf ebenfalls nicht vernachlässigt werden.

- Akzeptanz und Transparenz der IT-Landschaft: Zur Verbesserung der Kommunikation zwischen Management, Fachanwender und IT muss die IT-Landschaft für alle Beteiligten verständlich und transparent gestaltet werden.

- Wirtschaftlichkeit der IT-Landschaft: Die im Unternehmen zur Unterstützung der Kern- und Service-Prozesse eingesetzten Anwendungssysteme mit der jeweiligen Infrastrukturbasis müssen den Kostenzielen im Unternehmen genügen sowie den erwarteten fachlichen Nutzen abdecken.

Zur Zertifizierung von Informationssicherheitsmanagementsystemen (z. B. ISO 27001) sind zum Beispiel überschaubare Informationsverbunde einzuführen, die dann sukzessive erweitert werden können. Mögliche Auswahlkriterien sind organisatorische Strukturen, technische Strukturen, Geschäftsprozesse oder Anwendungssysteme. In der Energiewirtschaft muss ein

---

[8] Vgl. *HOFMANN/SCHMIDT* (2007), S. 181 ff.

Verbund von substanzieller Bedeutung sein und zum Geschäftserfolg zu einem wesentlichen Teil beitragen. Ein Informationsverbund kann daher z. B. ein „Geographisches Informationssystem" sein.

Das IT-Architektur*management* verfolgt entsprechende Ziele und Aufgaben:[9]

Ziele:

- Stringente Ausrichtung der IT an den Geschäftsanforderungen
- Entwicklung eines realistischen IT-Plans, ausgerichtet an den Geschäftszielen
- Technische Koordination der IT-Vorhaben, um Ressourcenkonflikte (bspw. Speicherplattenkapazität) zwischen parallel geplanten IT-Vorhaben zu vermeiden
- Priorisierung von IT-Vorhaben
- Priorisierung von IT-Investitionen
- Bereitstellung eines Informationssystems zur Steuerung von Konsolidierungs- und Synergie-Initiativen
- Der Zusammenschluss mehrerer Unternehmen zu einem Unternehmensverbund gründet i. d. R. auf einer Reihe von Synergiepotenzialen (bspw. Kosteneinsparungen aufgrund einer Vereinheitlichung von Einkaufskonditionen). Um die Nachhaltigkeit dieser Maßnahmen zu überprüfen, kann ein geeignetes Informationssystem eingesetzt werden.
- Entwicklung eines Steuerungsmechanismus zur unternehmensweiten Portfolio-Ausrichtung

Dieser Steuerungsmechanismus hat die Aufgabe, die geplanten Projekte nach festgelegten Kriterien gegeneinander zu priorisieren und mit den vorhandenen Umsetzungs-Ressourcen (Personal und Technik) abzugleichen.

Bei den Aufgaben lassen sich strategische und operative Aufgaben unterscheiden:

Aufgaben (Strategisch):

- Festlegung von Prinzipien und Verfahren
- Über die Definition von grundsätzlichen Aussagen mit weitgreifender Gültigkeit („Prinzipien") sowie Prozessen zur Einhaltung der IT-Architekturvorgaben („Verfahren") wird die operative Umsetzbarkeit dieser Vorgaben gewährleistet.
- Etablierung eines IT-Architekturprozesses zur Definition, Pflege und Verabschiedung eines IT-Architekturstandards,
- IT-Planung, insbesondere Entwicklung und Pflege des Vorhabenportfolios,
- IT-Architektur(weiter)entwicklung

---

[9] Projektunterlagen *SWD AG, IBM Deutschland GmbH* 2008.

› Die IT-Architektur muss in festgelegten regelmäßigen Abständen überarbeitet und sowohl an die fachlichen Anforderungen im Unternehmen als auch an die Weiterentwicklung des IT-Markts (Stichwort Innovationen) angepasst werden.

Aufgaben (Operativ):

› Technische Projektbewertung: Einschätzung der technischen Projektvoraussetzungen und -implikationen (bspw. Speicherplatzbedarf, Serverauslastung, Schnittstellenbedarf zu vorhandenen Anwendungssystemen)

› Architekturantragsbearbeitung: Änderungen an der verabschiedeten IT-Architektur, bspw. die Einführung eines neuen Anwendungssystems, werden über ein formalisiertes Genehmigungsverfahren entschieden.

› Synergiemanagement: Die Standardisierung von IT-Architekturen führt zu Synergieeffekten, bspw. aufgrund von Kosteneinsparungen bei der Ersetzung unterschiedlicher Einzellösungen durch eine integrierte Standardlösung.

› Projektbegleitung und Qualitätssicherung: Das Thema IT-Architektur sollte im Rahmen der IT-Projekte vertreten sein, um die Einhaltung ersterer zu gewährleisten.

3.3 Abgleich der IT-Architektur mit der IT-Strategie

Wenn man davon ausgeht, dass die IT-Architektur ein ganzheitliches Modell der Informationsverarbeitung eines Unternehmens ist, dann muss das (Top-)Management diese Architektur nicht nur kennen, sondern im Idealfall selber festlegen und deren Zweckmäßigkeit regelmäßig überprüfen. Die IT-Architektur enthält keine informationstechnischen Details, sondern wird top-down von der allgemeinen Unternehmensstrategie abgeleitet.

Während die (Anwendungs- sowie System-) Architekturen dabei eine Abbildung der aktuellen bzw. zukünftigen Informationssysteme darstellen, dienen Architekturprinzipien dazu, „bereits zu Beginn einer Softwareentwicklung den ordnenden Rahmen aus übergreifender Architektursicht festzulegen. Architekturprinzipien dokumentieren alle übergreifenden, architekturbezogenen Anforderungen an die Weiterentwicklung des Ist- zum Soll-Portfolio."[10]

Die Unternehmensstrategie definiert die Vision eines Unternehmens und manifestiert diese in Unternehmenszielen, gestützt durch eine adäquate Investitionsstrategie. Die IT-Strategie wird unmittelbar aus der Unternehmensstrategie abgeleitet und transformiert die dort definierten Zielsetzungen in Anforderungen an die IT-Architektur und -Organisation.

Auf der fachlichen Seite wird die Unternehmensstrategie über ein Unternehmensmodell (Daten- und Geschäftsprozessmodell inkl. Facharchitektur) operationalisiert. Ziel des Unternehmensmodells ist es, über Prinzipien, Modelle, Standards und Prozesse das Geschäft des Unternehmens abzubilden und so eine Langfristplanung zu ermöglichen.

---

[10] Vgl. DERN (2006), S. 48.

Auf der IT-Seite wird aus der IT-Strategie die IT-Architektur entwickelt, welche die Prinzipien und Modelle insbesondere auf die Anwendungs- und System-Architektur überträgt. Im letzten Schritt folgt dann die Ausprägung von IT-Projekten, um die geplanten Architekturen umzusetzen.

3.4 Aufbau

Die IT-Architektur beinhaltet verschiedene Architekturen (siehe Abbildung 2). Die Anwendungs- und System-Architektur werden in den folgenden Abschnitten näher erläutert.

Zusätzlich können Architekturen erstellt werden, die sich mit der Anwendungsentwicklung (Software-Entwicklungs-Umgebung[SEU]) oder speziell mit dem Fokus IT-Sicherheit (Sicherheitsarchitektur) befassen.

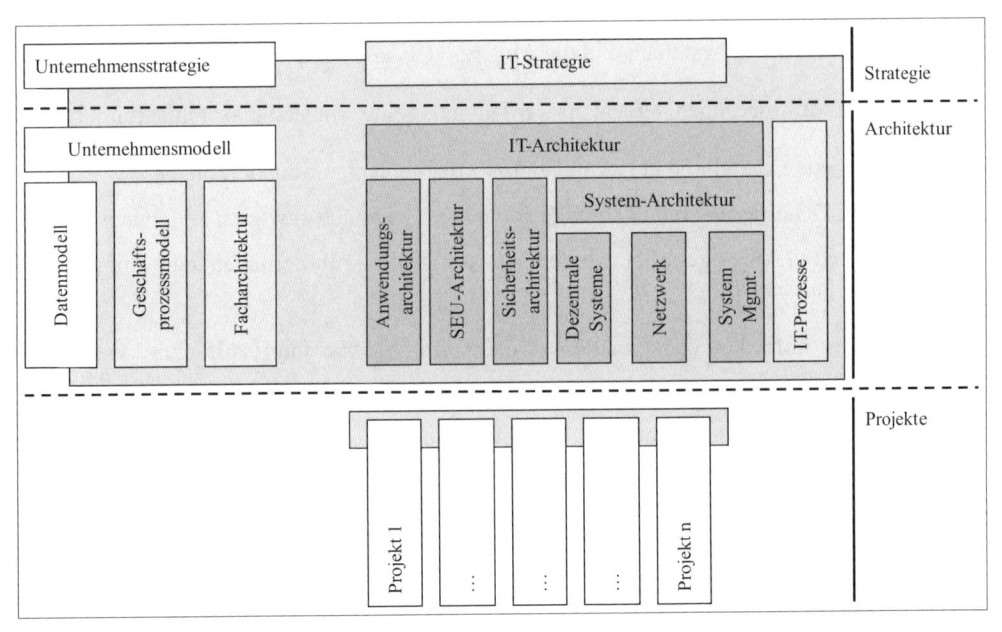

Abbildung 2: Aufbau der IT-Architektur[11]

---

[11] Projektunterlagen *SWD AG, IBM Deutschland GmbH* (2008).

3.5 Anwendungsarchitektur

Die Anwendungsarchitektur bildet den Teil der IT-Architektur, der eine zielgerichtete Abbildung der Anwendungssystemlandschaft eines Unternehmens darstellt.

Eine Anwendungsarchitektur hilft dabei,

- neue Ausprägungen einer Anwendungslandschaft oder neue Systeme zu planen,
- fachliche Vorgaben zu spezifizieren,
- Konstruktionsprinzipien zu definieren,
- die einzusetzende Infrastruktur zu spezifizieren,
- sich in der aktuell vorhandenen Anwendungslandschaft zurechtzufinden,
- neue Systeme in die Landschaft zu integrieren,
- Migrationen von Altsystemen und die Änderungen der Schnittstellen zu planen. [12]

Um all diesen Anforderungen gerecht zu werden, muss eine Anwendungsarchitektur

- eine abstrakte Darstellung der aktuellen bzw. der geplanten Situation bieten,
- genügend Detaillierung bieten, um die genannten Fragen beantworten zu können,
- ausreichend flexibel gestaltet werden, um auf neue Anforderungen und Anpassungen reagieren zu können.

Die Vielfalt der Anforderungen an eine Anwendungsarchitektur führt häufig zur Verwendung von Referenzmodellen.[13]

Im Folgenden wird wiederum auf das Fallbeispiel des Energieversorgers und die dort verwendete Vorgehensweise eingegangen.[14]

---

[12] Vgl. NIEMANN (2005), S. 19.

[13] Vgl. hierzu auch weitere Referenzmodelle für ein Architekturmanagement, bspw. ZACHMAN, TOGAF (The Open Group Architectural Framework), DoDAF (Department of Defense Architecture Framework) etc., unter online: http://www.opengroup.org/architecture.

[14] Projektunterlagen *SWD AG, IBM Deutschland GmbH* 2008.

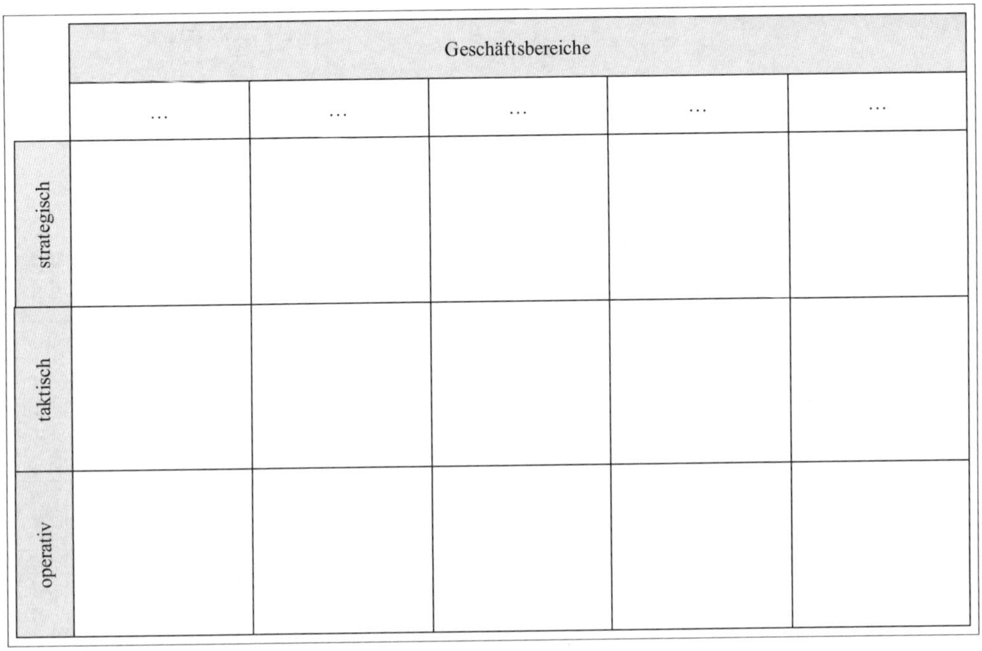

Abbildung 3: *Component Business Model (CBM)*[15]

Ein mögliches Referenzmodell für eine Anwendungsarchitektur stellt das Component Business Model (CBM) der *IBM Deutschland GmbH* dar (siehe Abbildung 3). Das CBM unterscheidet in der Horizontalen drei Ebenen: die strategische Führungsebene, die taktische Ebene und die Ebene der operativen Leistungserbringung. Auf der Führungsebene werden die grundsätzlichen Entscheidungen zur zukünftigen geschäftlichen Ausrichtung und Entwicklung des Unternehmens getroffen. Die taktische Ebene dient im Wesentlichen dazu, die Umsetzung der strategischen Vorgaben zu überwachen und zu steuern, während die Ebene der operativen Leistungserbringung mit deren Umsetzung befasst ist.

Die vertikale Sicht des CBM stellt die Wertkette des Unternehmens dar, von der Produktentwicklung über das Kundenmanagement und den Verkauf bis hin zu Abrechnung und Controlling.

In den einzelnen Feldern des CBM werden dann die verschiedenen Geschäftskomponenten des Unternehmens abgebildet. Eine Geschäftskomponente beinhaltet eine Ansammlung von Geschäftsaktivitäten, die durch Ressourcen und IT unterstützt wird. Sie kann *unabhängig* von anderen Komponenten agieren.

Kombiniert man dieses Referenzmodell mit der pragmatischen Sicht aus dem Bereich des Architekturwesens („Hausbau") und wendet es auf das Fallbeispiel des Energieversorgers an, so entsteht bspw. das folgende „Architekturhaus" (siehe Abbildung 4):

---

[15] Vgl. in Anlehnung an *IBM* (2009).

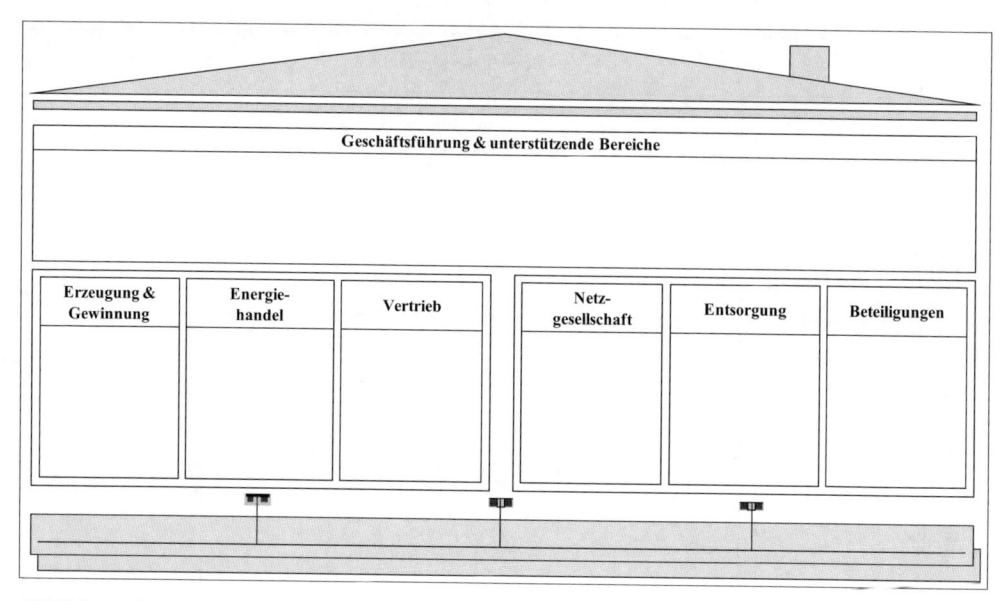

Abbildung 4:   Beispiel eines Architekturhauses für einen Energieversorger

Ziel dieser Darstellungsform ist es, zum einen eine möglichst eingängige Struktur anbieten zu können, die sowohl für interne (Management, Fachbereiche, IT etc.) als auch externe Adressaten (Anteilseigner, Konzerntöchter, Kooperationspartner etc.) verständlich und nachvollziehbar ist.

Zum anderen soll diese Darstellung die Möglichkeit bieten, schrittweise den Detaillierungsgrad zu erhöhen. Dies wird dadurch erreicht, dass quasi „Wohnungen" eingerichtet werden, bspw. Energiehandel oder Vertrieb. Diese „Wohnungen" kann man sich in der Folge im Detail ansehen, um weitere Informationen zu den dort verwendeten Anwendungssystemen zu erhalten.

Im Dach des Hauses sind Querschnittsthemen wie Intranet und Bürokommunikation abgebildet, die keinem Geschäftsfeld direkt zuzuordnen sind. Zusätzlich bietet das Fundament des Hauses einige Basisdienste wie Dokumentenmanagement und Basisanwendungen an. Sieht man nun in die „Wohnung" Geschäftsführung und unterstützende Bereiche, so ergibt sich das folgende Bild:[16]

---

[16] Das Bild enthält lediglich innerhalb des markierten Rahmens konkrete Beispiel-Anwendungssysteme, da die Darstellung ansonsten überfrachtet wird.

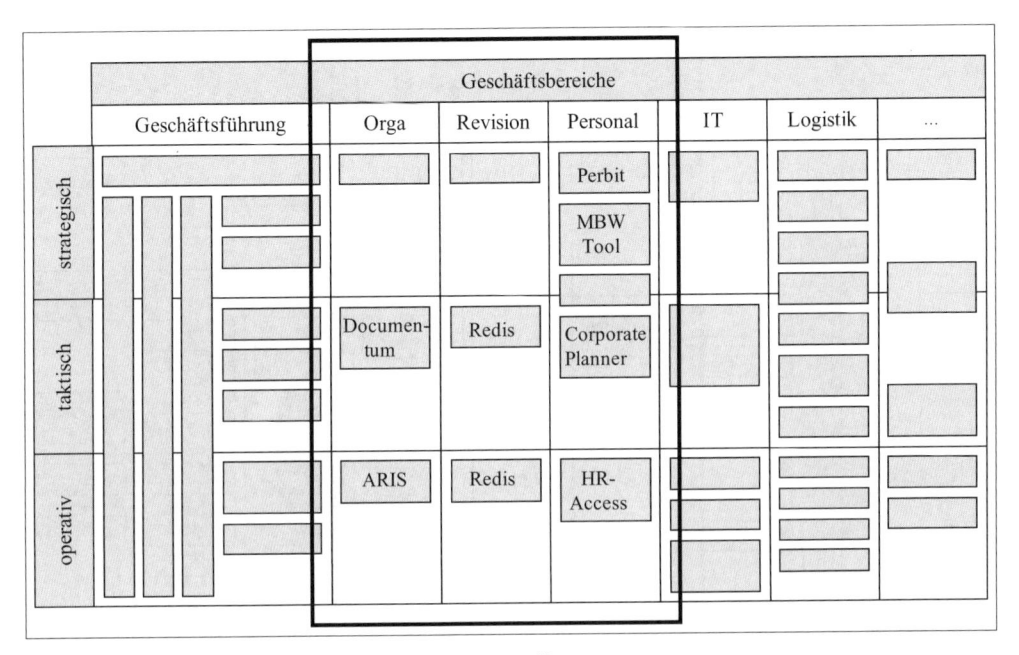

IT-Strategie und -Architektur für die Energiewirtschaft 39

		Geschäftsbereiche					
	Geschäftsführung	Orga	Revision	Personal	IT	Logistik	...
strategisch				Perbit			
				MBW Tool			
taktisch		Documentum	Redis	Corporate Planner			
operativ		ARIS	Redis	HR-Access			

Abbildung 5:   Beispiel für eine Ist-Architektur[17]

Hier ist zu erkennen, dass in den einzelnen vertikal dargestellten Geschäfts- bzw. Tätigkeitsfeldern die verschiedenen Geschäftskomponenten benannt und mit den eingesetzten Haupt-Anwendungssystemen versehen wurden.

Farbliche Kennzeichnungen können dazu dienen, auf den ersten Blick den Abdeckungsgrad von Standards erkennen zu können. Daneben können weitere, fachspezifische Anwendungssysteme sowie individuelle Anwendungssysteme platziert werden. Im abgebildeten Beispiel verfügt die Organisation im Strategiebereich über kein fachspezifisches Werkzeug, während operativ die Geschäftsabläufe mit der ARIS-Anwendung modelliert werden.

Zudem wurden einige Geschäftskomponenten der Geschäftsführung nicht genauer in die drei Ebenen strategisch, taktisch, operativ unterteilt, wenn dies der Realität nicht entsprach.

Diese Darstellung wird ergänzt durch die Abbildung des Bebauungsplans mit einem zukünftigen Zeithorizont von 3 Jahren (siehe Abbildung 6).

Das Unternehmen wird in den nächsten 3 Jahren im Personalbereich ein *SAP*-Standardsoftwaremodul (HCM) einführen und die Bereiche Organisation und Revision mit Informationen aus dem *SAP* Business Warehouse versorgen.

---

[17] Projektunterlagen *SWD AG, IBM Deutschland GmbH* (2008).

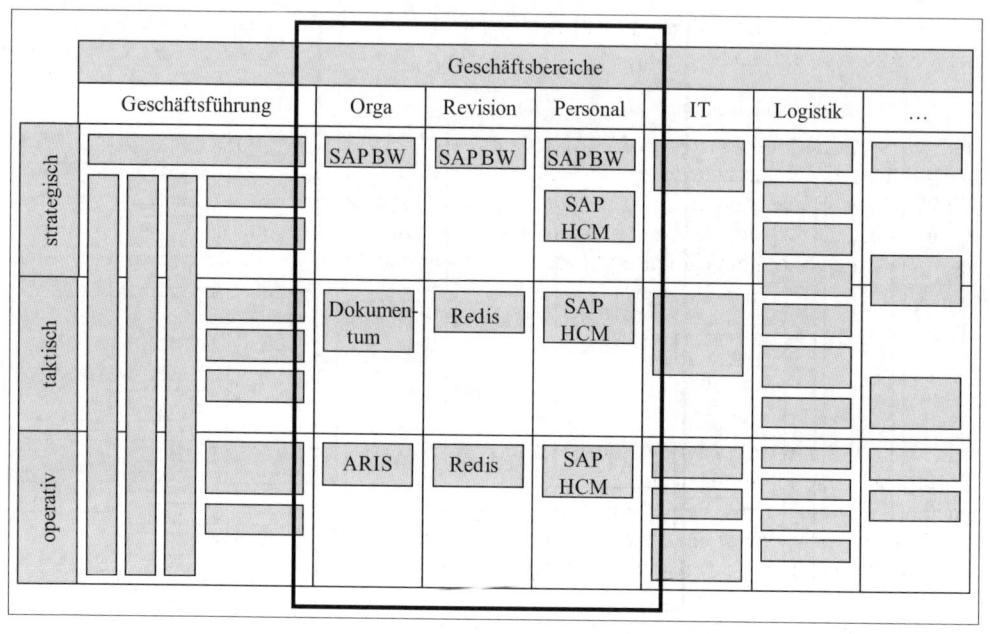

Abbildung 6:   Beispiel für eine Soll-Architektur[18]

Diese beiden Darstellungsformen

➢ heutige Ist-Architektur

➢ Soll-Architektur bzw. Bebauungsplan, Zeithorizont: 3 Jahre

existieren nun für jede in Abbildung 4 dargestellte „Wohnung" und lassen somit sowohl einen Blick in die aktuelle Situation als auch in den geplanten Ausbau der Anwendungssystemlandschaft zu.

Aus der Erfahrung des IT-Architekturmanagement-Projektes beim betrachteten Energieversorger können die folgenden Vor- und Nachteile der Vorgehensweise kurz zusammengefasst werden:

Vorteile:

➢ Das CBM-Modell ist intuitiv zu verstehen und gut auf die Unternehmensspezifika anzupassen.

➢ Die Kombination aus CBM und „Architekturhaus" ergibt eine pragmatische, gut lesbare und verständliche Darstellung mit klarer Struktur.

➢ Die Abbildung der Wertkette eines Unternehmens ist in der vertikalen Sicht des CBM-Modells möglich.

---

[18] Projektunterlagen *SWD AG, IBM Deutschland GmbH* (2008).

Nachteile:

- Die Detaillierung in Geschäftsprozesse des Unternehmens ist oft leider aus zeitlichen Gründen nicht flächendeckend möglich.
- Die Aufteilung des CBM in die horizontalen Sichten strategisch, taktisch, operativ fällt manchmal etwas schwer, da diese Aufteilung im Unternehmen nur selten konsequent gelebt wird.
- Die Verbindung des CBM mit der im Folgenden beschriebene Systemarchitektur ist noch zu verbessern.

3.6 Systemarchitektur

„Die System- und Sicherheitsarchitektur ist die Beschreibung der systemnahen Hard- und Softwarekomponenten, die die systemtechnische Umgebung für Entwicklung, Test und Produktion der durch die IT-Architektur strukturierten Informationssysteme bilden."[19]

Die Systemarchitektur ist somit Grundlage für ein unternehmensweites Infrastukturmanagement, welches im Schwerpunkt die folgenden Aufgaben umfasst:

- „Entwicklungs- und Planungsprozesse für den Aufbau und den Betrieb der Infrastruktur,
- Verteilungsprozesse (Deployment) für die im Rahmen der Einführung neuer Hard- und Software anfallenden Aufgaben,
- Betriebsprozesse für Bereitstellung und Betrieb der ICT (Information and Communication Technology) -Infrastruktur,
- technische Unterstützungsprozesse, die sich bspw. mit Bewertung und Prüfung neuer Infrastrukturlösungen, [...], befassen."[20]

Die Systemarchitektur wird in verschiedenen Bearbeitungsschritten erhoben und detailliert.

Konzept-Sicht für High Level Design	Logische Sicht für Detaildesign	Physische Sicht für technische Spezifikationen
- Übersicht - Lokationen - Architekturmuster	- Schichten - Systemknoten - Produkte - logische Verbindungen	- Parameter - Produktfeatures - Konfigurationsdaten

Tabelle 3:   *Sichten auf eine Systemarchitektur*[21]

---

[19] DERN (2006), S. 21.
[20] HOFMANN/SCHMIDT (2007), S. 111.
[21] Projektunterlagen *SWD AG, IBM Deutschland GmbH* (2008).

Die Detaillierung nimmt von der Konzept- über die logische hin zur physischen Sicht zu:

> *Konzept-Sicht*: Das Modell beschreibt die konzeptionelle Sicht des Netzwerkes und bietet eine Architekturübersicht über die eingesetzten IT-Bausteine und -dienste unter Angabe der Lokationen. Es ergibt sich ein Architekturmuster.

> *Logische Sicht*: Das Schichtenmodell teilt die Systemlandschaft in verschiedene Schichten ein, ordnet die Rechnerknoten diesen Schichten zu, nennt konkret eingesetzte Produkte und zeigt die Verbindungen zwischen den einzelnen Schichten auf.

> *Physische Sicht*: Die in Ebene 2 identifizierten Nodes (bspw. Server) werden hier detailliert beschrieben, indem Parameter angegeben werden (bspw. Leistungskennzahlen eines Servers). Zugleich werden Konfigurationsdaten (bspw. im Rahmen der Aufteilung von Serverkapazitäten) erfasst.

In jeder der genannten Detaillierungsstufen existiert zudem noch die Möglichkeit, zwischen einer grafischen sowie einer schematischen Struktur zu wählen. Bei der Infrastrukturerfassung werden Daten unterschiedlichster IT-Systemtypen erfasst:[22]

IT-Systemtyp	Beispiele für zugehörige IT-Systeme
Fachapplikation	*SAP*, *Smallworld* (geographisches Informationssystem)
Infrastrukturapplikation	> Mail-Anwendung inkl. Kalenderfunktionen etc. > Systems Management Tools > Web Application Server > DBMS
Server & Storage	> *AIX* > *HP* > *SUN* > *Windows* > jeweils inkl. Fileservice, Printservice
IT-Endgeräte	> PC > Notebook > Handheld > Drucker/Plotter > Eingabegerät
aktive Netzwerkkomponenten	> Router > Switch > Firewall > LAN-/WAN-Leitung
passive Netzwerkkomponenten	> Netzwerkanschlüsse > Verkabelung
TK-Komponenten	> Telefonanlagen
Produktionssysteme	> Bandroboter
sonstige Systeme	> Brandmeldeanlagen inkl. Verkabelung

Tabelle 4:   Infrastrukturerfassung

---

[22] Projektunterlagen *SWD AG, IBM Deutschland GmbH* 2008.

IT-Strategie und -Architektur für die Energiewirtschaft 43

Ergänzend ist es durchaus sinnvoll, die Erfassung der Informationen zu formalisieren, bspw. über die Festlegung von Standards zur Beschreibung, in denen der Titel (bspw. Überblick über die Infrastruktur), der Dokumentationstyp (bspw. Name der Powerpoint-Datei), eine kurze Inhaltsbeschreibung und das Ziel und die Handhabung des Inhalts formalisiert dargestellt werden.

Im Folgenden wird die Vorgehensweise wiederum am Fallbeispiel des Energieversorgungsunternehmens beschrieben.

Konzept-Sicht: Auf der konzeptuellen Ebene wurde eine Infrastruktur-Übersicht sowohl in grafischer (siehe Abbildung 7), als auch in schematischer Darstellung erarbeitet. Der Vorteil der grafischen Darstellung in Abbildung 7 liegt darin, dass unmittelbar die Struktur der Systemanbindung im Netzwerk des Energieversorgers zu erkennen ist.

Auf der linken Seite der Grafik sind zum einen die verschiedenen an das Netzwerk angebundenen Nutzer mit deren PC, Laptops, MDA etc. zu sehen. Die mittlere Schicht zeigt die Umgebung aus Rechenzentrum, Kommunikationstechnik und speziell gesichertem Raum für die Tape Libraries. Rechts in der Grafik sind zusätzlich angebundene Standorte wie das zweite produktive Rechenzentrum und der Mutterkonzern aufgeführt.

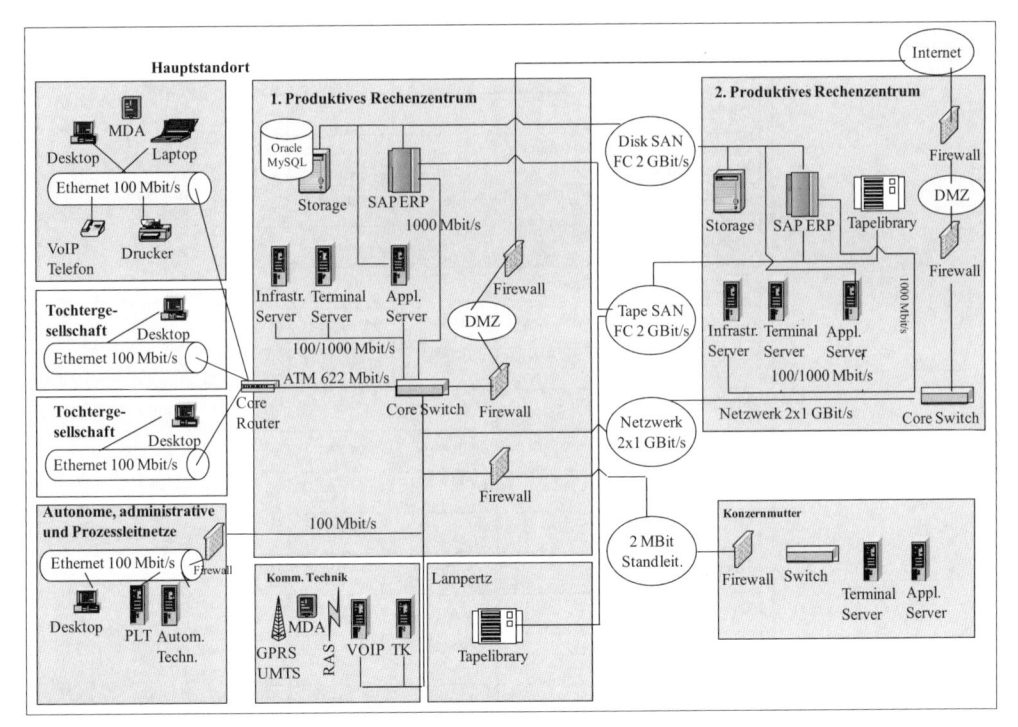

Abbildung 7:   *Konzept-Sicht - Grafik*[23]

---

[23] Projektunterlagen *SWD AG, IBM Deutschland GmbH* (2008).

Stellt man diese Informationen schematisch zusammen, ergibt sich Tabelle 5:[24] Bei dieser tabellarischen Erfassung wurden für ausgewählte Basis-Anwendungssysteme Kerninformationen zu den eingesetzten IT-Systemen der Bereiche

➢ Middleware (bspw. Groupware, Mailing, Content Management),

➢ Systemdienste (bspw. File/Print-Services, Monitoring, Security),

➢ Hardware-Plattformen (bspw. Standard-Client, Cluster, Server, Virtualisierung),

➢ Storage (bspw. SAN, Mirroring) und

➢ Netzwerk (bspw. LAN, Backbone)

zusammengetragen.

IT-System	SAP	Personal	GIS	---
Middleware				
Groupware				...
Mail-Dienste	Lotus Notes	Lotus Notes		...
Mailing	Mailto	Mailto		...
Webservices				...
Application Service				...
Content Management	Documentum			...
DBMS	Oracle	Oracle	Smallworld	...
System-Dienste				
File Services				...
Print Services	OMS	OMS	WIN-Print	...
Verzeichnisdienst			AD	...
Monitoring	OVO	OVO	OVO	...
Backup	Networker	Networker	Networker	...
Asset Management	CCM	CCM	CCM	...
Security			Trend Micro	...
Hardware-Plattform				
Enterprise Server	P6	P6	P6	...
Enterprise Server OS	AIX	AIX	AIX	...
...	...	...	...	...

Tabelle 5: Konzept-Sicht– Schematische Darstellung[25]

---

[24] Die Angaben der Tabelle (bspw. OMS, OVO, AIX) stellen Produktbezeichnungen dar und werden hier nicht näher ausgeführt.

[25] Projektunterlagen *SWD AG, IBM Deutschland GmbH* (2008).

In dieser Darstellung kann dann auch visualisiert werden, ob ein System dem Standard entspricht oder ob es sich bspw. gerade in Ablösung befindet.

Logische Sich: Im Rahmen der Detaillierung der zuvor konzeptuell erfassten Informationen können grafische Darstellungen gewählt werden, um die Komplexität handhabbar zu machen. Zusätzlich werden zwei Darstellungen unterschieden, um die Infrastruktur- (insb. Server) und die Netzwerksicht (insb. LAN/WAN, Router etc.) geeignet differenzieren zu können.

Die logische Sicht ergänzt die bisher vorhandenen Darstellungen um die Angabe konkreter Server (Klassen) und Produktangaben, sodass bspw. klar erkennbar ist, dass das Mailsystem auf einer älteren Windows-Server Version läuft, während für das Intranet eine neuere Windows-Server Version eingesetzt wird.

Beide Darstellungen (Server- und Netzwerksicht) sollten in vertikaler Betrachtung eine Einteilung in die Sichten

- Endgeräte (PC, Notebooks; ggf. Auflistung der verschiedenen Nutzergruppen mit ihren Endgeräten),
- Caching/Sicherheit (Kennzeichnung der DMZ[26] unter Angabe der eingesetzten Firewalls etc.),
- interne Zone (unternehmensinterne Sicht) und
- extern (unternehmensexterne Sicht, bspw. Internet, Partner, Anteilseigner)

erhalten.

Hieraus ist dann unmittelbar auch die Sicherheitsarchitektur in ihrer grundsätzlichen Struktur erkennbar. Somit wird die Sicherheitsarchitektur in die Systemarchitektur integriert, es erfolgt keine separate Darstellung.

Die Struktur ermöglicht es, zum einen direkt die Serverstruktur und -anbindung im Unternehmen zu erkennen als auch zum anderen die Netzwerkstruktur bspw. mit den jeweiligen Kapazitäten und Router-Anbindungen.

Für die Darstellungen der konzeptuellen und logischen Sicht existieren sowohl Ist-Darstellungen als auch Planabbildungen für eine dreijährige Vorausschau, auf die hier allerdings nicht näher eingegangen wird.

Physische Sicht: Die physische Sicht stellt den höchsten Detaillierungsgrad der Darstellungen im Bereich Systemarchitektur dar. Hier werden bspw. aus dem Bestandsmanagement der Infrastruktur oder aus einer CMS[27] entsprechende Auszüge erstellt, die einen Überblick über die genaue Struktur, Standort, Auslastung bzw. Belegung mit Anwendungssystemen der Server darstellen.

---

[26] DMZ: Demilitarisierte Zone, ein entkoppeltes, isoliertes Teilnetzwerk, das zwischen das zu schützende Netz und das unsichere Netz (insb. Internet) geschaltet wird.

[27] Configuration Management System gemäß ITIL: Das Configuration Management System (CMS) ist ein kohärentes logisches Modell der Infrastruktur einer IT-Organisation. Es besteht in der Regel aus mehreren physischen Subsystemen, den Configuration Management Databases (CMDBs) die die Verwaltung und den Zugriff auf alle Assets und Betriebsmittel der IT regeln.

Im Detail können dort bspw. die folgenden Angaben erfasst werden:

- Bezeichnung virtueller Server
- IP-Adresse[28] im Netzwerk
- Bezeichnung der Netzwerkkarte
- MAC-Adresse[29] des Servers
- Kennzeichnung des aktuellen physischen Servers (Typ, Serien-Nr., Schrank, Raum, Standort)
- Anwendungssystem auf dem Server (Name, Verantwortlicher, Status)

Auch für die Systemarchitektur können Vor- und Nachteile aus der praktischen Erfahrung genannt werden:

Vorteile:

- Gut strukturierte Vorgehensweise anhand der Dreiteilung in Konzept-, logische und physische Sicht.
- Auswahlmöglichkeiten zwischen grafischer und schematischer Darstellung.

Nachteile:

- Die Aggregation der vorliegenden Informationen aus dem Bereich der Infrastruktur gestaltet sich schwierig.
- Der Übergang zu der Anwendungsarchitektur fehlt.
- Die Einbindung bereits vorhandener Infrastruktursichten und -abbildungen gestaltet sich aufgrund der unterschiedlichen Fragestellungen häufig schwierig.
- Die Pflege der Abbildungen muss geregelt werden, da die Angaben permanent zu aktualisieren sind.

Zur organisatorischen Umsetzung und Pflege der IT-Architektur sind ebenfalls Gremien zu etablieren. In einem Entscheidungsgremium „Architekturboard" sollte der Chief Information Officer (CIO) zusammen mit den IT-Architekten des Unternehmens und der operativen Führungsebene agieren. Ein beratendes und qualitätssicherndes Architekturteam sollte ebenso unterstützen, wie die vorbereitenden, empfehlenden und dokumentarischen Facharbeitsgruppen (temporäre Zusammensetzung).

---

[28] IP: Das *Internetprotokoll* ist für das Verschicken von Datenpaketen von einem Knoten zum anderen verantwortlich.

[29] Mac-Adresse = Media Access Control, zur eindeutigen Kennzeichnung eines Rechners im Netzwerk.

4 Herausforderungen – Fazit

Schnelle Reaktionen auf sich ändernde Geschäftsanforderungen und das zeitnahe Abbilden der Veränderungen in der IT, hohe Flexibilität der Anwendungsentwicklung und niedrige Wartungskosten sind maßgebliche Faktoren, die zukünftig weiterentwickelte Strategie- und Architekturkonzepte fordern.

Mit der Service-orientierten Architektur steht Unternehmen ein Gestaltungsprinzip zur Verfügung, das unter technischen Gesichtspunkten in Teilaspekten seit vielen Jahren diskutiert wird.[30]

Aktuell werden im Rahmen fachlich-fokussierter Projekte eingegrenzte Architekturen geschaffen, bspw. zur Optimierung des Prozesses Energiehandel; diese erzeugen so ein eher selektives Service Design.

Zukünftig wird es in Architekturfragen darum gehen, Akzeptanz für unternehmensweite Service-orientierte Architekturen zu schaffen und diese umzusetzen. Auf diesem Weg sind organisatorische und technische Herausforderungen zu bewältigen:

- Unterstützung des Business-Wachstums
- Angebot eines verbesserten Services für Kunden, Partner und Mitarbeiter
- Schnellere Reaktion auf Marktanforderungen
- Schnelle Umsetzung von gesetzliche Regelungen
- Generierung von flexiblen Softwarearchitekturen zur Umsetzung von Veränderungen
- Schnellere Umsetzung von Geschäftsprozessen und -abläufen durch Automatisierung
- Wiederverwendbarkeit von bereits entwickelten Services
- Sicherstellen des Investitionsschutzes durch standardisierte Programmschnittstellen
- Komplexitätsreduktion durch Verwendung von Standards
- Unterstützung des Rollenwechsels der IT zum aktiven Prozessgestalter

Technisch werden Themen der Konsolidierung, Flexibilisierung, Modernisierung und Integration und vor allem Virtualisierung eine zunehmende Serviceorientierung unterstützen. Testwerkzeuge und Portalplattformen werden weiterentwickelt werden. Messaging-Infrastrukturen und Orchestrierungstools bilden neben Business Activity Monitoring Tools Bausteine von serviceorientierten Lösungen ab.

---

[30] Vgl. WOLBER/SERVAES (2007), o. S.

Aus energiewirtschaftlicher Sicht lassen sich die Herausforderungen bezüglich Innovationen in kurz-, mittel- und langfristiger Perspektive darstellen. Kurzfristig werden vor allem mobile Lösungen für Instandhaltung, Netzbetrieb und mobile Services von Interesse sein. Mittelfristig stehen eher Wissensmanagement im Kundenservice und energieeffiziente Lösungen wie intelligente Netze (Smart Grids) und intelligente Energiezähler (Smart Meters) im Fokus.

In der langfristigen Sicht sind Ansätze wie semantisches Web und die Nutzung kollektiver Intelligenz bei Vertrieb, Handel und Energieerzeugung von Interesse. Die Nutzung mobiler Roboter bei der Instandhaltung wird bei Instandhaltungs- und Netzserviceaktivitäten ebenfalls zu untersuchen sein.

Herausforderungen im Umfeld energieeffizienter Lösungen werden derzeit im Rahmen von „Leuchtturmprojekten" unter Förderung der Bundesregierung in Modellregionen bearbeitet. Unter anderem werden dabei dezentrale Erzeugungsansätze, Handelsplattformen für Privatkunden und Elektromobilität untersucht.

Für den Kunden gibt dies insofern Chancen, als zukünftig aktiv der eigene Verbrauch gesteuert werden kann. Energieeffizienz hilft dann, Emissionen zu reduzieren. Erneuerbare Energien sollen marktfähig werden, und der Kunde soll als Kleinproduzent tätig werden können. Intelligente Netze entlasten zudem das Stromnetz.

Auch die Risiken von vielen Lösungen bzgl. der Wirtschaftlichkeit bei der Umsetzung werden geprüft. Die Akzeptanz beim Kunden ist notwendig, und Komfortverluste bei Haushaltsgeräten müssen durch Einsparungen kompensiert werden.

Als Fazit ist es sicher notwendig, Strategien, Bebauungspläne und Innovationen mit dem Kunden gemeinsam zu entwickeln. Ebenso sind Effizienzpotenziale von serviceorientierten Lösungen kundenorientiert umzusetzen. Benchmarks und ein regelmäßiger Feedbackprozess im Fachbereich helfen, „Best Practice" in „Good Practice" zu veredeln.

Quellenverzeichnis

ABTS, D./MÜLDER, W. (2009): Grundkurs Wirtschaftsinformatik, 6. Auflage, Wiesbaden 2009.

DERN, G. (2006): Management von IT-Architekturen, 2. Auflage, Wiesbaden 2006.

EARL, M. J. (1989): Management strategies for information technology, New York 1989.

HENDERSON, J. C./VENKATRAMAN, N. (1993): Strategic Alignment: leveraging information technology for transforming operations, IBM Systems Journal, 32. Jg. (1993), Nr. 1, o. S.

HOFMANN, J./SCHMIDT, W. (2007) (Hrsg.): Masterkurs IT-Management, Wiesbaden 2007.

IBM (2009): Component business models, online: http://www-935.ibm.com/services/us/imc/pdf/ge510-6185-component-business-models.pdf, Stand: 2005, Abruf: 21.07.2009.

NIEMANN, K. D (2005): Von der Unternehmensarchitektur zur IT Governance, 1. Auflage, Wiesbaden 2005.

PORTER, M. E. (2000): Wettbewerbsvorteile, 6. Auflage, Frankfurt am Main 2000.

WOLBER, H.-J./SERVAES, I. (2007): Von SAP Netweaver zu einer serviceorientierten Architektur, in: *FRANZ, R. U./HEINRICH H./JOHANNSEN, A.* (Hrsg.), Serviceorientierte Architekturen – Von der Strategie zum Projekt, Tagungsband, Aachen 2007.

Erwartungen an eine Service-orientierte Architektur in der Praxis eines Unternehmens der Energieerzeugung

Peter Unkel und *Wolfgang Puritz*

RWE Power Aktiengesellschaft

1	Anwendung von Services in Industrieunternehmen im Bereich der Querschnitts- und der Kernprozesse	53
2	Perspektiven des Einsatzes von Services	57
	2.1 SOA im Vergleich zu traditioneller IT-Unterstützung von Prozessen	57
	2.2 Integration als Hauptziel des Einsatzes von SOA	60
	2.3 Implikationen von SOA und Skepsis gegenüber dem Ansatz	65
3	Umsetzungsperspektiven in der Praxis	66
	3.1 Einsatzfelder und evolutionäre Entwicklung	66
	3.2 Neue Verantwortungsstrukturen als notwendige Voraussetzungen	67
	3.3 SOA im Kontext EAM und IT-Bebauungsplan	69
4	Ausblick: Erfahrungen und Erwartungen	74

1 Anwendung von Services in Industrieunternehmen im Bereich der Querschnitts- und der Kernprozesse

Die „Service-orientierte Architektur" (Service Oriented Architecture [SOA]) wird heute in IT-Kreisen nicht mehr als Neuheit gehandelt, nachdem dieses Thema einige Zeit fast allgegenwärtig auf IT-Tagungen mit Fokus IT-Architektur war. Daraus abzuleiten, dass die Transformation hin zu einer Service-orientierten Architektur in vielen Unternehmensarchitekturen zwischenzeitlich weit fortgeschritten ist, wäre jedoch eine zu hohe Erwartungshaltung. Einige Unternehmen vor allem aus dem Dienstleistungsbereich (Banken, Versicherungen, Logistik) haben von größeren SOA-Projekten und Umsetzungsfortschritten berichtet. In vielen Unternehmen vor allem der produzierenden Industrie steht der Einsatz von SOA und die damit einhergehende Entwicklung jedoch noch am Anfang. Berücksichtigt man die allgemeine Zustimmung, die das Konzept SOA in IT-Kreisen fand und auch gegenwärtig findet, scheint dies zunächst nicht recht verständlich. Dieser Beitrag will die Bestimmungsfaktoren für diese Situation beleuchten und wesentliche Einflussfaktoren aus der Sicht eines Unternehmens der produzierenden Industrie aufzeigen. Der Hintergrund beider Autoren ist eine Unternehmenszugehörigkeit zu einem führenden Unternehmen der Energieerzeugung in Deutschland; die Einschätzung der Situation erfolgt aus diesem Kontext heraus. Ein wesentliches Augenmerk dieses Beitrags soll darauf liegen, sich bietende Chancen für die produzierende Industrie durch dieses Architekturprinzip aufzuzeigen.

Mit Services im Sinne einer Service-orientierten Architektur sind nicht nur IT-basierte Services gemeint, es kann sich vielmehr durchaus um völlig ohne IT erbrachte Funktionen handeln. Auch wenn im weiteren Verlauf dieses Artikels die Gestaltung von IT-basierten Services und die Implikationen einer SOA im Vordergrund stehen, ist dieses Gesamtverständnis wesentlich. Auch kann die Erkenntnis entstehen, dass bereits heute Services im Sinne einer SOA in Unternehmen ausgeprägt und genutzt werden, und zwar möglicherweise IT-basierte als auch solche ohne direkten IT-Bezug. Im Folgenden wird zwischen Services im Sinne einer SOA und „klassischen" IT-Anwendungen differenziert. Letztere zeichnen sich im Regelfall durch einen großen Funktionsumfang und konventionelle Architekturen (insbesondere kein zentraler Service-Bus als Architektur-Backbone) aus. Die Integration innerhalb der IT-Anwendungsarchitektur wird mit klassischen Hilfsmitteln geschaffen und daher im Regelfall individuell oder anwendungsspezifisch z. B. über eine integrierende Datenhaltung realisiert.

Worin können wesentliche Gründe für die angesprochenen unterschiedlichen Umsetzungsstände in Unternehmen der produzierenden Industrie im Vergleich zu Dienstleistungsunternehmen liegen? Ein Erklärungsfaktor liegt in den Prozess-Strukturen, verbunden mit dem Lebenszyklus der Produktionsanlagen und – dies ist jedoch auf jeden Fall branchenabhängig – in den Weiterentwicklungszyklen der Produkte und der diesbezüglichen Erwartungen der Kunden und der Märkte. Insbesondere bei kapitalintensiven Produktionsanlagen ist eine lange Lebensdauer bzw. Abschreibungszeit die Regel. Verbesserungen und Optimierungen werden selbstverständlich durchgeführt, sind jedoch in starkem Maße von den Anlagenstrukturen abhängig. Die Prozesse sind daher wesentlich von der eingesetzten Anlagenstruktur geprägt. Hier liegt ein Unterscheidungsmerkmal zu ausgeprägt dienstleistungsorientierten Unternehmen vor – dort sind Produkte und Prozesse aufgrund der geringeren Kapitalintensität leichter veränderbar.

Die Zyklen tiefergehender Veränderungen bei Produkten und Prozessen sind also branchenspezifisch unterschiedlich ausgeprägt. Der Fokus dieser Aussage liegt dabei auf grundlegenden oder tiefergehenden Veränderungen; kleinere Veränderungen, Optimierungen und Rationalisierungen stehen heute in allen Unternehmen angesichts der Dynamik der Veränderung des wirtschaftlichen Umfeldes quasi auf der Tagesordnung. Auch die Produkte der produzierenden Industrie müssen im Wettbewerb ständig angepasst und verändert werden. Die Frage ist jedoch, ob diese Veränderungsdynamik auch die Geschäfts- und Produktionsprozesse in ihrer Grundstruktur betrifft, oder wie – neben vielfältiger und stetiger Verbesserungen des Produktionsprozesses – die Grundstrukturen und die Hauptprozesse in der produzierenden Industrie trotz der eingrenzenden Rahmenbedingungen aufgrund der Anlagenstruktur mit dem Ziel der weiteren Optimierung verändert werden können. Umgekehrt gilt natürlich auch, dass Änderungen der Anlagenstruktur z. B. durch technische Innovationen direkte Auswirkungen auf die zugehörigen Prozesse haben. Ein markantes Beispiel für derartige Produktionsprozesse ist die energie- bzw. stromerzeugende Industrie: in hohem Maße kapitalintensive Großanlagen wie Kraftwerke, Turbinen, Dampferzeugung etc. werden mit umfangreichen Instandhaltungs- und Modernisierungsmaßnahmen im Detail über lange Zeiträume genutzt; auch das Produkt – Strom – kann in seiner Grundausprägung keine wesentliche Veränderung erfahren. Diese strukturbedingte Abhängigkeit der Veränderbarkeit wichtiger Faktoren im Produktionsprozess gibt naturgemäß entsprechende Rahmenbedingungen für die Ausprägung der Geschäftsprozesse vor, die ohne Änderung der technischen Anlagenstruktur über längere Zeiträume nur begrenzt umgestaltet werden können.

Einer der häufig genannten Vorzüge einer Service-orientierten Architektur ist ihre Flexibilität im Hinblick auf die Unterstützung der Umsetzung von Veränderungen. Der Bedarf nach erhöhter Flexibilität wird von Unternehmen aus dem Dienstleistungsbereich, die von SOA-Projekten berichten, als Grund der Anwendung dieser Architektur häufiger genannt. Die Merkmale von SOA wie die gegenüber klassischen IT-Anwendungen feingliedrigere Struktur, die Kapselung von eng zusammengehörenden Daten und Funktionen in Diensten, die flexible Kombination von Diensten und die Wiederverwendbarkeit unterstützen die Veränderungs- und Anpassungsfähigkeit im beschriebenen Sinne. Flexibilität und Veränderungsfähigkeit können also ein bestimmendes Motiv zur Einführung von SOA sein. Hieraus könnte man folgern, dass die Attraktivität von SOA für Unternehmen der produzierenden Industrie, zumindest bezogen auf diese Eigenschaft, nur dann groß ist, wenn sich die Anlagenstruktur ändert, was ja gerade derzeit z. B. in der Stromproduktion aufgrund der intensiven Suche nach technischen Verbesserungen (Wirkungsgradsteigerungen, CO_2-freies Kraftwerk etc.) der Fall ist, aber ansonsten geringer wäre. Es stellt sich also die Frage, ob eine Service-orientierte Architektur aufgrund anderer Vorzüge auch für Unternehmen der produzierenden Industrie, speziell auch für solche mit hoher Kapitalintensität und hoher Abhängigkeit der grundsätzlichen Produktionsprozessausprägung von der eingesetzten Anlagenstruktur, Attraktivität besitzt.

Das stete Streben nach einer verbesserten und kostengünstigen Gestaltung des Produktionsprozesses hat in den letzten Jahren gerade auch in den Unternehmen der produzierenden Industrie zu vielfältigen Anstrengungen geführt, um die Wettbewerbsfähigkeit zu stärken – sowohl im Bereich der Kern- als auch der Querschnittsprozesse wurden vielfältige Optimierungen und Rationalisierungen umgesetzt. Diese Verschlankungen waren wichtig und notwendig für die Bewahrung einer wirtschaftlichen Produktionsbasis. Zur Stützung der Wettbewerbsfähigkeit würden viele der Unternehmen die Optimierungs- und Rationalisierungsbemühungen gerne weiterführen, stellen dabei aber fest, dass diese Aufgabe unter Beibehaltung der bestehenden Anlagentechnik immer herausfordernder wird, weil viele klassische

Rationalisierungspotenziale bereits in der Vergangenheit genutzt wurden. Vor allem die vom Ausmaß her bedeutenden Potenziale sind meist bereits seit langem realisiert. Erkennbar ist die generelle Tendenz, dass hier der Optimierungsprozess zunehmend schwieriger und die Optimierungsmaßnahmen in ihrem Ausmaß kleiner werden - Ausreizungseffekte werden spürbar. Können in dieser Situation im Bereich der Kernprozesse grundlegend andere oder weitere Ansätze für Optimierungspotenziale erschlossen werden? Die These lautet, dass die Service-orientierte Architektur eine mögliche Antwort hierauf darstellt. Der Ansatz zielt darauf ab, dass die speziellen Merkmale der SOA – Kapselung und redundanzfreie Konzeption von Services – die Erschließung weiterer Potenziale in Aussicht stellen durch eine Erhöhung des Grades der gemeinsamen Nutzung vereinheitlichter Services (siehe Abbildungen 1 und 2).

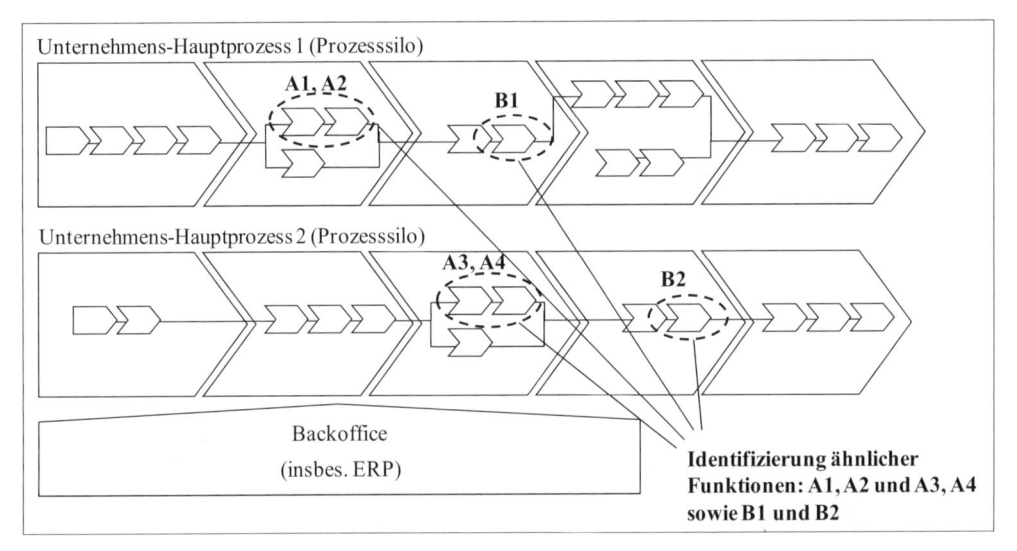

Abbildung 1: Ausprägungen ähnlicher Teilfunktionen in verschiedenen Hauptprozessen

Hintergrund dieser positiven Erwartungshaltung an SOA ist folgender Zusammenhang. Klassische Optimierungen der Anwendungslandschaft umfassen Harmonisierungs- und Konsolidierungsbemühungen auf der Ebene der IT-Anwendungen. Aufgrund der feingliedrigeren Struktur der Services erscheint die Herauskristallisierung des harmonisierbaren, gemeinsam nutzbaren Teils der IT-Unterstützung der Prozesse eher möglich als bei einer komplexeren Anwendung als Ganzes.

Dies eröffnet für die Prozesskosten der Bereitstellung des Services Economies of Scale. Als Nachteil kann sich eine erhöhte Abhängigkeit aller Nutzer von diesem Service ergeben – auch dies ist zu bewerten und führt gegebenenfalls zu erhöhten Anforderungen an Funktionalität und Betrieb des Services. Gegenstand einer solchen Kapselung und zentralen Bereitstellung von Services können von verschiedenen Prozessen gemeinsam genutzte Ressourcen und Informationen sein. Die Voraussetzungen für Optimierungspotenziale in diesem Bereich wären, dass gleiche oder hinreichend ähnliche Funktionen an verschiedenen Stellen eines produzierenden Unternehmens benötigt würden, und heute die Erfüllung dieser Funktionen unabhängig voneinander ausgeprägt ist.

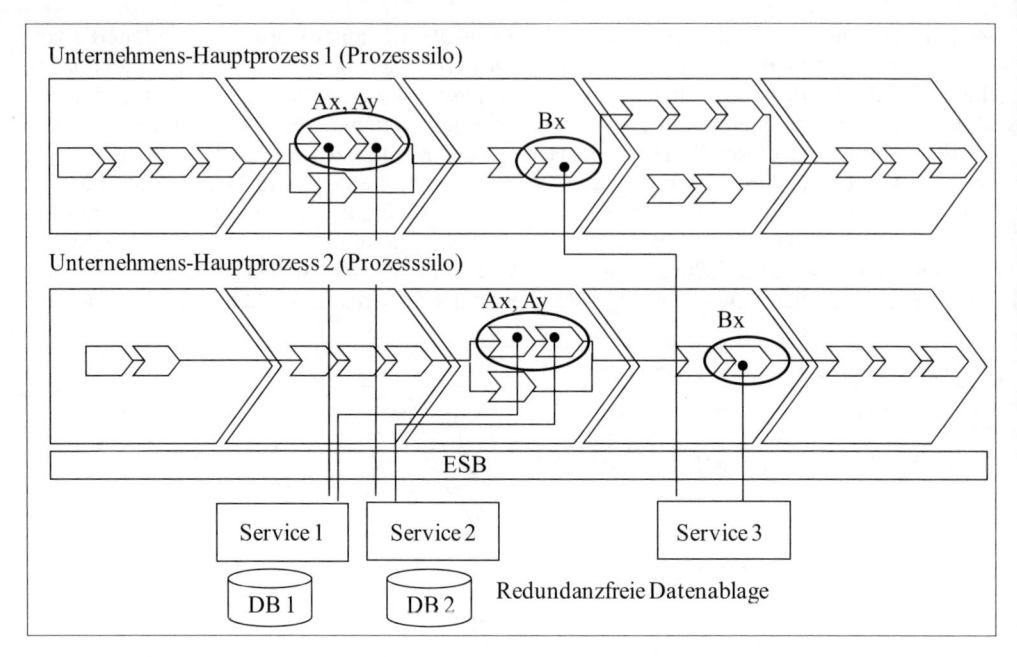

Abbildung 2: Erbringung von Geschäftsprozessfunktionen durch gekapselte Services

Die Untersuchung auf Möglichkeiten für eine derartige Optimierung wird sich auf eine Erhöhung der Integration entlang der Wertschöpfungskette im gleichen Hauptprozess richten oder auch parallel zueinander ablaufende Prozesse (z. B. verschiedene Produktionslinien) betrachten. In über mehrere Standorte verteilten Unternehmen kann die standortspezifische Bereithaltung und Durchführung von Funktionen ein Ansatzpunkt sein. Zu betrachtende Aspekte sind insbesondere:

➢ Erhöhung der Vernetzung zwischen Teilprozessen.

➢ Bündelung gleicher/ ähnlicher Funktionen über Prozesse hinweg.

➢ Optimierung der Nutzung der Datenbasis – Verringerung von Redundanz und Abstimmbedarfen.

Die Zielsetzung einer Suche nach Optimierungsmöglichkeiten durch gesteigerte Integration zielt im ersten Ansatz nicht auf eine grundsätzliche Neugestaltung der Kernprozesse. Diese sind, wie beschrieben, oftmals durch Produktionsanlagenstrukturen bestimmt. Gleichwohl ist erkennbar, dass es in Teilbereichen zu Prozessveränderungen kommen kann – die Fragestellung bezieht sich nicht allein auf die IT-Unterstützung der Prozesse, sondern es ist gemäß Verständnis der Service-orientierten Architektur ein Zusammenwirken von Prozessen und IT adressiert. In der folgenden Diskussion sollen Ansätze aufgezeigt und mögliche Einwände genannt werden. Wie weit bzw. wie intensiv ein Unternehmen einen solchen Ansatz verfolgen will, wird stark vom Einzelfall, von den gewonnenen Erfahrungen und von der Einschätzung der Potenziale abhängen. Die Autoren machen hier nur den Vorschlag, einen solchen Weg einzuschlagen und zu beginnen – die dabei zu gewinnenden Erkenntnisse bestimmen, wie weit der Weg zielführend ist. Dies impliziert die Möglichkeit einer allmählichen, also evolutionären, Umstrukturierung. Ein genereller Umbau oder eine völlige Neustrukturierung ist im ersten Ansatz also nicht gemeint, und die Intensität der Anwendung des Servicegedankens hängt von Einflussfaktoren im Einzelfall ab.

2   Perspektiven des Einsatzes von Services

2.1   SOA im Vergleich zu traditioneller IT-Unterstützung von Prozessen

Die Prozessstrukturen in vielen bereits lange tätigen Unternehmen sind in der Regel über Jahre hinweg gereift und ausdifferenziert. Die Unternehmenstätigkeit ist oftmals über verschiedene Standorte strukturiert. Das generelle Optimierungsbemühen des Unternehmens führt dazu, dass jeder Standort immer wieder lokale Verbesserungen sucht, die in Summe nicht automatisch oder zwangsläufig zu einem globalen Optimum des Unternehmens führen. Ein oftmals wichtiger Bestimmungsfaktor sind Veränderungen von Strukturen, die durch Firmenzusammenschlüsse, Zukäufe, Ausgliederungen, Bündelungen in Shared Services etc. in der Unternehmensgeschichte prägend für die Unternehmensprozesse waren. Es gab dann Integrationsmaßnahmen – insbesondere auf der IT-Ebene –, die zu integrierten Anwendungslandschaften führten, die oftmals auch erhaltenswerte Teile alter Strukturen bewahrten. Gründe hierfür können lokal ausgebildete spezielle Prozessausprägungen durch vorhandene Anlagenstrukturen oder hohe erwartete Aufwände zur Vereinheitlichung von Prozessen und deren IT-Unterstützung sein.

In der produzierenden Industrie sind die Hauptgeschäftsprozesse stark durch die Erzeugnisse und deren Herstellungsprozess und die hierfür eingesetzten maschinellen Anlagen geprägt. Die Gesamtprozessstruktur enthält weitere, im Umfeld des Hauptprozesses erforderliche Funktionen (z. B. Planung, Instandhaltung, Materialwirtschaft und Lagerwesen, Nebenprozesse der Produktion). Verfügt das Unternehmen über mehrere Hauptprozesslinien, oder liegt eine Verteilung der Haupt-(Produktions-)prozesse über verschiedene Standorte vor, so sind oft standortspezifische oder lokale Ausprägungen solcher Funktionen vorhanden. Die Notwendigkeit hierzu kann beispielsweise begründet sein in lokalen Spezialtechniken oder z. B. auch Genehmigungsauflagen oder speziellen Verfügbarkeitsanforderungen etc. Unabhängig von der Gültigkeit dieser Begründungen können sich heute – vor allem unter dem Blickwinkel des Einsatzes von SOA bei der IT-Unterstützung – neue Lösungsmöglichkeiten bieten. Neue IT-Technologien und -Methoden können hierbei nutzbringend eingesetzt werden.

Die Hauptprozesse sind oftmals abschnittsweise in Teilprozesse untergliedert – Teilaufgaben, die im Hinblick auf das Gesamtergebnis des Prozesses zu bearbeiten sind. Einfluss auf die Strukturierung der Teilprozesse haben beispielsweise die Personalressourcen, die für Teilaufgaben im Gesamtprozess differenziert ausgeprägt sind, oder es gibt Prozessstufen aufgrund des maschinellen Produktionsprozesses. Ein Beispiel ist die klassische Aufteilung in Ingenieurs- und kaufmännische Aufgaben, und auch innerhalb dieser Disziplinen gibt Unterteilungen (z. B. Konstruktion, Verfahrenstechnik etc.). Die Teilprozesse mit ihren verschieden ausgeprägten Zweigen fügen sich zu einem Gesamtprozess zusammen. In der Fachwelt spricht man von Prozesssilos, wenn es mehrere, vielleicht parallel angelegte Gesamtprozesse dieser Art gibt, sodass der einzelne Gesamtprozess über alle notwendigen Funktionen als „eigene" Funktionen verfügt, und für sich genommen eigenständig funktionsfähig ist. Diese Situation einer sogenannten „siloorientierten" Prozessstruktur ist dann meist dadurch geprägt, dass die einzelnen nebeneinander verlaufenden Prozessstränge oder die verschiedenen bestehenden Standorte relativ wenig miteinander vernetzt sind.

Wie sieht eine typische IT-Unterstützung solcherart ausgeprägter Prozessstrukturen aus? Siloorientiert ausgeprägte Prozesse werden im Regelfall auch zu einer siloorientiert gestalteten IT-Anwendungslandschaft führen. Die IT-Anwendungslandschaften sind in ihrer Ausprägung auf die Unterstützung der siloorientierten Prozessstruktur ausgerichtet; bei einer Betrachtung über mehrere Geschäftsprozesssilos hinweg werden z. B. Funktionen in gleicher oder ähnlicher Ausprägung mehrmals vorkommen.

In der historischen Entwicklung der IT-Durchdringung vom zunächst inselartigen bis hin zum heutigen flächendeckenden IT-Einsatz war prägend, dass aus der einzelnen, mit IT zu unterstützenden Teilaufgabe heraus (Insel) die Ausgestaltung der IT-Unterstützung bestimmt wurde (siehe Abbildung 3).

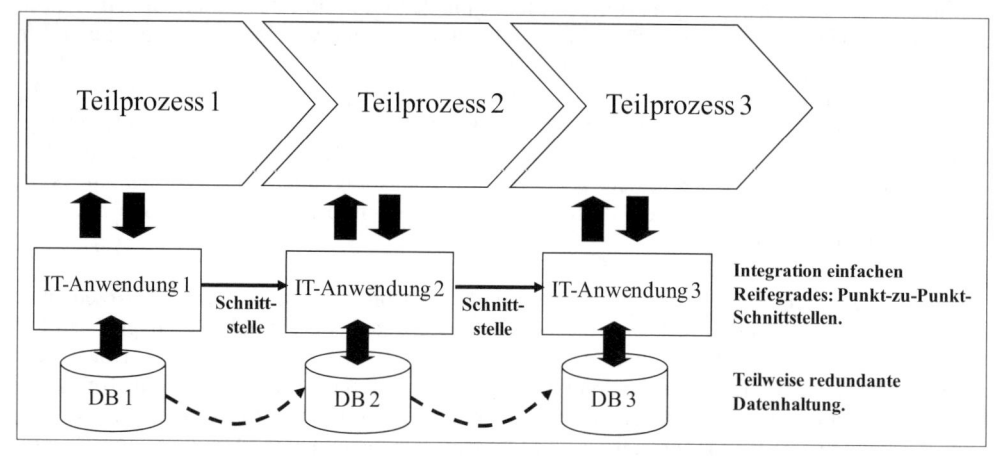

Abbildung 3: Typische teilprozessorientierte IT-Unterstützung

Jede für eine Teilaufgabe verantwortliche Stelle oder Fachabteilung arbeitet auf die Erfüllung ihrer Teilaufgabe hin. Damit richtet sich der primäre Fokus auf die Erfüllung der jeweiligen Teilaufgabe. Eine vom Geschäftsbereich angeforderte IT-Unterstützung dieses Teilprozesses wird sich damit in vielen Fällen optimierend auf die Unterstützung der Teilaufgabe hin ausrichten. Wenn hierbei keine übergreifenden Aspekte in die Anforderungen einfließen, wird die IT-Lösung hierfür anders ausfallen als eine ganzheitlich konzipierte IT-Unterstützung des Gesamtprozesses. Die These hierzu lautet also, dass eine Optimierung der IT-Unterstützung der Teilaufgabe nicht identisch ist mit einer solchen der Gesamtaufgabe. In Analogie hierzu ließe sich auch behaupten, dass eine Optimierung im Hinblick auf die Teilaufgabenerfüllung nicht notwendig identisch ist mit einer Optimierung der Gesamtaufgabenstellung, auch wenn im Gesamtbild die Teilaufgabe immer auch ein Beitrag zur Erreichung des Hauptprozessziels ist. Das Gesamtoptimum ergibt sich nicht zwangsläufig aus der Summe der Teiloptima.

In vielen Unternehmen werden große Anwendungslandschaften mit zahlreichen Einzelanwendungen bestehen, die untereinander und mit externen Systemen kommunizieren müssen. Ohne eine planvolle, gesamtheitliche Entwicklung sind die Anwendungslandschaften über die Unternehmenshistorie gewachsene Strukturen, die zudem aufgrund der Dynamik und Vielfalt des IT-Marktes mit unterschiedlichen Technologien realisiert wurden. Die Integrationsmöglichkeiten sind dann begrenzt, einerseits durch die Ausprägung der Prozessstrukturen, andererseits durch die Technologien vorhandener Anwendungsarchitekturen, die meist traditionelle Schnittstellen nutzen. Die meisten Unternehmen nutzen eine integrierte Anwendung für typische Aufgabenstellungen im Bereich „Enterprise Resource Planning" (ERP). Dadurch gibt es für diese Funktionen meist bereits eine zentrale Datenbasis, die ein gewisses Maß an Integration mit sich bringt. Nach Einschätzung und Erfahrung der Autoren ist dies jedoch noch keine Gewähr für das Vorhandensein einer ganzheitlich ausgeprägten Integration; zumindest ergibt sich dadurch nicht zwangsläufig eine Überbrückung oder Optimierung siloorientierter Prozessstrukturen.

Die Bereitstellung von IT-Unterstützung für die Anwender und ihre Geschäftsprozesse verdient noch eine nähere Betrachtung. Eine von der Geschäftsabteilung beauftragte IT-Unterstützung wird primär den Zuschnitt auf ihre Fachaufgaben beinhalten. Wenn bei der Formulierung der Anforderungen und bei der Konzeption der IT-Anwendung nicht übergreifende Aspekte und Sichten berücksichtigt werden, sind spätere Optimierungen zum Beispiel durch geschickte Integration mit anderen Geschäftsbereichen und deren IT-Anwendungen, die eine IT-Integration erfordern, nur schwer bzw. nur mit entsprechend hohem Aufwand möglich. Hier kann durch zentrale Verfügbarmachung von Informationen und Methoden Hilfestellung geleistet werden (hier ergibt sich ein Anknüpfungspunkt zu Enterprise Architecture Management (EAM), worauf später noch einzugehen sein wird). Entsprechendes gilt für die Datenhaltung, die bei einer rein abteilungsbezogenen Verantwortungswahrnehmung dazu tendiert, ebenfalls abteilungsspezifisch ausgeprägt zu werden. In der Regel hat die IT dann auch nur noch die Möglichkeit, die Anknüpfpunkte der Fachbereiche in Punkt-zu-Punkt-Schnittstellen auszuarbeiten (Integration einfachen Reifegrades).

Diese geschäftsabteilungskonzentrierte Form der IT-Architekturentwicklung wird durch konventionelle IT-Lösungsansätze sehr begünstigt. Das offensichtlich dabei entstehende Problem ist eine Reihe von verschiedenen IT-Anwendungen entlang des Geschäftsprozesses, die wahrscheinlich nur in begrenztem Maße über Schnittstellen verbunden sind. Bei der Datenhaltung besteht durch die Verteilung auf verschiedene Anwendungen und deren Datentöpfe auch keine Redundanzfreiheit, woraus bei der Datenbearbeitung und -pflege Doppelarbeiten entstehen können. Damit verbunden ist, dass gleiche oder ähnliche Informationen in differierenden Datenformaten und Benennungen gehalten werden, die oftmals einen Vergleich und insbesondere eine Integration erschweren.

Die Entwicklung war in der Vergangenheit auch davon geprägt, ob handelsübliche IT-Lösungen verfügbar waren oder ob auf Eigenentwicklungen zurückgegriffen wurde. Während durch Kauf erworbene Lösungen in manchen Fällen durch Vorgaben, die auf eine Standardisierung von Prozessabläufen hinwirken, regulierende Wirkungen haben, ist dies bei Eigenentwicklungen nicht der Fall. Eigenentwickelte IT-Anwendungen kommen jedoch bevorzugt im Umfeld der Kernprozesse vor, also da, wo sich ein Unternehmen durch seine speziellen Leistungen und laufende Optimierungen differenzieren möchte. Im Laufe der Zeit wurden viele IT-Lösungen durch funktionale Ergänzungen oder Anpassungen immer weiter verändert. Durch die über die Zeit zunehmende Ausdifferenzierung und Optimierung von Teilsegmenten wird bei einer Gesamtbetrachtung des Prozesses die gesamte IT-Prozessunterstützung in der Tendenz immer komplexer und die Anforderungen an eine integrierte, ganzheitliche IT-Unterstützung „wie aus einem Guss" immer größer. Dieses sich verändernde Komplexitätsproblem gilt es zu beherrschen und das möglichst optimal.

Die in IT-Anwendungslandschaften meist recht stetig betriebene Optimierung – beispielsweise durch Schließung funktionaler Lücken, Migration von IT-Plattformen auf aktuelle Stände und Verbesserung von Bedienungsoberflächen – adressiert also nicht notwendig alle Belange einer Gesamtbetrachtung des Prozesses.

Aus Sicht der IT sollte das Ziel nun sein, mit einem geeigneten IT-Architekturmodell eine Optimierung einerseits im Hinblick auf die Zielsetzung des Gesamtprozesses und andererseits zugleich auch für die Teilprozessschritte zu unterstützen. Dabei gilt es, trotz Weiterentwicklungsbedarfen aufgrund unterschiedlichster Veränderungen im Gesamt- oder Teilprozess und sich weiterentwickelnder IT eine qualitative Konstanz der Prozessunterstützung zu gewährleisten. In traditionellen IT-Architekturen ist eine derartige Zielsetzung natürlich auch schon verfolgt worden, allerdings mit den zur Verfügung stehende Mitteln, die hinsichtlich der zunehmenden Anforderungen an die Komplexitätsbeherrschung begrenzt wirkungsvoll waren.

Die Service-orientierte Architektur bietet nun einen Ansatz, Funktionen und ihre zugehörigen Informationen gekapselt und redundanzfrei zur differenzierten Einzelnutzung und zur gemeinsamen Nutzung durch alle betroffenen Anwender bereitzustellen. Die IT-Unterstützung insgesamt würde stärker aus einem Guss und mit höherer Homogenität erfolgen. Die neuen Strukturierungsmöglichkeiten einer SOA helfen bei der Beherrschung der Komplexität, und auch der Austausch oder Update einzelner Elemente der Struktur – der Services – ist leichter. SOA würde die Optimierungsmöglichkeiten der Teilprozesse erhalten und dabei eine verstärkte Fokussierung des Gesamtprozesses und seiner Optimierung gestatten – nicht im Sinne einer Optimierung eines komplexen Gesamtprozesses schlechthin, sondern in einer erhöhten Wahrnehmung der Belange des Gesamtprozesses in der Form höherer Durchgängigkeit und einfacher herbeizuführender Integration. Vorteil einer SOA kann eine klarere und einfacher zu betreibende IT-Architektur sein. Wodurch kann nun SOA einen solchen Ansatz unterstützen?

2.2 Integration als Hauptziel des Einsatzes von SOA

Aufgabenstellung der Service-orientierten Architektur ist eine Identifizierung, Bündelung und Kapselung von Funktionen in Services und deren anschließende Bereitstellung an Leistungsbezieher. Eine als Service gekapselte Funktion soll sowohl durch einzelne, aber insbesondere auch gemeinsam von allen interessierten Parteien eines Unternehmens, also allen relevanten Geschäftsprozesslinien genutzt werden. Die interessierten Parteien bzw. Leistungsbezieher sind Geschäftsprozessinhaber oder -verantwortliche, möglicherweise mehrere an ganz unterschiedlichen Stellen des Unternehmens. Diese müssen für den zu betrachtenden gemeinsamen Funktionsschritt keine eigene Lösung konzipieren und ausprägen, sondern können sich auf einen klar definierten und zuverlässigen Leistungsbezug stützen. Alle Bedarfe nach dieser Funktionalität werden von demselben, im Unternehmen nur einmal ausgebildeten Service und damit in der Regel von auch einer Stelle aus bedient.

Damit werden die Kapazitäten zur Erbringung von durch gemeinsam genutzten Services bereitgestellten Funktionalitäten im Unternehmen einmal (an einer Stelle) vorgehalten, nicht mehrfach differenziert in verschiedenen Prozesslinien ausgeprägt. Hierdurch werden entsprechende Skaleneffekte möglich (Spezialisierung, Bündelung, Ressourceneinsatz,...) Wird bei einem IT-Service eine Datenbasis verwendet, so nutzen alle Servicebezieher die gleiche Datenbasis – mit den Vorteilen einer abgestimmten Information und vermiedener Redundanz.

Erwartungen an eine Service-orientierte Architektur

Durch diese Bündelung der Serviceerbringung ergeben sich eine Reihe erwünschter Effekte. Mit SOA kann eine erhöhte Informationstransparenz unterstützt werden, indem Daten zum gleichen Gegenstand, die sonst ggf. an verschiedenen Stellen im Unternehmen vorgehalten werden, allgemeiner verfügbar und durchgängiger nutzbar gemacht werden. Das bedeutet auch, dass gleiche oder zumindest relativ ähnliche Teilfunktionen in den verschiedenen Prozesssträngen und/oder Standorten nicht mehr mehrfach ausgeprägt werden müssen, da Informationen breiter verfügbar gemacht werden.

Die Qualität der Serviceerbringung richtet sich nach den aufzunehmenden Anforderungen der Servicebezieher. Durch die gebündelte Organisation wird meist eine Qualitätsverbesserung für den Servicebezug erwartet (Economies of Scale). Dies betrifft auch die Verfügbarkeit – sie muss nach den aufzunehmenden Anforderungen der Servicebezieher konzipiert werden. So können z. B. im IT-Kontext die Aufwende der Informationsbearbeitung und -suche optimiert werden. Die gemeinsame Nutzung desselben Service durch verschiedene Nutzer kann jedoch möglicherweise auch Nachteile bedeuten, nämlich zum Beispiel dann, wenn ein Nutzer den Service auf einem deutlich höheren Service Level (z. B. erhöhte Verfügbarkeit) benötigt. In den meisten Fällen wird dies bedeuten, dass sich die Bereitstellung des Service nach den höchsten nutzerseitig formulierten Anforderungen richten muss, was den Betrieb des Service insgesamt verteuert. Je nach Verrechnungsschlüssel kann dies einen Nachteil für die anderen Servicenutzer mit geringeren Anforderungen bedeuten (siehe Abbildung 4).

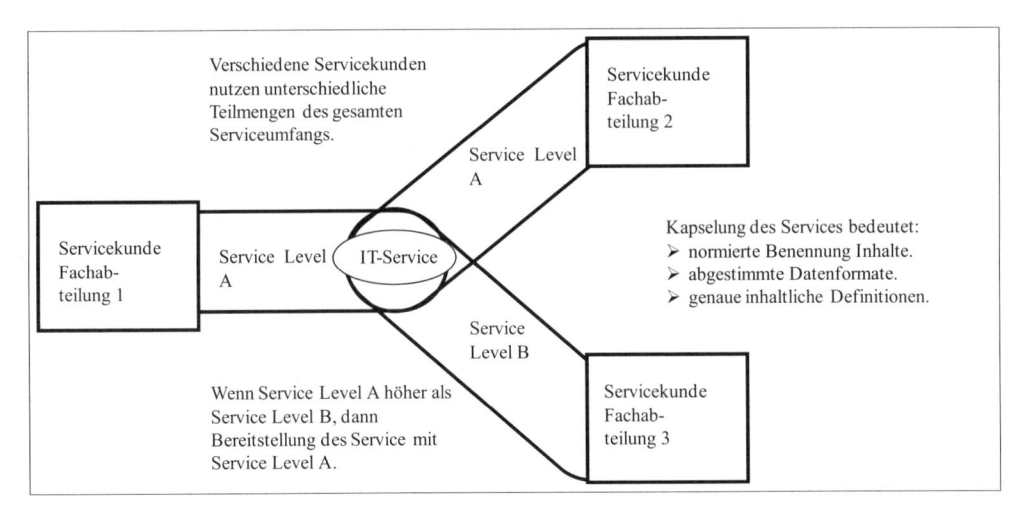

Abbildung 4:   *Mehrfache Nutzung eines IT-Service*

Auch erhöht die gemeinsame Nutzung von Services die Integration, was an sich ja positiv ist, aber natürlich mit einer höheren Abhängigkeit einhergeht. Je mehr Nutzer einen Service nutzen, desto schwieriger wird die Weiterentwicklung des Services (z. B. Abstimmung von Anforderungen und Einführungs-/Testphasen neuer Versionen).

Die Funktionsmitnutzung eines Service tritt an die Stelle eines eigenen Aufbaus und Betriebs einer solchen Funktion in den einzelnen Geschäftsprozesslinien, maßgeschneidert auf den jeweiligen Prozesskontext. Die Servicebereitstellung muss daher einen breiter angelegten Gültigkeitsanspruch erfüllen; eine geschäftsprozessspezifische Ausprägung der Funktion wird eher vermieden. Spezifische funktionale Anforderungen werden dabei jedoch zu berücksichtigen sein, zu vermeiden ist nur eine aus funktionaler Sicht nicht notwendige Ausprägungsvielfalt. Dies bezieht sich z. B. auf das dem Service zugrundezulegende Datenmodell – es orientiert sich zweckmäßigerweise an einer für das Unternehmen insgesamt gültigen Metadefinition der Daten.

Die hiermit in der Vergangenheit häufig verbundene Erwartung allgemeingültiger Metadatendefinitionen hat jedoch aus Sicht der Unternehmenspraxis zunächst eine eher theoretische Qualität. Eine Herausbildung unternehmensweit gültiger, vollständiger Metadatendefinitionen wird sich in einem existierenden Unternehmen flächendeckend kaum bewerkstelligen lassen. Dies betrifft einerseits den mit einem solchen Vorhaben verbundenen Aufwand, der kaum zu rechtfertigen wäre, andererseits ist auch die praktische Durchsetzbarkeit kaum gegeben. Da jedoch die Qualität eines Service durch seine mehrfache Verwendbarkeit und auch die Akzeptanz seitens aller potenziellen Nutzer bestimmt wird, muss hier ein Kompromiss gesucht werden zwischen dem, was theoretisch optimal und dem, was tatsächlich praktikabel ist, also eine Abwägung von Aufwand und Nutzen stattfinden. Dieser Kompromiss wird unternehmensspezifisch zu suchen und auszubilden sein, abhängig von den Erfordernissen des einzelnen gegenständlichen Services, der Unternehmensstruktur, der Durchsetzbarkeit etc.

Festzuhalten ist, dass der breiter angelegte Gültigkeitsanspruch eines gemeinsam genutzten (IT-)Service eine gewisse Normierung der Funktionalitätsbereitstellung und der Dateninhalte erfordert, die jedoch ihrerseits wieder einen erhöhten Aufwand nach sich zieht (Diese Thematik ist aus der Standardisierung von IT-Produkten hinlänglich bekannt). In der Praxis muss das Ziel sein, hier einen ausgewogenen Mittelweg zwischen theoretischem Anspruch und praktischer Durchsetzbarkeit zu suchen, unter dem Blickwinkel der Optimierung von Aufwand und Nutzen.

Unumgänglich ist eine klare Beschreibung (Definition) des bereitzustellenden Services, also die Normierung der Funktionalitätsbereitstellung. Aus Sicht der Fachprozesse kann die Nutzung eines Service eine Leistungserbringung durch andere Organisationseinheiten des Unternehmens bedeuten, und dies ist nur auf der Basis klarer Leistungsbeschreibungen und Erwartungshaltungen sowohl auf Seiten des Leistungserbringers als auch -empfängers sinnvoll.

Eine zentrale Frage der Konzeption von Services ist deren Zuschnitt – welcher funktionale Umfang ist dem Service zugrunde zu legen und welches Datenmodell wird umfasst? Ziel ist, einen Service so zu konzipieren, dass alle Prozesse oder Teilprozesse, die diese Funktionen und/oder diesen Datenbestand benötigen, sich des Services bedienen können.

Im Unterschied zu einer siloorientierten IT-Unterstützung der Geschäftsprozesse wird hier ein stärker gesamthafter, integrativer Ansatz gesehen, d.h. der angemessene Einbezug der gesamten Prozesskette wird bei der Konzeption der IT-Unterstützung begünstigt. Der IT-Ansatz von SOA zielt dabei zunächst auf die Daten und Informationen, die den Prozess und dessen Informationsverarbeitung ausmachen. Oftmals werden gleiche oder sehr ähnliche Daten an verschiedenen Stellen der Prozesse verarbeitet, transformiert und an weitere Stellen gegeben. Kritisch ist das Risiko des Entstehens von Datenredundanz, die zu divergierenden Informationsständen führen können.[1]

---

[1] In diesem Sinne war der Ansatz, für ERP-Funktionen eine zentrale, konsistente IT-Lösung bereitzustellen, seinerzeit wegweisend – hier wurden einige Merkmale einer Service-orientierten Architektur vorweggenommen, auch wenn die IT-Architektur noch anders bestimmt war. Ein Grund der weiten Verbreitung diese ERP-Lösungen war der mit der zentralisierten Datenhaltung einhergehende Grad an Transparenz und Redundanzfrei-

Wie bereits beschrieben ist in vielen Prozessen, die sich in Teilprozesse aufgliedern, der Fokus der mitwirkenden Geschäftsbereiche hauptsächlich auf die eigene Aufgabenstellung und den „Übergabepunkt" der Aufgabenbearbeitung an den „nächsten" Geschäftsbereich ausgerichtet. Die Hypothese ist, wie oben bereits ausgeführt, dass ein „prozessabschnittsorientiertes" Optimieren der einzelnen Geschäftsbereiche nicht automatisch zu einer Gesamtoptimierung des Unternehmens führt. Die Vermutung ist, dass neben der Einzeloptimierung in den Prozessabschnitten durch eine Betrachtung des Gesamtprozesses, der Arbeitsabläufe und der Datenflüsse in vielen Fällen ein insgesamt noch besseres Ergebnis erreicht werden kann. In dem Architekturprinzip SOA wird nun ein Verfahren gesehen, genau dieses zu unterstützen. Eine Prozessgesamtsicht ist jedoch immer auch mit einer höheren Komplexität verbunden, begründet durch den weiter gefassten Betrachtungsgegenstand. Hieraus resultieren ein höherer Anspruch und ein vermehrter Aufwand für eine umfassende Analyse. Als Voraussetzung für ein Gelingen dieses veränderten Ansatzes sind ein gutes Gesamtverständnis der Geschäftsprozesse und der Wirkungszusammenhänge sowie eine (SOA-orientierte) Architekturplanung zu sehen. Im Folgenden sollen auch einige erste praktische Ansatzpunkte zum Vorgehen bei einer ersten Identifizierung von Services gegeben werden.

Für Unternehmen der Produktionswirtschaft wird – nach Einschätzung der Autoren – der Hauptvorteil von SOA in einer differenziert feingliedrigen, flexiblen Struktur liegen, die auch eine leichtere Integration ermöglicht. Naheliegend ist eine verbesserte Wirtschaftlichkeit der Erbringung kapselbarer Funktionen; möglich ist jedoch auch eine Qualitätsverbesserung der Funktionserbringung. Ein wichtiger Vorzug einer solchen feingliedrigen Struktur ist auch, dass Services anderer Hersteller leicht in die Gesamtarchitektur integrierbar sind. Die SOA-Eigenschaften Kapselung und standardisierte Schnittstellen unterstützen dies wesentlich. Der flexible Einsatz und die Integration standardisierter, vorgefertigter Service-Fremdkomponenten eröffnet neue Möglichkeiten sowohl im Bereich der kommerziellen IT (z. B. ERP) als auch in speziellen IT-Anwendungskontexten bis hin zur Prozessdatenverarbeitung.

Die Bereitstellung von Services erfolgt nach den fachlichen Anforderungen – eine Akzeptanz wird nur dann gegeben sein, wenn die qualitativen Erfordernisse (inhaltliche Qualität, Aktualität, Verfügbarkeit...) erfüllt werden. In der Fachwelt wird erwartet, dass die Vorteile der Service-orientierten Architektur auch für die Geschäftsbereiche greifbar sein werden: Erfassungs- und Qualitätssicherungsvorgänge erfolgen nur einmal und sie können aufgrund der Spezialisierung vermehrt rationalisiert werden, Abstimmprozesse entfallen oder werden deutlich vermindert (siehe Abbildung 5).

Hier wird deutlich, dass die Fachwelt die Rationalisierungseffekte primär im Bereich der Geschäftsprozesse erwartet, weniger dagegen im Bereich der IT.

---

heit sowie an Integration – genutzt in Prozessen, die durch relativ vielfältige Berührungspunkte gekennzeichnet waren.

Eigenschaften SOA	Vorteile für die Fachprozesse
Verbergen von Datenquellen	Inhaltliche Konsistenz
Kapselung von Funktionalität	Redundanzfreiheit
Definierte Bereitstellung	Verlässliche, definierte Verfügbarkeit
Normierte, vereinfachte Abfragbarkeit	Reduz. Bearbeitungsaufwand (Doppelarbeit, Abstimmungen)

Vereinfachungen im Fachprozess, Verringerung der Komplexität

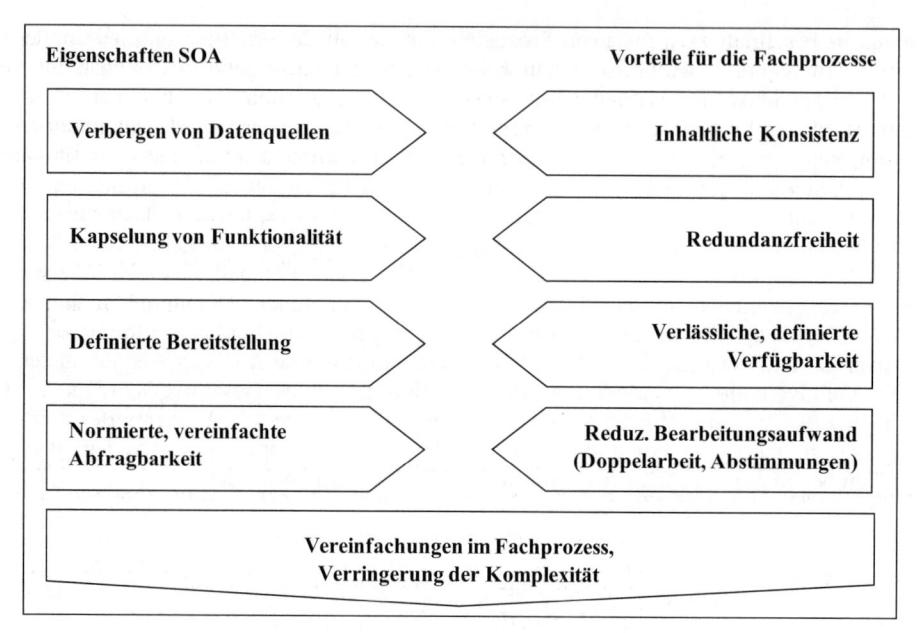

Abbildung 5:   Rationalisierungseffekte durch SOA in den Fachprozessen

Der im Kontext von SOA häufig genannte Aspekt der Wiederverwendung von Services macht deutlich, dass ein Einsatz von SOA vor allem da sinnvoll ist, wo eine Änderungsdynamik oder eine mehrfache Nutzung (Wiederverwendung) erkennbar ist. Mehrfachnutzung bedeutet auch Integration – servicegestützte Funktionen werden durch ihre Nutzung durch verschiedene Organisationseinheiten des Unternehmens standardisiert. Das Streben nach erhöhter Integration und verbesserter Wirtschaftlichkeit bedeutet in der Praxis aber oft, dass ein bereits konzipierter bzw. bestehender Service z. B. um einige Attribute erweitert werden muss, um einer speziellen fachlichen Anforderung zu genügen.

Es wird erwartet, dass ein nicht unerheblicher Vorzug einer Service-orientierten Architektur eine flexiblere Unterstützung z. B. von Umstrukturierungen, Verschmelzungen oder Abspaltungen von Unternehmen oder Teilen davon betrifft. In diesen Fällen werden bedingt durch die Prozessveränderungen größere Umbauten der IT-Anwendungsarchitekturen erforderlich, die zudem meist in einem relativ engen Zeitrahmen bewältigt werden müssen. Durch die Eigenschaften der Services – Kapselung und normierte Schnittstellen – sind Veränderungen leichter zu bewerkstelligen. Dieser Aspekt wird sich zwar in der Praxis zur Begründung der Einführung von Service-orientierten Architekturen im Regelfall nicht eignen, jedoch wird erwartet, dass sich Veränderungsprozesse in SOA-geprägten Umgebungen besser bewältigen lassen.

Die vorgenannten Architekturzielstellungen bedeuten einen Umbauaufwand, ausgehend von den heutigen Architekturen. Hierzu ist zu sagen, dass diese Veränderung nicht von heute auf morgen, sondern eher als architektonisches mittel- bis langfristiges Ziel zu verfolgen ist. Deutlich wird, dass es kein realistisches Ziel sein kann, eine vorhandene IT-Architektur in kurzer Zeit und vollständig in eine Service-orientierte Struktur umzubauen. Sehr viel wahrscheinlicher ist ein langfristig angelegter, allmählicher Wandel. Nach und nach werden bestimmte, lohnenswerte Funktionen in Services gekapselt und nach SOA-Prinzipien erstellt.

Die so entstehenden Services werden noch lange neben klassischen IT-Anwendungen existieren – dies erscheint auch sinnvoll, denn in die klassischen Architekturen wurden seinerzeit oftmals hohe Beträge investiert und deren Lebenszyklus ist noch nicht abgeschlossen. Eine „reine" Service-orientierte Architektur in einem Unternehmen wird es daher im Regelfall absehbar gar nicht geben. Dies nimmt jedoch den „gemischten" Szenarien keineswegs ihre Attraktivität. Der große Vorteil eines solcherart evolutionären Vorgehens ist, dass es ein Sammeln von Erfahrungen und einen kontinuierlichen Verbesserungsprozess ermöglicht. Zugleich werden die aus Unternehmenssicht mit einem Architekturwandel verbundenen Risiken vermindert.

2.3 Implikationen von SOA und Skepsis gegenüber dem Ansatz

SOA bedeutet je nach Ausprägung eine mehr oder weniger starke Veränderung der Geschäftsprozesse einerseits und der IT-Unterstützung andererseits. In der Fachwelt wird mit SOA ein tiefgreifender Veränderungsanspruch gegenüber den heute in der Regel anzutreffenden Strukturen diskutiert. Der hier vorgestellte Ansatz ist vor allem IT-getrieben, weil jetzt die erforderlichen IT-Werkzeuge (Enterprise Service Bus etc.) zur Verfügung stehen und IT-seitig die Veränderungsmöglichkeiten aufgezeigt werden können. Services erfordern eine Service-bezogene Verantwortung. Auch bisher war es erforderlich, Verantwortlichkeiten klar und eindeutig zuzuweisen entsprechend der definierten Strukturen. Mit einer Veränderung von Strukturen durch Einführung von SOA können dann entsprechend auch Umstellungen der Verantwortungs- und Organisationsstrukturen verbunden sein. Damit ist man generell in der Problematik des Veränderungsmanagements. Hier wurde im Unternehmen der Autoren in den letzten Jahren ein Kulturwandel gefördert, der mittlerweile sehr erfolgreich auf breiter Mitarbeiterbasis zu einem gelebten, positiven Veränderungsverständnis mit dem Ziel von Verbesserungen geführt hat. Diese Grundlage ist nicht nur förderlich für die vielen technischen Innovationen sondern auch für die hier vorgestellte, pilothafte Einführung von SOA. Wichtig bei aller Veränderung ist das Grundverständnis, dass aus SOA nicht der Anspruch einer umfassenden Neugliederung einer Ablauforganisation und ihrer IT-Unterstützung entsteht – hierauf wird später noch einzugehen sein. Veränderungen werden aufgrund unterschiedlicher Entwicklungen intern und im Umfeld immer wieder notwendig sein, aber sie müssen sich jeweils begründen, vorzugsweise mit einem Business Case. Geschäftsseitig würde man dann mit SOA auf offene Ohren stoßen, wenn Kostenersparnisse in Aussicht gestellt werden können.

Die Frage ist, ob als Begründung der Einführung einer Service-orientierten Architektur genügend konkrete und vom Umfang her ausreichende Zusagen zu Kostenersparnissen im Einzelfall gemacht werden können. Nach Einschätzung der Autoren gelingt das im Regelfall nicht. Einerseits ist eine Kostenabschätzung eines neu konzipierten, auf Services basierenden Prozessablaufes in der Regel komplex und aufwändig; andererseits liegen besonders am Beginn noch kaum Erfahrungen zu Business- und IT-Kosten der Serviceeinführung und -Nutzung vor. Es bleibt daher der Weg, Stück für Stück Überzeugungsarbeit zu leisten. Es gilt, im Einzelfall das Konzept plausibel einzubringen und eine tragfähige Lösung zu bauen – einzelne Services zu identifizieren und überzeugend umzusetzen. Eine gute Akzeptanz wird dann erreichbar sein, wenn aktuell bestehende Probleme adressiert werden. Das bedeutet, der Antrieb kommt oftmals aus der IT und das Business nutzt die neuen Möglichkeiten. In jedem Fall muss sich der Lösungsweg auf lange Sicht (Nachhaltigkeit!) als Verbesserung beweisen – eine anspruchsvolle Aufgabe, die im Einzelfall geschickt gesteuert werden muss.

Voraussetzung einer gelungenen Identifizierung und Konzeption von Services ist ein umfassendes Geschäftsprozessverständnis. Damit aus IT-Sicht konstruktive Vorschläge zur verbesserten IT-Unterstützung der Geschäftsprozesse gemacht werden können, muss diese Geschäftsprozesskenntnis zumindest in Grundzügen auch in der IT bzw. im Informationsmanagement vorliegen. Dies ist auch die Grundlage eines weiterführenden Sachdialogs, an dem die Beteiligten ein Interesse haben werden. Die Erfahrung zeigt, dass eine Geschäftsprozessdokumentation für ein Verständnis sehr hilfreich ist. Für eine sachgerechte Konzeption von Services wird eine entsprechende Prozessanalyse im Anwendungsumfeld ohnehin unerlässlich sein. Im Kontext von SOA gewinnt eine Geschäftsprozessanalyse darüber hinaus noch wesentlich an Gewicht als Voraussetzung der Konzeption übergreifend nutzbarer Services. Eine erfolgreiche Identifizierung und Kapselung von in verschiedenen Unternehmensprozesssträngen nutzbaren Services wird nur dann gelingen, wenn eine Transparenz über die Geschäftsprozesse in ihren verschiedenen Zweigen auch im Detail besteht.

Mit der Service-orientierten Architektur verbindet sich eine Vision eines Service-orientierten Prozessablaufs und damit struktureller Auswirkungen auf das Unternehmen und insbesondere auf seine IT. Prozesse und deren IT-Unterstützung werden Veränderungen erfahren. Die mit SOA verbundenen Umbauten in Unternehmensorganisation und –Struktur sind in jeden Fall ein Unterfangen, das die IT nicht allein lösen kann – ihre Aufgabe ist, Möglichkeiten aufzuzeigen, um Akzeptanz zu werben und den Veränderungsprozess unterstützend zu gestalten. Am Beginn wird – aufgrund des geringen Erfahrungsstandes – der Veränderungsprozess immer auch ein Wagnis bedeuten. Umso wichtiger wird es sein, bald auf erste Erfolge und eine daraus erwachsende Akzeptanz aufbauen zu können. Nach der Erfahrung der Autoren ist ein positives Feedback für eine weitere Unterstützung des Ansatzes überaus wichtig. Im jeweiligen Unternehmenskontext und angesichts der sich stellenden Aufgaben sollte daher sorgfältig analysiert werden, wo relativ rasch und mit gutem Effekt Maßnahmen durchgeführt werden können.

3   Umsetzungsperspektiven in der Praxis

3.1   Einsatzfelder und evolutionäre Entwicklung

In den vorangegangenen Ausführungen wurde deutlich, dass die Anwendung von SOA in einem Unternehmen parallel zu bestehenden Geschäftsprozess- und IT-Unterstützungs-Strukturen erfolgen wird. Es gilt, einen Weg zu finden, in dem die Architekturprinzipien sich gegenseitig ergänzen, und der damit ein evolutionäres Vorgehen ermöglicht.

Dies ist im Regelfall der einzige in der Praxis gangbare Weg. Vorhandene IT-Landschaften sind eine Gewähr für stabile und bewährte Prozessabläufe und dies sollte bei allen Verbesserungsbemühungen stets Beachtung finden. Erneuerungen und Veränderungen müssen in jedem Fall aus fachlicher Sicht mitgetragen werden und reale Weiterentwicklungsbedarfe adressieren. Die Entwicklung von Services muss sich somit in vorhandene IT-Anwendungslandschaften einfügen.

Besonders für die ersten Schritte einer SOA ist es von Vorteil, günstige Anwendungsfälle mit gutem Nutzeneffekt und positivem Anklang bei den (potenziellen) Servicenutzern ausfindig zu machen. Es stellt sich die Frage, welche Stellen einer IT-Architektur sich – besonders am Beginn der Entwicklung – besonders für die Konzeption und den Einsatz von Services anbieten. Für die Bildung von Services besonders interessant sind Funktionen, die in mehreren (Haupt-)Prozessen (insbesondere auch in mehreren „Silos", wenn solche ausgeprägt sind) benötigt werden. Deren Identifizierung wird durch eine Geschäftsprozessanalyse mit entsprechenden Verfeinerungen unterstützt.

In manchen Fällen können anstehende Unternehmensumstrukturierungen dazu genutzt werden, die neu zu schaffenden Strukturen zumindest teilweise Service-orientiert zu entwickeln. Vielleicht ergibt sich für bestimmte Aufgaben die Chance zur Einbringung besonders innovativer Lösungskonzepte. Vorteilhaft ist, wenn die Konzeption der Lösungsausprägung auf der Grundlage einer strategiebasierten und bedarfsorientierten Architekturentwicklung erfolgen kann.

Die Identifizierung und Auswahl erster erfolgversprechender Einsatzfelder für SOA ist sicherlich unternehmens- und branchenabhängig, jedoch würden die Autoren beispielsweise folgende Funktionen für eine vertiefte Analyse empfehlen:

> Vielfacher Zugriff auf Basisinformationen in den Hauptprozessen und deren Verwendung; die redundanzfreie Nutzung gleicher Informationen erleichtert die Kommunikation und erhöht die Transparenz. Ein bekanntes Beispiel hierfür wären Mitarbeiterverzeichnisse/Telefonbücher.

> Häufige Ressourcenmanagementvorgänge: Auch hier gilt es, auf ähnliche Abläufe und Bearbeitungsgegenstände in verschiedenen Hauptprozessen zu achten. Die Aufgabenstellung besitzt einen starken Bezug zum ERP-Kontext; daher könnte z. B. die Nutzung zentral geführter Ressourcen Service-orientiert erfolgen.

> Häufig genutzte oder wiederkehrende Aufgaben im Umfeld von Anlagen: gibt es Maßnahmen, die in verschiedenen Hauptprozessen ausgeprägt sind und sich jeweils ähneln?

Bestimmte Funktionen wie z. B. Suchmaschinen, geografische Informationen wie Routenplanungen etc. werden oftmals bereits heute als gekapselte Services aus dem Internet bezogen und genutzt (Webservices). Da es sich auch hierbei um Ausprägungsfälle von SOA handelt, wird der evolutionäre Charakter der Methodenanwendung deutlich. Genau darin liegt eine große Chance zum Erfahrungsgewinn und sukzessiven Aufbau einer solchen Architektur.

3.2 Neue Verantwortungsstrukturen als notwendige Voraussetzungen

Die Kapselung einer Funktion in einem Service und dessen Bereitstellung und Nutzung im gesamten Unternehmen bedeutet, verglichen mit einer spezifischen Ausprägung im jeweiligen Hauptprozess, eine veränderte organisatorische Steuerung.

Betrachten wir auch hier zunächst einen typischen Fall in traditioneller Ausprägung. Eine bestimmte Aufgabe ist – gereift durch ihre Ausführung – in einem Hauptprozess angelegt und ausgebildet worden, weil dort der Bedarf nach dieser Funktion besteht. In der Aufbauorganisation ist die für diese Funktion verantwortliche Organisationseinheit im Regelfall der Leitung des Hauptprozesses unterstellt. Die Tätigkeit der Organisationseinheit ist auf die Bedarfe des Hauptprozesses ausgerichtet und zeichnet sich daher durch eine spezielle Ausprägung aus. Es handelt sich zwar um einen Teilprozess, der an anderer Stelle in sehr ähnlicher Form vorkommt, aber es gibt Unterschiede im Detail. Dies schlägt sich unter anderem im Datenmodell, in der IT-Unterstützung und in der Bearbeitungsform nieder. Unterschiede werden im Bereich von Daten, Informationswegen und IT-Unterstützungen erkennbar sein.

Eine zentrale Zusammenfassung beider Funktionen in einem Service – eine erfolgreiche Analyse über die Durchführbarkeit vorausgesetzt – bedeutet, dass die Ergebnisse der Bearbeitung (das Produkt des Services) vergleichbar gemacht werden. Dies wiederum bedeutet, dass gleiches auch für die Eingangsparameter, die Informationsverarbeitung und damit auch für die inhaltliche Bearbeitung erfolgt. Mit dieser Feststellung ist jedoch nicht ausgesagt, dass beide Hauptprozesse durch SOA mit dem gleichen Funktionsergebnis uniform bedient werden – vielmehr ist es sehr wichtig, dass den Hauptprozessen das dort jeweils benötigte Produkt zur Verfügung gestellt wird. Um aber eine Zusammenfassung in einem zentralen Service zu ermöglichen, müssen die hauptprozessspezifischen Funktionen inhaltlich abgeglichen und in dem Service zusammengefasst werden.

Aus IT-Sicht bedeutet dies zunächst einen Abgleich der Datenmodelle – anders ausgedrückt, eine Zusammenfassung und ein Abgleich der Informationen in einem gemeinsamen Datenmodell. Dies gilt für die in dem gemeinsam genutzten Service enthaltenen Daten, denn für diese ist ein gemeinsames Verständnis erforderlich. Aus Gründen der Aufwandsbegrenzung wird es in vielen Fällen sinnvoll sein, den Betrachtungsumfang auf die für den Service relevanten Daten zu begrenzen. In der Ist-Ausprägung werden gleiche, ähnliche und inhaltlich verwandte Informationen nicht notwendig auch mit gleichen Bezeichnungen belegt und nicht in gleichen Datenformaten abgespeichert. Einfluss haben hier zum Beispiel die verschiedenen gebräuchlichen Fachsprachen (z. B. Einfluss verschiedener Berufsbilder). Unterschiedliche Bezeichnungen und Datenformate bestehen z. B. auch zwischen gekauften (fremdentwickelten) IT-Systemen im Vergleich zu individuellen, eigenentwickelten IT-Anwendungen. Ziel ist aber, Redundanz zu vermeiden und diese Informationen zu harmonisieren und zu bündeln. Durch eine entsprechende Analyse ist also herauszufinden, wo hinter Begriffen und Datenformaten gleiche Sachverhalte stehen oder Sachverhalte vergleichbar gemacht werden können und auch, wo es notwendige Unterschiede gibt, die eine differenzierte Bedienung erforderlich machen.

Mit der Kapselung eines Service ist auch verbunden, dass sich die Nutzer des Service um die serviceinternen Abläufe, Strukturen und auch IT-Vorgänge keine Gedanken mehr machen. Das Produkt des Service ist aus Sicht der Servicekunden klar zu definieren und in entsprechender Qualität und Verlässlichkeit bereitzustellen. Den Servicekunden muss also ein Servicelevel zugesichert werden, auf den sie sich zunächst ohne weiteres Kümmern verlassen können. Auch muss sich – bei mehreren Servicekunden – die Servicebereitstellung nach den höchsten, fachlich begründeten Serviceerwartungen richten. Hier sind geschäftskritische Faktoren sorgfältig zu bewerten.

Auch an die IT-Unterstützung werden möglicherweise höhere Ansprüche gestellt: der Wegfall der früheren Redundanz und die Orientierung an den höchsten Kundenerwartungen an das Produkt definieren den erforderlichen Service Level. Hierauf hat sich der IT-Betrieb des Service bezüglich Performance, Sicherheit und Backup-Lösungen einzustellen. Insgesamt zeichnet sich eine Service-orientierte Architektur dadurch aus, dass Geschäftsfunktion und IT-Unterstützung stärker vernetzt und verbunden werden.

Aufbauorganisatorisch ergeben sich ebenfalls Veränderungsaspekte, weil die Serviceerbringung in organisatorischer Sicht umgesetzt werden muss. Der Umfang der Veränderung lässt sich allgemein schwer beschreiben, hängt aber vom Grad der Serviceorientierung insgesamt ab. Die für eine Serviceerbringung zuständige zusammengefasste Organisationseinheit untersteht typischerweise nicht mehr direkt den einzelnen Hauptprozessverantwortlichen und wird stattdessen an anderer Stelle innerhalb der Aufbauorganisation gebündelt, oder aber sie wird vom einen Hauptprozess dienstleistend für den anderen mit übernommen. Hier sind verschiedene Ausprägungen möglich, letztendlich muss aber für eine klare Aufgabenstellung und eine interessierte Wahrnehmung der Bedienung der Servicekunden gesorgt werden.

In der Praxis wird eine klare Organisation die Voraussetzung für ein gutes Funktionieren des Service sein. Hierauf ist also neben einer leistungsfähigen Konzeption der IT-Architektur ein besonderes Augenmerk zu lenken. In der Unternehmenspraxis werden bereits heute viele Leistungen (über unternehmensinterne Bündelungen hinausgehend) unternehmensextern bezogen und in den Produktionsprozess einbezogen. Grundlage sind klare vertragliche Bezugsvereinbarungen, Zuverlässigkeit und ein definiertes Produkt. Die Service-orientierte Architektur weist eine ähnliche Funktionsweise auf, die anzulegenden Maßstäbe werden – auch bei einer unternehmensinternen Organisation – recht vergleichbar sein.

Bei Aufbau und Nutzung einer Service-orientierten Architektur können Gesamtunternehmensinteressen an die Stelle von Interessen der einzelnen Hauptgeschäftsprozesse treten – dann, wenn funktionale Überlappungen adressiert werden sollen und eine Rationalisierung durch redundanzfreie Services angestrebt wird. Für das Gesamtunternehmen soll die Bündelung von Funktionen in gekapselten Services wirtschaftliche und qualitative Vorteile bringen. Diese Gesamtinteressen müssen daher auch gegenüber Fachbereichs- und Fachprozessinteressen gebündelt und vertreten werden, die naturgemäß stärker auf einen Hauptgeschäftsprozess ausgerichtet sind. Auch dies ist keine neue von SOA aufgestellte Forderung, sondern altbekannt aus den bisherigen klassischen Konsolidierungs-, Harmonisierungs- und Standardisierungsbemühungen.

3.3 SOA im Kontext EAM und IT-Bebauungsplan

IT-Architekturplanungen sollten stets das Ziel des Business-IT-Alignment verfolgen. Hiermit wird ein Zustand beschrieben, in dem das Werkzeug IT effizient und optimiert zur Unterstützung der Geschäftsprozesse eingesetzt wird und es eine enge Abstimmung aufeinander gibt. Dies ist eine große Aufgabenstellung angesichts der Komplexität sowohl in der Geschäfts- als auch der IT-Welt, die zusätzlich z. B. durch unterschiedliche Sichtweisen oder auch eine unterschiedliche Fachsprache erschwert wird.

Mit Enterprise Architecture Management (EAM) wird die planvoll gestaltete Beziehung zwischen den Geschäftsprozessen und der IT-Architektur beschrieben. Der typische Ansatz ist dabei, die IT-Unterstützung in Bezug auf die Geschäftsprozesse zu optimieren. Als wesentliche Veränderliche wird also die IT betrachtet. Speziell bei der Service-orientierten Architektur kann es jedoch umgekehrt auch zweckmäßig sein, Einfluss auf die Ausgestaltung der Geschäftsprozesse vor allem in den Detailausprägungen zu nehmen (siehe Abbildung 6).

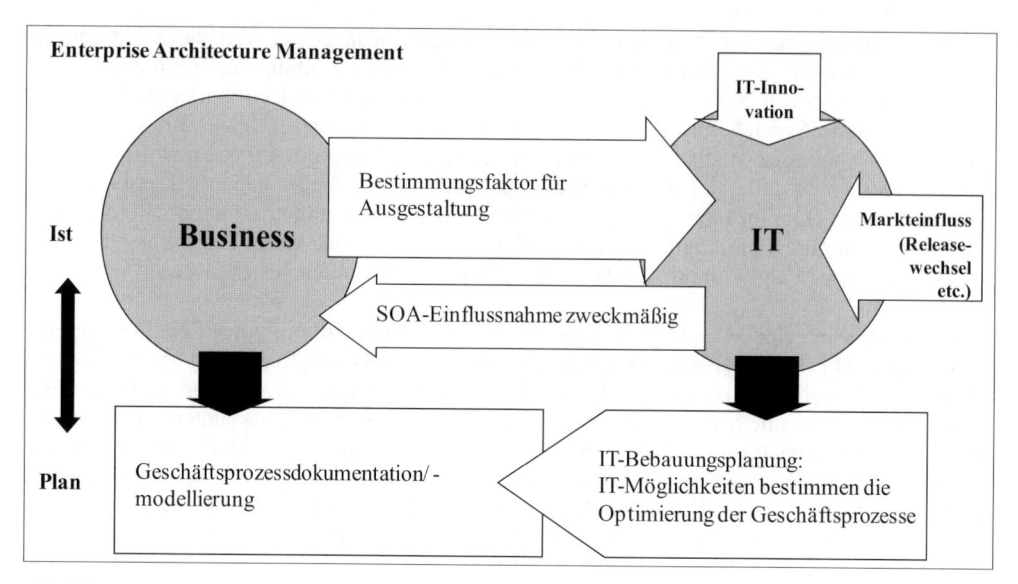

Abbildung 6:   *SOA-Wirkungsrichtungen EAM*

EAM setzt belastbare Dokumentationen sowohl der Geschäftsprozesse als auch der IT-Architekturen im Ist-Zustand voraus. Die Zielsetzung ist aber eine Beschreibung der zukünftigen Weiterentwicklung und vor allem der Aufbau eines strukturierten Prozesses zur Durchführung der Weiterentwicklung.

Für eine planvolle Weiterentwicklung der IT-Unterstützung und damit der IT-Architektur ist ein IT-Strategieprozess empfehlenswert, bei dem geschäftsprozessbezogen IT-Weiterentwicklungsbedarfe ermittelt werden. Unter IT-Strategieprozess wird dabei eine Erfassung von IT-Zielsetzungen verstanden, die aus fachlichen oder unternehmerischen Zielsetzungen abgeleitet sind. Es kommen also sowohl Bottom-up- als auch Top-down-Sichtweisen zur Anwendung. Die so erarbeiteten, zunächst fachprozessspezifischen IT-Ziele werden im Unternehmensvergleich nebeneinandergestellt und abgeglichen. Auf diese Weise entsteht ein konsolidiertes Gesamtbild über den IT-Weiterentwicklungsbedarf im Unternehmen. Durch Priorisierungen, Zeitplanungen etc. wird eine zusätzliche Qualifizierung in dieses Bedarfsbild gebracht.

Werden in einem folgenden Schritt die so ermittelten strategischen IT-Ziele auf eine stärker konkretisierte IT-Projektplanung heruntergebrochen, erhält man wesentliche Inhaltselemente eines IT-Bebauungsplans – eine Benennung von Bereichen und Geschäftsprozessen eines Unternehmens, in denen Weiterentwicklungen der IT benötigt oder erforderlich werden. Die so identifizierten Weiterentwicklungsbereiche werden bei einer Betrachtung für Einsatzmöglichkeiten von Services im Vordergrund stehen, weil dort konkrete fachliche Bedarfe für eine weiterentwickelte IT-Unterstützung bestehen.

Die Konzeption von Services bedingt nun durch die fachliche Kapselung einer Funktion bzw. eines Prozessschritts Einflussnahme auf die Gestaltung der Geschäftsprozesse. Aus IT-Sicht ist hierzu nun eine Architektur bereitzustellen, die den Anforderungen des Services genügt und seine speziellen Geschäftsarchitekturmerkmale unterstützt.

Eine der zentralen Fragen bei der Diskussion Service-orientierter Architektur ist die Identifizierung und der fachliche Zuschnitt bzw. Umfang von Services (siehe Abbildung 7).

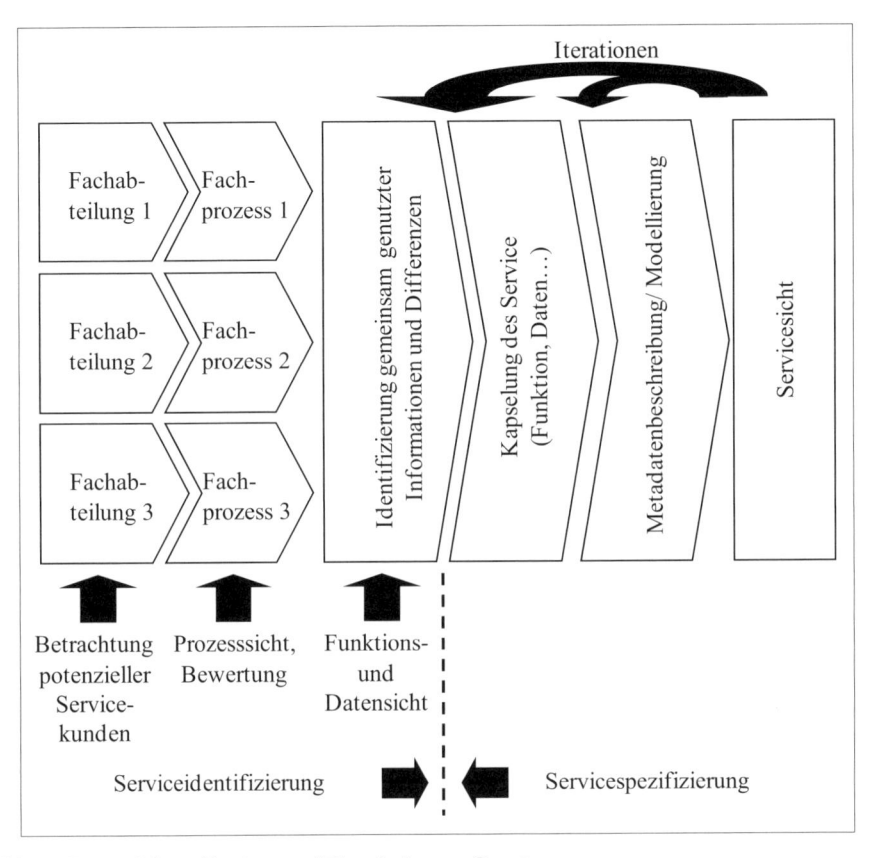

Abbildung 7:   Identifikation und Zuschnitt von Services

Die Vorstellung ist, dass sich „gut konzipierte" Services relativ nahtlos einerseits in den oder die Fachprozesse integrieren lassen und andererseits klar definierte und redundanzfreie Elemente in einer zukünftigen Mosaikstruktur von Services bilden werden. Ergänzend zu dieser „Profilbeschreibung" besteht die Erwartung einer gewissen Kompaktheit des Services – er soll kleiner sein als herkömmliche, großmodulige IT-Anwendungen –, und er soll sich natürlich in einer klaren Form kapseln lassen. An dieser Stelle gilt es, die Betrachtung aus Geschäftsprozesssicht wahrzunehmen – wer sind die möglichen Kunden, also Abnehmer, der Serviceleistung? Worin bestehen mögliche Überdeckungen der Bedarfe der Kunden, wo werden unterschiedliche Serviceleistungen abgefragt? Eine der Hauptschwierigkeiten bei dieser Betrachtung liegt in der notwendigen, geschäftsübergreifenden Sichtweise – diese Betrachtung kann sich nicht allein auf die Anforderungen bzw. Aussagen einzelner Fachbereiche stützen, weil diese eher ihren speziellen Geschäftsprozess bzw. Beitrag dazu betrachten werden. Erstrebenswert ist also eine übergreifende Betrachtungsweise der Geschäftsprozesse insgesamt, wobei hierfür in der Regel ein mittlerer Detaillierungsgrad genügen wird.

Ein praktischer Ansatz kann bei einer Analyse der Datenströme im Geschäftsprozess beginnen. Welche wesentlichen Daten-/Informationscluster können identifiziert werden, wer trägt zur Erstellung bei und an welchen Stellen werden diese Informationen verwendet? In Bezug auf die Datensicht ist der nächste Schritt dann eine Normierungssicht der Daten (wo verbergen sich ähnliche/ gleiche Inhalte hinter verschiedenen Begriffen, wie variieren die Datenformate, welche Bearbeitungs- und Detaillierungsstände gibt es?). Ziel ist, eine Metadaten-Modellierungssicht zu schaffen, die einen analytischen Blick auf die Daten ermöglicht, der von anderen Geschäftsprozesseinflüssen zunächst nicht betroffen ist.

Konnte bei der Datenanalyse eine Clustersicht gewonnen werden, so können als nächstes die mit diesen Clustern verbundenen Prozessteilaufgaben betrachtet werden. Diese Sicht sollte bereits interessante Erkenntnisse vermitteln – an welchen (verschiedenen) Stellen werden gleiche oder ähnliche Daten bearbeitet, wer erstellt einen Datenbestand, wer verarbeitet ihn weiter, von wo und nach wo wird (ggf. über Schnittstellen) geliefert? Ausgangspunkt der Betrachtung könnte sein eine mittlere Ebene in einem hierarchisch strukturierten funktionalen Unternehmensmodell. Hiermit bewegt man sich weder auf der zu stark aggregierten Beschreibung ganzer Geschäftsprozesse noch wird die Funktionsbeschreibung aufgrund eines hohen Detaillierungsgrades zu komplex. Der nächste Schritt ist inhaltlich schwierig: es gilt, Funktionen zu identifizieren, die ihrem Inhalt nach kapselbar erscheinen und die möglicherweise in anderen Unternehmensprozessen ähnlich oder gleich ebenfalls Anwendung finden (wenn auch vielleicht anders benannt). Da wir ja Hauptunternehmensprozesse in ihrem Ist-Zustand durchsuchen, finden wir solche Funktionen wahrscheinlich in einer speziellen Adaptierung auf ihren Prozesskontext. Das bedeutet, vom Sprachgebrauch (z. B. Benennung) und vom Datenmodell her sind sie vielleicht nicht direkt mit ähnlichen Funktionen in anderen Prozessen vergleichbar, es muss eine Abstraktionssicht gewählt werden. Hier sind also praktische Erfahrungen und Erkenntnisse aus dem Unternehmenskontext wertvoll, die die Analyse erleichtern. Ergebnis der Analyse auf dieser Stufe wären fachliche Cluster, die auch als Domänen betrachtet werden können: Fachgebiete oder fachliche Funktionen, die eine gewisse Abgeschlossenheit aufweisen und bei denen ein klar fassbares Produkt als Ergebnis der Funktionsausführung entsteht. Dies ist wichtig für das Kriterium der Kapselbarkeit.

Ein Service im Sinne von SOA muss nicht notwendig über eine IT-Sicht verfügen; ist diese aber vorhanden oder beabsichtigt, so gestattet dieser Blick auf die „Haupt-Datengegenstände" bereits eine erste Einschätzung bezüglich der Komponenten des Service und Hauptentitäten des Datenmodells. Das Ergebnis einer ersten solchen Analyse kann kein fertig umrissener Service sein, es sind wahrscheinlich einige iterative Analysen zur Verfeinerung des ersten Grobmodells notwendig. Sicherlich gibt es alternative Vorgehensweisen, und die Analyse wird auch zunehmend erfahrungsgeprägt sein. Erste so gefundene Strukturen sollten kritisch hinterfragt und diskutiert werden. Nicht zuletzt wird ein Prüfstein für einen identifizierten Service sein, ob er in der anschließenden fachlichen Diskussion standhält – kann man fachseitig ein überzeugendes Bild davon skizzieren, wie dieser Service eingebunden und genutzt werden soll? Stößt man auf fachliche Akzeptanz für das Konzept?

Bei der Konzeption von Services – zumal in der Anfangsphase – kann es zweckmäßig sein, über den aktuellen Auftrags- und Bearbeitungsumfang hinaus auf einer Planungsebene bereits weitere potenzielle Servicefunktionalitäten im Umfeld des zu konzipierenden Service zu identifizieren. Die so im näheren Umfeld erkannten „Servicekandidaten" werden natürlich in diesem Fall nur schematisch beschrieben. Auf diese Weise fällt die Festlegung des inhaltlichen Zuschnitts und die Abgrenzung oftmals leichter, eine funktionale Abgrenzung und Dimensionierung des zu bearbeitenden Service wird so unterstützt (siehe oben genannte Aspekte Redundanzfreiheit und Kompaktheit).

Abbildung 8 zeigt die verschiedenen Darstellungsaspekte eines EAM als Übersicht auf. Es werden verschiedene Sichten auf genau denselben Gegenstand – das Unternehmen – wahrgenommen, sodass so unter verschiedenen Betrachtungsblickwinkeln analysiert werden kann. Für diese Zwecke gibt es ausgefeilte EAM-Werkzeuge, die diese verschiedenen Sichten auf das Unternehmen unterstützten.

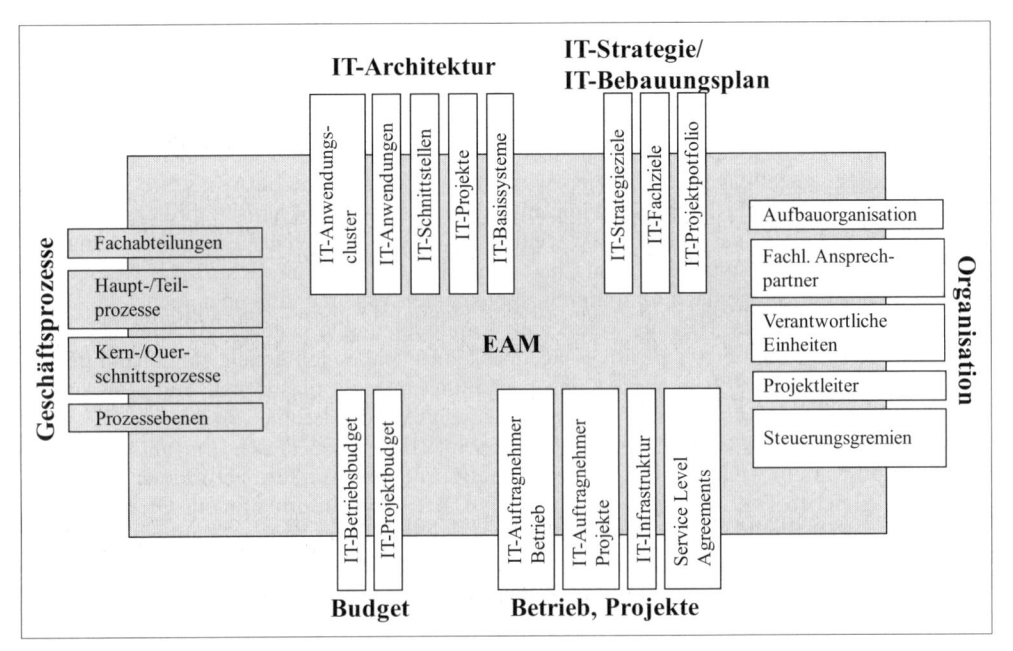

Abbildung 8: Enterprise Architecture Modelling – Aspekte und Sichten

Im Kontext der fachlich ausgerichteten Konzeption von Services sind wir nicht näher auf die IT-seitigen Entwicklungs- und Implementierungsaspekte eingegangen, die bei einer Konkretisierung eines Service relevant sind. Es sei an dieser Stelle auf die Notwendigkeit einer methodischen projektorientierten Vorgehensweise verwiesen, die typische Elemente wie Lastenheft, Pflichtenheft etc. mit entsprechenden Qualitätsprüfungen enthalten sollte. Speziell im SOA-Umfeld gibt es darüber hinaus methodische Frameworks, die einen Orientierungsleitfaden für ein zielführendes Vorgehen liefern. Erscheinen diese Leitfäden zunächst bei der Konzipierung des ersten Services noch überdimensioniert und meist auch nicht unbedingt notwendig, so wird sich dieses Bild vermutlich bald ändern, da der Schlüssel für eine erfolgreiche Einführung von SOA sicher auch in einem methodisch konsistenten Vorgehen liegt.

4 Ausblick: Erfahrungen und Erwartungen

Im Unternehmen der Autoren wurde ein SOA-Pilotprojekt mit längerem zeitlichen Vorlauf geplant. Der SOA-Ansatz und seine Implikationen konnten daher sorgfältig evaluiert und seine Chancen und Möglichkeiten für das Unternehmen deutlich herausgearbeitet werden. In einem im IT-Umfeld tätigen Fachkreis konnten wesentliche Zielstellungen und Bedingungen im Hinblick auf eine Service-orientierte Architektur im Unternehmenskontext vorlaufend ausgearbeitet und mit Konsens versehen werden.

Eine große Unterstützung war die systematische IT-Strategie- und Projektportfolioentwicklung als konkrete Ausprägung eines Enterprise Architecture Managements. Die IT-Bedarfe und später die konkreten IT-Projekte werden aus einer systematischen IT-Strategie entwickelt und in einem IT-Projektportfolio gebündelt. Aufgrund der hier bestehenden Transparenz konnten Aufgabenstellungen identifiziert werden, die sich für eine SOA-basierte Umsetzung eigneten. Da zunächst Erfahrungsgewinn mit dem neuen Architekturprinzip die Zielsetzung war, wurde ein Projekt ausgesucht, dass weniger zeitkritisch und eher ergebnisoffen angelegt war – es konnte eine Aufgabenstellung und damit ein Fachbereich identifiziert werden, der seinerseits auf der Suche nach Optimierungspotenzialen war und eine entsprechende Aufgeschlossenheit mitbrachte. Hiermit waren gute Voraussetzungen gegeben. Während des Projektes wurde recht bald erstes positives Feedback im Fachbereich erzielt, da anhand der geplanten Dialoggestaltung bereits im Konzeptstadium ein recht plastisches Bild von Anwendung und Nutzung des zu erstellenden Services erzeugt werden konnte.

Im Praxisfall war ein wichtiger Faktor die Integrationsmöglichkeit, die SOA bietet – die Identifizierung gleicher Teilfunktionen und gleicher Daten bzw. Informationen. Dies bildet die Grundlage für Bündelungen und Neustrukturierungen von Informationen und den dazugehörigen Geschäftsprozessen. Diese Aufgabe der Identifizierung von Gleichem oder Ähnlichem ist meist wenig offensichtlich und daher nicht einfach – verschiedene Namensgebung, Bezeichnungen, Begriffswelten, Datenformate und Datenbankstrukturen erschweren diese Sichtweise. Im dem erwähnten SOA-Pilotfall bestand auf Seiten der beauftragenden Geschäftsabteilung der nachhaltige Wunsch nach höherer Informationstransparenz in den eigenen Datenhaltungen – eine sehr günstige Voraussetzung für eine SOA-Aufgabenstellung.

Ziel dieses Beitrags war, Vorteile und Argumente für den Einsatz einer Service-orientierten Architektur in Unternehmen der produzierenden Industrie aufzuzeigen. Deutlich wird, dass es eine Reihe von Gründen gibt, sich diesem Architekturprinzip verstärkt zuzuwenden, um dies als Quelle neuer oder weiterer Optimierungspotenziale zu nutzen. Deutlich geworden ist auch, dass die vorhandenen Anwendungsarchitekturen zu großen Teilen noch eine signifikante Lebenserwartung haben und ein evolutionärer Einsatz von SOA als zielführend angesehen wird.

Mit der Service-orientierten Architektur ist in der IT ein Architekturkonzept bekannt, mit dem aus der IT heraus den Geschäftsprozessen neue Impulse vermittelt werden können. Mit SOA wird ein methodisch anspruchsvoller und auch von der Umsetzung her nicht einfacher Weg aufgezeigt – der gerade deswegen lohnenswert ist, weil er Differenzierungspotenziale im Wettbewerb zulässt, vor allem auch im Bereich der Kernprozesse eines Unternehmens. Die IT-Architektur folgt selbstverständlich weiterhin der grundsätzlich geltenden Zielstellung eines guten Business-IT-Alignments und es gilt auch weiterhin, die Anforderungen aus dem Geschäft aufzunehmen und umzusetzen. Zusätzlich können jedoch Impulse zurückgegeben werden, indem – als Vorschlag – neue Realisierungsmöglichkeiten und neue Gestaltungsmöglichkeiten auch der Geschäftsprozesse aufgezeigt werden. Um diesen Weg beschreiten zu können, ist es notwendig, aus Sicht der IT Chancen und Möglichkeiten vorteilhaft aufzuzeigen, und es ist bedeutsam, mit den ersten Realisierungen erkennbare Erfolge auszuweisen. Unumgänglich ist, für die typischerweise aus der IT entstammenden Vorschläge eine positive Akzeptanz zu erzeugen.

Diese Aufgabe bedeutet Wagnis – aus Sicht der IT müssen neue Ansätze aufgegriffen und vertreten werden, und aus Sicht der Geschäftsprozesse muss eine Aufgeschlossenheit für ein alternatives Vorgehen und damit einhergehende, ggf. tiefer greifende Veränderungen geschaffen werden. So kann die Ausprägung gewohnter Strukturen durch SOA verbessert werden. Dabei geht man jedoch das Thema SOA am besten rechtzeitig an, da man von einer langen Verbreitungsphase ausgehen muss. Auf kurzfristig entstehende Veränderungsbedarfe oder schwieriger werdende Gegebenheiten kann am besten mit einem vorbereiteten und systematischen Vorgehen reagiert werden. Um nicht auf zufällig günstige Umstände für erste Umsetzungen angewiesen zu sein, sollte eine planvolle, strategisch ausgerichtete IT-Weiterentwicklung, die noch dazu auf einem guten Enterprise Architecture Management basiert, zur Einführung erster SOA-Ansätze genutzt werden.

Es sollte ein Bewusstsein bestehen, dass es bezüglich SOA eine Lernkurve geben wird, wie bei jeder neuen Technologie. Der gleiche Analysegegenstand eines Services wird wahrscheinlich in einer reifen Umgebung etwas anders konzipiert werden als am Beginn einer Service-orientierten Architekturentwicklung. Mit zunehmender Erfahrung wird es leichter werden, Vorgehensalternativen und auch erforderliche praktische Zugeständnisse zu bewerten.

Ob und in welchem Maße es gelingt, die SOA-Vision – auch monetär bewertbar – einzulösen, bleibt abzuwarten. Rückblickend kann aber bereits heute gesagt werden, dass alle Bemühungen in der Vergangenheit um nachhaltig bessere Strukturen (wie z. B. Standardisierung und Modularisierung) bisher eindeutig wegweisend waren. Ein erfolgreiches Vermitteln der Vision und erste Akzeptanz erleichtern die Durchführung erster Pilotinstallationen und die Evaluierung von SOA. Eine Bewertung der Ergebnisse und eine Planung zum weiteren Vorgehen müssen aus heutiger Sicht unternehmens- und branchenspezifisch erfolgen.

Make SOA Work – Eine Frage des Gleichgewichts

Sanjay Dewal

BearingPoint GmbH

1	Einleitung...	79
2	Eine Kurzeinführung in Service-orientierte Architekturen (SOA)	79
3	Ist-Situation in Unternehmen...	83
4	Einführung von SOA	85
	4.1 Dimension „Prozesse/Vorgehensmodell"..	85
	4.2 Dimension „Methoden/Standards"...	86
	4.3 Dimension „Organisation"..	89
	4.4 Dimension „Skills/Erfahrung/Ausbildung"..	90
	4.5 Dimension „Technologien"...	91
	4.6 Dimension „Unternehmenskultur"..	91
	4.7 Abschließende Betrachtungen zu den Dimensionen	92
5	Do's and Don't bei der SOA-Einführung	92
6	Abschließende Bemerkungen	94
Quellenverzeichnis..		95

1 Einleitung

Globalisierung, Internationalisierung, Flexibilität und Time-to-Market sind seit einigen Jahren die Faktoren, die die Unternehmen stark prägen. Eine funktionierende IT sollte dabei unterstützen, diese Faktoren am effektivsten umzusetzen. Die Realität ist jedoch, dass gerade die Entwicklung, Wartung und Pflege von Anwendungssystemen über die Jahre immer mehr Kosten verursacht. Sind die Hardwarekosten in den letzten Jahrzehnten stetig gesunken, stiegen die Kosten für die Anwendungsentwicklung stetig an und haben mittlerweile einen Anteil von über 70 % der Gesamtkosten in der IT.

Das Software-Engineering versucht seit mittlerweile 40 Jahren, Produktionsverfahren zu etablieren, um die Anwendungsentwicklung ingenieurmäßig durchzuführen. Immer neue Acronyme werden entwickelt, letztlich mit dem Ziel, ein Baukastensystem zu entwickeln, das mit wiederverwendbaren Bausteinen arbeitet und durch „Zusammenstecken" der Bausteine sowie der Entwicklung von Spezialbausteinen schnell und einfach Anwendungssysteme zu konstruieren. Das aktuelle Akronym hierfür ist Service oriented Architecture (SOA).

Ziel dieses Beitrages ist es, zunächst einmal zu erläutern, woher SOA kommt und aufzuzeigen, dass dieser aktuelle Hype keine Technologie, sondern eine Philosophie ist.

Ausgehend von der heutigen Situation bei den Unternehmen und deren spartenorientierten IT-Abteilungen wird anhand eines Dimensionenmodells dargestellt, warum SOA mehr als nur die Einführung von Technologie ist. Darauf basierend wird ein Maßnahmenbündel beschrieben, wie SOA in einem Unternehmen eingeführt werden sollte, damit die erwarteten Vorteile auch erzielt werden können. Zusätzlich zeigt der Artikel einen Weg auf, wie Services überhaupt in einem Unternehmen im Rahmen der Geschäftsprozessmodellierung und der Software-Entwicklung identifiziert werden können. Denn ohne Services ist SOA auch nicht möglich.

2 Eine Kurzeinführung in Service-orientierte Architekturen (SOA)

Software-Entwicklung ist ein sehr individuelles Vorgehen von zumeist Programmierern, möglichst kreativ fachliche Anforderungen in „Code" umzusetzen. Da es sich natürlich um eine „Kunstform" handelt, versucht auch jeder Programmierer seine individuelle Implementierungstechnik, die ihn von allen anderen unterscheidet, anzuwenden.

Ist die Erstimplementierung erst einmal abgeschlossen, werden Tag für Tag, Jahr für Jahr Änderungen an der Anwendung vorgenommen, weil sich Anforderungen bzw. Vorgaben über die Zeit einfach ändern. Da Software dem Namen nach „Soft" ist – also immer per definitionem schon anpassbar bzw. änderbar – führt dies dazu, dass es nicht wenige Applikationen gibt, die über Jahrzehnte existieren und sowohl technologische als auch fachliche Veränderungen durchlaufen haben. Dementsprechend haben sich an einer solchen Anwendung auch mehrere Programmierergenerationen verewigt; jeder möglichst mit seinem eigenen Stil.

Derartige Anwendungen bzw. Anwendungssysteme – im Fachjargon als Legacy-Systeme bezeichnet – sind über die Jahrzehnte zu einer Black-Box mutiert, bei der auf Basis von Eingabedaten erwartete Ausgaben herauskommen. Ein Abschalten und Neuentwickeln derartiger Anwendungssysteme ist zumeist undenkbar bzw. mit extremen Kosten verbunden, da es meist niemanden mehr gibt, der wirklich weiß, was in diesen Systemen implementiert wurde.

Somit wird die Wartung solcher Anwendungssysteme immer aufwändiger und verschlingt immer mehr Kapazitäten. Dies führt mittlerweile zu der Situation, dass nahezu 90 % der Entwicklerkapazitäten sich mit der Wartung von existierenden Applikationen beschäftigen.

Seit mittlerweile über 40 Jahren beschäftigt sich Software-Engineering damit, Möglichkeiten zu entwickeln, um das ingenieurmäßige Vorgehen der Entwicklung, Wartung, Weiterentwicklung und Pflege von Anwendungen zu etablieren. Ein wesentlicher Bereich des Software-Engineering beschäftigt sich daher mit Methoden und Verfahren, wie Anwendungen entwickelt werden können, sodass bei der initialen Entwicklung und der späteren Wartung, Weiterentwicklung und Pflege, die Kosten minimiert werden können. Idealtypisch wird auch versucht, wie in anderen Ingenieur-Disziplinen üblich, Baukastensysteme zu entwickeln, sodass Anwendungssysteme durch das „Zusammenstecken von Bausteinen" konstruiert werden können. Dabei ist ein Hauptthemenblock, die Formulierung und Abbildung der natürlichsprachlichen Anforderungen mit Methoden wie strukturierte Analyse (SA) und strukturiertes Design (SD)[1] oder objekt-orientierte Analyse (OOA) und objekt-orientiertes Design (OOD)[2], was heute über UML[3] abgebildet wird.

Bei allen Methoden spielen zwei Paradigmen eine wesentliche Rolle – „Divide and Conquer"[4] und „Information Hiding"[5].

> „Divide and Conquer": Ein recht militärisches Prinzip, welches besagt, dass zunächst ein komplexes Problem in „kleinere Probleme" zerlegt werden sollte und diese kleineren Probleme dann gelöst werden. Dieses Vorgehen lässt sich natürlich iterieren, d. h. die kleineren Probleme können in weitere Problemchen weiter zerlegt werden. Offen bleiben bei dem Paradigma zwei Aspekte: (1) was letztlich die Problemgröße ist, die beherrschbar ist und (2) lassen sich die „kleinen Probleme" einfach so ohne Weiteres zu dem initial komplexen Problem zusammensetzen?

> „Information Hiding": Eine Anwendung oder Anwendungsteile sollten nur über eine wohldefinierte Schnittstelle adressiert werden. Die eigentliche Implementierung wird versteckt. Dieses Vorgehen lässt sich bspw. mit einer Steckdose vergleichen, bei der die Schnittstelle einmal über die normierte Voltzahl und die Spezifikation des Steckers festgelegt ist. Für den Nutzer bleibt aber die Implementierung, also beispielsweise, ob der Strom nun aus einem Kern-, Wasser-, Kohle-, oder Windkraftwerk kommt, verborgen.

---

[1] Vgl. DEMARCO (1979).
[2] Vgl. BOOCH (2007).
[3] Vgl. BOOCH/JACOBSON/RUMBAUGH (2000).
[4] Vgl. PARNAS (1972).
[5] Vgl. LISKOV/ZILLES (1974).

Je komplexer Anwendungen, auch als Anwendungssystem bezeichnet, werden, sind diese zwei Paradigmen in jeder Entwicklung ganz entscheidend. Dies zeigt sich auch darin, dass alle Programmiersprachen Strukturierungselemente unterstützen, die diese beiden Paradigmen mehr oder weniger gut unterstützen.

- *Prozedurale Programmiersprachen (Cobol, Fortran, Pascal, C, etc.)*: In diesen Programmiersprachen wird von Unterprogrammen gesprochen, die es ermöglichen, eine komplexe Anwendung in kleinere Einheiten zu zerlegen. Das „Information Hiding" wird bei den prozeduralen Programmiersprachen nur bedingt unterstützt. Es ist primär die Aufgabe des Programmierers, darauf zu achten, dass die Unterprogramme bzw. Funktionen so gewählt werden, dass sie ausschließlich über eine wohldefinierte Schnittstelle aufgerufen werden können.

- *Objekt-basierte Programmiersprachen (Modula2, Ada, etc.)*: Objekt-basierte Programmiersprachen führen als Strukturierungselement den Begriff des Moduls ein. Das Information Hiding wird zusätzlich über das Konstrukt eines abstrakten Datentyps (ADT)[6] abgebildet und ist inhärenter Bestandteil der Programmiersprache. Bei einem ADT bildet ein Datentyp die Strukturierungseinheit (charakterisiert über eine Vielzahl von Attributen). Diese wird um Funktionen ergänzt (in diesem Fall wird von Methoden gesprochen), die bereitgestellt werden, um die Ausprägungen der Attribute zu manipulieren. Beispielsweise wäre eine Person ein einfacher Datentyp, der über einen Namen, ein Geburtsdatum, einen oder mehrere Wohnorte charakterisiert werden könnte, und die Methoden würden Möglichkeiten bieten, diese Angaben zu setzen bzw. soweit möglich zu verändern.

- *Objekt-orientierte Programmiersprachen (Simula, Smalltalk, C++, Eiffel, Java, C#, etc.)*: Bei objekt-orientierten Programmiersprachen ist das Strukturierungselement die Klasse. Dadurch dass das Information Hiding auch in der Programmiersprache über ADTs abgebildet wird, ähneln diese den objekt-basierten Sprachen. Wesentlicher Unterschied ist, dass es Vererbung und Polymorphie gibt.

Die zunehmende Komplexität der Anwendungssysteme sowie die fortlaufende Weiterentwicklung (es wird ja jedes Anwendungssystem auch über Jahrzehnte weitergepflegt und gewartet) führt dazu, dass heutzutage die Systeme alle obengenannten Programmierparadigmen in Teilbereichen verwenden. Daher wurde in den 1990er Jahren der Begriff der Komponente geprägt. Eine Komponente kann ein Unterprogramm, Modul oder eine Klasse sein – also mit irgendeiner Programmiersprache entwickelt werden. Jedoch sollte die Komponente den Anforderungen des Information Hidings entsprechen, d. h. über eine wohldefinierte Schnittstelle aufgerufen werden. Komponenten können aber auch aus sehr vielen Unterprogrammen, Moduln oder Klassen bestehen, sodass auch eine komplette Anwendung eine Komponente sein kann.

Die zunehmende Komplexität der Anwendungssysteme lässt sich mit Architekturen – so genannte komponentenbasierte Architekturen – beschreiben. Dabei ist die Idee, dass mit derartigen Architekturen insbesondere festgelegt wird, wie Komponenten miteinander interagieren. Hierfür wurde sogar in den 1990er Jahren mit CORBA (Common Object Request Broker Architecture) im Rahmen der OMG (Object Management Group)[7] ein weltweiter Standard ent-

---

[6] Vgl. LISKOV/ZILLES (1974).
[7] Vgl. SIEGEL (1999).

wickelt, der festgelegt hat, (1) wie die Schnittstelle von Komponenten zu definieren ist, (2) Komponenten aufgefunden werden und (3) Komponenten miteinander kommunizieren. Die Praxis zeigte jedoch, dass der Standard zu schwerfällig war und meist hinter den Technologien hinterher hinkte.

Mit dem Aufkommen von web-basierten Architekturen wurde ein neuer Begriff ins Leben gerufen – Web-Service. Der Grundgedanke bleibt, wie bei der Komponente: Ein Web-Service stellt eine bestimmte Funktionalität über eine wohldefinierte Schnittstelle zur Verfügung. Die Funktionsweise eines Web-Service ist in Abbildung 1 dargestellt.

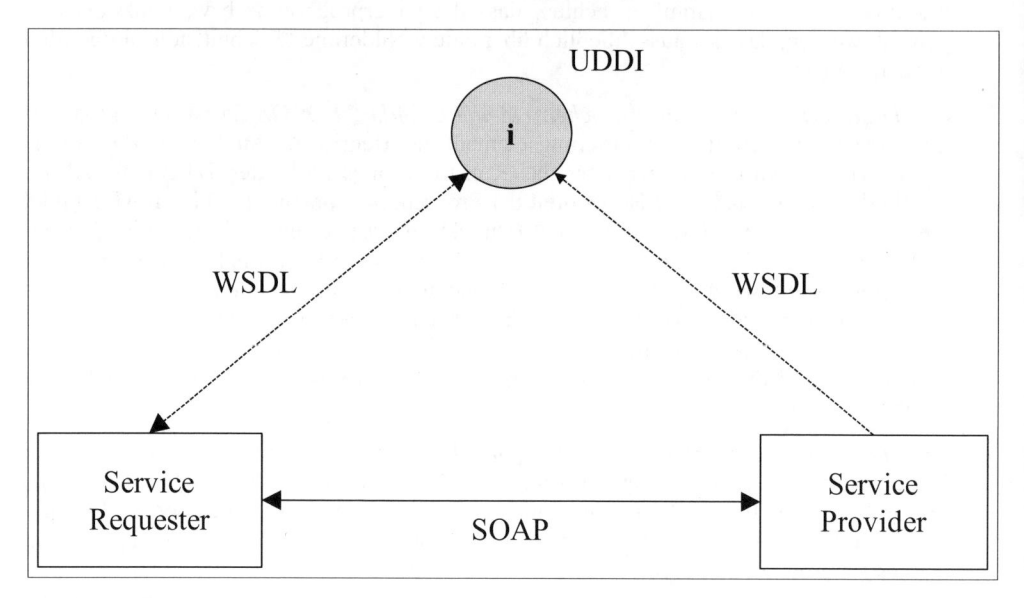

Abbildung 1:   Funktionsweise eines Web-Service

Ein Web-Service verfügt über eine wohldefinierte Schnittstelle, die mit der Web Service Discription Language (WSDL) beschrieben wird. Der Service Provider muss den Web-Service an einem Informationsdienst – Universal Description, Discovery and Integration (UDDI) –, was eine Art „Gelbe Seiten" ist, veröffentlichen. Ein Service Requester kann also über UDDI den gewünschten Web-Service mittels WSDL den Service Provider lokalisieren und mit diesem über die definierte Schnittstelle mit Hilfe des Protokolls Simple Object Access Protocol (SOAP) kommunizieren.

Mit SOA wird nun der Gedanke der Web-Services aufgegriffen. Dies führt dazu, dass SOA die Technologie von Web-Services nutzt, um eine Philosophie von künftigen verteilten Anwendungssystemen aufzubauen. Ziel dieser künftigen Anwendungssysteme ist es, eine Kostenreduktion zum einen durch bessere Beherrschbarkeit und damit erhöhte Wartbarkeit von Services und zum anderen geringere Entwicklungskosten durch die Wiederverwendung von Services zu ermöglichen.

Da SOA zwar das Ziel der Kosteneinsparung verfolgt, aber es keine konkrete Werkzeug-Box, Methode oder Vorgehensweise gibt, wie dieses Ziel in einem Unternehmen zu erreichen ist, bleibt es zunächst einmal bei der Philosophie, wie Anwendungssysteme entwickelt, gewartet und gepflegt werden.

3 Ist-Situation in Unternehmen

Jedes Unternehmen, das Anwendungssysteme entwickelt, einführt und einsetzt, verfügt über adäquate Vorgehensweisen. Diese orientieren sich an Rahmenbedingungen (im Folgenden Dimensionen genannt) wie Unternehmenskultur, Mitarbeiter, Methoden und Standards, Technologien sowie Organisation.[8]

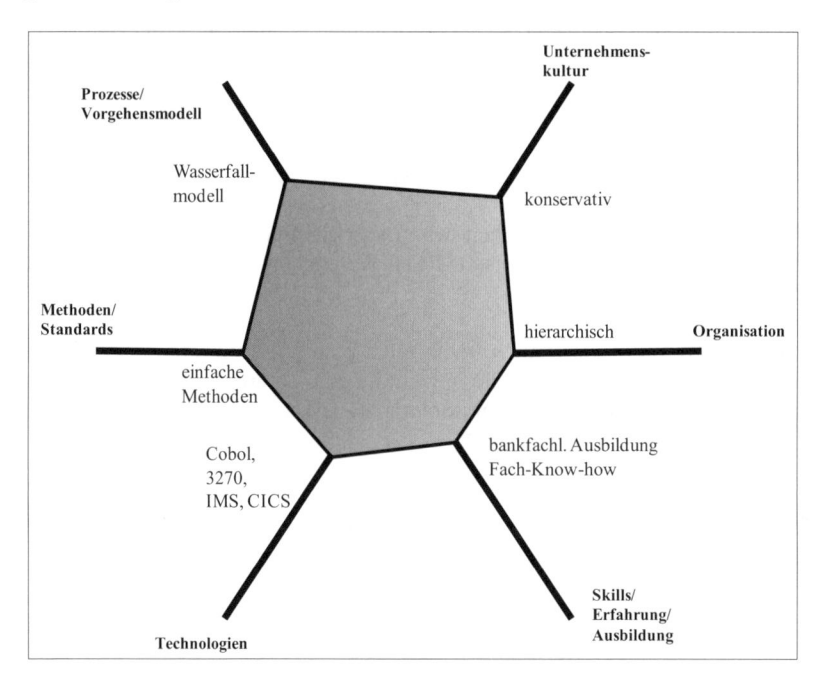

Abbildung 2:   *Gleichgewicht zwischen den verschiedenen Dimensionen*

In Abbildung 2 ist eine typische Ausprägung skizziert, wie sie bis vor einigen Jahren insbesondere in den IT-Organisationen von Banken und Versicherungen zu finden war.

Skills, Erfahrung, Ausbildung: So zeigte sich, dass sich Anwendungsentwicklungsabteilungen insbesondere aus sehr motivierten Mitarbeitern zusammensetzen, die zum überwiegenden Anteil eine bankfachliche Ausbildung hinter sich hatten und auch im Fachbereich dediziertes fachliches Know-how erworben hatten. Häufig wurde bei diesen Mitarbeitern das Interesse

---

[8] Vgl. DEWAL (1993) und DEWAL (1996).

für die Anwendungsentwicklung geweckt und sie sind in die Anwendungsentwicklung gewechselt.

Organisation: Die verschiedenen Bank-/Versicherungsanwendungen wurden in Gruppen oder IT-Abteilungen entwickelt, die in sich abgeschlossen waren und wenig Kontakt zu anderen Gruppen hatten. Jede dieser Gruppen hat meist für einen bestimmten Fachbereich Anwendungen entwickelt. Daher wird die Form der Organisation auch als spartenorientiert bezeichnet.

Methoden und Standards; Prozesse, Vorgehensmodell: Üblicherweise orientiert sich in den IT-Abteilungen die Anwendungsentwicklung auch am Wasserfallmodell. Dies bedeutet, dass die Entwicklung strikt phasenorientiert erfolgt. In den einzelnen Phasen, wie zum Beispiel Anforderungsanalyse, Design, Implementierung und Test, kommen dabei kaum softwaretechnische Methoden, wie z. B. algebraische Spezifikationen oder ähnliche formale Methoden zum Einsatz. Vielmehr werden einfache strukturierte Methoden wie „strukturierte Analyse und strukturiertes Design"[9] angewendet, deren primäre Darstellung die natürlichsprachlich ist.

Technologien: Technologisch orientieren sich die IT-Abteilungen an den Großrechner. Deswegen ist es auch nicht verwunderlich, dass auf Technologien, wie zum Beispiel Cobol, PL/1, IMS, CICS, 3270, gesetzt wird, die auf diesen Systemen bekannt sind.

Unternehmenskultur: Insgesamt gesehen war die Unternehmenskultur geprägt von wenig Flexibilität. Im Vordergrund stand, dass die bankfachlichen Anwendungen zuverlässig rund um die Uhr zu funktionieren hatten.

Wie sich zeigte, gab und gibt es auch heute noch eine Vielzahl von sehr erfolgreichen IT-Abteilungen in den Banken und Versicherungen, die eine derartige Ausprägung der Dimensionen haben. Und die Anwendungen funktionieren tadellos, was sich daran zeigt, dass diese Unternehmen auch weiterhin existieren.

Dieser Zustand bei den Ausprägungen der Dimensionen wird als Gleichgewicht bezeichnet. In jeder erfolgreichen IT-Abteilung befinden sich die Dimensionen in einem Gleichgewicht. Das Modell der Dimensionen macht dabei keine Aussage zur Qualität der jeweiligen Ausprägung.

Angenommen, dass sich der CIO der IT-Abteilung dazu entschließt, eine objektorientierte Programmiersprache einzuführen, weil heutzutage kaum noch Entwickler am Markt zu finden sind, die über fundierte Erfahrungen mit prozeduralen Programmiersprachen wie Cobol verfügen Durch diese Entscheidung wird die Ausprägung der Dimension „Technologie" verändert. Das existierende Gleichgewicht wird nun empfindlich gestört, weil die anderen Dimensionen nicht mehr zu der Ausprägung der „Technologie" passen.

So passt ein wasserfallartiges Vorgehensmodell nicht zu einer objektorientierten Programmiersprache. Es sind vielmehr iterative oder evolutionäre Vorgehensmodelle gefragt. Nur lassen sich mit strukturierten Methoden oder natürlichsprachlichen Fachkonzepten die benötigten Objekte nicht so einfach identifizieren. Daher ist es wichtig, Methoden wie die Unified Modelling Language (UML) mit Use Cases, Klassendiagrammen, Sequenzdiagrammen, etc.

---

[9] Vgl. *DEMARCO* (1979).

anzuwenden. Ferner kennen sich die Mitarbeiter, die die prozeduralen Programmiersprachen kennen, nicht mit den objektorientierten Sprachen aus.

Ergebnis ist, dass die Produktivität in der Software-Entwicklung sinkt. Dies kann soweit gehen, dass angedachte Projekte komplett scheitern, weil sie mit dem Budget nicht auskommen bzw. Anwendungen implementiert werden, die den Anforderungen überhaupt nicht genügen.

Erst durch den Einsatz von kompensierenden Maßnahmen, die das Gleichgewicht der Ausprägungen der Dimensionen wiederherstellen, kann die Produktivität signifikant verbessert werden. Beispiele für kompensierende Maßnahmen in dem skizzierten Fall wären, (1) Schulung der Mitarbeiter und gezielte Verstärkung des Entwicklerteams durch adäquate Ressourcen vom Markt, (2) Übergang auf ein iteratives Vorgehensmodell, (3) Einführung von UML, etc.

4 Einführung von SOA

Wie in Abschnitt 2 ausgeführt stellt SOA eine Philosophie dar, wie in einem Unternehmen Anwendungssysteme entwickelt, gewartet und gepflegt werden. Ziel dieses Unternehmens ist es, die Kosten der Anwendungsentwicklung zu reduzieren und gleichzeitig die Produktivität der Entwicklungsabteilung zu erhöhen. Hierzu wird durch die Entwicklung der sogenannten Services, eine „Baustein-orientierte" Software-Entwicklung etabliert, die neue Anwendungssysteme durch eine „geschickte Zusammenstellung" von existierenden Services zusammenbaut. Durch Wiederverwendung von existierenden Services werden die hohen Kosten einer Neuentwicklung eingespart und die langen Entwicklungszeiträume für diese reduziert. Außerdem wird die Qualität der Anwendungssysteme verbessert, weil die Services bereits „praxiserprobt" sind und insofern eine gewisse Stabilität sichergestellt ist.

Wie in Abschnitt 3 dargestellt, wird durch die Entscheidung für SOA, das Gleichgewicht bei den Dimensionen empfindlich gestört. In den folgenden Abschnitten wird auf die einzelnen Dimensionen eingegangen und erläutert, was sich durch diese Entscheidung verändert und welche kompensierenden Maßnahmen erforderlich sind, um das Gleichgewicht wiederherzustellen und so SOA zum Erfolg zu führen.

4.1 Dimension „Prozesse/Vorgehensmodell"

Das Kernproblem in der Anwendungsentwicklung ist es, aus den fachlichen Anforderungen die wiederverwendbaren Services zu identifizieren. Wie dies unterstützt werden kann, wird bei der Dimension „Methoden/Standards" dargestellt. Durch die existierenden Vorgehensmodelle und Prozesse wird in der Regel sichergestellt, dass eine IT-Abteilung die Anforderungen und Wünsche, der ihr zugeordneten Fachabteilung aufnimmt und umsetzt. Dabei fehlt die Kenntnis von Entwicklungen, die in anderen IT-Abteilungen existieren.

Bei den Prozessen ist die Sicherstellung des Know-how zu den Services kritisch. Denn nur wenn jeder Mitarbeiter in der IT-Abteilung alle Services kennt bzw. weiß, wie ein adäquater Service identifiziert werden kann, ist eine optimale Wiederverwendung gewährleistet. Hierzu ist es erforderlich, dass Services im gesamten Prozess ihrer Entwicklung, also bereits mit Beginn der Analysephase bis zum Rollout, vermarktet werden. Dies wird dadurch erreicht, dass ein Service-Beauftragter bei jedem Vorhaben/Projekt als Berater bereitgestellt wird. Seine Aufgabe ist es, Konzepte und Modellierungen zu reviewen, um potenzielle Services, die in der Service-Bibliothek existieren, auch einzubringen.

Wenn die Entwicklung abgeschlossen ist und ein Service in mehreren Anwendungssystemen genutzt wird, ist ein service-bezogenes Anforderungsmanagement erforderlich. Ziel des Anforderungsmanagements ist es, die Anforderungen der verschiedenen Fachabteilungen, bei denen dieser Service genutzt wird, zu priorisieren, zu terminieren und in die Entwicklung zu bringen. Ohne dieses Management kann es passieren, dass Fachbereiche den Service dann mittelfristig durch eine Eigenentwicklung austauschen, um sicherzustellen, dass ihre Anforderungen auch abgedeckt werden.

Des Weiteren ist in den Prozessen vorzusehen, dass eine stetige Qualitätsprüfung der Services durchgeführt wird. Denn über die Zeit können Anforderungen der betroffenen Fachbereiche immer mehr auseinander laufen. Dies führt zu immer geringer werdenden Synergieeffekten bei der Wiederverwendung. In diesem Fall muss die Entscheidung im Qualitätscheck getroffen werden, was mit dem Service geschieht. Dies kann im Einzelfall sogar so weit gehen, dass für die „anforderungstechnisch auseinanderdriftenden Nutzer" individuelle Services entwickelt werden.

SOA bedeutet nicht, dass Individualentwicklungen in Gänze verloren gehen. Vielmehr wird es immer Funktionalitäten geben, die so fachbereichsspezifisch sind. Für diese lohnt sich der Aufwand der Entwicklung eines Services erst gar nicht.

4.2 Dimension „Methoden/Standards"

Bei der Einführung von SOA stellt sich sehr schnell die Frage, welches die geeigneten Services sind und wie diese identifiziert werden können. In einem Projekt bei einer Bank wurden hierzu verschiedene Sparten untersucht und eine Methode entwickelt, wie Services identifiziert werden können.

Ausgangssituation war, dass für eine erste Analyse zwei Sparten – Kredit und Hypothek – bei der Bank vorgegeben wurden. Dabei zeigte sich, dass im Rahmen einer Vergabe eines Kredits bzw. einer Hypothek viele ähnliche Aktivitäten durchgeführt werden. So findet bei beiden Produkten eine Beurteilung der Sicherheit statt, es folgt eine wie auch immer geartete Bonitätsprüfung und es erfolgt eine Entscheidung über den Antrag (siehe Abbildung 3).

- Kundengespräch vorbereiten
    - Eingangsereignis: Kundengesprächswunsch
    - Ausgangsereignis: Kundenmappe
- Kundengespräch durchführen
    - Eingangsereignis: Kundenmappe, Kundengesprächswunsch
    - Ausgangsereignis: Selbstauskunft, Antrag, freibleibendes Angebot, Kredit-/Darlehensakte oder Abbruch
- Bonität ermitteln
    - Eingangsereignis: Selbstauskunft, Antrag, Kredit-/Darlehensakte, Kundenunterlagen
    - Ausgangsereignis: Zahlungsfähigkeit, -willigkeit, Bonitätsklasse, Kredit-/Darlehensakte
- Bonität berechnen
    - Eingangsereignis: Selbstauskunft, Antrag, Kredit-/Darlehensakte, Kundenunterlagen
    - Ausgangsereignis: Zahlungsfähigkeit, -willigkeit, Bonitätsklasse, Kreditakte
- Kreditentscheidung
    - Eingangsereignis: Bonitätsklasse, Unterlagen, Kredit-/Darlehensakte
    - Ausgangsereignis: Vertrag oder Abbruch

Abbildung 3: *Ähnlichkeiten bei der Produktvergabe von Krediten bzw. Hypotheken*

Aus der Betrachtung der Prozesse wurden dann sogenannte Kollaborationsdiagramme erstellt, die die Granularität von Funktionen sowie Objekten Gemeinsamkeiten und Unterschiede zwischen Kredit und Hypothek darstellten (siehe Abbildung 4).

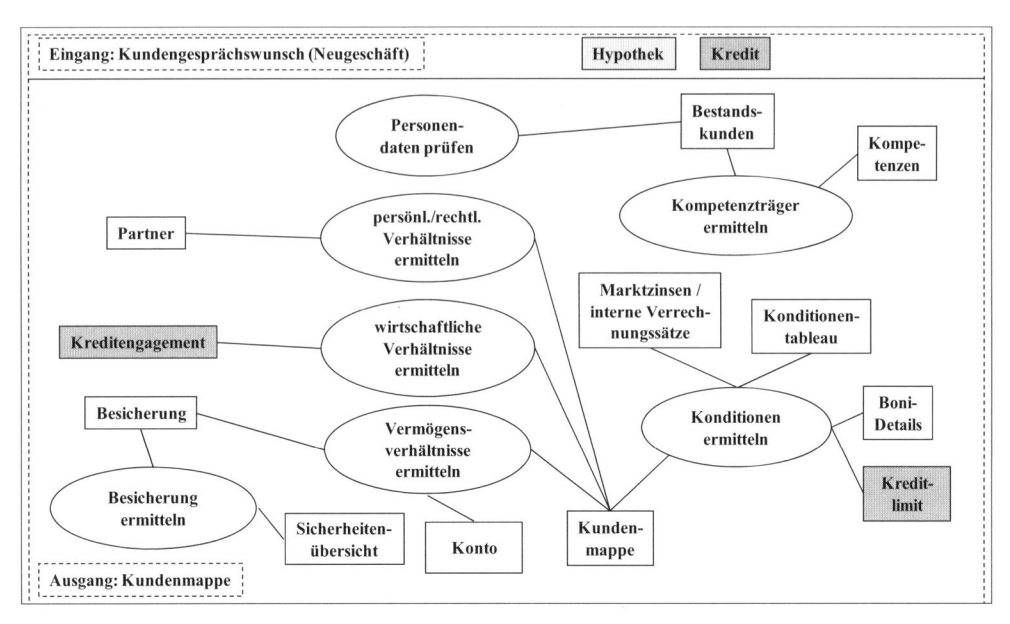

Abbildung 4: *Beispiel eines Kollaborationsdiagramms*

Die Betrachtungen wurden dann auf andere produktspezifische Prozesse erweitert und eine Landkarte potenzieller Services identifiziert (siehe Abbildung 5).

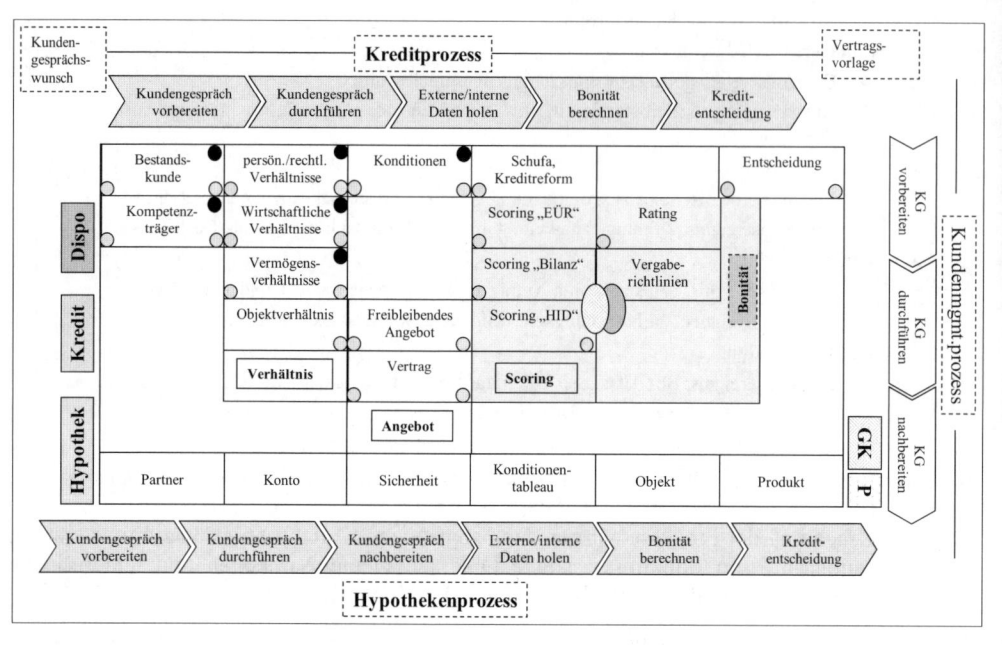

Abbildung 5:   Landkarte von potenziellen Services

Aus diesen Untersuchungen wurde eine Vorgehensweise abgeleitet, die in Abbildung 6 skizziert ist.

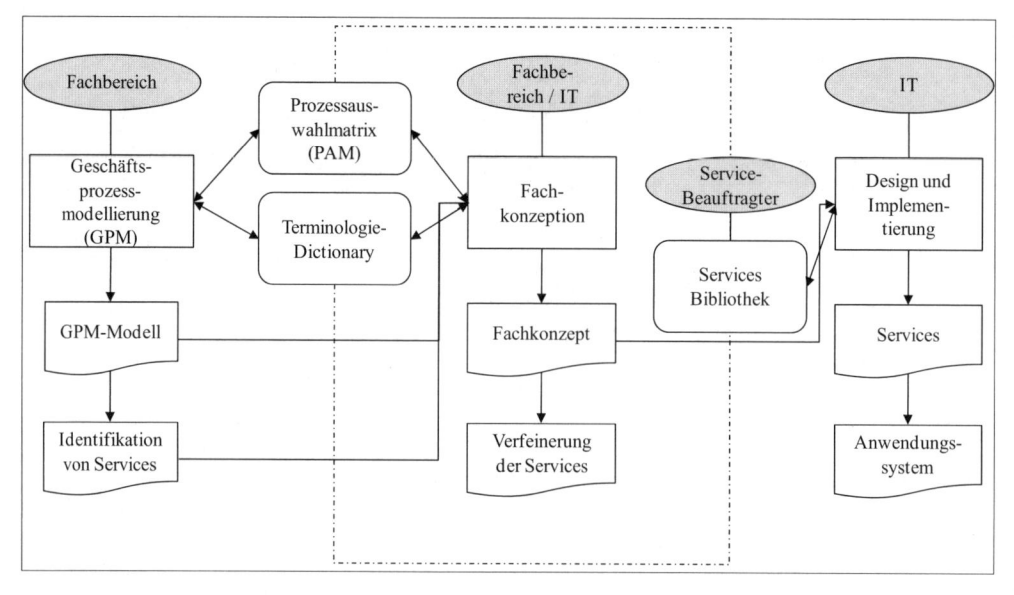

Abbildung 6:   Methodik zur Identifikation von Services

Die Identifikation von Services beginnt bereits bei der Geschäftsprozessmodellierung. In der Prozessauswahlmatrix (PAM)[10] werden mit Modellierungswerkzeugen wie ARIS bereits High-Level-Prozessschritte definiert. Unterstützt durch ein Terminologie-Dictionary wird im Rahmen der Prozessmodellierung versucht, ähnliche Prozesse über die Fachbereiche hinweg unternehmensweit zu definieren. Dabei stellt die Verwendung eines Terms in mehreren Prozessen bereits die erste Indikation für einen potenziellen Service dar.

In einem nächsten Schritt wird dann in der Anwendungsentwicklung versucht, über die Kollaborationsdiagramme die potenziellen Services mit Hilfe von Funktionen und Objekten zu verfeinern.

Über die organisatorische Maßnahme eines Service-Beauftragten (siehe Abschnitt 4.3) wird dann sichergestellt, dass bereits existierende Services untersucht werden, inwieweit diese die Prozessschritte unterstützen.

Vorteil dieser Methodik ist, dass bereits in frühen Phasen der Anwendungsentwicklung, die noch im Fachbereich erfolgt, bereits unternehmensweit sichergestellt werden kann, dass potenzielle Prozessschritte als Kandidaten für Services identifiziert werden.

Ein weiterer Aspekt der Methoden und Standards ist die Sicherstellung der Qualität. Ein Service stellt für die Service Requester eine Blackbox dar, die nur über die Schnittstellenspezifikation adressiert werden kann. Da mehrere Anwendungssysteme einen gemeinsamen Service nutzen, muss insbesondere sichergestellt werden, dass durch Änderungen keine Einflüsse auf die Schnittstellen resultieren und dass der Service nach wie vor, die gleiche Funktionalität unterstützt. Hierfür müssen weitergehende Qualitätsstandards aufgebaut werden, um intendierte Veränderungen zu bestätigen und Seiteneffekte[11] zu vermeiden.

4.3 Dimension „Organisation"

In vielen IT-Abteilungen existieren IT-Entwicklungsgruppen, die primär eine spezifische Fachabteilung hinsichtlich der Anwendungsentwicklung betreuen. Dies ist in der Regel nicht die Organisationsstruktur, die mit der service-orientierten Anwendungsentwicklung durchgeführt werden kann. Vielmehr ist es so, dass die Organisation zu einer service-orientierten Struktur umgeformt werden muss, die in der Regel einer Matrix-Organisation ähnelt. Kernidee dieser Organisationsstruktur ist es, dass die IT-Entwicklungsgruppen für ein oder mehrere Services verantwortlich sind. Aufgabe einer IT-Entwicklungsgruppe ist es, die ihr zugeordneten Services zu entwickeln, zu warten und zu pflegen. Ferner ist eine der Kernaufgaben, diese Services auch stetig wartbar zu halten.

---

[10] In einer Prozessauswahlmatrix wird die Gruppierung von Funktionen nach Geschäftsvorfällen dargestellt. Die Hauptaktivitäten werden dann durch sogenannte Ereignis-Prozess-Ketten (EPK) verfeinert.

[11] Unter einem Seiteneffekt wird eine Auswirkung gesehen, die aus einer Änderung des Source-Codes an einer völlig anderen Stelle resultiert.

Da nun jede IT-Entwicklungsgruppe mehrere Fachabteilungen betreut, muss es in bei jedem Team auch ein Anforderungsmanagement geben, welches die eintreffenden Wünsche und Fehler der Fachabteilungen priorisiert und abarbeitet.

Zusätzlich zu der service-orientierten Struktur ist es wichtig, dass ein Mitarbeiterpool existiert, aus denen Teams für Projekte zusammengestellt werden, die die Services zu komplexen Anwendungssystemen integrieren. Diese Projektteams arbeiten eng mit den Fachbereichen zusammen und unterstützen diese bei der Geschäftsprozessmodellierung und Fachkonzeption. Durch Anwendung der in Abschnitt 4.2 dargestellten Methoden und Standards sind sie in der Lage potenzielle Services zu identifizieren und die entsprechenden IT-Entwicklungsgruppen für die Anpassung, Erweiterung und ggf. Neuentwicklung von Services hinzuziehen. Es besteht die Möglichkeit, diese Teams mit speziellen Service-Beauftragten zu unterstützen, um das Know-how zu den wiederverwendbaren Komponenten einzubringen.

Die Qualität der Services spielt eine große Rolle bei dem Erfolg von SOA. Daher ist es unabdingbar, dass ein Qualitätsmanagement-Team (QM-Team) existiert, welches ein Qualitätsmanagementsystem aufbaut. Dieses gibt die Rahmenbedingungen für Qualität vor und stellt sicher, dass in den unterschiedlichen IT-Entwicklungsgruppen die Standards auch eingehalten werden. Ferner legt das QM-Team sogenannte Service Level fest, die sicherstellen, dass der Fachbereich auch eine zugesicherte Qualität überprüfen kann.

4.4 Dimension „Skills/Erfahrung/Ausbildung"

Die Mitarbeiter in den IT-Abteilungen sind für komplette Anwendungssysteme verantwortlich und betreuen in der Regel einen Fachbereich. Durch die Einführung der service-orientierten Organisationsstruktur muss der Mitarbeiter mit unterschiedlichen Fachbereichen zusammenarbeiten. Dies bedeutet, dass seine fachlichen Kenntnisse sich nicht mehr auf einen Fachbereich beschränken können und er dieses Know-how erweitern muss. Auf der anderen Seite betreut ein Entwickler auch nicht mehr ein komplexes Anwendungssystem, sondern nur einen oder mehrere Services, die dieses nutzt. Dies bedeutet, dass er zwar tiefgehende Kenntnisse im Bereich der von ihm betreuten Services hat, aber der Gesamtüberblick verloren geht.

Die Entwicklung von wiederverwendbaren Services bedeutet eine höhere Anforderung an die Qualität. So müssen Fachkonzepte präzise beschrieben sein und dürfen nur wenig Interpretationsspielraum bieten. Daher sind Methoden wie Use Cases, formale Spezifikation, an den relevanten Stellen Zustandsdiagramme, etc. erforderlich, um die notwendige Präzision zu erreichen. Des Weiteren muss das Design eines Services so sein, dass eine wohldefinierte Schnittstelle bestehend aus einem oder mehreren Datentypen und Funktionen/Methoden erstellt wird.

Ferner müssen die Mitarbeiter sich in Bezug auf Methoden zur konstruktiven und analytischen Qualitätssicherung fortbilden, weil Services von den Fachbereichen nur dann akzeptiert werden, wenn diese auch die Anforderung vollumfänglich erfüllen.

4.5 Dimension „Technologien"

Bei den Technologien muss zwischen denen für die Anwendungsentwicklung und denen für den Betrieb unterschieden werden. Im Folgenden werden die Auswirkungen auf beide Bereiche dargestellt.

Bei der Anwendungsentwicklung ist der Vorteil von SOA, dass keine spezifischen Programmiersprachen oder Technologien vorgegeben werden. Wenn beispielsweise SOA über Web-Services abgebildet wird, ist es erforderlich, dass die notwendigen Spezifikationen über die Extensible Markup Language (XML) erfolgen. Die eigentliche Programmiersprache bleibt allerdings dem jeweiligen Team überlassen. Ferner sollten Technologien für die Entwicklung von web-basierten Anwendungssystemen eingeführt werden, was in der heutigen Zeit bei den meisten Unternehmen gegeben ist.

Für den Betrieb von SOA ergeben sich ganz andere Anforderungen. Bei web-basierten Anwendungen hat sich bereits eine Verteilung von Präsentations-, Business- und Datenhaltungslogik etabliert. So wird üblicherweise die Business-Logik auf einem Applikationsserver bereitgestellt und die Datenhaltung in einem Storage Area Network (SAN). Beide Komponenten sind meist auf unterschiedlicher Hardware installiert.

Mit SOA greift jedoch eine weitergehende Verteilung, weil nicht mehr komplexe Anwendungssysteme mit ihren Funktionalitäten auf einer Hardware-Plattform installiert werden, sondern die vielen Services auf der existierenden Hardware verteilt werden können. Durch entsprechende Protokolle wie das Hypertext Transfer Protocol (http) oder das Hypertext Transfer Protocol Secure (https) wird der Austausch der Informationen zwischen den Services über Rechnergrenzen hinweg gewährleistet. Die Herausforderung für den Betrieb ist es, für die über viele Hardware-Plattformen verteilten Anwendungssysteme die gewünschte Verfügbarkeit, Zuverlässigkeit und Ausfallsicherheit zu gewährleisten.

4.6 Dimension „Unternehmenskultur"

In vielen Banken und Versicherungen ist die Unternehmenskultur sehr konservativ und geprägt von hierarchischen Strukturen. Dies bedeutet, möglichst den Status quo erhalten und keine Veränderungen herbeiführen bzw. unterstützen. SOA erfordert ein Umdenken. Beispielsweise wird heute der Erfolg einer IT-Abteilung daran gemessen, wie gut sie ein Anwendungssystem entwickelt, wartet und pflegt. Es wird geschaut, inwieweit die vorgegebenen Projektbudgets eingehalten werden. Dies sind dann auch die Kriterien, um bspw. Leistungen zu honorieren.

In einer serviceorientierten Anwendungsentwicklung reichen diese Kriterien nicht. Es müssen Anreize geschaffen werden, damit die Entwicklung von wiederverwendbaren Services sich für ein Entwicklungsteam als auch für die Karriere des einzelnen Mitarbeiters positiv niederschlägt. Entsprechend müssen auch Anreize geschaffen werden, wenn Mitarbeiter bzw. Teams keine Eigenentwicklung durchführen, sondern existierende Services wiederverwenden und diese integrieren.

4.7 Abschließende Betrachtungen zu den Dimensionen

Bei jeder einzelnen Dimension müssen Veränderungen durchgeführt werden. Erschwerend kommt hinzu, dass die Veränderungen auch noch miteinander verwoben sind. Ideal wäre es, wenn eine parallele IT-Abteilung ins Leben gerufen werden könnte, die alle Anforderungen an SOA gleich umsetzt. Dies ist aber in der Praxis, insbesondere aufgrund der resultierenden Kosten, nicht realistisch. So nützt es bspw. nichts, ein IT-Entwicklungsteam zu bilden, dessen Aufgabe es ist, einen oder mehrere Services zu betreuen, wenn es keine Services gibt. Auch nützt es wenig, eine existierende Komponente wie eine Kundenkartei zu nehmen und in einen Service umzuwandeln, wenn keiner diese nutzen würde.

Der einzige Weg ist es iterativ vorzugehen und sukzessive über die Zeit immer mehr Services bereitzustellen, die bei der Anwendungsentwicklung zum Einsatz kommen.

Idealerweise wird bei einer Neuentwicklung für einen Fachbereich damit begonnen, einen ersten Service im Rahmen der Anwendungsentwicklung zu implementieren. Es wird bei der Geschäftsprozessmodellierung für das Projekt begonnen, eine PAM aufzubauen, die die Grundlage für alle weiteren Modellierungen bildet. Es wird ein PAM-Beauftragter identifiziert, der diesen Prozess begleitet. Anhand der PAM lassen sich erste Ideen für Services ableiten. Von den potenziell möglichen Services werden erst einmal ein oder zwei Kandidaten festgelegt. Diese Kandidaten werden im Projekt zunächst primär für den Fachbereich entwickelt. Dabei wird ein Service-Beauftragter mit in das Projektteam aufgenommen, der später diesen Service auch betreut. Bereits bei der Konzeption und Entwicklung versuchen der Service- und der PAM-Beauftragte, mögliche weitere Nutzer zu identifizieren und von diesen Anforderungen aufzunehmen und ggf. bei der Entwicklung des Services zu berücksichtigen. So wird sichergestellt, dass im Rahmen der Entwicklung nicht nur die Spezifika von einem Fachbereich berücksichtigt werden.

Nach Abschluss des Projekts versucht der Service-Beauftragte, die Projektspezifika aus „seinem Service" wieder zu entfernen und so einen fachbereichs- und projektunabhängigen Service bereitzustellen. Mit diesem „neutralisierten Service" wendet sich der Service-Beauftragte an das nächste Projekt. Dort versucht er den Service zu platzieren und bei Erfolg kann er einige Anpassungen an dem Dienst nochmals vornehmen, damit es für die anderen Fachabteilungen auch interessant wird.

So wird über die Zeit ermöglicht, dass sich aus den einzelnen Beauftragten Teams bilden, die die Services betreuen.

5 Do's and Don't bei der SOA-Einführung

Die Einführung von SOA ist eine langfristige Strategie für ein Unternehmen. Diese Strategie legt insbesondere fest, wie in diesem Unternehmen künftig komplexe Anwendungssysteme aufgebaut werden. Dies bedeutet, dass sich kurzfristige Erfolge in Form von Kosteneinsparungen und Qualitätssteigerung sich realistisch nicht ergeben werden. In der ersten Phase wird die Strategie eher sogar die Kosten erhöhen und die Qualität absenken. Zwei Beispiele für mögliche Kostentreiber:

- *Erlernen der Methodik*: Es ist erforderlich, dass die Mitarbeiter in den Teams der Pilotprojekte erst mal die richtige Anwendung der Methodik erlernen. Beispielsweise wird es keine PAM und kein Term Dictionary geben, auf das im Projekt zurückgegriffen werden kann. Vielmehr wird es so sein, dass aus den Modellierungen im Projekt Geschäftsprozesse terminologisch neutralisiert werden müssen und das Term Dictionary über diese Aktivität erst einmal aufgebaut wird.

- *Initiale Entwicklung von Services*: Es mag richtig sein, dass in den ersten Projekten potenzielle Services identifiziert werden, diese existieren jedoch noch gar nicht und müssen zunächst einmal implementiert werden. Diese Implementierung erfolgt zunächst einmal projektspezifisch. Nach Abschluss des Projekts ist es erforderlich, eine Neutralisierung der Implementierung vorzunehmen (vielleicht gibt es bereits Funktionalitäten, die für andere Fachbereiche interessant sind, die dann noch zusätzlich entwickelt werden; oder ein Algorithmus ist so spezifisch, dass dieser dann über Parameter steuerbar gemacht wird), damit auch andere Fachbereiche diesen Service nutzen können.

Die nachfolgenden Punkte sind K.O.-Kriterien, die ein solches Vorhaben scheitern lassen:

- *Unterstützung vom Top-Management*: Die Einführung von SOA verursacht über einen gewissen Zeitraum Kosten, es ist nicht absehbar, wann sich wirklich ein Return on Investment (ROI) einstellt. Erfahrungen zeigen beispielsweise, dass die Kosten für die Entwicklung von wiederverwendbaren Komponenten 3–5 Mal höher sind als bei einer einmaligen Individualentwicklung. Dies würde bedeuten, dass ein Service in mehr als 5 Projekten wiederverwendet werden muss, damit die Kosten der initialen Entwicklung wieder eingespielt werden. Je mehr Änderungsbedarf bei jeder Wiederverwendung existiert, desto mehr Nutzer sind erforderlich. Durch die geschickte Auswahl von Projekten kann ein ROI in 2–3 Jahren erzielt werden. Dabei wird versucht, die Wiederverwendung über das Ausrollen der Komponente für mehrere Fachbereiche zu forcieren. Um die initialen Kosten zu decken, ist die Unterstützung vom Top-Management unabdingbar.

- *Lückenlose Kette von „Champions" über alle Hierarchiestufen*: Auf allen Hierarchie-Ebenen gibt es Argumente, warum kein SOA eingeführt wird. So bedeutet es für den Fachbereich erst einmal höhere Kosten und längere eine Projektlaufzeit. Der Projektleiter für die Entwicklung des Anwendungssystems würde beim Einsatz sein Projektbudget überschreiten. Der Entwickler möchte gerne von seinen „Alltagsarbeiten" freigestellt werden, um sich voll und ganz SOA zu widmen. Dieser Teufelskreis lässt sich nur durch-brechen, wenn bei der Auswahl des Projektteams auf die Zusammenstellung geachtet wird. Es ist ganz entscheidend, dass in der Team-Hierarchie auf jeder Ebene ein Befürworter für das Vorhaben gewonnen wird. Dabei sollte auch noch darauf ein Augenmerk gelegt werden, dass diese Mitarbeiter in der gesamten IT-Abteilung angesehen sind.

- *Durchhaltevermögen*: Kurzfristige Erfolge sind kaum zu erwarten. Vielmehr ist es so, dass zu Beginn deutlich höhere Kosten entfallen werden. Bei den ersten Projekten wird somit erst mal ein Investment erforderlich sein, sodass davon auszugehen ist, dass u. U. mehrere Projekte abgeschlossen sein müssen, damit der Erfolg auch gemessen werden kann. Die Messbarkeit des Erfolges ist schwierig. Ein Indikator ist natürlich, dass die Entwicklungskosten für neue Projekte durch die Verwendung von Services deutlich gesenkt werden. Ein anderer Indikator ist die Nachfrage und Nutzung von wiederverwendbaren Services in den Projekten.

➤ *Neue Anreizsysteme*: Wiederverwendung scheitert meist an der Kreativität der Entwickler. Da Software-Entwicklung als Kunstform angesehen wird, verfolgt jeden Entwickler auch das NIH-Syndrom (Not Invented Here). Dies bedeutet, es wird eigentlich alles neuprogrammiert und nichts wiederverwendet. Nur wenn in erster Linie finanzielle Anreize geschaffen werden, dass Services wiederverwendet werden, wird es von den Entwicklern auch eingesehen. Dabei sollte auch nicht vergessen werden, dass auch entsprechende Anreize für die Entwicklung von wiederverwendbaren Services geschaffen werden.

➤ *Iterationen bei der Entwicklung von Services*: Es wird in der Regel nicht der Fall sein, dass eine Funktionalität entwickelt wird, die dann unverändert als Service für viele Anwendungen genutzt werden kann. Vielmehr wird es so sein, dass für jeder weitere Anwendung, die diesen Service nutzt, Anpassungen an der Funktionalität erfolgen müssen. Es kann sich dabei um die Ergänzung weiterer Features handeln oder es besteht der Bedarf, dass eine bestimmte Implementierung parametrisiert werden muss und dann über Parameter Funktionalitäten für einen bestimmten Anwendungsbereich freigeschaltet werden. Es kann sogar soweit gehen, dass die existierende Schnittstelle angepasst werden muss oder gar eine neue Schnittstelle veröffentlicht wird.

6 Abschließende Bemerkungen

SOA als Philosophie reiht sich sehr gut in die zentralen Paradigmen „Divide and Conquer" und „Information Hiding" ein. Eine Implementierung dieser Philosophie in einem Unternehmen wird auch die erhofften Kosteneinsparungen mittelfristig erzielen können.

Schwierig ist die Einführung der Philosophie, weil alle Dimensionen, die eine funktionierende IT-Abteilung ausmachen, betroffen sind. Veränderungen, wie sie mit SOA erforderlich sind, zerstören das existierende Gleichgewicht; es sinkt erst einmal die Produktivität in der Anwendungsentwicklung rapide ab und die Kosten steigen. Unangenehmerweise ist das Gleichgewicht nicht stabil, d. h. es pendelt sich nicht automatisch nach einer gewissen Zeit ein. Kompensierende Maßnahmen für die Dimensionen sind unbedingt erforderlich, um das Gleichgewicht wiederherzustellen.

Es ist natürlich nicht möglich, eine Metrik aufzustellen, die transparent darlegt, dass das Gleichgewicht wiederhergestellt ist. Vielmehr sind es eine Vielzahl von Indikatoren, die darauf hinweisen, dass die Dimensionen sich eingependelt haben. Beispiele dafür sind: wirklicher Einsatz von Services in den Projekten, Kostenreduktionen bei den Aufwandschätzungen für Projekte und reduzierte Ist-Aufwände nach Abschluss von Projekten, Reduktion der Anzahl von Fehlern. Erst wenn dies erreicht ist, wird auch SOA zum Erfolg und die Kosteneinsparungen lassen sich realisieren. Dies bedeutet aber auch, dass Erfolge erst mittelfristig zu erzielen sind.

Wichtig ist neben der Wiederherstellung des Gleichgewichts ein Vorgehen zu implementieren, welches potenzielle Kandidaten für Services überhaupt identifiziert. Die wesentliche Erkenntnis hierbei ist, dass bereits bei der Geschäftsprozessmodellierung die mögliche Identifikation beginnt und sich dann im Rahmen des Software-Entwicklungsprozesses weiter konkretisiert.

Ein Vorteil gegenüber allen bisherigen Akronymen und Ideen die Software-Entwicklung ingenieurmäßig durchzuführen, liegt darin, dass der Begriff des Services auch bei den fachlichen Kollegen angenommen wird und somit fachliche und IT-Mitarbeiter eine gemeinsame Sprache sprechen. Daher hat SOA durchaus Potenzial zum Erfolg und ist mehr als ein Hype oder Mythos.

Die Entwicklung von SOA bleibt natürlich nicht stehen. Einhergehend mit neuen Technologien, wie zum Beispiel Cloud Computing, wird sogar ermöglicht, Services on Demand anzubieten. Unter dem Begriff Software-as-a-Service (SaaS) wird weiter versucht, Kosten für Services weiter einzusparen. Die Idee bei diesem Konzept ist es, dass IT-Abteilungen, wie auch zu Großrechnerzeiten üblich, den Fachbereichen die Kosten gemäß der Inanspruchnahme Applikationen und Hardware in Rechnung stellen. Dies bedeutet, dass Software bei Bedarf angefordert und eingesetzt wird. Das Cloud Computing stellt hierzu die betriebstechnische Basis, um die benötigen Hardware-Ressourcen entsprechend des Bedarfes auch bereitzustellen. Dies ist möglich, weil in der Cloud eine spezifizierte Menge an Rechnerressourcen bereitgestellt wird, die dann bei Bedarf aktiviert bzw. auch erweitert werden kann.

Diese Entwicklungen zeigen auch, dass mit fortschreitender Technologie, sich weitere Facetten und Möglichkeiten für SOA ergeben.

Quellenverzeichnis

BOOCH, G. (2007): Object-oriented Analysis and Design with Applications, 3. Auflage, Amsterdam 2007.

BOOCH, G./JACOBSON, I./RUMBAUGH, J. (2000): OMG Unified Modeling Language Specification, Version 1.3 First Edition, März 2000, online: www.omg.org/docs/formal/00-03-01.pdf, Stand: März 2000, Abruf: 24.08.2009.

DEMARCO, T. (1979): Structured Analysis and System Specification, Upper Saddle River (New Jersey) 1979.

DEWAL, S. (1993): CASE Deployment: Improving Software Deployment by Transfer of Technology, in: Software Engineering Environments Conference, Reading UK, Proceedings, Los Alamitos 1993.

DEWAL, S. (1996): Erfahrungen mit CASE-Werkzeugen, Arbeitstreffen der GI-Fachgruppe 2.1.8, Koblenz 1996.

LISKOV, B./ZILLES, S. N. (1974): Programming with Abstract Data Types. SIGPLAN Notices 9. Jg. (1974), Nr. 4, S. 50–59.

PARNAS, D. (1972): On the criteria to be used in decomposing systems into modules, in: Communications of the ACM, 15. Jg. (1972), Nr. 2, S. 1053–1058.

SIEGEL, J. (1999): CORBA 3 – Fundamentals and Programming, 2. Auflage, Hoboken 1999.

SOA Business Case

MARTIN ASSMANN, MARKUS HAACK, NICO VOM HAGEN, HENDRIK SCHEIDER
und *ROGER ZACHARIAS*

1	Einleitung und Motivation	99
2	Definitionen	100
	2.1 SOA	100
	2.2 Business Case	102
	2.3 Architekturvorhaben und Business Case – Wie passt das zusammen?	106
3	Kontext	107
	3.1 Art des Unternehmens, Ausgangslage und Ziele	107
	3.2 SOA-Einführungsstrategie	109
4	Vorgehen bei der Business-Case-Erstellung	110
	4.1 Auftrag	110
	4.2 Aufbau Business Case Team	111
	4.3 Stakeholder-Analyse und Einbindung der Stakeholder	111
	4.4 Erstellung des Business Case	112
	4.5 Präsentation	112
	4.6 Pilotprojekt	113
5	Nutzen von SOA	114
	5.1 Nutzenpositionen	114
	5.2 Nutzenposition Wiederverwendung	116
	5.3 Nutzenposition Qualitätssteigerung	119
	5.4 Nutzen für Professional Services und Consulting-Organisationen	119
6	Kosten von SOA	120
	6.1 HR-Kosten	120
	6.2 Infrastrukturkosten	121
	6.3 Einführungskosten	122
7	Zusammenfassung und Lessons learned	123
	7.1 Zusammenfassung	123
	7.2 Lessons learned	123
Quellenverzeichnis		125

1 Einleitung und Motivation

Dieser Beitrag stellt Aufbau und Methodik eines Business Case bezüglich eines unternehmensweiten SOA-Vorhabens, sowie Aspekte des Projekts zur Realisierung eines solchen Business Case dar.

Die Autoren, alle aus dem Bereich Architektur, gingen – basierend auf ihren Erfahrungen – anfänglich davon aus, dass zur Überzeugung vom Nutzen des SOA-Konzepts Argumente wie Wiederverwendung von Softwarebausteinen, Standardisierung von Prozessen und Schnittstellen oder insgesamt das Argument der IT-Industrialisierung ausreichen. An einem bestimmten Punkt mussten sie aber lernen, dass im Top-Management andere Spielregeln gelten: Hier tritt SOA gegen viele andere Investitionsvorhaben an und muss sich gegen diese eher in den Bereichen Return on Investment (RoI), Kapitalwert, Amortisationsdauer, etc. beweisen.

Die Autoren waren für die Erstellung eines Business Case sowohl für ein lokales SOA-Projekt als auch für ein unternehmensweites SOA-Vorhaben verantwortlich. Vor diese Herausforderung gestellt, erfolgte die Recherche nach den (bisher leider noch wenigen) Publikationen und Erfahrungsberichten zum Thema SOA Business Case[1], um anschließend einen aufgrund des Kontextes individuellen und unternehmensspezifischen SOA Business Case zu erstellen. Hier entstand die Idee, die gesammelten Erfahrungen in einem entsprechenden Format zu publizieren. Die Autoren möchten mit diesem Beitrag ihre Erfahrungen festhalten und an die Leserschaft weitergeben.

In *Abschnitt 2 – Definitionen* – legen die Autoren dar, was sie unter den Aspekten SOA und Business Case verstehen, und warum ein Business Case für SOA notwendig sein kann.

Abschnitt 3 – Kontext – beschreibt die Individualität jedes SOA Business Case aufgrund seines jeweils unterschiedlichen Kontextes. Dazu gehören u. a. Faktoren wie Einführungsstrategie, Ziel, Umfang, Unternehmensart, Ausgangslage.

In *Abschnitt 4 – Vorgehen bei der Business-Case-Erstellung* – wird auf das Projekt zur Erstellung eines Business Case eingegangen; darüber hinaus auf Aspekte wie Management-Auftrag, Stakeholder-Analyse, Aufbau des Business Case Team und Pilotprojekt.

Abschnitt 5 – Nutzen von SOA – beschreibt den Nutzenaspekt eines SOA-Vorhabens. Hier werden neben einer groben Übersicht über typische Nutzenpositionen ausgewählte Nutzenpositionen tiefgehender betrachtet, um dem Leser die Systematik zur Erzeugung finanzieller Metriken zu verdeutlichen.

In *Abschnitt 6 – Kosten von SOA* – werden notwendige, Kosten verursachende Maßnahmen eines SOA-Vorhabens aus Bereichen wie Human Resources (HR) und Infrastrukturen dargestellt.

Abschließend werden in *Abschnitt 7 – Zusammenfassung und Lessons learned* – die wichtigsten Punkte, Erfolgsfaktoren und Erfahrungen der Autoren zusammengefasst.

---

[1] Vgl. z. B. AIER ET AL. (2008).

2 Definitionen

Dieser Abschnitt erläutert die grundlegenden im Beitrag behandelten Begriffe und ist somit für dessen Verständnis notwendig. Über die Definition eines Business Case und vor allem über die Definition einer SOA sind verschiedene Auffassungen vorhanden, daher wird hier kurz umrissen, was die Autoren darunter verstehen. Anschließend wird darauf eingegangen, warum überhaupt ein Business Case für SOA erstellt werden sollte, denn SOA kann auch als Thema betrachtet werden, welches aufgrund seines strategischen Charakters für einen Business Case ungeeignet erscheint.

2.1 SOA

Der Begriff SOA wird sehr unterschiedlich definiert und verwendet. Da seine Wurzeln in der IT liegen, wird er häufig mit seiner technologischen Komponente gleichgesetzt, die hingegen nur ein Teil des gesamten Konzepts ist. Eine Definition im Rahmen dieses Beitrags ist also unerlässlich, insbesondere da die Autoren hier einen Business Case für eine Unternehmens-SOA und nicht für ein SOA-Technologieprojekt beschreiben.

„The history of software engineering has been one of growing levels of abstraction."[2] Aus technologischer Perspektive folgt SOA durchaus dem Postulat steigender Abstraktion, als deren vorangehender Schritt man die Objektorientierung ansehen könnte. Dennoch ist SOA keine neue Technologie; SOA abstrahiert von der Technologie und richtet die IT auf das aus, wozu sie eingesetzt werden soll: den Geschäftsprozess.

Mit den technischen Konzepten, die für SOA besonders häufig zur Anwendung kommen, insbesondere Web-Services und Software-Entwurfsmuster zur Entkopplung, kann man nicht mehr Probleme lösen, als vor SOA. Doch SOA ist mehr: Das Konzept spannt sich über die Dimensionen Technik, Organisation, Prozesse und Produkte. Es ist ein Management- und Architektur-Konzept, mit dessen Hilfe Geschäftsprozesse optimal in IT abgebildet (also automatisiert) und verwaltet und überwacht werden können. SOA beschreibt ein Zielszenario, dem sich das Management einer Organisation von oben (top-down) oder unten (bottom-up) nähern kann. Und diese Richtung bezieht sich einerseits auf die Schichten der Prozessabstraktion und andererseits auf die Hierarchiestufen der Entwicklung, die Produkte hervorbringt.

Kernelemente einer SOA sind der (IT-)Lieferant und der (Service-)Nutzer. Sie schließen einen „Vertrag" über eine Liefer- und Leistungsbeziehung, zugeschnitten auf Prozessschritte. Die Theorie abstrahiert von der Fachlichkeit und bietet ein gemeinsames Vokabular an, mit dem Elemente in einer Sprache beschrieben werden, welche von beiden Seiten (Business und IT) verstanden werden kann. Essenziell ist der Zuschnitt der Elemente, und deren wichtigstes ist: Der Service als Abbildung einer Geschäftsfunktion.[3]

---

[2] BOOCH (2002).
[3] Vgl. ZACHARIAS (2005).

Das dritte Element im Grundmodell von SOA ist das Service-Verzeichnis (Registry/Repository), das alle Verträge und Services kartiert und auffindbar macht. Hier lassen sich Abhängigkeiten erkennen und Änderungen planen. Neue und geänderte Prozesse werden aus den bestehenden Teilen zusammengesetzt und Lücken können entdeckt und durch präzise Software-Entwicklung geschlossen werden. Zu Beginn der SOA-Entwicklung wurde noch auf quasi-intelligente Verfahren gehofft, welche via Registry das dynamische Zusammenschalten „on demand" erlauben. Das heißt, die Registry vergleicht zur Laufzeit die Anforderungen eines benötigten Services mit den Beschreibungen der vorhandenen Services und vermittelt gegebenenfalls die Adresse des passenden Services. Allerdings gibt es bisher keine formale Sprache die Services mit ausreichender semantischer Genauigkeit beschreiben könnte. Und selbst wenn es diese Sprache gäbe, wären Integrationstests des neuen Services, aufgrund der Laufzeitbedingung, nicht mehr ohne Weiteres möglich. Daher zeigt die statische Kombination der Services zur Designzeit die größeren wirtschaftlich messbaren Erfolge.

Vorangetrieben werden das SOA-Konzept und die Einführung von SOA in Unternehmen dennoch durch die beschleunigte Veränderung und die geforderte Anpassungsfähigkeit von Unternehmen und Produkten. Dazu trägt das Service-Orchestration-Konzept maßgeblich bei. Das Konzept umfasst die dem Prozess nachempfundene aneinandergereihte Ausführung von Services. Nun kann die IT zwar relativ schnell verändert werden, und der Fortschritt der Software-Entwicklung war auch immer auf Komponentenbildung aus; diese war jedoch stets technisch orientiert. Die Grenzen der Komponenten waren an technischen Gegebenheiten aus-gerichtet. Mit SOA ändert sich diese Grenzziehung und die Einheiten werden entlang der fachlichen Anforderungen gebildet.

Im Bankwesen wurde SOA besonders schnell angenommen. Denn hier ist der Prozess das Produkt, und Banken sind dem Druck, immer schneller immer neue Produkte zu entwickeln genauso ausgeliefert, wie jeder Marktteilnehmer. Mehr als andere Marktteilnehmer waren Banken schon immer auf die Unterstützung ihrer Produkte durch EDV angewiesen. So ist zum Beispiel die Bonitätsprüfung ein Teilprozess in einem Kontoeröffnungsverfahren. Folgt die IT diesem fachlichen Rahmen, dann lässt sich der Prozess besonders schnell verändern, weil die zugrundeliegenden Systeme derselben (Geschäfts-)Logik folgen. Es sei betont, dass an Prozessänderungen insbesondere wirtschaftliche Erwägungen hängen: Rentabilitätsrechnungen, Arbeitsanweisungen, Marketing, rechtliche Rahmenbedingungen. Mithilfe von SOA kann sich die IT in die Management-Überlegung einfügen, statt ein unwägbares Eigenleben zu führen.

Die SOA-Einführung in Unternehmen wird heute von einer Reihe organisatorischer und technologischer Best Practices und auch von Industriestandards unterstützt; zumindest soweit, wie das mit einem technologie-agnostischen Konzept möglich ist. In Industrie-spezifischen Interessengruppen kristallisieren sich gemeinsame Vorstellungen heraus bezüglich Granularität und Vokabular. Horizontal dazu hat *OASIS* ein „SOA Reference Model" entworfen.[4] Die Herausbildung solcher Standards spricht für die Reife des Konzepts.

---

[4] Vgl. *MACKENZIE ET AL.* (2006).

2.2 Business Case

Was versteht man nun unter einem Business Case? Ein Business Case erörtert die Wirtschaftlichkeit eines Vorhabens in Form einer Prognose. Die Wirtschaftlichkeit wird vornehmlich durch die monetäre Bewertung von Kosten und Nutzen des Projekts und anhand von daraus abgeleiteten Kennzahlen gezeigt. Die Idee des im Business Case betrachteten Vorhabens sollte zuvor klar und ausführlich in einem Whitepaper beschrieben worden sein. Der Business Case kann zudem eine einfache Form der Risikoanalyse in Form von Alternativszenarien enthalten.

Der Business Case ist nicht zu verwechseln mit dem Business Plan, der statt eines relativ atomaren Vorhabens ein unternehmerisches Vorhaben mit allen Rahmenbedingungen beschreibt, zum Beispiel den Aufbau eines neuen Unternehmensbereichs. Zu einem Business Plan gehören grundsätzlich die Beschreibung der Aspekte Unternehmensidee, Managementteam, Finanzierung, Wettbewerbsanalyse, Marketingstrategie, Unternehmensform und Risikobewertung. Er ist also wesentlich breiter aufgestellt, aber geht dafür bei der Betrachtung der Wirtschaftlichkeit in der Regel bei weitem nicht so tief ins Detail.

Ziel und Hauptzweck des Business Case sind, die Entscheidungsträger im Unternehmen von dem wirtschaftlichen Erfolg des Vorhabens (Projekt, Programm oder Initiative) zu überzeugen und somit die notwendigen Investitionskosten zu rechtfertigen. Selbst wenn ein Projekt noch so sinnvoll erscheint und ein Scheitern nahezu ausgeschlossen ist, kann es passieren, dass Entscheidungsträger, die grundsätzlich den reinen geldwerten Vorteil im Fokus haben, nur mit Hilfe des entsprechenden Zahlenwerks ihre Zustimmung geben. Parallel dazu können die Ersteller des Business Case, im Falle einer SOA-Einführung zumeist IT-Architekten, das Projekt vor sich selbst rechtfertigen. Allerdings ist von einem SOA-Vorhaben abzuraten, wenn die Architekten nicht schon zuvor von der Idee vollends überzeugt sind.

Ein Business Case besteht in der Regel aus zwei Hauptartefakten, einem Satz an Präsentationsfolien für die Präsentation vor den Entscheidern und dem eigentlich Zahlenwerk, abgebildet in einer Tabellenkalkulation oder spezialisierten Werkzeugen. Da die Präsentationsfolien in jedem Fall zielgruppen- und unternehmensspezifisch sind, soll hier ausschließlich auf das Zahlenwerk eingegangen werden. Dessen Kernelemente sind:

- *Liste von Annahmen als Input-Parameter für die Cashflow-Berechnungen*: Einige Beispiele hierfür sind
    - die aktuelle Anzahl von Mitarbeitern und ihre prognostizierte prozentuale Entwicklung in den nächsten Jahren,
    - aktueller Umsatz und seine prognostizierte Entwicklung,
    - aktuelle und prognostizierte Kostensätze für Entwicklung, Fehlerbeseitigung, etc.,
    - Fakturierungstage, usw.

    Idealerweise ist die Kalkulation so aufgebaut, dass auch in der Präsentation die Veränderung einer Annahme direkt zur Neuerstellung der Gesamtkalkulation führt.

- *Grundlegende Übersicht über den Netto-Cashflow*: Hierbei werden die Hauptkosten- und Hauptnutzenpositionen des Vorhabens und die zugehörigen Finanzbeträge im Laufe der nächsten Jahre (Betrachtungszeitraum, s. u.) aufgelistet und gegenübergestellt und die sich daraus ergebenden Finanzkennzahlen (s. u.) dargestellt.

> *Detaillierte Berechnungen der einzelnen Kosten- und Nutzenpositionen*: Hier wird das detaillierte Zahlenwerk mit den Detailannahmen hinterlegt, welches zum Finanzbetrag der einzelnen Position führt und im Einzelfall sehr komplexe Ausmaße annehmen kann.

Da die in die Zukunft gerichteten Berechnungen auf einer Reihe von (sich oft gegenseitig bedingender) Annahmen basieren, kann man einen Business Case auch als „Blick in die Kristallkugel" bezeichnen. Daher ist es insbesondere für Informatiker, die Wert auf Korrektheit legen, oft schwer, einen solchen Business Case (wie im Fall von SOA) zu erstellen. Akzeptiert man aber die Annahmen als Input-Parameter kann ein Business Case auch wissenschaftlich und korrekt angegangen werden. Die Annahmen sollten hierbei möglichst stark hinterlegt werden, was beispielsweise über vorhandene historische Daten, Expertenschätzungen, Studien, Branchendurchschnittswerte geschehen kann.

Eine weitere wichtige Entscheidung bei der Erstellung des Business Case ist die Festlegung des zu betrachtenden Zeithorizontes für die Cashflow-Berechnung. Eine Zeitspanne von zwei bis maximal fünf Jahren sollte dabei angestrebt werden. Rechnet sich ein Projekt voraussichtlich bereits nach zwei Jahren ohne das im Verlauf der weiteren Jahre signifikante Veränderungen hinsichtlich des Gewinns zu erwarten sind, dann sollte der Horizont auch nicht weiter als zwei Jahre gesteckt werden.

Wichtig ist hierbei jeweils die Betrachtung der direkt durch das Vorhaben verursachten Kosten und Nutzen unabhängig von den Gesamtkosten, d. h., wenn beispielsweise durch das Vorhaben ein Umsatzwachstum erwartet wird, darf in der Nutzenposition lediglich das Delta zum erwarteten Umsatz ohne Durchführung des Vorhabens auftauchen. Das heißt in der Regel erfolgt immer eine Betrachtung der Entwicklungsszenarien mit und ohne das definierte Vorhaben („To-be-Szenario" versus „As-is-Szenario"). Zusätzlich besteht die Möglichkeit das „To-be-Szenario" in verschiedenen Ausprägungen wie „konservativ", „moderat" oder „aggressiv" darzustellen; dabei würde ein aggressiver Ansatz von optimalen Bedingungen ausgehen.

Darüber hinaus ist der Detaillierungsgrad des Business Case abzustecken. Es sollten generell nur die finanziell gewichtigsten Positionen in die Betrachtung aufgenommen werden, weil durch die sogenannten „Peanuts" zwar die Unübersichtlichkeit aber kaum die Aussagekraft steigt.

Incremental net cashflow („to be" – „as is" scenario) & cumulative incremental net cashflow							
Inkrementeller Nutzen (Cashinflows, benefits, gains) in TEUR		2010	2011	2012	2013	2014	Betrachtungs-zeitraum
1	Kostenoptimierung Entwicklung	20	50	100	200	500	870
2	Kostenoptimierung Qualitätssicherung	20	50	100	200	500	870
3	Kostenoptimierung Offshore-/Nearshore-Entwicklung	0	10	20	30	50	110
4	Kostenoptimierung Betrieb	0	10	50	100	200	360
5	Potenzial zur Umsatzsteigerung	5	10	20	50	100	185
	Total cashinflows	**45**	**130**	**290**	**580**	**1.350**	**2.395**
Inkrementelle Kosten (Cashoutflows, costs, expenses) in TEUR		2009	2010	2011	2012	2013	Betrachtungs-zeitraum
6	Human Resources	-80	-90	-100	-100	-100	-470
7	Schulungen und Zertifizierungen	-30	-30	-20	-20	-20	-120
8	SOA-Infrastruktur	-20	-20	-20	-50	-50	-160
9	Einführungsaufwände	-20	-20	-10	-10	-10	-70
10	Kultureller Umbruch	-10	-10	-10	-5	-5	-40
	Total cashoutflows	**-160**	**-170**	**-160**	**-185**	**-185**	**-860**
Zusammenfassung in TEUR		2009	2010	2011	2012	2013	Betrachtungs-zeitraum
	Inkrementeller Gesamtnutzen	45	130	290	580	1.350	2.395
	Inkrementelle Gesamtkosten	-160	-170	-160	-185	-185	-860
	Inkrementeller Netto Cashflow	**-115**	**-40**	**130**	**395**	**1.165**	**1.535**
	Inkrementeller kumulativer Cashflow	**-115**	**-155**	**-25**	**370**	**1.535**	
	Inkrementeller diskontierter Cashflow & Kapitalwert	**-109**	**-36**	**111**	**319**	**891**	**1.176**
	Amortisationsdauer in Jahren (payback period)						3,1
	einfache Kapitalrendite (RoI) für 3 Jahre						-5,1 %
	einfache Kapitalrendite (RoI) für 4 Jahre						54,8 %
	einfache Kapitalrendite (RoI) für 5 Jahre						178,5 %

Abbildung 1:   Exemplarische Darstellung der Kosten-/Nutzentabelle und Finanzkennzahlen

Im Folgenden eine Liste der wichtigsten im Business Case vorkommenden Finanzkennzahlen:

- *Inkrementeller Netto-Cashflow*: Hierbei handelt es sich um die Zahlenreihe, die über den gesamten Betrachtungszeitraum hinweg für das jeweilige Jahr (oder Quartal, etc.) allein betrachtet die Differenz zwischen Gesamtnutzen und Gesamtkosten darstellt.

- *Inkrementeller kumulativer Netto-Cashflow*: Hierbei wird der inkrementelle Netto-Cashflow kumuliert dargestellt, sodass bereits ersichtlich ist, ab welchem Jahr sich das Vorhaben rentiert.

- *Inkrementeller, diskontierter Cashflow*: Hierbei wird der inkrementelle Netto-Cashflow unter Einbeziehung eines Diskontierungszinssatzes dargestellt. Bei Nutzung eines solchen (in der Regel unternehmensspezifischen) Zinssatzes wird berücksichtigt, dass derselbe Geldbetrag einen umso höheren Wert besitzt, je früher man diesen erhält.

- *Kapitalwert*: Der Kapitalwert entspricht dem „Totalerfolg eines Vorhabens" und ergibt sich aus der Summe der Positionen im inkrementellen, diskontierten Cashflow. Einfach gesprochen handelt es sich hierbei um den Vergleich der Geldanlage in das Vorhaben mit der Anlage desselben Investitionsvolumens mit einem Mindestzinssatz. Ist der Kapitalwert gleich Null, entspricht das Vorhaben einer Geldanlage mit Mindestzinssatz, ein Wert größer Null entspricht dem barwertigen Überschuss über einer Mindestverzinsung. Mittels Kapitalwert werden in der Regel verschiedene Investitionsvorhaben miteinander verglichen.

- *Amortisierungsdauer* (payback period, break even): Die Amortisierungsdauer gibt an, nach welcher Zeit sich das Vorhaben bzw. die Investition in das Vorhaben rechnet, das heißt die Kosten wieder eingespielt hat.

- *Einfache Kapitalrendite* (Return on Investment [RoI]): Der RoI-Wert, der oft mit der Amortisationsdauer verwechselt wird, stellt das Verhältnis von bisherigen Gesamtnutzen und Gesamtkosten in einem definierten Jahr prozentual gegenüber. Ein RoI von 50 % nach drei Jahren bedeutet, dass die Hälfte des innerhalb der drei Jahre investierten Geldes bereits als zusätzlicher Nutzen erwirtschaftet wurde. Beim Break-even liegt ein RoI von 100 % vor.

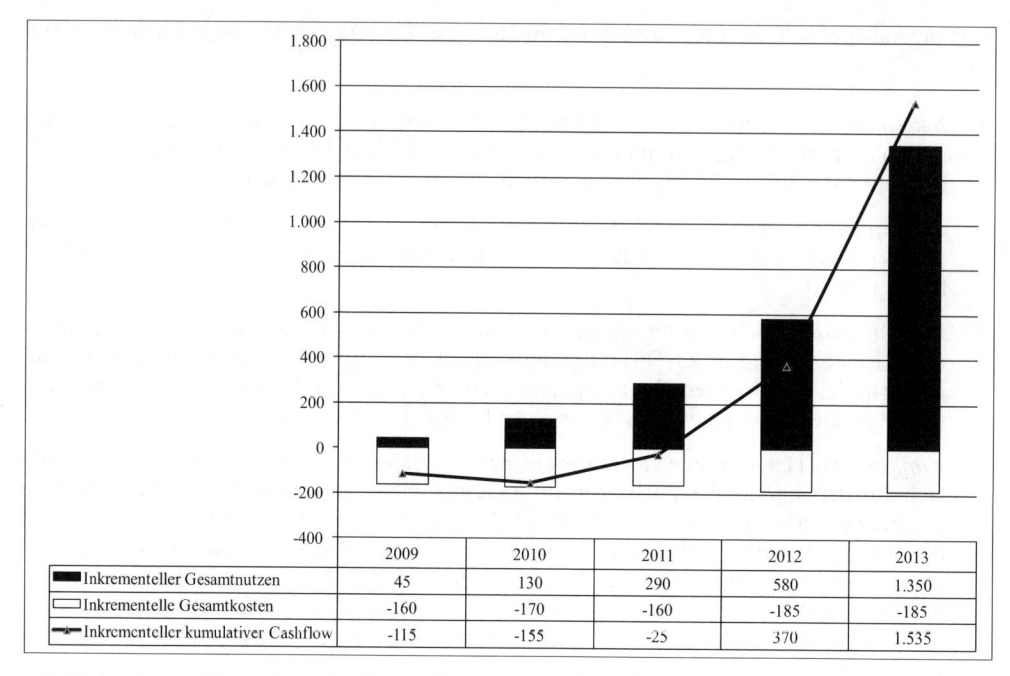

	2009	2010	2011	2012	2013
Inkrementeller Gesamtnutzen	45	130	290	580	1.350
Inkrementelle Gesamtkosten	-160	-170	-160	-185	-185
Inkrementeller kumulativer Cashflow	-115	-155	-25	370	1.535

Abbildung 2: Exemplarische Darstellung des Cashflow

2.3 Architekturvorhaben und Business Case – Wie passt das zusammen?

Für Architekturthemen einen Business Case zu erstellen, ist generell nicht einfach. Die angedachte SOA kann auch nicht alleinstehend betrachtet werden. Sie betrifft tendenziell große Teile des Unternehmens und reicht ebenfalls in das Geschäftsprozessmanagement hinein, das seinerseits genau so schwer quantitativ zu fassen ist. Dennoch brauchen Architekturthemen wie SOA den Rückhalt des Managements und Verantwortliche für die Umsetzung, sonst sind sie nicht durchführbar.

Das Top-Management muss von der Sache also überzeugt werden. Und ohne einen Business Case wird heute ein Top-Management nur in seltenen Fällen zu überzeugen sein, ein unternehmensweites Vorhaben zu starten. Man mag in einem begrenzten Rahmen starten, eine SOA bringt aber den größten Nutzen, je mehr Bereiche einer Organisation eingebunden sind. Damit steigen dann mit dem möglichen Ertrag auch die Kosten und das Risiko, die durch den Business Case in Geldwerten ausgedrückt werden sollen.

Ein Pilotprojekt sollte auf alle Fälle genutzt werden, um die Vorteile von SOA-Technik und -Organisation für das eigene Unternehmen zu bestätigen und die Aufwände für ein umfassenderes Vorhaben besser abschätzbar zu machen. Ein solches Pilotprojekt wird gemeinhin ohne Business Case genehmigt; die für den Business Case nötigen Daten lassen sich dann extrapolieren, ohne den wesentlichen Teil ihrer Aussagekraft zu verlieren. Denn der Business Case ist, wie oben schon gesagt, ein Blick in die Kristallkugel, ein „Educated Guess". Die notwendige Unschärfe ist Teil der Übung.

„First, the best way to sell SOA is not to call it SOA."[5] Die zentrale These lautet damit, dass ein Architekturthema nicht für sich die Investition rechtfertigt. Jedes Unternehmen hat und kennt hoffentlich seine eigenen Schwächen, die mit einer Investition behoben werden sollen, wie in folgendem Abschnitt als Kontext beschrieben. Dabei geht es dann um ein wesentlich größeres Bild im Rahmen des Unternehmens. Im Ergebnis werden also die Effekte einer SOA-Strategie beschrieben. Beispiele von Nutzenpositionen folgen ebenfalls weiter unten in diesem Text.

Als Fazit: Passen SOA und Business Case zusammen? – Nein. Die Investition in eine SOA rechtfertigt sich aber vor dem Hintergrund der Realisierung strategischer Unternehmensziele, die im Business Case als Zielwerte vorkommen.

3 Kontext

Dieser Abschnitt beschreibt mögliche Kontexte und Einführungsstrategien eines SOA-Vorhabens, welche direkten Einfluss auf den Einführungsansatz und damit natürlich Kosten und Nutzen haben. Jedes Unternehmen hat hier entsprechend seiner Ausgangslage und seinen Zielen seinen eigenen Kontext, das heißt jeder SOA Business Case ist letztendlich individuell und unternehmensspezifisch.

3.1 Art des Unternehmens, Ausgangslage und Ziele

Die Einführung von SOA-Prinzipien in Produkte und Produktion eines Unternehmens kann ein tiefgreifender Einschnitt sein. Wie stark dieses Vorhaben einzelne Bereiche berührt, hängt zunächst vom Unternehmenstyp und von der Unternehmensstrategie ab. Des Weiteren spielen die geplante Ausprägung und Umfang des SOA-Vorhabens und die vorgesehene Einführungsstrategie eine Rolle. Und schließlich bestimmt die Ausgangslage des Unternehmens, welche Kosten- und Nutzenpositionen der SOA Business Case enthalten wird. Zur Ausgangslage zählen zum Beispiel die Vorbildung der Mitarbeiter im Denken in Prozessen, die Nutzung vorhandener Methodik und so weiter.

Die wichtigste dieser drei Dimensionen ist sicher das *Umfeld*, also der Typ und die Strategie des Unternehmens. Drei Typen von Unternehmen sollen hier unterschieden werden, für welche sich eine SOA-Einführung sehr unterschiedlich gestaltet, und zwar die (Software-)Hersteller, die Anwender und die Berater, wobei zu letzteren auch System-Integratoren zählen sollen.

Diese Unternehmenstypen unterscheiden sich z. B. in der Möglichkeit und dem Potenzial, SOA-Prinzipien zur internen Optimierung einzusetzen, oder extern, also bei ihren Kunden. In Bezug auf den Business Case würde eine interne Optimierung eher auf Positionen der Kosteneinsparung hinauslaufen. Hier wirken sich Prozessoptimierung, Verbesserung der Agilität und Risikominderung positiv aus. Eine Kundenorientierung hingegen, und damit ein Bezug

---

[5] MCKENDRICK (2007), zitiert nach *SEELEY, R.* (2007).

auf die Produkte, würde eine Umsatzsteigerung bewirken, zum Beispiel durch verringerte Marktreifedauer und einfachere Integrationsfähigkeit.

Auch der nachgesuchte Beitrag zur Unternehmensstrategie unterscheidet sich. Soll eine SOA beispielsweise die weitere Expansion des Unternehmens sicherstellen? Hierbei hilft die Standardisierung der Prozesse, von Werkzeugen und Methoden, oder die Herstellung einer einheitlichen Software-Plattform für die eigenen Produkte.[6] Die Innovationsfähigkeit wird gesteigert durch eine optimierte Modularisierung. Um eine Verkürzung der Marktreifedauer zu erreichen, kann man eine SOA insbesondere auch für die stringentere Gliederung von Unternehmensbereichen nutzen. Diese Aufgabe stellt sich besonders bei multinationalen oder in autonome Bereiche gegliederte Unternehmen. Der Beitrag zur Unternehmensstrategie kann auch darin bestehen, die Agilität zu erhöhen, um auf Zusammenschlüsse oder Outsourcing besser reagieren zu können. Die Reaktionsfähigkeit kann sich zum einen in der Produktpalette äußern, oder der Prozessagilität des Unternehmens im Rahmen von Umstrukturierungen.

Man sollte nicht vernachlässigen, dass eine Unternehmens-SOA kundige Mitarbeiter benötigt. Die Realisierung und damit auch der Business Case hängen massiv vom Reifegrad des Unternehmens ab, insbesondere in Bezug auf Prozessorientierung und Methodik. Ist z. B. schon ein stringentes Enterprise Architecture Management (EAM)[7] auf Unternehmensebene etabliert, dann ist SOA „nur" noch eine weitere Methode zur Abbildung der Geschäftsprozesse auf die Anwendungslandschaft sowie eine Form der Integration auf Prozess- und Funktionsebene. Dies erfordert gewiss die Transparenz über Prozesse, Anwendungen und Daten sowie eine aktive Bebauungsplanung in Richtung eines strategischen Ziels. In manchen noch nicht so reifen Unternehmen kann SOA aber ein umfassender und einschneidender Ansatz sein, der von den Mitarbeitern eine Menge Umdenken erfordert.

Insbesondere die *Softwarehersteller* können von SOA-Konzepten bereits profitieren, auch wenn eine SOA nicht unter strategischen Gesichtspunkten eingeführt wird. Steht also der technische Aspekt im Vordergrund, bleibt der Einfluss auf das Gesamtunternehmen meist begrenzt. Doch der positive Beitrag zum Gesamtergebnis folgt aus dem Aufbau eigener Endprodukte durch Kombination von Standardbausteinen, oder durch Lieferung entsprechender Bausteine für die IT der Kunden. Strategisch eingesetzt wird die Analyse der betroffenen Bereiche deutlich über die Software-Entwicklung hinausgehen. Der Einfluss wird sich sowohl im Betrieb bemerkbar machen, wie auch im Marketing, dem Einkauf (z. B. Wahl strategiekonformer Partner) und Verkauf, sowie in Querschnittsbereichen (z. B. HR bezüglich des Aufbaus neuer Rollen und Laufbahnmodelle).

Anwender, wie Banken oder Handel, werden primär den Betrieb und den Bebauungsplan ihrer IT-Landschaft im Blick haben. Wobei auch die Automatisierung bislang manueller Prozesse und die Prozessagilität Ziele sein können, um Kosten zu senken. Die durch SOA getriebene Standardisierung der Systemkomponenten schützt überdies vor Herstellerabhängigkeit.

Beratungsunternehmen können als typischen Ansatzpunkt einer SOA-Strategie die Erstellung von Halbfabrikaten wählen. Diese erleichtern die Integrationsarbeit bei ihren Kunden und erstrecken sich durchaus auf eine standardisierte Beratungsmethodik. Durch das Vordringen in die Bereiche Prozessoptimierung, Architekturentwicklung und Geschäftsstrategie kann sich

---

[6] Vgl. ZACHARIAS (2007b) und ASSMANN ET AL. (2009).
[7] Vgl. ausführlich KELLER (2006).

ein Beratungsunternehmen höherwertige Dienstleistungen erschließen und dafür höhere Tagessätze bei seinen Kunden verlangen.

Welche Akzente das Management betont wissen möchte, wird mitbestimmen, wie der Business Case und auch die Präsentation am Ende aufgebaut sein werden. Nicht nur die Auswahl und die Priorisierung der durchgerechneten Kosten- und Nutzenpositionen werden dadurch beeinflusst. Die Ausgangslage und die Unternehmensstrategie schlagen sich auch in Faktoren und den angenommenen Verteilungskurven nieder. Details hierzu zeigen die folgenden Abschnitte auf.

3.2 SOA-Einführungsstrategie

Das Projekt, das eine SOA im Unternehmen einführen soll, unterscheidet sich in der Herausforderung und dem Ablauf nur wenig von anderen strategischen Transitionsprojekten, die auf Prozessebene wirken. Auf IT-Ebene ist dies insbesondere aus dem EAM bekannt. Ist ein solches Managementsystem bereits etabliert, sollte die Planung und Umsetzung der mit der SOA-Einführung verbundenen Änderungen einbezogen werden. Ist ein solches System nicht vorhanden, ist es ratsam dieses gleichzeitig mit einzuführen (*siehe auch Abschnitt 6.2*). Obwohl dadurch die Investitionskosten erhöht werden, sinkt das Risiko für einen Misserfolg der Umsetzung. Unabhängig von der gewählten EAM-Methode, aber abhängig vom vorgenannten Umfeld, dem Umfang und insbesondere der Unternehmenskultur eignen sich Top-down-, Bottom-up- und Meet-in-the-Middle-Vorgehen für die Umsetzung. Ein Big-Bang-Ansatz wird sich für die SOA-Einführung in der Regel schlecht eignen.

Zu jeder Strategie gehört ein entsprechender Auftrag eines Board-Mitglieds. Idealerweise existiert eine übergreifende Arbeitsgruppe im Unternehmen, die diesen Auftrag gemeinsam für das Gesamtunternehmen realisieren kann. Wichtig ist in dieser Phase das Schaffen eines gemeinsamen Verständnisses bezüglich des Ziels (und der Etappen) des Vorhabens, der betroffenen Bereiche, der Definition und Nomenklatur und der Vorgehensweise.

Abhängig von der Firmenkultur, kann ein konsequentes Top-down-Vorgehen die gewünschten Ergebnisse erzielen, in dem SOA als Strategie vorgegeben wird und eine Strategiemannschaft die Umsetzung über die Ebenen hinweg kontrolliert. Diese Methode ist beim Management manchmal beliebt, weil sie sich besser steuern lässt. Eine gewisse Reife im Denken in Prozessen sollte vorhanden sein, um den Umfang notwendiger Vorgaben zu reduzieren.

In anderen Unternehmen kann das Vorhaben nur durch diverse erfolgreiche SOA-Pilotprojekte in den Mannschaften erfolgreich sein. Der Bottom-up-Ansatz hat den Vorteil, dass relativ früh Daten anfallen, welche den Erfolg der gewählten Methode bestätigen oder notwendige Korrekturen aufzeigen. Außerdem ist das Gros der Mitarbeiter früh involviert und kann sich besser mit den Veränderungen identifizieren. Das bewährte Vorgehen wird dann von Einheit zu Einheit kopiert und gegebenenfalls angepasst. Problematisch ist bei einem solchen projektgetriebenen Vorgehen häufig, dass unabhängige Einzelvorhaben nicht „zusammenpassen", wenn ein strategischer Fokus fehlt; die erwünschten Synergien auf Unternehmensebene bleiben dann aus.

Idealerweise kann man einen Meet-in-the-Middle-Ansatz realisieren, indem Verantwortliche aus erfolgreich durchgeführten, operativen SOA-Projekten die Einführung auf strategischer Ebene begleiten und vorantreiben. Für die Erstellung eines Business Case ist ein realistisches Projekt extrem hilfreich, um belastbares Zahlenmaterial zu ermitteln.

Die Umsetzung sollte in allen Varianten stufenweise erfolgen, im Idealfall gekoppelt an ein Reifegradmodell. So lassen sich Schritt für Schritt und über einen Zeitraum von einigen Jahren die angestrebten Ziele realisieren. Parallel dazu können Pilotprojekte die neuen Stufen und die Vorgehensweise verproben (Durchstich durch die Prozesskette). So werden Fakten geschaffen, und die Leuchtturmprojekte können dann die Veränderungsprozesse begleiten und beschleunigen.

4 Vorgehen bei der Business-Case-Erstellung

In diesem Abschnitt soll das Vorgehen zur Erstellung eines SOA Business Case (im Sinne eines Projekts) erläutert werden. Hierzu zählen u. a. die Schritte:

➢ Erhebung der Basisdaten,

➢ der Aufbau des Rahmens,

➢ die Aufstellung des Business Case Teams,

➢ die Auswahl und Abstimmung mit den Stakeholdern sowie

➢ die Umsetzung und abschließende Präsentation.

4.1 Auftrag

Für welchen Bereich eines Unternehmens (Gesamtorganisation, Teile einer Organisation, Abteilung, konkretes Projekt) soll ein Business Case erstellt werden? Wer ist der Auftraggeber? Welcher Rahmen bzw. Scope ist hier sinnvoll – welcher ist zu klein und welcher zu groß? Daraus folgt auch wer das Budget für die SOA-Einführung stellt (*siehe auch Abschnitt 4.6*).

Für die Erstellung eines SOA Business Case muss in den meisten Organisationen ein entsprechender Auftrag vom Top-Management (oder einem anderen dafür zuständigen Managementbereich) vorliegen. Dieser Auftrag sollte klar die Zielsetzung, eine Abgrenzung und natürlich auch einen Fertigstellungstermin beinhalten. Weiterhin sollten darin die Verantwortlichkeiten für beide Seiten, den Auftraggeber und Auftragnehmer, beschrieben und definiert sein.

Der Auftragnehmer, eine einzelne Person oder idealerweise eine Arbeitsgruppe (*siehe nachfolgenden Abschnitt*), kann danach mit der Realisierung beginnen. Das Management sollte auch während der Erstellung in regelmäßigen Abständen über den Fortschritt informiert werden (und Informationen einfordern), damit auch hier das Thema weiterhin auf der Tagesordnung bleibt.

4.2 Aufbau Business Case Team

Die Erstellung eines Business Case auf Unternehmensebene erfolgt meist als Team-Leistung. Idealerweise existiert eine übergreifende Arbeitsgruppe mit Team-Mitgliedern aus allen betroffenen Bereichen des Unternehmens. Zu den Aufgaben dieser Arbeitsgruppe gehören die Erstellung des Business Case, die spätere Präsentation beim Management und natürlich auch umfangreiche Lobbyarbeit, um das Thema SOA bekannt zu machen und in das Unternehmen hinein zu tragen.

Besonders wichtig ist, dass hierbei kein reines IT-Team aufgebaut wird, sondern das Mitarbeiter aus den jeweiligen Fachbereichen und auch aus Marketing- und Vertriebseinheiten von Anfang an mit am Tisch sitzen. Im Idealfall kann mindestens ein Mitarbeiter aus jedem der später bei der SOA-Einführung betroffenen Bereiche gefunden werden. Soll die SOA im Rahmen eines Projektes verprobt werden, dann sollten Teammitglieder des Projektes unbedingt mit bei der Erstellung unterstützen. Denn sie werden die ersten sein, die hier Praxiserfahrung aus den eigenen Organisationseinheiten mit einbringen können.

Eine der ersten Aufgaben des Teams ist das Herstellen eines gemeinsamen Verständnisses einer SOA und ihrer Implikation für Technik, Aufbau- und Ablauforganisation. Wichtig ist, wie in anderen Situationen auch, dass alle das gleiche meinen, wenn Sie über SOA sprechen. Dazu gehören auch die Definition der Ziele, die mit einer SOA-Einführung erreicht werden sollen und die Festlegung von gemeinsamen Begriffen. Selbstverständlich sollten auch alle das gemeinsame Ziel – die erfolgreiche Erstellung des Business Case – immer vor Augen haben. Dies ist die Grundlage für eine, hoffentlich positive, spätere Management-Entscheidung.

4.3 Stakeholder-Analyse und Einbindung der Stakeholder

Die Identifikation der von einer SOA-Einführung betroffenen Bereiche ist ein wichtiger Schritt um Key-Player für einen SOA Business Case und die spätere Realisierung des Vorhabens zu benennen. Sie sollte deshalb auch möglichst frühzeitig beginnen.

Dabei sollte darauf geachtet werden, dass diese aus unterschiedlichen Unternehmensbereichen kommen um rechtzeitig eine breite Community aufzubauen. Die SOA-Einführungen in einer (Teil-) Organisation ist kein reines IT-Thema. Deshalb spielen vor allem die Mitarbeiter und das Management aus den Fachbereichen eine besondere Rolle, da sie später mit den Lösungen arbeiten werden bzw. diese in Auftrag an die IT-Einheit geben. Einzelne Stakeholder aus diesen Bereichen sollten frühzeitig mit eingebunden werden.

Wichtige Fragen für die Einführung einer SOA sind hier: Wer hat später welchen Nutzen von einer SOA und was muss er eventuell auch dafür investieren? Für jeden Unterstützer sollte, wenn möglich, mindestens ein konkreter Nutzen für seinen Bereich herausgearbeitet werden, um sich die Unterstützung auch wirklich zu sichern. Die Zeitspanne, auf die sich die Investitionen und der daraus resultierende Nutzen erstrecken, sollte gemeinsam festgelegt werden.

Je nach organisatorischem Aufbau und Kultur eines Unternehmens muss man bei der Wahl der beteiligten Bereiche geschickt vorgehen und auch unternehmenspolitische Gegebenheiten kennen. Der offene Service-Gedanke, den SOA mit sich bringt, dient gerade zum Aufbrechen des allenthalben bekannten „Silo-Denkens" und führt unweigerlich zu Schutzreflexen der Betroffenen. Auch die durch einen Business Case und zumal durch die daraus abzuleitenden Maßnahmen erzeugte Transparenz werden nicht bei allen Beteiligten auf ein positives Echo stoßen.

Identifizierte Stakeholder (einzelne Personen oder auch ganze Organisationseinheiten) müssen dann natürlich von den Vorteilen einer auf SOA basierenden Architektur überzeugt werden. Für den eigentlichen Business Case können sie wichtige Zahleninformationen zu den jeweiligen Bereichen liefern. Auch für Review- und Feedback-Runden sollten die unterstützenden Kollegen regelmäßig hinzugezogen werden.

4.4 Erstellung des Business Case

In einem ersten Schritt sollten, zur Abgrenzung des Business Case und zum Abstecken der Rahmenbedingungen, mit dem Auftraggeber die zu liefernden Finanzkennzahlen und zusätzlich benötigten Inhalte abgestimmt werden. Dann müssen die Daten für die Berechnung bestimmt und zusammengestellt werden. Hierbei hat sich eine Aufgliederung der einzelnen Positionen in Kosten- und Nutzenaspekte durchgesetzt. Diese Positionen sollten dann weiter in Unterkategorien aufgegliedert werden. Kostenpunkte können meist in Investitionskosten und Betriebskosten oder laufende Kosten aufgeteilt werden. Nutzenpositionen lassen sich zum Beispiel in Kosteneinsparungen und eine mögliche Umsatzsteigerung aufgliedern.

Die einzelnen Punkte sollten dabei möglichst präzise mit Berechnungen und Formeln hinterlegt werden. In jedem Business Case wird es Werte geben, die auf Schätzungen und unscharfen Annahmen basieren, aber je detaillierter und genauer die Zwischenergebnisse sind, desto genauer ist das Endergebnis. Dies ist auch für eine spätere plausible Erläuterung des Zahlenwerks sinnvoll. Während der Vorstellung der Zahlen auf Präsentationsfolien kann man dann jederzeit in die Tabellenberechnungen umschalten und die Aussagen auf den Folien belegen.

Die genaue Unterteilung und Bezeichnung der Kategorien wird aber von Unternehmen zu Unternehmen variieren, da hier unterschiedliche Rahmenbedingungen und Zielsetzungen vorliegen. Unabhängig und für alle Organisationen gleich ist allerdings die Berechnung der einzelnen Teilergebnisse, die Aggregation dieser innerhalb der einzelnen Kosten- und Nutzenaspekte und die daraus folgende Berechnung der Finanzkennzahlen.

Und schließlich müssen die gesammelten Daten und die errechneten Werte natürlich noch aufbereitet und sinnvoll mit Diagrammen visualisiert werden.

4.5 Präsentation

Die abschließende Präsentation eines Business Case hat einen großen Einfluss auf die Managemententscheidung für oder gegen das Vorhaben. In einer stimmigen und überzeugenden Präsentation muss das Vorhaben, der (positive) Business Case und natürlich die 100 %-ige Überzeugung der Präsentatoren vom Vorhaben dargestellt werden. In der Regel werden aber wahrscheinlich mehrere Präsentationsrunden stattfinden, bevor eine endgültige Management-Entscheidung erfolgt.

Top-Manager können (oder wollen) sich für Entscheidungen nur begrenzt Zeit nehmen, weil sie sich um ein breites Spektrum an Themen kümmern müssen. Das breite Wirkungsspektrum eines SOA-Vorhabens ist verbunden mit einem entsprechend hohen Risiko. Je nach Stimmung oder Wirtschaftslage wird ein solches Unternehmen nicht ganz oben auf der Tagesordnung landen. Umso wichtiger sind eine überzeugende Darstellung und die Wahl der richtigen Kosten- und Nutzenpositionen, gemessen am Kontext des Unternehmens, wie in *Abschnitt 3* dargestellt. In der Präsentation müssen die Entscheidungsträger mit allen notwendigen Informationen versorgt werden.

Die einzelnen Runden und vor allem die Abschlusspräsentation müssen das Management voll von der SOA, der Bedeutung einer SOA für das Unternehmen, dessen Zukunft und zuletzt auch dessen positive Auswirkung auf die wirtschaftlichen Zahlen überzeugen. Die Präsentationen müssen natürlich zielgruppengerecht aufbereitet werden. Das bedeutet auch, dass von weniger wichtigen Details abstrahiert werden muss und komplexe Aspekte entsprechend aufbereitet werden müssen. Das umfassende Thema SOA, die Bedeutung und Vorteile für das Unternehmen und natürlich die finanziellen Kennzahlen müssen in wenigen, prägnanten Präsentationsfolien dargestellt werden.

Die komplette Business-Case-Berechnung sollte man griffbereit haben, falls das Management an der einen oder anderen Stelle gerne tiefer in die Details einsteigen oder selbst die Rahmenparameter beeinflussen möchte. Hierüber kann auch die Schlüssigkeit der Berechnungen belegt werden.

4.6 Pilotprojekt

Ein geeignetes Pilotprojekt, bei dem möglichst viele Stakeholder mit eingebunden werden können, sollte frühzeitig und der Einführungsstrategie folgend (*siehe Abschnitt 3*) aufgesetzt werden. Ein Projekt parallel zur oder sogar vor der Business Case Erstellung kann als Referenz bezüglich der Kosten- und Nutzenpositionen als auch der notwendigen Maßnahmen dienen. Damit werden die Glaubwürdigkeit und die Seriosität des Business Case stark verbessert.

Da Korrekturen am Vorgehen nötig werden können, sollte das Projekt nicht zu komplex ausfallen. Jede Organisation wird hier erst einmal eine Lernkurve durchlaufen. Sie kann durch externe Beratung zwar abgesenkt, aber nicht komplett aufgehoben werden. Ein überschaubarer Rahmen sorgt auch dafür, dass zügig sichtbare Ergebnisse vorliegen. Spätere Folgeprojekte werden, bei Erfolg des ersten Projekts, mit Sicherheit einen größeren Rahmen haben und Raum für weiteren Ausbau einer SOA zu lassen. „Start small – grow" fast ist hier die Devise.

Natürlich gelten für ein solches Pilotprojekt alle Best-Practices des professionellen Projektmanagements; von der Einbindung der Stakeholder und des Sponsoren, Budgetierung, Design bis zur Umsetzung. Dabei sollte man im Blick behalten, dass die Verprobung des SOA-Vorhabens immer eine unternehmensweite Anstrengung ist. Und hier gilt meist: „Das erste Brot finanziert den Ofen". Ein erstes Pilotprojekt wird in den meisten Fällen Pionierarbeit leisten müssen und spätere Folgeprojekte können dann von dieser Arbeit profitieren. Der Auftraggeber des ersten Projekts muss somit unter Umständen ein größeres Budget zur Verfügung stellen als die Auftraggeber der Nachfolgeprojekte.

5 Nutzen von SOA

Wie in *Abschnitt 2.2* beschrieben, muss zur Erstellung des Business Case jeder SOA-bezogene Aspekt in die Kategorie *Nutzen* oder in die Kategorie *Kosten* eingeordnet werden. In diesem Abschnitt sollen zunächst Erfahrungen bei der Bestimmung und Verwendung von Nutzenpositionen dargestellt werden, gefolgt von typischen Nutzenpositionen eines SOA-Vorhabens. Abschließend sollen drei konkrete Beispiele für Nutzenpositionen näher beleuchtet werden.

5.1 Nutzenpositionen

Zur Bestimmung der SOA Nutzenpositionen bietet sich folgende Herangehensweise an: Als erstes sollte mittels einer Brainstorming-Session, Expertenbefragungen lokaler SOA-Projekte oder durch Literaturrecherchen eine Liste der für das jeweilige Unternehmen und den jeweiligen Kontext relevanten Nutzenposition erstellt werden. Nach der Identifikation sollten diese Nutzenpositionen beschrieben und gleichzeitig mit einem entsprechenden Zahlenwerk hinterlegt werden, sodass nach Bestimmung der jeweiligen Eingabeparameter erste Berechnungen des monetären Nutzens erfolgen können. Anschließend ist es sinnvoll, die Nutzenpositionen nach ihrem Gesamtnutzen zu priorisieren und sich auf die wirksamsten Positionen zu beschränken.

Zu jeder Nutzenposition gehören als Dokumentation die Maßnahmen (verbunden mit Kostenpositionen), die zur Erreichung des Nutzens erbracht werden müssen. Zum Beispiel fallen für die umfangreiche Nutzenposition bezüglich der Software-Wiederverwendung Kosten im Bereich Governance und Infrastruktur an.

Nur solche Nutzenpositionen sollten in die Berechnung eingehen, die durch das Vorhaben auch beeinflusst werden. Das heißt, potenzieller SOA-Nutzen, der sich aber nicht durch die geplanten Maßnahmen des Vorhabens ausschöpfen lässt, sollte nicht in die Berechnung einfließen. Weiterhin ist es bei der Berechnung der Nutzenpositionen wichtig, nicht den Gesamtnutzen des einzelnen Aspekts sondern nur das Delta zu betrachten, das durch das Vorhaben selbst „verursacht" wird.

Grundsätzlich muss hierbei der Umfang des „Business as usual" bestimmt werden und vom prognostizierten Geschäftsverlauf abgezogen werden. Folgendes Beispiel soll dies verdeutlichen: Angenommen es handelt sich um ein Unternehmen, welches bisher primär im Hardware-Umfeld operierte und durch das SOA-Vorhaben stärker in Richtung Lösungs- und Consulting-Geschäft wachsen möchte. Im Rahmen des SOA-Vorhabens „umgeschulte" und zertifizierte Consultants mit starkem Know-how im Bereich Geschäftsprozess-Analyse/Optimierung und Prozess-/Integrations-Architektur können höhere Tagessätze als bisher verlangen. Also darf nur das Delta zu den bisherigen Tagessätzen als Nutzenposition im Business Case auftauchen.

In der Regel zeigt sich bei vielen Maßnahmen der Nutzen erst nach einiger Zeit (z. T. erst nach einigen Jahren), insbesondere bei Positionen welche eine Veränderung der Arbeitsweise und der Prozesse notwendig machen. Die Veränderung des Cashflows der einzelnen Position sollte über die Jahre hinweg aufgeschlüsselt werden. Ein Standard-Satz von Verteilungskurven (als Funktion der Zeit) erleichtert die Arbeit, indem die gewählte Kurve als Faktor in die Berechnung einfließt.

Da das Ergebnis eines Business Case letztendlich als Zahl erwartet wird, sollte die Nutzenmessung der Position grundsätzlich auf eine monetäre Basis heruntergebrochen werden. Bestimmte Nutzenpositionen, die sich nicht (oder nur sehr schwer und mit extrem unsicheren Annahmen) fassen lassen, werden als „weiche Faktoren" bezeichnet. Beispiele hierfür sind höhere Innovationsgeschwindigkeit durch einen vorhandenen Komponentenbaukasten, verbessertes IT-Business-Alignment, höhere Transparenz, etc. Sofern diese nicht die Hauptnutzenpositionen darstellen, können diese auch ohne Berechnung in die Präsentation eingehen und dem Zahlenwerk als zusätzliche Stütze dienen.

Das Zahlenwerk der einzelnen Nutzenpositionen kann komplex werden. Eine ebenso große Herausforderung liegt in der Beschaffung der notwendigen Eingangsdaten. Hier empfehlen sich in jedem Fall historische Daten aus Systemen des operativen Betriebs (beispielsweise Projektsteuerungssysteme, Softwarekonfigurationssysteme, Fehlermeldesysteme). Sind diese Daten nicht vorhanden muss auf Annahmen zurückgegriffen werden. Es eignen sich dafür Expertenschätzungen im eigenen Unternehmen, oder die Zahlen müssen der Literatur entnommen werden.

Nachfolgend sollen einige SOA-Nutzenpositionen vorgestellt werden, die als Input für den eigenen SOA Business Case dienen können. Hierbei handelt es sich um Nutzenpositionen unterschiedlicher Granularität – von rein lokalem, operativen Nutzen bis hin zu unternehmensweitem, strategischen Nutzen.

Nutzen für Hersteller:

- Kostenreduktion durch Wiederverwendung von Softwarekomponenten, Infrastrukturen, Prozessen, Konzepten und Methoden, etc.
- Qualitätssteigerung durch Wiederverwendung
- Reduktion Fehlerquote durch Wiederverwendung
- Verbesserte horizontale und vertikale Skalierbarkeit der Organisation durch Standards
- Flexibilisierung von Entwicklungsressourcen durch Standards
- Portfolio-Vereinheitlichung
- Investitionsschutz durch flexible Anbindung von bestehenden Anwendungen mittels Integration statt Migration
- Effizienzsteigerung in OffShore-/NearShore-Entwicklung
- Verkürzung der Time-to-Market durch Wiederverwendung existierender Komponenten und Prozesse
- Verbesserung IT-Business-Alignment durch Verwendung einer gemeinsamen Sprache

Nutzen für Anwender:

➤ verbesserte Integrationsfähigkeit der Produkte

➤ flexible Prozessänderung durch Service-Orchestration

➤ höherer Automatisierungsgrad

➤ Transparenzsteigerung bezüglich der Prozess-, Funktions- und Anwendungslandschaft

➤ Verbesserung IT/Business-Alignment durch Verwendung einer gemeinsame Sprache

➤ Komplexitätsreduktion durch Nutzung definierter Schnittstellen, dadurch besser beherrschbare Unternehmens-IT-Landschaft

➤ erleichtertes Outsourcing von Services oder Geschäftsprozessen

➤ Reduzierung des operationalen Risikos durch Wiederverwendung standardisierter Services

Nutzen für Berater:

➤ Neukunden im Bereich Geschäftsprozesse

➤ Portfolioerweiterung in Richtung Geschäftsprozess-Consulting

➤ verbesserte Integrationsfähigkeit

➤ vereinfachter Einsatz von Halbfabrikaten

In diesem Abschnitt wurde dargestellt, welche allgemeinen Aspekte bei der Suche und Beschreibung von Nutzenpositionen zu beachten sind und zudem wurde eine umfangreiche Liste von konkreten Nutzenpositionen eines SOA-Vorhabens wiedergegeben. In den folgenden Abschnitten sollen drei dieser Nutzenpositionen genauer beleuchtet und mit Beispielrechnungen hinterlegt werden.

5.2　Nutzenposition Wiederverwendung

Dieser Abschnitt stellt ein Beispiel für die Kostenreduktion durch Wiederverwendung bestehender Software-Komponenten und Services (etwa in anderen Prozessen oder in neuen anderen Softwareprodukten) dar. Die Kostenreduktion setzt sich hier aus Reduktion der Entwicklungskosten, QA-Kosten, Integrationskosten, etc. zusammen.

Die Wiederverwendung eines fachlichen Service bietet erhebliches Kostenreduktionspotenzial auf verschiedenen Ebenen. Als erste sind hier die Ersparnisse zu nennen, die durch das einmalige Erstellen statt der n-maligen Erstellung eintreten. Die Kostenreduktionen, die hier erzielt werden können, sind demnach umso höher, desto häufiger ein Service in weiteren Prozessen bzw. weiteren Softwareprodukten und Projekten wiederverwendet wird. Demnach sind bei der Business-Case-Erstellung nicht nur die Wiederverwendungsraten der Services, sondern auch die Häufigkeit der Wiederverwendung dringend zu betrachten. Auch die Art der wiederverwendeten Services und deren Abstraktionslevel sollten mit in die Berechnung einfließen. Basisservices auf einem niedrigen Abstraktionslevel bieten ein anderes Einsparpotenzial als höherwertige, über orchestrierte Services abgebildete Geschäftsfunktionen.

Ähnliches gilt für die Pflege der vorhandenen Services und der Fehlerbeseitigung. Auch hier ist entscheidend, wie häufig die betrachteten Services wiederverwendet werden, da Fehler lediglich einmal behoben werden müssen und dementsprechend die Behebungskosten nur einmal statt n-mal (entsprechend der Anzahl der Wiederverwendungen) anfallen. In die Kosten gehen alle Schritte des Behebungsprozesses ein, von der Analyse über die Behebung, den Nachtest, die Dokumentation bis zu den administrativen Tätigkeiten als Funktion der allgemeinen Kosten. Je genauer das Wissen an dieser Stelle ist, desto präziser können hier Zahlen ermittelt werden. Gleiches Vorgehen ist für die Betrachtungen bezüglich der Umsetzung von Erweiterungen an den betrachteten Services möglich.

Bei der Ermittlung der Kostenreduktion durch die Wiederverwendung müssen auch die höheren Kosten bei der Erstellung der Services betrachten werden, die entstehen, um eine Wiederverwendung des Services zu ermöglichen. Hierzu zählen der höhere Testaufwand, die umfangreichere Dokumentation und der Abstimmungsaufwand.

Des Weiteren ist zu berücksichtigen, dass auch Kosten für die Integration eines bereits vorhandenen Service in ein neues Softwareprodukt oder in einen neuen Prozess anfallen. Sowohl für den einmaligen Entwicklungsmehraufwand als auch für den jeweils auftretenden Integrationsaufwand hat sich nach Erfahrung der Autoren ein Wert von ca. 25 % der eigentlichen Herstellungskosten des Service als sinnvoll ergeben (für den Bereich der Produktlinienentwicklung im Kontext kommerzieller Standard-Anwendungssysteme).

Aus den ermittelten Zahlen können zwei Werte einander gegenübergestellt werden. Dies sind zum einen die investierten Kosten und zum anderen der geschaffene Wert der Softwareprodukte. Bei einer n-fachen Wiederverwendung der Services sollte der geschaffene Wert etwa n-mal so hoch sein wie der investierte Wert abzüglich der eben erwähnten Mehraufwände, um eine Wiederverwendbarkeit herzustellen.

Ein fiktives Beispiel soll die beschriebenen Möglichkeiten veranschaulichen: ein Service soll Benutzerkonten verwalten (User Service). Zudem nehmen wir an, dass dieser User Service in insgesamt 5 Software Produkten verwendet wird. Um einen User Service bereitzustellen, der nicht wiederverwendet wird, seien 100 PT Aufwand notwendig. Da der zu erstellende Service allerdings wiederverwendbar konzipiert werden soll, sind die oben erwähnten 25% Mehraufwand notwendig, also insgesamt 125 PT. Wir gehen zudem davon aus, dass vom Basisaufwand in Höhe von 100 PT noch einmal 25 % Integrationsaufwand pro Software-Produkt anfallen, welches diesen Service verwendet. Bei den geplanten 5 Produkten würde dies einen Integrationsaufwand von 125 PT (5 * 25 % von 100 PT) bedeuten.

Bildet man nun die Summe der Mehraufwände, um den fiktiven User Service wiederverwendbar zu konzipieren und um ihn in die 5 Softwareprodukte zu integrieren, ergibt dies einen Mehraufwand von 150 PT (25 PT Wiederverwendbarkeit + 125 PT Integration). Hätte jedes der 5 Softwareprodukte den User Service selbst implementiert, würde dies einen Gesamtaufwand von 500 PT (5 * 100 PT) bedeuten. Daraus folgt die Ersparnis von 250 PT entsprechend folgender Formel (siehe Tabelle 1):

Rechenoperation	Position	Bemerkung
	Aufwand bei wiederholter Erstellung	
–	einmalige Erstellungskosten	
–	Mehraufwand zur Wiederverwendbarkeit	x % der einmaligen Erstellungskosten)
–	Integrationsaufwand	x % der einmaligen Erstellungskosten * Anzahl der Integrationen

Tabelle 1:   Formel für die Beispielrechnung

In unserem Beispiel also 500 PT Aufwand bei wiederholter Erstellung abzüglich 100 PT einmalige Erstellungskosten minus 25 PT Mehraufwand für Wiederverwendbarkeit und vermindert um 125 PT Integrationsaufwand.

Ähnlich lässt sich der Nutzen aus dem Bereich Pflege und Fehlerbehebung errechnen. Der oben schon erwähnte User Service wird also einmal erstellt und einer Qualitätssicherung unterzogen. Bei angenommenen 100 Fehlern in der Implementierung und einem Kostensatz für die Fehlerbehebung von fiktiven 2.000 EUR pro Fehler würde dies Kosten von 200.000 EUR bedeuten.

Würde der User Service für alle 5 Softwareprodukte individuell implementiert und Fehler im selben Maße auftreten, würde dies Kosten für die Fehlerbehebung von 1.000.000 EUR bedeuten.

Wird der einmalig erstellte User Service in allen 5 Softwareprodukten wiederverwendet und im Kontext dieser Softwareprodukte qualitätsgesichert, tritt je Integration nur noch ein Bruchteil der ursprünglich 100 Fehler auf. Wir gehen hier von 5 Fehlern je eingesetztem Softwareprodukt aus und erhalten so die Fehlerbehebungskosten von insgesamt 50.000 EUR (5 Produkte * 5 Fehler * 2.000 EUR Kosten pro Fehler). Daraus folgt die Ersparnis von 750.000 EUR entsprechend folgender Formel:

Rechen-operation	Position
	(Häufigkeit der Wiederverwendung
*	Anzahl der Fehler
*	Fehlerkostensatz)
–	(Anzahl Fehler
*	Fehlerkostensatz)
	(Häufigkeit der Wiederverwendung
*	Anzahl Fehler bei Wiederverwendung
*	Fehlerkostensatz)

Tabelle 2:   Formel zur Berechnung der Ersparnis für das Fallbeispiel

5.3 Nutzenposition Qualitätssteigerung

Im folgenden Abschnitt wird der Nutzen der Qualitätssteigerung durch die im vorangegangenen Abschnitt vorgestellte Wiederverwendung von erstellten Services beschrieben. Bei dieser Nutzenposition handelt es sich um einen gänzlich weichen Faktor, der sich nicht präzise in Zahlen ausdrücken lässt.

Qualitätssteigerung entsteht aus Wiederverwendung dadurch, dass der einmal implementierte Service durch die einander folgenden Integrationen qualitätsgesichert wird. Als Meßzahl bzw. Kennziffer hierfür sind sinkende Fehlermeldungen mit steigender Lebensdauer und Wiederverwendung des betroffenen Service zu nennen, wie dies auch bereits im vorherigen Abschnitt beschrieben wurde.

Durch diese Qualitätssteigerung ist neben den bereits erwähnten Kostenreduktionen ein besseres Image als Folge zu nennen. Service Konsumenten treffen in der Regel auf einen bereits mehrfach qualitätsgeprüften Service und finden dementsprechend weniger Fehler vor, welche die Verwendung des Service stören.

Durch die n-malige Qualitätssicherung ist zudem sichergestellt, dass der Service sowohl seine funktionalen auch seine nicht-funktionalen Anforderungen erfüllt. Dies wiederum stellt sicher, dass der erstellte Service auch tatsächlich in die Prozesslandschaft der potenziellen Service Konsumenten integrierbar ist und dem Kundenwunsch entspricht.

Diese Nutzenpositionen sind für eine Business Case Betrachtung allerdings schwer in Zahlen zu fassen, denn Qualität bemisst sich je nach Unternehmenskontext (*siehe Abschnitt 3*) anders und die Effekte werden anderes priorisiert. Da gerade weiche Faktoren wie das Image und Kundenbindung hier mit hinein spielen, sind für jedes Unternehmen eigene Kennziffern zu definieren. Eine allgemeine Formel lässt für diesen Aspekt also leider nicht angeben.

5.4 Nutzen für Professional Services und Consulting-Organisationen

Die Einführung der SOA-Paradigmen bedeutet für die Organisation auch eine verstärkte Orientierung auf Geschäftsprozesse. Je nach bisheriger Ausrichtung, muss in diesem Zusammenhang auch in diesen Bereichen umfassendes Know-how aufgebaut werden.

Dieses Wissen und die SOA-Erfahrungen wiederum können genutzt werden, um eine Beratungseinheit breiter aufzustellen. Durch ein erweitertes Lösungsspektrum, das deutlich über reine IT-Beratung hinaus geht, können intensivere Geschäftsbeziehungen aus bestehenden und neuen Projekten heraus generiert werden. Durch höherwertige Professional-Service-Leistungen könnten auch höherwertige und langjährige Kundenbeziehungen entstehen, in denen Entscheidungen nicht mehr nur auf IT Ebene sondern stärker auf Management- und C-Level-Ebene getroffen werden.

Zudem sollte über die Zertifizierung der Beratungsmitarbeiter nachgedacht werden. Durch zertifizierte Berater in Bereichen wie Geschäftsprozessberatung, SOA-Methodik und Architekturen können z. T. höhere Professional-Service-Raten und ein stärkeres Vertrauen durch die Kunden erzielt werden, weil durch erfolgreiche Zertifizierungen die Erfahrungen einzelner Mitarbeiter und einer ganzen Organisation belegt werden können.

6 Kosten von SOA

In diesem Abschnitt sollen die kostenverursachenden Maßnahmen eines unternehmensweiten SOA-Vorhabens beschrieben werden, die sich, wie beschrieben, je nach Kontext und definiertem Umfang stark unterscheiden können. An dieser Stelle soll auf die Kostenblöcke bezüglich Neuinvestition in Personal und Infrastruktur sowie auf generelle Einführungskosten für den Wandel hin zum serviceorientierten Unternehmen näher eingegangen werden.

6.1 Human-Resources-Kosten

Da die primäre Komponente einer SOA organisatorischer Art ist, welche sich auf Aufbau- und Ablauforganisation eines Unternehmens auswirkt, entstehen in der Regel kostenrelevante Positionen im HR-Bereich. Insbesondere durch die Notwendigkeit einer stringenten SOA-Governance entstehen neue Aufgaben, Rollen und Verantwortlichkeiten, die entsprechend besetzt werden müssen.

Auch hier ist der Reifegrad des betroffenen Unternehmens entscheidend: In Organisationen mit einem hohen Reifegrad bezüglich Architektur-Management sind z. B. notwendige Rollen bereits etabliert, welche zusätzliche SOA-spezifische Aufgaben und eine angepasste Methodik übernehmen können.

Bei Organisationen mit einem geringen Reifegrad sind beispielsweise folgende neue Rollen und Verantwortlichkeiten zu besetzen, die dann mit entsprechenden Mengengerüsten hinterlegt als Kostenpositionen im Business Case auftauchen müssen:

- Enterprise Architect
- Domain Architect
- Solution Architect
- Project Architect
- Infrastructure Architect
- SOA-Center-of-Excellence-Mitarbeiter
- IT-Strategie-Mitarbeiter
- Requirement Engineer
- Business Analyst

Neben den Kosten für neue Stellen entstehen Kosten für die Weiterbildung von Mitarbeitern. So müssen bspw. in einem Herstellerunternehmen alle Personen im Service-Entstehungsprozess entsprechend der neuen Methodik und den neuen Leitplanken geschult werden. Hierzu gehören neben den unterschiedlichen Rollen in der Entwicklung und der IT-Strategie auch Personen im Management, im Controlling und im Marketing. Zudem ist es sinnvoll einzelne Ausbildungsstufen der unterschiedlichen Rollen durch (an das Laufbahnmodell gekoppelte) Zertifizierungen zu hinterlegen.

6.2 Infrastrukturkosten

Im Rahmen einer SOA-Einführung entstehen neuartige Aufgaben, die z. T. nur schwer ohne neuartige Werkzeuge zu bewältigen sind. Die entsprechenden Aufgabenfelder werden hier aufgeführt und geeignete Werkzeuge benannt. Konkrete Kosten können hier natürlich nicht genannt werden, weil die Wahl der Werkzeuge sowie deren Lizenz- und Einführungskosten stark abhängig vom Unternehmenskontext sind. Grob lässt sich zwischen Aufgaben aus dem Bereich *Governance* und aus dem Bereich *Betrieb* unterscheiden.

In den Bereich *Governance* gehört unumgänglich eine Service Registry, mit der Hauptfunktion Services zu erfassen, mit ihrem Lebenszyklus zu verwalten und unternehmensweit auffindbar zu machen. Ohne Service Registry wird die konsequente Wiederverwendung von Services nahezu unmöglich, weil potenzielle Nutzer sonst keine Möglichkeit haben den unternehmensweiten Software-Bestand auf geeignete Services für eigene Entwicklungen zu prüfen. Solange die Menge der bereitgestellten Services eine kritische Menge (z. B. weniger als 50) nicht überschreitet, kann eine Tabellenkalkulation oder Textdokument ausreichend sein. Darüber hinaus sind elektronische Werkzeuge dringend angeraten und rechnen sich durch die verbesserte Performance bei Überblick, Kohärenz und Sicherstellung von Redundanzfreiheit.

Ein Service Repository erlaubt die Modellierung der individuellen Unternehmensarchitektur. Dazu gehört insbesondere im SOA-Umfeld die Modellierung der Geschäfts-, Prozess-, Service- und Applikationsarchitektur. Ein Repository bildet somit eine hervorragende Grundlage für die Planung einzelner SOA-Umsetzungsprojekte. In der Regel ist eine Service Registry Bestandteil eines Repositories. In einer ambitioniert aufstrebenden SOA darf eine Werkzeugunterstützung für diese Aufgaben nicht fehlen.

In den Bereich *Betrieb* sind Werkzeuge einzuordnen, welche die Betriebsprozesse unterstützen und somit ständig im Einsatz sind. Zuallererst sind in einer SOA Orchestration Engines zu nennen. Diese ähneln Workflow-Management-Systemen sehr und sind speziell auf Services ausgerichtet. Das zu Grunde liegende Konzept wird als Service Orchestration bezeichnet. Darüber hinaus ist ein Enterprise Service Bus als Middleware-Komponente für eine SOA anzusehen. Zu seinen Aufgaben gehören Routing von Service-Aufrufen, Datentransformation und das Erzwingen von zuvor festgelegten Regeln (Policies).

Des Weiteren sollte der Betrieb einer serviceorientierten Unternehmensarchitektur nach Meinung der Autoren durch geschäftsereignisgetriebene Aspekte ergänzt werden (Event-driven Architecture [EDA]), um eine saubere Entkopplung der Services zu ermöglichen. Geschäftsereignisse sind asynchrone Nachrichten, die bei der Ausführung von Services versendet werden. Sie enthalten den aktuellen Prozess-Ausführungsstatus und weitere Informationen.[8]

---

[8] Vgl. auch ZACHARIAS (2007a), S. 60 ff., und *ASSMANN/ENGELS* (2008).

6.3 Einführungskosten

Neben den bereits erläuterten Kosten für die Verwirklichung einer SOA im Unternehmen wie vorangehend erläutert, muss auch der Aufwand für einen etwaigen Umbau von vorhandenen Prozessen und Infrastruktur bewertet werden. Je nach Art und Umfang der SOA-Einführung in das Unternehmen und des Unternehmenstyps sind ebenso manuelle Prozesse und damit das Verhalten von Mitarbeitern durch Veränderungen betroffen. Und schließlich können die Übergabepunkte zu Partnern und Lieferanten beeinflusst werden oder der Abstimmungsaufwand innerhalb des Unternehmens ist vorübergehend höher.

Die Einbindung bestehender IT-Systeme in die neue Architektur ist zum Teil bereits unter den Nutzenpositionen berücksichtigt worden. Tatsächlich kann man in vielen Fällen von einem positiven, also die Kosten mindernden Effekt ausgehen, wenn existierende Funktionen im Zuge der laufenden Weiterentwicklung wiederverwendet werden, wie oben dargestellt. Hingegen können andere Anpassungen nötig oder wünschenswert sein, welche sich jedoch nicht direkt umsetzen lassen. Nötige Anpassungen erwachsen aus der Überzeugung, Reibungsverluste zu vermeiden, indem Systeme, die nicht direkt in eine SOA eingebunden werden, dennoch denselben Prinzipien folgen. Außerdem können sich wünschenswerte Anpassungen aus der politischen Gemengelage ergeben. Insgesamt sollte hierfür also ein entsprechender kontextspezifischer Migrationsaufschlag in den Business Case einbezogen werden.

Die zweite Kostenposition ergibt sich aus Produktivitätseinbußen aufgrund von Veränderungen an solchen manuellen Prozessen des Unternehmens, die direkt oder indirekt mit der SOA-Einführung zusammenhängen. Eine Ablehnungshaltung der Mitarbeiter oder gar „Sabotage" sind vermeidbar, eine verminderte Effizienz durch einen „kulturellen Wandel" hingegen ist ganz natürlich. Es kommt hier wiederum stark auf die Art des Unternehmens an, in welchem Ausmaß sich Mitarbeiter auf veränderte Zuständigkeiten einstellen, auf neue Sprachregeln, ein neues Glossar und neue Anforderungen an die Dokumentation von Tätigkeiten. Optimalerweise steht den Kosten der Transition auch ein Nutzen gegenüber, indem Prozesse verschlankt werden oder manuelle Tätigkeiten durch Automatisierung ganz wegfallen.

Doch nicht nur das Ausmaß des Wandels bestimmt die Reaktionen. Durch flankierende Maßnahmen der SOA-Einführung kann die Brisanz von negativen Auswirkungen und die Delle in der Produktionseffizienz ganz entscheidend beeinflusst werden. Hier kommt es auf die Führungsqualität im Unternehmen an und wie intensiv das mittlere Management hinter den Maßnahmen steht. Die Mitarbeiter müssen auf jeden Fall bei einer Umstellung begleitet werden.[9] Die multiplikative Wirkung von Anreizmaßnahmen, wie sie oben bereits genannt wurden, und internem Marketing darf in diesem Zusammenhang nicht unterschätzt werden. Das Führen der Mitarbeiter durch einen sorgfältig skizzierten Migrationspfad bleibt hier aber der entscheidende Faktor. Mithin ist dieser Posten einer der volatilsten in einer begleitenden Risikoanalyse. In einen soliden Business Case gehen also sowohl eine Abschätzung der verminderten Produktivität ein, wie auch die Maßnahmen zu deren Minderung.

Schließlich bleibt, die Interaktion mit Partnerunternehmen, die von einer SOA-Einführung betroffen sein können, zu betrachten. Die Anzahl der Übergabepunkte oder Partner ist in diesem Fall eine Einflussgröße, wie die Mitarbeiteranzahl für interne Berechnungen. Je nach Lage müssen z. B. Architekten häufiger an Verhandlungen und Abstimmungen teilnehmen, was den Reiseaufwand erhöht. Bisher auch schon anfallende Kosten der Anforderungsanalyse

---

[9] Vgl. BRIDGES (2003).

könnten durch den genauen Blick auf externe Übergabepunkte überhaupt erst sichtbar werden. Und auch in Partnerprozessen kann die Produktivität zeitweilig sinken, während sich die Partner auf neue Basisanforderungen einstellen. Gerade auf der Ebene der B2B-IT kann die Einführung einer SOA natürlich auch für die Partnerprozesse Einsparungen bewirken oder neue Kooperationen vereinfachen.

7 Zusammenfassung und Lessons learned

In diesem Abschnitt werden die Kernaussagen des Beitrags noch einmal zusammengefasst. Zudem werden die wichtigsten Erkenntnisse und Erfahrungen, die im Rahmen der Business-Case-Erstellung gemacht wurden, im Abschnitt 7.2 kurz vorgestellt.

7.1 Zusammenfassung

In den zurückliegenden Abschnitten dieses Beitrages haben die Autoren ihre Erfahrungen bei der Erstellung eines Business Case für die Einführung einer Enterprise SOA dargelegt. Hierfür wurde sowohl auf mögliche Einführungsstrategien, deren Vor- und Nachteile als auch deren Auswirkung auf den zu erstellenden Business Case eingegangen.

Auch ein Vorgehen für die eigentliche Business-Case-Erstellung wurde vorgestellt. Hierzu haben die Autoren ihre Erfahrungen dargestellt, die sie in den Bereichen Aufbau eines Business Case Teams, einer entsprechenden Stakeholder-Analyse, der Erstellung des Business Cases, der zugehörigen Präsentation und eines anzustrebenden Pilotprojektes gemacht haben. Zudem wurde darauf eingegangen, welche Bedeutung der Auftrag des Top-Managements zur Erstellung des Business Case hat.

Als weiterer Schwerpunkt des Beitrags ist die Aufstellung der zu berücksichtigenden Kosten- und Nutzenpositionen zu nennen. Dabei wurden die entsprechenden Positionen genannt, in Beziehung gesetzt und beispielhaft Modellrechnungen erläutert, um eine entsprechende Auswirkung der einzelnen Position berechenbar zu machen.

Es bleibt zu bemerken, dass der vorliegende Beitrag aus den Erfahrungen der Autoren bei der Erstellung eines konkreten Business Case resultiert. Bei jedem Business Case gilt es, die entsprechenden Bedingungen der betroffenen Organisation zu berücksichtigen.

Im folgenden Abschnitt sollen abschließend die wichtigsten Erfahrungen, die bei der Erstellung des Business Case gemacht wurden, dargestellt werden.

7.2 Lessons learned

Einer der wichtigsten Faktoren für die erfolgreiche Ausarbeitung des SOA Business Cases sind die Menschen, konkret das Team, welches den Business Case erstellt und letztendlich auch präsentiert. Das Schaffen einer gemeinsamen Vision, die Definition gemeinsamer Ziele und einer einheitlichen Nomenklatur in einem unternehmensübergreifenden Team kostet Zeit und Kraft. Diese sollte aber unbedingt investiert werden, denn ein gemeinsames Verständnis für- und Vertrauen zueinander ist für den Erfolg des gesamten Teams sehr wichtig.

Generell sollte die benötigte Zeit nicht unterschätzt werden. Abhängig von der Unternehmenskultur und den Rahmenbedingungen kann der zeitliche Aufwand für Abstimmungen, Kommunikation, Sammeln von Daten und auch das Überwinden von unternehmenspolitischen Hürden sehr schnell sehr groß werden.

Ein weiterer wichtiger Punkt ist die Beauftragung und die Unterstützung durch das Top-Management. Auch wenn dies eigentlich in jedem Unternehmen selbstverständlich sein sollte, wird dieser Faktor bei vielen Vorhaben gern unterschätzt. Die Einführung einer SOA in eine Organisation bringt neben den IT-Themen vor allem organisatorische und unternehmenspolitische Veränderungen mit sich. Hier muss in vielen Fällen Skepsis bezüglich Veränderungen überwunden werden. Politische Kräfte und das bisweilen ungewünschte Schaffen von Transparenzen innerhalb abgeschlossener Unternehmensbereiche können nur mit starker Management-Unterstützung überwunden werden. Dies sollte auch in die Berechnung des SOA Business Case mit einfließen. Faktoren wie: Lernkurve der Mitarbeiter oder kultureller Umbruch im Unternehmen sind nicht immer leicht in Zahlen zu fassen, sollten aber unbedingt betrachtet werden.

Die Präsentation des Business-Case-Ergebnisses muss unbedingt auf die Zielgruppe ausgerichtet werden. Das kann bedeuten, dass einige Details erst einmal ausgeblendet werden, um die wichtigsten Kernaussagen für das Management hervorzuheben. Falls die Vorstellung des Business Case nicht nur auf Ebene von Präsentationsfolien stattfinden, sondern auch zusammen mit den Management-Kollegen in die Kalkulation eingestiegen werden soll, empfiehlt es sich hier, die wichtigsten Rahmenparameter für die Berechnung auf einer Seite zusammenzufassen. Damit können während der Präsentation die Zahlen direkt durch das Management justiert werden. Dadurch kann sich die Identifikation mit dem SOA Business Case deutlich erhöhen. Hier sollte man natürlich vorher unterschiedliche Szenarien durchspielen, um böse Überraschungen zu vermeiden. Selbst kleine Änderungen in den Eingabeparametern können auf das Endergebnis einen großen Einfluss haben (z. B. über unterschiedliche Faktoren und Rundungen). Mit ein paar „weichen" Faktoren in der Hinterhand, welche sich positiv auswirken, sich aber nicht berechnen ließen, kann ein runder Abschluss gelingen.

In jedem Fall ist es sinnvoll, die Präsentationsfolien und das Drehbuch für den Termin mit erfahrenen Kollegen durchzugehen. Häufige Review- und Feedback-Runden, mit möglichst mehreren Kollegen, die nicht direkt an der Erstellung des Business Case beteiligt sind, führen zu einem besseren Ergebnis und einem breiteren Verständnis der Thematik. Gleichzeitig hilft es dabei, das Thema SOA in den Köpfen zu verankern.

Quellenverzeichnis

AIER, S./DISCHER, S./SAAT, J./SCHOLL, U./WINTER, R.(2008): Economic Justification of Service-Oriented Architecture (SOA) – Research Study: Experiences and Guidelines on Building SOA Business Cases, online: http://www.sap.com/platform/soa/index.epx, Stand: 21.10.2008, Abruf: 9.06.2009.

ASSMANN, M./ENGELS, G. (2008): Service-Oriented Enterprise Architectures: Evolution of Concepts and Methods, in: IEEE Computing Society (Hrsg.), Proceedings of the 12th International IEEE Enterprise Distributed Object Computing Conference 2008, Washington, DC, S. xxxiv–xliii.

ASSMANN, M./ENGELS, G./VON DER MASSEN, T./WÜBBEKE, A. (2009): Identifying Software Product Line Component Services, in: *JABLONSKI, S./MACIASZEK, L.* (Hrsg.), Proceedings of the 4th International Conference on Evaluation of Novel Approaches to Software Engineering, ENASE, S. 45–56.

BOOCH, G. (2002): The Future of Software Technology: An Interview with Grady Booch, Chief Scientist for Rational Software, online: http://www.ibm.com/developerworks/rational/library/2735.html, Stand: 2002, Abruf: 4.06.2009).

BRIDGES, W. (2003): Managing Transitions – Making the Most of Change, 14. Auflage, New York 2003.

KELLER, W. (2006): IT-Unternehmensarchitektur – Von der Geschäftsstrategie zur optimalen IT-Unterstützung, Heidelberg 2006.

MACKENZIE, M./LASKEY, K./MCCABE, F./BROWN, P./METZ, R. (2006): Reference Model for Service Oriented Architecture 1.0, OASIS. online: http://www.oasis-open.org/committees/tc_home.php?wg_abbrev=soa-rm, Stand: 2006, Abruf: 09.06.2009.

SEELEY, R. (2007): Best practices for a quality SOA business case, online: http://searchsoa.techtarget.com/news/article/0,289142,sid26_gci1274203,00.html, Stand: 27.09.2007, Abruf: 05.08.2009.

ZACHARIAS, R. (2005): Serviceorientierung – Der OO-König ist tot, es lebe der SOA-König, in: OBJEKTspektrum, o. Jg. (2005), Nr. 2, S. 43–52.

ZACHARIAS, R. (2007a): SOA & EDA – Eine perfekte Symbiose, in: JavaMagazin, o. Jg. (2007), Nr. 7, S. 60–69.

ZACHARIAS, R. (2007b): Produktlinien – Der nächste Schritt in Richtung Software-Industrialisierung, in: JavaMagazin, o. Jg. (2007), Nr. 3, S. 69–79.

Geschäftsprozessmanagement und Serviceorientierte Architekturen (SOA) – Erfahrungen beim Aufbau von Geschäftsprozessplattformen – Projektbeispiele und Vorgehen

STEFAN HACK

SAP Deutschland AG

1	Vorbemerkungen	129
2	Die wachsende Bedeutung des Geschäftsprozessmanagements für den Geschäftserfolg von Unternehmen	129
3	SOA als tragendes Prinzip bei der Realisierung des Geschäftsprozessmanagements	131
4	Geschäftsprozesse stehen im Mittelpunkt der Business-Process-Platform von SAP	134
5	Aktuelle Projektbeispiele	136
	5.1 Portal für effiziente und transparente Debitorenprozesse	137
	5.2 Customer-Service-Prozesse im Maschinen- und Anlagenbau	141
	5.3 Aktionswarenmonitor im Handel	144
6	Business Process Management als Managementdisziplin	148
	6.1 Wer nachhaltigen Erfolg will, braucht bewährte Methoden	149
	6.2 Die BPM-Methodik der SAP Consulting	150
7	Zusammenfassung und Empfehlungen	152
	Quellenverzeichnis	155

1 Vorbemerkungen

Geschäftsprozesse sind im übertragenen Sinn die DNS[1], die genetische Information, eines Unternehmens. Ihre Leistungsfähigkeit sowie die Fähigkeit des jeweiligen Unternehmens, seine Geschäftsprozesse flexibel an sich verändernde Wettbewerbs- und Marktgegebenheiten anzupassen, entscheiden über den wirtschaftlichen Unternehmenserfolg. Voraussetzung und Erfolgskriterium hierfür sind ein konsequentes Geschäftsprozessmanagement (Business Process Management – BPM) als eine Managementdisziplin genauso wie moderne Softwarearchitekturen, die eine flexible Anpassung der Geschäftsanwendungen ermöglichen.

Im vorliegenden Beitrag werden anhand konkreter Kundenprojekte Erfahrungen und Vorteile bei der Implementierung von serviceorientierten Lösungen aufgezeigt. Darüber hinaus genießen Vorgehensweisen und Methoden zur Umsetzung eines stringenten Geschäftsprozessmanagement besonderes Augenmerk. Diese schaffen die Grundlage, um im Zusammenspiel mit Softwarelösungen und (Technologie-)Werkzeugen erfolgreich in Unternehmen unterschiedlichster Branchenausrichtungen sogenannte Geschäftsprozessplattformen aufzubauen.

Bei der Entstehung des Beitrags sind die Erfahrungen bei der Leitung des Enterprise-SOA-Programms der SAP Consulting der vergangenen vier Jahre eingeflossen. Während dieses Zeitraums haben viele Kollegen innerhalb und Menschen außerhalb der SAP, Kunden und Partner sowie auch Wettbewerber die Gedanken und Aussagen dieses Beitrags beeinflusst. Stellvertretend und mit Blick auf die beschriebenen Projektbeispiele möchte ich an dieser Stelle NICOLE HOSSNER, MARC DIETRICH, JEWGENI KRAVETS und DR. JÖRG SCHLEIWIES für ihre Unterstützung bei der Detaillierung und inhaltlichen Ausgestaltung dieses Artikels danken.

2 Die wachsende Bedeutung des Geschäftsprozessmanagements für den Geschäftserfolg von Unternehmen

Die überragende Bedeutung von Geschäftsprozessen für das jeweilige Unternehmen ist unbestritten. Geschäftsprozesse stellen den Kern des wirtschaftlichen Handelns eines Unternehmens dar. In ihnen vollzieht sich die Wertschöpfung eines Unternehmens. Geschäftsprozesse definieren die Stufen und Tiefe der Wertschöpfung entlang der Wertschöpfungskette. Sie bestimmen den Geschäftszweck und leiten sich aus der Geschäftsstrategie des jeweiligen Unternehmens ab. In ihnen manifestiert sich die Wettbewerbsfähigkeit und hierauf gründet nicht zuletzt der wirtschaftliche Erfolg eines Unternehmens.

Sich verändernde Wettbewerbsbedingungen zwingen Unternehmen dazu, ihre Prozesse zu analysieren und kontinuierlich zu verbessern und auf die neuen Gegebenheiten anzupassen. Der internationale Wettbewerb fordert stetige Innovationen und Produktivitätssteigerungen. Mit immer weniger Ressourcen müssen immer höhere Leistungen und eine gesteigerte Wertschöpfung erzielt werden. Das geht nur über gesteigerte Effizienz, was wiederum optimierte

---

[1] Desoxyribonukleinsäure. Diese enthält die genetische Information, das „Erbgut", von Zellen.

Prozesse voraussetzt. Grundlage für die Prozessoptimierung ist Transparenz und Detailkenntnis über die Prozesslandschaft eines Unternehmens und ein konsequentes Management der Geschäftsprozesse.

Aktuelle Studien unterstreichen diese Aussagen. Demnach beurteilen 77 % der Unternehmen die Bedeutung von Prozessmanagement als „Sehr wichtig", so eine Studie des Kölner *Kompetenzzentrums für Prozessmanagement* aus dem Jahr 2008.[2] 83 % sehen sogar die Bedeutung des Geschäftsprozessmanagement noch weiter steigen, und mehr als die Hälfte der befragten Unternehmen, nämlich 55 %, planen Projekte zur Verbesserung der Geschäftsprozesse.

Die nachfolgende Abbildung (siehe Abbildung 1) stellt die Ergebnisse der Studie, „The State of Business Process Management 2008", dar.[3] Dazu wurden von *BPTrends*, einem Informationsportal zum Thema Geschäftsprozesse, Ende 2007 insgesamt 274 Führungskräfte befragt. Demnach sind die Haupttreiber für Veränderungen der Geschäftsprozesse in Unternehmen Kostenreduktion und Produktivitätssteigerung. Ähnlich große Bedeutung haben Prozessveränderungen, die der allgemeinen Verbesserung des Prozessmanagements gelten. Weitere wichtige Treiber sind die Steigerung der Kundenzufriedenheit sowie Produktverbesserungen oder Produktneueinführungen.

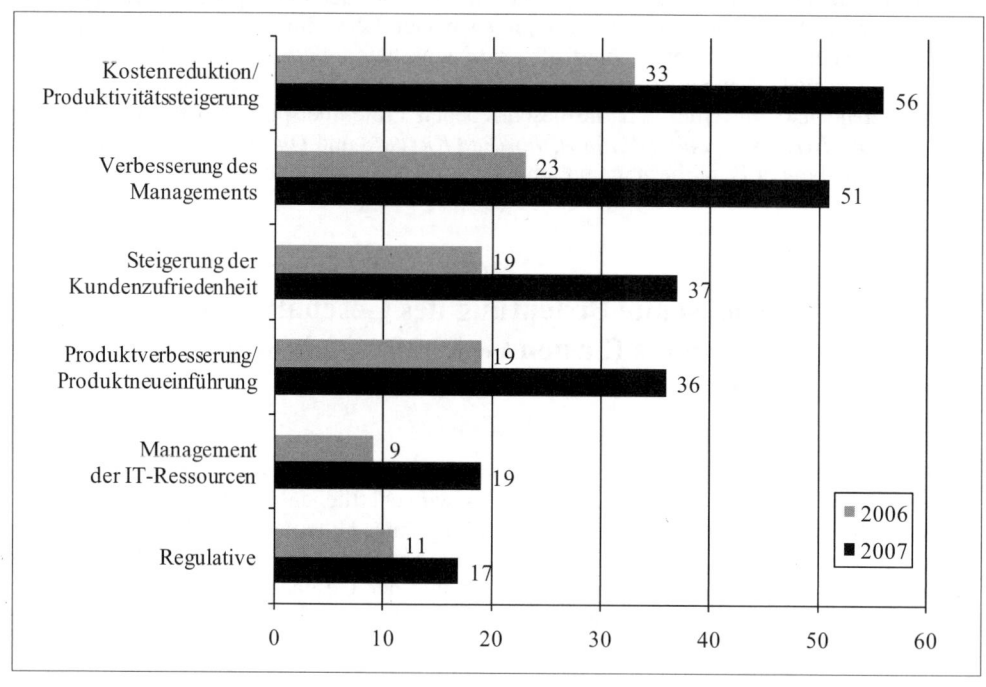

Abbildung 1: Wachsende Bedeutung von Geschäftsprozessmanagement (BPM) für die Produktivitätssteigerung und den Geschäftserfolg von Unternehmen[4]

---

[2] Vgl. KOMPETENZZENTRUM FÜR PROZESSMANAGEMENT (2008).
[3] Vgl. BUSINESS PROCESS TRENDS (2008).
[4] Vgl. online BPTRENDS.COM (2008).

Die stete Veränderung der Geschäftsprozesse zieht ebenfalls Veränderungen in den betriebswirtschaftlichen Anwendungen und Systemen nach sich. Bei herkömmlichen Anwendungsarchitekturen führt dies zu einem hohen programmiertechnischen Aufwand für die Anpassung und Wartung der Unternehmensapplikationen. Über den Zeitverlauf steigert sich in der Regel durch zahlreiche Änderungen der Komplexitätsgrad von Softwarelösungen. Nachträgliche Änderungen fügen sich häufig nur bedingt in die bestehende Lösungsarchitektur ein, erzeugen Abhängigkeiten und bergen eine steigende Zahl von Fehlermöglichkeiten. In der Regel erhöht sich der damit verbundene Aufwand für die Wartung und Pflege der Anwendung bis hin zur Unwirtschaftlichkeit oder Unwartbarkeit des Systems.

Auf der Suche nach Auswegen, neuen Möglichkeiten und Paradigmen in der IT vertreten Experten die Meinung, dass die Softwarearchitektur der Zukunft eine prozessorientierte Architektur sein muss, die mit Hilfe einer flexiblen Prozess- bzw. Serviceschicht eine rasche Komposition und Restrukturierung von betriebswirtschaftlichen Prozessanwendungen erlaubt. Eine Lösungsmöglichkeit dieses Dilemmas bieten moderne Anwendungsarchitekturen gemäß den Prinzipien der Serviceorientierung. Service-orientierte Architekturen (SOA) bieten Flexibilität und Anpassbarkeit, indem lose gekoppelte Komponenten und Services für die Abbildung von neuen und sich ändernden Geschäftsprozessen miteinander verbunden werden können, um sogenannte Composite Applications zu schaffen. Services sind in diesem Kontext definiert als gekapselte, wiederverwendbare Geschäftsfunktionalitäten, die über standardisierte Schnittstellen in Anspruch genommen werden können.

3 SOA als tragendes Prinzip bei der Realisierung des Geschäftsprozessmanagements

In traditionellen, funktionalen Softwarearchitekturen haben fachliche Anforderungen unmittelbare Auswirkungen auf die IT-Landschaft. Zur Realisierung der geforderten fachlichen Anforderungen wird es häufig notwendig, die betreffende Softwareanwendung programmtechnisch zu verändern, d. h., zu modifizieren. Wird z. B. durch eine neue gesetzliche Vorgabe der Verkauf bestimmter Waren oder Güter deklarierungspflichtig, so müssen entsprechende Änderungen im Programm-Code der Anwendung vorgenommen werden.

Umgekehrt haben IT-seitige Veränderungen unmittelbare Auswirkung auf den Fachprozess. Sollte bspw. seitens der IT entschieden werden, ein System abzuschalten, so zieht dies unweigerlich Änderungen im betriebswirtschaftlichen Ablauf zur Folge. Informationen, die bisher in dem betreffenden System verfügbar waren, müssen jetzt durch die Nutzer auf andere Weise beschafft werden. Dem Anwender steht der Zugriff auf das abgeschaltete System im Arbeitsablauf nicht mehr zur Verfügung.

Um diese wechselseitige Abhängigkeit aufzubrechen, ist es erforderlich, Fach-Perspektive und IT-Perspektive zu trennen. Durch Einführen einer Abstraktionsebene gelingt die Entkopplung der beiden Ebenen (Fach-Perspektive und IT-Perspektive). Das grundlegende Prinzip besteht darin, eine Abstraktionsschicht zwischen der betriebswirtschaftlich-fachlichen Funktionalität des Services und seiner IT-technischen Realisierung zu schaffen.

Konkret bedeutet dies: Fachliche Anforderungen werden in ein fachliches Servicemodell überführt. Das Servicemodell ist Ergebnis der Servicemodellierung, d. h., der Identifikation und Definition von Prozesskomponenten, der Business-Entitäten sowie -Attribute, und der relevanten Enterprise Services und Serviceoperationen. Gleichzeitig haben mögliche IT-seitige Veränderungen (z. B. das Abschalten oder der Austausch einer Anwendung) danach lediglich Auswirkung auf die softwaretechnische Implementierung der Servicefunktionalität. Die fachliche Servicespezifikation bleibt davon unberührt.[5]

Eine griffige Analogie zur Erläuterung der grundlegenden Prinzipien Service-orientierter Architekturen stellen Container dar, wie sie im internationalen Frachtverkehr und der Warenlogistik verwendet werden (siehe Abbildung 2). Während früher einzelne Stückgüter im Hafen mühevoll und zeitraubend verladen wurden, bietet die moderne Containerlogistik eine ganze Reihe von Vorteilen, die sich in Analogie auf moderne serviceorientierte Softwarearchitekturen übertragen lassen.

	Länge	Breite	Höhe
	20 Fuß (6,058 m)	8 Fuß (2,438 m)	8 Fuß, 6 Zoll (2,591 m)
	40 Fuß (12,192 m)	8 Fuß	8 Fuß, 6 Zoll

Abbildung 2:   *Standardcontainer sind weltweit nach ISO 668 genormte Großraumbehälter*

Anhand dieser Analogie lassen sich die grundlegenden Prinzipien Service-orientierter Architekturen auf einfache Weise verdeutlichen:

> *Abstraktion*: Durch die „Hülle" (Kapselung) des Containers wird vom einzelnen Stückgut (z. B. dem Fahrrad, dem Möbelstück) abstrahiert. Das Innenleben des Containers – und damit im übertragenen Sinn die „technische" Realisierung – ist nicht von Belang. Analog dazu ist ein Service definiert in der Servicebeschreibung (Service Contract) als Abstraktionsschicht für den Servicenutzer (Service Consumer). Die konkrete technische IT-Implementierung des Services ist für den Servicenutzer nicht sichtbar und irrelevant.

> *Standardisierung* und *Offenheit*: Container sind standardisiert (z. B. als sog. 20-Fuß- oder 40-Fuß-Container normiert) und erleichtern dadurch die Fracht-Bearbeitung und die damit verbundenen Abläufe in hohem Maß; mit positiven Auswirkungen auf die Produktivität der Vorgänge. Schließlich sind die Frachtcontainer wegen ihrer genormten Form in unterschiedlichen Kontexten (inter-modal) einsetzbar, d. h., „offen" für die Beförderung mit den verschiedensten Transportmitteln (Seeschiffe, Binnenschiffe, Eisenbahn und Lkw) und können schnell umgeschlagen werden. Im Vergleich dazu stellen Services ihre Beschreibung ebenfalls gemäß etablierter Standards (z. B. gemäß allgemein akzeptierter Standards des *World Wide Web Consortium* (W3C) zur Verfügung, wie z. B. WSDL,

---

[5] In dem Buch „Enterprise SOA einführen" haben HACK/LINDEMANN die SOA-Prinzipien eingehend und anhand prägnanter Beispiele dargestellt. Mittels einer Analogie aus dem Bereich des Buchdrucks werden dort die Prinzipien sowie deren Vorteile und Implikationen umfassend erläutert; vgl. HACK/LINDEMANN (2007), S. 26 ff.

XML, SOAP etc. Der Service unterstützt damit die einfache Verwendung seiner Funktionalität durch potenzielle Nutzer (Service Consumer).

➤ *Wiederverwendung*: Container bieten ebenfalls eine eingängige Analogie für das Prinzip der Wiederverwendbarkeit. Und dies aus mindestens zwei Perspektiven. Zum einen kann der jeweilige Frachtcontainer als „Hülle" immer wieder verwendet werden. Zum anderen eröffnet er – wie soeben angesprochen – die Möglichkeit, flexibel auf unterschiedlichen Transportmitteln (inter-modal) verwendbar zu sein. Die Wiederverwendbarkeit von Services stellt eines der Grundprinzipien der Serviceorientierung dar. Services (z. B. Bonitätsprüfung) können in unterschiedlichen Geschäftsprozessen und Kontexten wieder verwendet werden.

➤ *Austauschbarkeit und Komposition*: Nicht zuletzt aufgrund ihrer Standardisierung verdeutlichen Frachtcontainer im Zusammenhang mit der hier bemühten Analogie die Grundprinzipien Service-orientierter Architekturen. Durch die Verwendung von Standardmaßen können Container ausgetauscht und gemäß dem Baukastenprinzip flexibel angeordnet werden. Genauso wie ein Standardcontainer ausgetauscht werden kann, sind Services austauschbar, z. B. falls sich ein kostengünstigerer oder funktional überlegener Serviceanbieter für einen Dienst, wie z. B. die oben genannte Bonitätsprüfung, findet. Darüber hinaus eröffnet sich die Möglichkeit, die Reihenfolge und Sequenz der durch den Service abgebildeten Prozessschritte zu verändern und damit den Ablauf des Geschäftsprozesses zu verändern. Oder somit auch gänzlich neue, innovative Geschäftsabläufe zu definieren. Der Begriff Komposition bezeichnet dabei die Verkettung und Orchestrierung von wiederverwendbaren Services zu Teilprozessen oder durchgängigen Geschäftsprozessen.

In der soeben beschriebenen Analogiebetrachtung stehen die modernen, genormten Frachtcontainer (ISO-Container) für Services. Sie stehen für *gekapselte* Standardbehälter, die vom jeweiligen Inhalt (Stückgut, Sperrgut) *abstrahieren*. Container sind *wiederverwendbar, standardisiert* (normiert) und damit *austauschbar*. Wegen ihrer genormten Form sind sie *flexibel* einsetzbar und *offen* für unterschiedliche Transportarten.

Heute werden bereits zwei Drittel des grenzüberschreitenden Warenverkehrs mit Containerschiffen durchgeführt. Frachtcontainer leisten damit einen entscheidenden Beitrag zur wirtschaftlichen Globalisierung.[6] Am gewählten Analogiebeispiel lassen sich demnach auch sehr gut die möglichen Implikationen eines solchen Paradigmenwechsels und der damit einhergehenden Veränderungen eindrucksvoll veranschaulichen.

---

[6] In diesem Zusammenhang lässt sich sehr gut illustrieren, welche einschneidenden Veränderungen ein Wandel der bis dahin geltenden Prinzipien nach sich ziehen kann. So war bis zum Aufkommen der modernen Frachtcontainer der Hafen von San Francisco der größte und geschäftigste an der ganzen amerikanischen Westküste. Jedoch vollzog der „Port of San Francisco" nicht den technologischen Wandel zur Containerwirtschaft und verlor sukzessive an Bedeutung. Gleichzeitig investierte der Hafen von Oakland auf der gegenüberliegenden Seite der Bucht bereits Anfang der 1960er Jahre in die damals neue Containertechnologie und gewann zunehmend an Bedeutung und gilt heute als einer der bedeutendsten Häfen an der Westküste der USA.

4 Geschäftsprozesse stehen im Mittelpunkt der Business-Process-Platform von SAP

Mit Hilfe der gewählten Analogie gelingt es, auf einfache Weise die Prinzipien moderner serviceorientierter Anwendungsarchitekturen darzustellen und auch deren Vorteile zu verdeutlichen. Eine Service-orientierte Architektur verbindet betriebswirtschaftliche Erfordernisse – nämlich Änderbarkeit und Flexibilität – mit systemarchitektonischen Aspekten – so z. B. Kapselung und Wartbarkeit. So gelingt es, die Brücke zwischen der Geschäftswelt und der IT zu schlagen.

SOA ist eine prozessorientierte Architektur. Die Serviceschicht erlaubt die rasche Komposition und Restrukturierung von Geschäftsprozessen und Prozessanwendungen. Entlang der fachlichen Anforderungen können lose gekoppelte Komponenten und Services mit überschaubarem Aufwand neu kombiniert werden, um veränderte oder gänzlich neue Prozessanforderungen abzubilden. Idealerweise bietet der Lösungsanbieter hierzu eine leistungsfähige Geschäftsprozessplattform, die beides umfasst: Zum einen ein breites Portfolio von Geschäftsfunktionalitäten für sämtliche Bereiche eines Unternehmens. Zum anderen die technologische Basis, d. h., eine Technologieplattform, welche die Technologie für die Integration von Prozessen und Daten sowie für die Frontend-Integration und eine Entwicklungs- und Anwendungsplattform vereint.

Als führender Anbieter von Unternehmenssoftware bietet SAP seit mehr als 35 Jahren betriebswirtschaftliche Anwendungen für sämtliche Geschäftsfunktionen und Abläufe eines Unternehmens. Darüber hinaus unterstützen die von SAP angebotenen Lösungen nicht nur die Geschäftsprozesse innerhalb eines Unternehmens sondern auch die kollaborativen Geschäftsabläufe zwischen Unternehmen, deren Zulieferern sowie deren Kunden. Gleichfalls werden diese Lösungen für unterschiedliche Branchen angeboten. Auf Basis eines ausgereiften betriebswirtschaftlichen Datenmodells liefert SAP als Teil der SAP Business Suite mittlerweile mehr als 3.000 Enterprise Services aus, die von Kunden flexibel zur Gestaltung und Umsetzung ihrer individuellen Geschäftsprozesse genutzt werden können.

Gemeinsam mit SAP NetWeaver, der offenen Integrations- und Applikationsplattform von SAP verbindet sich der Reichtum der Geschäftsanwendungen und der darin angebotenen Enterprise Services zu einer umfassenden und dennoch flexiblen Geschäftsprozessplattform (Business Process Platform). Durch eine Vielzahl von wohldefinierten und wieder verwendbaren Geschäftsobjekten und Prozessbausteinen sowie dem Verzeichnis- und Suchdienst des Enterprise Services Repository (ES Repository) können neue Geschäftsanwendungen auf Basis dieser Geschäftsprozessplattform flexibel und effizient ausgestaltet werden. Das Repository ist Teil von SAP NetWeaver Process Integration und des SAP Netweaver Composition Environment. SAP NetWeaver bietet die technologische Basis für die Integration und das Management der Prozesse, Daten und Informationen über Applikations- und Unternehmensgrenzen hinweg. Umfangreiche Funktionalitäten für die Datenanalyse und Darstellung von Managementinformationen sowie die Front-End-Integration (Portal) runden den Umfang der technologischen Möglichkeiten ab.

In diesem Kontext kann der BPM-Ansatz von SAP mit drei Schlagworten beschrieben werden: *Standardisierung, Integration* und *Innovation.* Die Empfehlung seitens SAP gegenüber den Anwenderunternehmen lautet, soweit wie möglich den Reichtum und die betriebswirtschaftliche Intelligenz der standardisierten, äußerst leistungsfähigen und stabilen Geschäftsfunktionalität der SAP Business Suite zu nutzen. Zur Unterstützung und für das Management der Geschäftsprozesse eines Unternehmens können eine Vielzahl von Business-Applikationen einschließlich industriespezifischer Best Practices eingesetzt werden. Mittels der Geschäftsprozessplattform von SAP sowie der damit verbundenen technologischen Möglichkeiten ist es darüber hinaus möglich, Geschäftsprozesse zu erweitern, zu integrieren und zu innovieren, d. h. gänzlich neu zu gestalten.

Standardisierung bezieht sich hierbei auf die Fähigkeiten der Steigerung der Prozesseffizienz und der Prozessautomatisierung mit Hilfe der SAP Business Suite. Der Begriff *Integration* verbindet sich mit der SAP Netweaver Process Integration, mit der es möglich ist, Geschäftsprozesse und deren Abläufe über Applikationen hinweg und insbesondere auch über Unternehmensgrenzen hinweg zu integrieren. *Innovation* manifestiert sich in den technischen Möglichkeiten der Komponente SAP NetWeaver Composition Environment einschließlich SAP NetWeaver Business Process Management. Die Zusammenhänge zwischen Funktionalitäten und Prozessen, die im Standard abgedeckt sind, gegenüber komponierten Geschäftsprozessen (Composite Applications bzw. Composite Business Prozesse) sind in der folgenden Abbildung grafisch dargestellt (siehe Abbildung 3).

Application Core Prozesse – **Abdeckung im Standard**	**Composite Business Prozesse –** **Abbilden mittels Komposition**
➢ Definieren und standardisieren: Core Business Prozesse	➢ Komposition innovativer Erweiterungen des Business Prozesses
➢ Nutzung packetierter Business Applikationen	➢ Integrieren und erweitern des Core Business Prozesses
➢ Service-orientierte, industriespezifische Best Practices	➢ Service Enablement – Provisioning und Consumption

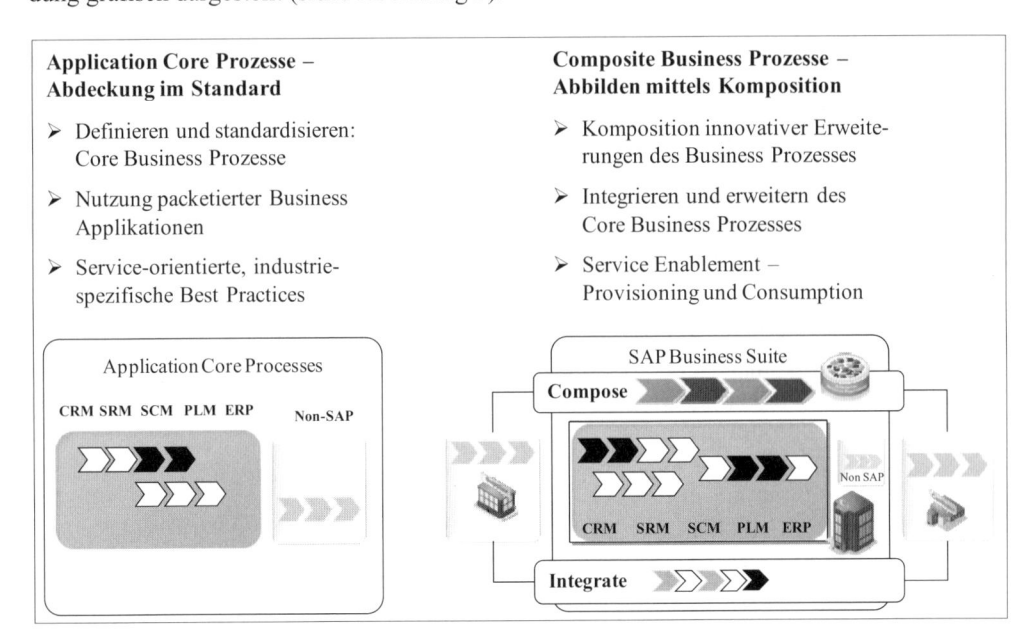

Abbildung 3:   *Management von Geschäftsprozessen – Abbilden im Standard (Application Core Processes) gegenüber dem Abbilden mittels Composite Applications*

Für die Anwenderunternehmen ergeben sich hieraus zahlreiche Vorteile. Der Einsatz einer Geschäftsprozessplattform, die reichhaltige betriebswirtschaftliche Funktionalitäten mit einer leistungsstarken Technologieplattform verbindet, gewährleistet Investitionsschutz. Dies gilt mindestens in zweifacher Hinsicht. Zum einen garantiert ein etablierter, leistungsstarker Anbieter die stetige Weiterentwicklung der Technologie- und Anwendungsplattform im Rahmen seiner weitreichenden Forschungs- und Entwicklungstätigkeit. Zum zweiten ermöglicht eine leistungsfähige Geschäftsprozessplattform, dass die getätigten Investitionen in bestehende Anwendungen weiterhin nutzbar sind. Die technischen Möglichkeiten der Prozessintegration erlauben, dass bereits bestehende Anwendungen in die Gesamtlandschaft integriert werden. Sofern die Alt- bzw. Fremdanwendungen Services gemäß der W3C-Standards zur Verfügung stellen, können diese im Rahmen von flexiblen, serviceorientierten Composite Applications (Composite Business Prozesse) eingebunden werden.

Die Geschäftsprozessplattform von SAP besitzt eine Prozesskomponentenarchitektur. Gemeinsam mit dem Enterprise Services Repository gewährleistet dies das flexible Abbilden von sich ändernden Geschäftsprozessanforderungen und die Realisierung von Geschäftsprozessinnovationen. Prozessflexibilität und Unternehmensagilität lauten die hiermit verbundenen betriebswirtschaftlichen und geschäftsstrategischen Vorteile. Das Enterprise Services Repository als Teil der Geschäftsprozessplattform ermöglicht den Unternehmen, eine durchgängige Prozess- und SOA-Governance durchzuführen. Das Repository bietet die Grundlage für die Wiederverwendung der Services sowie die Implementierung von Richtlinien bei der Entwicklung und Verwaltung der Enterprise Services im Rahmen der Plattform (SOA Governance). Einerseits wird somit Prozesstransparenz geschaffen und das Einhalten von definierten Regeln und Standards (Compliance) durchgesetzt. Zum anderen legt dies die Grundlage für gesteigerte Produktivität und Entwicklungseffizienz. Zusätzlich zum Management der Serviceschnittstellen, Serviceoperationen und Datentypen stellt das Repository Werkzeuge zur Verfügung für Data Mapping und zur Gestaltung und Definition der Serviceorchestrierung mittels BPEL (Business Process Execution Language). SAP NetWeaver BPM unterstützt die ausführbare Modellierung auf Basis des BPMN-Standard (Business-Process-Mode-ling-Notation-Standards) der OMG (Object Management Group).

Schließlich bieten die Geschäftsprozessplattform von SAP und deren Service-orientierte Architektur zahlreiche Möglichkeiten, die notwendige Benutzerinteraktion zur Ausführung von Geschäftsprozessen zu realisieren. Neben modernen Browser-Technologien werden weitere Technologien wie Adobe Interactive Forms und selbstverständlich die Oberflächen der gängigen Betriebssysteme und Browser unterstützt. Darüber hinaus zusätzliche Benutzerschnittstellen wie PDAs (Personal Digital Assistents) oder RFID (Radio Frequency Identification Devices). Dies ermöglicht eine Vielzahl von Einsatzmöglichkeiten und gewährleistet ein Höchstmaß an Flexibilität und Benutzerfreundlichkeit mit positiven Auswirkungen auf Einsatzeffizienz und Nutzerproduktivität.

5 Aktuelle Projektbeispiele

Viele tausend Unternehmen haben schon heute die Geschäftsprozessplattform von SAP im Einsatz. Nicht immer werden die Möglichkeiten der leistungsstarken SAP-Technologie und der flexiblen Gestaltung der Geschäftsprozesse vollständig genutzt. Gleichzeitig haben zahlreiche Unternehmen bereits serviceorientierte Lösungen im operativen Einsatz. Der vorliegende Beitrag stellt einige dieser Beispiele vor und soll Ihnen damit Anregungen für das eigene Unternehmen geben. Anhand der Fallstudien lassen sich die Motivation und die Zielsetzungen der jeweiligen Unternehmung sowie die unterschiedlichen Einsatzszenarios für serviceorientierte Lösungen verdeutlichen. Schließlich werden anhand der Projektbeispiele die realisierten Vorteile und der betriebswirtschaftliche Nutzen dargestellt.

Die aktuelle Situation ist dadurch gekennzeichnet, dass Unternehmen servicebasierte Ansätze häufig in Bereichen ihrer Prozesslandschaft verfolgen, wo Standardlösungen die spezifischen Geschäftsanforderungen nicht vollständig abdecken. Die Vorteile einer SOA durch flexible Komposition von Prozesskomponenten und Teilprozessen kommen insbesondere dort zum Tragen, wo anspruchsvolle Prozessanforderungen zu meistern sind. Dies ist der Fall bei Prozessen, die oftmals im Bereich der Kundenprozesse angesiedelt sind und hohe Anforderungen stellen; bspw. mit Blick auf die geforderten Umsetzungsgeschwindigkeit (Time-to-Market), die Variantenvielfalt oder auch hinsichtlich einer starken Varianz der Prozesse im zeitlichen Verlauf.

Aus der Projektarbeit und der Erfahrung in der Zusammenarbeit mit zahlreichen Unternehmen wird deutlich, dass viele Unternehmen die Entwicklung im Bereich der Service-orientierten Architekturen sehr aufmerksam verfolgen. Viele Anwenderunternehmen evaluieren Vorgehensmodelle und Methodiken sowie Technologien und Entwicklungsumgebungen im Rahmen von Prototypen und Pilotimplementierungen. Dabei werden die Methoden häufig auf die jeweiligen Bedürfnisse des Unternehmens angepasst. Zudem ist zu beobachten, dass viele Unternehmen das Ziel verfolgen, konsequent SOA-Know-how aufzubauen, und sich damit beschäftigen, entsprechende organisatorische Strukturen bspw. zur Prozess- und SOA-Governance zu etablieren.

Drei aktuelle Fallbeispiele werden auf den folgenden Seiten beleuchtet. Mit der Darstellung und einheitlichen Aufbereitung der nachfolgenden Fallstudien sollen dem Leser Einblicke und Anregungen geliefert werden, die Ergebnisse und Erfahrungen anderer Unternehmen für das eigene Unternehmen nutzbar zu machen. Vorgestellt wird eine Auswahl von aktuellen Projektbeispielen aus unterschiedlichen Industrien. Die dabei betrachteten Geschäftsprozesse haben sowohl industriespezifischen als auch generischen Charakter.

5.1   Portal für effiziente und transparente Debitorenprozesse

Das erste Beispiel ist in der Automobilindustrie angesiedelt. Es beschreibt einen Finanzprozess, der gleichfalls auch in anderen Industrien relevant ist. Lieferbeziehungen mit Unternehmen innerhalb des Gesamtkonzerns sowie mit Automobilimporteuren und Autohändlern ziehen Rechnungsstellungen nach sich, die in der Regel und zum Teil auch aus rechtlichen Gründen immer noch postalisch erfolgen. Der Abgleich der Lieferungen, Rechnungen mit den eingegangenen Zahlungen erfordert einen sehr hohen administrativen Aufwand aufgrund von Nachfragen durch die Geschäftspartner mit dem damit verbundenen Telefon-/Fax-/E-Mail-Verkehr.

Anwendungsfall

Ausgangspunkt können Kundenzahlungen sein, die nicht eindeutig einem Auftrag bzw. einer Lieferung zugeordnet werden können. Gleichfalls fragen Kunden häufig direkt die Sachbearbeiter in der Debitorenbuchhaltung telefonisch und per E-Mail an, z. B. in den Fällen, wo die versendete Papierrechnung verloren gegangen ist. Andere Beispiele betreffen Nachfragen zu erfolgten Zahlungen und deren Eingang, um sicher zu stellen, dass Zahlungsziele eingehalten wurden. Zusätzlich wird der Austausch von Informationen bisweilen auch durch Sprachbarrieren erschwert. Schließlich ergeben sich im internationalen Geschäftsverkehr weitere Asynchronitäten aufgrund unterschiedlicher Zeitzonen, Urlaubs- und Feiertage.

Generell kann in einem solchen Kontext durch eine Portalanwendung, die 24 Stunden am Tag und 7 Tage in der Woche zur Verfügung steht, in Verbindung mit Self-Service-Elementen der Servicelevel erhöht werden. Das sogenannte Debitoren-Portal ermöglicht Kunden innerhalb und außerhalb des Konzerns Zugriff auf aktuelle und relevante Informationen. Es schafft gesteigerte Transparenz und Prozessgeschwindigkeit und ermöglicht das Eliminieren von manuellen Schritten. Seine serviceorientierten Prozesse unterstützen den effizienten Umgang mit offenen und beglichenen Posten. Die servicebasierte Realisierung erlaubt es, die Prozesse jederzeit durch den Einsatz von weiteren Services zeitnah und flexibel zu erweitern. Darüber hinaus ergeben sich zahlreiche Vorteile durch die verbesserte Anwenderfreundlichkeit des Debitoren-Portals. Der Geschäftsprozess mit den betreffenden Prozessschritten und den verwendeten Services sowie die technisch Realisierung des Debitoren-Portals sind in der nachfolgenden Abbildung (siehe Abbildung 4) dargestellt.

Nutzenpotenziale

Durch die Implementierung der serviceorientierten Prozesslösung (Debitoren-Portal) wandelte sich ein zuvor komplexer und zeitraubender Matching- und Nachfrageprozess offene und beglichene Rechnungen betreffend zu einem transparenten, schnellen und effizienten Prozess für Auskünfte rund um Debitoren-Informationen. Die daraus resultierenden Vorteile lassen sich wie folgt zusammenfassen:

➢ Steigerung der Anwenderfreundlichkeit

  ➢ Einstieg über die bekannte Portaloberfläche (z. B. Intranet, Kundenportal)

  ➢ Einfache, attraktive Benutzeroberfläche

  ➢ Geführter Anwendungsfall

➢ Erhöhte Prozesseffizienz und Flexibilität der Geschäftsprozesse

  ➢ Unterstützen innovativer Geschäftsprozesse und Anpassen an sich ändernde Markt- und Prozessanforderungen

  ➢ Prozesseffizienz und Steigerung der Geschwindigkeit in der Abwicklung

  ➢ Vermeiden zeitraubender Kommunikationsprozesse und manueller Prozessschritte

  ➢ Vereinfachte Bearbeitung von Nachfragen durch Möglichkeiten der Selbstauskunft

➢ Verbesserung des Kundenservice

  ➢ Verbesserte Zusammenarbeit mit anderen Konzernunternehmen und externen Geschäftspartnern (Automobilimporteure und Händler)

  ➢ 7 x 24-Service-Modell

  ➢ Möglichkeiten des Self-Service (z. B. Zugriff auf archivierte Belege und Ausdruck)

➢ Positive Wirkung auf die Mitarbeiterzufriedenheit
   ➢ Signifikante Entlastung von nicht-wertsteigernden Tätigkeiten
   ➢ Einsatz modernster Technologie
   ➢ Steigerung des Kundenservice
➢ Gesteigerte Informationstransparenz
   ➢ Wechselseitige Sichtbarkeit relevanter Daten
   ➢ Einfacher Zugriff mittels Portaloberfläche
   ➢ Datenabgleich in Echtzeit

Vorgehensweise und Realisierung

Technische Basis für die serviceorientierte Implementierung ist das SAP Release ERP 6.0. Die serviceorientierte Umsetzung erfolgte unter Verwendung der SAP Enterprise Services, die mit dem Enterprise Services Bundle „electronic Bill Presentment and Payment" mit SAP ERP 6.0 verfügbar sind. Mit Enterprise Services Bundles bezeichnet SAP logische Gruppierungen jeweils einer Anzahl von Enterprise Services entlang eines bestimmten betriebswirtschaftlichen (Teil-)Prozesses, wie z. B. elektronische Rechnungsstellung und Zahlungsverkehr („electronic Bill Presentment and Payment"). Enterprise Services Bundles sind verfügbar für generische und industriespezifische Geschäftsprozesse.

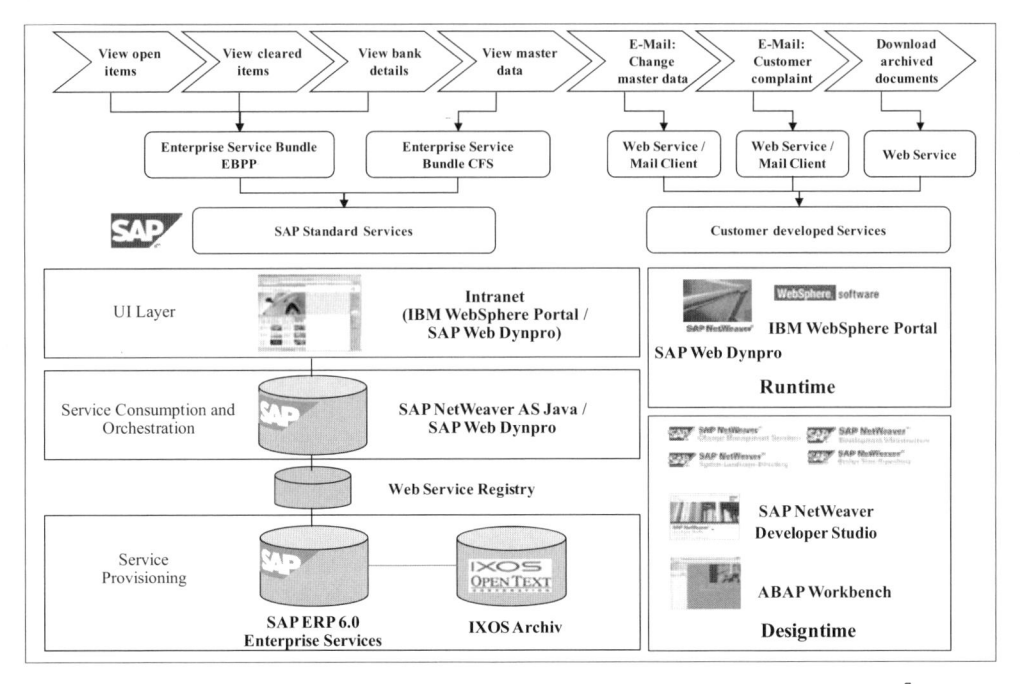

Abbildung 4:   Geschäftsprozess und technische Umsetzung des Debitoren-Portals[7]

---

[7] Entnommen aus Kundenpräsentation SAPPHIRE 2008.

Das Einspielen und Aktivieren der Enterprise Services im SAP-System erfolgt mittels der sogenannten Enhancement Packages für SAP ERP. Im vorliegenden Fall werden Funktionalitäten für die Anzeige der offenen und ausgezifferten Posten (view open items, view cleared items) für die Anzeige von Bankdetails und Stammdaten (bank details, master data) durch SAP Enterprise Services im Standard bereitgestellt. Darüber hinaus wurden im Projekt spezifische Anforderungen mittels kundenindividuell programmierter Web Services abgebildet. Hierbei handelt es sich um Mail Services bzw. einem Web Service zur Anzeige archivierter Dokumente (Rechnungen). Falls diese nicht als Original dem Anwender zur Verfügung stehen, können Kopien der jeweiligen Rechnungen angezeigt und ausgedruckt werden.

Die Orchestrierung und Nutzung der Services (Services Consumption) zur Gesamtanwendung des Debitoren-Portals erfolgt mittels der SAP-Web-Dynpro-Technologie (SAP NetWeaver Web Application Server). Hier erfolgt die Orchestrierung der Services zu einem betriebswirtschaftlichen Gesamtprozess. Der programmtechnische Aufwand konnte dank der Verwendung von Standard Enterprise Services gering gehalten werden. Innerhalb der Anwendung werden die jeweiligen Ansichten (offene Posten, ausgezifferte Posten etc.) über Tabulatoren-Reiter vom Benutzer ausgewählt. Die serviceorientierte Anwendung als Debitoren-Portal ist dem Benutzer über die grafische Oberfläche des Intranet-Portals des Unternehmens zugänglich. In weiteren Ausbaustufen wird die Anwendung über das Extranet des Unternehmens externen Anwendern, wie Importeuren und Händlern, verfügbar gemacht.

Conclusio

Mit der Umsetzung eines einzelnen Prozessbereichs als Pilotimplementierung, der sich zudem durch eine überschaubare Komplexität auszeichnet, gelang der erfolgreiche Einstieg in eine Service-orientierte Architektur mit nachweislichen betriebswirtschaftlichen Vorteilen für das Unternehmen. Das sogenannte Debitoren-Portal stiftet Mehrwert für die Fachabteilung und die Kunden. Es steigert die Informationstransparenz und leistet einen Beitrag zur effizienten Zusammenarbeit im globalen Netzwerk. Im Rahmen des Projektes hat die IT-Organisation zudem wertvolle Erfahrungen im Einsatz von SOA-Technologien für die Implementierung weiterer serviceorientierter Lösungen gewonnen.

Die innovative Lösung des Debitoren-Portals und dessen serviceorientierte Realisierung für konzerninterne sowie -externe Kunden entstanden unter enger Einbindung der Fachabteilung. Von Projektbeginn an waren die Fachexperten und somit auch die späteren Endanwender bei der Ausgestaltung der Gesamtlösung und auch der Auswahl der zu verwendenden Enterprise Services beteiligt. Es entstand eine maßgeschneiderte Lösung unter weitestmöglicher Verwendung standardisierter Enterprise Services. Der serviceorientierte Ansatz garantiert darüber hinaus die flexible Anpassung der Lösung an sich verändernde Geschäftsanforderungen. Zusätzlich ist die servicebasierte Implementierung offen für eine schrittweise Erweiterung der Funktionalitäten innerhalb des Unternehmensportals. So bestehen Pläne für eine Erweiterung des Portals um Funktionalitäten für die Kreditoren (Zulieferer).

5.2 Customer-Service-Prozesse im Maschinen- und Anlagenbau

Ein weiteres Beispiel bietet ein erfolgreiches Unternehmen des Maschinen- und Anlagenbaus mit mehr als 3.000 Mitarbeitern. Der weltweite Wettbewerb bei Investitionsgütern erfordert neben stetiger technologischer Produktinnovation und einer hervorragenden Produktqualität eine Differenzierung im Bereich des Kundenservice. Kunden sind hochgradig auf die Einsatzfähigkeit der erworbenen Anlage für ihre eigenen Produktionsprozesse angewiesen. Innovationen im Bereich der Servicemanagement-Prozesse und ein kompetenter und reibungsloser Kundendienst, der in konkurrenzloser Geschwindigkeit Störungen behebt oder diese durch Präventivmaßnahmen verhindert, werden von den Kundenunternehmen besonders wertgeschätzt und stellen ein Differenzierungsmerkmal im internationalen Wettbewerb dar.

Anwendungsfall

Zu den betreffenden Kernprozessen gehören Störungsmeldungen und die Störungsbeseitigung durch einen Servicetechniker, Wartungsmeldungen und die Erledigung der Wartungsarbeiten genauso wie die Reklamationsabwicklung und einige andere. Die Prozesse wurden in weiten Teilen bereits zuvor durch entsprechende Customer-Service-Anwendungsfunktionalität unterstützt. Allerdings mussten in der Vergangenheit bei der Abwicklung der genannten Geschäftsprozesse eine Reihe von Medien- und Systembrüchen in Kauf genommen werden. So mussten die Anwender bei der Customer Service Bearbeitung in der herkömmlichen Weise durch eine Vielzahl von Transaktionen in möglicherweise unterschiedlichen Systemen navigieren – z. B. für anlagen-/produktbezogene Daten (sowie Informationen zu Stücklisten, Konfiguration, Fehlerkatalog), Servicebearbeitung, bestehende Servicevereinbarungen, Ersatzteilbeschaffung und Logistik, Technikereinsatzplanung etc.

Die parallele Nutzung unterschiedlicher miteinander nicht verbundener Systeme machte häufige Eingriffe durch die Customer-Service-Mitarbeiter und auch manuelle Arbeitsschritte notwendig. Damit verbunden waren negative Auswirkungen auf die Prozesseffizienz und Qualität sowie die Bearbeitungsgeschwindigkeit und somit auf den Servicegrad gegenüber den Endkunden des Unternehmens. Sowohl die Mitarbeiter in den Call-Centern als auch die Service-Techniker klagten über eine hohe Arbeitsbelastung. Eine effiziente Planung der Serviceaufträge und Kundentermine vor Ort war erschwert. Änderungen im Geschäftsprozess führten zu umfangreichen Änderungen auf der IT-Seite, insbesondere aber auf der Fachseite. Hinzu kamen die daraus resultierenden Aufwände für Mitarbeitertrainings.

Die Zielsetzung des Gesamtprojekts war es, die Effizienz der Customer-Service Prozesse signifikant zu verbessern. Die IT-seitige Zielsetzung war es, dieses Ziel mittels Einführung einer zukunftsorientierten flexiblen Prozessplattform zu unterstützen. Dazu gehört die konsequente Serviceorientierung und das Nutzen von Enterprise Services wie sie mit SAP ERP zur Verfügung stehen. Mit Composite Applications wird den Nutzern über Anwendungsgrenzen hinweg die Anmutung einer einheitlichen Applikation mit geführter Navigation gegeben. Gleichzeitig wurden an vielen Stellen des Customer-Service-Prozesses Verbesserungen eingeführt. So werden z. B. jetzt alle Meldungen zu demselben Störfall gesamthaft von der ersten Meldung an erfasst und einschließlich der Ersatzteillieferung und Logistik bearbeitet. Dies ermöglicht, dass die Störung beim Kunden vor Ort möglichst zeitnah und in einem einzigen Termin beseitigt werden kann.

Nutzenpotenziale

Die Vorteile der verbesserten Prozessarchitektur im Bereich des Customer Service auf Basis einer Service-orientierte Architektur und Lösungsplattform gehen darüber hinaus. Insbesondere sind die weiterführenden Möglichkeiten einer flexiblen Erweiterung und Anpassung an sich ändernde Geschäftsanforderungen (neue Produkte, neue Customer-Service-Angebote etc.) zu erwähnen. Konkret wurden bislang folgende Nutzenpotenziale realisiert:

- Erhöhte Prozessgeschwindigkeit in der Kundenservicebearbeitung
  - Steigerung der Prozesseffizienz und Bearbeitungsgeschwindigkeit
  - Bearbeitungsgeschwindigkeit um bis zu 60 % gesteigert
  - Ruhezeiten/Wartezeiten auf nahe Null reduziert
- Verbesserung des Kundenservice
  - Schnellere Kundenbearbeitung
  - Kundenbearbeitung mit geringerem Aufwand (Konzentration auf Kundenbetreuung)
  - Wartezeiten auf nahe Null reduziert
- Steigerung der Anwenderfreundlichkeit
  - Vermeiden von zahlreichen System- und Medienbrüchen
  - Selbsterklärende Anwendung mit geführtem Anwendungsfall (Guided Procedure)
  - Reduktion manueller Prozessschritte
- Gesteigerte Mitarbeiterzufriedenheit
  - Entlastung von nicht-wertsteigernden Tätigkeiten
  - Anwendung maßgeschneidert auf die Geschäftsanforderungen
  - Minimaler Trainingsaufwand

Vorgehensweise und Realisierung

Der Projektansatz verfolgte von vorne herein auch das Ziel, die Grundlagen für eine weitere Optimierung des Kundenservice zu schaffen. Der Kundenservice wird zentral administriert, erfolgt in weltweit mehr als 70 Ländern durch Landes- und Servicegesellschaften lokal vor Ort und wird häufig auch von lokalen Servicepartnern ausgeführt. Zum Zweck der Optimierung der Prozessabläufe im Kundenservice erfolgte eine umfassende Prozessanalyse mittels entsprechender Modellierungswerkzeuge. Die nachfolgende Abbildung (siehe Abbildung 5) zeigt ein Beispiel für ein hierbei entstandenes Prozessmodell. Die ausführliche Darstellung und Detaillierung der Prozesslandschaft war Basis für die Identifikation der relevanten Enterprise Services.

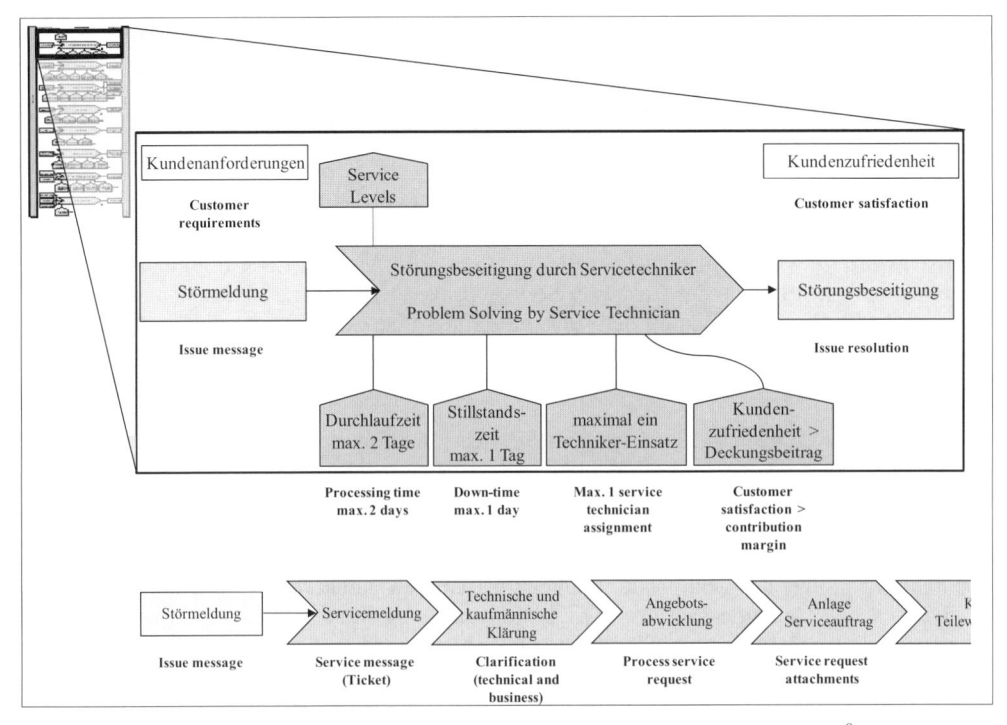

Abbildung 5:   Prozessmodell „Störungsbeseitigung durch Servicetechniker"[8]

Insofern verdeutlicht das vorliegende Fallbeispiel auch die große Bedeutung und Relevanz eines stringenten Managements der Geschäftsprozesse (Business Process Management) im Sinne einer Managementdisziplin. Die Optimierung der Geschäftsprozesse kann nur auf der Grundlage einer geeigneten Dokumentation und Modellierung der Geschäftsprozesse (Geschäftsprozessmodell) erfolgen. Diese ist auch Grundlage für die Definition einer zukunftsorientierten Geschäftsprozessarchitektur. Mit Hilfe methodischer Ansätze, bspw. der Business Process Management Methodik (BPMM) von SAP, können hieraus systematisch geeignete (umsetzbare) Lösungsvorschläge und Implementierungsarchitekturen (unterschieden nach Customizing, kundenspezifischer Programmierung, Serviceorientierung oder Realisierung durch eine Fremdanwendung) abgeleitet werden. Vorgehensweise und Vorteile der BPM Methodik werden im anschließenden Abschnitt dieses Beitrags vertieft.

Basis für die serviceorientierte Implementierung ist das SAP Release ERP 6.0. Die servicebasierte Umsetzung erfolgte unter Verwendung der SAP Enterprise Services, die mit dem Enterprise Services Bundle „Customer Service Execution" mit SAP ERP 6.0 verfügbar sind. Im Rahmen des gemeinsamen Projektes zwischen dem Unternehmen, einem renommierten SAP-Beratungspartner und SAP Consulting erfolgte auf Basis des Business Process Modells des Unternehmens die Identifikation der geeigneten Enterprise Services. Das Ziel war die systematische Analyse der Anforderungen, um die Customer-Service-Prozesse nachhaltig zu verbessern. Im Rahmen dieses Vorgehens wurden notwendige Erweiterungen von Enterprise Services definiert sowie auch noch zu erwartende Geschäftsanforderungen aufgenommen.

---

[8] Entnommen aus Kundenpräsentation SAP TechEd 2008.

Die serviceorientierte Implementierung erfolgte mittels des SAP NetWeaver Composition Environment (SAP NW CE 7.1). Dieses Werkzeug ermöglicht modellgetrieben eine rasche und flexible Applikationsentwicklung unter Verwendung der Enterprise Services von SAP.

Conclusio

Das vorliegende Projekt hat sich umfassend mit den Fragestellungen des Geschäftsprozessmanagement und der Service-orientierten Architektur befasst. Dabei wurde sehr konsequent eine strukturierte Vorgehensweise für die systematische Analyse der Geschäftsprozesse des Unternehmens im Bereich der Customer Service Prozesse angewandt. Diese Analyse ist Ausgangspunkt für die Identifikation der relevanten Enterprise Services, die unter SAP ERP verfügbar sind. Gleichzeitig können auf dieser Grundlage notwendige Erweiterungen von Enterprise Services definiert werden.

Die IT-seitige Realisierung der Customer-Service-Funktionalitäten auf der innovativen und flexiblen Geschäftsprozessplattform von SAP geschieht unter Verwendung der aktuellsten Technologien (SAP NetWeaver Composition Environment). Ebenfalls zum Einsatz kommt SAP Business Process Management (SAP NW BPM) einschließlich des sogenannten Business Rules Management (BRM). Der Einsatz von SAP BPM ermöglicht technologisch die flexible Anpassung der Composite Applications an sich ändernder Geschäftsanforderungen im Bereich des Customer Service. Mit Hilfe von Kontrolltabellen erlaubt Business Rules Management die Steuerung der Geschäfts- und Ablauflogik einer Composite Application und somit eine kontextabhängige Steuerung der servicebasierten Geschäftsprozesse. Die vorliegende Lösung und die gewählte Implementierungsarchitektur versetzt das Unternehmen in die Lage, aktuelle und zukünftige Herausforderungen bei der stetigen Veränderung seines globalen Geschäftsnetzwerks und der darin befindlichen Geschäftsprozesse zu meistern.

5.3 Aktionswarenmonitor im Handel

Das abschließende Beispiel ist der Handelsbranche entnommen. Es behandelt einen der Kernprozesse des Groß- und Einzelhandels, das Management der Lieferkette rund um sogenannte Aktionswaren, die in bestimmten Perioden (i. d. R. Kalenderwochen) durch Handzettel, Beilagen in Zeitungen und Zeitschriften, oder Anzeigen beworben werden. Um die positive Wirkung auf Kunden und eine entsprechende umsatzrelevante Wirkung zu erzielen, ist die rechtzeitige und ausreichende Verfügbarkeit der beworbenen Waren in den Märkten sicher zu stellen. Im gegenteiligen Fall ist dies nicht nur mit Umsatzeinbußen verbunden, sondern hat auch negativen Einfluss auf die Kundenzufriedenheit und Kundenbindung.

Anwendungsfall

Mit dem Aktionswarenmonitor wird das Ziel verfolgt, auftretende Abweichungen, die zu Störungen des Prozessablaufs führen können, frühzeitig zu erkennen und die Prozessverantwortlichen in die Lage zu versetzen, geeignete Gegenmaßnahmen einzuleiten. Nichtverfügbarkeit von Aktionswaren kann zu empfindlichen Umsatzeinbußen führen. Der Aktionswarenmonitor, ein Überwachungscockpit zur Steuerung der Lieferkette, erhöht die Transparenz für die Prozesse im Zusammenhang mit der Aktionswarenabwicklung und Kundenauftragsverarbeitung und trägt dazu bei, die Verfügbarkeit von Aktionswaren in den Märkten sicher zu stellen. Für einen Ausschnitt des Artikelkatalogs – insbesondere sogenannte Werbewaren

– soll mittels des Aktionswarenmonitors frühzeitig erkannt werden, falls diese zu einem zuvor definierten Zeitpunkt nicht in den vorgesehenen Märkten zum Verkauf bereit stehen. Der Aktionswarenmonitor warnt aktiv vor solchen Situationen und bietet zahlreiche aktive Eingriffsmöglichkeiten, um die sich anbahnende Schwierigkeiten zu verhindern.

Die Ursachen für die Nichtverfügbarkeit einer Werbeware in einem bestimmten Markt können vielschichtig sein. Trivialerweise könnte der Fall vorliegen, dass der betreffende Markt die Werbeware nicht bestellt hat. Andere Fehlermöglichkeiten betreffen den Übermittlungsweg der Bestellung (Übermittlungsfehler), die Lieferung (der Artikel wurde vom Lieferanten nicht in ausreichender Stückzahl geliefert) die Disposition oder den Transportweg (Ware ist auf dem Weg zum Handel bspw. durch Unfall verloren gegangen). Häufig handelt es sich um den Fall, dass der Artikel unerwartet stark nachgefragt wird.

Die Überwachung erfolgt auf der Ebene des einzelnen Artikels. Daher werden auch die Problemanalyse, Ursachenforschung und die einzuleitende Maßnahmen aus der Sicht des jeweiligen Artikels durchgeführt. Die Analyse erfolgt in einem hinreichend kleinen Zeitraster, um eine fachliche Reaktion und das Einleiten von geeigneten Gegenmaßnahmen zu ermöglichen. Die Anzahl der überwachten Artikel ist hinreichend groß, was die Komplexität und ebenfalls die Anforderungen an die Leistungsfähigkeit der Lösung erhöht. Gleichzeitig fördert dies die Notwendigkeit nach verdichteten Darstellungen verbunden mit Drill-Down Möglichkeiten für bestimmte Nutzergruppen.

Nutzenpotenziale

Der Aktionswarenmonitor bietet zahlreiche Vorteile für die Steuerung der Lieferkette für Werbewaren und die Erhöhung der Transparenz in den Prozessen der Aktionswarenabwicklung. Neben den betriebswirtschaftlichen Vorteilen hinsichtlich der Steigerung der Prozesseffizienz, der Verminderung von Umsatzeinbußen und der Stärkung der Kundenzufriedenheit und Kundenbindung sind auch Vorteile für die Anwender des Aktionswarenmonitors hervorzuheben. Insgesamt lassen sich die Nutzenpotenziale wie folgt zusammenfassen:

➢ Steigerung der Anwenderfreundlichkeit und der verfügbaren Funktionalität
   ➢ Einstieg über eine attraktive Portaloberfläche und ein integriertes Benutzer-Frontend
   ➢ Zentralisierte Sicht (Abschaffen verschiedener Datenablagen)
   ➢ Rollen-basierte Sichten (Einkäufer, Disponent etc.)
   ➢ Konsolidierte verdichtetet Darstellungen sowie Drill-Down-Optionen
   ➢ Nachverfolgbarkeit von Problemmeldungen (Logging der Verantwortlichkeiten und Aktionen)
➢ Erhöhte Prozesseffizienz und Informationstransparenz bei der Belieferung der Märkte mit Werbewaren
   ➢ Erhöhen der Sichtbarkeit durch Verfügbarkeit von zeitnahen Informationen über die Lieferkette (Supply Chain)
   ➢ Effizienzsteigerung in der Zusammenarbeit mit den Geschäftspartnern innerhalb der Lieferkette

- ➢ Frühzeitiges Erkennen von Schwachstellen und Beheben von Problemen vor der Auslieferung
- ➢ Möglichkeiten des aktives Eingreifens in die Supply-Chain-Prozesse
- ➢ Verbesserung des Kundenservice und Stärken der Kundenbindung
  - ➢ Gesteigerte Kundenzufriedenheit durch höhere Warenverfügbarkeit in den Märkten
  - ➢ Verfügbarkeit und effektives Nutzen der Zusatzinformationen steigert die langfristige Kundenbindung
  - ➢ Auswertung des Abverkaufs von Werbewaren liefert Einsichten zur Steigerung der Kundenzufriedenheit und Kundenbindung
- ➢ Ausschöpfen und Steigerung des Verkaufsflächenpotenzials
  - ➢ Vermeiden von Umsatzeinbußen durch nicht gelieferte Werbeware
  - ➢ Signifikante Verringerung von Lieferengpässen und Lieferausfällen (out-of-stock, daily sales losses)
  - ➢ Vermeiden von bis zu 10 %igen Verkaufsverlusten in einzelnen Märkten durch aktives Management der Lieferkette
  - ➢ Verbesserte Möglichkeit der Supply-Chain-Planung
- ➢ Möglichkeiten der flexiblen Erweiterung des Aktionswarenmonitors
  - ➢ Aufschalten noch ausstehender Sortimente
  - ➢ Eliminieren weiterer Fehlerquellen
  - ➢ Nutzen der vorhandenen Technik für künftige Prozessanalysen
  - ➢ Erweiterte Nutzung des Meldungsframeworks im Supply-Chain-Management-Prozess

Vorgehensweise und Realisierung

Inhalt des Projekts war die Implementierung einer Composite Application mit einem integrierten Benutzer-Frontend. Mittels dieses technologischen Konzepts einer anwendungsübergreifenden Composite Application wurde ein Überwachungscockpit erstellt zur frühzeitigen Erkennung von Problemfällen innerhalb der Aktionswarenabwicklung. Im Rahmen eines Vorprojekts wurden die Analyse der Aktionswarenprozesskette durchgeführt und diverse Problemfelder im betriebswirtschaftlichen Prozessablauf und den verschiedenen Anwendungsfällen identifiziert. Weiterhin wurden die möglichen Benutzerperspektiven und die funktionale Erwartung an die Oberfläche beschrieben. Parallel dazu wurde die technische Realisierbarkeit im vorhandenen Warenwirtschaftssystem auf Basis SAP R/3 4.6c überprüft.

Kritische Problemzustände und Störungen in der Lieferkette treten in verschiedenen Prozessabschnitten innerhalb der Aktionswarenabwicklung auf oder werden durch diese verursacht. Speziell auf diese Problemfelder zugeschnittene Datensammler im Warenwirtschaftssystem liefern entsprechende Problemmeldungen an die Composite Application. Der Endbenutzer kann diese durch den Einstieg entsprechend der ihm zugeordneten Rolle sehen und bearbeiten. Die Bearbeitung erfolgt durch Lösen des Problems in dem jeweiligen System und Vermerken des Meldungsstatus im Aktionswarenmonitor. Die Realisierung und Architektur des Aktionswarenmonitors ist in der nachfolgenden Abbildung dargestellt (siehe Abbildung 6).

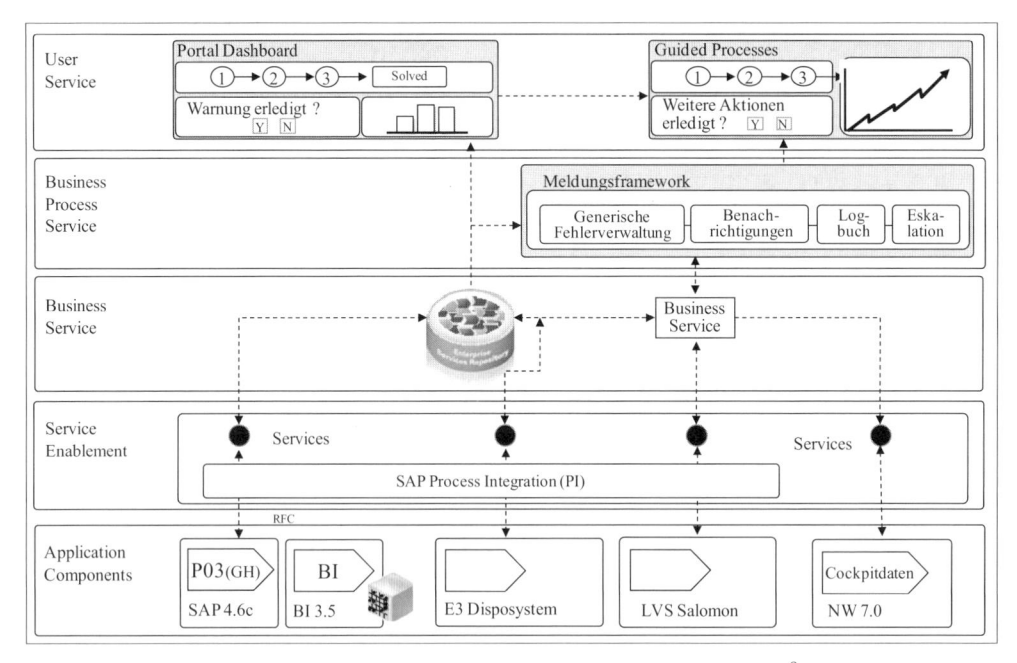

Abbildung 6: *Realisierung und Architektur des Aktionswarenmonitors*[9]

Das Implementierungsprojekt wurde in drei Phasen unterteilt: Erstellung der Implementierungsspezifikation, Implementierung der Composite Application und der Integrations- und Acceptance-Tests. In der Phase der Implementierungsspezifikation wurden u. a. folgende Punkte adressiert und erarbeitet: Architekturspezifikation, Sizing für die Produktivlandschaft, Design der Integrationsschicht und Servicekomposition, technische Beschreibung der Services und Serviceschnittstellen, Spezifikation der Benutzeroberflächen, Selektion der Informationsquellen, Zuordnung der Service-Provider sowie die Spezifikation der Datensammler in den Backend-Systemen (Warenwirtschaftssysteme).

Die Implementierung der Composite Application umfasste die Implementierung der Datensammler im Warenwirtschaftssystem, die Integration der SAP NetWeaver Process Integration (PI) in die Anwendung, die Erstellung des Meldungsframeworks, die Implementierung der Services und Serviceschnittstellen sowie die Erstellung der Benutzeroberflächen. Abschließend erfolgte ein Integrations- und User-Acceptance-Test. Während der Pilotphase erfolgte zudem eine Unterstützung bei der Inbetriebnahme der Lösung.

Conclusio

Der Aktionswarenmonitor ermöglicht in der aktuellen Ausgestaltung, dass Meldungen innerhalb des Meldungsframeworks mit entsprechenden Status versehen werden. Meldungen können zur besseren Übersichtlichkeit klassifiziert werden. Der Zugriff erfolgt unter einer dem jeweiligen Benutzer zugeordneten Rolle. Die zentrale Überwachungseinheit innerhalb des Aktionswarenmonitors ist der einzelne Artikel. Die zum Artikel dargestellte Information

---

[9] Entnommen aus Kundenpräsentation für die Veranstaltung „SAP Trade Infoday 2009".

richtet sich nach der Benutzerrolle bzw. der jeweiligen Perspektive (Auftragsperspektive, Einkaufsperspektive, Dispositionsperspektive etc.). Über Drill-Down-Möglichkeiten sind zu den betrachteten Geschäftsobjekten (wie dem Artikel) weitere Detailinformationen verfügbar.

Bereits in der Anfangsphase des Produktivbetriebs mit geografisch beschränktem Einsatz und einem eingeschränkten Warensortiment stellte der Aktionswarenmonitor die beschriebenen Nutzenpotenziale unter Beweis. Verkaufsverluste und Umsatzeinbußen durch nicht gelieferte oder nicht verfügbare Ware in den Märkten ließen sich signifikant reduzieren. Insoweit hat sich die Investition in die Realisierung und Implementierung des Aktionswarenmonitors bereits in kürzester Zeit amortisiert. Nach dem erfolgreichen regionalen Pilotbetrieb strebt das Handelsunternehmen in zukünftigen Schritten die Erweiterung der Lösung auf weitere Regionen und Vertriebsschienen an. Weitere Ausbaustufen sehen unter anderem das Aufschalten noch ausstehender Sortimente, die Verwendung der vorhandenen Technik für künftige Prozessanalysen und die erweiterte Nutzung des Meldungsframeworks im gesamten Supply-Chain-Prozess vor.

6 Business Process Management als Managementdisziplin

Die geschilderten Beispiele sind einer Vielzahl von SOA-Implementierungsprojekten entnommen. Sie stehen stellvertretend für weltweit mehrere hundert Projekte, die von SAP-Kunden mit Unterstützung von SAP-Partnern und SAP Consulting durchgeführt wurden. Die beschriebenen Fallstudien liefern den Nachweis, dass serviceorientierte Ansätze für Unternehmen eindeutige Vorteile bei der Abbildung ihrer spezifischen Geschäftsprozesse bieten. Wie in den dargestellten Anwendungsfällen gezeigt wurde, sind diese im Einzelnen durchaus vielschichtig und betreffen in ihrer Implementierung technische und betriebswirtschaftliche Fragestellungen. Aus übergeordneter Perspektive lassen sich hinsichtlich der realisierten Nutzenpotenziale im Allgemeinen drei wesentliche Aspekte unterscheiden.

Zum einen bieten Composite Applications dem Benutzer eine gesteigerte *Anwenderfreundlichkeit*. Anstelle im Verlauf des Prozessablaufs in unterschiedliche Anwendungen einzusteigen, wird mittels einer anwendungsübergreifenden Benutzerführung dem Nutzer eine einheitliche Oberfläche weitgehend ohne Medienbrüche geboten. Gerade auf der Benutzerebene stellt dies einen großen Vorteil dar. In der Folge ergeben sich dadurch eine verringerte Zahl von Anwenderfehlern sowie Produktivitätssteigerungen; und die eingesparte Zeit kann für wertsteigernde Tätigkeiten genutzt werden.

Zum zweiten ist auf der IT-Ebene und damit auf der Ebene der bestehenden Unternehmensanwendungen der Aspekt des *Investitionsschutzes* zu unterstreichen. Bestehende Systeme können unter Beachtung gewisser Voraussetzungen weiterhin genutzt werden. Gleichzeitig ist es durch die Verwendung moderner Webstandards möglich, Services externer Anbieter zu nutzen sowie grundsätzlich die Unternehmensgrenzen zu überwinden und Geschäftspartner (Lieferanten wie Kunden) in die Wertschöpfungsprozesse im Rahmen eines Geschäftsnetzwerks und sogenannter Business-to-Business-Szenarios besser zu integrieren.

Drittens schließlich bestehen weitere Vorteile einer SOA in der Möglichkeit, *Agilität und Flexibilität* der Geschäftsprozesse zu gewährleisten, indem es durch serviceorientierte Ansätze möglich wird, die Effizienz von Geschäftsprozessen zu steigern und diese sich ändernden Marktgegebenheiten flexibel anzupassen. Die oben beschriebenen Beispiele bieten anschaulichen Nachweis hierfür. Durch die Implementierung der serviceorientierten Lösungen wurde eine Vielzahl von betriebswirtschaftlichen Vorteilen für die jeweiligen Unternehmen realisiert. Diese bestehen in der Kostenreduktion – bspw. durch das Vermeiden von erneuter Versendung von Rechnungsduplikaten – oder der Wettbewerbsdifferenzierung durch die Verbesserung des Service Management oder auch einer signifikanten Umsatzsteigerung – durch das Vermeiden von Umsatzausfällen aufgrund von Lieferengpässen.

6.1 Wer nachhaltigen Erfolg will, braucht bewährte Methoden

Geschäftsprozessmanagement (BPM) adressiert Management- und Technologiethemen. Wesentliche Voraussetzung für die Gestaltung und Innovation der Geschäftsprozesse eines Unternehmens ist die ausreichende Transparenz über die Prozesslandschaft. Dies ist in erster Linie eine betriebswirtschaftliche Thematik. Hierbei ist BPM als Managementdisziplin zu sehen, die Unternehmen hilft, die betrieblichen Prozesse so zu gestalten und zu optimieren, dass sie an der Unternehmensstrategie ausgerichtet sind und möglichst effektiv und effizient die Unternehmensziele unterstützen. Zum anderen handelt es sich um eine technologische Thematik. Und zwar, die Suche nach softwaretechnischen Möglichkeiten und Werkzeugen, die es erlauben, die optimierten Geschäftsprozesse zu modellieren und diese Prozessmodelle (möglichst konsistent und ohne Medienbrüche) systemseitig zu implementieren und auszuführen.

SOA bietet in diesem Kontext eine wichtige technologische Grundlage für die Umsetzung und Realisierung von Geschäftsprozessmanagement (BPM) im Sinne der Gestaltung, Veränderung und Innovation von Geschäftsprozessen. Insofern ist die SOA-Technologie das Mittel der IT-seitigen Umsetzung. Der Ausgangspunkt der Thematik liegt zuvorderst auf betriebswirtschaftlicher Seite. Nämlich in der Frage nach der Optimierung und stetigen Anpassung der Geschäftsprozesse an die Marktgegebenheiten und die geschäftsstrategischen Zielsetzungen des Unternehmens. Ausgangspunkt sind daher die jeweiligen aktuellen Branchentrends und die Wettbewerbskräfte innerhalb der jeweiligen Branche und des Marktes; genauso aber auch sich ändernde rechtliche Anforderungen an z. B. die Durchführung und Dokumentation von Prozessabläufen. Diese Faktoren erzeugen Veränderungsdruck für das Unternehmen. In Verbindung mit der Geschäftsstrategie des Unternehmens leiten sich hieraus die zu betrachtenden Prozesse und Prozessbereiche ab. Die identifizierten Prozessbereiche können dabei sowohl branchenspezifische als auch generische Querschnittsthemen (z. B. Finanzen, Personalwesen) betreffen.

In einer aktuellen Studie beschreibt die Association for Information and Image Management (AIIM) BPM als Managementdisziplin, die Prozessautomation, Prozessmodellierung und Simulation, Prozessmodularisierung und Serviceorientierung, sowie Prozessmonitoring und Prozessoptimierung umfasst. Eine Umfrage zum Thema BPM bei 354 Mitgliedern im August 2008 ergab, dass nur ca. ein Viertel (25 %) der Befragten angaben, dass BPM innerhalb ihres Unternehmens bzw. ihrer Organisation umfänglich adressiert werde.[10] Voraussetzung für den

---

[10] Vgl. *AIIM* (2008).

nachhaltigen Erfolg des Unternehmens bei der Umsetzung von SOA ist die konsequente Prozessorientierung. Allerdings besitzen nur wenige Unternehmen eine durchgängige Beschreibung ihrer Geschäftsprozesse[11]. Die Mehrheit der Unternehmen gesteht ein, die Prozesse nur bruchstückhaft und unzureichend zu dokumentieren und zu pflegen. Die Folgen dieses Versäumnisses werden an anderer Stelle wie folgt kommentiert: „Wer in seiner Prozesslandschaft ohne Orientierungshilfen umherirrt, wird kaum herausfinden können, wie er schneller von A nach B kommt".[12]

Prozessorientierung erfordert die Anwendung eines bewährten Methodenkatalogs. Zahlreiche Ansätze sind hierfür in der Literatur beschrieben. SAP bietet ein in vielen Projekten erprobtes, strukturiertes Vorgehensmodell an. Das Vorgehen im Rahmen der sogenannten Business Process Management Methodik (BPMM) von SAP unterstützt Unternehmen, SAP-Partner und SAP-Berater und wird in vier Phasen unterteilt (Kalibrierung, Ist-Analyse, Soll-Design und Umsetzung). Die BPM-Methodik dient als strukturierendes Element für die Definition der Projektaktivitäten und das Vorgehen im Projekt und somit auch zum Absichern des Projekterfolgs.

6.2 Die BPM-Methodik der SAP Consulting

Zielsetzung dieses methodischen Vorgehensmodells ist die Verbesserung und Optimierung von Geschäftsprozessen basierend auf branchenspezifischen Referenzmodellen und die nachfolgende Überführung in konkrete Implementierungsoptionen. Die Methodik wird durch zahlreiche Vorlagen (Templates) und Projektbeschleuniger, bspw. in Form sogenannter Geschäftsprozessdarstellungen (GPD), unterstützt. Die Realisierung und Umsetzung ist nicht auf serviceorientierte Implementierungen festgelegt. Vielmehr bietet die Methodik unterstützt durch die entsprechenden Referenzinhalte unterschiedliche Implementierungsoptionen; bspw. Customizing im Rahmen der Konfigurationsmöglichkeiten einer SAP-Standardlösung oder eine serviceorientierte Realisierung (Composition) unter Verwendung von Enterprise Services von SAP, genauso wie die Möglichkeit einer kundenspezifischen Entwicklung und Erweiterung oder schließlich die Abbildung durch eine zertifizierte Partnerlösung. Die dargestellte Methodik erlaubt eine projekt- und unternehmensspezifische Anpassung.

1. Zielsetzung der **Kalibrierung** ist die Identifikation der in der Folge im Detail zu untersuchenden Geschäftsprozesse. Eingangsgrößen in diese Phase sind ein grundlegendes Verständnis über die Geschäftsstrategie und die IT-Strategie sowie ein umfassender Überblick über die Prozesslandschaft des Unternehmens. Auf Basis dieser Informationen und der aus der Unternehmensstrategie abgeleiteten betriebswirtschaftlichen Erfolgsfaktoren werden die Kriterien zur Evaluierung von Geschäftsprozessen definiert und die einzelnen Prozesse bewertet. Ergebnis dieser Phase ist die Priorisierung der zu analysierenden Prozesse.

---

[11] Im Rahmen der eingangs erwähnten *BPTrends*-Studie gaben lediglich 4 % der befragten 300 Unternehmen an, eine durchgängige Beschreibung ihrer Geschäftsprozesse zu haben und diese auf dem Laufenden zu halten. 14 % beschreiben ihre Geschäftsprozesse meistens, 24 % wenigstens in regelmäßigen Abständen.

[12] Vgl. *SU* (2008).

2. Ausgangspunkt der folgenden **Ist-Analyse** ist die Aufnahme des Prozessablaufs für die ausgewählten Geschäftsprozesse. In Interviews und Workshops, an denen nach Möglichkeit Fach- und IT-Seite beteiligt sind, werden die relevanten Parameter, Ziele, Schwachstellen und Problemfelder der Prozesse sowie etwaige Abhängigkeiten zwischen Geschäftsprozessen dokumentiert. Insbesondere die Schwachstellen und Problemfelder gilt es im Anschluss eingehender zu bewerten, zu priorisieren und hinsichtlich der Verbesserungspotenziale zu gruppieren. Mit diesen Informationen kann bereits eine erste Zielrichtung für das Soll-Design ausgesprochen werden. Das Ergebnis der zweiten Phase ist eine Dokumentation der Ist-Prozesse einschließlich einer Liste der identifizierten Schwächen und Potenziale. Im Unternehmen bereits vorhandene Geschäftsprozessdokumentationen beschleunigen diese Phase. Ebenfalls können bestehende Referenzmodelle zu Branchen und betriebswirtschaftlichen Funktionsbereichen (z. B. Finanzen, Personalwesen, etc.) hinzugezogen werden.

3. Aufbauend auf den Ergebnissen der Vorphase werden anschließend im Rahmen der Phase des **Soll-Design** die verbesserten Soll-Prozesse definiert und dokumentiert. Zentrale Zielsetzung ist das Erarbeiten von konkreten Lösungsansätzen für das Eliminieren identifizierter Schwachstellen und Problemfelder. Hierbei werden sowohl funktionale als auch nicht-funktionale Anforderungen berücksichtigt. Iterativ wird ein optimiertes und detailliertes Soll-Prozessmodell erarbeitet und dessen Umsetzung im Rahmen von Standardlösungen geprüft. Das Optimierungspotenzial wird dabei nach Möglichkeit finanziell bewertet. Das Soll-Design umfasst auch Aussagen zu organisatorischen Anpassungen und dem erforderlichen Aktionsplan für die nachfolgende Umsetzung.

4. Die abschließende Phase der **Lösungstransformation** identifiziert und evaluiert die optimalen Lösungswege zur späteren Implementierung der prozessualen Anforderungen. Abweichende Anforderungen, die im Rahmen von serviceorientierten Lösungen oder auch durch kundenspezifische Erweiterungen abgebildet werden sollen, werden im Detail spezifiziert (Servicemodellierung). Hier werden die notwendige Komponenten, Systeme und Dienstleistungen identifiziert, um die definierten Soll-Prozesse umzusetzen. Die Soll-Prozesse werden hierzu auf die existierende bzw. geplante Lösungslandschaft abgebildet, Lücken in der IT-Infrastruktur identifiziert, eine detaillierte Soll-Architektur geplant und die erforderlichen Einführungs-, Entwicklungs- und Integrationsarbeiten definiert. Das Ergebnis der abschließenden Phase wird als BPM Blueprint bezeichnet. Im SAP-Umfeld entspricht dieses Ergebnis einer SAP-Roadmap-Planung.

Abbildung 7 illustriert die beschriebenen vier Phasen der BPM-Methodik und gibt eine Übersicht über deren Aktivitäten und Arbeitsergebnisse.[13]

---

[13] Zur innovativen Gestaltung von Geschäftsprozessen legt SAP Consulting aktuell eine Industriereihe im dpunkt.verlag vor. Als Weltmarktführer entwickeln und verwenden die Berater und Consultants des SAP-Konzerns eigene Methoden und Werkzeuge zur Analyse, Modellierung und Optimierung von Geschäftsprozessen und betrieblichen Abläufen. Mit der Publikationsreihe zeigen die Industrieexperten der SAP Consulting ihre Prozesskompetenz und ein tiefes und umfangreiches Verständnis der industriespezifischen Besonderheiten und der Kernprozesse der jeweiligen Branchen. Mit dieser Buchreihe möchte SAP Consulting den Lesern anhand industriespezifischer Beispiele methodische Anregungen geben, wie Business Process Management in der Praxis angewandt werden kann.

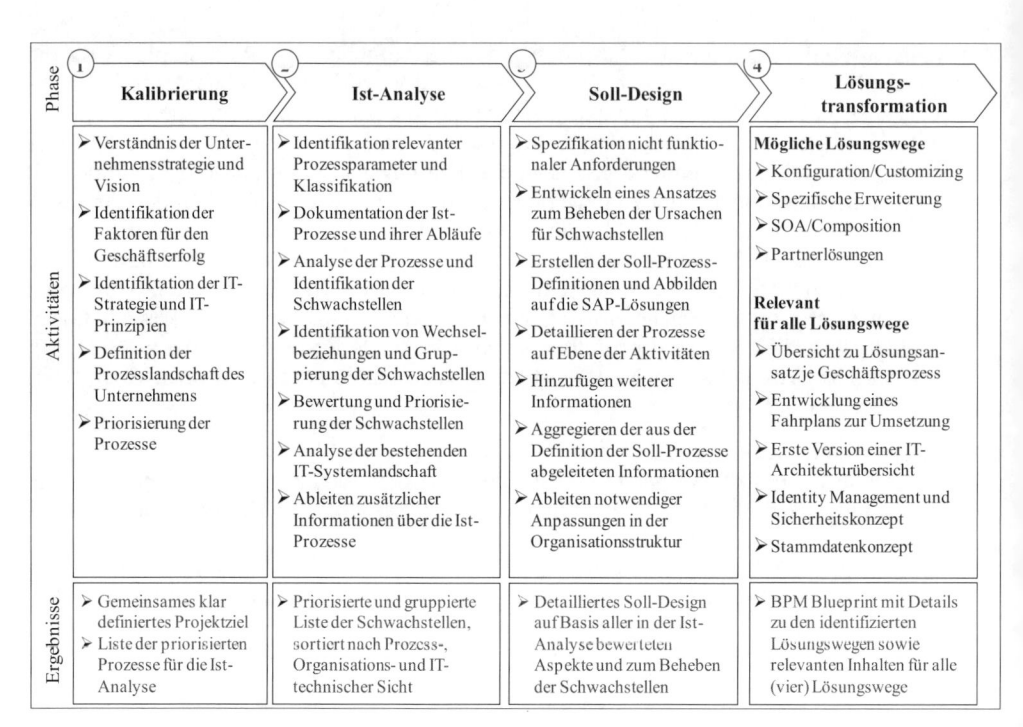

Phase	Kalibrierung	Ist-Analyse	Soll-Design	Lösungs-transformation
Aktivitäten	➢ Verständnis der Unternehmensstrategie und Vision ➢ Identifikation der Faktoren für den Geschäftserfolg ➢ Identifiktation der IT-Strategie und IT-Prinzipien ➢ Definition der Prozesslandschaft des Unternehmens ➢ Priorisierung der Prozesse	➢ Identifikation relevanter Prozessparameter und Klassifikation ➢ Dokumentation der Ist-Prozesse und ihrer Abläufe ➢ Analyse der Prozesse und Identifikation der Schwachstellen ➢ Identifikation von Wechselbeziehungen und Gruppierung der Schwachstellen ➢ Bewertung und Priorisierung der Schwachstellen ➢ Analyse der bestehenden IT-Systemlandschaft ➢ Ableiten zusätzlicher Informationen über die Ist-Prozesse	➢ Spezifikation nicht funktionaler Anforderungen ➢ Entwickeln eines Ansatzes zum Beheben der Ursachen für Schwachstellen ➢ Erstellen der Soll-Prozess-Definitionen und Abbilden auf die SAP-Lösungen ➢ Detaillieren der Prozesse auf Ebene der Aktivitäten ➢ Hinzufügen weiterer Informationen ➢ Aggregieren der aus der Definition der Soll-Prozesse abgeleiteten Informationen ➢ Ableiten notwendiger Anpassungen in der Organisationsstruktur	**Mögliche Lösungswege** ➢ Konfiguration/Customizing ➢ Spezifische Erweiterung ➢ SOA/Composition ➢ Partnerlösungen **Relevant für alle Lösungswege** ➢ Übersicht zu Lösungsansatz je Geschäftsprozess ➢ Entwicklung eines Fahrplans zur Umsetzung ➢ Erste Version einer IT-Architekturübersicht ➢ Identity Management und Sicherheitskonzept ➢ Stammdatenkonzept
Ergebnisse	➢ Gemeinsames klar definiertes Projektziel ➢ Liste der priorisierten Prozesse für die Ist-Analyse	➢ Priorisierte und gruppierte Liste der Schwachstellen, sortiert nach Prozess-, Organisations- und IT-technischer Sicht	➢ Detailliertes Soll-Design auf Basis aller in der Ist-Analyse bewerteten Aspekte und zum Beheben der Schwachstellen	➢ BPM Blueprint mit Details zu den identifizierten Lösungswegen sowie relevanten Inhalten für alle (vier) Lösungswege

Abbildung 7:   BPM-Methodik der SAP Consulting

7 Zusammenfassung und Empfehlungen

Wir haben diesen Betrag eingeleitet mit der Feststellung, dass Geschäftsprozesse die DNS bzw. die genetische Information eines Unternehmens seien. Diesen Vergleich aufgreifend und ohne zu tief in die Biologie abtauchen zu wollen, lässt sich folgendes festhalten: Ähnlich wie die Biologen und Gentechniker das Genom – den Bauplan des Lebens – entschlüsseln, um gentechnische Veränderungen vorzunehmen, erfordern Geschäftsprozessinnovationen und Business Process Management zunächst einen möglichst genauen Bauplan des Unternehmens und seiner jeweiligen aktuellen Prozesslandschaft. Gleichfalls müssen aus der Fülle der vorhandenen Prozessinformationen die Zusammenhänge und relevanten Details identifiziert werden, um in der Folge Veränderungen an geeigneter Stelle in den Prozessabläufen vorzunehmen. Diese Aufgaben können nur mit Hilfe stringenter Methoden in Verbindung mit geeigneten Werkzeugen geleistet werden.

Ebenso wie sich die Biologie und Genetik seit den Tagen der Entdeckung der MENDEL'schen Regeln weiterentwickelt hat, so stehen dem Geschäftsprozessmanagement heute erprobte Methoden und moderne Werkzeuge zur Verfügung. Die oben vorgestellte BPM-Methodik von SAP Consulting bietet den verlässlichen Rahmen einer in sich schlüssigen Vorgehensweise im Projekt. Im gleichen Zusammenhang bieten SAP NetWeaver Business Process Management in Verbindung mit der SAP Business Suite umfangreiche betriebswirtschaftliche Inhalte und Funktionalitäten sowie reichhaltige Werkzeuge zur Umsetzung einer modernen

Geschäftsprozessplattform für das jeweilige Unternehmen. Darüber hinaus wird Geschäftsprozessmanagement in immer mehr Unternehmen als Managementaufgabe und differenzierender Wettbewerbsfaktor verstanden. Um noch einmal im Bild zu sprechen: In modernen Unternehmen sind die sogenannten Process Innovation Officer (PIOs) die „Gentechniker", die abgeleitet aus der Geschäftsstrategie des Unternehmens und mittels moderner Methoden und Werkzeuge gezielte Veränderungen im „Prozess-Erbgut" zur Steigerung der Wettbewerbsfähigkeit und des Unternehmenserfolgs vornehmen.

Geschäftsprozessmanagement bzw. BPM sind Sammelbegriffe für Methoden, die der strategischen Ausrichtung sowie der Verbesserung von Geschäftsprozessen dienen. BPM ist eine Managementdisziplin, die prozessorientierte Organisation und prozessorientiertes Denken fordert. Die Umsetzung des BPM-Ansatzes beinhaltet somit ebenfalls Aspekte des Change Management. Die Veränderungen vollziehen sich dabei auf zwei Ebenen; einerseits in der Denk- und Vorgehensweise und bestehen andererseits in Veränderungen in den Prozessabläufen des Unternehmens. BPM ist eine prozessorientierte Managementdisziplin und arbeitet mit Prozessmodellen. Diese legen die Basis für die Identifikation, Definition und Modellierung von Services, die mit Hilfe von Modellen identifiziert und präzise definiert werden können. SOA ist eine prozessorientierte Architektur und bietet die Möglichkeit der Wiederverwendung von Bausteinen (Services) und deren flexiblen Orchestrierung zu neuen Geschäftsprozessen zur Steigerung der Agilität und Wettbewerbsfähigkeit eines Unternehmens. Ausführlich werden die Zusammenhänge zwischen BPM und SOA in dem Buch von *SNABE ET AL.* „Business Process Management – The SAP Roadmap" dargestellt.[14]

Es wäre überzeichnet, zu behaupten, SOA ließe sich ohne BPM nicht effektiv umsetzen. Und auch die umgekehrte Behauptung, BPM ließe sich ohne SOA nicht effektiv realisieren wäre falsch. Dennoch besteht eine sehr enge Verzahnung zwischen den beiden Begriffen und ihren Zielen. Sowohl SOA als auch BPM sind Paradigmen und Konzepte, die auch unabhängig von einander Vorteile bieten. In der Kombination der beiden Disziplinen liegt das besondere Potenzial zur Realisierung einer prozessorientierten Organisation mittels einer prozessorientierten Architektur. Zur Beschreibung der Zusammenhänge und des Verhältnisses der beiden Begriffe bietet sich ein Vergleich aus dem Bauwesen und dem Verhältnis zwischen Architektur und Statik an. Während die Architektur künstlerisch-ästhetischen Kriterien folgt, sind es die Gesetze der Schwerkraft und der Statik, denen die Entwürfe ebenfalls genügen müssen. Die meisterliche Verbindung der beiden Disziplinen schließlich schafft tragfähige Bauwerke von Bestand, die sowohl vom Betrachter als auch den Benutzern eines Gebäudes geschätzt werden.

Die in diesem Beitrag beleuchteten Projektbeispiele zeigen sehr konkret, wie sich einzelne Unternehmen dem Aufbau einer flexiblen Prozessplattform erfolgreich nähern. Die Auswahl beinhaltet bewusst unterschiedliche Industrien und Prozessbereiche. Die gewählten Beispiele stehen stellvertretend für mehrere hundert Unternehmen, die den gezielten und schrittweisen Aufbau einer Geschäftsprozessplattform für ihr Unternehmen betreiben. Für die Einführung einer Geschäftsprozessplattform gibt es keinen Königsweg. Der Einstieg und die Vorgehensweise hängen sehr stark von den unternehmensspezifischen Gegebenheiten ab. In Ihrem Buch „Enterprise SOA einführen" gehen *HACK/LINDEMANN* ausführlich auf diese Fragestellung ein und geben hierzu praktische und situative Handlungsempfehlungen.

---

[14] Vgl. *SNABE ET AL.* (2009).

Fast allen dort und auch im vorliegenden Beitrag beschriebenen Beispielen ist eine schrittweise Vorgehensweise gemeinsam. Serviceorientierte Ansätze werden zunächst anhand eines oder auch mehrerer konkreter Geschäftsprozesse realisiert. Dies bedeutet eine punktuelle Einführung von SOA im Unternehmen und der jeweiligen IT-Landschaft. Dabei steht die Überlegung im Vordergrund, in einem spezifischen Bereich Innovationen und Prozessverbesserungen zum Nutzen des Unternehmens umzusetzen. Erste Erfolge werden mit überschaubarem Aufwand und Risiko zum Nutzen des Geschäfts realisiert. Diese wiederum schaffen Akzeptanz in den Fachabteilungen und damit die Voraussetzung, gemeinsam mit der IT weitere Einsatzbereiche für serviceorientierte Lösungen zu identifizieren. In der Folge können die Prozessbereiche erweitert werden und weitere Geschäftsvorfälle umfassen. So entsteht entlang der Geschäftsziele des Unternehmens und jewels am Geschäftsnutzen orientiert schrittweise eine leistungsfähige Geschäftsprozessplattform.

Der vorliegende Beitrag soll dem Leser Anregung geben, gemäß der Situation im eigenen Unternehmen einen spezifischen Pfad zur Realisierung einer Geschäftsprozessplattform unter Verwendung der Methoden und Werkzeuge des Geschäftsprozessmanagement und unter Einsatz der SOA-Prinzipien zu definieren. Anhand relevanter Beispiele wurden die Erfahrungen und das Vorgehen beim Aufbau von Geschäftsprozessplattformen verdeutlicht. Zusammenfassend lassen sich folgende Kernaussagen ableiten:

- Geschäftsprozessmanagement und BPM sind Sammelbegriffe für Methoden, die der strategischen Ausrichtung sowie der Verbesserung von Geschäftsprozessen dienen.

- BPM ist eine Managementdisziplin, die prozessorientiertes Denken und Organisation fordert.

- Moderne BPM-Technologien ermöglichen es Business Managern, Prozessabläufe unabhängig von den zu Grunde liegenden Anwendungen und Infrastruktur zu gestalten und zu verändern.

- BPM schafft für Business Manager und Technologen eine gemeinsame Sprache, um gemeinsam die strategischen und wirtschaftlichen Ziele des Unternehmens zu verfolgen.

- SOA ist eine prozessorientierte Architektur, unterstützt BPM als prozessorientierte Managemementdisziplin und erleichtert die Umsetzung von Geschäftsprozessmanagement.

- SOA steigert Agilität und Flexibilität eines Unternehmens und seiner IT mittels Abstraktion von der Lösungslandschaft.

- SOA organisiert IT und schafft durch die Abstraktion und Serviceschicht eine Kontrollebene und Governance auf der IT-Ebene unterhalb des Geschäftsprozessmanagement.

- BPM-Technologien sowie serviceorientierte Lösungen und Werkzeuge sind ausgereift und bei vielen Unternehmen im operativen Einsatz.

- Die Mehrwerte servicebasierter Lösung zeigen sich durch konsequente Entwicklung und Wiederverwendung von Services im Rahmen einer Prozess- und SOA Governance.

- Der erfolgreiche Weg zu BPM und SOA wird durch den Dreiklang von Technologie, Methoden und damit verbundener Managementdisziplin (u. a. Governance) beschritten.

Quellenverzeichnis

AIIM (2008): Business Process Management (BPM) – Leveraging Competencies and Streamlining Processes to Achieve Operational Excellence, Silver Spring (Maryland) 2008.

BITKOM (2008): Service-orientierte Architekturen – Leitfaden und Nachschlagewerk, Berlin 2008.

BUSINESS PROCESS TRENDS (2008): The State of Business Process Management, München 2008.

CIO (2008): So wird SOA was, in: CIO, Nr. 9/10, Beiheft, 2008, S. 8–13.

COMPUTERWOCHE (2008): Anwender nutzen SOA-Chancen nicht, in: Computerwoche, Nr. 24, 2008, S. 7.

FORRESTER (2008): Pursuing SOA In Hard Times, Cambridge (Massachusetts) 2008.

GADATSCH, A. (2002): Management von Geschäftsprozessen. Methoden und Werkzeuge für die IT-Praxis, 2. Auflage, Stuttgart 2002.

GARTNER (2008): Can SAP Help With Your SOA?, Stamford (Connecticut) 2008.

GRÜNE, G./LINDEMANN, M./LOCKEMANN, S./MEINHARDT, S. (2009): Innovative Gestaltung von Geschäftsprozessen in der Prozessindustrie, Heidelberg 2009.

HACK, S./LINDEMANN, M. (2007): Enterprise SOA einführen, Bonn 2007.

KOMPETENZZENTRUM FÜR PROZESSMANAGEMENT (2008): Status Quo Prozessmanagement 2007/2008 – Ergebniszusammenfassung, Köln 2008.

LEVINSON, M. (2008): The box – How the Shipping Container made the world smaller and the economy bigger, 9. Auflage, Princeton (New Jersey) 2008.

ORACLE (2008): Business Process Management, Service-Oriented Architecture, and Web 2.0: Business Transformation or Train Wreck, White Paper, Redwood Shores (California) 2008.

PREUSS, O. (2007): Eine Kiste erobert die Welt, Hamburg 2007.

REMMELE, P. (2007): In vier Schritten zum Erfolg, in: Business Intelligence Magazine, Nr. 9, 2007, S. 6–7.

SCHEER, A.-W. (2002): Vom Geschäftsprozess zum Anwendungssystem, 4. Auflage, Berlin 2002.

SNABE, J./ROSENBERG, A./MOLLER, C./SCAVILLO, M. (2009): Business Process Management – the SAP Roadmap, Boston (Massachusetts) 2009.

SU, W. (2008): BPM & SOA, in: output, Nr. 9, 2008, S. 14–16.

UNIVERSITY OF ST. GALLEN (2008): Economic Justification of Service-Oriented Architecture, Research Study, St. Gallen 2008.

Weiterführende Informationen finden Sie auf den SAP Websites u. a.

- unter http://www.sap.com/platform/soa und
- ebenfalls unter http://www.sap.com/platform/netweaver/components/sapnetweaverbpm,
- den SAP Communities of Innovation, z. B. der Business Process Expert (BPX) Community unter http://www.sap.com/ecosystem/communities/bpecommunity und
- der Enterprise Services Community unter http://www.sap.com/ecosystem/communities/escommunity sowie
- im SAP Developer Network unter http://sdn.sap.com und
- dem SAP Service Marketplace.

User-Interface-Flexibilisierung mit Hilfe Service-orientierter Architekturen

NICOLAS LÖWE

BearingPoint GmbH

1	Executive Summary	159
2	SOA –Vorteile unter User-Interface-Gesichtspunkten	160
3	User-Interface-Strategien und ihre Anwendung	162
	3.1 Beeinflussende Faktoren der User-Interface-Strategie	163
	3.1.1 Technologische Anforderungen	163
	3.1.2 Fachliche Anforderungen	165
	3.1.3 Prozessanforderungen	165
	3.1.4 Zusätzliche Anforderungen	165
	3.2 Ziele einer User-Interface-Strategie	166
	3.2.1 Prozessoptimierung	166
	3.2.2 Transparenz	166
	3.2.3 Kostenoptimierung	166
	3.3 Ergebnisse der User-Interface-Strategie	167
	3.3.1 Standardarchitekturen	168
	3.3.2 Entscheidungsmatrix zur User-Interface-Auswahl	168
	3.3.3 Layout und Bedienkonzepte für Applikationen	169
	3.3.4 Lifecycle-Prozess für eigenentwickelte Applikationen	170
4	Flexible User-Interface-Selektion	171
5	User-Interface-Entwicklung speziell in Service-orientierten Architekturen	173
	5.1 Flexibilität	176
	5.2 Usability	176
	5.3 Performance	176
	5.4 Client-Technologien	176
	5.4.1 Fat Client	177
	5.4.2 Thin Client	177
	5.4.3 Rich Client	177
6	Wie kann ein Unternehmen bisherige und zukünftige Investitionen sichern?	177
7	Blick in die Zukunft	178

1 Executive Summary

Das Thema Service-orientierte Architekturen (SOA) ist heutzutage in aller Munde und beschreibt eine Strategie zur Neuausrichtung der IT-Landschaften eines Unternehmens. Dabei geht man weg von der monolithisch-applikationsgetriebenen Architektur und bricht Funktionen aus den Applikationen heraus, die dann zentral im Unternehmen zur Verfügung stehen. Diese Funktionen, auch Services genannt, können immer wieder neu kombiniert werden, um die Unternehmensprozesse möglichst exakt abzubilden. Applikationen, die aus diesen Services orchestriert werden nennt man Composite Applications. Der Vorteil der Composite Applications ist, dass bei Änderungen des zugrundeliegenden Prozesses nur die Services neu orchestriert werden müssen bzw. zusätzliche Funktionalitäten in Form neuer Services zur Verfügung gestellt werden. Dies hat zur Folge, dass einmal getätigte Investitionen sicherer sind, weil die grundlegenden Services erhalten und die Entwicklung sowie das Deployment neuer oder geänderter Prozesse verkürzt werden können.

Im Laufe der Zeit entsteht in einem Unternehmen auf diese Art und Weise eine Service-Bibliothek, auf die zur Prozessmodellierung zurückgegriffen werden kann, somit wird auch die Entwicklung und Erweiterung von Services im Laufe der Zeit einfacher und kostengünstiger möglich.

Da die Services zentral zur Verfügung stehen, kann die gesamte Prozesslandschaft darauf zugreifen. Es besteht nicht wie bisher die Notwendigkeit, grundlegende IT-Funktionen redundant vorzuhalten. Der aktuelle Status quo, dass Informationen und Funktionen in mehreren Applikationen bereitgehalten werden, gehört dann der Vergangenheit an.

Die gesamte Ausrichtung der Unternehmens-IT verändert sich damit von einer applikationsgetriebenen- hin zu einer prozessorientierten Kultur.

Ist eine solche Service-orientierte Architektur dann im Unternehmen einmal umgesetzt, ergeben sich noch zusätzliche Vorteile, welche sich im Betrieb und der Anwendungsentwicklung aufzeigen. Frühere monolithische Ansätze vereinen die Prozess- und Programmlogik sowie das User Interface in einer Applikation. Deshalb wurden oftmals die Prozesse im Unternehmen an die Applikation angepasst, um eine möglichst hohe Effizienz zu erreichen. Service-orientierte Architekturen trennen nun aber aufgrund ihres Aufbaus in der Regel das User Interface von der Prozess- und Business-Logik, sodass hier ein weiterer Freiheitsgrad in der Applikationsentwicklung hinzukommt: das User Interface. Service-orientierte Architekturen erlauben es, viel granularer durch den Einsatz von verschiedenen User-Interface-Technologien auf die Bedürfnisse des Prozesses und der Endbenutzer einzugehen.

So kann eine Composite Application verschiedene Zugangswege zur Geschäftslogik bieten, um den Anforderungen, zum Beispiel verschiedener User-Gruppen, gerecht zu werden. Außendienstmitarbeiter und Mitarbeiter des Sales Teams in der Firmenzentrale greifen direkt auf Kundendaten zu, aber haben unterschiedliche Anforderungen was die Zugriffspfade zur Information und deren Darstellung angeht. Dem versuchte man in der Vergangenheit gerecht zu werden indem man unterschiedliche Applikationen für die beiden Nutzergruppen bereitstellte, doch dies vergrößerte nur die ohnehin schon recht hohe Komplexität der Architektur in der IT-Landschaft. Zusätzlich generieren die nötigen Synchronisationsszenarien weitere Aufwände und implizieren zusätzliche Fehlerquellen, welche die Prozesssicherheit signifikant stören.

In serviceorientierten Szenarien lassen sich aber mehrere verschiedene hoch spezifische User Interfaces schaffen, die den Anforderungen aller involvierten Benutzergruppen gerecht werden. Dies setzt jedoch voraus, dass die implementierte SOA-Landschaft von einer starken Governance geführt wird und die Services strategisch konzipiert und umgesetzt werden, damit deren Reichweite möglichst viele Prozesse und Nutzergruppen abdeckt.

2 SOA –Vorteile unter User-Interface-Gesichtspunkten

Ein Kernaspekt von Service-orientierten Architekturen ist der schalenförmige Aufbau und zusätzlich die Kapselung von atomarer Prozesslogik in Services. Der schalenförmige Aufbau gestaltet sich wie folgt:

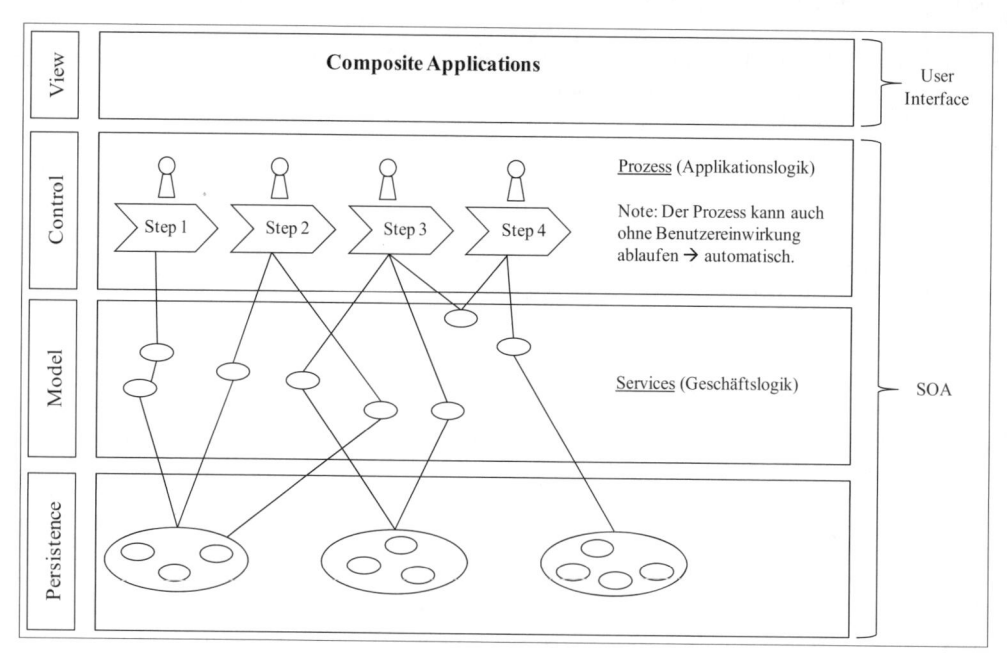

Abbildung 1:   Der schalenförmige Aufbau einer SOA

Da in der SOA die User-Interface-Schicht (View) auf der Prozessschicht (Control) schwimmt kann diese flexibel angepasst und modelliert werden. Besonders wichtig ist dabei, dass man vom typischen Applikationsfokus weg hin zu einer Prozess- und User-orientierten Denkweise umschwenkt. Nicht mehr die Limitationen der Applikation und somit deren User Interface gibt das Machbare vor, sondern die Flexibilität und Agilität der eigenen IT-Landschaft und -Prozesse.

Bekam man früher mit einer klassischen Applikation das User Interface „frei Haus" geliefert, so hat man heute die Möglichkeit das User Interface ganz an seine Bedürfnisse anzupassen. Damit ist nicht nur das Look and Feel oder das Layout des User Interface gemeint, nein vielmehr hat man nun auch die Möglichkeit verschiedene Zugangspfade zur Geschäftslogik zu modellieren.

Es gilt nicht mehr: *„Was können wir realisieren?"*, sondern: *„Was wollen wir realisieren?"* Eine gute SOA bietet den Anwendungsdesignern die Möglichkeit über verschiedene Pfade an die Prozess- und Service-Schicht anzudocken.

Als Beispiel sei hier die *SAP*-NetWeaver-Plattform genannt, die verschiedene Zugangsmodelle, Applikationslaufzeit- und Design-Umgebungen bereitstellt, um dem Entwickler eine möglichst breite Palette an Applikationen zu ermöglichen.

Die NetWeaver-Plattform unterstützt, u. a. folgende Szenarien:

- *NetWeaver WebDynpro* – webbasierte Applikationen standalone oder über ein Portal
- *NetWeaver Visual Composer* – webbasierte Applikationen über ein Portal
- *NetWeaver Mobile* – Applikationen für mobile Anwendungsgeräte (Windows Mobile, iPhone, Blackberry, Notebook in mobilen Szenarien)
- *NetWeaver Voice* – sprachbasierte Applikationen (z. B. für telefonische Benutzerführung)
- *NetWeaver Composite Applications* – für eine Mischung der oben genannten Szenarien
- *Adobe Flex* – für Rich-Client-Szenarien

Die oben genannten Szenarien können noch beliebig durch Eigenentwicklungen ergänzt werden.

Dies verlangt vom Application Designer und -Entwickler nicht nur Wissen über die Vor- und Nachteile der einzelnen User-Interface-Technologien, sondern auch darüber, wann man diese am besten einsetzt. Denn Ziel ist es, diejenigen User-Interface-Technologien zu wählen, die zum einen die Endbenutzer und zum anderen aber auch den Prozess optimal unterstützt.

Deshalb ist es zu empfehlen, im Unternehmen eine User-Interface-Strategie zu entwickeln. Diese Strategie regelt, welche Technologien eingesetzt werden und unter welchen Gesichtspunkten die Entscheidung für eine bestimmte Technologie getroffen werden muss.

Nicht immer macht es Sinn, die volle Palette an Funktionalitäten zu nutzen. Oftmals birgt es einen größeren Vorteil, sich auf einige wenige Kerntechnologien zu konzentrieren und diese dann konsequent anzuwenden. Das ist jedoch davon abhängig, welche Anforderungen die Endbenutzer und die Prozesse stellen, auch welche Ressourcen in der IT-Abteilung zur Verfügung stehen. Als Ressourcen werden hier zum einen die technische Landschaft gesehen, zum anderen auch das Personal, welches für die Entwicklung, die Wartung und den Betrieb der Applikationen zuständig ist.

Die Strategie alleine kann noch keine erfolgreiche Einführung und Umsetzung einer Service-orientierten Architektur garantieren. Zusätzlich zur Strategie muss noch eine starke Governance-Stelle vorhanden sein, die einerseits die Strategie verabschiedet, und andererseits deren Einhaltung überwacht.

Aufgabe der Governance-Stelle ist es darüber hinaus, Anforderungen an die Services und Prozesse aus unterschiedlichen Fach- und IT-Abteilungen aufzunehmen, zu konsolidieren und deren Umsetzung zu steuern. Besonders erfolgskritisch an dieser Stelle ist die Verantwortung für die Services. Da diese nicht mehr nur einen Prozess oder eine Abteilung bedienen, sondern dem gesamten Unternehmen zu Gute kommen, müssen diese auch zentral verwaltet und betrieben werden. Dies setzt oftmals neue Life-Cycle-Prozesse für Services und eventuell auch neue Abrechnungsmodelle voraus.

Das ist im Übrigen auch der Punkt, an dem die meisten SOA-Implementierungen scheitern, weil die steuernde und kontrollierende Instanz fehlt oder nicht genügend bevollmächtigt ist und dadurch handlungsunfähig wird. Dies kann zu einem Wildwuchs an Services und Prozessen führen, womit der eigentliche Vorteil einer SOA, nämlich der redundanzfreien Implementierung, ad Absurdum geführt wird. Scheut man sich vor einem solch drastischen Eingriff in die Organisation der IT-Abteilung, kann man auch eine Service-orientierte Architektur im Kleinen erschaffen, für einen bestimmten Anwendungs- oder Abteilungsbereich. Die so gewonnenen Erfahrungen können dann ohne weiteres für einen späteren unternehmensweiten Rollout der SOA genutzt werden.

Wie man sieht, bietet eine SOA im Hinblick auf User Interfaces zusätzliche Freiheitsgrade, die jedoch mit einem erhöhten Maß an Aufsicht und Steuerung kompensiert werden müssen um in gelenkten Bahnen zu bleiben. Aus User-Interface-Sicht ist die zentrale Steuerinstanz die User-Interface-Strategie eines Unternehmens, die wiederum, wie schon erwähnt, von der Governance-Stelle festgelegt und kontrolliert wird.

3   User-Interface-Strategien und ihre Anwendung

Die User-Interface-Strategie bildet das Regelwerk, das festlegt, unter welchen Voraussetzungen bestimmte User Interfaces eingesetzt werden und wie diese gestaltet werden müssen. Die User-Interface-Strategie stellt sicher, dass Composite-Applikationen über die gesamte IT-Landschaft nach den gleichen Paradigmen gestaltet wurden und in der Präsentation, Bedienung und Ablauflogik konsistent sind. Für die Entwickler stellt die User-Interface-Strategie ein Leitfaden zum Design ergonomischer und wirkungsvoller User Interfaces dar.

Es gibt verschiedene Herangehensweisen um eine User-Interface-Strategie für eine Composite Application, einen Anwendungscluster oder gar eine IT-Landschaft zu entwickeln. Zum einen kann der Fokus stark auf das Layout, die Bedienung und das Design gerichtet sein. Dann liegen die Freiheiten sehr stark im technischen Bereich, weil alles erlaubt ist, das den oben genannten Faktoren entspricht. Oder aber die User-Interface-Strategie orientiert sich an bestimmten bevorzugten Technologien, dann richten Layout, Bedienung und Design sich nach den technischen Möglichkeiten der Technologie. Im Idealfall aber besteht die User-Interface-Strategie aus zwei Teilen, die sowohl die technischen als auch die Design-Aspekte be-

User-Interface-Flexibilisierung

rücksichtigen. Somit stehen den Designern und Entwicklern wirkungsvolle Arbeitsgrundlagen zur Verfügung. Außerdem beeinflussen verschiedene interne und externe Faktoren die User-Interface-Strategie und erklären somit die unternehmensspezifischen Abweichungen von einer Idealen User-Interface-Strategie. In den folgenden Kapiteln sind die wichtigsten beeinflussenden Faktoren dokumentiert und beschrieben.

3.1 Beeinflussende Faktoren der User-Interface-Strategie

Anforderungen aus vier Domänen nehmen Einfluss auf die spätere Strategie: *Technologische Anforderungen*, wie eine bestimmte Vendor-Strategie oder eine bereits bestehende Architektur. *Fachliche Anforderungen* die von den Fachabteilungen oder den Zentralabteilungen formuliert werden. *Prozessanforderungen*, die aus den Rahmenbedingungen der implementierten Prozesse abgeleitet werden, sowie *die zusätzlichen Anforderungen*, die sich aus der potenziellen Nutzergruppe ergeben, wie bspw. Zugriffskanäle oder Informationsbedürfnisse.

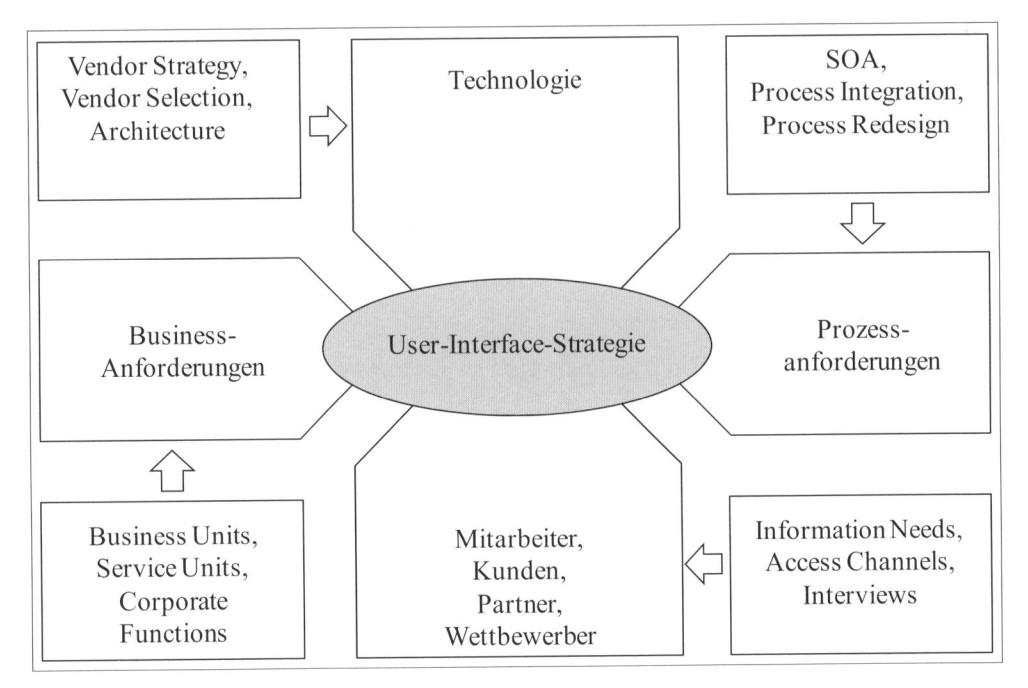

Abbildung 2:   Anforderungen an die User-Interface-Strategie

3.1.1 Technologische Anforderungen

Vendor Strategie:
Viele Unternehmen haben in ihrer strategischen Ausrichtung eine Präferenz für einen bestehenden Anbieter, der prinzipiell bei der Auswahl von Software bevorzugt wird. Daran ist nichts Verwerfliches, sichert dies doch oft die einfache Integration in die existierende Landschaft und vereinfacht das Zusammenspiel einzelner Komponenten.

Nichts desto trotz lohnt es sich, gerade bei der Einführung einer SOA besonderes Augenmerk auch auf alternative Angebote zu lenken. Eine SOA ist im Allgemeinen modular aufgebaut und es haben sich mittlerweile verschiedene Quasi-Industriestandards für die Interface-Definitionen gebildet, die von allen großen Anbietern unterstützt werden. Dies kapselt einzelne Module stärker und fördert dadurch auch deren Austauschbarkeit.

Nichts desto trotz ist davon auszugehen, dass in IT-Landschaften mit nahezu homogenen Hard- und Softwaresystemen der bisherige Anbieter auch der Anbieter der SOA-Prozess- und Integrationsplattform sein wird.

Technische Möglichkeiten der Plattform:
Jede SOA-Plattform bietet verschiedene Tools und Services für das Design, die Kompilierung, die Laufzeit und das Life Cycle Management von Anwendungen. Oftmals sind die zur Verfügung stehenden Funktionalitäten unterschiedlich ausgeprägt und kommen mit ihren eigenen Stärken und Schwächen. Manche SOA-Plattformen sind darauf ausgelegt eine Client Technologie, wie z. B. Web, optimal zu unterstützen. Andere sind darauf ausgelegt möglichst generisch und breit einsetzbar zu sein. Daher ist es ratsam vor der Einführung einer SOA-Plattform zu entscheiden, welche Aspekte und Funktionalitäten besonders wichtig sind, um sich dann für das richtige Produkt entscheiden zu können.

Aus User-Interface-Gesichtspunkten ist es wichtig, dass eine Plattform möglichst folgende Eigenschaften aufweist:

- klare Trennung zwischen Prozess- und User-Interface-Schicht,
- viele Zugangswege zu Prozessdaten und Prozesssteuerungsinformationen,
- viele unterstützte Client-Technologien,
- flexible und lose Anbindung des Front-Ends an den Prozess,
- zentrales Rollen- und Berechtigungsmanagement,
- zentrales Controlling und Monitoring der Landschaft sowie
- funktionierender Software-Life-Cycle-Management-Prozess.

Technische Ressourcen in der IT Landschaft:
Auch technische Ressourcen sind ein limitierender Faktor einer SOA und somit bei der Erstellung einer User-Interface-Strategie zu beachten. Da User Interfaces die Schnittstelle zwischen dem Endanwender und dem Prozess darstellen, spielen die Endgeräte der Nutzer eine entscheidende Rolle bei der Entwicklung der User-Interface-Strategie. Im idealtypischen Szenario verfügen alle Nutzer über die gleichen optimal funktionalen Endgeräte. Leider sieht das in der Realität anders aus. Schon allein die Arbeitsplatzdefinition unterschiedlicher Positionen im Unternehmen verlangen unterschiedliche Endgeräte mit oftmals gravierenden funktionalen Einschränkungen. Einige dieser Einschränkungen sind:

- Bildschirmgröße,
- Eingabemöglichkeiten,
- Netzwerkzugang und -bandbreite sowie
- installierte Clients und Software.

Personelle Ressourcen in der IT- und Fachabteilung:
In jeder IT Landschaft ist Personal vorhanden, das zum einen den Betrieb, aber auch die Erweiterung und Neuentwicklung von Systemen betreut. In einer User-Interface-Strategie ist man immer auch daran gebunden die vorhanden personellen Ressourcen sowie das vorhandene Know-how optimal einzusetzen. Auf der anderen Seite müssen Trends und neue Technologien bei der Planung für Kapazitäten und Know-how-Aufbau im Blick behalten werden, um zukünftig weiterhin flexibel auf sich verändernde Anforderungen an User Interfaces reagieren zu können.

3.1.2 Fachliche Anforderungen

Neben den technischen Anforderungen beeinflussen auch fachliche Komponenten die User-Interface-Strategie. So kann es z. B. sein, dass eine Fachabteilung schon zu einem großen Teil ein bestimmtes User Interface benutzt und es einen hohen technischen, sowie einen erhöhten Schulungsaufwand bedeuten würde, ein zusätzlich eventuell passenderes User Interface zu etablieren. Oftmals spiegeln die fachlichen Anforderungen bestimmte Präferenzen des internen Kunden wieder.

3.1.3 Prozessanforderungen

Bestimmte Prozesse haben Anforderungen die sich nur in bestimmten User Interfaces abdecken lassen. So sind geringe Reaktionszeiten in der Prozessinteraktion eines End Users oftmals mit herkömmlichen Mitteln nicht möglich und man muss nach Alternativen suchen.

Wenn z. B. ein Service-Mitarbeiter innerhalb von 5 Minuten auf eine Benachrichtigung reagieren muss, dieser Mitarbeiter aber nicht permanent vor seinem Desktop PC sitzt, so wird eine Benachrichtigung des Mitarbeiters per Email nicht ausreichend sein und der geordnete Prozessablauf ist gefährdet. Da aber dieser Mitarbeiter auch über ein dienstlich genutztes Mobiltelefon verfügt und man davon ausgehen kann, dass er dieses Mobiltelefon mit sich trägt, kann die Benachrichtigung über eine SMS oder aber per automatisierten Sprachanruf erfolgen. Die Anforderung des Prozesses an die schnelle Reaktion des Mitarbeiters kann so sichergestellt werden.

3.1.4 Zusätzliche Anforderungen

Zusätzliche Anforderungen können sich z. B. durch die Beschreibung eines Arbeitsplatzes oder die typischen Tätigkeiten eines End Users ergeben. So sind bspw. mobile Anwendungen und Endgeräte bei Außendienstmitarbeitern sehr weit verbreitet und so macht es Sinn, diese mobilen Geräte stärker in die User-Interface-Strategie für diese Mitarbeitergruppen einzubinden.

Außerdem müssen Außendienstmitarbeiter oft nur „schnell mal eben" ein Datum nachsehen oder benötigen Zugriff auf einen bestimmten Bericht, bevor sie einen Kundentermin wahrnehmen. Die Benutzung komplexer Tools und Analyseapplikationen wäre da kontraproduktiv. Aus diesem Grund sollte man diesen Mitarbeiten agile und einfache mobile User Interfaces zur Verfügung stellen, um möglichst schnell und einfach einen Überblick über die aktuelle Situation beim Kunden zu bekommen.

3.2 Ziele einer User-Interface-Strategie

Eine User-Interface-Strategie verfolgt bestimmte Ziele in einem Unternehmen. Einige der am häufigsten gesetzten Ziele einer User-Interface-Strategie werden in den nächsten Kapiteln kurz vorgestellt.

3.2.1 Prozessoptimierung

Ein Ziel einer User-Interface-Strategie kann es sein, einen bestehenden Prozess zu optimieren. Dabei können verschiedene Aspekte unter die Optimierung fallen:

- Optimierung der Prozessdurchlaufzeiten,
- Optimierung der Prozesswartezeiten,
- Optimierung der End-User-Interaktion und
- Optimierung der Prozesssicherheit.

All diese Aspekte können durch die Wahl des User Interfaces oftmals erheblich beeinflusst werden. Zum Beispiel kann die Prozesssicherheit erhöht werden, wenn das User Interface dermaßen gestaltet ist, dass es den User möglichst viel führt und möglichst wenig Freiheit in der Eingabe von Parametern lässt. Prozessdurchlauf- und -Wartezeiten können optimiert werden, indem eine User-Interface-Technologie verwendet wird, die der Endanwender in seiner täglichen Arbeit möglichst häufig benutzt. Zum Beispiel kann der Benutzer über eine Worklist-Funktionalität in seinem Intranet-Portal auf eine anstehende Aufgabe hingewiesen werden. Falls der Nutzer keinen permanenten Zugang zum Portal hat, dann wäre dieses User Interface eventuell nicht passend und würde das Ziel, die Prozesszeiten zu verkürzen sogar behindern. In diesem Fall müssten andere Optionen evaluiert werden, wie eventuell SMS- oder Email-Benachrichtigungen.

3.2.2 Transparenz

Ein weiteres Ziel einer User-Interface-Strategie kann es sein den Prozess für die Endbenutzer transparenter zu machen, sodass jederzeit der aktuelle Status und die folgenden Prozessschritte ersehen werden können. Dies kann dadurch erfolgen, dass die User Interfaces an eine Process Management Engine angeschlossen sind, die den aktuellen Bearbeitungsstatus des Prozesses transparent im User Interface zur Verfügung stellt. So kann der Benutzer sehen, bei welchem Schritt der Prozess gerade steht und wer den Prozess wie weiterführt.

3.2.3 Kostenoptimierung

Die User-Interface-Strategie wird sehr häufig unter dem Aspekt der Kostenoptimierung erstellt. Kostenoptimierung kann auf verschiedenen Wegen erreicht werden:

- höhere Prozessautomatisierung,
- Abschaffung papierbasierter Prozessschritte,
- verringerter Schulungsaufwand durch Standardisierung und
- verringerte Pflege- und Entwicklungskosten.

Höhere Prozessautomatisierung kann erreicht werden, indem ein User Interface gewählt wird, das zusätzlich an eine Prozess Management Engine angebunden werden kann. Im neuesten *SAP* NetWeaver Stack wird diese Aufgabe durch den „Business Process Manager" übernommen, eine Komponente die eine Entwicklungs- und Laufzeitkomponente für Geschäftsprozesse und Composite Applications bietet.

Die *Transformation von papierbasierten Prozessen* in komplett elektronische Prozesse, wie zum Beispiel Reisekostenabrechnungen, Urlaubsbeantragung bietet Kosteneinsparungspotenzial gleich an mehreren Stellen. So muss das Papierformular nicht ausgedruckt und per Hauspost verschickt werden, da der Prozessstatus im System erfasst ist und per Composite Applikation von allen beteiligten End Usern eingesehen und bearbeitet werden kann. Es wird kein Personal benötigt, das die Eingaben vom Papier in das System vornimmt, dadurch kann der Bearbeitungsaufwand verringert werden. Und nach erfolgreicher Genehmigung kann die Composite-Applikation den genehmigten Urlaub direkt im HR-System eintragen. Dies hat als nützlichen Nebeneffekt, dass die Prozesslaufzeit ebenfalls verkürzt wird und die Prozesssicherheit erhöht wird, da der Prozessstatus nicht in einem physischen Dokument gespeichert wird, welches verloren gehen oder zerstört werden kann.

Durch den Einsatz von User Interfaces, die in Layout, Bedienung und Präsentation standardisiert sind kann der *Schulungsaufwand bei den Endbenutzern verringert* werden, da für eine neue Applikation lediglich eine Art „Deltaschulung" notwendig ist, die auf applikationsabhängige Besonderheiten eingeht. Das gesamte Bedien- und Navigationskonzept muss nur einmal erlernt werden.

Wenn durch die User-Interface-Strategie die Anzahl der User-Interface-Technologien eingeschränkt ist, kann sich das Personal, das sich mit der Erstellung und der Pflege der Applikationen befasst, stärker spezialisieren, welches zu einer *Effizienzsteigerung in der Erstellung und dem Betrieb* der Applikationen führt.

Die Kunst ist nun, die User-Interface-Strategie möglichst so frei zu gestalten, dass sehr flexible User Interfaces und Applikationen ermöglicht werden, ohne aber die vorher genannten Ziele außer Augen zu lassen.

3.3 Ergebnisse der User-Interface-Strategie

Die Entwicklung der User-Interface-Strategie sollte verschiedenste Dokumente und Richtlinien hervorbringen, welche dazu dienen die Strategie zum Einen umzusetzen und zum Anderen zu kontrollieren. Die Kontrolle der Einhaltung der Strategien sollte auch von einem möglichst breit aufgestellten Gremium durchgeführt werden, idealerweise besteht dieses Gremium aus Mitgliedern der IT-Abteilung und auch Mitgliedern aus den Fachabteilungen. So wird sichergestellt, dass alle Interessen gewahrt werden. Folgende Ergebnisse sollten aus der User-Interface-Strategie-Entwicklung hervorgehen:

➢ Standardarchitekturen,
➢ Entscheidungsmatrix für User-Interface-Auswahl,
➢ Layout- und Bedienkonzepte für User Interfaces sowie
➢ Life-Cycle-Prozess für selbstentwickelte Composite-Applikationen.

3.3.1 Standardarchitekturen

Die User-Interface-Strategie sollte wenn möglich eine oder wenige andere Architekturen beschreiben, welche ohne Probleme in der eigenen IT-Abteilung betrieben werden können. Im Regelfall entscheidet man sich für ein Produkt, das dann für die Erstellung von Applikationen genutzt wird. Oftmals deckt sich dieses mit der Vendor-Strategie des Unternehmens. Nur in einzelnen Fällen werden extra für die Service-orientierten Anwendungen neue Produkte anderer Anbieter etabliert.

Mit der Beschreibung der Standardarchitekturen wird die Applikationsarchitektur meistens im groben Rahmen schon vorgegeben, dies verhindert Wildwuchs und Maintenance-Chaos im Unternehmen. Auch hier gilt: je detaillierter die Architektur erarbeitet wurde, umso genauer wissen die Applikationsarchitekten und Entwickler in welchen Bahnen sie sich bewegen können.

Im Bereich der NetWeaver Produktsuite der *SAP* kann sich ein Unternehmen zum Beispiel entscheiden, dass es Applikationen nur mittels der Web Dynpro für ABAP oder Web Dynpro für JAVA-Technologie entwickeln und betreiben möchte. Nur in zu genehmigenden Einzelfällen kann eine andere Technologie gewählt werden, bspw. wenn die Standardarchitekturen die Anforderungen nicht abdecken können. Dies schafft eine übersichtliche Applikationslandschaft, die optimal betrieben und supported werden kann.

3.3.2 Entscheidungsmatrix zur User-Interface-Auswahl

Steht einmal die Standardarchitektur im Unternehmen fest, so kann das Kontrollgremium ebenfalls beginnen darauf basierend weitere Entscheidungshilfen zu generieren. Diese erleichtern den Anwendungsdesignern und auch den Fachabteilungen, Entscheidungen bewusst für oder gegen ein bestimmtes User Interface zu treffen.

In einer solchen Matrix werden die einzelnen von der Strategie erlaubten User-Interface-Technologien verschiedenen Bewertungsmerkmalen gegenübergestellt und bewertet. Diese Bewertung sollte möglichst allgemeingültig gehalten werden und nicht zu sehr auf Spezifika der einzelnen Technologien ausgerichtet sein. Nach der durchgeführten Bewertung sollte sich aus der Matrix klar ablesen lassen, welches User Interface für die spezielle Aufgabe am besten geeignet ist und bevorzugt umgesetzt werden sollte. Eine vereinfachte Form einer solchen Matrix ist in Tabelle 1 abgebildet.

Es obliegt natürlich dem Kontrollgremium, die einzelnen Merkmale zu gewichten und auch Ausschlusskriterien zu definieren, sodass die Entscheidung in der letzten Zeile für eine R/3-Transaktion auch zu einer Entscheidung zugunsten einer anderen User-Interface-Technologie hätte führen können, unabhängig davon, welche Kriterien vorher dafür oder dagegen sprachen.

User-Interface-Flexibilisierung

Merkmal	Web Dynpro	R/3-Transaktion	Anforderungen
Transaktionshäufigkeit	gering	hoch	gering
Web-Fähigkeit	ja	eingeschränkt	ja
Endgeräte-Unabhängigkeit	eingeschränkt	eingeschränkt	ja
Komplexität der zu prozessierenden Daten	mittel	hoch	gering
Transaktionssicherheit	mittel	hoch	hoch
		Ergebnis:	**WebDynpro**

Tabelle 1:   Vereinfachte Entscheidungsmatrix

3.3.3 Layout und Bedienkonzepte für Applikationen

Ein weiteres wichtiges Werkzeug der User-Interface-Strategie sind Layout und Bedienkonzepte für Applikationen, die im Unternehmensumfeld geschaffen werden. Dazu können bisherige Standards herangezogen werden so sie bereits vorliegen, ansonsten ist es unbedingt ratsam, solch ein Standardwerk zu schaffen.

Der Vorteil daran ist, dass alle Applikationen bis auf wenige Ausnahmen die gleichen Bedienmechanismen besitzen und auch die gleiche Aufteilung. Dies kommt den Endbenutzern und auch dem Support-Personal zugute, da sich alle Applikationen nach dem gleichen Schema bedienen lassen. Dies schont einerseits das Schulungsbudget, weil die Bedienung der Applikation nun nicht mehr so ausführlich geschult werden muss, und andererseits auch das Support-Budget, da der Support nicht mehr so viele Tickets im Zusammenhang mit Fehlbedienungen bearbeiten muss. Außerdem steigert sich wie von selbst auch die Ergonomie aller Anwendungen, die im Unternehmen erstellt wurden.

Diese Konzepte lassen sich in zwei Teile aufgliedern. Der erste Teil ist sehr allgemein gehalten und beschreibt die Layout- und Design-Vorschriften in einem Umfang, der auf alle Anwendungen und unterstützte User-Interface-Technologien anwendbar ist. Oftmals liegt dieses Dokument schon im Zusammenhang mit einer Corporate Identity oder einer Web-Präsentationsrichtlinie vor.

Der zweite Teil bezieht sich dann auf die Unterschiede der einzelnen User-Interface-Technologie zu den generischen Standards aus dem ersten Teil, denn nicht immer lassen sich alle Eigenschaften, wie sie im ersten Dokument beschrieben sind, auf alle User-Interface-Technologien gleich anwenden. Das zweite Dokument deckt deshalb für jede User-Interface-Technologie die folgenden Aspekte ab:

- Unterschiede im Layout und im Design,
- zusätzliche Bedienelemente und Bedienparadigmen sowie
- Ersatzliste für fehlende oder andersartige Bedienelemente und Bedienparadigmen.

Durch die Zweigliedrigkeit des Dokuments ist es relativ einfach, zusätzliche User-Interface-Technologien mit in den Standard aufzunehmen (Anpassung Dokument zwei) oder aber die existierende Corporate Identity zu überarbeiten oder auszutauschen (Änderungen an Dokument eins).

3.3.4 Lifecycle-Prozess für eigenentwickelte Applikationen

Der Lebenszyklus einer Applikation kann im Grunde genommen in 8 Schritte gegliedert werden, die sich in drei Hauptphasen differenzieren:

- Entwicklung,
- Betrieb und
- Abschaltung.

In den Bereich der *Entwicklung* fallen die Phasen:

- Erfassung fachlicher Anforderungen,
- Erfassung technischer Anforderungen,
- Planung und Design der Lösung,
- Implementierung und
- Release.

Der Bereich *Betrieb* deckt die folgenden Phasen ab: Betrieb und Wartung. Die letzte Phase *Abschaltung* befasst sich mit der Ausphasung der Applikation.

Das Governance-Gremium sollte Richtlinien erlassen, wie die einzelnen Schritte im Life Cycle ablaufen und welche Voraussetzungen erfüllt sein müssen um in den nächsten Prozessschritt über zu gehen. Besonderes Augenmerk wird hier auf die Abstimmung der beteiligten Abteilungen (Fachabteilung, IT-Abteilung und Entwicklungsabteilung usw.) und die ausreichende und richtige Dokumentation gelegt. Der größte Mangel in den Projekten ist oftmals die fehlende Abstimmung der beteiligten Gruppen sowie eine unzureichende oder gar fehlende Dokumentation. Dies wird umso dramatischer, desto verteilter die Systeme arbeiten. Was also bei einer monolithischen Applikationsarchitektur noch durchaus verschleiert werden kann, wird bei einer Service-orientierten Architektur auf jeden Fall auffallen. Denn dann führt fehlende Abstimmung unter den Beteiligten und eine mangelhafte Dokumentation fast immer zu verminderter Wiederverwendbarkeit von Services und Komponenten. Das wiederum schadet der Flexibilität der Systemlandschaft im Unternehmen.

User-Interface-Flexibilisierung 171

Deshalb ist das A und O einer guten SOA ein starkes breit aufgestelltes Governance-Gremium zu schaffen und hohe Standards an die Dokumentation und Projektumsetzung zu stellen. Fehler in einem Service treten mit der Häufigkeit der Wiederverwendung ein und gefährden unter Umständen den Ablauf und die Sicherheit mehrerer Prozesse.

4 Flexible User-Interface-Selektion

In den vorhergehenden Kapiteln wurde die User-Interface-Strategie eines Unternehmens definiert. Diese gibt vor, in welchem Rahmen sich Einzelprojekte bewegen dürfen, wenn sie Unternehmensstandard-konforme User Interfaces entwickeln wollen.

Innerhalb dieses Rahmens muss sich das Projekt dann bewegen, wenn spezifisch für einzelne Nutzergruppen oder Zielumgebungen Applikationen geplant werden. Um diesen Entscheidungsprozess aufzuzeigen wurde ein Beispiel gewählt, in dem innerhalb einer Applikation ein und der gleiche Prozessschritt für verschiedene Zielgruppen umgesetzt wird. Das Beispiel greift dabei drei Arbeitsplätze auf, wie sie im Unternehmen unterschiedlicher nicht sein können und macht dadurch auch auf die Notwendigkeit unterschiedlicher User Interfaces deutlich.

Sekretariat:
Ein Arbeitsplatz im Sekretariat ist normalerweise ein Arbeitsplatz der dem Mitarbeiter fest zugewiesen ist.

Ein Desktop-Rechner mit Bildschirm gehört dort zur Standardausstattung. Auf dem Desktop-Rechner können Standard-Applikationen und Web-Applikationen ausgeführt werden. Der Rechner verfügt über eine zuverlässige und schnelle Anbindung an das Firmennetzwerk. Der Bildschirm kann hochauflösende Grafiken darstellen und hat typischerweise eine Auflösung von mehr als 1024*768 Pixel. Diese Rechner sind prinzipiell in der Lage, jegliche User Interfaces darzustellen.

Lager:
In einem Lager hat der Lagerarbeiter oftmals nur einen PDA mit dem er seine Arbeitsschritte durchführt. Dieser PDA ist idealerweise, aber auch nicht immer, per WLAN an das Firmennetzwerk angebunden. Je nach Größe des Lagers kann diese Anbindung gestört sein, oder Stellenweise ganz ausfallen. Die Eingabemöglichkeiten sind je nach Modell verschieden. Es kann ein Stylus vorhanden sein, oder aber eine rudimentäre Tastatur. Obwohl bei neueren Modellen der Bildschirm mittlerweile höher auflöst, ist hier der Standard 320*240 Pixel. Die Performance der CPU in solchen PDAs ist in der Regel nur ein Bruchteil der Performance von heutigen Desktop-Rechnern. Das Betriebssystem kann nur speziell erstellte Applikationen ausführen.

Außendienst:
Der Außendienstmitarbeiter verfügt oftmals über keinen festen Arbeitsplatz in der Firma, vielmehr steht ihm ein mobiler Laptop-Rechner zur Verfügung. Zugriff auf das Firmennetzwerk hat dieser Mitarbeiter nur sporadisch, wenn er sich in der Firma aufhält, in Hotels über eine sogenannte VPN-Verbindung oder neuerdings immer häufiger verbreitet über eine

UMTS-Datenkarte, welche mobiles Internet zur Verfügung stellen. In Verbindung mit einer VPN-Lösung bietet die UMTS-Karte quasi von überall Zugang in das eigene Firmennetzwerk, allerdings mit schwankenden Verbindungsgeschwindigkeiten. Die übrige Konfiguration des Laptop-Computers entspricht in der Regel der des Desktop-Computers, der im Sekretariat eingesetzt wird.

In einem konstruierten Beispiel müssen nun alle drei Mitarbeiter auf die Kundenstammdaten des Unternehmens zugreifen. Eine grundlegende Analyse nach verschiedenen Gesichtspunkten ergibt Folgendes.

Lagerarbeiter:
Der Lagerarbeiter muss zu einer Lieferung, die er gerade abwickelt, die entsprechende Versandadresse heraussuchen und die Lieferung dem Spediteur übergeben. Dabei muss er innerhalb des Versandlagers frei beweglich sein und die Informationen zu jederzeit abrufen können. Die hohe Mobilität fordert ein extrem mobiles und somit kleines Endgerät. Dies bringt eingeschränkte Bedienung und Anbindung an das Firmennetzwerk mit sich. Deshalb benötigt der Außendienstmitarbeiter ein User Interface, das klar strukturiert in mehreren Stufen die Eingaben erfasst und Ergebnisse übersichtlich, auf das wesentliche reduziert, darstellt. Ein PDA in Zusammenhang mit *SAP* NetWeaver Mobile ist hier die perfekte Lösung für den Arbeitsplatz.

Sekretärin:
Die Sekretärin möchte im Rahmen einer Marketingmaßnahme Kunden gefiltert nach verschiedenen Kriterien anschreiben. Ihr steht für ihre regulären Aufgaben ein PC mit direkter Anbindung an das Firmennetzwerk zur Verfügung. Nun kann man unterscheiden, ob sie diese Aufgabe häufiger durchführt, dann kann man ihr Zugriff auf den nativen Rich- oder Fat-Client geben.

Sollte sie jedoch mit den Aufgaben nicht sehr vertraut sein, dann bietet es sich an auch hier ein strukturiertes und gut geführtes User Interface anzubieten, idealerweise als webfähige Anwendung. Der *SAP* GUI als Rich Client oder das *SAP*-NetWeaver-Portal in Kombination mit dem *SAP* Composition Environment als Applikationslaufzeitumgebung wären hier als Lösung für das strukturierte und geführte User Interface.

Außendienstmitarbeiter:
Der Außendienstmitarbeiter möchte die Adresse des Kunden nachschlagen zu dem er gerade unterwegs ist und Informationen über seine letzten Besuche bekommen. Da der Außendienstmitarbeiter viel unterwegs ist und keine zuverlässige Anbindung an das Firmennetzwerk besitzt, bietet es sich an, diesen Mitarbeitern einen externen Zugang über eine Extranet, oder VPN-Lösung anzubieten. Da die Informationen spezifisch für einen Kunden sind und keine Massentransaktion benötigen, kann man hier eine Portallösung einsetzen. Zum einen eignet sich eine webbasierte Lösung, welche über den Browser bedient werden kann. In vereinzelten Fällen kann sich aber auch ein Sprachportal eignen, das es dem Außendienstmitarbeiter erlaubt, per Sprachbedienung über sein Mobiltelefon an die entsprechenden Daten zu gelangen. Hier bietet sich das *SAP*-NetWeaver-Portal mit dem Composition Environment als Anwendungslaufzeit-Umgebung für Web-basierte Lösungen an und die NetWeaver-Voice-Lösung für sprachbasierte Portale.

5 User-Interface-Entwicklung speziell in Service-orientierten Architekturen

User Interfaces bilden das Bindeglied zwischen einem Service und dem Service-Anwender (Endbenutzer). Sie unterscheiden sich grundsätzlich in der Bedienung und Präsentation. Eine breite Palette an unterstützten User Interfaces ist für eine erfolgreiche, flexible Implementierung besonders hinsichtlich der Aspekte der Prozessoptimierung unersetzlich.

Jedes User Interface hat seine spezifischen Ausprägungen, welche den Einsatz in bestimmten Szenarien und auf bestimmten Endgeräten begünstigen. So kann beispielsweise Web Dynpro Lite für mobile Geräte (wie PDAs) und Adobe Flex für kontrollierte Daten-Requests (für gezielte Performancesteigerungen beim clientseitigen Datentransfer) eingesetzt werden.

Bei vielen Projekten der *BearingPoint GmbH* hat sich bestätigt, dass in einer User-Interface-Strategie stets eine ganzheitliche Analyse der Geschäftsprozesse wie auch der darunterliegenden Informationstechnologie erforderlich ist. Bei dieser Analyse können unter anderem die folgenden Fragestellungen hilfreich sein:

- Welche Benutzergruppen konsumieren welche Services?
- Wie oft werden die Services konsumiert?
- Welche Endgeräte können den Prozessschritt optimieren (Usability, Prozessablaufgeschwindigkeit)?
- Welche und wie viele Daten müssen eingegeben und abgerufen werden?
- Welche Sicherheitsstufe ist für die übertragenen Daten vorgeschrieben?

Eine Applikation oder Anwendung in einer SOA umfasst das wechselseitige Zusammenspiel einer Dienstleistung (Service) und die zugehörige Benutzerschnittstelle (User Interface).

Bei der Implementierung einer Applikation werden drei verschiedene User-Interface-Strategien verfolgt. Dabei wird danach unterschieden inwieweit die Benutzerschnittstelle in den Service integriert ist. In der Regel werden die Strategien in folgende drei Kategorien aufgeteilt:

- Monolithische Anwendungen,
- Rich-Client-Anwendungen und
- Thin-Client-Anwendungen.

	Monolithisches System	Rich Client	Thin Client
Integrationsgrad von Applikationen und User Interfaces (UI)	➢ UI ist mit Service in einer Applikation verschmolzen	➢ Auslagerung mancher Funktionen der Applikation in das UI	➢ strikte Trennung zwischen Applikation und UI
SAP-Lösungen		➢ Standard *SAP* GUI ➢ NetWeaver Business Client	➢ WebDynpro ➢ Visual Composer
UI-Techniken mit Java	➢ Applikation mit integrierter GUI (AWT, Swing)	➢ Swing ➢ AWT ➢ RPC ➢ SOAP ➢ JAVA Applets	➢ Java Server Faces ➢ JAX-WS ➢ JSP
Abhängigkeiten	➢ unabhängig von Drittsystemen, volle Abhängigkeit auf eine Systemlandschaft (z. B. Betriebssystem)	➢ abhängig von der Verbindung zum Applikationsserver ➢ durch lokales Caching auch offline lauffähig	➢ abhängig von der Verbindung zum Applikationsserver ➢ durch lokales Caching auch offline lauffähig
Komplexität der UI-Funktionalität	➢ maximal ➢ eignet sich für komplexe grafische Anwendungen		➢ niedrig ➢ im Wesentlichen Beschränkung auf W3C-Standards.
Wiederverwendbarkeit der UI	➢ keine		➢ hoch
Wartung	➢ schlechte Wartbarkeit durch redundanten Code ➢ komplexere Struktur		➢ Wartbarkeit ohne detaillierte Kenntnisse über die Applikation möglich
Performance-Laufzeit	➢ optimale Laufzeiteigenschaften		➢ volle Abhängigkeit von der Verbindung zum Server ➢ kritische Laufzeiteigenschaften
Aufwand für die Distribution	➢ hoher Aufwand, für jede Distribution muss ein komplettes Systemumfeld für Applikation und UI geschaffen werden.		➢ einfache Distribution (Voraussetzung ist Webbrowser)
Kosten der Distribution	➢ hohe Kosten		➢ einmalige, sehr geringen Kosten für die Entwicklung der Applikation und der UI
Entwicklungsaufwand für UI	➢ hoch	➢ sehr hoch	➢ niedrig
Integrationsmöglichkeit von Web-Portalen	➢ nein	➢ unter Umständen	➢ ja
Eignungsgrad für SOA	➢ keine übergreifende Systemlandschaft mit einer SOA möglich	➢ gut geeignet für eine SOA	➢ eignet sich auch für komplexere Anwendungen. ➢ Mit der Komplexität steigt die Abhängigkeit zum Applikationsserver. ➢ hohe Wiederverwendbarkeit ➢ gute Wartbarkeit der Komponenten ➢ z. T. abhängig von Verbindung zum Server, lokal gute Laufzeiteigenschaften ➢ mittlerer Aufwand für die Einrichtung eines UI Clients ➢ Kosten für die Entwicklung der Applikation und der UI einmalig ➢ moderate Kosten für Einrichtung eines UI Clients

Tabelle 2: Direkter Vergleich der User-Interface-Strategien (Nachteile sind markiert)

User-Interface-Flexibilisierung 175

Hinsichtlich der Strategien gilt, dass ein Thin-Client durch seine Flexibilität und geringen Kosten in der Regel die erste Wahl ist. Hohe Kosten für Wartung und Entwicklung machen monolithische Systeme im SOA-Umfeld unattraktiv.

Als Mischlösung eignet sich die Rich-Client-Lösung für Einsatzgebiete, in denen komplexe User Interfaces sowie eine hohe Flexibilität der Applikation gefragt sind.

Die heutigen Lösungen zu Service-orientierten Architekturen wie zum Beispiel *SAP* NetWeaver basieren fast ausschließlich auf Thin-Client-Lösungen. Das schnelle Deployment und die Server-seitige Strukturierung der Applikation erlaubt extrem schnell auf geänderte Anforderungen zu reagieren und für die Endanwender völlig transparent eine neue Version der Anwendung oder eine neue Version des Prozesses in Betrieb zu setzen. Dabei werden die Prozesse in geeigneten Tools wie zum Beispiel dem *SAP* Business Process Manager modelliert und die notwendigen Punkte zur Benutzerinteraktion können ermittelt werden. Daraufhin werden dann speziell zugeschnittene User Interfaces für jeden einzelnen Interaktionspunkt geschaffen. Der Vorteil hierbei ist, dass man nicht auf eine User-Interface-Technologie festgelegt ist, sondern aus den vollen Funktionalitäten der SOA Suite schöpfen kann. Im Extremfall kann für jeden Interaktionsschritt eine andere User-Interface-Technologie eingesetzt werden.

Die so geschaffenen Applikationen sind in hohem Maß prozessorientiert, nicht nur im Ablauf, sondern auch in ihrem Design, sodass Prozessänderungen nicht immer ein komplettes Redesign der bestehenden Applikation erfordern.

Außendienstmitarbeiter
- mobiles Endgerät
- Zugriff über schmalbandiges Web-Interface
- Abrufen vereinzelter Kundendaten
- vorwiegend lesender Zugriff
- wenige schreibende Operationen
- Visualisierung von vereinzelten Daten

Innendienstmitarbeiter
- vollwertiger PC-Arbeitsplatz
- Zugriff über breitbandiges Firmennetzwerk
- intensive Pflege der Stammdaten
- lesender und schreibender Zugriff
- Anzeige von vielen und komplexen Sachverhalten
- Performance ist Key-Kriterium

| Web Client | User Interface Layer | Rich Client |

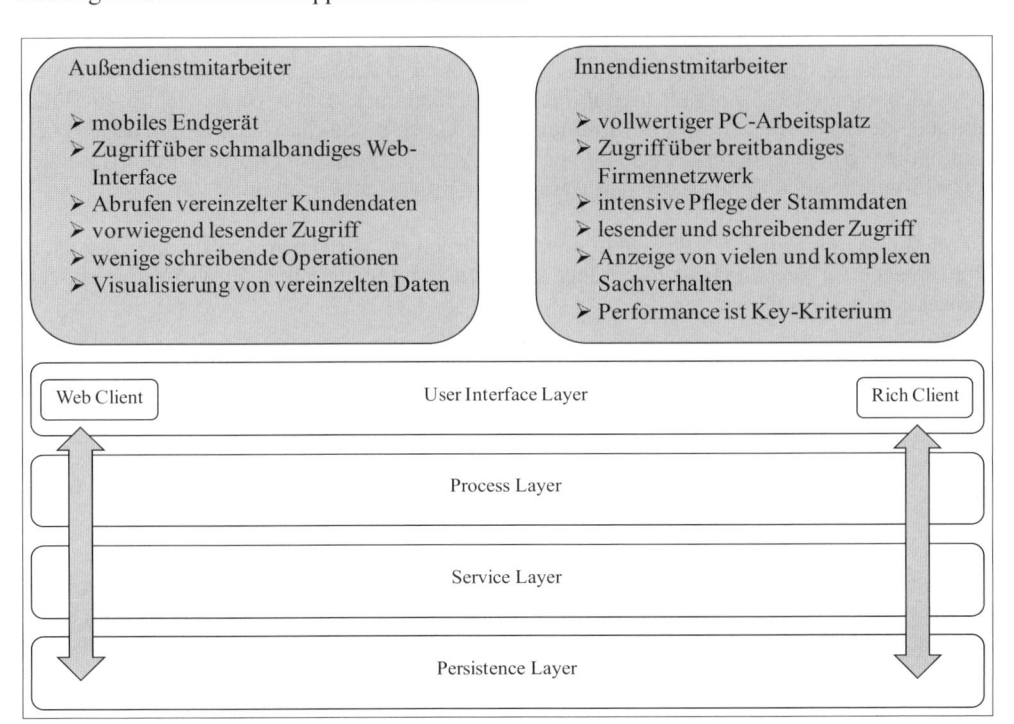

Process Layer

Service Layer

Persistence Layer

Abbildung 3:   Zugriff verschiedener Client-Technologien unter Nutzung einheitlicher Service-Architekturen

5.1 Flexibilität

Die Applikation und der Prozess weisen die gleiche Gliederung auf. Aufgrund der enormen Prozessorientierung kann die Applikation analog dem Prozess verändert und in großem Maße auch redesigned werden.

Bestehende User Interfaces können beibehalten und wiederverwendet werden, wenn die Prozessschritte gleich oder ähnlich sind.

5.2 Usability

Durch die Flexibilität, jederzeit zwischen den User Interfaces wechseln zu können kann eine Applikation geschaffen werden, welche den Prozess optimal bedient und auch gezielt auf die Bedürfnisse der Endanwender eingeht.

Es kann sogar so weit gehen, dass man einen Prozessschritt in mehreren User-Interface-Technologien implementiert um den Usern die Wahl zu lassen, für welches User Interface sie sich entscheiden, damit die Art und Weise wie ein Endbenutzer arbeitet ebenfalls optimal unterstützt wird.

5.3 Performance

In der Ablaufgeschwindigkeit sind SOA-Applikationen in der Regel schon durch die verwendete Technologie langsamer als monolithische Applikationen. Daher ist es wichtig, die Interaktionen der Endbenutzer auf ein Minimum zu reduzieren und die Daten möglichst effizient und optimal zu präsentieren. Hier wird vor allem Wert auf einen strukturierten und fest geleiteten Programmablauf gelegt, der sehr stark an den Prozessablauf gebunden ist.

Durch die „häppchenweise" Präsentation und Verarbeitung der Daten ist die wahrgenommene Performance für den Endanwender höher als wenn er in einem Bildschirm extreme Massentransaktionen durchführen muss.

Nichts desto trotz ist die Performance ein Schlüsselkriterium und muss auf Jeden Fall bei der Auswahl des User Interfaces berücksichtigt werden.

5.4 Client-Technologien

In Service-orientierten Architekturen spielt die Verwendung der Client-Technologie eine große Rolle. Vornehmlich sind Rich Clients und Thin Clients anzutreffen. Ihre nahe Kopplung an ein Backend-System erlaubt so die starke Einbindung in die Services. Die Kopplung an ein Backend-System wurde früher oft als Makel der Technologien benannt, stellt sich heute aber zunehmend als Vorteil heraus.

5.4.1 Fat Client

Fat Clients sind in heutigen Service-orientierten Applikationen eher selten anzutreffen, ihre Domäne liegt in eigenständigen Applikationen mit einer sehr losen Prozesskopplung. Fat Clients müssen Prozessdaten extrahieren, in einem Cache vorhalten und die veränderten Prozessdaten später wieder dem Prozess zur Verfügung stellen. Eine zuverlässige und sichere Implementierung dieser Schritte stellt sich oftmals als Herausforderung dar, weshalb in Service-orientierten Architekturen möglichst auf diese Form des Clients verzichtet wird.

5.4.2 Thin Client

Der Vorteil der Thin Clients ist die totale Integration in den Prozess. Thin Clients sind zwar nicht so performant wie manche Rich-Client-Integration, bieten aber den Vorteil völlig transparent für die Endanwender ausgetauscht und gewartet werden zu können. Thin-Client-Implementationen sind die erste Wahl in sich häufig ändernden Umgebungen oder in Systemlandschaften mit sehr heterogenen Systemvoraussetzungen (z. B. Betriebssystem, Hardware-Ausstattung).

5.4.3 Rich Client

Der Rich Client als Zwischenform des Fat- und Thin Clients vereint Vorteile aus beiden Welten. So bietet er eine nahtlose Kopplung an die Backend-Systeme, kann aber auf der anderen Seite eine eigene Logik implementieren und bringt eigene User Interfaces mit. In geschwindigkeitskritischen Umgebungen sollte der Rich Client bevorzugt werden.

6 Wie kann ein Unternehmen bisherige und zukünftige Investitionen sichern?

Gerade jetzt stehen viele Unternehmen am Scheideweg zur Service-orientierten Architektur. Die Softwarehersteller haben mittlerweile ihre Produkte voll auf Service-orientierte Architekturen umgestellt, sodass Kunden sich entscheiden können Ihre Architektur wie bisher, oder aber Service-orientiert zu betreiben.

Dabei macht es wenig Sinn, in einem riesigen Rollout die gesamte IT des Unternehmens umzustellen. Vielmehr empfiehlt es sich, sich einen überschaubaren, aber zentralen Prozess im Unternehmen auszuwählen und diesen in die neue Architekturform zu überführen. Dieser Test kann dazu genutzt werden, die verschiedenen Tools und Governance-Prozesse, die eine SOA erfordert, zu entwickeln und zu testen, sodass dann sukzessive weitere Prozesse migriert werden können.

Je mehr Prozesse eines Unternehmens in die Service-orientierte Architektur überführt wurden, desto größer wirken sich deren Vorteile im Betrieb aus.

Mit dem Upgrade, z. B. auf die neueste Version der *SAP*-NetWeaver-Plattform, können Kunden ihre Systemlandschaft wie bisher betreiben, oder aber zu jedem beliebigen Zeitpunkt den Schritt wagen Service-orientiert zu agieren. Doch ist hier nicht zu vernachlässigen, dass man nicht das volle Potenzial einer SOA ausschöpfen kann, solange man sich im Test- oder Mischbetrieb befindet.

Gerade in den Bereichen der webbasierten Anwendungsentwicklung im *SAP*-NetWeaver-Umfeld ergeben sich Potenziale, die schnelle und gute Resultate mit sich bringen können. Da gerade im Bereich der User-Interface-Entwicklung die Migration der Softwarehersteller hin zu Service-orientierten Architekturen als erste begonnen haben und dort auch schon weitestgehend abgeschlossen sind.

Weiterhin gilt es zu betrachten, ob es sich lohnt eine fest installierte und implementierte Applikation auf Gedeih und Verderb in eine SOA zu überführen, oder ob es besser ist, das Ausphasen der Applikation im Software Lifecycle abzuwarten und diese dann durch eine neue SOA-Applikation zu ersetzen. Diese Entscheidung muss von Fall zu Fall getroffen werden.

7   Blick in die Zukunft

Nahezu alle Anbieter von Unternehmenssoftware haben mittlerweile die Service-orientierte Architektur aufgegriffen oder arbeiten an der Veröffentlichung entsprechender Software Releases. Angefangen bei den User-Interface-Technologien bis hin zu den Backbones der Systeme stehen grundlegende Funktionalitäten als Services zur Verfügung. Dies erleichtert es den Unternehmen einerseits, maßgeschneiderte Prozesse in Anwendungen abzubilden und andererseits auch eine gewisse Heterogenität in der Systemlandschaft zu besitzen, da die Services entsprechend dokumentiert und die Schnittstellen entsprechend offen gelegt sind. Der Trend wird dahin gehen, dass in der IT-Abteilung wieder verstärkt Best-of-Breed-Module für bestimmte Funktionalitäten und Prozessschritte eingesetzt werden, die Aufwände für deren Integration werden aber deutlich geringer werden.

Zusätzlich wird es für Fremdhersteller einfacher sein, Anwendungen und Module an existierende Systeme anzubinden und so den Kunden die Möglichkeit geben kostengünstig und flexibel die eigene Landschaft, um gewünschte Funktionalitäten zu erweitern oder Funktionalitäten auszutauschen.

Das Thema Cloud Computing wird ebenfalls immer aktueller und nur durch eine funktionierende SOA-Landschaft ermöglicht. Die Hersteller müssen hier noch stärker standardisieren und spezifizieren, sodass Services mehr und mehr in die Cloud ausgelagert werden können, was wiederum eine gewisse Herstellerunabhängigkeit mit sich bringen wird.

Zukünftiges Hauptaugenmerk wird also weniger auf den Funktionalitäten einer Software Suite liegen als vielmehr auf deren Tools zur Modellierung und Bereitstellung von Anwendungen und Prozessen sowie deren Fähigkeit sich an andere Service-basierte Produkte zu verbinden und zu interagieren.

SOA-Enterprise-Portale –
Integrations-Plattformen für eine Business Suite

JÜRGEN TREFFERT

Duale Hochschule Baden Württemberg Lörrach
und *STZ-ManagementCockpIT*

1 Enterprise-Portale 181
   1.1 Enterprise-Portale aus Unternehmenssicht.. 181
       1.1.1 Der „Portal-Würfel" zwecks Darstellung möglicher
            Portal-Einsatzbereiche 181
       1.1.2 Der Weg: „Pragmatische" Einstiegsszenarien 183
       1.1.3 Die Vision einer umfassenden Business Suite............................. 184
   1.2 Portale aus IT-Sicht.. 185
       1.2.1 Charakteristika von Portal-Software.. 186
       1.2.2 Die Portal-Präsentation 187
       1.2.3 Die Portal-Laufzeitumgebung 189
2 Architektur-Anforderungen an ein „business-suite-fähiges" Enterprise-Portal ... 190
   2.1 Service-orientierte Architektur (SOA) als Grundvoraussetzung.................. 190
       2.1.1 Priorität für Business Services... 190
       2.1.2 Architekturmerkmale einer SOA 192
       2.1.3 Portlets und SOA 193
   2.2 Anforderungen an die Integrationsfähigkeit 195
       2.2.1 Integrationsarten 195
       2.2.2 Die Onboard-Integrations-Infrastruktur von Portal-Software 196
       2.2.3 Die besondere Rolle des Enterprise Service Bus (ESB) 197
   2.3 Anforderungen an die Mission-Critical-Fähigkeit 198
Quellenverzeichnis... 199

1 Enterprise-Portale

Allgemein betrachtet sind Portale mächtige Haupt-Zugangs-Pforten. Der Begriff „Enterprise Portal" ist in vielerlei Hinsicht spezieller. Er muss zum einen aus der Unternehmenssicht (siehe Kapitel 1.1) und zum anderen aus der IT-Sicht (siehe Kapitel 1.2) charakterisiert werden.

1.1 Enterprise-Portale aus Unternehmenssicht

Ein Enterprise-Portal ist aus Unternehmenssicht eine Website, die „eintrittsberechtigten" Mitarbeitern, Kunden, Lieferanten und sonstigen Unternehmens-Partnern

- Contents bereitstellt und/oder
- die Zusammenarbeit erleichtert und/oder
- Unterstützung bei der Funktionserfüllung bietet und/oder
- eine Geschäftsprozessintegration ermöglicht.

Eine solche Website kann über Internet-, Intranet- und Extranet-Infrastrukturen mit Hilfe von Personal-Computern, Laptops, Mobile Devices, etc. erreichbar sein.

1.1.1 Der „Portal-Würfel" zwecks Darstellung möglicher Portal-Einsatzbereiche

Die Einsatzbereiche von Portalen sind also vielfältig und erstrecken sich längs dreier „Dimensionen" (siehe Abbildung 1).

Die „Was"-Dimension: Unterstützungsarten

- *Bereitstellung von Content*: Unter „Content" soll der „informations-haltige" Teil beliebiger Träger-Medien[1] verstanden werden. „Informations-haltig" ist ein Träger-Medium dann, wenn man es nicht nur syntaktisch sondern auch semantisch (inhaltlich) versteht. Im heute noch seltenen Idealfall „wissensnaher Informationen" bietet ein Träger-Medium darüber hinaus sogar Ursache-Wirkungs-Zusammenhänge mit (pragmatischer) Handlungsrelevanz.

- *Erleichterung der Zusammenarbeit*: „Zusammenarbeit" (Kollaboration) soll als Oberbegriff für <u>K</u>ooperation (miteinander an etwas arbeiten), <u>K</u>oordination (etwas untereinander abstimmen) und <u>K</u>ommunikation (einander etwas mitteilen) stehen. Diese 3K's waren „früher" Domäne einer Groupware, werden aber zunehmend auch von portal-integrierter „social software" vereinnahmt (Wikis, Blogs, Foren).

- *Unterstützung bei der Funktionserfüllung*: Unter „Funktionen" sollen einzelne Tätigkeiten der Objekt-(Teil-)Bearbeitung verstanden werden. Je nach Granularität können Elementar-Funktionen (z. B. Auftrag erfassen) und Verbund-Funktionen (z. B. Adressen

---

[1] Vgl. GROSSMANN/KOSCHEK (2005), S. 18.

verwalten) unterschieden werden. Zur Funktionserfüllung wird in der Regel auf „Contents" zugegriffen und mit anderen „zusammengearbeitet". Betriebliche Funktionen sind oft Bestandteile von Geschäftsprozessen.

➤ *Ermöglichung der Geschäftsprozessintegration*: Unter „Geschäftsprozess" soll eine durch ein Ereignis ausgelöste Ablauffolge betrieblicher Funktionen verstanden werden, die sich in der Regel über mehrere Beteiligte hinweg erstreckt und an deren Ende ein Objekt möglichst ganzheitlich bearbeitet wurde (z. B. der Order-to-Cash-Prozess im Rahmen von ERP-Systemen).

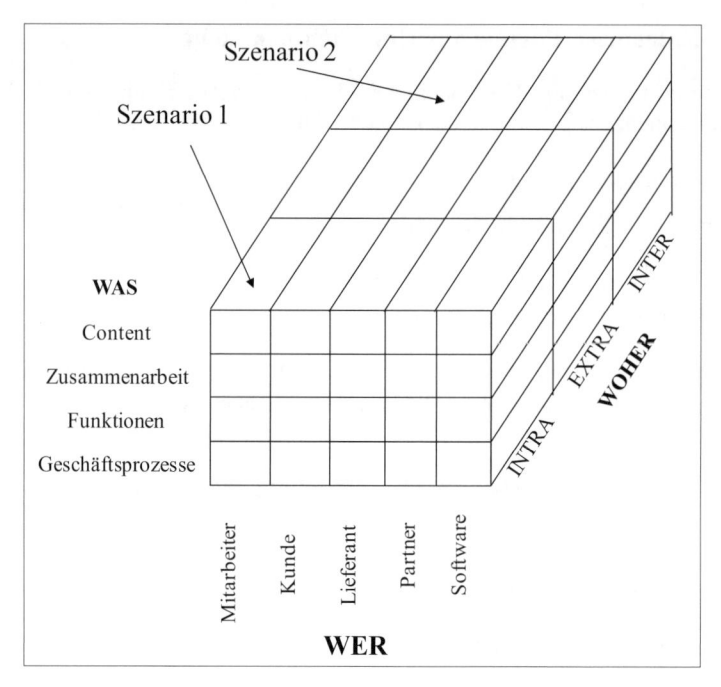

Abbildung 1: Portal-Einsatzbereiche dargestellt im Portal-Würfel

Die „*Wer-Dimension*": Eintrittsberechtigte

➤ Mitarbeiter
➤ Kunden
➤ Lieferanten
➤ Sonstige Partner
➤ (Software-)Maschinen

Ein Enterprise Portal öffnet sich Mitarbeitern, (potenziellen) Kunden, (potenziellen) Lieferanten und sonstigen Partnern immer nur entsprechend der ihnen zugewiesenen Rechte. Im Falle von „(Software-) Maschinen" treten zwecks Zusammenarbeit Software-Funktionalitäten über Portale miteinander in Verbindung (z. B. im B2B-Umfeld zwecks Übergabe der Bestellung eines Unternehmens A in die Auftragsbestände des Unternehmens B).

Die „Woher"-Dimension: Zugänge

Unternehmen können Computern jeglicher Art (PCs, Laptops, Mobile Devices, etc.) über folgende Infrastrukturen Zugang zu ihren Portalen gewähren:

- Internet
- Intranet
- Extranet

Je nach Ausprägung der drei Dimensionen kann das unternehmensspezifische Aussehen eines Enterprise Portals also recht unterschiedlich sein. Die obigen Ausführungen machen zudem deutlich, dass ein – alle „Subwürfel umfassender – „total system approach" bei der Einführung von Enterprise-Portalen nahezu unmöglich ist.

1.1.2 Der Weg: „Pragmatische" Einstiegsszenarien

Stattdessen konzentrieren sich Unternehmen in aller Regel auf gut überschaubare Ausschnitte aus dem oben dargestellten „Portal-Würfel" und dehnen den Umfang eines Portals eventuell in späteren Ausbauschritten aus. Bis heute waren vor allem folgende zwei Portal-Einstiegsszenarien recht beliebt.

- *Szenario 1*: Viele Unternehmen drückt der „Information Overload" in den Büros. Ein geordneter und zentraler Portal-Zugang zu schwach- und unstrukturierten Contents (Dokumenten, Images, etc.) soll dem entgegen wirken und wird deshalb in den Mittelpunkt gestellt. Um gleichzeitig den unleidigen Kreuz-und-quer-mail-Verkehr einzudämmen werden auch neue Formen der kollaborativen Content-Dokumentation, wie z. B. Wikis oder Foren eingesetzt. Von hier aus ist es dann ein naheliegender Schritt, Enterprise-Portale auch als Community-Plattform für eine effektivere Zusammenarbeit mit anderen Menschen (Mitarbeitern, Kunden, Lieferanten, Partnern) zu nutzen (siehe „Szenario 1 in Abbildung 1).

- *Szenario 2*: Sehr oft sind es Marketing- und Vertrieb, die mit dem aktuellen „statischen" Internet-Auftritt ihres Unternehmens unzufrieden sind und deshalb ein Enterprise-Portal-Projekt initiieren. Ziel sind dynamische – einfachst und online durch eigene Mitarbeiter pflegbare – Internetseiten, die dem Kunden „lebendige" und stets aktualisierte Contents bieten. Als Value Added Services sollen dem Kunden auch kleinere Werkzeuge (little helper) angeboten werden, die ihm bei seiner Funktionserfüllung helfen (z. B. Währungs- und Maß-Umrechner). Zur effizienteren Kundenbindung werden auch hier kollaborative Plattformen (zur Unterstützung der 3 K's) immer wichtiger. Es bestehen höchste Anforderungen an die Außenwirkung der Portalseiten (siehe „Szenario 2 in Abbildung 1).

Die aufgezeigten Szenarien zeichnen ein recht typisches Bild wohl der meisten heute im Einsatz befindlichen Enterprise Portale:

- „Contents" spielen die zentrale Rolle. Hierbei wird der Content-Begriff vor allem mit „schwach-strukturierten" Trägermedien, wie z. B. (Text-)Dokumenten oder Internet-Seiten sowie mit „unstrukturierten" (evtl. um Meta-Daten ergänzten) Trägermedien (wie z. B. Bilder, Videos, Audios) assoziiert. „Faktische Informationen" auf „strukturierten"

Trägermedien (wie z. B. den Informations-Banken der kennzahlenorientierten Management-Informations-Systeme) blieben bisher meist gänzlich unbeachtet.

> Beeinflusst durch Web 2.0 gibt es inzwischen aber auch viele Portale, die die Zusammenarbeit fördern (indem sie z. B. Zugang zu Wikis, Foren, Blogs, RSS-Feeds, Gruppen-Terminkalender, etc. bieten).

> Funktionsunterstützende Werkzeuge finden in Enterprise-Portale erst langsam und eher als „little helper" denn als umfassende Business-Applikationen Einzug.

> Eine Unterstützung von „Geschäftsprozessen" ist gegenwärtig in Enterprise-Portalen nur recht wenig vorzufinden. Erste Ansätze sind in „Content-Genehmigungs-Workflows" zu erkennen.

1.1.3 Die Vision einer umfassenden Business Suite

Ungeachtet der momentanen Priorisierung von „Contents" und „Zusammenarbeit" liegt es nahe, in Enterprise-Portale zunehmend auch Business-Applikationen sowie komplette Geschäftsprozesse zu integrieren (siehe Abbildung 2). Auf diese Weise könnte z. B. durch Einbezug unterschiedlicher real existierender Software-Bausteine aus den Bereichen „Business Intelligence", „Office-Automation", „CRM", „ERP", etc. sukzessive eine virtuelle „Business Suite" entstehen.

Ein Enterprise-Portal im Sinne einer „Virtual Business Suite" ist spätestens im ausgebauten Zustand eine absolut „geschäftskritische Anwendung" (mission critical application).[2]

Aus Mitarbeitersicht präsentiert sich ein derart ausgebautes Enterprise-Portal als „browserbasierter Geschäfts-Desktop"[3]. Dieser erlaubt ihm einerseits den nahtlosen Zugriff auf „alles was er braucht" um seine Arbeit zu erledigen.[4] Andererseits liefert er dem Anwender aber (personalisiert) wirklich nur das, was er wirklich benötigt und sehen will.

Die Ansprüche der unternehmensexternen Benutzer eines Portals sind bezüglich der personalisiert zur Verfügung zu stellenden Informationen, Funktionen und Prozesse sicherlich geringer. Dafür muss aber ein nach außen gerichtetes Enterprise Portal wesentlich mehr Wert auf die Portal-Gestaltung im Sinne eines zielgruppengerechten Corporate Designs legen.

Auch im Business-Umfeld ist ein eindeutiger Trend in Richtung „ubiquitous computing" fest zu stellen. Der User will das Enterprise Portal also nicht nur über seinen PC oder Laptop per Browser (nach seiner Wahl) erreichen können, sondern zunehmend auch über „mobile devices" per WAP-Browser. Portale müssen also mit sehr unterschiedlichen Front/Ends umgehen können, wodurch der Entwicklung Device-angepasster „Themes" eine sehr große Rolle zukommen wird.

---

[2] Vgl. *FINK* (o. J.), S. 5 ff.
[3] Vgl. *PUSCHMANN* (2007), S. 58.
[4] Vgl. *CAP GEMINI/ERNST&YOUNG* (2003), S. 2.

Mitunter wollen User aber auch über ihre „bewährten" Explorer-Strukturen (z. B. den MS Explorer) mittels WebDAV direkt auf Dateien zugreifen können. Allen Usern gemeinsam ist die Forderung nach „einfacher aber ansprechender" Bedienlogik.

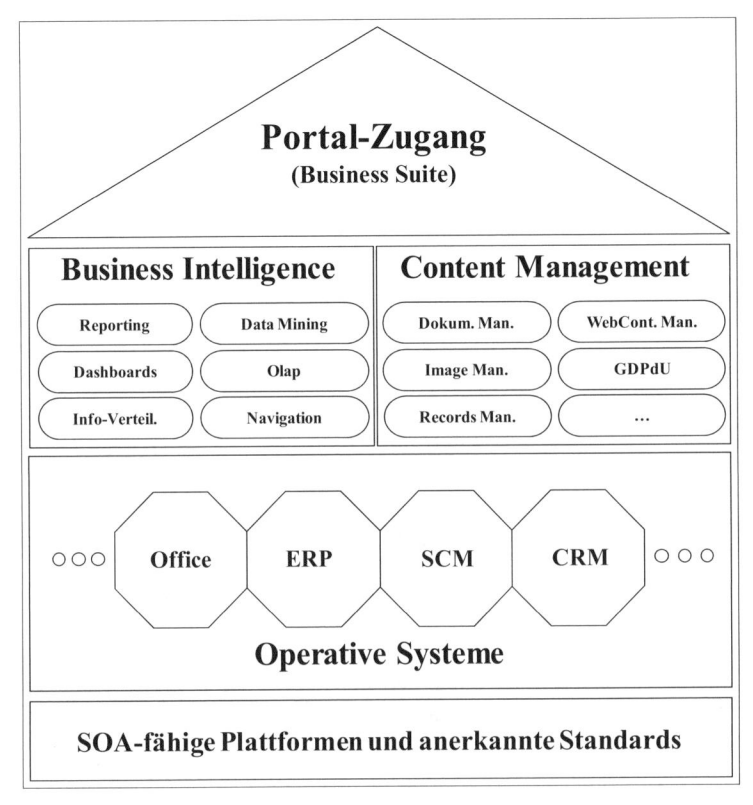

Abbildung 2: Portale zwecks „Virtual Business Suite"

1.2 Portale aus IT-Sicht

Die prominentesten Hersteller von Portal-Software sind *IBM*, *Microsoft*, *Oracle*, *SAP*, *Sun Microsystems* und *Vignette* mit ihren traditionellen „on-premises, licenced software models". Interessanterweise gibt es inzwischen mit *Liferay* und *Red Hat JBoss*[5] auch zwei ins professionelle Portalgeschäft eingedrungene „commercial open source vendors".[6] „By 2011, Gartner expects at least 10 % of new enterprise portal projects in the Global 2000 to use open-source horizontal portal frameworks."[7] Besonders herauszuheben ist auch noch das Software-as-a-Service-Modell von *Covisint*.[8]

---

[5] Vgl. online http://www.liferay.com sowie http://www.jboss.com/products/platforms/portals/.
[6] Vgl. GOOTZIT/PHIFER/VALDES (2008), S. 2.
[7] GOOTZIT/PHIFER/VALDES (2008), S. 2.
[8] Vgl. online http://www.covisint.com/services/portal/.

```
challengers              leaders
                                              ● IBM
                                              ● Microsoft

                                              ● Oracle
                                              ● SAP

                                     ● Sun Microsystems
                    Red Hat JBoss ●  Vignette
                    ● Fujitsu               ● Tibco Software
                         Covisint ●          ● Liferay


               Broad Vision


niche players            visionaries
                 completeness of vision
```

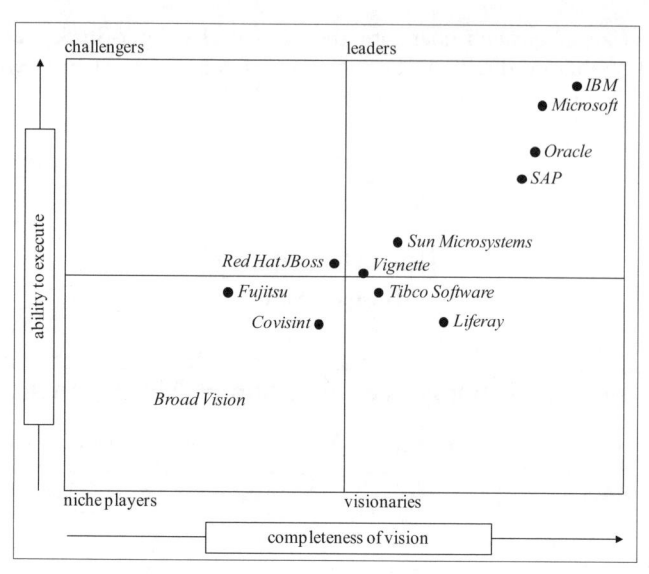

Abbildung 3:   *Magic Quadrant for Horizontal Portal Products*[9]

1.2.1   Charakteristika von Portal-Software

Ein Blick auf die Lösungen der unterschiedlichen Hersteller zeigt, dass Portal-Software grundsätzlich nachfolgende Eigenschaften aufweist:

➢ Portal-Software unterstützt Unternehmen dabei, aus vielen „kleineren" Applikationen, die als Portlets in „Fenstern" sichtbar gemacht werden, eine integrierte, einheitliche und in der Regel auch sehr mächtige Web-Gesamt-Applikation zu entwickeln.

➢ Portal-Software erlaubt dem Anwender einen transparenten Zugriff auf Software-Funktionalitäten, die ihm die benötigten Contents, Zusammenarbeitsformen, Funktionsunterstützungen und Geschäftsprozesse zugänglich machen. Dass im Hintergrund eventuell unterschiedliche Neu- und Alt-Applikationen für die virtuelle Single-Sign-On- Komplett-Applikation „verwendet" werden, bleibt dem Anwender verborgen.

➢ Damit Portlets durch die Portal-Software verstanden und dem User dargeboten werden können, müssen sie bestimmten Bedingungen entsprechen. Wichtige Portlet-Spezifikationen sind: JSR 286, *IBM* Websphere Portlet, *SAP* iView, *Google* Gadget, Sharepoint Web Part. Portlets, die einer Portlet-Spezifikation entsprechen, können auf allen Portal-Servern ausgeführt werden, die diesen Standard verstehen. Hierdurch entsteht sukzessive eine Austauschbörse für Portlets.[10]

➢ Um eine gesamte Portal-Seite zu erzeugen, muss die Portal-Software auf eine Portlet-Laufzeitumgebung (einen Portlet Container) sowie eine Umgebung, die letztendlich die kompletten Pages generiert, zugreifen können. Der Portlet Container wird vom Portal-Hersteller meist mitgeliefert. Zur Darstellung der kompletten Pages wird oft auch auf bewährte Servlet Container, wie z. B. den Tomcat, zurückgegriffen.

---

[9] GOOTZIT/PHIFER/VALDES (2008), S. 2.
[10] Vgl. TREFFERT (2009a), S. 3.

SOA-Enterprise-Portale 187

> Portal-Software stellt weitere wichtige Basisdienste (wie z. B. Rechte- und Benutzerverwaltung, Seiten-Management, Sicherheits-Management) zur Verfügung.

> Portal-Software ist in die in Abbildung 4 verdeutlichten Infrastrukturzusammenhänge eingebunden.

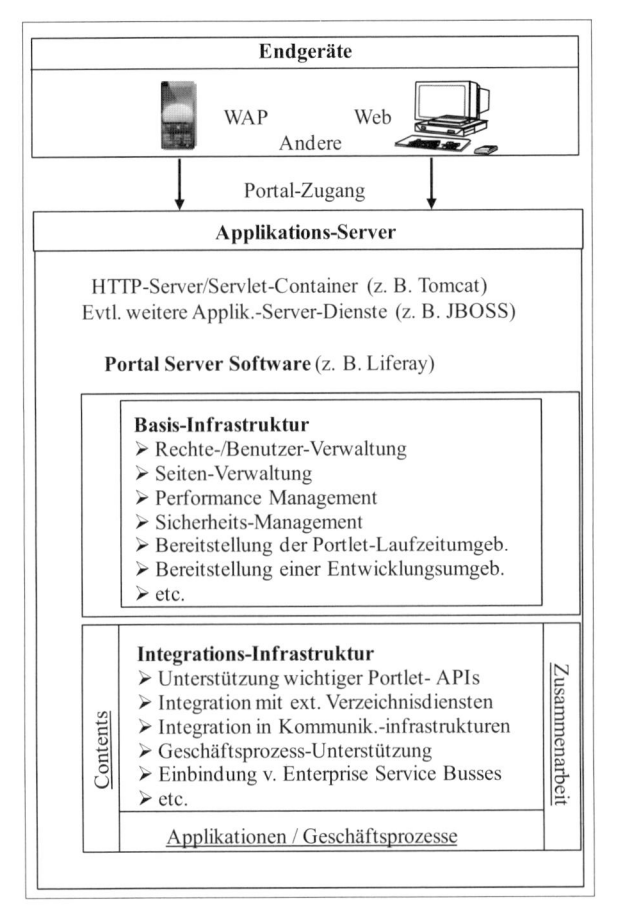

```
┌─────────────────────────────────────────────┐
│                 Endgeräte                   │
│         WAP        Web                      │
│              Andere                         │
└─────────────────────────────────────────────┘
              Portal-Zugang
┌─────────────────────────────────────────────┐
│             Applikations-Server             │
│                                             │
│  HTTP-Server/Servlet-Container (z. B. Tomcat)│
│  Evtl. weitere Applik.-Server-Dienste (z. B. JBOSS)│
│                                             │
│  Portal Server Software (z. B. Liferay)     │
│   ┌───────────────────────────────────────┐ │
│   │ Basis-Infrastruktur                   │ │
│   │ > Rechte-/Benutzer-Verwaltung         │ │
│   │ > Seiten-Verwaltung                   │ │
│   │ > Performance Management              │ │
│   │ > Sicherheits-Management              │ │
│   │ > Bereitstellung der Portlet-Laufzeitumgeb.│ │
│   │ > Bereitstellung einer Entwicklungsumgeb.│ │
│   │ > etc.                                │ │
│   └───────────────────────────────────────┘ │
│   ┌───────────────────────────────────────┐ │
│   │ Integrations-Infrastruktur            │ │
│   │ > Unterstützung wichtiger Portlet-APIs│ │
│   │ > Integration mit ext. Verzeichnisdiensten│ │
│   │ > Integration in Kommunik.-infrastrukturen│ │
│   │ > Geschäftsprozess-Unterstützung      │ │
│   │ > Einbindung v. Enterprise Service Busses│ │
│   │ > etc.                                │ │
│   └───────────────────────────────────────┘ │
│        Applikationen / Geschäftsprozesse    │
└─────────────────────────────────────────────┘
```

Abbildung 4:   *http-Server, Application Server und Portal-Server-Software*

1.2.2 Die Portal-Präsentation

Portal-Software ist meist „mehr-Mandanten-fähig". Innerhalb eines Mandanten will ein Unternehmen oftmals unterschiedlichen Organisationen (und deren Untereinheiten) und unterschiedlichen Communities (im Sinne von interest-groups of users) unterschiedliche Portal-Räume bieten. Die Pages eines jeden Portal-Raums stehen in horizontalen (gleichberechtigten) und vertikalen (hierarchischen) Zusammenhängen. Der einzelne User kann also in Abhängigkeit von Login und Berechtigungen[11] durch unterschiedliche Portal-Räume navigieren. Ein gesamtes Enterprise-Portal kann also aus sehr vielen Pages bestehen.

---

[11] Vgl. URBAINCZYK (2006), S. 20.

Um den Usern ein ansprechendes „overall look and feel"[12] zu geben, werden den (in der Regel vielen) Pages (in der Regel wenige) „Themes" zugewiesen. Auf diese Weise lassen sich gerade auch für den Aufbau von Kunden-Portalen höchst anspruchsvolle und einzigartige Webseiten entwickeln. Während Software-Entwickler hierfür gern auf die onboard-Werkzeuge des Portalherstellers zugreifen, verwenden Designer gerne professionelle Web-Authoring-Werkzeuge (z.B. den Dreamweaver), die deshalb zunehmend einfacher „anzudocken" sind. Auf der Theme-Ebene werden auch die üblicherweise mit dem Einsatz unterschiedlicher Browser(-versionen) entstehenden Probleme (vor-der-Klammer) gelöst.

Um das Platzieren der Portlets auf den Pages zu erleichtern, können sogenannte „layout templates" erstellt werden. Ein Layout Template legt horizontale und vertikale Linien über eine Seite, wodurch letztlich ein „Seiten-Raster" (siehe Abbildung 5) entsteht. In jedes der dadurch entstehenden Raster-Boxen lässt sich dann per Drag-and-Drop ein einzelnes Portlet (eine kleine Applikation) ziehen, das dann auch sofort genutzt werden kann.

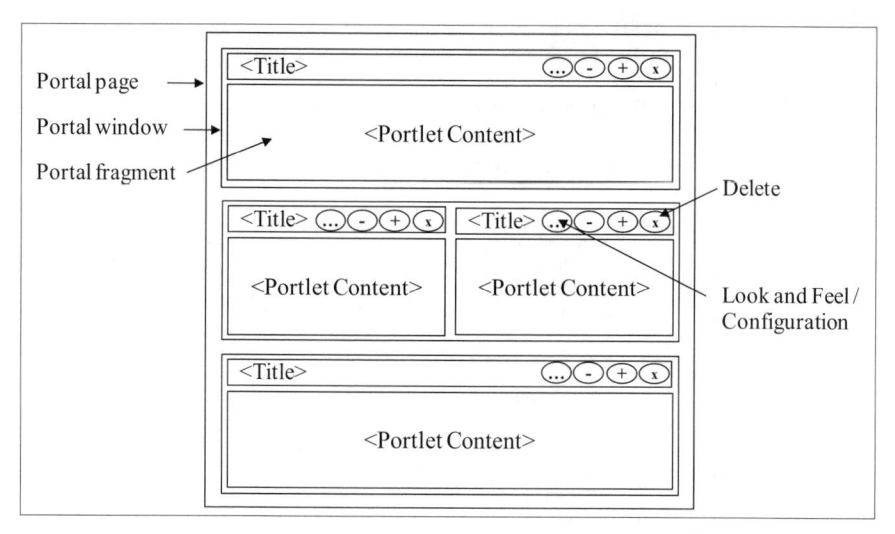

Abbildung 5: „Portlets" in einem „layout template" auf einer „Page"[13]

„Die meisten Portlets lassen sich beliebig oft instanzieren und somit auf mehreren Portalseiten anzeigen."[14] Die Portlets selbst weisen nicht nur Applikations-Logik auf, sondern bringen auch schon ihre Präsentation bzw. alternative Präsentationsmöglichkeiten mit. Zur Zeit sind folgende – in Abbildung 10 näher ausgeführte – Portlet-Spezifikationen führend: JSR 286, IBM Websphere Portlets, SAP iView, Google Gadgets, Sharepoint Webparts.[15]

---

[12] Vgl. YUAN (2009), S. 339, sowie SEZOV (2009), S. 226 ff.
[13] In Anlehnung an SARANG (2009), S. 23.
[14] URBAINCZYK (2006), S. 20.
[15] Vgl. NAZARIAN (2009), S. 27.

SOA-Enterprise-Portale

Welche Portlets einem User, in welchen Layout Templates auf welchen Pages dargeboten werden, lässt sich bei professioneller Portal-Software sehr fein steuern. Viele Portalhersteller bieten hierzu mächtige Abbildungskonzepte nachfolgender Art.[16]

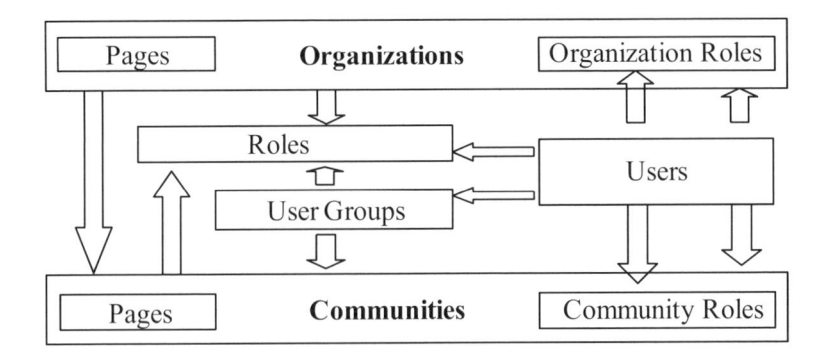

Abbildung 6:   Liferay portal resources (Beispiel für ein Abbildungskonzept)

1.2.3   Die Portal-Laufzeitumgebung

Um eine Portal-Seite zu erzeugen, bedarf es des bereits skizzierten Zusammenspiels von http-Server, Application Server (oft auch in Form eines leichtgewichtigen Servlet Containers), der eigentlichen Portal Server Software und eines Portlet Containers.[17] Diese Zusammenarbeit läuft in der Regel wie in Abbildung 7 dargestellt ab:

- Der autorisierte User tritt mit Hilfe seines End-Geräte-Clients (z. B. des Browsers) über einen http-Server und einen Applikations-Server mit der zentralen Portal-Server-Software in Verbindung, die seine Client-Anfrage (request) entgegennimmt.

- Die Portal-Server-Software erkennt, ob der request eine Aktion erfordert und beauftragt im Bedarfsfall zwecks Abarbeitung der auf der aktuellen Page des Users befindlichen Portlets den Portlet Container.

- Der Portlet Container übernimmt nun die „Laufzeit-Kontrolle" über das einzelne Portlet, ruft dieses über die Portlet-API auf, nimmt dessen Ergebnisse entgegen und leitet die einzelnen Portlet-Ergebnisse an die Portal-Server-Software weiter.

- Die Portal-Server-Software fügt alle Portlet-Ergebnisse zu einer kompletten Seite zusammen, die dann – sehr oft unter Mitwirkung eines Servlet Containers[18] – über http-Server an den End-Geräte-Client zurückgegeben wird.

---

[16] In Anlehnung an SEZOV (2009), S. 82
[17] Vgl. hierzu auch YUAN (2009), S. 26 ff., SARANG (2009), S. 24 ff., und BOSCH (2009), S. 10 ff.
[18] Vgl. HÖFER (2003), S. 8.

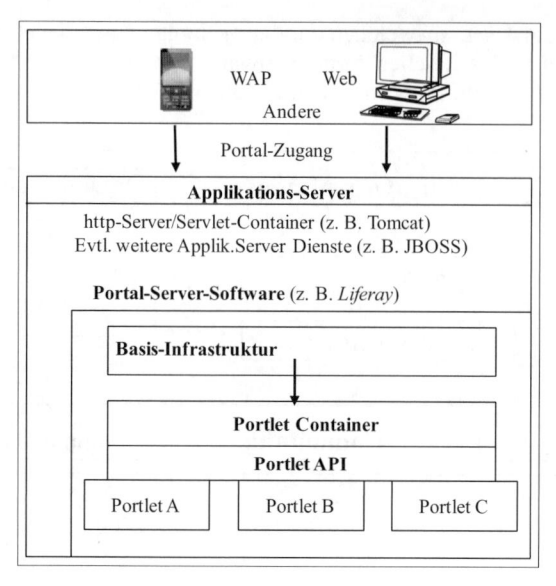

Abbildung 7: Erzeugen einer Portal-Seite

2 Architektur-Anforderungen an ein „business-suite-fähiges" Enterprise-Portal

In Kapitel 1.1.3 wurde die Vision einer „Virtual Business Suite" entwickelt. Es wurde gezeigt, dass es nahe liegt durch Enterprise-Portale zunehmend auch Geschäftsfunktionen und Geschäftsprozesse zu unterstützen. Es stellt sich deshalb die Frage, ob und wie eine Portal-Software dazu in der Lage ist. Zwecks Beantwortung dieser Frage werden Enterprise-Portale zunächst in Kapitel 2.1 mit der bei Business-Applikationen üblichen Forderung nach einer Service-orientierten Architektur (SOA) konfrontiert. Kapitel 2.2 stellt sodann die für den Zusammenbau einer Virtual Business Suite erforderlichen Integrationsfähigkeiten einer Portal-Software auf den Prüfstand. Kapitel 2.3 überprüft letztlich die Mission-Critical-Tauglichkeit eines business-suite-fähigen Enterprise-Portals.

2.1 Service-orientierte Architektur (SOA) als Grundvoraussetzung

2.1.1 Priorität für Business Services

Für Business-Applikationen wird schon seit einiger Zeit ein Übergang zu Service-orientierten Architekturen (SOA) gefordert. Im Mittelpunkt einer SOA[19] stehen Business Services, d. h. in der Sprache der Fachanwender formulierte betriebliche Funktionalitäten. Solche fachlichen Services können in unterschiedlicher Granularität vorliegen. Ihr Spektrum reicht von elementaren Geschäftsfunktionen (wie z. B. „Auftrag erfassen") über verbundene Geschäftsfunktionen bis hin zu wiederverwendbaren Workflow-Ausschnitten (siehe Abbildung 8).

---

[19] Vgl. TREFFERT (2009b), S. 4.

SOA-Enterprise-Portale

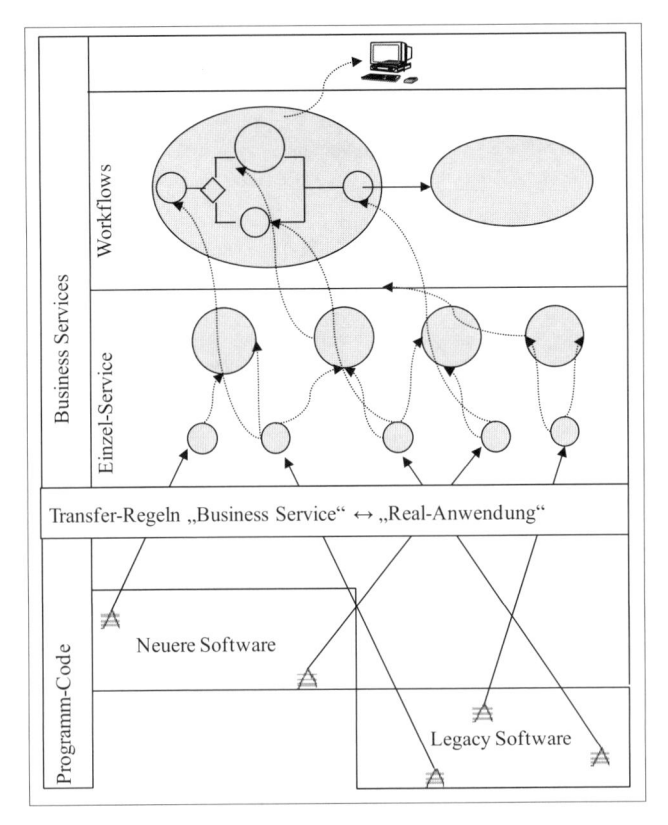

Abbildung 8: SOA aus der Vogelperspektive

Business Services stehen über standardisierte Beschreibungen und Aufrufmechanismen zur Verfügung und können deshalb vom Business Engineer zu Geschäftsprozessen verbunden werden. Wenn Business Engineers die Wahl haben, werden sie – zwecks Komplexitätsreduktion – beim Abbilden von Geschäftsprozessen natürlich gerne auf umfassendere relativ grobgranulare Business Services zurückgreifen. Oftmals „passen" die grob-granularen Business Services aber nicht exakt in die abzubildenden Geschäftsprozesse, sodass man dann auf „feingranulare" Business Services zurückgreifen muss.

Konkret könnte (siehe Abbildung 9) ein in der Sprache der Fachanwender formulierter (relativ feinkörniger) Business Service aus dem Bereich des Börsenhandels z. B. „PlaceTrade" lauten. Dass die entsprechende Funktionalität im Hintergrund durch die Service-Implementierung „saveTradeOrder()" codiert ist, interessiert weder den Business Engineer noch den Anwender (Black-Box-Prinzip).

„Nach unten hin" müssen Business Services eventuell über mehr oder weniger komplexe „Korrespondenz-Regeln" (siehe auch Abbildung 8 unterer Teil) auf den eigentlichen Programm-Code zugreifen können. Dies ist vor allem dann der Fall, wenn performante und bewährte Alt-Applikationen für Business Services zugänglich gemacht werden sollen.

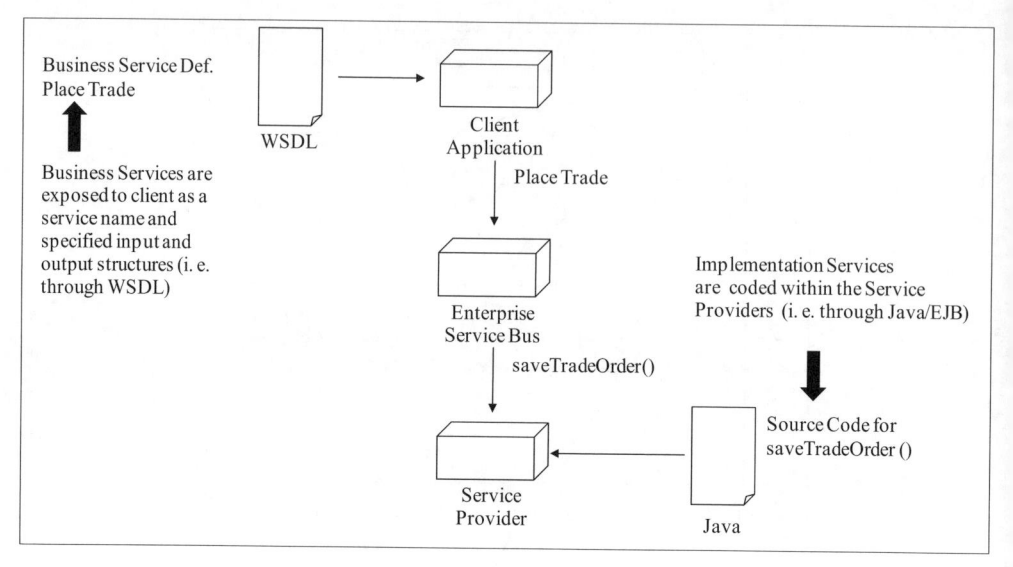

Abbildung 9:   Business Service versus Service-Implementierung[20]

Durch die bewusste Abstraktion der Business Services von der Service-Implementierung (vom Programm-Code) brauchen sich Anwender und Business Engineers nicht mehr mit der Sprachwelt der Software-Technologen „herumzuschlagen".[21] Auch sinkt durch die Möglichkeit Business Services im Sinne einer Nomadentechnik auch kurzfristig neu zu orchestrieren die Gefahr „in Software zementierter" Geschäftsprozesse. Darüber hinaus ist eine Unabhängigkeit von der konkreten Implementierungstechnologie[22] auch deshalb wichtig, weil Implementierungs-Technologie „wie wir alle wissen, sehr kurzen Änderungs- und Weiterentwicklungszyklen unterworfen ist."[23]

2.1.2   Architekturmerkmale einer SOA

„Priorität für Business Services" ist ein tragender Pfeiler einer SOA. Darüber hinaus gibt es aber noch drei weitere häufig genannte SOA-Architekturmerkmale.

➢ *Business Services als Vertragsversprechen*: Versprochen wird eine wohl definierte Software-Funktionalität, die über eine standardisierte Schnittstelle in Anspruch genommen werden kann. Service-Nutzer sollten hierbei „keine über die Servicespezifikation hinausgehenden Informationen benötigen, um die Servicefunktionalität verwenden zu können"[24]. Vertragsversprechen müssen deshalb in eine Form gebracht werden, „in which their syntax and semantics are widely accessible and understandable."[25]

---

[20]   RICHARDS (2006).
[21]   Vgl. HÖFGEN/ANDRÄ (2007), S. 11.
[22]   Vgl. HEUTSCHI/LEGNER (o. J.), S. 5.
[23]   VÖLTER (2006), S. 2.
[24]   HEUTSCHI/LEGNER (2005), S. 6.
[25]   OASIS (2006), S. 8.

➢ *Interoperabilität „verteil- und lose koppelbarer" Business Services*: Business Services müssen orts- und plattform-unabhängig miteinander arbeiten können. Sie müssen hierzu auch über Intra-, Inter- und Extranet-Infrastrukturen erreichbar sein.[26] Im Idealfall sollte der rufende Business Service „keine über die Servicespezifikation hinausgehenden Informationen benötigen, um die Servicefunktionalität verwenden zu können"[27] Lose gekoppelte Systeme sind darüber hinaus in der Lage, sich zwecks Zusammenarbeit zur Laufzeit miteinander zu verbinden.[28]

➢ Standards-Orientierung von Business Services: Business Services müssen zwar über Schnittstellenbeschreibungen abgestimmt sein und über einheitliche Protokolle und Datenformate kommunizieren.[29] Über die konkrete Art der „Vereinheitlichungen" trifft die SOA aber keine Aussage. Aus Effizienzgründen sollte man, „für die technische und fachliche Standardisierung wenn möglich offene und verbreitete Industriestandards verwenden".[30] Da Business Services auch in Zukunft in unterschiedlichen Technologien implementiert werden können und zudem immer wieder neue Quasi-Standards geboren werden – was uns gerade die Mash-up-Diskussion im Web2.0-Umfeld zeigt – wird „brückenbildende" Infrastruktur-Middleware immer wichtiger.[31]

2.1.3 Portlets und SOA

Check „Business Service Priorisierung":
Portlets „kapseln" - wie für Business Services gefordert – in der Sprache der Anwender formulierte und wiederverwendbare Software-Funktionalitäten unterschiedlicher Granularität. Anders als z. B. Web Services, bringen sie sogar ihre „Präsentation für den Anwender" gleich mit. Ein Nutzer oder Business Engineer braucht sich bei der Platzierung von Portlets auf den Portalseiten nicht um den dahinter liegenden Code zu kümmern. Insofern weisen Portlets eine klare Priorität für Business Services auf.

Check „Vertragsversprechen":
Ein Portlet verspricht i. d. R. eine wohl-definierte Software-Funktionalität. Portlets, die gemäß einer bestimmten Spezifikation entwickelt wurden, können dieses Vertragsversprechen auf allen Plattformen einlösen, die diese Spezifikation erfüllen. Bis vor wenigen Jahren gaben Portlets Vertragsversprechen in erster Linie gegenüber Anwendern oder Business Engineers ab. Konzepte für Vertragsversprechen an andere Software-Funktionalitäten – wie sie etwa bei Web Services bestehen – wurden erst in jüngster Zeit – im Zusammenhang mit der Inter-Portlet-Kommunikation eingeführt.

Check „Interoperabilität":
Interoperabilität spricht die Fähigkeit von Portlets zur Zusammenarbeit an. Damit ist gemeint, dass z. B. ein Portlet A Ergebnisse ermittelt, die es dann einem Portlet B zur Weiterverarbeitung übergibt. Letztendlich können dadurch ablauforganisatorische Elemente in den Portalaufbau einfließen. Regelungen und Standards zur Inter-Portlet-Kommunikation wurden expli-

---

[26] Vgl. OASIS (2006), S. 8.
[27] HEUTSCHI/LEGNER (2005), S. 6.
[28] Vgl. zur „losen Kopplung" auch PULIER/TAYLOR (2005), S. 3 ff.
[29] HEUTSCHI/LEGNER (2005), S. 69.
[30] HEUTSCHI/LEGNER (2005), S. 7.
[31] Vgl. TREFFERT (2009b), S. 22.

zit zum Beispiel in die Portlet-Spezifikation JSR 286 aufgenommen. Eine gewisse Orts- und Plattformunabhängigkeit von Portlets ist z. B. mit Hilfe von Web Services for Remote Portlets (WSRP) realiserbar, das den „lose gekoppelten" Remote-Aufruf von Portlets ermöglicht.

Check „Standards-Orientierung":
Auch wenn kein allgemeingültiger Portlet-Standard vorliegt, so ist die Zahl der Spezifikationen doch recht überschaubar und durch Middleware – die z. B. von den Portalherstellern selbst oder in Form sogenannter Enterprise Service Busses bereitgestellt wird – ganz im Sinne einer SOA überbrückbar. Abbildung 10 vermittelt einen ersten Einblick in die momentan führenden Portlet-Spezifikationen.

	JSR 168	JSR 268	IBM Websphere Portlets	SAPiView	Google Gadgets	Sharepoint Web Parts
Server	u. a. Liferay Portal, Websphere Portal, Jetspeed-2	u. a. Liferay Portal, Websphere Portal, JBoss Portal	Websphere Portal	Netweaver Portal	Apache Shindig	Sharepoint
Programmiersprache	Java	Java	Java	Java, .NET, ABAP	Javascript	.NET
IDEs	Eclipse und Netbeans über Plug-Ins	Eclipse und Netbeans über Plug-Ins	Websphere Portlet Factory (auf Eclipse basierend)	Netweaver Development Studio (auf Eclipse basierend)	Google Gadgets Editor (webbasiert)	Visual Studio
Entwicklergemeinde	klein	klein	klein	groß	mittel	groß
Inter-Portlet-Kommunikation	keine	Events, Public Render Parameter	Events	Events	Events	Events
Filter	nein	ja	nein	nein	nein	nein
Response-Format	Markup	Markup: in der Resource-Phase: beliebige Formate	Markup	Markup	Markup	Markup
Ajax-Unterstützung	nein	ja	nein	nein	ja	ja
Caching	Expiration Cache	Expiration Cache, Invalidation Cache	Expiration Cache, Invalidation Cache	Expiration Cache	Expiration Cache	Expiration Cache
Deployment	Web-Archive inkl. Deployment-Deskriptor	Web-Archive inkl. Deployment-Deskriptor	Web-Archive inkl. Deployment-Deskriptor	Portal Archive	XML-Dateien	Solution Package inkl. Deployment Deskriptor
Benutzerverwaltung	nur über API des jeweiligen Servers	nur über API des jeweiligen Servers	ja	ja	ja	ja
Rechteverwaltung	nur über API des jeweiligen Servers	nur über API des jeweiligen Servers	ja	ja	ja	ja

Abbildung 10:   Übersicht über Portlet-Funktionalitäten und Frameworks[32]

---

[32] NAZARIAN (2009), S. 27.

SOA-Enterprise-Portale

2.2 Anforderungen an die Integrationsfähigkeit

Die bisherigen Ausführungen haben gezeigt, dass mit Hilfe von Portal-Software aus vielen „kleineren" Applikationen, die als Portlets in „Fenstern" sichtbar gemacht werden, eine einheitliche und mächtige Web-Gesamt-Applikation entwickelt werden kann. Dabei kapseln „Portlets" – wie von der SOA für Business Services gefordert – in der Sprache der Anwender formulierte und wiederverwendbare (unterschiedlich granulare) Elementar- und Verbundfunktionen. Eine Portal-Software bietet also eine sehr gute Basis für die Realisierung einer SOA-basierten „Virtual Business Suite".

2.2.1 Integrationsarten

Ob mit Hilfe einer Portal-Software der Aufbau einer „Virtual Business Suite" (wie sie in Abbildung 2 dargestellt wird) möglich ist, hängt sehr stark von den „integrativen Fähigkeiten" einer Portal-Software ab.

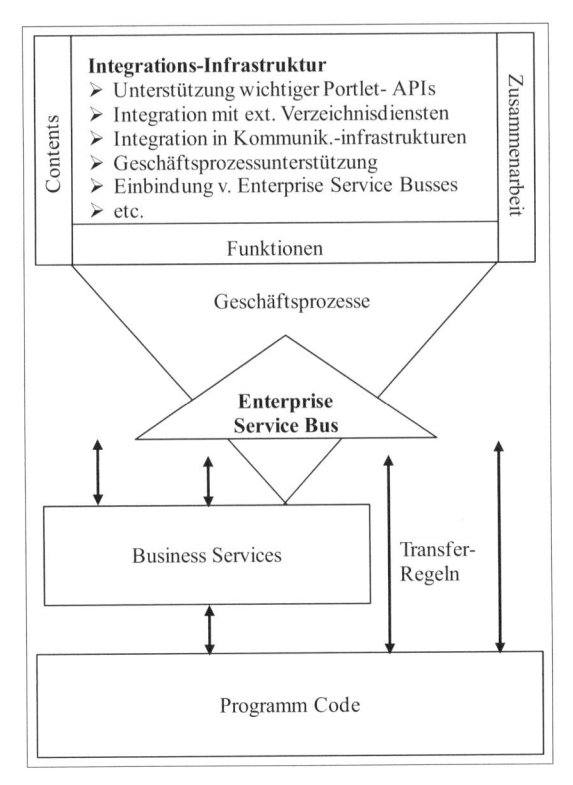

Abbildung 11:   Notwendige Integrationsarten

Eine Portal-Software muss insbesondere folgende Integrationsarten (siehe Abbildung 11) unterstützen:

- *Funktionsbezogene Integration*: Fähigkeit Elementar- und Verbund-Funktionen aus unterschiedlichen Software-Quellen als Portlets nutzbar zu machen und in die Enterprise Portale einbauen.

- *Content-bezogene Integration*: Fähigkeit „to serve as a framework for aggregating content"[33].

- *Zusammenarbeitsbezogene Integration*: Fähigkeit unterschiedlichste Software-Funktionalitäten, die zur Zusammenarbeit von Menschen beitragen, einzubinden.

- *Geschäftsprozessbezogene Integration*: Fähigkeit die funktions-, content- und zusammenarbeitsbezogene Software-Funktionalitäten zu übergeordneten Geschäftsprozessen zusammenzuführen, d. h. Business Services zu „orchestrieren".

- *Transferbezogene Integration*: Fähigkeit Software-Funktionalitäten unabhängig vom Programm-Code durch ein Mapping von Business Services und Programm-Code zu nutzen.

2.2.2 Die Onboard-Integrations-Infrastruktur von Portal-Software

Portal-Hersteller liefern in aller Regel bereits standardmäßig eine ganze Palette von Integrations-Services mit. Durch ihre „Multi-Standard-Orientierung" sind sie immer mehr dazu in der Lage, Business Services unterschiedlicher Art und Hersteller auf einer Plattform zusammen zu führen. Ein Blick auf zentrale Architekturelemente der Open-Source-Portal-Lösung von *Liferay* (siehe Abbildung 12) mag dies verdeutlichen.

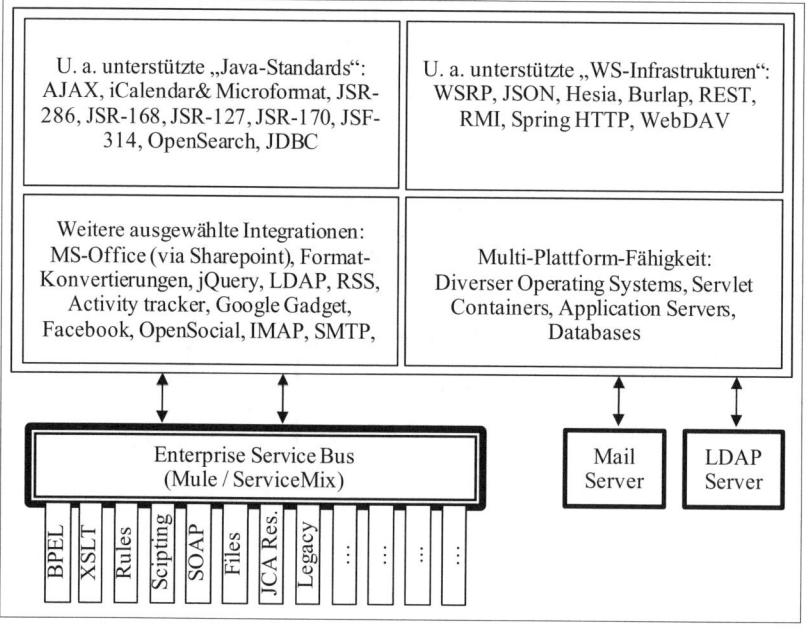

Abbildung 12:   Ausgewählte Integrations-Services[34]

---

[33] CHIEN-HENG (2007), S. 6.

[34] Eigene Abbildung in Kombination von YUAN (2009), S. 16, und online http://www.liferay.com/web/guest/products/portal/techspecs.

SOA-Enterprise-Portale 197

Dass auch wichtige Business Services der Internet-Giganten (z. B. als *Google* Gadgets) durch eine Portal-Software integriert werden, ist inzwischen beinahe selbstverständlich. „Mashup"-Fähigkeit – ein Begriff des Web 2.0 – ist also immer mehr angesagt.

2.2.3 Die besondere Rolle des Enterprise Service Bus (ESB)

Ein Portal „offers comprehensive tools to developers integrating enterprise assets with an integrated enterprise service bus (ESB), workflowengine, web services support (ie, SOAP, JSON, REST)."[35]

Als SOA-geeignete Integrations-Plattformen spielen Enterprise Service Busses eine große Rolle. Sie werden deshalb immer häufiger von Portal-Software-Herstellern in Portal Server „eingebaut". Die von einem ESB gebotenen Integrationsmöglichkeiten hängen hierbei sehr stark vom verwendeten ESB-Produkt ab. Im Open-Source-Umfeld bedient man sich hierbei z. B. oftmals der Produkte „mule"[36] oder „Service Mix"[37] (siehe Abbildung 12 unterer Teil).

Im Gegensatz zu EAI-Software früherer Zeiten integrieren ESBs nicht nur auf der Software-Implementierungsebene, sondern auch auf Business-Services-Ebene.

Im Zusammenhang mit der Abbildung von Geschäftsprozessen über Business Services stellen Enterprise Service Busses u. a. auch wichtige Werkzeuge für folgende Zwecke zur Verfügung:

➢ „Business Process Orchestration": Hier geht es darum aus einzelnen Business Services ablauffähige Workflows (als elektronische Abbildung von Geschäftsprozessen) zusammen zu setzen (siehe Abbildung 13). Als Werkzeug hierfür kann z. B. eine BPEL-Engine durch den ESB bereitgestellt werden (siehe Abbildung 12 unterer Teil).

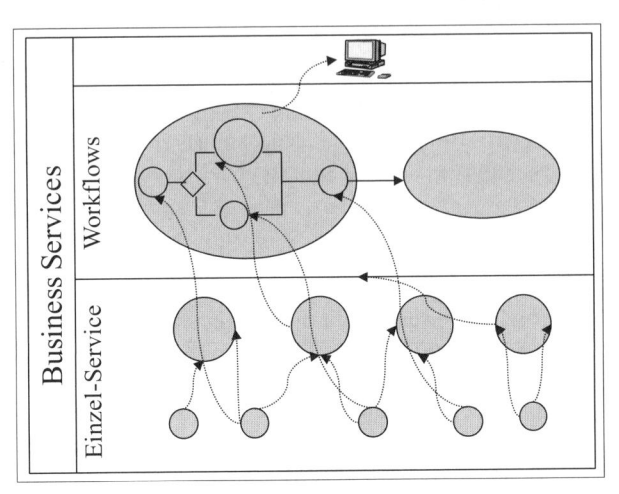

Abbildung 13:   *Business Process Orchestration*

---

[35] CHIEN-HENG (2007), S. 6.
[36] Vgl. online http://www.mulesource.com.
[37] Vgl. online http://servicemix.apache.org/home.html.

> „Service Mapping": Hier geht es um ein effizient unterstütztes Verzahnen von Business Services und Programm-Code. Wie in Abbildung 14 gezeigt, spielen dabei „Transfer-Regeln" eine wichtige Rolle. Derartige Tools sind vor allem für Business Services deren Basis ältere Legacy-Systeme von großer Bedeutung.

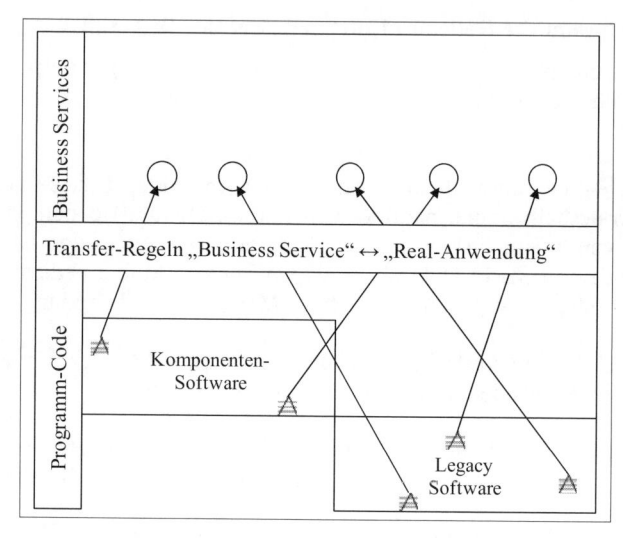

Abbildung 14:   Service-Mapping

2.3   Anforderungen an die Mission-Critical-Fähigkeit

Kapitel 1.1.3 macht deutlich, dass es sich bei einem Enterprise-Portal im Sinne einer „Virtual Business Suite" spätestens im ausgebauten Zustand um eine absolut „geschäftskritische Anwendung" (mission critical application)[38] handelt. An geschäftskritische Applikationen sind aber erhöhte Anforderungen zu stellen, die dann selbstverständlich auch für eine portalbasierte „Virtual Business Suite" gelten müssen. In erster Linie sind dies:

> ausgefeilt Rechte-/Benutzer-Verwaltung
> hohe Performance (Antwortzeiten)
> hohe Zuverlässigkeit (Hochverfügbarkeit, Fehlerfreiheit, Fehlertoleranz)
> hohe Sicherheit (Authentizität, Zugriffsschutz, Vertraulichkeit, Integrität)
> hohe Skalierbarkeit und Cluster-Fähigkeit
> hoher Software-Reifegrad
> hohe Professionalität des Einführungs- und Support-Hauses sowie der Entwicklergemeinschaft

---

[38]   FINK (o. J.), S. 5 ff.

Quellenverzeichnis

BOSCH, A. (2009): Portletentwicklung mit dem JSR-286, online: http://www.andrena.de/Entwicklertag/2009/Downloads/Conference-Day/Portletentwicklung.pdf, Stand: 2009, Abruf: 01.09.2009.

CAP GEMINI/ERNST&YOUNG (2003): Neue Möglichkeiten durch Mitarbeiterportale, online: http://www.it-innovations.de/files/misc/Downloads/Portale/mitarbeiterportalstudie voncapgemini.pdf, Stand: 17.09.2002, Abruf: 01.09.2009.

CHIEN-HENG, W. (2007): Multi-Purpose WebCenter Development Platform with Liferay Enterprise Portal, online: http://www.openfoundry.org/component/option,com_docman /Itemid,112/gid,364/task,doc_download/, Stand: 12.12.2007, Abruf: 01.09.2009.

FINK, T. (o. J.): Der Application Server – das unbekannte Wesen, online: http://www.akquinet.de/ fileadmin/PDF_JASA/Der_Applikationserver.pdf, Stand: unbekannt, Abruf: 01.09.2009.

GOOTZIT, D./PHIFER, G./VALDES, R. (2008): Magic Quadrant for Horizontal Portal Products, Gartner RAS Core Research Note G00160767, online: http://mediaproducts.gartner. com/gc/reprints/ibm/external/2008/volume3/article26/pdf/article26.pdf, Stand: 2008, Abruf: 01.09.2009.

GROSSMANN, M./KOSCHEK, H. (2005): Unternehmensportale, Berlin 2005.

HEUTSCHI, R./LEGNER, C. (2005): Serviceorientierte Architekturen: Vom Konzept zum Einsatz in der Praxis, online: http://www.alexandria.unisg.ch/EXPORT/DL/Christine_Legner/ 28314.pdf, Stand: 21.09.2005, Abruf: 01.09.2009.

HÖFER, P. (2003): Unternehmensportale - Eine kurze Übersicht zur Klassifizierung, Ausprägung und Funktion von Unternehmensportalen, online: http://www. unternehmensportale.com/downloads/Portale_PHoefer_KommS_Middleware.pdf., Stand: 2003, Abruf: 01.09.2009.

HÖFGEN, S./ANDRÄ, S. (2007): Einführung Serviceorientierte Architektur SOA - Vorlesung Software Technologie 2, online: http://www.tu-chemnitz.de/informatik/ISST/sonstiges/ material/Vorlesung_SWTech2_22-01-2007.pdf, Stand: 22.01.2007, Abruf: 01.09.2009.

NAZARIAN, R. (2009): Marktübersicht Portlet-Technologien, in: Javaspektrum, o. Jg. (2009), Nr. 1, S. 26–29.

OASIS (2006): Reference Model for service Oriented Architecture 1.0, online: http://www.oasis-open.org/committees/download.php/19679/soa-rm-cs.pdf, Stand: 02.08.2006, Abruf: 01.09.2009.

PULIER, E./TAYLOR, H. (2005): Understanding Enterprise SOA, Manning 2005.

PUSCHMANN, T. (2007): Prozessportale als Grundlage serviceorientierter Architekturen, in: Industrie Management, 6. Jg. (2007), Nr. 23, S. 58–60.

RICHARDS, M. (2006): The Role of the Enterprise Service Bus, online: http://www.infoq. com/presentations/Enterprise-Service-Bus, Stand: 23.06.2006, Abruf: 01.09.2009.

SARANG, P. (2009): Practical Liferay, New York 2009.

SEZOV, R. (2009): Liferay Portal Administrator's Guide, 3. Auflage, online: http://docs.liferay.com/portal/5.2/official/liferay-administration-guide.pdf, Stand: 2009, Abruf: 01.09.2009.

TREFFERT, J. (2009a): Web-Portal, in: GPM InfoCenter, online: http://www.gpm-infocenter.de/uploads/PMMethoden/Portal.pdf, Stand: 13.03.2009, Abruf: 01.09.2009.

TREFFERT, J. (2009b): SOA-Konzepte und Prinzipien. Buch 2 des Schriftlichen Lehrgangs Service-orientierte Architekturen, Eschborn 2009.

URBAINCZYK, J. (2006): Opensource-Portalentwicklung mit Liferay, in: Javaspektrum, 2006, Nr. 6, S. 19–23.

VÖLTER, M. (2006): Services, Komponenten, Modelle, online: http://www.voelter.de/data/articles/SOA.pdf, Stand: 13.03.2006, Abruf: 01.09.2009.

YUAN, J. X. (2009): Liferay Portal 5.2 Systems Development, Birmingham 2009.

ITIL V3 – IT-Servicemanagement für die „*Digital Firm*"?

CARSTEN DORRHAUER

Fachhochschule Ludwigshafen am Rhein

1 Der Wandel zur „*Digital Firm*" 203
2 IT-Servicemanagement nach der IT Infrastructure Library (ITIL) 204
3 Die Ausgangssituation in der „*Digital Firm*" 205
    3.1 Geschäftsprozesse im Wandel 205
    3.2 Das globale Unternehmen 205
    3.3 Die Abhängigkeit des Unternehmens von seiner IT 205
4 Gestaltungsbedarf für das IT-Servicemanagement durch den Wandel
    zur „Digital Firm" 206
    4.1 Der dreifache Produktivitätsdruck auf das IT-Servicemanagement 206
    4.2 Herausforderungen an die IT-Serviceprozesse durch neue
        Geschäftsprozesse in der „*Digital Firm*" 207
    4.3 Herausforderungen an die IT-Serviceprozesse durch neue
        Technologien in der „*Digital Firm*" 208
    4.4 Unmittelbare Herausforderungen an die IT-Serviceprozesse 209
5 Die Eignung von ITIL V3 für die „*Digital Firm*" 210
    5.1 ITIL und neue Geschäftsprozesse 210
    5.2 ITIL und das globale Unternehmen 210
    5.3 ITIL und die Abhängigkeit des Unternehmens von seiner IT 211
    5.4 ITIL und neue Technologien 212
    5.5 ITIL und die Anforderungen an das IT-Servicemanagement 213
6 Fazit 214
Quellenverzeichnis 215

1 Der Wandel zur *„Digital Firm"*

Die Globalisierung vergrößert den Kostendruck. Unternehmen müssen immer produktiver werden, weil sie im globalen Wettbewerb stehen. Nicht der Größte, sondern der Schnellste gewinnt. Weltweite Zusammenarbeit ist für immer mehr Unternehmen wirtschaftlich überlebensnotwendig. All diese Feststellungen sind längst zu Banalitäten geworden, ohne die kaum noch eine Einleitung zu einer Abschlussarbeit im Fach Betriebswirtschaftslehre auskommt. Aber auch wenn der Eindruck entstehen mag – Selbstverständlichkeiten werden durch häufige Wiederholung nicht zu hohlen Floskeln; alle genannten Aussagen treffen für viele Unternehmen zu und die aktuelle Wirtschafskrise verstärkt diese Effekte noch.

KENNETH und JANE LAUDON haben darauf hingewiesen, dass neben vielen anderen Konsequenzen dieser Entwicklung eine von besonderer Bedeutung für die Informations- und Kommunikationstechnik ist: der Wandel zur *„Digital Firm"*, die sie wie folgt kennzeichnen: „Such Digital Firms use the Internet and networking technology to make data flow seamlessly among different parts of the organization; streamline the flow of work; and create electronic links with customers, suppliers, and other organizations."[1]

Standortübergreifende Zusammenarbeit an komplexen Geschäftsprozessen ist heute in vielen Unternehmen selbstverständlich, erfordert aber eine technische Infrastruktur, die schnellen Zugriff auf gemeinsame Daten ermöglicht und die noch vor einigen Jahren fehlte.

Kein Unternehmen hat die Wahl, an solchen Entwicklungen teilzuhaben oder nicht. Der Kunde entscheidet zwischen mehreren Lieferketten nach deren Leistungsfähigkeit. Er wählt nach Kriterien wie Preis, Lieferfähigkeit, Geschwindigkeit und Qualität und katapultiert dabei jene aus dem Markt, die sich diesem Trend entziehen.

Dass sich aus dieser Veränderung ganz neue Anforderungen an die Informations- und Kommunikationstechnik in den betroffenen Unternehmen ergeben, liegt auf der Hand. Es ist jedoch nicht nur so, dass mit neuen Techniken auf neue betriebswirtschaftliche Anforderungen reagiert wird: Die Informations- und Kommunikationstechnik wird immer mehr selbst zur treibenden Kraft. Im Zuge einer permanenten Entwicklung entstehen laufend neue Möglichkeiten, die eigenen Geschäftsprozesse weiter zu optimieren. Wer die Potenziale nicht kennt, die gerade neu entstehende Techniken zur Verbesserung der Produktivität bieten, der überlässt diese seinen Wettbewerbern. Wer die besten Geschäftsprozesse seiner Branche implementieren will, braucht genaue Kenntnis der Potenziale, die die Informations- und Kommunikationstechnik zu deren Gestaltung zum aktuellen Zeitpunkt gerade zur Verfügung stellt.

---

[1] LAUDON/LAUDON (2006), S. 4.

2 IT-Servicemanagement nach der IT Infrastructure Library (ITIL)

Als die Informations- und Kommunikationstechnik vor etwa einem halben Jahrhundert zunächst in großen Konzernen, dann in immer kleineren Unternehmen Einzug zu halten begann, blieb sie zunächst eine Domäne technischer Experten. So richteten sich die Dienstleistungen, die rund um die betrieblichen Informationssysteme angeboten wurden, oft eher am technisch Machbaren als am betriebswirtschaftlich Optimalen aus. Als die Unternehmen aber immer abhängiger vom störungsfreien Betrieb ihrer Informationssysteme wurden, reichte das nicht mehr aus. Fachabteilungen verstanden sich als Kunden einer zentralen IT-Organisation und verlangten einen professionellen Service, der ihre eigenen Geschäftsprozesse bestmöglich unterstützen sollte.

Ebenso wie in privaten Unternehmen trat dieses Manko in öffentlichen Verwaltungen zutage. In den 1980er Jahren vergab die britische Regierung unter *THATCHER* daher den Auftrag, die besten Geschäftsprozesse, die in der Praxis rund um den Betrieb von Informations- und Kommunikationstechnik entstanden waren, zu dokumentieren – ITIL entstand.[2]

Inzwischen hat ITIL längst das Terrain britischer Regierungsorganisationen verlassen. Die Zahl der Unternehmen, in denen ITIL-Prozesse implementiert werden, steigt international kontinuierlich an.[3] ITIL erfreut sich auch deswegen großer Verbreitung, weil es nicht geistiges Eigentum einer Unternehmensberatung, sondern frei verfügbar ist – Kosten fallen nur für die Projektdurchführung und für gegebenenfalls notwendige unterstützende Systeme (Konfigurationsdatenbank, Störungsverfolgungssystem, Bibliothek mit Kopien aller in der Organisation installierten Softwaresysteme und Ähnliches) an. Die Prozesse selbst werden in Veröffentlichungen des *Office of Government Commerce* (OGC) ausführlich beschrieben und sind für jedermann zugänglich. Seit 2007 liegt die aktuelle Version ITIL V3 vor.

ITIL ist ein branchenübergreifendes Konzept. Für einige Branchen gibt es besondere Referenzprozesse, die aufgrund ihrer Spezialisierung im Vergleich zu ITIL Vorteile haben. Für das einzelne Unternehmen besteht erfreulicherweise keine Notwendigkeit, sich zwischen der Breite von ITIL und der Tiefe eines speziellen Konzepts zu entscheiden. ITIL ist anpassbar genug, um mit anderen Konzepten kombiniert zu werden.[4]

---

[2] Vgl. *OGC* (2007a), S. 3.
[3] Vgl. *EBEL* (2008), S. 35 ff.
[4] Vgl. *WARTMANN* (2009), S. 107.

3 Die Ausgangssituation in der „Digital Firm"

3.1 Geschäftsprozesse im Wandel

Als man in den 1990er Jahren unter dem Schlagwort *Business Process Reengineering* begann, administrative Prozesse nach ähnlichen Kriterien zu optimieren wie vorher schon Produktionsprozesse, lag der Schwerpunkt auf der einmaligen Neugestaltung der Abläufe, auf Projekten, die fundamental die Organisation der Unternehmen umkrempeln sollten.[5] Solche Projekte beruhen jedoch auf der Analyse von Bedingungen, die sich jederzeit ändern können und die offenbar für immer kürzere Zeiträume bestehen bleiben.

Inzwischen betrachtet man die Gestaltung von Geschäftsprozessen deshalb eher als eine fortdauernde Managementaufgabe, die kein Ende findet, weil sich die Anforderungen, die der Markt vorgibt, fortwährend ändern.[6] Geschäftsprozesse werden mit Hilfe von Informations- und Kommunikationstechnik gestaltet, implementiert, beobachtet, auf Schwachstellen untersucht und wieder neu gestaltet.

3.2 Das globale Unternehmen

Geschäftsprozesse, die sich über mehrere Standorte erstrecken, stellen besondere Ansprüche an die sie unterstützende Informations- und Kommunikationstechnik. Operative Systeme müssen in der Lage sein, den gleichzeitigen, weltweit verteilten Zugriff auf zentrale Daten sicherzustellen. Entscheidungsunterstützende Systeme müssen Informationen aus einer Vielzahl von Quellen extrahieren und in geeigneter Weise konsolidieren. Middleware muss in den meist heterogenen Systemlandschaften dem Zusammenspiel von Systemen den Weg ebnen, die erst gemeinsam neue Geschäftsprozesse ermöglichen. Vom Unternehmensnetzwerk erwarten Mitarbeiter mit ihren mobilen Rechnern bei Dienstreisen an andere Standorte die sofortige Verfügbarkeit aller Dienste.

Die beteiligten Fachabteilungen sind aber nicht in erster Linie an CRM-, EAI-, SCM- oder Business-Intelligence-Software interessiert, sondern an den IT-Dienstleistungen, die mit Hilfe solcher Systeme ihr tägliches Geschäft tragen. Man übersieht leicht, dass neben der Technik auch die Menschen und die Serviceprozesse der IT-Organisation an diesen IT-Dienstleistungen beteiligt sind.

3.3 Die Abhängigkeit des Unternehmens von seiner IT

Im Grunde ist es simple Logik: In dem Maße, in dem maßgebliche Geschäftsprozesse mit Hilfe von Informations- und Kommunikationstechnik unterstützt werden, wächst die Abhängigkeit der Unternehmen von dieser Technik. Wie viel Ausfallzeit im Ernstfall ohne Verluste überbrückt werden kann und ab wann ein Ausfall existenzbedrohlich wird, ist von Branche zu Branche unterschiedlich. Aber auch wenn man keine pauschalen Zeiträume nennen kann: Ersteres dürfte sich in den meisten Fällen in Minuten, letzteres in Tagen messen lassen. Un-

---

[5] Vgl. HAMMER (1990), S. 108 ff.
[6] Vgl. SMITH/FINGAR (2003a), passim.

tersuchungen des *Chartered Management Institute* zufolge ist der Ausfall von IT-Systemen bereits seit Jahren die häufigste Ursache von Betriebsstörungen in Unternehmen.[7]

Die Führung einer gut organisierten DV-Abteilung ist sich der Bedeutung bewusst, die sich aus dieser Abhängigkeit für die Informations- und Kommunikationstechnik ergibt und nimmt die daraus resultierende enorme Verantwortung ernst. Weil die Technik wichtige Prozesse unterstützt, spielt sie eben doch eine bedeutende Rolle, auch wenn sie selbst nicht zu den Kernkompetenzen der meisten Unternehmen zählt.[8]

Die „Digital Firm" stellt besondere Ansprüche an die Verfügbarkeit der ihre Geschäftsprozesse unterstützenden Informations- und Kommunikationstechnik. Wenn ein Vorgang nicht nur von den Mitarbeitern eines einzigen Standorts bearbeitet wird, wenn Abteilungen über mehrere Standorte zerstreut sind, wenn die geographische Verteilung der Arbeitsplätze als Kriterium der Definition von Aufbau- und Ablauforganisation gar nahezu bedeutungslos wird, dann entfallen alle Notlösungen, um bei einem Systemausfall weiterarbeiten zu können. Ein aufgrund eines ERP-Ausfalls ins Stocken geratener Prozess der Angebotserstellung kann behelfsweise durch einen Gang zum Arbeitsplatz des Kollegen im Zeitplan gehalten werden – diese Möglichkeit entfällt, wenn dessen Büro sich auf einem anderen Kontinent befindet. Indem die „Digital Firm" die Potenziale der IT bis ins Letzte ausschöpft, beraubt sie sich aller Notbehelfe für den Fall deren Versagens: Es gibt keinen „Plan B".

4 Gestaltungsbedarf für das IT-Servicemanagement durch den Wandel zur „*Digital Firm*"

4.1 Der dreifache Produktivitätsdruck auf das IT-Servicemanagement

Der stärker werdende Druck zu mehr Produktivität und geringeren Kosten bei größerer Flexibilität wirkt zunächst auf die Kerngeschäftsprozesse der Unternehmen. Um diese geeignet zu unterstützen, müssen ebenso produktive und kostengünstige Techniken zum Einsatz kommen. Die Informations- und Kommunikationstechnik ist eine unterstützende Technik, die in den meisten Branchen nicht zu den Kernkompetenzen der Unternehmen zählt. Die Ansprüche an sie steigen in dem Maße, wie die zu unterstützenden Geschäftsprozesse komplexer und anspruchsvoller werden. Daraus wiederum ergeben sich ein größerer Koordinierungsbedarf und damit einhergehend steigende Ansprüche an das IT-Servicemanagement.

Damit nicht genug, steigt auch der Kostendruck auf die Informations- und Kommunikationstechnik selbst. Die zu speichernden Datenmengen werden größer, die Datenübertragungsraten steigen, die Ansprüche an Verarbeitungsgeschwindigkeit, Zuverlässigkeit und Ausfallsicherheit werden höhere. Dem zu begegnen, bedarf es neuer Techniken, deren Management komplexer und anspruchsvoller ist als bislang.

---

[7] Vgl. WOODMAN/KUMAR (2009), S. 6.
[8] Vgl. SMITH/FINGAR (2003b), passim.

Schließlich hat man auch das Management von IT-Dienstleistungen als Einsparpotenzial entdeckt und versucht, die IT-Servicemanagement-Prozesse so rationell wie möglich zu gestalten. Damit wird das IT-Servicemanagement zum letzten Glied einer Kette, auf die in dreifacher Weise der Druck zu produktiver und kostengünstiger Gestaltung aller Arbeitsabläufe wirkt. Diese These, in Abbildung 1 graphisch dargestellt, soll im Folgenden anhand einiger Beispiele untermauert werden.

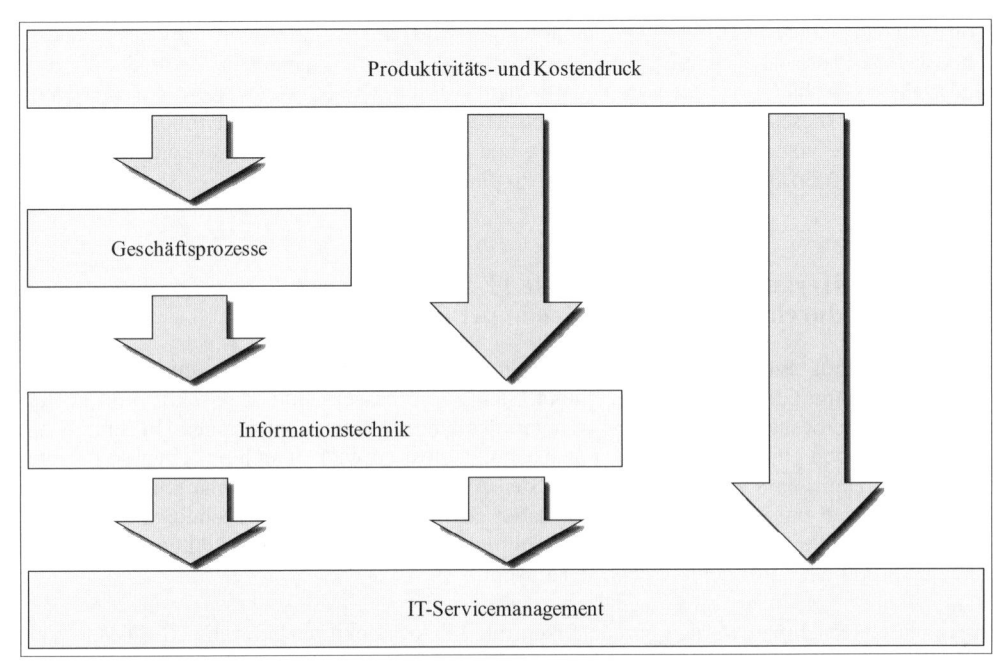

Abbildung 1:   Dreifacher Druck auf das IT-Servicemanagement

4.2   Herausforderungen an die IT-Serviceprozesse durch neue Geschäftsprozesse in der „Digital Firm"

Die Geschäftsprozesse der *„Digital Firm"* sind flexibel, produktiv und international. Sie sind nie abschließend gestaltet, sondern werden kontinuierlich weiterentwickelt, um sich neuen Anforderungen und Gestaltungspotenzialen anzupassen. Es ist evident, dass die IT-Organisation in einer solchen Situation in der Lage sein muss, auf sich ändernde Anforderungen zügig zu reagieren. Dies ermöglichen nur definierte und eingespielte IT-Serviceprozesse, die beschreiben, wie neuen Anforderungen der Fachabteilungen mit neugestalteten IT-Services begegnet und diese in einen Servicekatalog aufgenommen werden können.

Der Zusammenhang ist simpel: Sich ändernde Geschäftsprozesse erfordern eine Anpassung der sie unterstützenden Hard- und Software, diese wiederum eine Anpassung der IT-Serviceprozesse. Besonders schnell anpassen lässt sich, was sauber dokumentiert, flexibel gestaltet und im zentralen Zugriff ist. Besonders schlecht anpassen lässt sich, was informell eingeführt, über lange Zeit fortgeführt und uneinheitlich gestaltet ist – das betrifft die Systeme ebenso wie die Prozesse. Formale Prozesse, die bei der ITIL-Einführung als Bürokratie missverstanden werden und zu politischen Schwierigkeiten führen können, sind deutlich leichter anpassbar als nicht dokumentierte Arbeitsabläufe.

Flexiblen Geschäftsprozessen wird mit flexiblen Systemarchitekturen begegnet. Eine technische Innovation wie eine Service-orientierte Architektur (SOA), die die Softwaresysteme des Unternehmens flexibler zu machen verspricht, stellt ebenfalls neue Anforderungen an das IT-Servicemanagement. Die IT-Organisation muss jederzeit wissen, welche Softwareservices von welchen anderen Softwareservices abhängig sind, auf welcher Hardware diese laufen, über welche Protokolle, Schnittstellen und Netzwerke sie miteinander in Verbindung stehen und welche Geschäftsprozesse von ihnen bedient werden. Die IT-Serviceprozesse müssen die Verfügbarkeit dieses Wissens gewährleisten. Nur so herrscht Klarheit darüber, welche Geschäftsprozesse von Änderungen, Ausfällen und Wartungszeiten der Systeme betroffen sind und wie deren Verfügbarkeit und Kapazität zu planen sind.

4.3 Herausforderungen an die IT-Serviceprozesse durch neue Technologien in der „Digital Firm"

Wie alle anderen unterstützenden Funktionen in einem Unternehmen sieht sich die IT-Organisation dem ständigen Anspruch gegenüber, sich zu verbessern und so effektiv und kostengünstig zur Verbesserung der Kernaktivitäten des Unternehmens beizutragen. In ihrem Falle gibt es aber noch eine Besonderheit: Die Technik selbst entwickelt sich mit einer so rasanten Geschwindigkeit, dass sie unabhängig von den Ansprüchen des Kerngeschäfts immer wieder erneuert werden muss. Nicht immer löst dabei eine Generation einer Technologie ihre Vorgängerin ab. Gelegentlich lösen neue „disruptive Technologies"[9] andere, ältere, teurere, ab, ohne ursprünglich dafür geplant gewesen zu sein.

In vielen Unternehmen werden gerade dezentrale IT-Architekturen zentralisiert. Dieser Wandel der Technik, der aufwändige Projekte nach sich zieht, ist nur zum Teil den Ansprüchen globaler Geschäftsprozesse geschuldet, er hat auch eine rein technische Ursache. In der Vergangenheit hat sich die Prozessortechnologie schneller entwickelt als die Netzwerktechnologie, was in vielen Unternehmen dezentrale Strukturen erzwang. Erst in den letzten Jahren ermöglichen leistungsfähige Unternehmensnetzwerke die dezentrale Arbeit an zentral gehaltenen Daten in großem Umfang.[10] Damit wird ein schneller, zentraler Zugriff auf Systeme und Serviceprozesse möglich, um beide schnell an sich ändernde Anforderungen anzupassen.

Virtualisierung, vor allem von Servern, ist ein Beispiel für eine Technik, die im Wesentlichen keine neuen Geschäftsprozesse ermöglicht, sondern die bestehenden kostengünstiger und zuverlässiger unterstützen kann. In der Vergangenheit installierten viele IT-Projekte ihre Systeme auf jeweils eigener Hardware, um unerwünschte Seiteneffekte zu anderen Anwendungen komplett auszuschließen und einen sicheren Systembetrieb zu gewährleisten. In der Konsequenz führte dies zu hohem Aufwand im Rechenzentrumsbetrieb, der jetzt verringert werden kann, indem eine Vielzahl von Anwendungen auf einem physischen Server betrieben wird.

---

[9] Vgl. CHRISTENSEN (2006), S. xviii.

[10] Vgl. CARR (2009), S. 58.

Schließlich gibt es auch einen Zielkonflikt zwischen globalen und lokalen Anforderungen. Für viele Unternehmensfunktionen gibt es eine IT-Lösung, die besonders geeignet scheint. Werden diese alle implementiert, ist die daraus resultierende Systemlandschaft aber so komplex, dass sie sehr schwer zu administrieren ist. Aus globaler Sicht sind deshalb Standards wünschenswert, die den Belangen des gesamten Unternehmens genügen. Auf diese Weise können Anwendungen konsolidiert und verschiedene Unternehmensfunktionen informationstechnisch miteinander verbunden werden, was flexible, globale Geschäftsprozesse überhaupt erst ermöglicht.

Damit sind nur einige Beispiele für technologisch getriebene Veränderungen genannt, die allesamt entsprechende Anpassungen der IT-Serviceprozesse erfordern.

4.4 Unmittelbare Herausforderungen an die IT-Serviceprozesse

Von der Unternehmens-IT wird wie von allen anderen Unternehmensbereichen erwartet, dass sie ergebnisorientiert, zielführend und mit möglichst geringem Aufwand arbeitet. Erreichbar ist das nur mit IT-Serviceprozessen, die sich an den Bedürfnissen des Anwenders orientieren. Dafür gibt es natürlich keine Patentrezepte. Es kann z. B. bedeuten, dass Zuständigkeiten nicht nur nach technischen Kriterien wie Hard- und Softwaresystemen, sondern nach Anwendergruppen definiert werden. Es kann bedeuten, dass Teams aus Mitarbeitern an verschiedenen Standorten gebildet werden. Es kann auch bedeuten, dass ein Team an einem Standort in bestimmten Fragen zum globalen Ansprechpartner wird. In aller Regel bedeutet es aber, dass das Management dieser Services schwieriger wird.

Um ein Beispiel zu nennen: Ein *virtueller Service Desk* vereint die Vorteile von globalen und lokalen IT-Ansprechpartnern für die Anwender miteinander. Lokale Supportorganisationen kennen sprachliche und kulturelle Eigenheiten, befinden sich in derselben Zeitzone wie die Anrufer, kennen lokale Anwendungen, sind aber oft mangels Volumen nicht optimal ausgelastet. Zentrale Supportorganisationen dagegen arbeiten i. d. R. effizienter, haben aber unzufriedenere Kunden. Der *virtuelle Service Desk* besteht aus einem weltweit verteilten Team, das nach einheitlichen Vorgaben arbeitet und Anwender aller Standorte bedient. Es arbeitet nach dem Prinzip Follow-the-sun. Damit kann es weitaus längere Zeiten der Erreichbarkeit bieten als lokale Teams, bietet aber zu den Hauptarbeitszeiten den Vorteil lokaler Ansprechpartner.[11] Es erübrigt sich zu begründen, dass diese Form der Zusammenarbeit weitaus höhere Ansprüche an die internen Kommunikationssysteme der IT-Abteilung, die Organisation der IT-Abteilung und insbesondere das IT-Servicemanagement stellt.

---

[11] Vgl. *OGC* (2007d), S. 112 ff.

5 Die Eignung von ITIL V3 für die „*Digital Firm*"

5.1 ITIL und neue Geschäftsprozesse

Flexible Geschäftsprozesse bedürfen flexibler IT-Dienstleistungen. Dass ITIL hier Vorteile bringt, bedarf kaum einer Begründung, schon in den älteren Versionen nahm ITIL Rücksicht auf das Bedürfnis nach zügiger Veränderbarkeit aller Abläufe. Allein die Dokumentation von IT-Serviceprozessen flexibilisiert ihre Handhabung. Informell eingespielte, nicht dokumentierte Prozesse lassen sich weit schwieriger verändern als formal dokumentierte.

Müsste man die Neuerungen, die ITIL in der Version 3 mit sich bringt, auf wenige Punkte zusammenfassen, so stünde für viele sicherlich an erster Stelle die systematische Ausrichtung aller IT-Serviceprozesse am Konzept des Service Lifecycle.[12] Wenn die Geschäftsprozesse eines Unternehmens einem beständigen Wandel unterliegen, muss die Unternehmens-IT in der Lage sein, mit sich ständig ändernden Dienstleistungen darauf zu reagieren. Im Falle neuer informationstechnischer Potenziale muss sie sogar selbst initiativ werden, weil die Informations- und Kommunikationstechnik längst nicht mehr nur Unterstützer (Supporter), sondern Ermöglicher (Enabler) von Geschäftsprozessen ist.[13]

ITIL V3 setzt dies konsequent um. IT-Services bleiben nur so lange aktuell, bis eine neue Situation ihre Veränderung oder Ersetzung nötig macht. Dies kommt sogar auf der obersten Ebene der ITIL-Systematik zum Ausdruck, indem einer der 5 Bände, die das *OGC* herausgibt, sich ausschließlich dem Thema *Continual Service Improvement* widmet.[14]

5.2 ITIL und das globale Unternehmen

Globale Organisationen stellen besondere Anforderungen an das IT-Servicemanagement. Dies beginnt schon mit Banalitäten wie der Notwendigkeit, dass ein Service Desk als Ansprechpartner der IT-Organisation für die Anwender deren Sprachen sprechen muss. Und wie in vielen anderen Aufgabenfeldern sind auch hier kulturelle Unterschiede zu berücksichtigen; die Zahl zu erwartender Anrufe beim Service Desk wird sich z. B. mit dem Dienstleistungsverständnis des jeweiligen Landes deutlich unterscheiden. Vor allem werden mit den Kerngeschäftsprozessen und den IT-Systemen aber auch die IT-Serviceprozesse so komplex, dass sie ohne ein umfassendes IT-Servicemanagement-Konzept nicht handhabbar sind. Abläufe im Systembetrieb müssen genau dokumentiert sein, Verantwortlichkeiten müssen auch für Ausnahmefälle definiert sein, Zuständigkeiten müssen fein granuliert und genau abgegrenzt sein, Kommunikationswege müssen feststehen und erprobt sein. All dies ist ohne formale IT-Serviceprozesse wie jene nach ITIL schlechterdings unmöglich.

---

[12] Vgl. EBEL (2008), S. 30 ff.
[13] Vgl. DAVENPORT (1993), S. 49 ff.
[14] Vgl. OGC (2007c), passim.

ITIL V3 – IT-Servicemanagement für die „Digital Firm"?

Die Eignung von ITIL für globale Unternehmen steht im Grunde außer Frage. Eher ist der gegenteilige Effekt zu beobachten: Kleinere Unternehmen stehen ITIL skeptischer gegenüber als internationale Konzerne.[15]

An vielen Stellen finden sich bei ITIL Ideen, die sich besonders der Situation globaler Organisationen widmen – so wurde der *virtuelle Service Desk* bereits in anderem Zusammenhang erwähnt. Mit Version 3 sieht ITIL z. B. auch die Möglichkeit vor, mehrere Konfigurationsdatenbanken (Configuration Management Database [CMDB]) jeweils von lokalen Verantwortlichen pflegen zu lassen, und schafft mit dem *Configuration Management System (CMS)* eine globale Sicht auf diese Daten.[16] Damit gewinnt der einzelne Standort Flexibilität, ohne dass die globale Perspektive verloren geht.

Gerade global agierende Unternehmen dürften davon profitieren, dass ITIL keine starren Vorgaben macht, sondern die individuelle, unternehmensspezifische Gestaltung der Prozesse ermöglicht.[17] Ebenso wird der Formalismus von ITIL, der Rollen präzise verteilt und Verantwortlichkeiten innerhalb der Organisation deutlich dokumentiert, in großen, auf viele Standorte verteilten Unternehmen besonders vorteilhaft zum Tragen kommen. Schon die bloße schriftliche Definition der IT-Serviceprozesse vereinfacht die grenzübergreifende Zusammenarbeit.

Auch die einheitliche ITIL-Terminologie, die Missverständnisse zu vermeiden und die Verständigung zu verbessern hilft, ist in internationalen Teams von besonderer Wichtigkeit. Begriffe wie Configuration Item (CI) – ein Oberbegriff für alle Inhalte der Konfigurationsdatenbank, also z. B. Hardware, Software, Dokumente – werden von allen Mitarbeitern einer IT-Organisation nach ITIL gleichartig verwendet. Es ist naheliegend, dass davon die Kommunikation in einer Fremdsprache in besonderem Maße profitiert.

5.3 ITIL und die Abhängigkeit des Unternehmens von seiner IT

Es sind vor allem zwei IT-Serviceprozesse, mit denen eine IT-Organisation auf die gesteigerte Abhängigkeit von der Informations- und Kommunikationstechnik reagieren muss. Bei ITIL heißen sie *IT Service Continuity Management* und *Availability Management*. Während ersterer die Vorbereitung auf einen Katastrophenfall anbelangt, betrifft letzterer die Verfügbarkeit der IT-Systeme unter gewöhnlichen Bedingungen. Beide gehören zum übergeordneten Bereich des Service Design.

IT Service Continuity Management hat das Ziel, sich Risiken bewusst zu machen und auf den Notfall (Ausfall der Systeme aufgrund von Naturkatastrophen, Anschlägen etc.) vorbereitet zu sein. Dazu werden Pläne für die Reaktion im Katastrophenfall vorbereitet sowie Zuständigkeiten definiert und eingeübt. Regelmäßig wird im Rahmen einer *Business Impact Analysis* geprüft, ob die Notfallpläne noch im Einklang mit den Anforderungen des Geschäftsbetriebs stehen. Zudem muss die IT-Organisation dafür Sorge tragen, dass die Eintrittswahrscheinlichkeit eines Notfalls so gering wie möglich bleibt, indem geeignete Gegenmaßnahmen ge-

---

[15] Vgl. DETECON (2004).
[16] Vgl. *OGC* (2007e), S. 68 f.
[17] Vgl. *OGC* (2007a), S. 13 f.

troffen werden.[18] Der Prozess *IT Service Continuity Management* ist ein gutes Beispiel dafür, dass einiges an ITIL naheliegend und beinahe trivial wirkt, aber unerlässlich für ein verantwortungsvolles Management der Ressource IT ist.

Der Prozess *Availability Management* dagegen befasst sich mit der planmäßigen Verfügbarkeit der Informations- und Kommunikationstechnik für die Fachbereiche, deren Geschäftsprozesse auf sie angewiesen sind. Es geht darum, den Anforderungen an verlässliche Betriebszeiten, die sich aus dem Geschäftsbetrieb ergeben, zu begegnen. Dabei sind die Kosten zu berücksichtigen, die bei sehr hohen Verfügbarkeiten exponentiell ansteigen.[19] Eine Verfügbarkeit von über 99 % bei einem System, das an 365 Tagen im Jahr rund um die Uhr benutzbar sein soll, verursacht bspw. einen Aufwand, der für viele Geschäftsprozesse schlechthin nicht notwendig ist.

5.4 ITIL und neue Technologien

Viele neue Technologien und Konzepte, die Kosteneinsparungen in der IT-Organisation oder eine leistungsfähigere IT-Unterstützung der Geschäftsprozesse versprechen, erfordern als Grundlage ein umfassendes *Configuration Management*. Ist ein Werk wie ITIL bereits im Unternehmen eingeführt, so wird es deutlich einfacher, solche neuen Technologien und Konzepte zu adaptieren. Um zwei Beispiele zu nennen:

> Die Anforderungen an die IT-Sicherheit steigen mit der Bedrohungslage und immer größerer Empfindlichkeit der Systeme. Neue Anforderungen der Geschäftsprozesse an die Informations- und Kommunikationstechnik tun ein Übriges. Vertriebsmitarbeiter erwarten, dass sie beim Kundenbesuch mit ihrem Laptopcomputer online auf Unternehmensdaten zugreifen können. Der Schutz vor Schadsoftware, vor Angriffen auf das Unternehmensnetzwerk und auf einzelne Rechner, vor Industriespionage und vor Sabotage, all dies erfordert nicht nur aktuelle Sicherheitstechnik, sondern auch ausgeklügelte Sicherheitskonzepte, die organisatorisch implementiert werden müssen. ITIL enthält den Prozess *Information Security Management*, der genau dies verwirklicht.[20] Naheliegenderweise setzt er u. a. genaue Informationen über die installierten Systeme und einen funktionierenden Prozess *Configuration Management* voraus – was man nicht im Detail kennt, kann man nicht schützen. Sicherheitskonzepte wie das aktuell kontrovers diskutierte Konzept „Jericho", können nicht eingeführt werden, ohne vorher genaue Informationen über bereits bestehende Systeme im Rahmen eines *Configuration Management* erfasst zu haben.[21]

> Wie bereits erwähnt, muss der Einsatz von Virtualisierungstechniken mit Anpassungen der IT-Serviceprozesse begleitet werden. ITIL-Prozesse sind flexibel genug, um darauf reagieren zu können. *Capacity Management* nach ITIL V3 kann Virtualisierung einsetzen, um dieses Potenzial zu nutzen.[22]

---

[18] Vgl. *OGC* (2007b), S. 125 ff.
[19] Vgl. *OGC* (2007b), S. 97 ff.
[20] Vgl. *OGC* (2007b), S. 141 ff.
[21] Vgl. GOEBEL (2009), S. 116.
[22] Vgl. EBEL (2008), S. 246.

5.5 ITIL und die Anforderungen an das IT-Servicemanagement

Ein leistungsfähiges IT-Servicemanagement zu etablieren, das den Ansprüchen der Fachabteilungen genügt, ist im Grunde auch ohne Bezugnahme auf ein System wie ITIL möglich. Deutlich einfacher, erfolgversprechender und weniger fehleranfällig ist solch ein Vorhaben aber mit Bezug auf Prozesse, deren Einführung in vielen anderen Organisationen bereits gelungen ist. Um nur einige Beispiele zu nennen, die schon weite Verbreitung in IT-Organisationen gefunden haben:

- ITIL trennt *Incident Management* und *Problem Management* sauber voneinander. Auf diese Weise werden Störungen noch bearbeitet, während parallel dazu schon nach ihrer tiefer liegenden Ursache geforscht wird, um ihr wiederholtes Auftreten zu vermeiden.

- Aus dem Verständnis von Kundenorientierung ergibt sich die Bereitschaft, belastbare Zusagen zu Servicezeiten, Verfügbarkeiten u. ä. in Form von *Service Level Agreements* zu treffen.

- ITIL definiert eine Ansprechstelle für alle Belange der Anwender. Dieser *Single Point of Contact* hilft, die richtigen Fachleute in einen Vorgang zu involvieren und alle anderen ungestört ihre Arbeit tun zu lassen. Er trägt damit zu einer schlanken und kosteneffektiven IT-Organisation bei.

Diese Liste ist weit davon entfernt, vollständig zu sein; sie ließe sich fast beliebig verlängern. Statt weitere Details aufzuzählen, sei noch auf einen grundsätzlicheren Aspekt verwiesen: Seit der ersten Version ist ITIL von der Idee durchdrungen, Techniken, Menschen und Prozesse in der IT-Organisation vollständig auf den Bedarf der zu unterstützenden Abteilungen auszurichten, die die Rolle eines Kunden innehaben. Für den einen oder anderen unternehmensinternen Dienstleister mag alleine das schon einen Paradigmenwechsel bedeuten. Die Fachabteilungen, die informationstechnische Dienstleistungen in Anspruch nehmen, werden zu Kunden, mit denen Leistungen und Preise verhandelt werden. Die Mitarbeiter dieser Fachabteilungen werden zu Anwendern, denen nach Kräften geholfen wird, ihre eigenen Kernaufgaben zu erfüllen.

Das Konzept des *Continual Service Improvement*, auf dem ITIL V3 basiert, betrifft nicht nur die fortwährende Anpassung der IT-Organisation an sich verändernde Kerngeschäftsprozesse – in ITIL-Terminologie *Business IT Alignment* – sondern auch deren kontinuierliche Verbesserung in Bezug auf Servicequalität und operative Effizienz.[23] Damit unterliegen neben der Zweckmäßigkeit von IT-Dienstleistungen auch ihre Güte und ihr Wirkungsgrad der dauernden Kontrolle und Verbesserung im Rahmen eines Plan-Do-Check-Act-Modells.[24] Wohlgemerkt: Dieser Regelkreis betrifft nicht nur die Informations- und Kommunikationstechnik selbst, sondern auch die sie umgebenden Serviceprozesse. Während beispielsweise der Prozess *Capacity Management* die Aufgabe hat, mögliche Kapazitäts- und Performanzengpässe frühzeitig zu diagnostizieren und im Rahmen eines Verbesserungszirkels Abhilfe zu schaffen, befasst sich *Continual Service Improvement* auf einer Metaebene u. a. mit der Verbesserung eben dieses Prozesses *Capacity Management*.

---

[23] Vgl. *OGC* (2007c), S. 28.
[24] Vgl. *OGC* (2007c), S. 112.

Zu diesem Zweck müssen zunächst geeignete Kriterien definiert werden, um die Serviceeffizienz und -qualität zu messen. Kunden werden systematisch nach Rückmeldungen befragt sowie die IT-Dienstleistungen unternehmensintern und -extern auditiert. Auf Grundlage dieser und anderer Informationen werden die IT-Serviceprozesse kontinuierlich verbessert. Man misst den Erfolg solcher Maßnahmen, indem den Projektkosten die quantifizierbaren (vor allem Einsparungen) und die nicht quantifizierbaren (z. B. die Kundenzufriedenheit) Erfolge gegenübergestellt werden.

Für die Beurteilung der Qualität und Effizienz von IT-Dienstleistungen sind neben den Kundenanforderungen und den zu unterstützenden Geschäftsprozessen auch die jeweils aktuellen technischen Möglichkeiten ein wichtiger Prüfstein. Dass diese Aspekte synoptisch betrachtet werden müssen, wird am anschaulichsten am Beispiel von E-Business-Systemen, bei denen die Informations- und Kommunikationstechnik selbst zum Kern von Geschäftsprozessen wird. Um in ITIL-Terminologie zu bleiben: Die Anwender von E-Business-Systemen sind die Kunden der Kunden der IT-Organisation. Die Qualität des IT-Servicemanagements ist für den Endkunden des Unternehmens unmittelbar wahrnehmbar. *Continual Service Improvement* nach ITIL hilft, ihm eine positive Wahrnehmung zu verschaffen.

6   Fazit

Folgendes wurde m. E. deutlich:

> Es steht zu erwarten, dass IT-Servicemanagement in dem Maße noch weiter an Aufmerksamkeit gewinnen wird, wie Unternehmen im Sinne der *„Digital Firm"* von Informations- und Kommunikationstechnik durchdrungen werden. Die betroffenen Unternehmen sollten darauf vorbereitet sein.

> IT-Dienstleistungen in Unternehmen stehen in besonderer Weise unter dem Druck, effektiv und kostengünstig zu sein. An die Kerngeschäftsprozesse, die Informations- und Kommunikationstechnik sowie die IT-Serviceprozesse selbst werden hohe Anforderungen gestellt.

> Professionelles IT-Servicemanagement ist nicht nur eine Option, sondern eine elementare Notwendigkeit für jene Unternehmen, die LAUDON/LAUDON als *„Digital Firm"* charakterisieren.

> ITILV3 ist in besonderer Weise auf die Anforderungen der *„Digital Firm"* vorbereitet.

> ITIL ist keine notwendige Bedingung für den Erfolg. Es gibt Beispiele für erfolgreiches IT-Servicemanagement ohne ITIL. ITIL ist nicht der einzige, aber der am weitesten verbreitete Weg zu professionellem IT-Servicemanagement.

> ITIL ist auch keine hinreichende Bedingung für den Erfolg. Es liegt auf der Hand, dass ein Konzept wie ITIL nicht ohne ein erfahrenes Projektteam, die notwendige technische Infrastruktur und angemessene Unterstützung seitens der Unternehmensleitung das IT-Servicemanagement in einem Unternehmen professionalisieren kann.

Quellenverzeichnis

CARR, N. (2009): The big switch – rewiring the world from Edison to Google, New York 2009.

CHRISTENSEN, C (2006): The Innovator's dilemma, 1st Collins Business Essentials edition, New York 2006.

DAVENPORT, T. (1993): Process innovation – reengineering work through information technology, Boston 1993.

DETECON (2004): Detecon untersucht Perspektiven der IT Infrastructure Library (ITIL) in Deutschland, online: http://www.detecon.com/de/presse_veranstaltungen/pressemitteilungen/press_detail.html?unique_id=1407, Stand 26.5.2004, Abruf: 16.7.2009.

EBEL, N. (2008): ITIL V3 Basis-Zertifizierung, München 2008.

GOEBEL, H. (2009): Eingerissen, in: ix, o. Jg. (2009), Nr. 7, S. 112–116.

HAMMER, M. (1990): Reengineering work: Don't automate, obliterate, in: Harvard Business Review July-August 1990, 68. Jg. (1990), S. 104–112.

LAUDON, K./LAUDON, J. (2006): Management Information Systems. Managing the Digital Firm, Upper Saddle River 2006.

OGC OFFICE OF GOVERNMENT COMMERCE (2007a): The Official Introduction to the ITIL Service Lifecycle, London 2007.

OGC OFFICE OF GOVERNMENT COMMERCE (2007b): Service Design: ITIL, London 2007.

OGC OFFICE OF GOVERNMENT COMMERCE (2007c): Continual Service Improvement: ITIL, London 2007.

OGC OFFICE OF GOVERNMENT COMMERCE (2007d): Service Operation: ITIL, London 2007.

OGC OFFICE OF GOVERNMENT COMMERCE (2007e): Service Transition: ITIL, London 2007.

SMITH, H./FINGAR, P. (2003a): BPM's Third Wave. Tampa 2003.

SMITH, H./FINGAR, P. (2003b): It Doesn't Matter – Business Processes Do: a Critical Analysis of NICHOLAS CARR's I.T. Article in the Harvard Business Review, Tampa 2003.

WARTMANN, T. (2009): Vereinte Kräfte, in: ix, o. Jg. (2009), Nr. 6, S. 104–107.

WOODMAN, P./KUMAR, V. (2009): A Decade of Living Dangerously. The Business Continuity Management Report 2009, London 2009. ebenso online verfügbar unter http://www.cabinetoffice.gov.uk/media/153711/cmibcm_2009.pdf.

BusinessIT-Transformation –
Neue Ansätze der Umsetzung im SAP-Umfeld

KIUMARS HAMIDIAN

BearingPoint GmbH

1	Einleitung	219
2	Neue Möglichkeiten für die IT trotz zunehmender Komplexität für Unternehmen	219
	2.1 Herausforderungen und Chancen der ERP-Hersteller am Beispiel *SAP*	220
	2.2 Weiterentwicklung der *SAP*-Systeme	221
	2.3 Herausforderungen der Kunden durch technologischen Wandel	221
3	Resultierende Anforderungen an Unternehmensberatungen	222
	3.1 Umsetzungsszenarien zur BusinessIT-Transformation	223
	3.2 Methoden und Tools zur BusinessIT-Transformation	225
4	Fazit	229
Quellenverzeichnis		231

1 Einleitung

ERP-Systeme bilden in vielen Unternehmen, ganz gleich welcher Branche und Größe, die Grundlage des Geschäftsbetriebs. Der Einsatz funktionaler und moderner Lösungen allein sorgt dabei nicht automatisch für den Unternehmenserfolg. Einen entscheidenden Beitrag hierzu leisten die intelligente Auswahl und die individuelle Anpassung, Integration und Nutzung der verschiedenen Systeme.

Die Rolle der Informationstechnologie (IT) in Unternehmen hat sich in den vergangenen Jahren stark verändert. Ziel ist es nicht mehr allein, den Geschäftsbetrieb durch den Einsatz von IT bestmöglich aufrecht zu erhalten. Vielmehr geht es auch darum, sämtliche Unternehmensleistungen möglichst effizient, fehlerfrei und integriert zu unterstützen, um die maximale Wertschöpfung zu erzielen. Ein wichtiger Anspruch besteht aktuell darin, den Beitrag der IT zum Unternehmenserfolg zu steigern und die Geschäftsstrategie des Unternehmens nachhaltig umzusetzen.

Die steigende Dynamik der Märkte mit zunehmend extremen Rahmenbedingungen stellt manche Organisation zudem vor die Herausforderung der kontinuierlichen Anpassung, Reorganisation und Transformation bis hin zur regelrechten Neuerfindung ihrer Wertschöpfungskette. Die Anforderungen an die vorhandenen System- und Applikationslandschaften steigen und ändern sich daher stetig. Die Fähigkeit der IT, sich diesen Veränderungen schnell, flexibel und möglichst einfach anzupassen, wird hier zu einem wesentlichen Erfolgsfaktor.

Zur reibungslosen Abwicklung von Geschäftsprozessen und zur Leistungserstellung setzen zahlreiche Organisationen auf *SAP* als strategische Plattform ihrer Geschäftsanwendungen. Auch diese Organisationen sind gefordert, der veränderten Rolle der IT Rechnung zu tragen. Sie stehen vor der Herausforderung, ihre *SAP*-Strategie an diesen neuen Anforderungen auszurichten und ihre Wettbewerbsfähigkeit durch den Einsatz von *SAP* nachhaltig zu steigern.

Dieser Beitrag setzt sich daher mit den Auswirkungen der sich wandelnden Rahmenbedingungen für die Kunden und die Hersteller von ERP-Software sowie den daraus resultierenden Anforderungen an Unternehmensberatungen auseinander. Dabei werden zunächst die Dimensionen der Umsetzung näher betrachtet, um anschließend Umsetzungsszenarien und Vorgehensmodelle zu beschreiben.

2 Neue Möglichkeiten für die IT trotz zunehmender Komplexität für Unternehmen

Aufgrund der veränderten Rolle der IT im Unternehmen nimmt auch die Vielfalt der im Hinblick auf die IT-Strategie zu treffenden Entscheidungen stetig zu. Neben technologischen Fragestellungen zu den Systemen und der zugrundeliegenden Architektur werden Aspekte, die in Verbindung mit dem Unternehmen selbst, dessen Ausrichtung und Gesamtstrategie stehen, immer vordringlicher.

Betrachtet ein Unternehmen die Möglichkeiten zur Gestaltung der IT-Strategie, ist es zudem bedeutend, die Anliegen der verschiedenen Anwendergruppen innerhalb eines Unternehmens zu berücksichtigen. Während der IT-Leiter um Kostensenkungen, z. B. durch Harmonisierung und Konsolidierung der Systeme oder im Rahmen des Betriebs und der Wartung, bemüht ist, steht er gleichzeitig vor der Herausforderung, durch den Einsatz der IT Wert zu schaffen und diesen darzustellen. Nicht zuletzt sucht er nach organisatorischen Lösungen, beispielsweise im Hinblick auf den Aufbau der notwendigen Kenntnisse und Fähigkeiten, um wichtige Aufgaben wie ein Upgrade oder die Einführung neuer Systeme und Plattformen erfüllen zu können. Anders stellt sich die Perspektive der Key User in den Fachbereichen dar. Sie gilt es, in die strategische Ausrichtung einzubeziehen, um die Auffassung von Unternehmenssoftware als reines Werkzeug zur Abwicklung von Prozessen zu verändern. Ziel ist es, die gestalterischen Möglichkeiten der Anwendungen, z. B. zur Einführung von Innovationen, zu vermitteln und auszuschöpfen. Dem Unternehmensmanagement wiederum obliegt es, eine Entscheidung über die Rolle der IT im Unternehmen zu treffen und den Status der gewählten Software innerhalb der IT festzulegen und zu vertreten. Die Abstimmung unterschiedlicher Interessenlagen erschwert die Entscheidungsfindung innerhalb der strategischen Planung und Konzeption zusätzlich.

2.1 Herausforderungen und Chancen der ERP-Hersteller am Beispiel *SAP*

Das Unternehmen *SAP*, das vor mehr als 35 Jahren mit der Entwicklung von Systemen zur Lohnabrechnung und Buchhaltung begann, zählt heute zu den weltweit führenden Lieferanten für Unternehmenssoftware[1]. Das Applikations-Portfolio, deckt eine Vielzahl horizontaler und vertikaler Geschäftsprozesse ab. So bildet die SAP Business Suite gegenwärtig vielfach das technologische Rückgrat in Unternehmen. Zudem kommen SAP NetWeaver sowie weitere Lösungen und Komponenten, häufig für branchenspezifische Kernprozesse oder spezielle Unternehmensbereiche, verstärkt zum Einsatz. Weltweit nutzen heute mehr als 89.000 Kunden in über 120 Ländern *SAP*-Lösungen.[2]

In Unternehmen, die *SAP* einsetzen, besteht oft eine heterogene Systemlandschaft, da *SAP*-Anwendungen mit zusätzlichen Systemen verschiedener Anbieter oder mit Eigenentwicklungen kombiniert werden. In dieser Konstellation nimmt Software von *SAP* häufig einen hohen Stellenwert in der Gesamtarchitektur des Unternehmens ein, da es eine strategische Plattform bildet, die andere Systeme integriert und gleichzeitig – nach Bedarf und Möglichkeiten – einen großen Teil der Geschäftsprozesse unterstützt. Wie für die gesamte IT gilt auch hier, dass die geschickte Auswahl, Orchestrierung und Nutzung der *SAP*-Systeme die Leistungsfähigkeit der IT und damit den Beitrag zum Geschäftserfolg des Unternehmens maßgeblich mitbestimmen.

---

[1] Vgl. *SAP AG* (2009a).)
[2] Vgl. *SAP AG* (2009b).

2.2 Weiterentwicklung der *SAP*-Systeme

Von der Verbreitung neuer Technologien und Standards beeinflusst, werden *SAP*-Systeme in Hinblick auf Funktionalität, Einsatzmöglichkeiten und Leistung ständig weiterentwickelt. Für die Systeme gilt es, mit den steigenden Unternehmensanforderungen sowie der wachsenden Komplexität der Geschäftswelt Schritt zu halten. Um die Vielfalt der neuen Möglichkeiten nutzen zu können, stehen Unternehmen jedoch vor der Herausforderung, technologisch auf der Höhe der Zeit zu sein. Ein Vergleich der SAP-ERP-Systeme SAP R/2 und SAP R/3 im Vergleich mit der heutigen SAP Business Suite veranschaulicht den Wandel: SAP R/3, das als Nachfolger von SAP R/2 im Jahr 1992 eingeführt wurde, hat den Wechsel von einer Mainframe- zur Client-Server-basierten Architektur eingeleitet.[3] Das System basierte seither auf einer Drei-Schichten-Architektur (Datenbank, Applikation, Benutzeroberfläche) und bestand aus einzelnen Modulen wie Financial Accounting, Controlling, Vertrieb, Materialwirtschaft oder Human Resources. Obschon diese Funktionsmodule auch heute den Kern von SAP ERP bilden, hat erneut ein Architekturwechsel stattgefunden: von der Client-Server-Struktur zur offenen, Service-orientierten Architektur (SOA) mit der zugrunde liegenden Anwendungs- und Technologieplattform SAP Netweaver. Zudem wurde das System um die neuen Produkte CRM für das Customer Relationship Management, PLM für das Product Lifecycle Management, SRM für das Supplier Relationship Management und SCM für das Supply Chain Management erweitert, die zusammen mit SAP ERP die SAP Business Suite bilden. Lösungen wie die SAP Industry Solutions für branchenspezifische Anwendungsfälle oder SAP Packaged Solutions ergänzen die SAP Business Suite.

2.3 Herausforderungen der Kunden durch technologischen Wandel

Diese Veränderungen und insbesondere der Wandel der Architekturen stellen die Kunden der *SAP* vor die Herausforderung, die technologischen und funktionalen Neuerungen in ihren Anwendungs- und Systemlandschaften umzusetzen. Da die Kenntnisse und Ressourcen für die Umstellung intern oft begrenzt waren, wurden beim Wechsel auf SAP R/3 erstmals verstärkt externe Spezialisten einbezogen[4], was den Durchbruch des *SAP*-Ökosystems markiert. Auch der aktuelle Schritt hin zu einer Service-orientierten Architektur erfordert neue Fähigkeiten und Kenntnisse, um die erweiterten Funktionalitäten richtig zu bewerten und zu nutzen.

Eine durch das Beratungsunternehmen *BearingPoint* durchgeführte Studie zum Einsatz Service-orientierter Architekturen[5] zeigt, dass der von *SAP* in einer Vorreiterrolle eingeschlagene Weg offener, flexibler Architekturen sich vom Trend zum Standard entwickelt. Die Implementierung ist oft noch in einem frühen Stadium und die fehlende Erfahrung im Umfeld Service-orientierter Architekturen einhergehend mit neuen Möglichkeiten zur Nutzung von *SAP* stellt die Anwender vor viele offene Fragen. Es entsteht Handlungsbedarf, der in vielen Fällen nur mit Hilfe externer Unterstützung bewältigt werden kann.

---

[3] Vgl. MEISSNER (1997), S. 62.
[4] Vgl. MEISSNER (1997), S. 191.
[5] Vgl. CORRENZ ET AL. (2009), S. 31.

3 Resultierende Anforderungen an Unternehmensberatungen

Die Vielfalt und Komplexität der Fragestellungen und Lösungswege im *SAP*-Umfeld erfordern heute Kompetenzen, die weit über die der klassischen Implementierungsberatung hinausgehen. Diese Kompetenzen stellen vielmehr nur die Basis für eine umfassende Architektur-, Prozess- und Strategieberatung dar, die der Berater benötigt, um die Realisierbarkeit der Lösungskonzepte sicherzustellen.

Neben umfassenden *SAP*-Kenntnissen zählt die Beherrschung der nötigen Methoden und Werkzeuge zu den Grundvoraussetzungen zur Zusammenarbeit in diesem speziellen Umfeld. Zur Lösung strategischer Fragestellungen ist daneben auch die Einbindung von Neuerungen seitens *SAP* und zertifizierter Drittprodukte unerlässlich. Aus Sicht der Kunden ausschlaggebend ist in dem kritischen Strategiebereich daneben Vertrauen und die Gewissheit, dass der Dienstleister das anstehende Vorhaben und dessen Ziele und Rahmenbedingungen versteht und nachvollziehen kann. Wesentlich dafür sind Erfahrungen aus Einsätzen in anderen, in Grundzügen oder bestimmten Bereichen vergleichbaren Projekten sowie tiefgehende Branchenkenntnisse[6], da sich die Strategie immer auch an den Marktgegebenheiten und dem Wettbewerbsumfeld orientiert. Die Mehrheit der Kunden vernachlässigt auch weiche Faktoren nicht: Die Integrität und das Engagement der externen Berater sowie deren Kommunikationsfähigkeiten und Überzeugungskraft spielen eine wesentliche Rolle für den Lösungserfolg.[7]

Die vielschichtige *SAP*-Anwendungslandschaft in Kombination mit regelmäßigen technischen und funktionalen Neuerungen sowie die steigenden Anforderungen von Seiten des Unternehmensmanagements an das IT-Gesamtsystem erschweren die Entscheidungsfindung bei Fragen rund um die *SAP*-Strategie. Berater müssen aufgrund ihrer umfassenden *SAP*-Kenntnisse, ihres breiten Erfahrungsspektrums und ihres ausgeprägten methodischen Wissens in der Lage sein, die für das Vorhaben relevanten Fragen zu stellen. Durch ihren strukturierten Ansatz erhöhen die Berater die Transparenz sowie die Nachvollziehbarkeit von strategischen Entscheidungen und anknüpfenden Veränderungen. Hier ergibt sich auch für die interne Kommunikation großer Nutzen. Die Nähe des Beratungsdienstleisters zu *SAP* sorgt darüber hinaus für ein gutes Verständnis im Hinblick auf Weiterentwicklungen und Trends.

Der wirtschaftliche Erfolg vieler Unternehmen steht heute in vielen Fällen in Abhängigkeit zu der bestmöglichen Unterstützung der Geschäftsprozesse durch das eingesetzte *SAP*-System. Änderungen innerhalb der *SAP*-Strategie sind stets mit einem Risiko verbunden, dass mit zunehmender Komplexität und Interdependenz der Systeme weiter steigt. Durch professionelle Beratung lässt sich dieses Risiko reduzieren. Aber auch die Neutralität des Dienstleisters im Hinblick auf die Auswahl und den Einsatz von Komponenten und Funktionalitäten spielt eine wichtige Rolle.[8] Sie erlaubt dem Berater, den Nutzen kritisch und unvoreingenommen zu beurteilen. Nicht zuletzt gibt auch die Erfahrung der Unternehmensberater den Ausschlag

---

[6] Vgl. GRIMM (2007), S. 77.
[7] Vgl. GRIMM (2007), S. 74.
[8] Vgl. GRIMM (2007), S. 40.

dafür, sich für die Gestaltung der *SAP*-Strategie externer Unterstützung zu bedienen. Der Kunde profitiert von der Erfahrung, da sie dem Dienstleister bei Bedarf ermöglicht, sowohl innerhalb der Branche als auch branchenübergreifend Vergleiche zu anderen Strategie-Projekten zu ziehen. Auf diese Weise lassen sich bereits erprobte Ansätze und Best-Practices anwenden. Die Planungsphase des Projekts wird beschleunigt und die *SAP*-Strategie an sich kann optimiert werden.

3.1 Umsetzungsszenarien zur BusinessIT-Transformation

Um die Komplexität dieses Transformationsprozesses steuern zu können und die notwendige Stringenz bei der Ergebnisdefinition zu gewährleisten, bedarf es der Unterstützung durch geeignete Methoden und Werkzeuge. In diesem Zusammenhang sind zwei Dimensionen für die Konsistenz mit den Unternehmenszielen sowie die Realisierbarkeit der Ergebnisse maßgeblich:

➤ die durchgängige Abstimmung von Business/Fachbereich und IT sowie

➤ die Durchgängigkeit von der Strategie bis zur Implementierung.

Mit dem Advisory Navigator™ hat *BearingPoint* eine Lösung hierfür entwickelt, mit der nicht nur „Einmaleffekte" erzielt werden, sondern durch ein wertbasiertes Umsetzungsprogramm kontinuierlich das Unternehmen auf den aus Marktsicht notwendigen Zielzustand hingeführt wird.

Diese Methodik unterstützt Unternehmen dabei, ihre *SAP*-Strategie gezielt den gegebenen Marktanforderungen anzupassen. Die identifizierten Maßnahmen haben aus IT-Sicht die Potenziale, mehr Einfachheit und Flexibilität in der *SAP*-Landschaft zu schaffen und zur Prozessbeschleunigung der kritischen Geschäftsprozesse beizutragen.

Die Vorgehensweise lässt sich anhand der drei Kerndimensionen Effizienz, Effektivität und Innovation beschreiben: Bis dato war der Fokus von IT-Verantwortlichen meist die IT-Effizienz – die Unterstützung der Fachbereiche bei optimaler Performanz des operativen Betriebs. Nun wird von der IT-Leitung auch erwartet, die Geschäftsprozesse proaktiv mitzugestalten – der Aufbau flexibler Kapazitäten zur Steigerung der Effektivität als Basis für weiteres Unternehmenswachstum. Und es entwickelt sich eine steigende Erwartung an die IT als Innovationstreiber – die Nutzung neuer Technologien als Differenzierungsmerkmal des Unternehmens am Markt.

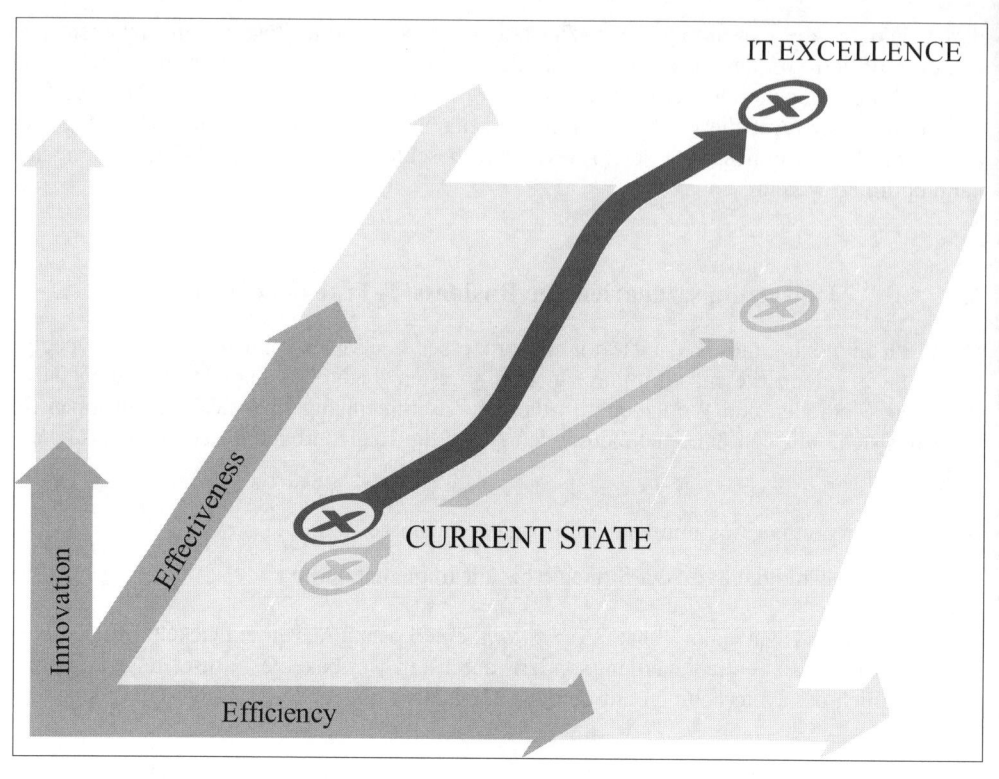

Abbildung 1: Das IT-Excellence-Modell

SAP-basierte IT-Exzellenz wird erreicht, wenn alle drei Kerndimensionen abhängig von den Ge-schäftszielen in das richtige Verhältnis zueinander gebracht werden:

> der richtige Anteil an Innovation zur Sicherung und Schaffung von Wettbewerbsvorteilen
> der richtige Anteil an Effektivität, um rasch auf neue Anforderungen des Marktes reagieren zu können und
> der richtige Anteil an Effizienz, um all dies tragfähig realisieren zu können

Dabei ist wichtig, dass IT-Exzellenz für jedes Unternehmen individuell definiert werden muss. Weder gibt es einen allgemeingültigen Zustand der IT-Exzellenz noch ist dieser Zustand stabil. Exzellenz in der IT-Unterstützung des Unternehmens bedarf des kontinuierlichen Abgleichs mit den Unternehmenszielen und den Marktanforderungen. Daher ist ein kritischer Erfolgsfaktor für die IT, diesen Zustand kontinuierlich und methodisch zu validieren, um rasch korrektive Maßnahmen einleiten zu können. Dies geht in der Regel einher mit dem Aufbau eines pragmatischen Kennzahlensystems, über das der Wertbeitrag der IT zum Unternehmenserfolg gemessen und kommuniziert werden kann.

Der Advisory Navigator™ unterscheidet dazu eine horizontale Dimension zum Abgleich von Geschäfts- und IT-Anforderungen und eine vertikale Dimension, um aus den strategischen Fragestellungen über Prozessanforderungen bis hin zur operativen Umsetzung ein konsistentes Gesamtergebnis darzustellen. Somit können auch jederzeit die Auswirkungen von Marktänderungen oder technischen Innovationen im Gesamtkontext betrachtet und analysiert werden.

Die Anforderungen der Fachbereiche stehen dabei immer im Mittelpunkt der Betrachtungen, da es hier im Wesentlichen um die Steigerung der Prozesseffektivität und der Kosteneffizienz geht. Nur bei Fragen der Innovation wird die IT oftmals zum „Business-Treiber", da sie die Fachbereiche durch neue Technologien und Möglichkeiten zu innovativen Lösungen am Markt führen kann, die den Fachbereichen isoliert möglicherweise verborgen geblieben wären. Beispiele sind hier – um nur einige zu nennen – Lösungen der Business Intelligence, Mobile Solutions im Vertrieb und der Einsatz von RFID im Groß- und Einzelhandel.

3.2 Methoden und Tools zur BusinessIT-Transformation

Im Folgenden werden die drei Stufen hin zu IT-Exzellenz im *SAP*-Umfeld anhand des Advisory Navigators™ (siehe Abbildung 2) erläutert. Dabei ist zu berücksichtigen, dass IT-Strategie hier vorrangig die *SAP*-Strategie eines Unternehmens analysiert sowie die damit verknüpften Auswirkungen auf die gesamte IT-Strategie.

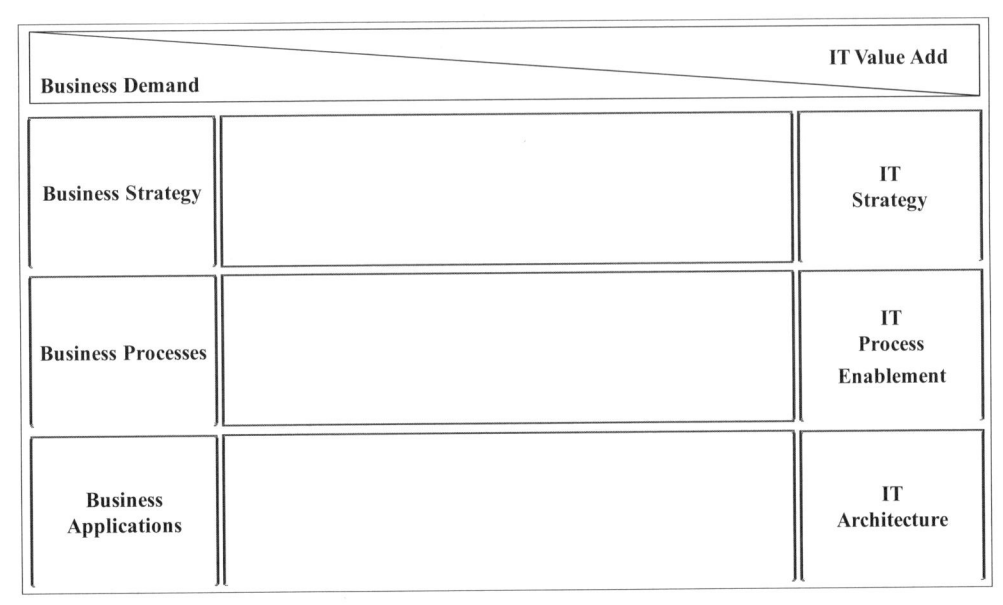

Business Demand		IT Value Add
Business Strategy		IT Strategy
Business Processes		IT Process Enablement
Business Applications		IT Architecture

Abbildung 2:   Der BearingPoint Advisory Navigator for SAP

Stufe 1 „Fit-/Gap-Analyse von Business- und IT-Strategie":
In dieser Stufe werden die drei Kerndimensionen Innovation, Effektivität und Effizienz herangezogen, um darzustellen, wie gut die IT-Strategie die Unternehmensstrategie und ihre Zielerreichung unterstützt. Dabei werden u. a. folgende Fragen analysiert:

➢ Wie gut unterstützt die IT bei der Marktdifferenzierung (Innovation)?
➢ Wie stark setzt die IT Impulse zur verbesserten Unterstützung der Geschäftsbereiche (Effektivität)?
➢ Wie effizient setzt die IT die an sie gestellten Anforderungen um (Effizienz)?

Das Ergebnis ist die Darstellung des Abdeckungsgrads der Geschäftsanforderungen durch die IT anhand der drei Kerndimensionen (siehe Abbildung 3).

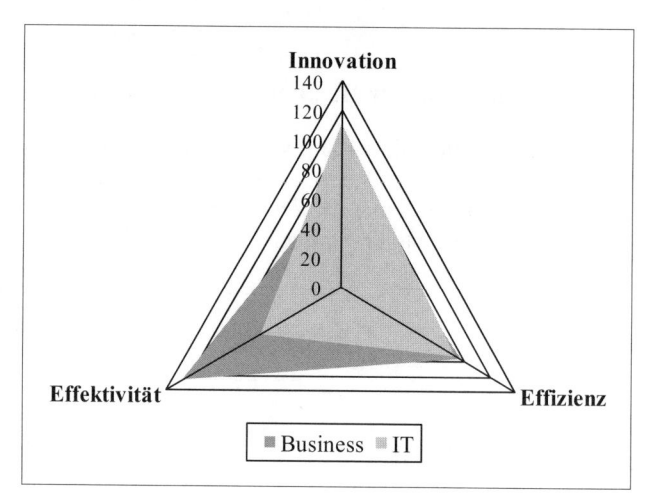

Abbildung 3:   *Diagramm zur Bestimmung des Abstimmungsgrads von Business und IT*

Hervorzuheben ist dabei, dass vor allem im Bereich der Innovation von Seiten der IT oft Potenziale angeboten werden, die die Fachbereiche noch gar nicht nutzen, nutzen können oder nicht nutzen wollen. Die Gründe hierfür reichen von prozessualen Gegebenheiten über fehlende Mitarbeiterqualifikation bis hin zu unternehmenspolitischen Überlegungen. Dies zu analysieren ist Fokus der zweiten Stufe des Advisory-Navigator-Ansatzes.

Stufe 2 „Fit/Gap Mapping der Business-Prozesse und der IT-Prozessunterstützung":
Hier werden im ersten Schritt drei bis fünf Prozesse selektiert, die den höchsten Wertbeitrag für den Unternehmenserfolg liefern. Für diese kritischen Prozesse wird dann die Qualität der IT-Unterstützung analysiert und bewertet. Die Fragestellungen reichen dabei für jeden der Kernprozesse von

> „Wie gut unterstützt die IT die erfolgsrelevanten Geschäftsprozesse?"
> „Welche Lücken müssen geschlossen werden?"
> „Mit welcher Priorität müssen diese Lücken geschlossen werden?" bis hin zu
> „Wie kann der Wertbeitrag der IT und die Zielerreichung gemessen werden?"

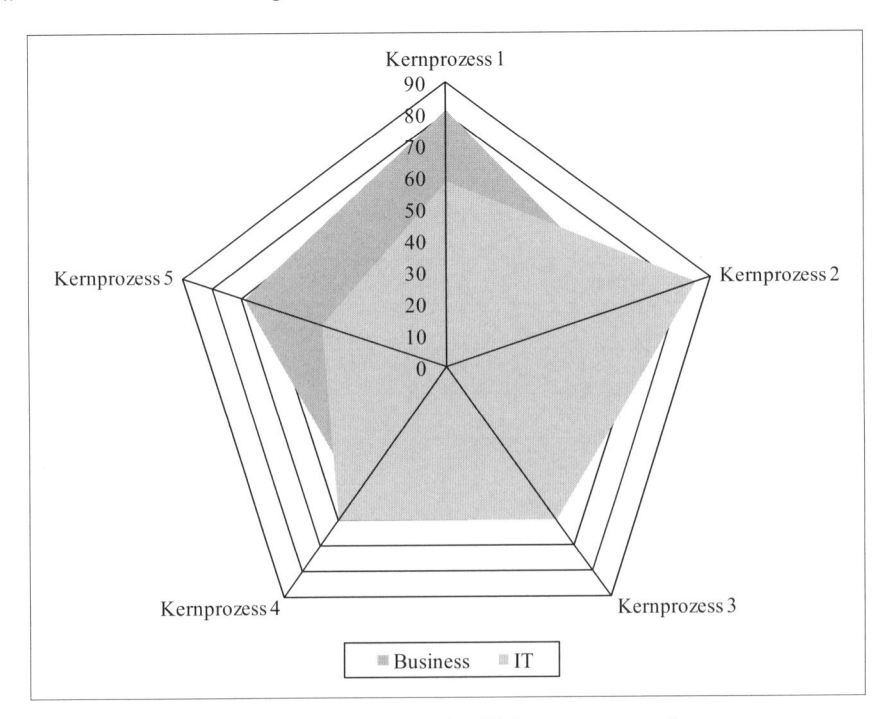

Abbildung 4:   Diagramm zur Bestimmung der IT-Prozessunterstützung

Stufe 3 Solution Route für ein „agiles SAP" zur Maximierung des Return on Investment (RoI):
Auf Basis der beiden ersten Stufen kann nun nicht nur ein optimiertes Projektportfolio zur Ausschöpfung der identifizierten Potenziale abgeleitet werden, sondern darüber hinaus durch die vorangegangene Priorisierung und Kosten-/Nutzenanalyse die Reihenfolgeplanung optimiert werden. Dieses findet unter Berücksichtigung der definierten Projektbudgets und Ressourcenverfügbarkeit statt. Die so entstandene „Solution Route" zeigt den unter den gegebenen Markt- und Unternehmensbedingungen optimalen Lösungsweg hin zur IT-Exzellenz auf und kann zu einer Maximierung des RoI führen.

Es sei noch einmal betont, dass IT-Exzellenz die optimierte IT-Unterstützung der Fachbereiche bedeutet und nicht die isolierte Optimierung der IT-Prozesse im Sinne der IT Infrastructure Library (ITIL) oder vergleichbarer Standards. Diese können jedoch sehr sinnvoll für die Optimierung der internen Prozesse der IT und die Umsetzung der identifizierten Maßnahmenpakete eingesetzt werden. Dies spiegelt sich auch in der Strukturierung der IT-Maßnahmenpakete wider, die für die Erreichung der IT-Exzellenz notwendig sind (siehe Abbildung 5).

	Potential Savings/Benefits	RoI-Time/Invest Break even	Business Case (in EUR)
IT Service Strategy & Planning			
Action Package 1	Very High	< 3 months	50.000
Action Package 2	High	< 6 months	200.000
Action Package 3	Low	≤ 12 months	400.000
IT Service Design & Development			
Action Package 1	Medium	< 6 months	175.000
Action Package 2	High	< 6 months	190.000
Action Package 3	Low	< 1 month	30.000
IT Service Transition (Skills & Sourcing)			
Action Package 1	High	< 6 months	227.000
Action Package 2	Low	< 6 months	102.000
Action Package 3	Low	< 6 months	87.000
IT Service Operations & Delivery			
Action Package 1	Medium	< 6 months	322.000
Action Package 2	Medium	< 1 month	129.000
Action Package 3	Medium	< 6 months	156.000
IT Service Architecture & Improvement			
Action Package 1	Medium	< 6 months	73.000
Action Package 2	Medium	≤ 12 months	456.000
Action Package 3	Very High	> 12 months	2.300.000

Abbildung 5:   Strukturierung von Maßnahmenpaketen zur Erreichung der IT-Exzellenz

Die Ergebnisse der Advisory-Navigator-Methodik dienen dazu, den Wertbeitrag der IT im Unternehmen ganzheitlich darzustellen und für das Management nachvollziehbar zu machen. Eine abschließende „Vorher-Nachher"-Betrachtung im Zusammenspiel mit einem angepassten Kennzahlensystem ermöglichen ein zielorientiertes Nachverfolgen der identifizierten Maßnahmen und eine fundierte Kommunikation der Umsetzungserfolge.

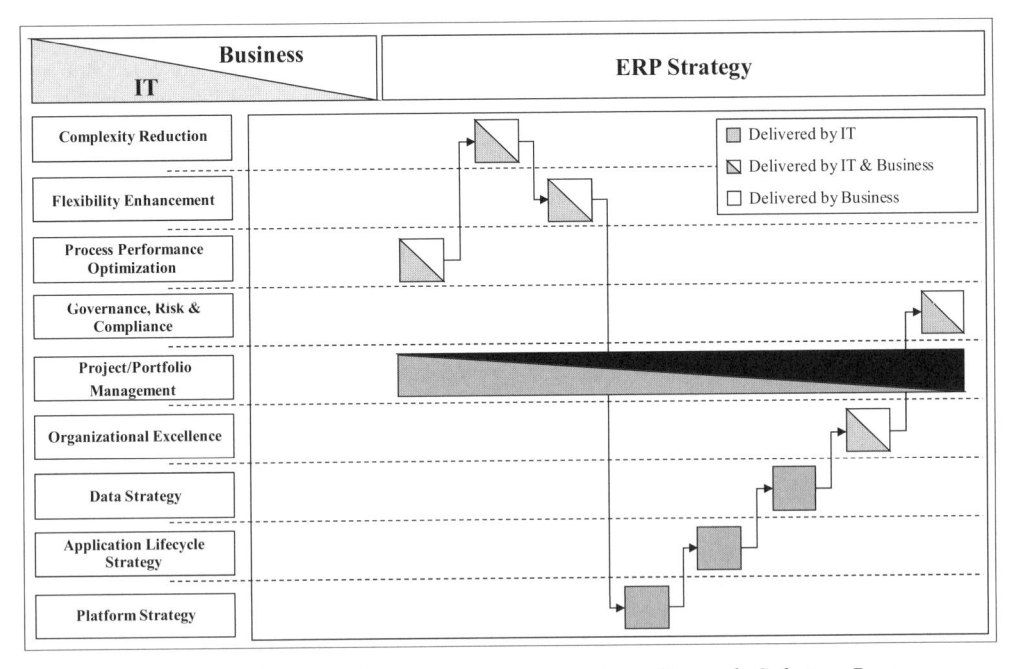

Abbildung 6:   ITIL-basierte Umsetzungsplanung und resultierende Solution-Route

4   Fazit

Abhängig von der Durchdringung des Geschäftsbetriebs mit *SAP*-Systemen beeinflusst die *SAP*-Strategie maßgeblich die gesamte IT und auf die Unternehmensleistung. Organisationen, die ihre *SAP*-Strategie gemeinsam mit *BearingPoint* entwickelt haben, konnten den Mehrwert einer erfolgreichen *SAP*-Strategie in verschiedenen Bereichen identifizieren:

- *innerhalb der IT*: Generierung von Kostenvorteilen und Synergieeffekten sowohl im Betrieb der *SAP*-Systeme als auch bei zukünftigen Projekten
- *auf Prozessebene*: Senkung der Kosten und Reduzierung der Durchlaufzeiten durch optimierte Abläufe
- *im Unternehmen*: Erhöhung der Schlagkraft, Flexibilität und damit der Wettbewerbsfähigkeit und Differenzierungsmöglichkeiten.

Der Erfolg vieler Organisationen basiert heute maßgeblich auf dem Einsatz geeigneter IT-Systeme. Innerhalb der Gesamtarchitektur nehmen *SAP*-Lösungen eine sehr wichtige Rolle ein, stellen Unternehmen jedoch auch vor vielfältige Herausforderungen, die es mit Hilfe einer geeigneten *SAP*-Strategie zu bewältigen gilt. Die Steigerung von Effizienz, Effektivität und Innovation durch den Einsatz von *SAP* wird zum wesentlichen Erfolgsfaktor und zur Möglichkeit, die Leistung des Unternehmens nachhaltig zu steigern.

Die Bedeutung von *SAP* unterscheidet sich von Unternehmen zu Unternehmen. Nimmt *SAP* einen hohen Stellenwert im Unternehmen ein, ist es erfolgsentscheidend, die *SAP*-Strategie als einen bedeutenden Teil der gesamten IT-Strategie zu betrachten und ihr gesonderte Aufmerksamkeit zuteilwerden zu lassen. Per Definition wirken sich strategische Entscheidungen grundlegend auf die Unternehmensleistung aus. Spielt *SAP* eine wichtige Rolle innerhalb der Organisation, haben *SAP*-bezogene Entscheidungen in der Regel eine erhebliche Wirkung, sowohl im positiven als auch im negativen Sinne. Aufgrund dieser Tragweite sind optimale Entscheidungen unumgänglich. Stehen kritische oder umfängliche Anpassungen der *SAP*-Strategie an, ist es neben der Einbindung wichtiger Meinungsträger wie zum Beispiel der Key User außerdem zweckmäßig, auch alle Anwender in die Entscheidungen einzubeziehen, um auf diese Weise für eine hohe Akzeptanz der Veränderungen zu sorgen. Das Unternehmensmanagement sollte Entscheidungen nicht nur absegnen und mittragen, sondern sich als echter Befürworter der *SAP*-Strategie positionieren. Treffen innerhalb des Unternehmens verschiedene Sichten aufeinander, sind überzeugende Argumente und Kommunikationstalent häufig ausschlaggebend, um eine Einigung zu erzielen. Ein externer Strategieberater kann entscheidend zu diesem Prozess beitragen und nimmt hierbei häufig eine Vermittlerrolle ein.

Der Beratungsbedarf innerhalb der strategischen *SAP*-Planung hat aufgrund der gestiegenen Anforderungen, Komplexität der Systeme und Vielfalt der Einsatzmöglichkeiten in den letzten Jahren zugenommen. Gleichzeitig haben die Anbieter *SAP*-spezifischer Dienstleistungen ihre Beratungsansätze verfeinert. Methoden und Werkzeuge wurden weiterentwickelt und den Anforderungen der Kunden entsprechend angepasst. Verschiedene Praxisbeispiele lassen erkennen, dass aus der Zusammenarbeit mit einem externen Spezialisten für *SAP*-Strategien Chancen erwachsen. Unternehmen bestätigen, dass allein die Diskussion um die Frage, welche Neuerungen der *SAP* im Unternehmen Mehrwert schaffen, sehr hilfreich sein kann. Der Berater muss mit den technologischen und für das Unternehmen relevanten Fragestellungen vertraut sein und ist in der Lage, nicht nur bei der Lösung, sondern bereits bei der Formulierung der Aufgaben innerhalb der *SAP*-Strategie zu unterstützen. Als Außenstehender kann er zwischen den unterschiedlichen Interessensgruppen vermitteln, die in die Gestaltung der SAP-Strategie involviert sind. Eine genaue Untersuchung der Möglichkeiten zur Einbindung externer qualifizierter Berater in die Gestaltung der *SAP*-Strategie lohnt sich also.

Die Anforderungen an einen Berater sind besonders hoch. Neben den notwendigen Methoden und Werkzeugen sowie *SAP*-Kenntnissen und Erfahrung werden zumeist ein klares Verständnis für die Strukturen der Branche und die Herausforderungen des Unternehmens gefordert. Auch weiche Faktoren wie Integrität, Engagement und Kommunikationsfähigkeiten sind erwünscht.

Die *SAP*-Strategie kann sowohl die IT- als auch die Unternehmensleistung nachweislich positiv beeinflussen. Neben Kostenvorteilen innerhalb der IT können Effizienz und Effektivität auch innerhalb der Geschäftsprozesse erhöht werden. Praxisbeispiele zeigen, dass sich an der *SAP*-Strategie ansetzen lässt, um die Wettbewerbsfähigkeit von Unternehmen nachhaltig zu steigern.

Quellenverzeichnis

CORRENZ, W./BERNHARDT, M./PAPROTH, J./SCHULTHEIS, S./UHLIG, J.: (2009): BearingPoint's CxO-Research – Einsatz Service-orientierter Architekturen und Erfahrungsanalyse – Ergebnisse einer empirischen Untersuchung, Düsseldorf 2009.

GRIMM, J. (2007): Anforderungen von Kunden in der Unternehmensberatung – Eine empirische Untersuchung. Saarbrücken 2007.

MEISSNER, G. (1997): SAP – die heimliche Software-Macht, Hamburg 1997.

SAP AG (2009a): Geschichte der SAP, online: http://www.sap.com/germany/about/company/geschichte/index.epx, Stand: 31. Juli 2009, Abruf: 01.08.2009.

SAP AG (2009b): Daten und Fakten, online: http://www.sap.com/germany/about/press/daten.epx, Stand: 31. Juli 2009, Abruf: 01.08.2009.

Vom Cloud Computing zum flexiblen IT-Produktportfolio – Fortführung des Cloud-Gedankens zu einer standardisierten Ausgestaltung betrieblicher IT-Leistungen

LARSEN GÜNTHER

BearingPoint GmbH

1 Einleitung und Leitgedanke 235
2 Was ist Cloud Computing? 236
    2.1 Entwicklung des Cloud Computing 236
    2.2 Definition und Merkmale 237
    2.3 Abgrenzungsversuche: Was ist Cloud Computing nicht? 239
3 IT-Produktportfolio: Leistungskatalog der IT-Abteilung von heute 241
    3.1 Von der hilfsbereiten zur produktorientierten IT-Abteilung 241
    3.2 Fortführung des Cloud-Gedankens zur weiteren Optimierung
         des internen Leistungsangebots 243
4 Möglichkeiten zur Gestaltung ausgewählter IT-Leistungen
   nach dem Cloud-Gedanken 246
    4.1 Eine solide Grundlage: Stammdatenmanagement 246
    4.2 Im Zentrum der Prozesse: ERP 248
    4.3 Kundenbindung durch Kundenanbindung: E-Business-Lösungen .. 249
5 Fazit und Ausblick 250
Quellenverzeichnis 251

1 Einleitung und Leitgedanke

„Cloud Computing" — wieder nur ein Schlagwort?! Wie wichtig ist es heute, einfache und griffige Schlagworte zu prägen, die eingängig sind und den Anschein erwecken, in ihrer Kürze schon alleine durch simple Nennung die Komplexität der dahinterliegenden Inhalte sofort nahezubringen. Jedoch besteht die Gefahr, dass der Anwender der Schlagworte sich vor der Auseinandersetzung mit der Komplexität der Inhalte drückt und sich hinter dem Schlagwort versteckt mit der Hoffnung auf die Hemmschwelle der Zuhörerschaft, die Frage nach der genauen Bedeutung des Schlagworts gar nicht erst zu stellen (entweder aus Respekt vor dem Schlagwort, oder vor dessen selbstbewusster Nutzung).

In der IT sind Schlagwörter sehr häufig anzutreffen, häufig ins Leben gerufen von den Herstellern von IT-Produkten, Analysten und Beratern. *SAP* – hier nur als repräsentatives Beispiel genannt – war schon immer bekannt für die excessive Nutzung von Abkürzungen, die häufig drei Buchstaben haben, aber auch häufig umbenannt werden. Beim Empfänger von mit Schlagwörtern angereicherten Nachrichten kommt so oft der Verdacht auf, bei einem neuen Schlagwort oder Kürzel handele es sich nur um alten Wein in neuen Schläuchen. Dies bremst dann von vorne herein den Willen zur Auseinandersetzung mit innovativen Themenbereichen.

In diesem Artikel soll der Begriff „Cloud Computing" erläutert und aufgegriffen werden – auf die Erläuterung kann aus den oben angeschnittenen Gründen nicht verzichtet werden, da beinahe mit jeder Verwendung eine weitere Nuance an möglicher Bedeutung hinzugefügt wird. Aufgegriffen werden soll der Gedanke des Cloud Computing, indem die Ideen von im Internet angebotener IT-Leistung an eine breite Masse von potenziellen Abnehmern übertragen werden auf IT-Produkte, die innerhalb eines Unternehmens angeboten und eingesetzt werden.

Auf diesem Weg soll zunächst versuchen werden, Klarheit in den Begriff „Cloud Computing" zu bringen und einige Anwendungen zu nennen, die heute angeboten und angewendet werden. Nachdem so (hoffentlich) ein gemeinsames Verständnis geschaffen wurde, springen wir vom „globalen Dorf" zurück in das globale Unternehmen: Die Anforderungen und Herausforderungen einer Konzern-IT in Bezug auf das Angebot der von ihr bereitgestellten IT-Leistungen. Wir setzen uns mit dem Standardisierungsdruck innerhalb der IT eines Konzerns auseinander und beleuchten die Gratwanderung zwischen Standardisierung und Flexibilität.

Nach den vorbereitenden Überlegungen kommen wir anschließend zur Hauptfrage des Artikels: Könnten Ideen aus dem Cloud Computing hier Lösungsansätze bieten? Hierzu werden Lösungsansätze dargestellt und diese einer kritischen Würdigung unterzogen.

2 Was ist Cloud Computing?

In diesem Abschnitt wollen wir zunächst darstellen, was Cloud Computing eigentlich ist, wie es sich entwickelt hat und wo heute typische Anwendungen bestehen.

2.1 Entwicklung des Cloud Computing

Einzelne Elemente von Cloud Computing sind bereits seit langer Zeit am Markt: Seit 1960 gibt es Timesharing und virtuelle Maschinen. *Sun Microsystems* skandierte bereits 1982 „the network ist the computer", in der wissenschaftlichen Gemeinschaft wird Grid-Computing bereits seit den frühen 90er Jahren des 20. Jahrhunderts genutzt und wurde in den letzten Jahren intensiv in der Welt der Finanzdienstleistungen insbesondere für Finanztransaktionen eingeführt und ausgebaut. Application Service Providers (ASP) haben bereits in den 90er Jahren ein On-demand-Business-Modell angeboten. Warum wir heute so intensiv von Cloud Computing sprechen liegt vor allem an den ausgereiften Technologien des Internets, das dabei ist, sich als IT-Plattform zu etablieren. Weitere relevante Gründe sind Virtualisierung, verstärkte Standardisierung sowie dem Einsatz ausgereifter Open Source Software.[1]

Typische Beispiele für Cloud Computing, wie sie heute in der Literatur allgemein anerkannt werden, sind in der folgenden Kurzdarstellung zusammengefasst:[2]

> *Google* Applications Engine: Entwicklungs- und Hosting-Umgebung für Webanwendungen von *Google*, hochintegriert, mit umfangreicher Anbindung an *Google* Services APIs, jedoch kein direkter Zugang zur *Google* Infrastruktur und keine Service Level Agreements

> *Google* Applications: Satz an Applikationen, die u. a. gängige Office-Anwendungen abdecken. *Google* bietet mittlerweile auch ein Preismodell für Business-Anwender an, heute wird kein Unterschied mehr zwischen Unternehmen und End-Benutzern gemacht.

> *Amazon* Webservices (Amazon Infrastructure Cloud): Hier wird eine Reihe von Infrastruktur-Leistungen angeboten (Elastic Compute Cloud EC2, Simple Storage Service S3, Simple Queue Service SQS, Simple DB). Diese sind alle fertig für den Einsatz, basieren auf standardisierten Web-Service-Schnittstellen, bieten aber nur eingeschränkte Service Level Agreements.

> *IBM* Blue Cloud: *IBM* stellt hier eine ganze Familie aus Hardware und Software für den Betrieb einer privaten Cloud zusammen. Diese sind sehr gut den Anforderungen anzupassen und enthalten Open-Source-Komponenten. *IBM* Blue Cloud ist bereits gut positioniert, jedoch sehr komplex und teuer.

> *Microsoft* Windows Azure: Hybrides Modell aus Application Programming Interfaces (API) und Online Services; große Entwickler-Community, umfangreiche Tools und Skills am Markt vorhanden, leichte Integration mit anderen *Microsoft*-basierten Applikationen, jedoch komplexes Business-Modell.

---

[1] Vgl. SWAMINATHAN ET AL. (2009), S. 4.
[2] Vgl. SWAMINATHAN ET AL. (2009), S. 11.

➢ *Salesforce.com*: Entwicklungsplattform für CRM-Applikationen, relativ ausgereift, jedoch wird mit „Apex Code" eine proprietäre Programmiersprache verwendet.

2.2 Definition und Merkmale

Welche Merkmale muss also eine Anwendung erfüllen, um die Gruppe von anerkannten Cloud-Computing-Applikationen aufgenommen zu werden? Kann man eine Definition wagen?

Es gibt zahlreiche Versuche von Definitionen, eine gute Übersicht liefert das „Cloud Computing Journal"[3]. Eine sehr kompakte Definition sei hier wörtlich zitiert: „A Cloud is a type of parallel and distributed system consisting of a collection of interconnected and virtualised computers that are dynamically provisioned and presented as one or more unified computing resources based on service-level agreements established through negotiation between the service provider and consumers."[4]

Folgende Merkmale werden zur Definition einer Cloud-Computing-Applikation herangezogen:

➢ *Standardisierte Dienstleistung*: Die Standardisierung bezieht sich hierbei sowohl auf die angebotene Leistung (gleiche Leistung für alle)[5], als auch auf die Art des Leistungsabrufs (z. B. Nutzung über einen gängigen Internet Browser), als auch auf die vertragliche Gestaltung zwischen Nutzer und Anbieter, z. B. über standardisierte Service Level Agreements. Der Aufwand zur Beschreibung der Leistungsstandards ist vergleichbar hoch, da ein gemeinsamer Nenner für alle potenziellen Kunden gefunden werden muss. Hierbei wird vielfach mit dem kleinsten gemeinsamen Nenner begonnen, der dann schrittweise funktional ausgebaut werden kann.

➢ *Ergebnisorientierte IT-Leistung*: Entscheidend für die als Cloud Computing einzustufenden Services ist, dass die Art der Implementierung, Umsetzung oder Ausführung für den Kunden vollkommen irrelevant und nur für den Provider sichtbar ist. Der Kunde sieht nur das Ergebnis der IT-Leistung. Dieses muss in der vereinbarten Qualität entsprechend der verabredeten Service Level Agreements erbracht werden.

➢ *Bereitstellung an eine Vielzahl externer Kunden/Nutzer/Abnehmer*: Die Anzahl der Kunden ist hierbei nicht direkt ein notwendiges Merkmal, jedoch ergibt sich aus dem Aufwand zur Leistungsdefinition, zur Qualitätssicherung und aus den daraus abgeleiteten wirtschaftlichen Rahmenbedingungen die Auslegung für viele hunderttausend oder Millionen Kunden. Die Applikationen, die heute als Cloud Computing angesehen werden, richten sich meist ausschließlich auf externe Kunden[6].

---

[3] Vgl. *SYS-CON* (2008).
[4] BUYYA ET AL. (2008).
[5] Vgl. *RIDDER* (2009).
[6] „Extern" aus der Sicht des Cloud-Computing-Dienstleistungsanbieters.

> *Massive Skalierbarkeit*: Die einfache und nahezu grenzenlose Skalierbarkeit einer standardisierten IT-Leistung ist das häufigste Merkmal, das zur Definition von Cloud Computing herangezogen wird und damit unterscheidet es sich klar von anderen Definitionen, wie z.B. Software as a Service (SaaS)[7]. Die Skalierbarkeit sollte idealerweise sehr kurzfristig möglich sein[8], wobei sowohl eine Unter- als auch eine Überauslastung der Server verhindert werden soll.[9] Daraus ergibt sich, dass die technische Implementierung der „in der Cloud" angebotenen IT-Leistungen durch Economies-Of-Scale signifikant kostenbeeinflusst wird. Ressourcen müssen flexibel und automatisiert geteilt werden können. Die Ressourcenteilung ist wiederum nicht sichtbar für den Kunden und beeinflusst die Leistungserfüllung in keinster Weise.[10] Zwar wird der Einsatz von Virtualisierung infrastrukturseitig gemeinhin als Voraussetzung für Cloud Computing definiert, jedoch ist zur Zeit die Automatisierung zusätzlicher Ressourcen durch den Kunden nicht ohne zusätzliche Eigenleistung der Provider über den Einsatz von Virtualisierungssoftware hinaus notwendig.[11]

> *Transaktionsbezogene Abrechnung, „Pay-per-use"*: Neben der Skalierbarkeit der IT-Leistung wird eine transaktionsbezogene Abrechnung häufig im gleichen Atemzug genannt. Der Trend geht in Richtung Verkauf per abgerufene Einheit, vergleichbar mit Pizza am Imbiss, die per Stück berechnet wird[12]. Ergänzend zur transaktionsbezogenen Abrechnung sollte eine schnellen Buchung oder Bestellung, also eine schnellen Freischaltung der Leistungen bei gleichzeitig kurzen Mindestvertragslaufzeiten und geringen regelmäßigen Fixkosten möglich sein.

> *Hohes Risiko beim Ausfall der IT-Services*: Aus der Kombination der standardisierten Leistungen für eine große Anzahl an Kunden ergibt sich als sekundäres Merkmal auch ein hohes Risiko bezüglich des Ausfalls der angebotenen IT-Services. Um zu verhindern, dass man bei einem Ausfall der Services zeitnah in den Abendnachrichten erwähnt wird (wie z.B. T-Mobile beim Ausfall des Mobilfunknetzes im April 2009[13]), müssen erhebliche Investitionen in sichere Prozesse und umfangreiche Qualitätsmanagementmaßnahmen getätigt werden.

Die *Begriffsbestimmung* ist nicht einfach und soll hier auch nicht abschließend versucht werden. „The `Cloud´ concept is finally wrapping peoples' minds around what is possible when you leverage web-scale infrastructure (application and physical) in an on-demand way. `Managed Services´, `ASP´, `Grid Computing´, `Software as a Service´, `Platform as a Service´, `Anything as a Service´… all terms that couldn't get it done. Call it a `Cloud´ and everyone goes bonkers."[14] (= schnappt über – Anm. des Autors).

---

[7] Vgl *DESISTO ET AL.* (2008).
[8] Tatsächlich spricht man hier von Minuten oder Sekunden anstatt von Tagen oder Wochen.
[9] Vgl. *KLEMS* (2008).
[10] Vgl. *BITTMANN* (2009), S. 4.
[11] Vgl. *HERRMANN* (2009), S. 7.
[12] Vgl. *PRITZKER* (2008).
[13] Vgl. *SPIEGEL ONLINE* (2009).
[14] *EDWARDS* (2008).

Angemerkt sei hier noch, dass in den meisten der oben im wörtlichen Zitat angesprochenen Service-Arten, wie Grid-Computing, Software-as-a-Service oder Application Service Provision (ASP), dem Kunden normalerweise sehr gut bekannt ist, wer ihm wo was liefert. Ein weiteres durchaus differenzierendes Merkmal von Cloud Computing könnte daher der Trend zur *Intransparenz* sein, da hier die Lokation der Leistungserbringung dem Kunden nicht bekannt sein muss, ähnlich wie der eigentliche Erbringer der Leistung, wenn dieser sich von seinem Vertragspartner unterscheidet.

2.3 Abgrenzungsversuche: Was ist Cloud Computing nicht?

Wie gesagt, wir wollen hier nicht einen erneuten Versuch unternehmen, die exakte Definition des Cloud Computing anzubieten. Jedoch wollen wir uns an dieser Stelle mit einigen Mythen kritisch auseinandersetzen, die im Zusammenhang mit Cloud Computing häufig herangezogen werden.

Mythos: *„Cloud ist Infrastruktur oder IT-Architektur"*
Cloud Computing basiert auf bestim-mten Eigenschaften und Merkmalen einer IT-Infrastruktur, die die Ideen des Cloud Computing erst ermöglichen[15]. Ferner muss die IT-Infrastruktur bestimmte Voraussetzungen erfüllen, damit eine Nutzung sinnvoll ist. Hierzu sei primär eine ausreichende Bandbreite genannt: Bei der Migration in eine Cloud-Computing-Umgebung sind ein sinnvolles Bandbreitenmanagement sowie Konzepte zur Priorisierung gefordert.[16]

Eine Internet-Cloud selbst stellt jedoch keine vorgegebene Architektur dar. Allerdings versuchen namhafte Anbieter, grundlegende Eigenschaften auch auf der Infrastrukturseite zu definieren: Im „Cloud Computing Manifesto" wird z. B. eine offene Architektur gefordert, die eben nicht proprietär ist, sodass eine Migration oder auch eine Integration zwischen verschiedenen Anbietern möglich werden soll.[17]

Cloud Computing dreht sich somit nicht nur um Technologie, sondern verlangt auch die passenden Prozesse, um die angebotenen Leistungen zu administrieren und möglichst kostenoptimal umzusetzen.[18]

Mythos: *„Cloud Computing ist eine richtig neue Revolution"*
Wie oben diskutiert[19], hat sich die Idee des Cloud Computing schrittweise aus den technologischen Entwicklungen und aus der Etablierung neuer Dienstleistungen und Geschäftsideen entwickelt und zum Teil erst durch die begriffliche Ausprägung und öffentliche Diskussion als Hype ausgebildet. Als Weiterentwicklung der Outsourcing-Ideen kann man hier wirklich nicht von einer Revolution, sondern eher von einer Evolution sprechen.

---

[15] Siehe Kapitel 2.2.
[16] Vgl. NETWORK INSTRUMENTS LLC (2009).
[17] Vgl. STEIDLE (2009).
[18] Vgl. HERRMANN (2009), S. 6.
[19] Siehe Kapitel 2.1.

Mythos: *„Alles was mit Remote Management zu tun hat, ist Cloud"*
Die Hauptaufgaben von Remote-Management und Monitoring liegen in der Administration, Konfiguration und Überwachung der Systeme. [20] Hiermit ist keine inhaltliche Aussage über die IT-Leistungen getroffen, die die remote-überwachten Systeme bereitstellen. Der Kunde von Cloud-Computing-Anwendungen bezieht die Leistungen ergebnisorientiert und bedarfsgerecht, er möchte sich mit den typischen Aufgaben des Remote Management von Applikationen nicht kümmern. Diese fallen dem Betreiber der Cloud-Applikationen zu.

Mythos: *„Das Internet und das Web ist die Cloud"*:
Auch diese Aussage ist falsch. Web-Technologien bilden die Grundlagen für viele Geschäftsmodelle und IT-Leistungen. Aber nicht alles, was über das Internet angeboten wird, ist automatisch Cloud Computing. Auch ist das Web als Ganzes nicht eine einzige große Cloud. Einzelne Clouds werden nach den inhaltlich geschlossenen Applikationen abgegrenzt, die als IT-Leistungen den Kunden angeboten werden. So ist eine E-Mail-Lösung eine Cloud, eine Speicherlösung dagegen eine andere, getrennte Cloud.

Mythos: *„Alles wird einmal in der Cloud sein"*:
Gartner geht davon aus, dass typische bis zum Jahr 2012 ca. 25 % aller IT-Leistungen durch nicht-traditionelle Modelle bereitgestellt werden, zu denen auch das Cloud Computing zählt. Dies sei eine Steigerung von heute geschätzten 11–12 %.[21] Es ist also ein klarer Trend zu erkennen, der aber eine vollständige Ablösung von traditionell betriebenen IT-Applikationen durch Cloud-Computing-Modelle ausdrücklich ausschließt.

Auch ist es offensichtlich, dass vor allem Sicherheitsaspekte Unternehmen wie Privatpersonen davon abhalten werden, sich in großem Umfang auf Cloud-basierte IT-Applikationen vollständig zu verlassen. Dieser Aspekt des Cloud Computing wird nach wie vor sehr kontrovers diskutiert, aktuelle Missbrauchsfälle zeigen, dass der Stand der Technik bezüglich IT-Sicherheit noch nicht überall Anwendung findet. [22] Aus Praxisberichten geht hervor, dass die Herausforderungen nicht darin liegen, jede einzelne genutzte Cloud-Anwendung abzusichern, sondern das Zusammenspiel der verschiedenen Sicherheitsstandards zu organisieren.[23]

Mythos: *„Cloud eliminiert private Networks"*:
Mit ähnlichen Argumenten kann man auch diese Aussage widerlegen: Nein, private Networks wird es weiterhin geben. Aber der Cloud-Gedanke könnte auch in die Produkt-Portfolios der IT-Abteilungen von Unternehmen Einzug halten. Daher bildet dieser letzte Mythos einen guten Übergang zum nächsten Abschnitt, in dem wir uns zunächst mit der Produkt-Ausgestaltung von IT-Leistungen beschäftigen, bevor wir uns im Weiteren mit möglichen Cloud-Tendenzen in diesen unternehmensweiten IT-Produkt-Portfolios auseinandersetzen.

---

[20] Vgl. LAURÖSCH (2006).
[21] Vgl. SCHATTEBURG ET AL. (2009).
[22] Vgl. SCHWAN (2009).
[23] Vgl. HERRMANN (2009), S. 6.

3 IT-Produktportfolio: Leistungskatalog der IT-Abteilung von heute

In diesem Kapitel wollen wir kurz auf den Begriff „IT"-Produktportfolio eingehen und untersuchen, ob und inwieweit der Cloud-Gedanke hier Anwendung finden kann.

3.1 Von der hilfsbereiten zur produktorientierten IT-Abteilung

Die Überschrift klingt prosaisch. Jedoch ist vielfach die Hilfsbereitschaft der IT innerhalb von Unternehmen gleichzeitig auch ein Problem: Das Selbstverständnis der IT als Service-Abteilung für die Geschäftsbereiche, die die eigentliche Wertschöpfung und die Erfüllung der Kundenaufträge im Fokus haben, hat sich weitgehend durchgesetzt. Die IT unterstützt mit ihren Leistungen das Business bestmöglich, sie agiert als Querschnitts- oder Verwaltungsfunktion. Da die IT-Kosten häufig als Verwaltungsgemeinkosten umgelegt werden, wird die IT auch als Teil des „Verwaltungswasserkopfs" gesehen und muss sich nicht selten ihre Stellung im Unternehmen als wichtiger Bestandteil zur Umsetzung der Gesamtstrategie erst erarbeiten.[24]

Wir wollen im Weiteren kurz einen „worst case" skizzieren, um die Motivation zur Bildung von internen IT-Produkten zu erläutern[25]. Als Ausgangspunkt betrachten wir eine IT-Organisation, in der die Leistungserbringung „auf Zuruf" erfolgt: Ohne klare Trennung nach Projekt, Änderungswünschen oder Störereignissen werden die Mitarbeiter der IT unter Ausnutzung bestehender persönlicher Verbindungen oder informeller Netzwerke zu einem Problem angesprochen und erledigen das Problem ebenfalls pragmatisch kurzfristig und ohne großen bürokratischen Aufwand. Die IT-Mitarbeiter sind die internen Dienstleister, die den Anforderungen des Business genügen müssen und wollen diese so gut es geht erfüllen und dabei niemanden enttäuschen.

Die IT Infrastructure Library (ITIL) hat sich in den letzten Jahren zunehmend als Standard für IT-Service-Prozesse durchgesetzt, heute wird in vielen Unternehmen von „Incident Management" oder „Demand Mangement" gesprochen und es sind entsprechende Prozesse dahinter etabliert oder in der Einführung. Bereits hieraus ergibt sich eine signifikante Verbesserung gegenüber dem oben skizzierten „worst case".

Weiterhin hat sich eine Produktbildung oder der Aufbau von IT-Produktkatalogen/Produktportfolios ebenfalls schrittweise etabliert, aus unserer Erfahrung jedoch noch nicht durchgängig und mit sehr heterogenem Abdeckungsgrad. Was verstehen wir unter einem IT-Produktportfolio?

---

[24] Die tatsächliche und wahrgenommene Positionierung der IT innerhalb des Gesamtunternehmens hängt von der Aufbauorganisation und dem tatsächlichen Wertbeitrag der IT zum Unternehmenserfolg ab. Beides ist von Unternehmen zu Unternehmen sehr unterschiedlich. Daher kann hier keine pauschale Aussage getroffen werden.

[25] Dies erfolgt in der Hoffnung, dass in den meisten IT-Abteilungen dieser „worst case" heute in dieser Form nicht mehr existiert.

Die Definition von standardisierten und damit wiederholt durchzuführenden IT-Leistungen bildet hierzu die Grundlage. Auch wenn es sich nicht um externe, sondern um interne Leistungen handelt, werden diese in einem IT-Produktkatalog eindeutig beschrieben. Die Kunden, die diese Leistungen kaufen, sind in diesem Fall die Geschäftsabteilungen des Unternehmens, im Rahmen der Globalisierung aber zunehmend auch ausländische Tochterunternehmen, die IT-Leistungen einer Zentrale oder eines beliebigen internen Anbieters innerhalb des Konzerns in Anspruch nehmen.

Zur eindeutigen Beschreibung gehört neben der Definition der zu erbringenden Leistungen auch die Nennung von Leistungsausschlüssen und von Voraussetzungen, die vorliegen müssen. Auch werden vertragliche Regelungen wie Mindestlaufzeiten, Kündigungen, Verbote, Haftungen und andere Sanktionen bei Fehlverhalten in Produktkatalogen oder begleitenden Rahmenvereinbarungen festgeschrieben.

Zur Beschreibung eines Produktes gehört auch ein Preis. In diesem Fall kann der Preis sich aus festen und variablen Anteilen zusammensetzen (z. B. kann eine Unternehmenseinheit für die Inanspruchnahme des konzernweiten ERP-Systems einen festen Betrag und zusätzlich einen Betrag pro benannten Benutzer). Gerade die Festlegung der Preise und deren Preiseinheiten erfordert ein durchdachtes Konzept, da die leistungserbringende IT-Abteilung hiermit zum Teil ihre eigenen Kosten kalkuliert und an die Abnehmer weiterreicht.

Mit der Produktdefinition geht auch eine Festlegung der Service Level einher.[26] Die Produktdefinition erfolgt somit in einer Form, als ob der Leistungserbringer keine interne Abteilung sondern ein externer Dienstleister wäre.

Um ein IT-Produktportfolio in Form eines Produktkatalogs möglichst einfach möglichst vielen (konzerninternen) Abnehmern zukommen zu lassen, ist eine Standardisierung der IT-Produkte auf wiederholbare Einheiten unumgänglich. Die Abnehmer (die Business-Abteilungen) wollen sich nicht im Detail mit technischen Einzelheiten und Parametern beschäftigten, sie wollen ein funktionierendes Produkt(-paket) erhalten, das ihren Anforderungen entspricht. Standardisierung heißt somit in weiten Teilen auch Vereinfachung: Die IT-Abteilung bündelt die Vielzahl von möglichen Kombinationen zu sinnvollen Leistungspaketen, die zur einfacheren Erklärung meist auch gängigen Anwendungsszenarien zugeordnet werden.

Diese Vereinfachung und Bündelung der Produktportfolios soll auch den administrativen Aufwand bei der Bestellung, Aktivierung, Änderung, Terminierung und natürlich auch der Abrechnung reduzieren: Werden anstatt einer Bündelung viele einzelne technische Parameter zur Bestellung angeboten, so müssen diese bei Bestellungen oder Bestelländerungen auf Konsistenz und technische Machbarkeit überprüft werden. Die monatliche Abrechnung und Preisfindung wird komplizierter, der Aufwand bei Änderungen höher.

---

[26] Wegen der internen Erbringung wird die dazugehörige Vereinbarung nicht „Service Level Agreement", sondern „Organizational Level Agreement" (OLA) genannt. Inhaltlich handelt es sich hierbei um die gleiche Festlegung, beim OLA sind die beteiligten Parteien jedoch Abteilungen innerhalb der gleichen handelsrechtlichen Gesellschaft.

Als Beispiel soll hier die Bereitstellung eines Applikationsservers für eine beliebige Anwendung herangezogen werden. Parameter wären hierbei z. B.: Prozessortyp und -anzahl, Speicher, Plattenplatz, Netzwerkbandbreite, Betriebssystem, Datenbanksystem, Virenschutz sowie Basisbetriebsleistungen wie Datensicherung, Softwarepatches, Virenschutz-Patches, User-Administration, Verbindung zu anderen Anwendungen im Unternehmensverbund.

Anstatt den Nutzer nun jeden Parameter einzeln bestimmen zu lassen, kann die IT-Abteilung sinnvolle Bündel schnüren, z.B. den „Power"-Server mit viel Prozessorleistung, Speicher und Plattenplatz und den „Light"-Server in einer einfacheren Ausstattung.

Auch die Preisfindung der IT-Produkte oder Produktpakete erfordert einige Überlegungen und Vorbereitungen. Sind die Ist-Kosten der einzelnen IT-Produkte oder deren Kostenelemente bekannt? Werden diese verursachungsgerecht erfasst? Wie soll die Weiterverrechnung auf die jeweiligen Produktkostenträger oder Abnehmer erfolgen?

Diese Fragen des IT-Controllings lassen sich an dieser Stelle nicht pauschal beantworten, sind jedoch ebenfalls ein wichtiger Bestandteil von IT-Produktportfolio-Überlegungen. Vielfach sind IT-Abteilungen keine Profit-Center, sondern werden als Cost-Center betrachtet. Die Kosten werden nach Umlageschlüsseln auf die abnehmenden „produktiven" Geschäftseinheiten verrechnet. Erfolgt diese Verrechnung über eine Kalkulation der IT-Produkte je nach Abnahme dieser Produkte, so ist diese verursachungsgerechter als pauschale Betrachtungen, wie z. B. das Verteilen aller IT-Kosten nach Anzahl Mitarbeiter, Umsatz oder Anzahl PCs in den empfangenen Geschäftseinheiten.[27]

Die inhaltliche Gestaltung der IT-Produkte, ihre sinnvolle Bündelung unter Beachtung der technischen Abhängigkeiten sowie die Preisfindung, also die betriebswirtschaftliche Kalkulation von Verrechnungssätzen, stellt hier durchaus eine Herausforderung dar, die strukturiert angegangen und umgesetzt werden muss, soll die Initiative „Produktkatalog für IT-Leistungen" ein Erfolg werden.

3.2 Fortführung des Cloud-Gedankens zur weiteren Optimierung des internen Leistungsangebots

Wir haben oben festgestellt, dass die Aufstellung von Produktkatalogen mit standardisierten IT-Leistungen in Unternehmen zu einer erheblichen Vereinfachung der Abwicklung und Abrechnung von IT-Leistungen führen kann. Wo kommt hier der Cloud-Gedanke mit ins Spiel, sind wir doch oben zu dem Schluss gekommen, dass Cloud-Produkte sich eher auf einen echten Massenmarkt beziehen, der viele Millionen potenzielle Kunden bedient?[28]

---

[27] Die IT-Produkte beziehen sich primär auf IT-Betriebskosten. Weitere IT-Leistungen, wie z. B. Projektkosten, sollten unabhängig davon behandelt werden. Hierzu sind entweder generelle oder projektspezifische Regelungen zu treffen.

[28] Siehe Kapitel 2.2.

Betrachten wir ein international tätiges Unternehmen: Hier versorgt die zentrale IT ihre nationalen Geschäftseinheiten mit IT-Leistungen. Zusätzlich werden aber auch viele IT-Leistungen an Beteiligungsunternehmen konzernintern erbracht.[29] Man hat es somit durchaus mit mehreren Abnehmern zu tun, auch wenn die Millionenzahl lange nicht erreicht wird.

Besonderes im internationalen Geschäft besteht die Forderung nach einfachen IT-Produkten. Diese wird vor allem durch eine heterogene Verteilung der Unternehmensgrößen und damit auch der lokalen IT-Abteilungen verstärkt. Beteiligungsunternehmen mit einigen Hundert Mitarbeitern verfügen oft nur über wenige IT-Experten. Hier ist die Motivation gering, sich umfassend mit allen technischen Details einer IT-Infrastruktur zu beschäftigen, wenn komfortable Pakete aus der Konzernzentrale eingekauft werden können.

Folgende Anforderungen an IT-Leistungen innerhalb des internationalen Konzernverbunds lassen sich unter diesen Gesichtspunkten aufstellen:[30]

> *Einfache und verständliche Produktdefinitionen*: Dieser Punkt wurde hinlänglich diskutiert: Die verständliche Beschreibung von wiederholbaren IT-Produkten führt zu einer Standardisierung von IT-Leistungen. Standardisierung war aber auch ein Merkmal von Cloud Computing[31]. Auch das Cloud-Merkmal der ergebnisorientierten IT-Leistung[32] wäre hier erfüllt, da davon ausgegangen werden kann, dass der Abnehmer nicht an den Details der Umsetzung interessiert ist.[33]

> *Einfache, bedarfsgerechte Leistungsbestellung und -terminierung*: Die konzerninternen Abnehmer wollen die IT-Leistungen ohne überhöhten administrativen Aufwand bestellen und ändern. Sie wollen die Leistungen entsprechend ihrer Anforderungen ändern und abbestellen, es sollen verlässliche Terminzusagen ohne störende Lieferfristen erfolgen; auf lange Mindestlaufzeiten sollte möglichst verzichtet werden.

Vergleichen mit den Merkmalen für Cloud Computing ist dies vergleichbar mit dem Punkt Skalierbarkeit[34].

Wir haben es – wie gesagt – bei konzerninternen Abnehmern von IT-Leistungen nicht mit einer großen Vielzahl von Kunden zu tun. Insofern ist hierzu auch keine massive Skalierbarkeit erforderlich. Durch die angebotene Flexibilität bezüglich der bedarfsgerechten Leistungsbestellung und -terminierung ist jedoch auf der Anbieterseite der IT-Leistungen die Skalierbarkeit wiederum ein entscheidendes Merkmal.

---

[29] Beteiligungsunternehmen sind hierbei sowohl Landesgesellschaften als internationale „Ableger" der Muttergesellschaft in einzelnen Ländern mit 100 % Eigentum der Mutter als auch Mehrheitsbeteiligungen mit > 50% Eigentum der Mutter. Minderheitsbeteiligungen werden aufgrund des geringen Einflusses der Muttergesellschaften zunächst nicht betrachtet.

[30] Erfahrungswerte aus diversen *BearingPoint*-Projekten.

[31] Siehe S. 221.

[32] Siehe S. 221.

[33] Das Interesse an der technischen Umsetzung einer IT-Leistung und der Wunsch der lokalen Einflussnahme ist dann höher, wenn eigene IT-Abteilungen mit signifikant umfassendem Leistungsspektrum existieren. Hier muss mit geeigneten (Überzeugungs-)maßnahmen unterstützt werden.

[34] Siehe S. 222.

➤ *Einfache und transparente Abrechnung nach dem tatsächlichen Verbrauch* „pay per use". Hierbei besteht eine klare 1:1-Beziehung zu dem entsprechenden Cloud-Merkmal[35]. Es ist jedoch eine Geschäftsentscheidung, in welcher Form die Abrechnung an den Bezieher der Leistungen erfolgt. Hierbei kann es auch zu Modellen mit Elementen des Risk-Sharing oder Reward-Sharing geben. Die Messung des tatsächlichen Verbrauchs ist jedoch nach wie vor die Grundlage für die Abrechnung.[36]

Vergleicht man nun die Merkmale für Cloud Computing, die wir oben im Abschnitt 2.2 diskutiert haben, mit den Anforderungen an konzerninterne IT-Leistungen in einem internationalen Unternehmensverbund, so haben wir nur das Risikomerkmal noch nicht angesprochen[37]: Auch hier lässt sich wieder keine pauschale Aussage treffen; abhängig von Art und Bedeutung der eingekauften Applikationen bzw. von den Applikationen, die auf der intern eingekauften IT-Infrastruktur betrieben werden, kann es bei Ausfall der IT-Leistungen auch zum Ausfall des Geschäftsbetriebes kommen, sodass durchaus von einem potenziell erheblichen Risiko gesprochen werden kann.

An dieser Stelle ist es Zeit für ein erstes zusammenfassendes Fazit: Die grundlegenden Ideen des Cloud Computing sind bei der konsequenten Ausarbeitung eines IT-Produktkataloges durchaus zielführend. Der Aufbau der IT-Produkte ausgerichtet an den Cloud Gedanken – zumindest für ausgewählte Leistungen, wie zum Beispiel IT-Infrastruktur – unterstützt eine durchgehende Standardisierung bei gleichzeitig erhöhter Akzeptanz durch (internationale) Nutzerorganisationen innerhalb eines Konzernverbunds. Eine verständliche und nachvollziehbare Bündelung von Corporate-IT-Leistungen mit einem einfachen Preiskonzept kann die Wettbewerbsfähigkeit dieser angebotenen Leistungen erhöhen. Die Auseinandersetzung mit diesen Überlegungen stärkt das Kunden-Lieferanten-Denken der beteiligten IT-Mitarbeiter.

Auch die Analysten von *Gartner* haben sich damit beschäftigt: Für das Angebot von IT-Leistungen an interne Abnehmer nach der Art eines externen Cloud Computing orientierten Anbieters prägt *Gartner* den Begriff „Private Cloud Computing": Hierbei werden skalierbare und flexible IT-Leistungen über Internet-Technologien an interne Abnehmer angeboten. *Gartner* kommt zu dem Schluss, dass Unternehmen ihre internen Leistungsangebote ständig mit dem Cloud-Markt abgleichen sollen und bei Commodity-Leistungen das Outsourcing dann vornehmen sollten, wenn die Marktangebote ausgereift genug sind. Interne Applikationen können durchaus auch innerhalb eines „Private Cloud Computing"-Modells entwickelt werden; hierbei sei auf die Kompatibilität zu Standards zu achten, um ggf. später auf externe Angebote migrieren zu können.[38]

Wir haben das Thema IT-Produktkatalog bisher mit dem Fokus auf einen global tätigen Konzernverbund betrachtet, in dem die IT-Leistungen aus einer Konzernzentrale heraus angeboten werden. Für viele standardisierte IT-Leistungen mag dies auch korrekt sein, z. B. für die Bereitstellung von länder- oder bereichsübergreifenden Applikationen können die Provider (im Sinne der Cloud-Gedanken) jedoch lokal und organisatorisch aus verschiedenen Bereichen kommen: So kann eine übergreifende Applikation auch durch eine Landesgesellschaft betrieben werden oder eine Fachanwendung wird zwar zentral betrieben, aber nicht durch die

---

[35] Siehe S. 222.
[36] Vgl. *BITTMANN* (2009), S. 4.
[37] Siehe S. 222.
[38] Vgl. hierzu und im Folgenden *BITTMANN* (2009), S. 11.

Corporate-IT-Abteilung, sondern eben durch den Geschäftsbereich, der diese Fachanwendung zur Durchführung seines Geschäfts benötigt.

Das Angebot von wiederholt nutzbaren IT-Leistungen ist somit nicht auf eine Zentrale beschränkt; die Grundsätze der flexiblen Nutzung nach Bedarf, der klaren und einfachen Definition oder der Abrechnung nach Nutzung sollten im Idealfall jedoch einheitlich gelten.

4 Möglichkeiten zur Gestaltung ausgewählter IT-Leistungen nach dem Cloud-Gedanken

Wir wollen hier einen klaren Fokus unserer Untersuchung auf IT-Angebote legen, die traditionell „in-house" betrieben wurden. „In-house" sollte hierbei besser „innerhalb des Unternehmensnetzes" bedeuten, da es für unsere Betrachtungen nicht erheblich ist, ob ein Unternehmen seine Applikationen in selbstbetriebenen Rechenzentren betreibt, oder diese Leistung an Dienstleister fremdvergeben hat.[39]

In diesem letzen Abschnitt vor der abschließenden Zusammenfassung sollen zwei Beispiele für IT-Leistungen untersucht werden, die den Cloud-Gedanken folgen: Ein zentrales Stammdatenmanagement und typische ERP-Funktionalität. Als dritter Unterabschnitt setzen wir uns mit Applikationen auseinander, die für das Unternehmen ein Alleinstellungsmerkmal darstellen.

4.1 Eine solide Grundlage: Stammdatenmanagement

Stammdatenmanagement bildet die Grundlage der Abbildung von Geschäftsprozessen in IT-Anwendungen, nicht zuletzt in ERP-Systemen, in denen wegen ihrer hohen Integration die Qualität der Geschäftsprozesse meist direkt von der Qualität der Stammdaten abhängt.

Wie könnte ein Stammdatenmanagement innerhalb eines Konzernverbunds nach dem Cloud-Prinzip gestaltet werden? Was soll hier überhaupt als Stammdatenmanagement verstanden werden?

In diesem Beispiel beschränken wir uns der Einfachheit halber auf Stammdaten, die im Allgemeinen in jedem Unternehmen verwendet werden: Material- oder Artikelstammdaten, Kundenstammdaten und Lieferantenstammdaten. Viele Unternehmen haben den Nutzen von einheitlichen Stammdaten erkannt und stecken einen erheblichen Aufwand in die Bereinigung, Harmonisierung, Überarbeitung und Archivierung von Stammdaten. Gerade im Verbund mehrerer IT-Systeme ist nicht nur das einmalige Aufräumen von Stammdaten eine erhebliche Herausforderung, auch die Prozesse zur Erhaltung des aufgeräumten Zustands müssen global abgestimmt und durchgesetzt werden.[40]

---

[39] Auch bei fremdvergebenen Rechenzentrumsbetrieb sind die Applikations- und Datenbankserver in das Unternehmensnetz eingebunden, also von außen nicht ohne Weiteres zugänglich.

[40] Von der Zuordnung her ist dies kein IT-Thema, auch wenn die IT sich vielfach in ihrer Rolle als Querschnittsfunktion koordinierend darum kümmert. Da hier auch IT-Applikationen beteiligt sind, liegt also eine IT-Rele-

Unabhängig von der detaillierten organisatorischen Ausprägung könnten folgende Leistungen als Produkt angeboten werden:

- *Hinzufügung eines neuen globalen Stammsatzes*: Neue Stammdatensätze werden beantragt, auf Doubletten geprüft, entsprechend aller formalen Anforderungen erfasst und anschließend in die relevanten IT-Systeme verteilt. Sollte der Stammsatz bereits vorhanden gewesen sein, erfolgt eine entsprechende Mitteilung an den Beantragenden.

- *Änderungsdienst von Stammsätzen*: Neben der Pflege von Änderungen, angestoßen von Nutzern der Stammsätze, kann ein Änderungsdienst auch durch regelmäßige Überprüfung von Adressen, Schreibweisen, Firmierungen oder anderen Merkmalen erfolgen. Änderungen werden dokumentiert und anschließend in alle relevanten IT-Systeme übertragen.

- *Löschung/Archivierung von Stammsätzen*: Auch die Überprüfung des Lebenszyklus eines Stammsatzes gehört zu den Pflegeaufgaben: Hiermit wird festgestellt, ob dieser noch aktiv genutzt wird oder archiviert werden kann. Diese Überprüfungen erfolgen meist in regelmäßigen Abständen über große Gruppen von Stammsätzen, können aber auch in Einzelfällen angestoßen werden.

Wären diese Leistungen im Rahmen der Cloud-Gedanken sinnvoll global einzuführen? Die Standardisierung der Stammdatenprozesse weltweit wäre hier ein Hauptargument. Nur wenn die oben angedeuteten Prozesse in allen beteiligten Einheiten gleich durchgeführt werden, kann ein einmal bereinigter Stammdatenvorrat seinen Zustand beibehalten.

In diesem Fall darf die Cloud-Leistung „Stammdatenmanagment" sinnvollerweise nicht durch eine lokal gefundene Alternative ersetzt werden. Dennoch kann die Leistung, die hinter den oben angegebenen Prozessen steht, durchaus einheitlich zentral oder auch dezentral erbracht werden.

Die eigentliche Herausforderung in diesem Beispiel dürfte sich aus den Abrechnungsfragen ergeben: Die pauschale Abrechnung z. B. nach neu angelegten Stammsätzen kann erhebliche Auswirkungen auf die Akzeptanz haben. Muss man z. B. für jeden neuen Kundenstammsatz einen Pauschalbetrag bezahlen, so kommt schnell die Versuchung zum Tragen, doch sparsamer z. B. mit neuen Kundenstammsätzen umzugehen[41], um hierdurch die Kosten für die Nutzung der Stammdatenservices zu sparen.

Die Abrechnungsregeln sollten hierbei vom Prinzip „Pay-per-use" eher abweichen: Beispielsweise kann vielmehr der Nutzen z. B. von verhinderten Doubletten berücksichtigt werden (im Sinne eines Reward-Sharing). Im Einzelfall kann die Abrechnung der zentral erbrachten Querschnittsleistung nach gängigen Größen, wie z. B. anteilig nach Umsatz, eine bessere Lösung darstellen.

Das Beispiel zeigt, dass die Definition von übergreifenden Standardleistungen nach den Cloud-Gedanken nicht dogmatisch erfolgen kann. Beim Stammdatenmanagement überwiegt möglicherweise die Cloud-Idee, dass die technische Umsetzung dem Anwender egal ist, er verlässt sich auf die Qualität der Daten und beteiligt sich in irgendeiner Form an dem Aufwand, der

---

[41] vanz vor, auch wenn das Business die eigentlich treibende Kraft sein sollte. Für die Untersuchung eines Aufbaus dieser Leistungen nach den Cloud-Gedanken ist dies jedoch unerheblich.
Und z. B. verstärkt mit „Einmal-Kunden" zu arbeiten, auch CPD-Kunden genannt („Conto pro diverse").

für die Beibehaltung dieser Qualität zu erbringen ist. Insofern nicht das passendste Beispiel für Cloud-getriebene Leistungsprodukte.

4.2 Im Zentrum der Prozesse: ERP

ERP-Prozesse bilden das Rückgrat der Geschäftstätigkeit einer Unternehmung. Zu den typischen ERP-Prozessen gehören die Aufgaben der Finanzbuchhaltung, des Controllings, der Materialwirtschaft, Beschaffung, Vertrieb, Einkauf, Produktionsplanung und -steuerung.[42]

Welche Möglichkeiten bestehen hier, standardisierte Leistungen im Rahmen eines Cloud-Prinzips darzustellen?

Die Herausforderung liegt in der Standardisierbarkeit: Betrachten wir einen globalen Konzernverbund mit einer Vielzahl von einzelnen Gesellschaften, alle als selbstständig bilanzierende Einheit im ERP-System hinterlegt.[43] Unter der Annahme, dass die Geschäftsprozesse so weit wie möglich standardisiert worden sind, und lokale Ausprägungen auf ein Minimum reduziert werden konnten, kann man den Betrieb und die weitere Pflege dieser einheitlichen Ausprägung durchaus als konzerninterne Cloud-Leistung verstehen: Die Ausprägung der Prozesse und des ERP-Systems erfolgt in diesem Fall anhand eines globalen Templates. Änderungen an dem Template müssen je nach Relevanz in alle produktiven Einheiten übertragen werden. Dies kann zentral durch ein Template Management erfolgen, sodass die Pflege des ERP-Systems durchaus als Standardleistung angeboten werden kann. Die gängige Abrechnungseinheit wäre z. B. der namentlich benannte Nutzer, der mit einem monatlich festen Betrag verrechnet wird.[44]

Aber auch bei einer heterogeneren Prozesslandschaft kann über die Cloud-Idee eine stufenweise Standardisierung bis in den Betrieb und die Wartung fortgeschrieben werden: So können spezifische Länderanpassungen aus dem Template-Konzept herausgenommen werden und führen dann abrechnungsseitig zu individuellen Mehrkosten zusätzlich zu den Standardsätzen der Cloud-Leistung „ERP-Standard-User". Ein Land bezahlt dann vielleicht eine Anzahl „ERP-Standard-User" und eine Anzahl „ERP-User Land XYZ", mit dem die Mehraufwendungen der Landesanpassungen abgedeckt werden.

Die Mehrstufigkeit von Standards kann auch auf die Zugehörigkeit zu Geschäftseinheiten ausgeweitet werden: So können z. B. die Prozesse der Fertigungssteuerung je Geschäftseinheit unterschiedlich ausgeprägt werden, innerhalb einer Geschäftseinheit jedoch wiederum einheitlich. Hieraus ergibt sich ein allgemeingültiges Template mit konzerneinheitlichen Vorgaben[45], das in den speziellen Ausprägungen je Geschäftseinheit durch Geschäftseinheit-spezifische Templates ergänzt wird[46].

---

[42] Die Ausgestaltung ist sehr individuell. Die Untersuchung des hier betrachteten Beispiels soll auf dieser hohen Ebene erfolgen, da die genaue Abgrenzung für die Aufgabe nicht erheblich ist.

[43] Dies erfolgt z. B. als sogenannter „Buchungskreis" im *SAP*-ERP-System.

[44] Sinnvollerweise sind weitere Kostenelemente wie Lizenzen oder Betriebskosten der Infrastruktur hier mit enthalten.

[45] Z. B. in der Finanzbuchhaltung oder Materialwirtschaft

[46] … und in der Kombination mit der ersten diskutierten Variante zusätzlich durch länderspezifische Ausprägungen weiter verfeinert werden kann.

Für die Pflege der einzelnen hierarchisch aufeinander aufbauenden Templates sind entsprechende Abstimmungs- und Änderungsaufwände notwendig. Somit können auch einzelne Leistungsprodukte nach dem Cloud-Prinzip so definiert werden, dass sie der Hierarchie der Templates entsprechen und dadurch für den Nutzer noch immer verständlich und nachvollziehbar bleiben. Eine (preisliche) Unterscheidung nach der Anzahl der Transaktionen, die ein einzelner User in seinem Profil ausweist, entfällt hier, dies würde nicht mehr dem Prinzip der klaren Definition und Verständlichkeit sowie der einfachen Abrechnung nach Nutzung entsprechen.

4.3 Kundenbindung durch Kundenanbindung: E-Business-Lösungen

Als letztes Beispiel wollen wir kurz auf Anwendungen eingehen, die als Alleinstellungsmerkmal für das Geschäft des betrachteten Unternehmens gelten. Hierzu zählen zum Beispiel optimierte Anwendungen zu Integration von Endkunden in den Geschäftsablauf, die außerdem Zusatzleistungen für den Kunden anbieten, die den Kunden an das Unternehmen binden, da er diese Zusatzleistungen bei Mitbewerbern in der Form nicht erhält.

Gemeint sind hierbei nicht Funktionen eines Web-Shops mit Artikelkatalog, Beschreibungen, Einkaufswagen und Bestellfunktionalität. Diese sind heute Commodity-Leistungen und in dieser abgegrenzten Form standardisiert extern zu beschaffen.

Ausschlaggebend für ein Alleinstellungsmerkmal am Markt sind Zusatzleistungen für den Kunden, der online Daten zu den beim Unternehmen bezogenen Gütern oder Dienstleistungen abrufen kann, sei es eine Bestellhistorie mit einfacher Wiederbeschaffungsmöglichkeit, auf der Bestellhistorie aufbauende Empfehlungen, Dokumentationen, Hinweise zu Wartungsintervallen, Hinweise auf Produktänderungen und Updates, Übersicht über technische Details oder die Verknüpfung mit Service-Verträgen und aktuelle Statusübersichten. Sinn dieser Zusatzleistungen ist es, den Kunden an die Leistungen des Unternehmens zu binden, da er auf die Zusatzleistungen nicht mehr verzichten möchte und eine Migration „seiner" Daten zum Mitbewerber meist nicht möglich oder sinnvoll ist.

Für diese Art der Leistungen ist Effektivität nicht die oberste Priorität.[47] Vielmehr liegt der Fokus hierbei klar auf Funktionalität, Anpassung (auch) an individuelle Anforderungen und der Möglichkeit von häufigen Änderungen. Um mit diesen Applikationen den höchsten Nutzen zu erreichen, ist eine detaillierte Kenntnis des Geschäfts und der speziellen Anforderungen notwendig.[48]

Diese Services haben den Anspruch, ein Alleinstellungsmerkmal des Unternehmens am Markt abzubilden. Daher sollten sie in sehr enger Zusammenarbeit mit den operativen Geschäftseinheiten abgebildet, eingeführt und (weiter-) entwickelt werden. Dennoch bestehen sie zu hoher Wahrscheinlichkeit aus „commodity-like"-Elementen, die wiederum als Cloud-ähnliche Services dargestellt werden können. *Gartner* empfiehlt, dass Unternehmen für jedes IT-Produkt eine Strategie vorbereitet haben. Für potenzielle Cloud-Services müsse entschieden werden, ob diese vorab selbst entwickelt werden, um ggf. später an die externe Cloud vergeben zu

---

[47] Vgl. hierzu und im Folgenden BITTMANN (2009), S. 4 f.
[48] *Gartner* verwendet hier den englischen Begriff „Intimacy", der die Art der Kenntnisse treffen beschreibt. Vgl. BITTMANN (2009), S. 4.

werden. Für wirkliche Alleinstellungsmerkmale wird eine sehr enge Integration zum und mit dem Business empfohlen.[49]

5 Fazit und Ausblick

Auch wenn die knappe Darstellung der oben dargestellten Szenarien der Komplexität dahinter nicht im Entferntesten gerecht wird, so zeigt sich, dass das Prinzip, (IT-)Leistungen konsequent an wiederholbare Standards auszurichten, direkt verbunden ist mit der Standardisierung von Prozessen und technischen Vorgaben innerhalb des jeweiligen Unternehmens oder Konzernverbunds. Die konsequente Beschäftigung mit der Erstellung eines einfachen Produktkatalogs kann zur entsprechenden Ausgestaltung der Produktinhalte und der zugehörigen Rahmenbedingungen führen: Nur wenn Prozessabläufe standardisiert werden, können standardisierte Produkte angeboten werden. Nur wenn technische Standards für die IT-Infrastruktur aufgestellt werden, können diese „Cloud-like" als einfache und nachvollziehbare Produktbündel an internen Kunden verkauft werden.

In diesem kurzen Abriss wurde bewusst auf eine umfassende Darstellung des Cloud Computing verzichtet, diese ist in der aktuellen Literatur zu finden und die hier benutzten Quellen spiegeln den aktuellen Stand der Diskussion gut wider. Ferner wurde ebenfalls bewusst auf eine technische Diskussion verzichtet: Cloud Computing wird vielfach als technisches Thema betrachtet, wobei fast jeder Autor auf die notwendige Gestaltung der beteiligten IT- und Geschäftsprozesse mindestens hinweist.

Dieser Artikel hat „Private Clouds" zum Schwerpunkt, also das Angebot von Cloud-basierten Leistungen innerhalb des Unternehmens oder Konzernverbunds. Auch dieses Thema wird in der Literatur häufig diskutiert, dort aber regelmäßig ebenfalls unter technischen Gesichtspunkten. Regelmäßig wird die Erstellung von intern genutzten Applikationen nach den Cloud-Gedanken untersucht und dabei z. B. eine spätere Migrationsmöglichkeit in „Public Clouds" analysiert.

Wir haben versucht, das Thema „Private Clouds" einen Schritt abstrakter zu betrachten: Nicht die technische Ausgestaltung von Applikationen, sondern das Angebot von (internen) IT-Leistungen generell wurde diskutiert. Als Ergebnis lässt sich folgendes festhalten:

> Die strukturierte Aufbereitung wiederholbarer interner IT-Leistungen als Produkt im Sinne eines IT-Produktportfolios sowie die einfach verständliche Dokumentation in einem IT-Produktkatalog erleichtert die Planung, Durchführung und Abrechnung der IT-Leistungen und erhöht die Akzeptanz der internen Abnehmer.

> Fließen dabei die Grundsätze der Cloud Gedanken konsequent mit ein, so wird die Verständlichkeit und Akzeptanz nochmals erhöht, da die Notwendigkeit der inhaltlichen Auseinandersetzung der Abnehmer mit IT-Details weiter entfällt.

---

[49] Vgl. BITTMANN (2009), S. 5.

- Hierbei ist eine Modularisierung und sinnvolle Bündelung zu empfehlen. Ziel ist eine weitgehende Standardisierung der IT-Leistungen.
- Die Besonderheiten der Produkte sind zu berücksichtigen: Nicht alle IT-Leistungen erlauben einen gleichen Grad der Standardisierung. IT-Leistungen, mit denen ein Alleinstellungsmerkmal am Markt angestrebt wird, sollten individuell ausgeprägt werden. Eine Standardisierung auf Teilprozessebene ist jedoch anzustreben.
- Abrechnungskonzepte sind Haupttreiber der Akzeptanz des IT-Produktkataloges. Hier darf Kreativität eingesetzt werden. Dort, wo dies sinnvoll ist, darf vom Cloud-Dogma des „Pay-per-use" abgewichen werden. Die Abrechnung intern muss dabei immer fair bleiben. Eine Verbrauchsmessung im Hintergrund ist Pflicht, ob diese im Abrechnungskonzept verwendet wird oder nicht. Sie dient Vergleichszwecken und einer späteren Anpassung der Abrechungskonzepte.
- Die Wettbewerbsfähigkeit dieser internen IT-Produkte gegenüber externen Anbietern und somit „echten" Clouds muss ständig überprüft werden. Konzern-IT-Sicherheitsregeln sollten hierbei aber nicht aufgeweicht werden und können vielfach ein Hauptargument für eine weiterhin interne Erbringung der IT-Leistung sein.

Dies sind keine neuen Erkenntnisse; aber die Ideen des Cloud Computing sind im Prinzip auch nicht neu, sondern nur durch weiterentwickelte technische Möglichkeiten und eine neue Betrachtungsweise entstanden. Daher könnte auch die Maßgabe von leicht verständlichen Produktkatalogen eine neue Betrachtungsweise für die Standardisierung und Harmonisierung innerhalb von Unternehmen in einem Konzernverbund sein.

Quellenverzeichnis

BITTMANN, T. J. (2009): Private Cloud Computing: The Steppingstone to the Cloud, Gartner Research ID G00165393, Stamfort et al. 01.06.2009.

BUYYA, R./YEO, C. S./VENUGOPAL, S. (2008): Market-Oriented Cloud Computing: Vision, Hype, and Reality for Delivering IT Services as Computing Utilities, online: http://arxiv.org/ftp/arxiv/papers/0808/0808.3558.pdf, Stand: 11.12.2008, Abruf: 01.06.2009.

DESISTO, M./SMITH, D. (2008): Tutorial for Understanding the Relationship Between Cloud Computing and SaaS, Gartner Group, Stamfort et al. 2008.

EDWARDS, D. (2008): Twenty-One Experts Define Cloud Computing, online: http://www.sys-con.com, Stand: 2008, Abruf: 23.07.2009.

HERRMANN, W. (2009): Neun Mythen um Cloud Computing, online: http://www.computerwoche.de/1898918, Stand: 25.06.2009, Abruf: 15.07.2009.

KLEMS, M. (2008): WoW is a Cloud, online: http://markusklems.wordpress.com/2008/07/07/wow-is-a-cloud/ Stand: 7.07.2008, Abruf: 15.07.2009.

LAURÖSCH, S. (2006): Grundlagen: Remote-Management und Monitoring, online: http://www.tecchannel.de/netzwerk/management/441753/grundlagen_remote_management_und_monitoring/index11.html, Stand: 30.06.2009, Abruf: 06.07.2006.

NETWORK INSTRUMENTS LLC (2009): Newsletter May 2009, online: http://www.network-instruments.com/newsletter/2009/may_de_web.html, Stand: Mai 2009, Abruf: 15.06.2009.

PRITZKER, Y. (2008): Defining Cloud Computing, online: http://virtualization.sys-con.com/node/595685, Stand: 21.07.2008, Abruf: 20.07.2009.

RIDDER, F. (2009): Cloud Computing. Kantine der Lufthansa Technik AG, Nicht öffentlicher Vortrag im Rahmen der „Tech Talk"-Reihe, Gartner Group, Hamburg 25.02.2009.

SCHWAN, B. (2009): Die Blöde Cloud, online: http://www.heise.de/tr/Die-bloede-Cloud--/blog/artikel/142122, Stand: 20.07.2009, Abruf: 24.07.2009.

SPIEGEL ONLINE (2009): Störung im T-Mobile-Netz behoben, online: http://www.spiegel.de/netzwelt/mobil/0,1518,620431,00.html, Stand: 22.04.2009, Abruf: 15.07.2009.

STEIDLE, R. (2009). Das „Cloud Computing Manifesto", online: http://www.sourcingout.com/index.php?option=com_content&view=article&id=184%3Adas-qcloud-computing-manifest-oq&catid=15%3Astratedie&Itemid=9&showall=1, Stand: 23.04.2009, Abruf: 23.07.2009.

SWAMINATHAN, K. S./DAUGHERTY, P./TOBOLSKI, J. (2009): What the Enterprise Needs to Know about Cloud Computing, Accenture Technology Labs, o. O. 2009.

SYS-CON MEDIA INC. (2008): Twenty-One Experts Define Cloud Computing, online: http://cloudcomputing.sys-con.com/node/612375/print, Stand: 2008, Abruf: 15.06.2009.

Stammdaten-Management – Strategische Bedeutung von Unternehmens-Stammdaten

ERIC VERWAAYEN und BODO SCHOLLE

BearingPoint GmbH

1	Vorbemerkungen und Aufbau des Beitrags	255
2	Master Data Management als Konsequenz des Strategischen Managements	256
3	Master Data Management (MDM) als IT-Funktionsbereichsstrategie	262
	3.1 Ziele des Master Data Managements	262
	3.2 Strategischer Master-Data-Management-Kreislauf	265
	3.3 Master Data Lifecycle Management als Erweiterung des strategischen Master-Data-Management-Kreislaufs	270
4	Fazit und Ausblick	274
	Quellenverzeichnis	275

1 Vorbemerkungen und Aufbau des Beitrags

Master Data Management oder – wie bei IT-Experten üblich auch einfach nur als MDM abgekürzt – ist keines dieser Hype-Themen, die im Zuge neuer technischer bzw. technologischer Möglichkeiten auf die Tagesordnung der IT-Verantwortlicher treten und letztlich doch aus Kostengründen dem Rotstift zum Opfer fallen, was oftmals auch nicht weiter dramatisch ist, weil das Vorhaben nicht geschäftskritisch oder nutzbringend war. Ganz im Gegenteil: MDM ist ein Dauerbrenner in Unternehmen, aber auch in jedem Privathaushalt. Stand nicht jeder einmal vor dem Problem, dass die Adressdaten von Bekannten in unterschiedlichen Medien abgelegt wurden, man gar nicht mehr wusste, was überhaupt wo und in welchem Format abgelegt war? Ein zusätzliches Problem entsteht immer dann, wenn mehrere Personen auf diese Daten blicken und diese unterschiedlich interpretieren. Wenn bspw. die Postleitzahl nicht eindeutig ist, sendet der Postbote einen Brief an einen guten Freund möglicherweise an die falsche Adresse und der Freund ist sauer, weil er keine Nachricht mehr erhält bzw. der Absender ist traurig, da der Freund sich nicht zurückmeldet. Darüber hinaus gilt es oftmals zu entscheiden, welche Daten überhaupt noch vorgehalten werden müssen? Diese Reihe von Problemen und Fragen ließe sich fast beliebig fortsetzen. In Unternehmen potenzieren sich diese dann, weil Art und Umfang der Daten zunehmen und viele Menschen aus unterschiedlichen Organisationseinheiten für unterschiedliche Zwecke Daten erfassen, darauf zugreifen, pflegen und weiterverarbeiten.

So sind es immer wieder heterogene Datenbestände, die im Vorfeld von Organisations- und IT-Projekten zu Problemen führen. Daten werden redundant vorgehalten, sind nicht vollständig, sind nicht mehr aktuell oder liegen in inkompatiblen Formaten vor, sodass aufwendige Schnittstellenlösungen erforderlich sind, um Daten zusammenzuführen, auf Plausibilitäten zu prüfen und für weitere Verarbeitungsschritte verfügbar zu machen. Der gegenwärtig stattfindende Paradigmenwechsel in den IT-Organisationen weg vom Silodenken hin zur Serviceorientierung (Stichwort: Service-orientierte Architekturen) bedingt jedoch, um von Erfolg gekrönt zu sein, dass relevante Daten schnell und verlässlich zur Verfügung stehen. Effektives und effizientes Master Data Management steht also nicht mehr nur auf der Agenda in den IT-Organisationen, sondern ist eine elementare Voraussetzung für das Funktionieren des gesamten Unternehmens. Fehlerhaftes Master Data Management führt u. U. zu Fehlinterpretationen und Fehlentscheidungen, was in letzter Konsequenz dazu führt, dass Kunden mit der Unternehmensleistung unzufrieden sind. Die Kunden sind es aber, die durch den Erwerb der Produkte bzw. Dienstleistungen die notwendigen Umsatzerlöse für das Unternehmen generieren und damit den langfristigen Unternehmensfortbestand gewährleisten. Demzufolge ist das Master Data Management aus einem strategischen Blickwinkel zu betrachten.

Der vorliegende Beitrag widmet sich der Frage, wie dieser strategische Blickwinkel in Bezug auf MDM zu realisieren ist. Deshalb wird im zweiten Abschnitt zunächst der Zusammenhang zwischen der normativ-strategischen Managementebene und MDM aufgezeigt. Der dritte Abschnitt fokussiert die Konzeptualisierung eines strategischen MDM-Ansatzes, und zwar auf der Ebene der IT-Funktionalstrategie. Besonderes Augenmerk liegt auf der Erweiterung des „klassischen" strategischen MDM-Ansatzes um eine lebenszyklusorientierte Betrachtung – Master Data Lifecycle Management. Der Beitrag schließt mit einer Zusammenfassung der Ergebnisse.

2 Master Data Management als Konsequenz des Strategischen Managements

Zunächst soll kurz der Management-Begriff – einer der schillerndsten Termini der Betriebswirtschaftslehre – betrachtet werden, um das Verständnis für die nachfolgenden Ausführungen sicherzustellen. Management wird oftmals mit dem Begriff der Unternehmensführung gleichgesetzt. Die angelsächsische Management-Literatur offeriert zwei Bedeutungsvarianten:[1]

➢ Der funktionale Management-Begriff fokussiert die Beschreibung der betrieblichen Prozesse und Funktionen (z. B. Planung, Organisation, Führung und Kontrolle);

➢ der institutionalen Management-Begriff hingegen bezieht sich auf die Personen selbst, d. h. auf diejenigen, die Management-Funktionen ausüben.

Der Managementprozess umfasst im Allgemeinen die Planung, die Organisation, die Durchführung und die Kontrolle des Wertschöpfungsprozesses. Die genannten Teilaufgaben können einen operativen, taktischen oder strategischen Charakter haben. Das Strategische Management umfasst folgende Aufgaben:[2]

➢ Festlegung einer unternehmerischen Vision, d. h. Konkretisierung des Bewusstwerdens eines unternehmerischen Wunschtraums nach Veränderung;

➢ Festlegung der Unternehmenspolitik unter Beachtung der unternehmensexternen Rahmenbedingungen und der unternehmensinternen Möglichkeiten und Potenziale auf weite Sicht, wobei unter Unternehmenspolitik die Gesamtheit von Unternehmensgrundsätzen, die ein Leitbild festlegen, zu verstehen ist;

➢ Formulierung der Strategien in einem dynamischen Umfeld, wobei unter einer Strategie eine globale Wegbeschreibung zu verstehen ist, die deutlich macht, auf welche Weise Erfolgspotenziale aufgebaut und erhalten werden können;

➢ Festlegung von Direktiven, d. h. leitenden Gesichtspunkten, die als Richtschnur für selbständig zu treffende Entscheidungen innerhalb der Funktionsbereiche des Unternehmens dienen;

➢ Konzeption einer den unternehmensexternen und unternehmensinternen Rahmenbedingungen angepassten Organisation, konkretisiert durch Aufbau- und Ablauforganisation;

➢ Konzeption von Aktionsplänen für die Strategieumsetzung,

➢ Durchführung einer strategischen Fortschrittskontrolle sowie Strategieüberwachung;

➢ Gestaltung der Unternehmenskultur unter Beachtung der Wünsche, Ziele und Vorstellungen der Mitarbeiter im Hinblick auf einen zielsetzungsgerechten informalen Rahmen, wobei die Unternehmenskultur die Gesamtheit aller in einer Unternehmung vorherrschenden Wertvorstellungen, Traditionen, Mythen und Normen darstellt, die den Mitarbeitern Sinn und Richtlinien für ihr Verhalten vermitteln.

---

[1] Vgl. STAEHLE (1999), S. 65.

[2] Zu den einzelnen Aufgaben als solche vgl. ausführlich HINTERHUBER (1989), S. 23 ff. Die konkreten Formulierungen wurden aus KEUPER (2001), S. 2, übernommen.

Die unternehmerische Vision, also das als attraktiv empfundene Zukunftsbild vom Unternehmen, wird durch die Mission, die „Zweckerklärung" des Unternehmens, konkretisiert und bildet die Basis für die von der Unternehmensleitung – oder im institutionalen Sinne vom Management – zu erarbeitende Unternehmensgesamtstrategie als „eine „globale Wegbeschreibung […], die planmäßig festlegt, auf welche Weise strategische Erfolgspotenziale des Unternehmens aufgebaut beziehungsweise erhalten werden können."[3] *GÄLWEILER* definiert ein strategisches Erfolgspotenzial als „das Gefüge aller produktmarktspezifischen, erfolgsrelevanten Voraussetzungen […], die spätestens dann bestehen müssen, wenn es um die Erfolgsrealisierung geht."[4] Diese Erfolgspotenziale dienen somit den Unternehmen, die eigene Wertschöpfungskette zu operationalisieren – sie quasi mit „Leben zu erfüllen".[5]

Aufbauend auf der Unternehmensgesamtstrategie und den zur Verfügung gestellten strategischen Erfolgspotenzialen legen Unternehmen mit ihrer Wettbewerbsstrategie fest, wie sie auf eindeutig abgegrenzten strategischen Geschäftsfeldern mit Partnern zusammenarbeiten und ihre Produkte bzw. Dienstleistungen gegenüber Kunden anbieten. Aus der Unternehmensgesamt- und der Wettbewerbsstrategie leiten sich für die betrieblichen Funktionsbereiche die sogenannten Funktionalstrategien ab.[6]

Doch es gilt der Grundsatz: Wer nicht weiß, wohin er will, darf sich nicht wundern, wenn er nicht ankommt. Demzufolge nützen Strategien nicht viel, wenn das Ziel nicht klar ist, welches mit der Umsetzung der Strategie verfolgt wird. Das oberste Ziel des Strategischen Managements besteht in der Maximierung des Unternehmenserfolgs, was in der Regel mit der Maximierung des Gewinns einher geht. Dieses Oberziel sollte so effektiv und effizient wie möglich erreicht werden.[7] Der Hauptpreis für einen Unternehmer ist somit der Maximalgewinn. Würde der Preis in Form einer Medaille verliehen, wären Effektivität und Effizienz die zwei „Gesichter" dieser Medaille. Diese Medaille drückt dann aus, dass der Unternehmer „die richtigen Dinge richtig getan hat".[8]

Dabei besteht ein enger Zusammenhang zwischen dem strategischen Erfolgsfaktor *Kosten* und der Erfolgsdimension Effizienz, wohingegen der strategische Erfolgsfaktor *Qualität* mit der Erfolgsdimension Effektivität korrespondiert. Zusätzlich existiert mit der *Zeit* ein dritter strategischer Erfolgsfaktor, der hybriden Charakter hat, d. h. beide Erfolgsdimensionen adressiert.

Kosten, Qualität und Zeit stehen auch als die Dimensionen einer überlegenen Leistung – wiederum das wesentliche Merkmal eines strategischen Wettbewerbsvorteils.

---

[3] *KEUPER* (2004), S. 51.
[4] *GÄLWEILER* (1987), S. 24.
[5] Zur Wertschöpfungskette vgl. ausführlich *PORTER* (1999).
[6] *STEINMANN/SCHREYÖGG* kritisieren den Begriff der Funktionalstrategie, weil die betrieblichen Teilbereiche keine strategische Autonomie besitzen, sondern vielmehr „strategische Programme" formulieren sollten, die die vorgelagerten strategischen Ebenen in entsprechende Maßnahmen übersetzen. Vgl. *STEINMANN/SCHREYÖGG* (2005), S. 171. Dieser Sichtweise ist entgegenzuhalten, dass gerade aus den betrieblichen Funktionsbereichen und wegen der Betrachtung des Unternehmens als System auch strategische Rückkopplungen erforderlich sind, die über eine rein programmatische Arbeit hinausgehen können.
[7] Vgl. *PEDELL* (1985), S. 1082, zitiert nach *KEUPER* (2004), S. 2.
[8] Vgl. *DRUCKER* (1974), S. 45.

SIMON definiert einen strategischen Wettbewerbsvorteil als eine „im Vergleich zum Wettbewerber überlegene Leistung [...], die sich aus der Kundensicht auf ein kaufentscheidendes Merkmal bezieht, die vom Kunden tatsächlich als vorteilhafte Leistung wahrgenommen wird und die für den Initiator dauerhaft ist und nicht unmittelbar von Imitatoren substituiert werden kann."[9] Zur Realisierung strategischer Wettbewerbsvorteile, müssen die strategischen Erfolgspotenziale vorhanden sein, um die Wertschöpfungskette des Unternehmens zielorientiert beeinflussen zu können.[10]

Die IT als Teil der Wertschöpfungskette (sekundäre Wertaktivität) ist beeinflussbar und dient der Generierung strategischer Wettbewerbsvorteile. Geschieht dies effektiv und effizient ist die Grundlage zur Maximierung des unternehmerischen Erfolgs und damit zur Sicherung des langfristigen Unternehmensfortbestands gelegt.

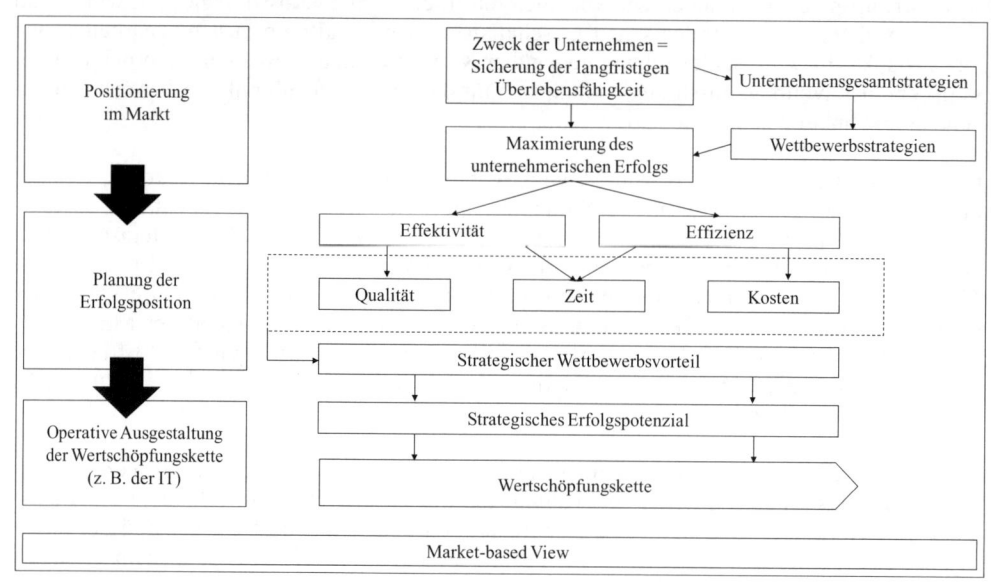

Abbildung 1: Struktur des Market-based View[11]

Die (akademische) Diskussion, ob Informationen ein eigenständiger Produktionsfaktor sind, soll an dieser Stelle nicht geführt werden. Auf der Grundlage praktischer Erfahrungen ist jedoch der Schluss zulässig, dass die „Veredelung" von Daten zu Informationen wettbewerbsdifferenzierende Wirkung entfalten kann, weil die „richtigen" Informationen auf „richtige" Art und Weise aufbereitet direkt oder indirekt zu einer kundennutzenstiftenden Leistung führen, die vom Kunden entsprechend wahrgenommen und honoriert wird und vom Wettbewerb nicht bzw. kaum imitierbar ist. Dieser Veredelungsprozess bedingt eine systematisch angelegte Planung, Steuerung und Kontrolle.

---

[9] *SIMON* (1987), S. 368.
[10] Vgl. *BÖRNER* (2000), S. 56.
[11] Entnommen aus *KEUPER* (2008), S. 23.

Ergänzend zu diesem wettbewerbsdifferenzierenden Blickwinkel auf die Wirkmächtigkeit von veredelten Daten kommt, dass die mittels Informationstechnologien zu relevanten Informationen veredelten Daten auch ein anderes Verhältnis des Unternehmens gegenüber Kunden und Kooperationspartnern etablieren helfen. Die IT schafft damit die Möglichkeit, Arbeitsabläufe zu restrukturieren (Umgestaltung), die strategische Informationsbasis zu erweitern sowie Raum-Zeit-Distanzen durch Verknüpfung und Koordination zu bewältigen.[12]

Wie bedeutsam die IT im strategischen Sinne für ein Unternehmen sein kann, bemisst sich anhand von zwei Dimensionen: Informationsintensität der Leistung und Informationsintensität der Wertkette. Hieraus ergibt sich eine Informationsintensitätsmatrix, die der nachfolgenden Abbildung zu entnehmen ist.

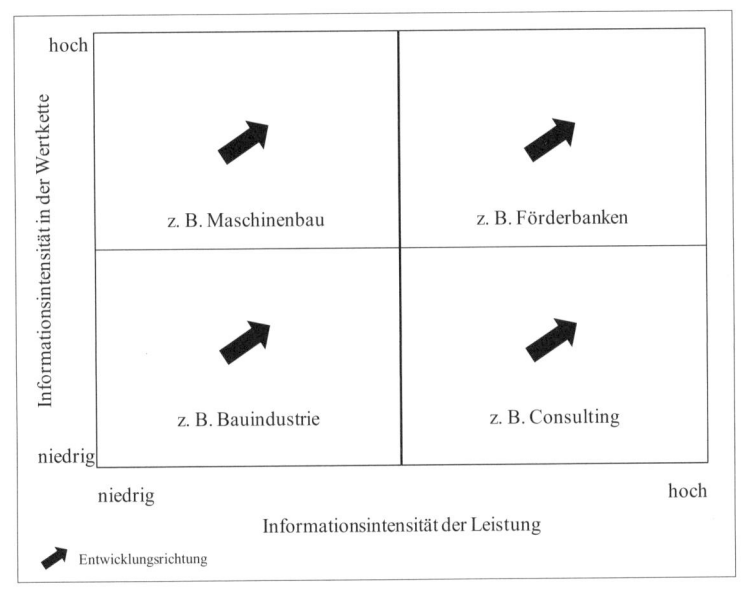

Abbildung 2:   *Informationsintensitätsmatrix*[13]

Insbesondere dann, wenn die Informationsintensität der Leistung hoch und die Informationsintensität in der Wertkette ebenfalls stark ausgeprägt ist, ist es zwingend erforderlich, die IT über eine eigene Funktionalstrategie in die Strategische-Management-Pyramide des Unternehmens einzubinden.[14] Somit entsteht zwischen der Unternehmensgesamt-, der Wettbewerbs- und der abgeleiteten IT-Strategie ein rekursiver Zusammenhang. Dieser wird auch als *Align-Enable-Zusammenhang* bezeichnet.[15] „*Align* steht hierbei für die Unterstützung der übergeordneten strategischen Ebenen durch die IT, während *enable* verdeutlicht, dass die der IT innewohnenden Potenziale (Umgestaltung, Verbreiterung der strategischen Informations-

---

[12] Vgl. KEUPER (2001), S. 45.
[13] In Anlehnung an PORTER/MILLAR (1985), S. 154, und KEUPER (2001), S. 46.
[14] Zur IT als Funktionalstrategie vgl. WINTERSTEIGER (2006), S. 41.
[15] Vgl. RÖDER/VOLLMER (2008), S. 234.

basis, Verknüpfung und Koordination von Elementen bei Raum-Zeit-Distanzen) dazu führen können, „neue strategische Optionen" zu eröffnen."[16]

Folglich ist die IT-Strategie eine aus der Unternehmensvision-, der Unternehmensmission, der Unternehmensgesamt- und Wettbewerbsstrategie entwickelte Funktionalstrategie, die den Status quo beschreibt und aufzeigt, auf welche Art und Weise und bis wann die IT beim Aufbau strategischer Wettbewerbsvorteile unterstützend wirken muss. Sie legt darüber hinaus offen, welche Potenziale die IT unter Nutzung bestimmter Ressourcen zur Nutzbarmachung weiterer unternehmensgesamtstrategischer Optionen mit dem Ziel der langfristigen Überlebenssicherung heben kann bzw. soll.[17]

Noch konkreter formuliert, geht es darum, dass das strategische IT-Management die simultane Effektivitäts- und Effizienzorientierung forciert, also die kostengünstige Erbringung von IT-Services, bei gleichzeitig planvollem und gezieltem Einsatz von IT für ein befriedigendes Qualitäts- und Zeitniveau (siehe Abbildung 3) in Bezug auf die geschäftsprozessunterstützenden IT-Services vorantreibt.[18] Dies impliziert die „Abkehr vom klassischen strategischen Management, das die IT lediglich in seiner Unterstützungsfunktion nicht aber in der Funktion des Geschäftsunterstützers interpretierte (*Align-Enable-Gesamtzusammenhang*)."[19]

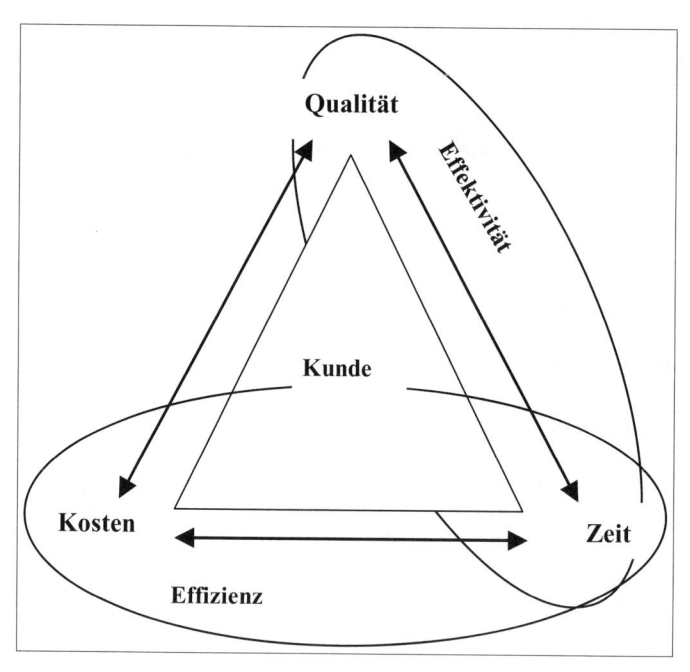

Abbildung 3:   *Strategisches Erfolgsfaktorendreieck*[20]

---

[16] Entnommen aus RÖDER/VOLLMER (2008), S. 234. Vgl. für die einzelnen Aspekte die dort zitierte Literatur.
[17] Vgl. RÖDER/VOLLMER (2008), S. 234 f.
[18] Vgl. ausführlich zum IT-Service-Begriff SCHOMANN/RÖDER (2008), S. 325 f.
[19] Entnommen aus RÖDER/VOLLMER (2008), S. 234. Vgl. für die einzelnen Aspekte die dort zitierte Literatur.
[20] KEUPER/HANS (2003), S. 73.

Effektivität und Effizienz sind die Gradmesser dafür, ob eine IT-Organisation Werte für das Unternehmen schafft bzw. zumindest keine Werte vernichtet. Elementare Voraussetzung hierfür ist aber, dass die der Verarbeitung zugrunde liegenden Daten ein hinreichendes Qualitätsniveau aufweisen, dass diese überhaupt zu wertgenerierenden Informationen transformiert werden können. Insofern lebt das *Align-Enable-Konzept* von einem strategisch angelegten Master-Data-Management-Ansatz. Dies kann grundsätzlich entweder als explizite Strategie geschehen oder implizit im Rahmen der Ausarbeitung der anderen IT-Funktionalteilstrategien. Angesichts der geschäftskritischen Bedeutung sollte im Regelfall der expliziten Variante der Vorzug gegeben werden. Diese Forderung ergibt sich allein schon deshalb, weil damit der Bedeutung eines „sauberen" Datenhaushalts von höchster Stelle entsprechend Ausdruck verliehen wird – denn schließlich ist Strategiearbeit Management-Aufgabe!

Der zuvor dargestellte *Align-Enable-Gesamtzusammenhang* sowie die Objekte und grundsätzlichen Ziele der Master-Data-Management-Strategie (explizite Variante) werden durch Abbildung 4 verdeutlicht.

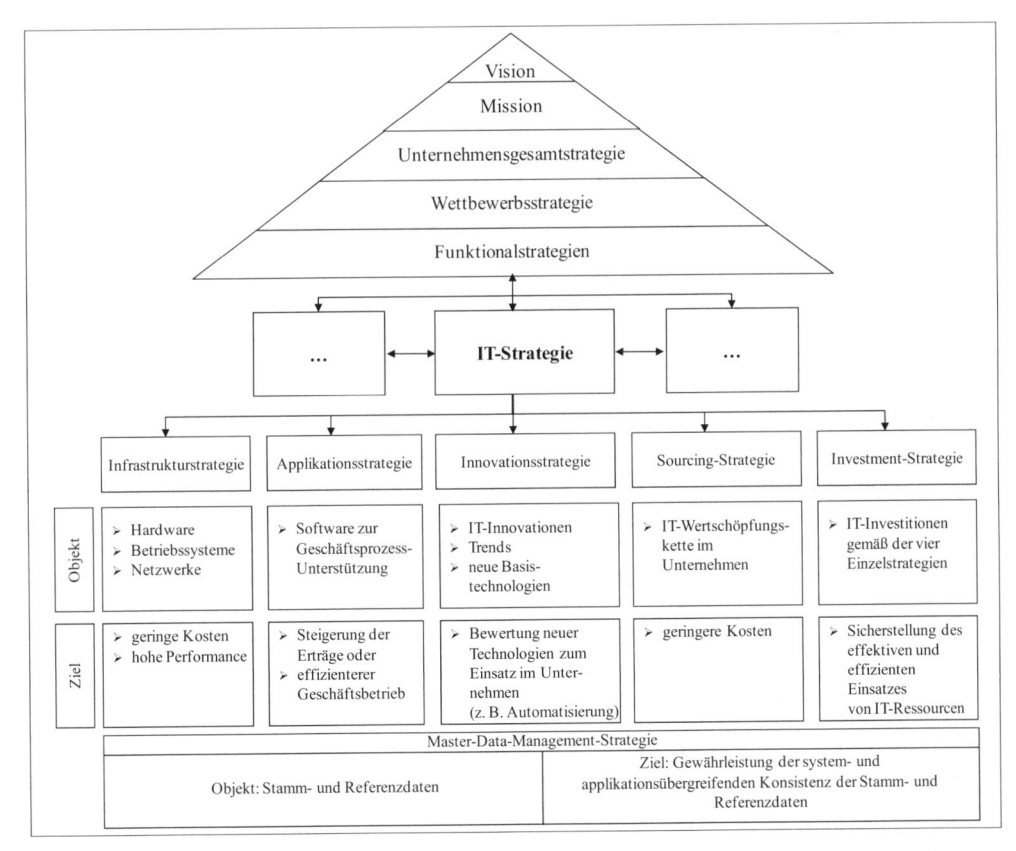

Abbildung 4:   *Einbettung der Master-Data-Management-Strategie in das strategische Management*[21]

---

[21] Erweiterte Darstellung in enger Anlehnung an VOLLMER/FISCHER/RÖDER (2008), S. 284.

3 Master Data Management (MDM) als IT-Funktionsbereichsstrategie

3.1 Ziele des Master Data Managements

Master Data Managament ist eine IT-Funktionsbereichsstrategie, deren Umsetzung in erster Linie zur Effektivität und Effizienz der Unternehmens-IT beitragen soll. Hierzu ist es, wie bereits in Abbildung 4 dargestellt, unabdingbar, über geeignete Prozesse, Methoden und Werkzeuge Stamm- und Referenzdaten system- und applikationsübergreifend konsistent zur Verfügung zu stellen, und zwar über den gesamten Lebenszyklus der Daten hinweg.

In Abhängigkeit von der konkreten Unternehmenssituation können sich weitere Ziele ergeben. Beispielhaft seien genannt:

➢ Effektivitäts- und Effizienzsteigerung bei M & A-Aktivitäten oder der Anbahnung bzw. Umsetzung strategischer Partnerschaften, etc.

➢ Verbesserung der Planungsgüte durch die Einführung von Analytics- und Decision-Support-Systemen auf der Grundlage konsistenter Daten

➢ Gewährleistung der bestmöglichen inner- oder überbetrieblichen Prozessintegration, wie z. B. die Sicherstellung der Interoperabilität von Bewegungsdaten

➢ Erreichung von Effizienzsteigerungen in den betrieblichen Funktionsbereichen Einkauf, Produktion, Vertrieb, etc., durch den übergreifenden Austausch von Bestandsdaten

➢ Einhaltung regulatorischer Vorgaben, z. B. Rückverfolgbarkeit von Transaktionen im Rahmen der Produkthaftung, etc.

➢ Sicherstellung der Datenkonsistenz im Zuge der Einführung einer Service-orientierten Architektur

Ein sehr wesentliches Ziel wurde bisher jedoch noch nicht betrachtet. Grundsätzlich kann ein Unternehmen seine Ziele mittels Planung oder Improvisation erreichen. In den meisten Fällen, kommt für Unternehmen nur ein planvolles Vorgehen in Frage.[22] Jedoch ist die Lösung von Planungsaufgaben in Unternehmen zumeist nicht trivial, sondern komplex und unsicherheitsbehaftet. Da sich Entscheider im Rahmen von Planungsvorgängen naturgemäß gedanklich mit möglichen Entwicklungen in der Zukunft auseinandersetzen müssen, kann die jeweils beste Lösung des Planungsproblems nur antizipiert werden. Planung ist also keine Garantie für „richtige" Entscheidungen. Allein schon die gedankliche Beschäftigung mit dem „Was wäre, wenn …" führt jedoch dazu, dass Alternativen zur gewählten Handlung erwogen und durchdacht werden. Es entstehen Eventualpläne, um „die tatsächlich eintretende Situation ohne Zeitverzug […] zu beantworten."[23] Man spricht in diesem Zusammenhang von flexibler Planung. Da Planung auf Daten – nicht zuletzt auch auf Stammdaten – beruht, muss folglich auch das Data Management – und hier insbesondere das Master Date Management – nicht nur die Effektivität und Effizienz des Unternehmens unterstützen, sondern auch dazu beitragen, Flexibilitätspotenziale aufzubauen, zu erhalten und bestmöglich zu erweitern.

---

[22] Vgl. ROLLBERG (2001), S. 1.
[23] ROLLBERG (2001), S. 4.

Unter Flexibilität wird die Fähigkeit verstanden, sich unvorhergesehenen Veränderungen anpassen zu können. Die Planung von Flexibilitätspotenzialen erfolgt im Allgemeinen über die Festlegung zweier Faktoren:

> *Aktionsvolumen*: Das erforderliche Aktionsvolumen, d. h. welche Aktionsmöglichkeiten sollen ermöglicht werden, um auf Änderungen reagieren oder diese kompensieren zu können.

> *Reagibilität*: Die erforderliche Geschwindigkeit für die Umsetzung der Reaktion, d. h. die Zeit für das Durchführen der Aktionen.

Für die Planung der Flexibilität sind stets beide Faktoren in Kombination zu betrachten, um das beabsichtigte Reaktionsvermögen des Unternehmens sicherzustellen bzw. um mit unvorhersehbaren Situationen entsprechend umgehen zu können.

Prophylaxe-Potenziale werden bereits auf einer relative hohen Planungsebene und ex-ante definiert, d. h. sie sind in der Regel Bestandteil der strategischen Planung selbst. Redundanzpotenziale setzen auf der Planung der Prophylaxe-Potenziale auf und werden im Rahmen der strategischen Planung nur indirekt über Zielvorgaben definiert. Sie werden später auf tieferer Planungsebene im Rahmen der Strategieimplementierung ex-post definiert. In der Praxis kommt in der Regel ein Mix aus Prophylaxe- und Redundanzpotenzialen zur Anwendung.

Für die Planung und Festlegung der Flexibilitätspotenziale kommen folgende Maßnahmentypen in Betracht, die im Rahmen der strategischen Planung als Ziele mit einfließen können:

Prophylaxe-Potenziale	Redundanzpotenziale
> Eliminierung – Maßnahmen, die das Auftreten ausschließen (z. B. ab jetzt sichere Anlagen bauen) > Evasion – Rückzug aus dem Gebiet (z. B. Produkt wird nicht mehr produziert) > Immunisierung – wirtschaftliche Absicherung gegen das Auftreten (z. B. Versicherung gegen Ausfall)	> Prävention – Potenziale aufbauen, die ein Auftreten nicht wirksam werden lassen > Sanierung – Potenziale aufbauen, die geeignet sind, nach Auftreten Abhilfe zu schaffen

Tabelle 1:   Typen von Flexibilitätspotenzialen und Maßnahmen zu ihrer Steuerung

Im Weiteren möchten wir uns bei der Betrachtung von Flexibilitätspotenzialen insbesondere auf die Redundanzpotenziale beschränken und beide Begriffe zur Vereinfachung auch synonym verwenden. Prophylaxe-Potenziale betrachten wir als Rahmenbedingungen zur Planung der Flexibilitätspotenziale und setzen diese als gegeben voraus.

Wie viel Flexibilität ist nötig?

Welcher Grad an Flexibilität anzustreben ist, kann durch eine Betrachtung der Kosten und Nutzen analysiert werden. Sind die zu erwartenden Opportunitätskosten – also die Kosten für den entgangenen Gewinn – größer als die Kosten für den Aufbau und das Vorhalten der Flexibilitätspotenziale, so besteht grundsätzlich ein Flexibilisierungsbedarf (siehe Abbildung 5).

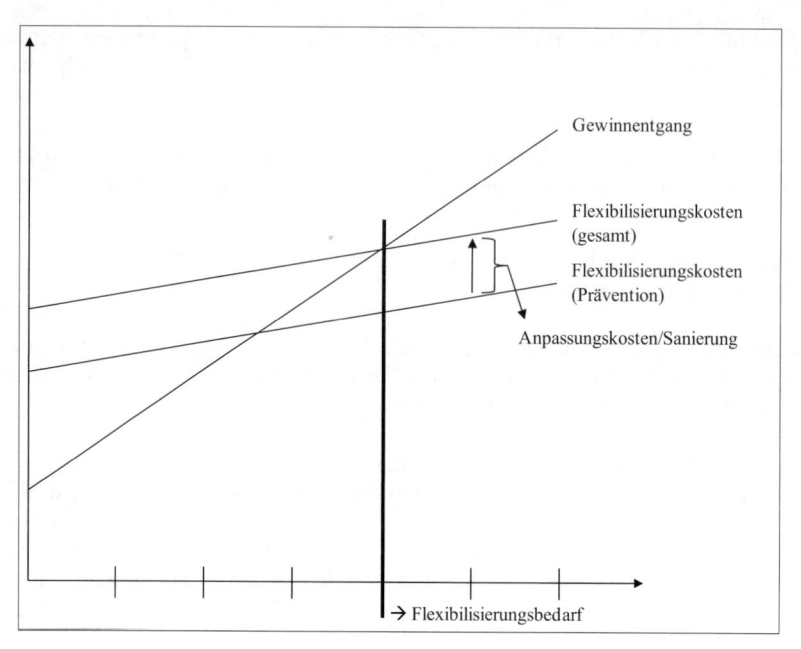

Abbildung 5:   Ableitung des Flexibilisierungsbedarfs

Da eine exakte Berechnung der zu erwartenden Flexibilitäts- und Opportunitätskosten in der Praxis sehr aufwändig sein kann, werden die Kosten in praxi approximativ ermittelt. Beispielsweise können Opportunitätskosten durch die Abschätzung des wahrscheinlich zu erwartenden „maximalen Gewinnentgangs" („Worst case scenario") grob abgeschätzt sein.

Die Kosten für die Flexibilitätspotenziale sind im Wesentlichen davon abhängig, welche Potenziale in welchem Umfang geplant sind. Zumeist erfolgt hier eine Orientierung am *PARETO*-Prinzip, d. h. eine Einplanung von 20 % der möglichen Flexibilitätspotenziale (bzw. -kosten), um 80 % des zu erwartenden Nutzen zu realisieren. Neben der Planung des Flexibilitätspotenzials an sich ist also auch ein Maß für den Grad an Flexibilität zu definieren. Dieses Maß wird auch als Servicegrad bezeichnet.

Neben die Effektivität und die Effizienz tritt die Flexibilität als dritte Dimension des unternehmerischen Erfolgs.

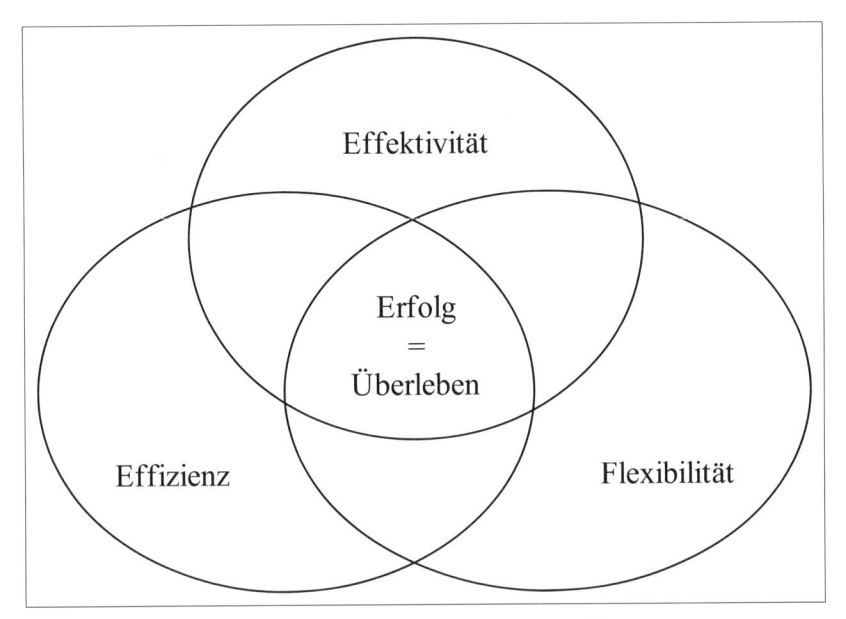

Abbildung 6:   *Dimensionen des unternehmerischen Erfolgs*[24]

3.2 Strategischer Master-Data-Management-Kreislauf

In der betrieblichen Praxis werden zur Umsetzung von Strategien die Prozesse der Ablauforganisation geplant sowie die Aufbauorganisation und die IT entsprechend aufgestellt. Daher lohnt es sich, zunächst einen detaillierteren Blick in die Anatomie der abzubildenden Prozesse und die Rolle der Stammdaten zu werfen.

Die Ablauforganisation gliedert sich zumeist hierarchisch von den Unternehmensfunktionen über die Prozessgruppen und Prozesse bis hin zu den einzelnen Prozessschritten (z. B. Kundenauftrag erfassen). Aus IT-Sicht stellt ein solcher Prozessschritt eine oder mehrere Funktionen auf Unternehmensdaten dar nach dem Schema:

$$Daten_{Input} \rightarrow Funktion(Daten_{Input}) = Daten_{Output}$$

Betrachtet man nun einen Prozess als Abfolge von Verarbeitungsschritten, so ergibt sich eine Abfolge von Funktionen auf Unternehmensdaten und damit eine zentrale Rolle der Daten und ihrer Qualität für die Prozesse im Unternehmen. Dies ist unabhängig von der Art des Prozesses, also unabhängig davon, ob es sich um einen Prozess der Wertschöpfungskette, im administrativen Bereich oder z. B. beim Management Reporting handelt.

---

[24]   Erweiterung in enger Anlehnung an ROLLBERG (1996), S. 9.

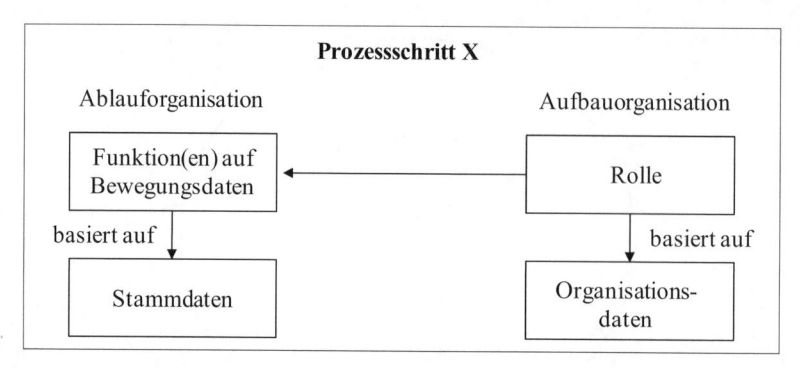

Abbildung 7: Rolle von Daten für Unternehmensprozesse

Grundvoraussetzung für die Integration von Prozessschritten zu Prozessen ist eine einheitliche Semantik der ausgetauschten Bewegungsdaten zwischen den Prozessschritten und den beteiligten Organisationseinheiten im Unternehmen bzw., bei überbetrieblichen Prozessen, bei allen beteiligten Partnern. Wesentlich semantikstiftend für die Bewegungsdaten sind Stammdaten und explizite und implizite Einheiten, für Stammdaten die Referenzdaten, etc.

Betrachtet man diese unterschiedlichen Datentypen, so ergibt sich eine Pyramide wie unten dargestellt.

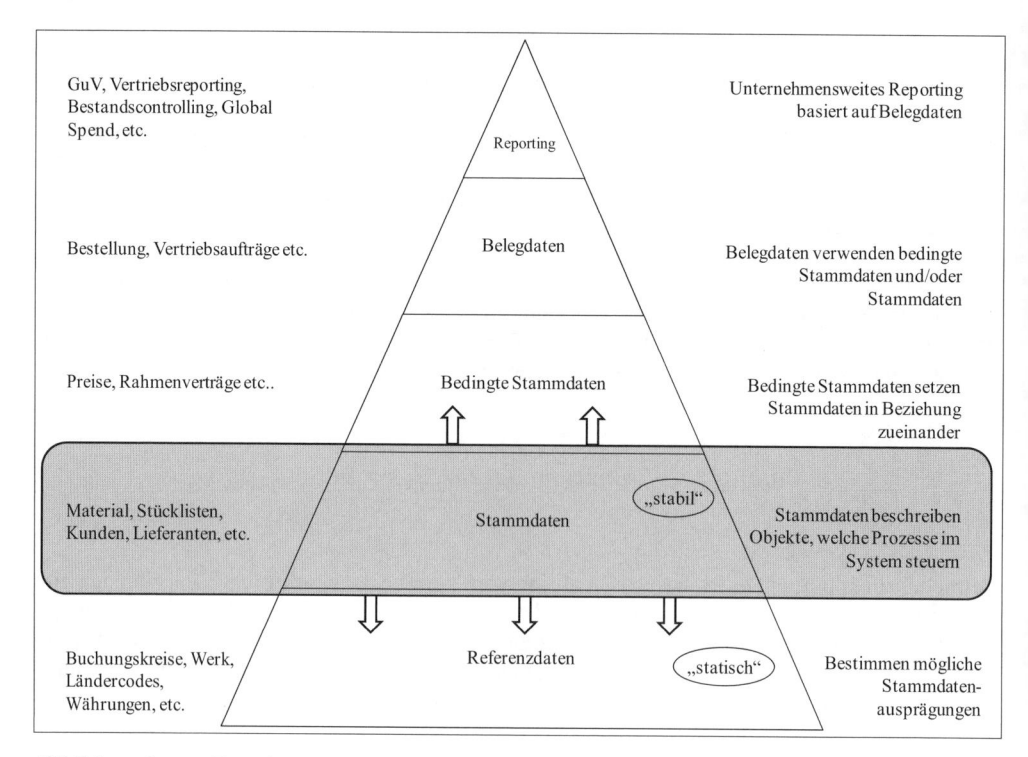

Abbildung 8: Zweck von Datentypen und Beispiele für Datentypen in Unternehmen

Für den ungehinderten Austausch und die Nutzung der prozessbezogenen Bewegungsdaten ist eine einheitliche Interpretation der Daten notwendig. Dies wird durch eine Harmonisierung der Datensemantik erreicht. Je nach Zielsetzung kann es dabei erforderlich sein, neben den Stammdaten auch Referenzdaten oder bedingte Stammdaten in die Harmonisierung mit einzubeziehen. In der Praxis kommt hier zumeist eine pragmatische und auf die Zielerreichung ausgerichtete Vorgehensweise zum Tragen, obwohl diese Daten im engeren Sinne eigentlich keine Stammdaten darstellen. Auf dieser Basis können dann bestehende Funktionen zu neuen Prozessschritten und Prozessen rekombiniert werden bzw. neue Prozesse einfach implementiert werden.

Für den Flexibilitätsbegriff bedeutet dies eine Ausweitung des Aktionsvolumens, das in „kurzer" Zeit realisierbar ist. Zur Erschließung dieses Aktionsvolumens sind die geeigneten Präventions- und Sanierungspotenziale aufzubauen.

Ein typisches Präventionspotenzial in diesem Zusammenhang ist der Aufbau einer zentralen Semantik für Funktionen und Daten, die es erlaubt, bestehende Prozessschritte wiederzuverwenden, Prozesse zu rekombinieren und neue Prozesse und Organisationsformen aufzunehmen. Die Etablierung einer einheitlichen Semantik kann durch den Aufbau eines zentralen Service Repositories unterstützt werden wie z. B. in Service-orientierten Architekturen üblich. Das Repository definiert und verwaltet die standardisierten Funktionen und Daten, und macht diese unternehmensweit verfügbar im Sinne von Enterprise Services.

Die Semantik der den Enterprise Services zugrunde liegenden Stammdaten kann analog durch ein Stammdaten-Repository mit unternehmensweit standardisierten oder harmonisier-ten Stammdaten abgebildet werden.

Dies soll an einem Beispiel für den betrieblichen Funktionsbereich „Einkauf" eines Unternehmens mit einer ausgeprägten M&A-Strategie verdeutlicht werden. Das strategische Ziel liegt im Wachstum durch Akquisitionen von Unternehmen. Hat das Unternehmen eine Fachstrategie für den Bereich Einkauf definiert, die auf eine symbiotische Integration abzielt, so ergibt sich bei Integration des Einkaufs insbesondere die Herausforderung zur Integration der Einkaufsprozesse, um z. B. zur „Global Spend" zu optimieren. Diese ist normalerweise verbunden mit der eingehenden Analyse der Einkaufsprozesse und der Daten, insbesondere der Lieferantenstammdaten, der beiden Unternehmen und der Neukonzeption der zukünftigen gemeinsamen Prozesse und Daten bei jeder Akquisition. Im Beispiel hat das Unternehmen hierfür bereits Flexibilitätspotenziale aufgebaut, um den Integrationsprozess zu beschleunigen. Dies konnte durch die Standardisierung und das Vorhalten zentraler Einkaufsfunktionen (Service Repository) und -Daten erreicht werden, insbesondere einkaufsrelevanter Stammdaten in einer MDM-Lösung, als Präventionsmaßnahme sowie eines modularen und offenen Prozess- und Daten-Designs (sowie geeigneter Prozeduren für die Integration als Sanierungsmaßnahme).

Beim Durchführen der Akquise können so Lieferanten- und Produktstammdaten der Akquisition effizient mit den zentralisierten Stammdaten in der MDM-Lösung harmonisiert und die entsprechenden Prozesse bzw. Funktionen (mittels Service Repository und ESB) angepasst oder erweitert werden.

Grundlage für den Aufbau des geeigneten Präventionspotenzials in diesem Beispiel war u. a. der Aufbau einer Service-orientierten Architektur auf Basis harmonisierter Stammdaten und die Planung der geeigneten Prozess- und Daten-Services, welche wiederum direkt von der strategischen Zielsetzung der Wachstumsstrategie abhängig ist. Sollen z. B. auch neue Märkte erschlossen werden, so müssen bereits länderspezifische Ausprägungen oder Ergänzungen im Design mitberücksichtigt werden.

Die Erfassung, Verarbeitung und Löschung von Daten, insbesondere dann, wenn diese zu den in Abbildung 8 dargestellten Datentypen gehören, ist zusammenfassend betrachtet die Grundlage planvollen Vorgehens zur Erreichung des Unternehmensziels Gewinnmaximierung und damit der Sicherung der langfristigen Überlebensfähigkeit des Unternehmens. Der Umgang mit Daten hat eine direkte Auswirkung auf die Produkt-Markt-Kombination und hat damit strategischen Charakter. Darüber hinaus ist die Art und Weise, wie ein Unternehmen Daten behandelt, ein Zeichen gegenüber Kunden in Bezug auf Sorgfalt und Verlässlichkeit. Dies sind Werte, die das Potenzial besitzen, die Kundenbindung nachhaltig zu gewährleisten. Demzufolge ist Master Data Management strategisch zu betrachten. Wenn dies explizit geschieht, wie bereits gefordert wurde, dann sollte hierfür auch ein eigener Management-Prozess implementiert werden. Dieser Management-Prozess umfasst aber nicht nur die technologischen Aspekte, z. B. die Auswahl der MDM-Software, sondern beinhaltet vor allem prozessuale und steuerungstechnische Gesichtspunkte (Governance).

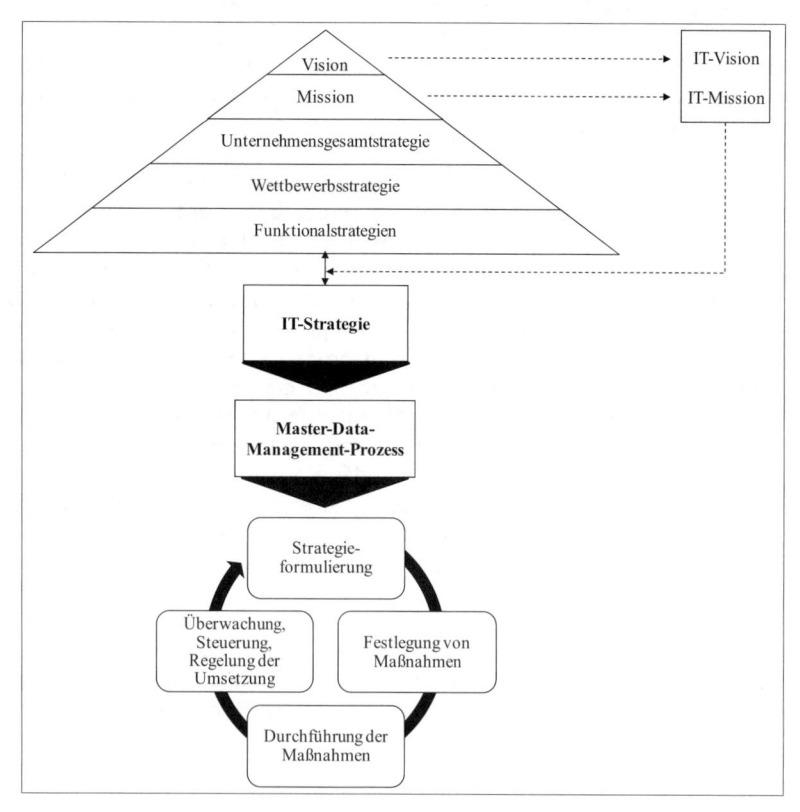

Abbildung 9: Einbettung des Master-Data-Management-Prozesses in das strategische Management

In Anlehnung an *HINTERHUBER* ergeben sich für den Master-Data-Management-Prozess folgende Teilaufgaben:[25]

- Entwicklung und Formulierung einer MDM-Vision
- Konkretisierung der MDM-Vision durch eine MDM-Mission
- Formulierung der MDM-Strategie
- Entwicklung und Festlegung von Maßnahmen zur MDM-Strategieumsetzung
- Anpassung der Aufbau- und Ablauforganisation (z. B. zentrales oder dezentrales MDM)
- Überwachung, Steuerung und Regelung der MDM-Strategieumsetzung.

Durch Abbildung 9 wird deutlich, dass zwischen der IT-Strategie und dem MDM-Prozess Abhängigkeiten bestehen, die einen Gegenstromcharakter besitzen. Dies ergibt sich nicht zuletzt wegen des *Align-Enable-Gesamtzusammenhangs* zwischen der IT-Funktionalstrategie und den übergeordneten Strategieebenen. Des Weiteren sind die Phasen nicht konstruktivistisch-technomorph, sondern zirkulär angeordnet. Zwischen den Phasen bestehen Rückkopplungseffekte, die als solche ausdrücklich erwünscht sind.[26]

Eine der zentralen Aufgaben innerhalb des MDM-Prozesses besteht darin, nach der Strategieformulierung und der Festlegung der Maßnahmen zur Strategieumsetzung, inklusive der Definition der notwendigen technischen, personellen, zeitlichen und finanziellen Ressourcen, die konkrete MDM-Lösung auszuwählen.

Die Bandbreite möglicher Lösungen ist groß und wird nur durch eine ordnungsgemäße Erfüllung der vorgelagerten konzeptionellen Arbeiten eingegrenzt. Grundsätzlich lassen sich die verschiedenen Lösungen zur Realisierung der definierten Ziele in ein Kontinuum zwischen wert- und umsetzungsorientierte Lösungen einordnen. In der Praxis wird das Stammdaten-Management zumeist als technische und damit als eher umsetzungsorientierte Lösung gesehen. Dadurch erfolgt die Positionierung in der Regel im Bereich der IT. Die Erfahrung zeigt jedoch, dass MDM-Lösungen erfolgreich sind, wenn sie durch entsprechende Unterstützung der Fachbereiche prozessgetrieben sind und die technische Implementierung eine untergeordnete Rolle spielt. Konkret heißt dies, dass auch für MDM der *Align-Enable-Gesamtzusammenhang* mit „Leben gefüllt werden muss"!

Über den wertorientierten Ansatz lässt sich das Nutzenpotenzial von Daten für Geschäftsprozesse und damit die erfolgreiche Unterstützung der Unternehmensgesamtstrategie maximal aus-schöpfen. Um diese Ausschöpfung nachhaltig zu ermöglichen müssen alle Mittel des Stammdaten-Managements den fachlichen Anforderungen entsprechend in Prozessen strukturiert werden. Für die Durchführung dieser Prozesse ist eine geeignete Organisationsform einzurichten.

---

[25] Vgl. *HINTERHUBER* (1989), S. 23 ff. Die Formulierungen zu den Aufgaben wurden aus *RÖDER/VOLLMER* (2008), S. 247, abgeleitet.

[26] Vgl. für diesen Absatz *RÖDER/VOLLMER* (2008), S. 247 f.

3.3 Master Data Lifecycle Management als Erweiterung des strategischen Master-Data-Management-Kreislaufs

Eine MDM-Lösung, die sowohl wertorientierte als auch umsetzungsorientierte Aspekte betrachtet, ist das Master Data Lifecycle Management (MDLM) (siehe Abbildung 10). Aus Sicht der Stammdaten ergeben sich Herausforderungen an die MDM-Lösung entlang ihres Lebenszyklus von der Neuanlage über Operationen und Änderungen bis hin zur Archivierung eines Stammdatums. Eine ganzheitliche Betrachtung zur Ausschöpfung des Nutzenpotenzials orientiert sich dabei an den Kernbereichen

- Data Governance
- Data Integration
- IT-Architecture und
- Data Quality

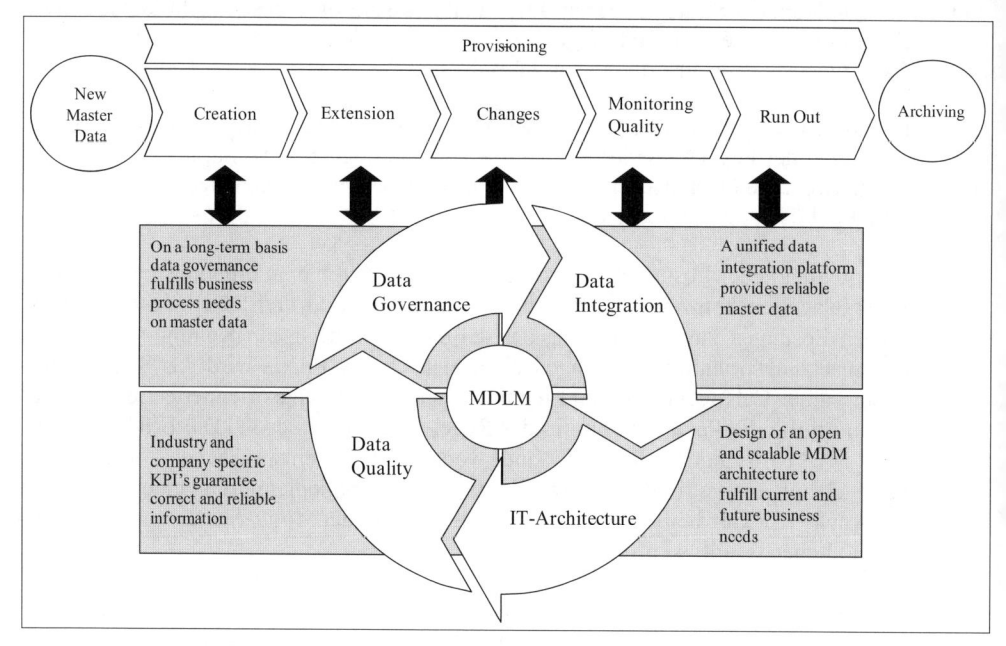

Abbildung 10: Master Data Lifecycle Management

Als *Data Governance* ist im Zusammenhang mit MDM als eine stringent definierte und auch entsprechend wahrgenommene Struktur für die Entscheidungsfindung und die Zuständigkeiten bezüglich des Ablaufs und der Steuerung des Stammdaten-Managements in bereichsübergreifenden Prozessen zu verstehen. Über die Governance werden damit die operativen Aspekte des Stammdaten-Managements in der Aufbauorganisation des Unternehmens verankert.

Modelltypisch baut sich eine Governance-Organisation aus vier Rollen und einem Gremium auf. Der Executive Sponsor übernimmt dabei Förderung und Gestaltung der strategischen Ausrichtung des Stammdaten-Management-Programms sowie die Aufsicht über die Finanzierung. Die Aufstellung der unternehmensweiten Stammdatenstrategie und Abstimmung mit den Anforderungen der Geschäftsbereiche fällt in den Aufgabenbereich des Konzern-Datenstewards. Der fachliche und der technische Daten-Steward sorgen gemeinsam für die operative Umsetzung der Vorgaben im Tagesgeschäft auf prozessualer- bzw. technischer Ebene. Die gesamte Integration und Lenkung der unternehmensweiten Stammdatenstrategien und -Prozesse wird über das Data Governance Council koordiniert. Abbildung 11 zeigt den modelltypischen Aufbau einer Data-Governance-Organisation.

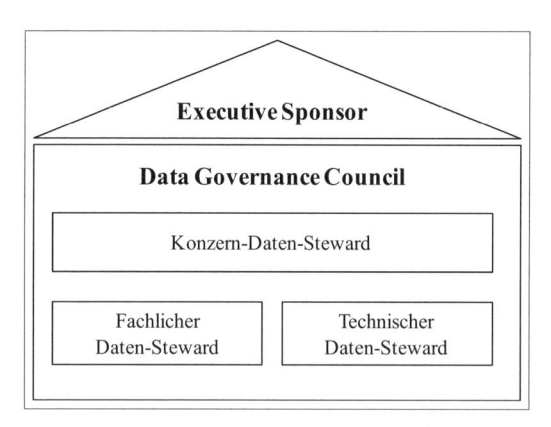

Abbildung 11:   Modelltypischer Aufbau einer Data-Governance-Organisation

Die Konzeption der Data-Governance-Organisation wird dabei durch viele unternehmensspezifische Faktoren beeinflusst, z. B.:

➢ vorgelagerte strategische Ebenen (Unternehmensgesamt-, Wettbewerbs- und/oder Funktionalstrategien) und strategische Stoßrichtungen (z. B. Diversifikation versus Kostenführerschaft bzw. hybride Wettbewerbsstrategien)
➢ Größe und Struktur des Unternehmens
➢ Unternehmenskultur oder
➢ IT-bezogenes Know-how in den Fachbereichen und der IT-Organisation.

Beispielsweise können Unternehmen bis zu einer bestimmten Größe Aufgaben eines fachlichen Daten-Stewards bereits vorhandenen Mitarbeitern als zusätzliche Rolle zuordnen. Im Gegensatz dazu nehmen auch die Vielfalt und der Umfang der Aufgaben ab einer bestimmten Unternehmensgröße zu, sodass diese Rolle typischerweise in einer eigenen Organisation verankert werden muss.

Ein weiterer Kernbereich betrifft die *Data Integration* der Stammdaten. Sie ist die Grundvoraussetzung für die bereichs- und systemübergreifende Integration von Prozessen zu Prozessschritten und liefert die Basis sowohl für die Konsolidierung als auch für die Harmonisierung der Stammdaten.

Dabei stellt sich für die Konzeption der MDM-Lösung zunächst die Frage, welche Stammdaten einzubeziehen sind. Die Antwort hierauf lässt sich aus den Zielen der vorgelagerten Strategieebenen ableiten. Beispielsweise sind Effienzverbesserungen im Einkauf durch Optimierung im Rahmen des „Global Spend" erreichbar. Dies bedeutet, dass Lieferanten in eine Hierarchie eingeordnet sind bzw. werden, um das unternehmensweit gesammelte Einkaufspotenzial in Verhandlungen mit dem Lieferanten einsetzen zu können. Aus Vertriebssicht würde ein Ziel im Sinne von „Ausbau der Umsätze mit Key-Accounts um x %" bedeuten, dass auch Kunden in eine Hierarchie eingeordnet sind, um über diesen Weg eine objektive Identifikation der tatsächlichen Key-Accounts vornehmen zu können.

Stammdaten charakterisieren sich durch unterschiedliche Dimensionen, Sichten und Aufgaben in Abhängigkeit der jeweiligen Verwendung im Prozess. Zudem unterscheiden sich auch die Ausprägungen von Stammdaten in Abhängigkeit vom Prozess. Sind damit die einzubeziehenden Stammdaten identifiziert, werden weiterhin die relevanten Strukturen der Stammdaten festgelegt. Maßgebliche Treiber hierfür sind wiederum die zugrundeliegenden Ziele und die damit verbundenen fachlichen Anforderungen. Am Beispiel des „Global Spend" würde dies bedeuten, dass alle für die Zuordnung eines Lieferanten zu einer Hierarchie relevanten Daten in diese Struktur einbezogen werden.

Nach Festlegung der Stammdatenstrukturen sind für diese die jeweiligen Regeln und Standards zu definieren. Regeln bedeutet in diesem Fall, festzulegen, zu welchem Zeitpunkt im Prozess ein bestimmtes Datenfeld aus einer Struktur gefüllt wird. Für das Beispiel des Lieferanten würde diese bedeuten, dass zumindest Name, Straße, Ort, Postleitzahl und Land bei der Anlage anzugeben sind. Die Definition eines Standards bestimmt dagegen die Art und Weise wie ein Datenfeld zu füllen ist. Am Beispiel des Felds „Straße" könnte diese Standardisierung so definiert sein, dass keine sprachspezifischen Sonderzeichen verwendet werden dürfen und die Hausnummer nicht Bestandteil des Datenfelds ist.

Die Existenz von Regeln und Standards und deren Einhaltung im Rahmen des Stammdatenlebenszyklus gewährleistet letztlich die Konsistenz und Interpretierbarkeit von Stammdaten vor dem Hintergrund der zugrundeliegenden unternehmensspezifischen Anforderungen. Sie beeinflussen damit direkt die *Datenqualität* und damit einen weiteren Kernbereich des MDLM.

Die vier wesentlichen Einflussfaktoren auf die Datenqualität sind:

- ➤ Organisatorische Akzeptanz zur Vermeidung schlechter Datenqualität
- ➤ Existenz eines Datenqualitätssystems zur Messung der Datenqualität
- ➤ Überprüfung der Datenqualität
- ➤ Korrektur der Daten zur Vermeidung von Inkonsistenzen

Hervorzuheben ist in diesem Kontext die Bedeutung des Qualitätssystems. Es liefert wichtige Informationen, die zur Steuerung des Stammdaten-Managements notwendig sind. Hierzu werden auf Basis der definierten Regeln und Standards Key-Performance-Indikatoren abgeleitet anhand derer die Inhalte der Stammdaten regelmäßig gemessen werden können. Auf Basis dieser Indikatoren lassen sich sowohl mögliche Inkonsistenzen der Daten ermitteln und deren Beseitigung einleiten als auch Optimierungspotenziale in den Stammdatenprozessen erkennen.

Darüber hinaus sind der Ist- und der Zielzustand der IT-Architektur des Unternehmens im Rahmen der MDLM-Überlegungen einzubeziehen. Eine erste wesentliche Frage, die es hierbei zu klären gilt, ist bspw. der Zweck von MDM im Unternehmen. Es hat ganz erhebliche Auswirkungen auf die gegenwärtige und künftige IT-Architektur und natürlich die MDM-Lösung selbst, wenn MDM nur zur Erfassung und Verwaltung von Daten oder auch zur Datenanalyse eingesetzt werden soll. Weiterhin muss darüber befunden werden, ob MDM auch als Konsolidierungsinstanz herangezogen wird. Weiterhin muss die Frage der Dezentralisierung bzw. Zentralisierung von MDM – und damit auch der MDM-Lösung – diskutiert, entschieden und letztlich umgesetzt werden. Wird im Unternehmen über die Implementierung oder Erweiterung einer Service-orientierten Architektur (SOA) nachgedacht, muss zusätzlich überlegt werden, ob MDM nicht auch als dezentralisierter SOA-Service angeboten werden kann bzw. sollte.

Das Vorgehen zur Ableitung der konkreten MDM-Lösung selbst ist nicht trivial und muss für jedes Unternehmen spezifisch vorgenommen werden. Ein Vorgehen, dass sich in der Praxis als sinnvoll erwiesen hat, ist die Verwendung eines „standardisierten" morphologischen Kastens, der als eine Art Leitfaden von der Analyse der grundsätzlichen strategischen Ausrichtung bis hin zur Art und Weise der Implementierung dienen kann.

	Prior Strategy Level			
Functional Strategy/Goals	Decision & Controls/Info Basis	Improve Efficiency/Operations & Assets	Support Growth	
IT Strategy/ MDM Goals	Align Master Data Semantics	Harmonize/Rationalize Master Data Objects	Modularize/Centralize Master Data Mgmt.	
Master Data Domains	Customer	Vendor	Product ...	...
Usage Style	Collaborative	Analytical	Process Integration	
Master Data Harmonization Scope	Within an Organization	Cross Organization	External/Business Partner	
Governance/Organization Structure	Local	Regional/Hierarchical	Global/Centralized	
Implementation Style	Consolidation	Registry	Hybrid	Central

Abbildung 12: Exemplarischer morphologischer Kasten zur Auswahl einer MDM-Lösung

Die Nutzung eines solchen morphologischen Kastens zeigt dabei einen einfachen und effizienten Weg von der strategischen Ausrichtung hin zu technologischen Strukturen. In der Praxis sind die Stufen sowie die Handlungsalternativen auf die spezifische Unternehmenssituation anzupassen, jedoch zeigt das hier dargestellte Beispiel wie sich in wenigen Entscheidungsstufen eine Konkretisierung ableiten lässt.

4 Fazit und Ausblick

Jeder Planungsprozess wird nur so gut sein können, wie die hierfür verarbeiteten Daten. Daraus folgt, dass „die beste IT-Strategie [nichts nützt], wenn die Probleme an der Basis nicht gelöst sind, sprich: bei den Stammdaten".[27] Die Beherrschung des Master Data Lifecycle ist die Grundvoraussetzung für die Erreichung des Unternehmerischen Erfolgsziels, dessen Dimensionen Effektivität, Effizienz und Flexibilität sind:

> Nur die Unternehmen, die ihre Kunden und Lieferanten mit den „richtigen" Produkten und Dienstleistungen „richtig" ansprechen werden langfristig erfolgreich sein (direkte Effektivitätssteigerung).

> Nur die Unternehmen, welche die „richtigen" Daten „richtig" erfassen und verarbeiten, werden langfristig erfolgreich sein (direkte Effizienzsteigerung).

> Nur die Unternehmen, die über die „richtigen" Daten, zur „richtigen" Zeit am „richtigen" Ort verfügen, sind in der Lage, mögliche Abweichungen auf dem Weg zur Zielerreichung zu antizipieren bzw. zu erkennen und schnell darauf zu reagieren (direkte Flexibilitätssteigerung).

MDM wirkt also gleichermaßen auf die drei Dimensionen unternehmerischen Erfolgs und ist damit in der Lage, das Markt-Unternehmensverhältnis nachhaltig zu verändern. Demzufolge muss MDM strategisch betrachtet, d. h. explizit in der unternehmerischen Strategiepyramide verankert werden.

Wie im Beitrag dargelegt wurde, umfasst ein strategisch angelegter MDM-Prozess nicht nur technologische Aspekte, also die Auswahl der MDM-Lösung, sondern bezieht organisatorische Aspekte zusätzlich ein. Des Weiteren wurde gezeigt, dass der MDM-Prozess immer mit den übergeordneten Strategieebenen abgeglichen werden muss, denn Daten, die nicht mehr bzw. nicht mehr in der Form benötigt werden, verursachen unnötige Kosten, was wiederum die Effizienz mindert und den langfristigen Unternehmensfortbestand gefährdet. Dieser Abgleich schafft auch bei den verantwortlichen Entscheidungsträgern auf höher gelagerten Hierarchieebenen immer wieder die nötige Aufmerksamkeit für das Thema MDM.

Die IT kann nur auf der Grundlage korrekter Daten „richtige" Entscheidungen zur Verbesserung der betrieblichen Gewinnsituation begünstigen. Gelingt es im Unternehmen, MDM über den gesamten Lebenszyklus der Daten hinweg effektiv, effizient und mit einem Höchstmaß an Flexibilität zu handhaben, dann werden die notwendigen Spielräume geschaffen, darüber nachzudenken, wie aus den Daten zusätzliche Wertsteigerungen für das Unternehmen generiert werden können – BusinessIT-Transformation ist dann auch keine leere Worthülse mehr, sondern für Unternehmen erlebbar und damit von der Tom-Management-Agenda nicht mehr zu streichen!

---

[27] PÜTTER (2008).

Quellenverzeichnis

BÖRNER, C. J. (2000): Strategisches Bankmanagement, München et al. 2000.

DRUCKER, P. F. (1974): Management, New York et al. 1974.

GÄLWEILER, A. (1986): Strategische Unternehmensführung, Frankfurt am Main et al. 1986.

HINTERHUBER, H. H. (1989): Strategische Unternehmensführung I, 4. Aufl., Berlin et al. 1989.

KEUPER, F. (2001): Strategisches Management, München/Wien 2001.

KEUPER, F. (2004): Kybernetische Simultaneitätsstrategie – Systemtheoretisch-kybernetische Navigation im Effektivitäts-Effizienz-Dilemma, Berlin 2004.

KEUPER, F./HANS, R. (2003): Multimedia-Management – Strategien und Konzepte für Zeitungs- und Zeitschriftenverlage im digitalen Informationszeitalter, Wiesbaden 2003.

PEDELL, K. L. (1985): Analyse und Planung von Produktivitätsveränderungen, in: Zeitschrift für betriebswirtschaftliche Forschung, 58. Jg. (1985), S. 1078–1097.

PORTER, M. E./MILLAR, V. E. (1985): How Information gives you Competitive Advantage, in: Harvard Business Review, 63. Jg., 1985, S. 149–160.

PÜTTER, C. (2008): Von CRM bis SOA – ohne Stammdaten-Management geht gar nichts, online: http://www.cio.de/strategien/projekte/856815/, Stand: 17.07.2008, Abruf: 21.09.2009.

RÖDER, S./VOLLMER, M. (2008): Strategisches IT-Management in Förderbanken, in: KEUPER, F./ PUCHTA, D. (Hrsg.), Strategisches Management in Förderbanken – Geschäftsmodelle, Konzepte, Instrumente, S. 229–266.

ROLLBERG, R. (1996): Lean Management und CIM aus Sicht der strategischen Unternehmensführung, Wiesbaden 1996.

SIMON, H. (1987): Schwächen bei der Umsetzung strategischer Wettbewerbsvorteile, in: DICHTL, E./GERKE, W./KIESER, A. (Hrsg.), Innovation und Wettbewerbsfähigkeit, Wiesbaden 1987, S. 367–379.

SCHOMANN, M./RÖDER, S. (2008): Entwicklung eines kennzahlenbasierten Steuerungssystems für IT-Service-Management-Prozesse nach ITIL, in: KEUPER, F./HOGENSCHURZ, B. (Hrsg.), Sales & Service – Management, Promotion und Performance, Wiesbaden 2008, S. 323–359.

STAEHLE, W. H. (1999): Management – Eine verhaltenswissenschaftliche Perspektive, München 1999.

STEINMANN, H./SCHREYÖGG, G. (2005): Management – Grundlagen der Unternehmensführung, Wiesbaden 2005.

VOLLMER, M./FISCHER, B./RÖDER, S. (2008): Next Generation Shared Services - Automatisierung als Trend, in KEUPER, F./SCHOMANN, M./GRIMM, R. (Hrsg.), Strategisches IT-Management vs. IT-gestütztes strategisches Management, Wiesbaden 2008, S. 279–316.

WINTERSTEIGER, W. (2006): IT-Strategien entwickeln und umsetzen, in: TIEMEYER, E. (Hrsg.), Handbuch IT-Management – Konzepte, Methoden, Lösungen und Arbeitshilfen für die Praxis, München et al. 2006, S. 37–69.

Master Data Management und Service-orientierte Architekturen – eine symbiotische Beziehung

SVEN FESSLER

IBM Deutschland GmbH

1	Einleitung		279
2	Stammdaten-Management (Master Data Management)		280
	2.1	Ausgangslage	281
	2.2	Nutzen	282
		2.2.1 Das zur Verfügung stellen eines konsistenten Verständnisses von Stammdaten sowie vertrauenswürdigen Stammdatenentitäten	282
		2.2.2 Das zur Verfügung stellen von Methoden für die konsistente Nutzung von Stammdaten in der gesamten Organisation	284
		2.2.3 Zur Verfügung stellen eines Designs, dass es ermöglicht, schnell und flexibel auf Änderungen zu reagieren	284
3	Kurze Einführung in Service-orientierte Architekturen		285
4	Stammdaten-Management und Service-orientierte Architekturen		287
	4.1	SOA-Merkmale und MDM	287
	4.2	Information als Service	288
	4.3	MDM als Service in einer SOA	290
	4.4	MDM ohne Serviceorientierung	290
5	Fazit		291
Quellenverzeichnis			291

1 Einleitung

In den letzten Jahren hat sich die Diskussion um den Nutzen von IT für Unternehmen zunehmend in Richtung der Argumentation verlagert, dass es nicht die IT an sich, sondern deren Anwendung bei der Umsetzung von Geschäftsprozessen ist, die einen Unterschied für die Wertschöpfung eines Unternehmens ausmacht.[1] Mit steigendem Anteil der IT an der Wertschöpfung, wachsen auch die Anforderungen für Flexibilität und Agilität an IT-Systeme und Anwendungen, denn es sind vor allem die Umsetzungsgeschwindigkeit und die Fähigkeit, auf Änderungen des Markts und des Geschäftsmodells zu reagieren, die wettbewerbsdifferenzierend wirken.[2]

Die Geschäftsprozesse und die damit verbundenen (Stamm)Daten über Kunden, Produkte, Lieferanten, Verträge etc. sind oftmals redundant in Applikationssilos vorhanden. Komplexe Geschäftsprozesse von strategischer Bedeutung sind aber in der Regel applikations- und geschäftsbereichsübergreifend relevant.

Die Umsetzung von flexiblen Prozessen über Applikations- und Unternehmensgrenzen hinweg wird in der Diskussion um den Einsatz Service-orientierter Architekturen (SOA) als das zentrale Motiv genannt. Im Mittelpunkt steht eine effektive Umsetzung von Anforderungen, die sich aus flexiblen Geschäftsprozessen ableiten.

Das Kernprinzip einer SOA besteht darin, dass bestehende, unflexible Applikationssilos in leichter anpassbare Software-Einheiten überführt werden. Diese Einheiten stellen dann eine definierte Funktionalität als Service zur Verfügung, sodass Teilprozesse nun durch lose Kopplung dieser Services optimal unterstützt werden können. Dies bedeutet, dass die Geschäftslogik auf Services verteilt wird, die voneinander unabhängig sind.[3]

Die Bedeutung von Stammdaten für Geschäftsprozesse ist kein neues Thema. Schon früh haben Unternehmen Lösungen geschaffen, um zentrale Stammdaten für Geschäftsprozesse zur Verfügung zu stellen. Diese genügen jedoch heute oft nicht mehr den Anforderungen an Flexibilität und Skalierbarkeit oder sie sind nur für die Unterstützung einzelner Unternehmensbereiche designt.[4] Während Service-orientierte Architekturen die Entkopplung von Prozessen aus den Applikationssilos adressieren, geht es bei einem zentralen Master-Data-Management-Ansatz (MDM-Ansatz)[5] um die Entkopplung von Stammdaten aus den Applikationssilos[6], womit man BUTTLER/POLLACK zustimmen kann, die salopp äußern:

„MDM is SOA for Data"[7]

---

[1] Vgl. COX (2005), S. 1.
[2] Vgl. KAGERMANN/ÖSTERLE (2005), S. 11.
[3] Vgl. REINHEIMER ET AL. (2007), S. 7.
[4] Vgl. DREIBELBIS ET AL. (2008), S. 2.
[5] Stamdaten-Management = Master Data Management.
[6] Vgl. BUTTLER/POLLOCK (2008), S. 3.
[7] Vgl. BUTTLER/POLLOCK (2008) S. 4.

In der Vergangenheit hat sich die Diskussion um SOA vor allem auf die oben genannte Entkopplung der Geschäftsprozesse zur Erhöhung der Flexibilität und Agilität konzentriert. Dabei wurde die Bedeutung einheitlicher und verlässlicher Daten für das Funktionieren einer SOA etwas aus dem Blick verloren. Und die Diskussion erhält erst jetzt im Kontext von MDM eine neue Richtung.

Im folgenden Beitrag wird das Zusammenspiel von SOA und Stammdaten-Managementsystemen (MDM-Systeme) modernen Zuschnitts thematisiert. Zunächst wird ein Überblick über SOA und MDM gegeben, wobei insbesondere der Bereich MDM eingehender betrachtet wird. Im weiteren Verlauf wird darauf eingegangen, welchen Anforderungen ein MDM-System genügen muss und warum es neben den Basisfunktionen, mit denen sich Stammdaten analysieren, korrigieren und konvertieren lassen, auch alle Grundanforderungen für seine Nutzung in einer SOA erfüllen sollte. Weiterhin wird das Konzept von Informations-Services beleuchtet und aufgezeigt, wie dieses das Konzept von SOA erweitern könnte.

2 Stammdaten-Management (Master Data Management)

Die Verwendung des Begriffs Stammdaten ist nicht einheitlich geregelt. Welche Daten als Stammdaten gesehen werden, hängt vom Kontext der Geschäftstätigkeit einer Organisation ab. Im Wesentlichen handelt es sich bei Stammdaten um die Daten, die für ein Unternehmen vital für alle wichtigen Geschäftsprozesse sind. Meistens stehen dabei Kunden, Lieferanten, Produkte, Rechnungen/Verträge im Mittelpunkt. Je nach Branche können aber auch Daten wie Produktspezifikationen, Preise, Risikoklassifizierungen, Messgrößen oder geographische Informationen als Stammdaten gespeichert werden.[8]

Entsprechend der Definition von *BERSON/DUBOV* handelt es sich beim Stammdaten-Management um die Einrichtung eines unternehmensweiten Frameworks zur Haltung und Pflege von Stammdaten: „Master Data Management (MDM) is a framework of processes and technologies aimed at creating and maintaining an authoritative, reliable, sustainable accurate and secure data environment that represents a 'single version of the truth' an accepted system of record used both inters and interenterprise across diverse set of application systems, lines of business and user communities."[9]

Die Anforderungen an ein MDM-System sind:

> das zur Verfügung stellen eines konsistenten Verständnisses von Stammdaten sowie vertrauenswürdiger Stammdatenentitäten,

> das zur Verfügung stellen von Methoden für die konsistente Nutzung von Stammdaten in der gesamten Organisation sowie

> ein Design, dass es ermöglicht, schnell und flexibel auf Änderungen zu reagieren.[10]

---

[8] Vgl. *LIEBHART* (2007), S. 277, und *DREIBELBIS ET AL.* (2008), S. 2 ff.
[9] Vgl. *BERSON/DUBOV* (2007), S. 11.
[10] Vgl. *DREIBELBIS ET AL.* (2008), S. 37.

2.1 Ausgangslage

Obwohl es in den meisten Unternehmen Systeme gibt, die die Aufgabe haben, für Stammdaten wie Produkte oder Kunden eine „Single Source Of Truth" zu schaffen, ist ein unternehmensweites Stammdaten-Management in der Regel bis jetzt nicht vorhanden.

Oft liegt dies darin begründet, dass die ursprünglich geschaffenen Architekturen für Stammdatenlösungen designt wurden, die dazu bestimmt waren, einige hausinterne Applikationen zu versorgen. Dazu lag der Fokus des Einsatzes zumeist nur auf der Unterstützung einzelner Geschäftsbereiche oder Datendomänen wie „Kunde/Lieferant (Party)" oder „Produkt", was im Gegensatz zu einem modernen, globalen MDM-Ansatz mit einer konsistenten Sicht auf alle Stammdatendomänen und Beziehungen steht (siehe Abbildung 1).

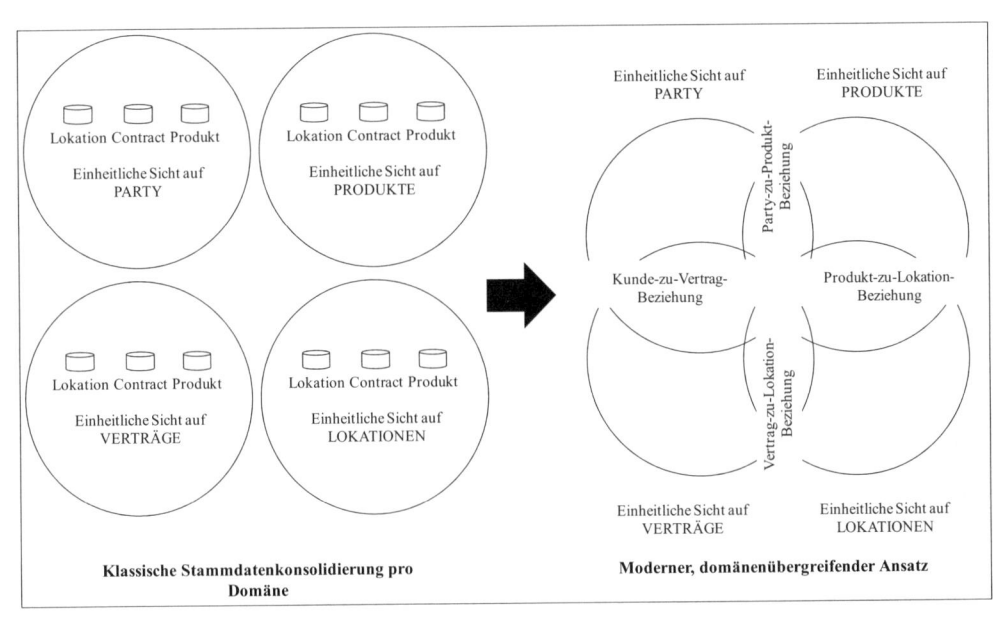

Abbildung 1:   *Evolution der MDM-Umsetzung*

Mit steigenden Anforderungen und neuen Systemen gelangten diese Stammdatenapplikationen über die Zeit oft an Ihre Grenzen, sodass man z. T. aus kostentechnischen und/oder technologischen Gründen bei der Einrichtung neuer Systeme, wie z. B. einem „Customer Self Service" über das Internet, auf eigene MDM-Lösungen, nur für den einen Kanal, zurückgriff.[11]

Die Existenz dieser teilweise redundanten Systeme bedeutet zusätzliche Komplexität für die Systemarchitektur eines Unternehmens. Es entstehen Wartungskosten infolge mangelnder Datenqualität und ineffizienter Prozesse. Vor allem aber implizieren bei solch einer gewachsenen Lösung kleinste Änderungen im System oft unabsehbare Auswirkungen auf angeschlossene Systeme. Dies hat wiederum den Effekt, dass die Flexibilität und Agilität der IT zur Reaktion auf neue Anforderungen des Geschäfts stark eingeschränkt sind.

---

[11] Vgl. LIEBHART (2007), S. 278, und DREIBELBIS ET AL. (2008), S. 3.

Die Definition „Lieferant" oder „Kunde" ist zwischen verschiedenen Systemen, die an einem Geschäftsprozess beteiligt sind, oft inkonsistent, denn aus dem Systemkontext heraus gelten oft unterschiedliche Regeln für die Validierung, Bereinigung und Verwendung von Daten.[12] Somit ist es für Unternehmen kaum möglich, ein konsistentes und komplettes Verständnis der Stammdaten, die über die verschiedenen Systeme verteilt sind, zu erlangen.[13] Dies zeigt auch das Beispiel „Analyse von Kunden und Haushaltsdaten" in der folgenden Abbildung (siehe Abbildung 2).

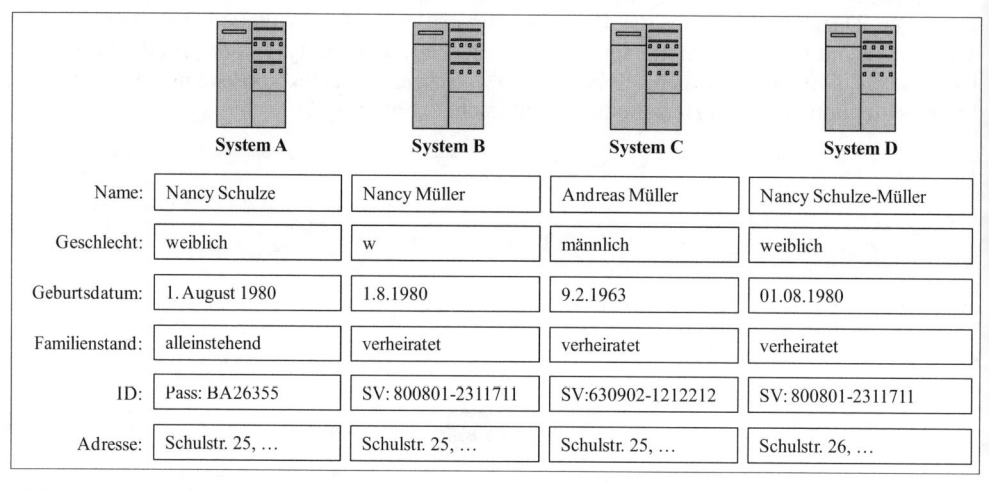

	System A	System B	System C	System D
Name:	Nancy Schulze	Nancy Müller	Andreas Müller	Nancy Schulze-Müller
Geschlecht:	weiblich	w	männlich	weiblich
Geburtsdatum:	1. August 1980	1.8.1980	9.2.1963	01.08.1980
Familienstand:	alleinstehend	verheiratet	verheiratet	verheiratet
ID:	Pass: BA26355	SV: 800801-2311711	SV:630902-1212212	SV: 800801-2311711
Adresse:	Schulstr. 25, …	Schulstr. 25, …	Schulstr. 25, …	Schulstr. 26, …

Abbildung 2: Kundendaten verteilt über verschiedene Systeme

2.2 Nutzen

In Abschnitt 2 dieses Beitrags wurden die Ziele eines MDM-Systems benannt. Im Folgenden wird anhand der genannten Zielkategorien nun tiefer auf den Nutzen einer solchen Lösung für Unternehmen eingegangen.[14]

2.2.1 Das zur Verfügung stellen eines konsistenten Verständnisses von Stammdaten sowie vertrauenswürdigen Stammdatenentitäten

Ein wesentliches Ziel von MDM ist die Erhöhung der Datenqualität von Stammdaten für alle darauf zugreifenden Prozesse in einem Unternehmen. Die folgenden Aspekte sind davon betroffen:

---

[12] Vgl. GRIFFIN (2005).
[13] Vgl. DREIBELBIS ET AL. (2008), S. 4.
[14] Zum folgenden Abschnitt vgl. DREIBELBIS ET AL. (2008), S. 37 ff.

➢ *Genauigkeit der Daten*: Genauigkeit ergibt sich dadurch, inwieweit eine gespeicherte Information konform mit ihrem aktuellen Nutzen für das Geschäft ist.[15] Schlechte Daten verursachen Kosten. So beziffert eine vom *TDWI* veröffentlichte Studie aus dem Jahr 2002 die Kosten schlechter und fehlerhafter Daten auf ca. 600 Mrd. USD pro Jahr (verlorene Marktpotenziale, falsche Lieferungen, Verluste von Kunden und Kundenvertrauen, Wartungskosten etc.).[16] Wegen der zentralen Rolle von Stammdaten für Geschäftsprozesse kommt einem MDM-System eine wichtige Rolle in der Bestimmung der allgemeinen Datenqualität zu. MDM-Systeme bieten hier die folgenden Mechanismen:

   ➢ *Matching und Dublettenbereinigung*: Da die Daten aus unterschiedlichen Quellsystemen kommen, müssen Daten zunächst standardisiert und bereinigt werden. MDM-Systeme verfügen über Mechanismen zur Datenbereinigung. Dennoch kann es sinnvoll sein, zusätzlich als Service-Aufruf weitere Datenqualitäts- und ETL-Werkzeuge zu nutzen, um einen höheren Grad der Bereinigung zu erreichen.

   ➢ *Data Stewardship*: An dieser Stelle kommt es zu menschlichen Interaktionen durch Datenverantwortliche. Dies ist immer dann sinnvoll, wenn mit Hilfe der Automatisierung kein eindeutiges Ergebnis erzielt werden kann.

   ➢ *Datenvalidierung*: Das MDM hält ein Superset an Validierungsregeln vor, um der Tatsache entgegen zu wirken, dass die Validierungsregeln über die verschiedenen Quellsysteme selten synchronisiert sind.

➢ *Vollständigkeit*: Die Vollständigkeit von Stammdaten ist vom Kontext der Nutzung abhängig. So kann ein Datensatz je nach Kontext verschiedene Attribute haben. Ein MDM-System greift auf verschiedene Datenquellen zu. Dies ermöglicht es, ein vollständigeres Bild von den Stammdaten zu erhalten. Das System sorgt für die Vollständigkeit der Daten im Kontext ihrer Nutzung und kann Daten mit Informationen anreichern, die im jeweiligen Quellsystem nicht vorhanden sind.

➢ *Datenkonsistenz*: Stammdaten gelten im MDM-Kontext als konsistent, wenn es beim gleichen Datensatz systemübergreifend keine Abweichungen gibt. MDM-Systeme haben die Aufgabe, für Datenkonsistenz zu sorgen. Der Grad der Erreichung von Datenkonsistenz ist aber auch von allgemeinen Faktoren wie einer unternehmensweiten Standardisierung und Normalisierung von Daten sowie von der Art der MDM-Implementierung abhängig

➢ *Aktualität*: Auch wenn sich Stammdaten im Vergleich zu anderen Daten relativ langsam verändern, bedeutet die Aktualität der Daten, d. h. das Nachvollziehen von Änderungen in Echtzeit, einen wesentlichen Nutzen für die Geschäftstätigkeit, der durch ein MDM-System erzielt werden kann.

---

[15] Vgl. DREIBELBIS ET AL. (2008), S. 37.
[16] Vgl. ECKERSON (2002), S. 3.

2.2.2 Das zur Verfügung stellen von Methoden für die konsistente Nutzung von Stammdaten in der gesamten Organisation

Eine einheitliche Sicht auf die Stammdaten innerhalb eines gesamten Unternehmens ermöglicht es, diese Daten auch konsistent zu nutzen. Dies hat Vorteile für folgende Bereiche:

> *Kostenersparnis und Erhöhung der Effizienz*: MDM-Systeme ermöglichen Kostenersparnisse. So können z. B. Prozesse vereinfacht werden, weil die Pflege von Stammdaten und damit verbundene Aufwände reduziert werden. Durch das Aufdecken von Beziehungen zwischen Objekten können sich Potenziale (z. B. bei Kunden) für die Vereinfachung von Services und die Betreuung oder auch Erkenntnisse über Cross- und Upsell- sowie neue Marktpotenziale ergeben.

2.2.3 Zur Verfügung stellen eines Designs, dass es ermöglicht, schnell und flexibel auf Änderungen zu reagieren

Um den Nutzen eines MDM-Systems für Flexibilität und Agilität darzustellen, werden nachfolgend einige der wichtigsten Vorteile genannt:

> *Prozessinnovationen*: SOA und MDM können im Zusammenspiel Wegbereiter für Prozessänderungen und -Erneuerungen sein. Ein MDM-System stellt Daten-Management-Services zur Verfügung, die eine enge Beziehung zwischen geschäftlichen Aufgaben und Stammdaten herstellen. So ist es möglich, diese Services bei der Konzeption und Prozessmodellierungsphase in Prozessinnovationsprojekten zu nutzen. Ebenso wird dadurch die Prozesseinführung beschleunigt, weil Stammdaten nun zentral, konsolidiert und nicht mehr über viele Quellen verteilt vorliegen.

> *Veränderungen der Lieferkette*: Veränderungen und Innovationen in der Lieferkette zeichnen sich in der Regel durch den schnellen Wechsel von Lieferanten sowie durch In- und Outsourcing aus. Wenn Stammdaten in diesem Kontext nicht zuverlässig verwaltet werden, kann es schnell zu Fehlern und Ausfällen kommen. Stehen stattdessen klar definierte Stammdatenprozesse zur Verfügung, ist das Hinzufügen neuer Daten einfacher. Somit können Datenänderungen schneller umgesetzt werden. Eine HUB-Architektur eines MDM-Systems hat gegenüber einer klassischen Netzwerkimplementierung darüber hinaus den Vorteil, dass nur an wenigen Orten Änderungen vorgenommen werden müssen und somit weniger Aufwände entstehen.

3 Kurze Einführung in Service-orientierte Architekturen

Da es zum Thema SOA bereits eine Vielzahl von guten Arbeiten[17] gibt, werden hier nur die für diesen Beitrag notwendigen Grundlagen dargelegt.

Es gibt verschiedene Blickwinkel auf das Thema SOA. So existieren verschiedene SOA-Definitionen. Die Definition von *MARKS/BELL* beschreibt dabei sehr gut die in diesem Beitrag gewählte Sicht auf das Thema: „SOA is a conceptual business architecture where business functionality, or application logic, is made available to SOA users, or consumers, as shared reusable services on an IT network. 'Services' in a SOA are modules of business application functionality which exposed interfaces that are invoked by messages from service consumers."[18] Diese Definition stellt das bereits in der Einleitung erwähnte Kernprinzip einer SOA ins Zentrum der Betrachtung. Lose miteinander gekoppelte Business Services ermöglichen eine agile und flexible Applikationslandschaft, die jederzeit in der Lage ist, neuen Geschäftsanforderungen zu folgen.

Weitere Grundlagen neben der losen Kopplung sind:[19]

➢ Es findet eine Trennung der Geschäftslogik in dynamische Prozesse, Regeln und statische Applikationsbereiche statt. Der dynamische Bereich wird in einer gesonderten Architekturschicht als Prozess oder Regel modelliert, hierzu wird BPEL (Business Process Excecution Language) genutzt. Der statische Teil wird als Service, genauer in Form von Webservices, implementiert.

➢ Die Weiterverwendung bestehender Systeme und Applikationen ist grundlegender Bestandteil einer SOA. Die Funktionalität der Anwendungen wird dabei als Service gekapselt.

In Abbildung 3 wird das SOA-Grundprinzip als eine indirekte Beziehung zwischen den Software-Elementen dargestellt. Das Kommunikationsdreieck einer SOA kennt vier Elemente. Ein *Service Provider* realisiert einen Service, indem er eine Implementierung des Service zur Verfügung stellt und diesen mit einer *Service-Beschreibung* publiziert. Der *Service-Konsument* kann nun entweder direkt die Beschreibung des Service nutzen, oder diesen über das *Service-Verzeichnis* suchen und aufrufen. Beim Service-Verzeichnis handelt es sich um ein Repository, in dem die Definitionen und Regeln für Services hinterlegt sind. Es hat die Funktion, dem Service-Konsumenten sowohl Informationen zu Service-Schnittstellen und Zugriffsinformationen als auch zu Metadaten für die Umsetzung von Regeln zur Verfügung zu stellen.[20]

---

[17] Zu nennen wären hier z. B. *BIEBERSTEIN ET AL.* (2005), *MARKS/BELL* (2006) und *LIEBHART* (2007).
[18] Vgl. *MARKS/BELL* (2006), S. 34.
[19] Vgl. *LIEBHART* (2007), S. 28.
[20] Vgl. *DREIBELBIS ET AL.* (2008), S. 59.

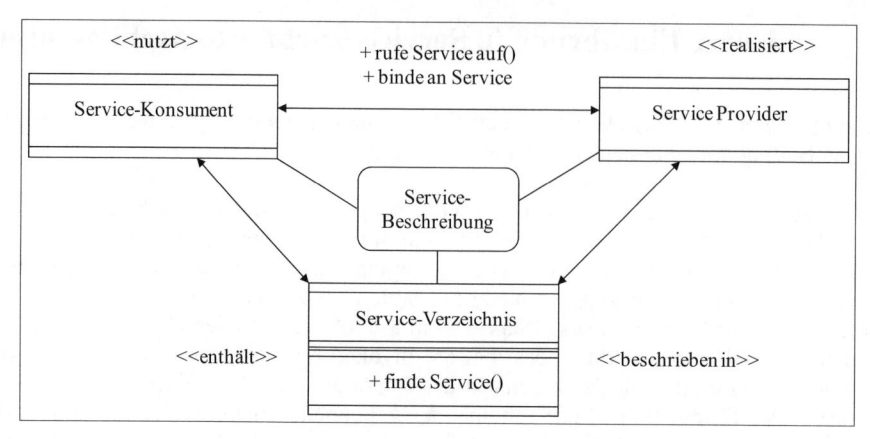

Abbildung 3:   *Architekturelemente und Beziehungen einer SOA Architektur*[21]

Business Services spiegeln Geschäftskonzepte und Events wider. Sie können deshalb sehr gut als Organisationsprinzip einer SOA genutzt werden. Business Services oder auch grobgranulare Geschäftsfunktionalitäten in Form von Services repräsentieren reale Prozesse oder Geschäftstätigkeiten einer Organisation.[22] Um den größtmöglichen Nutzen für ein Unternehmen zu erlangen, müssen Business Services folgende Charakteristika aufweisen:[23]

Charakteristika	Beschreibung
Wiederverwendung	Die Wiederverwendung von Services ist eines der Grundprinzipien einer SOA. Der Hintergrund ist, dass man sich geringe Kosten und eine höhere Code- sowie Prozessqualität davon verspricht.
Granularität	Granularität bezeichnet die relative Größe der Komponenten, welche die SOA-Architektur bilden. Feingranulare Services sind eher funktional eng geschnitten und dienen Aktionen wie dem Datenzugriff, während grobgranulare Services oft aus feingranularen Services zusammengesetzt sind, um geschäftliche Anforderungen abzubilden.
Lose Kopplung und Modularität	Lose Kopplung ist eines der Kernprinzipien von SOA. Es meint, dass der Nutzer eines Services unabhängig von der Implementierung eines Services und deren Änderungen ist. Lose gekoppelte, gut designte Services können in vielen verschiedenen Geschäftsprozessen immer wieder rekombiniert und wiederverwendet werden.
Standardkonformität	Konformität mit offen Industriestandards, um Interoperabilität zu ermöglichen, ist ein wesentlicher Aspekt für die Service-Orientierung eines Unternehmens und für eine SOA-Architektur.
Kombinierbarkeit	Kombinierbare Services können zusammengefügt größere Services ergeben. Außerdem wird mit Kombinierbarkeit im Kontext einer SOA die Orchestrierung von mehreren Services zu Prozessen bezeichnet.
Audit-Fähigkeit, Monitoring und Tracking	Monitoring muss gewährleistet sein, um Sicherheit und Compliance-Konformität zu garantieren
Distribution	Die Services müssen über verschiedene Systeme hinweg verteilt werden können.
Integration	Die Integration muss unabhängig vom Service funktionieren
Sicherheit	Die Services müssen vor nicht autorisiertem Zugriff geschützt werden.

Tabelle 1:   *Charakteristika von Business Services*

---

[21] Angelehnt an ARSANJANI (2004) und DOSTAL ET AL. (2007).
[22] Vgl. MARKS/BELL (2006), S. 37.
[23] In Anlehnung an DREIBELBIS ET AL. (2008), S. 64 ff., LIEBHART (2006) sowie MARKS/BELL (2006), S. 38.

4 Stammdaten-Management und Service-orientierte Architekturen

Im Folgenden wird nun diskutiert, wo Schnittmengen und Ergänzungen zwischen MDM und SOA liegen.

4.1 SOA-Merkmale und MDM

Bei einer Gegenüberstellung der Service-Charakteristika aus Abschnitt 3 mit MDM-Systemen zeigt sich, dass es hier viele Überschneidungen gibt.[24]

Kriterien	In einem MDM-System	In einer SOA
Wiederverwendung	Wiederverwendung ist sinnvoll und bringt ähnliche Nutzeneffekte	Die Wiederverwendung von Services ist eines der Grundprinzipien einer SOA. Der Hintergrund ist, dass man sich geringe Kosten und eine höhere Code- sowie Prozessqualität davon verspricht
Granularität	nutzt sowohl fein- als auch grobgranulare Services	Granularität bezeichnet die relative Größe der Komponenten, welche die SOA-Architektur bilden. Feingranulare Services sind eher funktional eng geschnitten und dienen Aktionen wie dem Datenzugriff, während grobgranulare Services oft aus feingranularen Services zusammengesetzt sind, um geschäftliche Anforderungen abzubilden.
Lose Kopplung und Modularität	MDM nutzt dieses Prinzip intern und extern.	Lose Kopplung ist eines der Kernprinzipien von SOA. Es meint, dass der Nutzer eines Service unabhängig von der Implementierung eines Services und deren Änderungen ist. Lose gekoppelte, gut designte Services können in vielen verschiedenen Geschäftsprozessen immer wieder rekombiniert und wiederverwendet werden.
Standardkonformität	Ausgehend davon, dass es sich um eine SOA-basierte Lösung handelt, gelten die gleichen Standards.	Konformität mit offenen Industriestandards, um Interoperabilität zu ermöglichen, ist ein wesentlicher Aspekt der Service-Orientierung eines Unternehmens und für eine SOA-Architektur.
Kombinierbarkeit	keine Unterscheide zu SOA	Kombinierbare Services können zusammengefügt größere Services ergeben. Außerdem wird mit Kombinierbarkeit im Kontext einer SOA die Orchestrierung von mehreren Services zu Prozessen bezeichnet.
Audit-Fähigkeit, Monitoring und Tracking	Der Zugriff sollte sich auditfähig gestalten lassen, sodass auch verschiedene Compliance Policies eingehalten werden können.	Monitoring muss gewährleistet sein, um Sicherheit und Compliance-Konformität zu garantieren.
Distribution	Stammdaten müssen aufgrund definierbarer Prozesse verteilbar sein.	Die Services müssen über verschiedene Systeme hinweg verteilt werden können.
Datenanalyse	Die Daten müssen analysiert werden können, um sie gegebenenfalls in einen auf Unternehmensebene standardisierten Zustand zu überführen	keine Anforderung an einen Service
Datenkorrektur	Stammdaten sind besonders kritisch hinsichtlich der Datenqualität. Änderungen an Stammdaten müssen sich kontrollieren und korrigieren lassen.	keine Anforderung an einen Service
Datenkonvertierung	Stammdaten müssen in verschiedene Standardformate und Attribute in verschiedene Datentypen konvertierbar sein.	keine Anforderung an einen Service
Zentrales Management	zentrale Erfassung der Stammdaten	Die zentrale Verwaltung von Diensten muss unternehmensweit möglich sein.
Publikation	medienunabhängige Publikation aller Daten	Die Services und die Daten sollten medienunabhängig dargestellt werden.

Tabelle 2:   *Service-Charakteristika in einem MDM-System und in einer Service-orientierten Architektur im Vergleich*

---

[24] In Anlehnung an DREIBELBIS ET AL. (2008), S. 64 ff., LIEBHART (2006) sowie MARKS/BELL (2006), S. 38.

Aus diesem Grund scheint es neben den in Abschnitt 4.3 aufgeführten Gründen sinnvoll zu sein, ein MDM-System auf der Basis von SOA-Prinzipien zu realisieren.

4.2 Information als Service

Informationen sind für die Geschäftstätigkeit das, was sauberes und immer verfügbares Wasser für den Menschen ist. Bricht der Informationsfluss zusammen, sind Informationen nicht nutzbar, bedeutet dies den Zusammenbruch der Geschäftstätigkeit. Informationen werden gespeichert, geteilt, analysiert, transformiert und konsumiert.

In einer SOA besteht keine gemeinsame Semantik für Daten, diese ist jedoch Grundlage für ein gemeinsames Informationsmodell. Daten über Kunden, Lieferanten, Produkte und Vertragsdaten stehen im Zentrum aller Geschäftsprozesse. Somit ist eine Harmonisierung dieser Stammdaten die Basis für die Optimierung der Geschäftsprozesse.[25]

Hier gilt, wenn Daten redundant und inkonsistent vorliegen, wird es dementsprechend unterschiedliche miteinander in Konflikt stehende Ergebnisse geben, je nachdem welches System genutzt wird, um einen SOA-Service zu versorgen.[26]

Ein simples Beispiel hierfür ist das Aufrufen einer Kundenadresse. Hier stellen sich folgende Fragen:

> Woher bezieht dieser Service seine Daten?
> Ist es ein Unterschied, wenn ein Service die Daten aus einem CRM-, einem E-Commerce oder einem Abrechnungssystem bezieht?
> Woher weiß der Service-Konsument, dass es sich um verlässliche und für ihn brauchbare Daten handelt?

Diese Fragen lassen sich durch die Nutzung eines MDM-Systems adressieren. Die Einrichtung einer Stammdatenlösung, liefert die Service-Definitionen und die Regeln für die Nutzung. Sie sorgt dafür, welche Information maßgeblich ist und wie sie verwendet wird.

Genauso wie es Überlegungen zum Zuschnitt, zum Design und zur Implementierung von Business Services in einer SOA bedarf, ist es notwendig, ähnliche Anstrengungen darauf zu verwenden, sicherzustellen, dass eine Information als Service zur Verfügung gestellt werden kann. Wenn Informationen nicht in Form von Services zur Verfügung gestellt werden können, sind Prozesse grundsätzlich eng mit Datenquellen verknüpft. Dies bedeutet ein Hindernis hinsichtlich Flexibilität und Agilität und führt zu Inkonsistenzen sowie zu erhöhtem Aufwand.

In diesem Fall benötigt jeder Prozess seinen eigenen Zugriff auf Daten. Der eine Prozess greift dann z. B. auf die Kundendaten von System A zu, ein zweiter Prozess nutzt die Kundendaten eines weiteren Systems. Demgemäß ist die Sicht auf die Daten über alle Prozesse hinweg inkonsistent. Das gleiche gilt für die Nutzung von Regeln zu Daten, denn beim Auf-

---

[25] Vgl. *DAUTH* (2008).
[26] Vgl. *DREIBELBIS ET AL.* (2008) S. 56.

rufen eines Prozesses werden, ebenso wie die Daten selbst, auch die ihnen zugeordneten Regeln aus den Applikationssilos aufgerufen. Am Ende führt dies zu einer Vervielfachung der Logik in den Systemen, die Daten nutzen. Dies hat dann einen erhöhten Wartungsaufwand zur Folge, weil für dieselbe Logik viele unterschiedliche Wartungspunkte entstehen.[27]

Im Endeffekt ist eine SOA ohne das Fundament brauchbarer Informationen nur eine lose Zusammenstellung von abstrakten Geschäftsprozessen.[28]

Das Konzept von Information als Service (IaaS) sieht die Implementierung eines zusätzlichen neuen Servicelayers vor. Dieser dient der Aufbereitung von Information aus den Datenquellen einer Organisation zur weiteren Nutzung. In der folgenden Abbildung wird das Konzept dargestellt (siehe Abbildung 4):

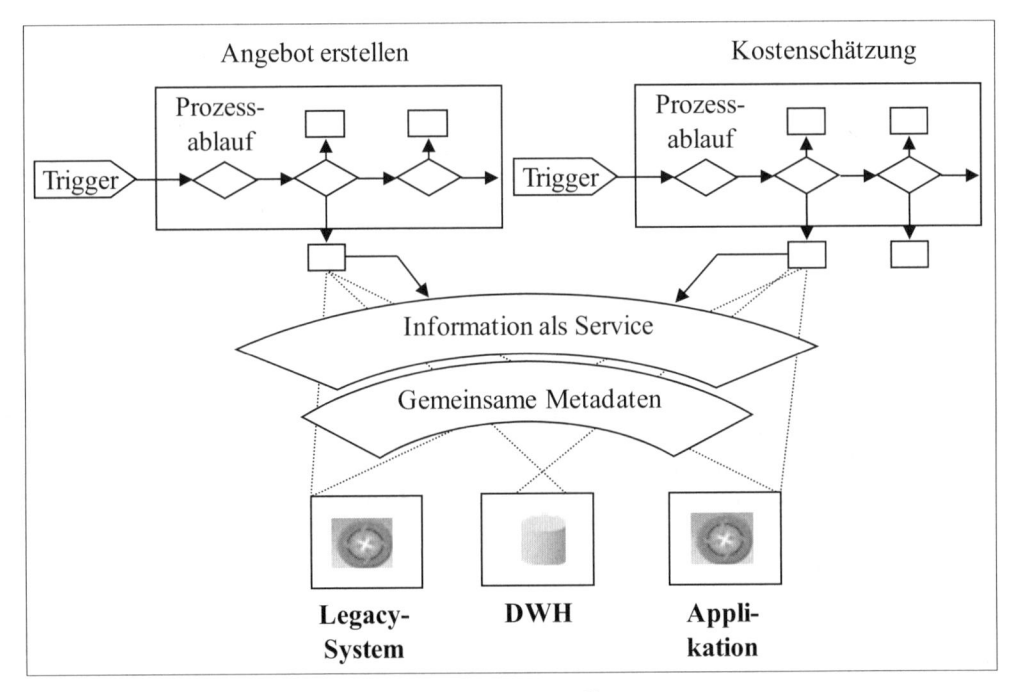

Abbildung 4:   *Konzept von Information als Service*[29]

In dem hier gezeigten Beispiel benötigen die Prozesse *Angebotserstellung* und *Kostenschätzung* Daten aus einem Data Warehouse (DWH), aus einem Legacy System und aus einer Applikation. Anstelle, dass man Services erstellt, die die Datenquellen direkt anzapfen (gestrichelte Linien), bietet IaaS nun einen dazwischen liegenden Layer an, der den Prozessablauf von der Art der Datenspeicherung entkoppelt.

---

[27] Vgl. DREIBELBIS ET AL. (2008), S. 83.
[28] Vgl. DAUTH (2008).
[29] DREIBELBIS ET AL. (2008) S. 84.

4.3 MDM als Service in einer SOA

MDM als Service bildet die Kernkomponente für das Konzept von Information als Service. Genau wie IaaS stellt MDM eine Schicht zwischen der Datenschicht und der Geschäftslogik zur Verfügung. Weiterhin werden die Kernfunktionen eines MDM-Systems als Komponenten einer SOA aufrufbar. Dieses einfache Design ermöglicht es, dasss in einer SOA-Transaktion schlechte Daten durch gute Daten ersetzt und angereichert werden. Somit wird die SOA-Infrastruktur selbst zu einer vertrauenswürdigen Informationsquelle.[30] Daten werden der Geschäftslogikschicht durch das MDM-System als Service zur Verfügung gestellt. Dadurch erhöht sich die Qualität Stammdaten im Vergleich zum direkten Zugriff auf die Datenquellen. Zudem ermöglicht das Zurverfügungstellen der Stammdaten durch Services mit Hilfe der BPEL-basierten Orchestrierung deren nahtlose Einbindung in die Geschäftsprozesse.

In der Einleitung wurde bereits darauf hingewiesen, dass eine SOA, die Gefahr läuft zu scheitern, sich lediglich auf Prozesse konzentriert und Business Services als Überbau zu bestehenden Applikationen implementiert.

Ein Beispiel hierfür ist die Implementierung von sogenannten „Subjekt Area Services". Diese sind Services, die auf Informationen zugreifen, die in Verbindung mit einem Subjekt wie Kunde oder Produkt stehen.[31] So stellt sich folgende Frage bei einem Service zum Aufrufen eines Kunden: Wie soll dieser ohne die Nutzung eines MDM sinnvolle Ergebnisse liefern, wenn Kundendaten innerhalb des Unternehmens über verschiedene Quellsysteme verteilt sind und dabei einen unterschiedlichen Konsistenzgrad aufweisen, ohne dass eine Deduplizierung und ein Datenabgleich stattgefunden hat?

MDM liefert Datenqualität für genau die Datenobjekte, die in allen wichtigen Geschäftsprozessen in zuverlässiger Form benötigt werden. Die Services, die ein MDM zur Verfügung stellt, sichern die Qualität, Zuverlässigkeit und Aktualität der Stammdatenobjekte. Sie bieten zudem eine konsistente Sicht auf Stammdaten im jeweiligen Kontext und ermöglichen dies auf Basis von Sicherheits-, Sichtbarkeits -und Zugriffsbeschränkungen für den jeweiligen autorisierten Nutzer. Somit gewährleistet der Einsatz eines MDM die technische Basis für die Nutzung von Stammdatenobjekten in einer SOA.[32]

4.4 MDM ohne Serviceorientierung

Der hier bevorzugte Ansatz für eine Stammdaten-Management-Lösung basiert auf der Nutzung von SOA-Prinzipen. Es ist dennoch möglich, eine MDM-Lösung ohne die Nutzung von Prinzipen der Service-Orientierung zu implementieren. Anstelle von Services für die Manipulation und Verwaltung könnte man für die technische Basis der Infrastruktur ETL-Werkzeuge benutzen. Daten würden dann mit Hilfe von ETL validiert, standardisiert, bereinigt und dedupliziert werden, während sie in das Stammdatenmodell überführt würden.

---

[30] Vgl. BUTTLER/POLLOCK (2005).
[31] Vgl. ABAI (2006).
[32] Vgl. DREIBELBIS ET AL. (2008), S. 85.

Eine solche Lösung würde ihre Aufgabe in einem einfachen Szenario erfüllen, wäre aber von vornherein limitiert in Bezug auf die Funktionalität und die Integrationsfähigkeit. Durch nicht vorhandene Echtzeit-Services, wäre eine Integration in größere Prozesse erschwert. Zudem wären Sicherheit und Sichtbarkeit der Daten schwer zu kontrollieren, wenn der Zugriff direkt über die Datenbank geregelt würde.

So zeigt sich, dass MDM nicht nur großen Nutzen für eine SOA bringt, sondern, dass es sinnvoll ist, SOA-Prinzipen für die Implementierung eines MDM-Systems anzuwenden, um das volle Potenzial der Lösung ausschöpfen zu können.

5 Fazit

Es wurde aufgezeigt, dass SOA und MDM tatsächlich in einer sinnvollen Symbiose miteinender stehen können. SOA Projekte profitieren in hohem Maße von einer zentralen, unternehmensweiten Stammdatenlösung, weil diese die notwendigen Daten für Geschäftsprozesse konsistent und verlässlich vorhält. Durch den Zugriff auf MDM Services wird eine höhere Datenqualität und Flexibilität erreicht. Vor allem aber werden Probleme einer SOA im Umgang mit Daten abgefangen, die sonst wohlmöglich zum Scheitern des Projekts oder zu erheblichen Kosten führen könnten.

Stammdaten-Management-Lösungen können auch ohne SOA-Prinzipien umgesetzt und implementiert werden. Es zeigt sich aber, dass diese nicht den Grad an Flexibilität, Sicherheit und Zukunftsfähigkeit erreichen, wie dies durch eine serviceorientierte Lösung möglich wäre.

MDM und SOA spielen eine wesentliche Rolle für die Fähigkeit von Unternehmen, sich dem Markt immer wieder neu anzupassen. Wenn eine MDM-Lösung auf Servicedesign-Prinzipien und SOA-Konzepten basiert, werden Informationen an Geschäftsprozesse in einer standardisierten und wiederverwendbaren Form weitergegeben. Die Nutzung von SOA-Prinzipien macht es darüber hinaus möglich, dass der Service-Konsument nicht mehr mit Änderungen an Service-Implementierungen konfrontiert wird.

Quellenverzeichnis

ABAI, M. (2006): SOA and MDM: A Match Made in Heaven?, online: http://www.cioupdate. com/trends/article.php/11047_3646236_2/SOA-and-MDM-A-Match-Made-in-Heaven. htm, Stand: 29.11.2006, Abruf: 01.10.2009.

ARSANJANI, A (2004): Service-oriented modeling and architecture. How to identify, specify, and realize services for your SOA; online: http://www.ibm.com/developerworks/library/ ws-soa-design1/, Stand: 09.11.2004, Abruf: 01.10.2009.

BIEBERSTEIN, N./BOSE, S./FIAMMANTE, M./WALKER, J., K./SHAH, R. (2005): Service-Oriented Architecture Compass: Business Value, Planning, and Enterprise Roadmap, Indianapolis 2005.

BUTLER, D./POLLACK, J. (2008): Data Management: The Missing Link in Your SOA Strategy, online: http://www.soamag.com/I20/0708-2.pdf, Stand: 18.07.2008, Abruf: 01.10.2009.

BERSON A./DOBOW, L. (2007): Master Data Management and Customer Data Integration for a Global Enterprise, New York 2007.

COX, D. (2005): „IT Doesn't Matter, Business Processes Do", Assignment 1 ACS Certification Program Technology Trends, online: http://www.acs.org.au/Certification/Documents/TT/2005Ttass1.pdf, Stand: 08.09.2005, Abruf: 01.10.2009.

DAUTH, W. (2008): Standardisierung von Stammdaten – Globalisierung stellt Wirtschaft vor neue Herausforderungen, online: http://www.competencesite.de/downloads/e8/50/i_file_634 6/Standardisierung_Master_Data_Management.pdf, Stand: unbekannt, Abruf: 30.09.2009.

DOSTAL, W./JECKLE, M./MELZER, I./ZENGLER, B. (2007): Serviceorientierte Architekturen mit Web Services: Konzepte – Standards – Praxis, 2. Auflage, München 2007.

DREIBELBIS, A./HECHLER, E./MILMAN, I./OBERHOFER, M./VAN RUN, P./WOLFSON D. (2008): Enterprise Master Data Management – An SOA Approach Managing Core Information, Indianapolis 2008.

ECKERSON, W. W. (2002): TDWI Report Data Quality and the Bottom Line: Achieving Business Success through a Commitment to High Quality Data, online: http://download.101 com.com/pub/tdwi/Files/DQReport.pdf, Stand: unbekannt, Abruf: 30.09.2009.

GRIFFIN, J. (2005): The Master Data Management Challenge Information Strategy Information Management Magazine, online: http://computing.jdmag.net/default.aspx?dir=/dir/Softw are/Master_Data_Management/Articles/Information_Strategy:__The_Master_Data_Managem ent_Challenge/index-2-2351-38875-0-0-0-.html, Stand: Mai 2005, Abruf: 01.10.2009.

KAGERMANN, H./ÖSTERLE H. (2005): Geschäftsmodelle 2010 – Wie CEO`s Unternehmen transformieren, Frankfurt 2005.

LIEBHART, D. (2007): SOA goes real: Service-orientierte Architekturen erfolgreich planen und einführen, München 2007.

MARKS, E. A./BELL, M. (2006): Service- Oriented Architecture – A Planning and Implementation Guide for Business and Technology, Hoboken (New Jersey) 2006.

REINHEIMER, S./LANG F./PURUCKER, J./BRÜGMANN, H. (2007): 10 Antworten zu SOA; in HMD – Praxis der Wirtschaftsinformatik, 43. Jg. (2007), Heft 253, S. 7–16.

Zweiter Teil:

transformIT – Governance- und Controlling-Perspektive

Die organisationstheoretische Perspektive von Governance-Entscheidungen im Spannungsfeld zwischen Markt und Hierarchie

FRANK KEUPER, STEFAN RÖDER und CARL KORSUKÉWITZ

Steinbeis-Hochschule Berlin

1	Einleitung	297
2	Einführung in die Theorie von Governance-Entscheidungen	298
	2.1 Markt versus Hierarchie	298
	2.2 Strategische Kooperationen	299
	2.3 Zusammenfassung	302
3	Organisationstheoretische Perspektive von Governance-Entscheidungen	303
	3.1 Transaktionskostentheorie	303
	3.2 Real Options Theory	306
	3.3 Zusammenfassung	309
4	Abschließende Betrachtung und Ausblick	309
	Quellenverzeichnis	310

1 Einleitung

Seit der Pionierarbeit von COASE[1] vor über sieben Jahrzehnten zählt die Untersuchung der Determinanten von Governance-Entscheidungen zu einer der bedeutendsten Forschungsströmungen des Strategischen Managements[2]. COASE legte den Schwerpunkt seiner Betrachtungen auf die Governance-Formen *Markt* und *Hierarchie*, ein Blickwinkel, der insbesondere durch Arbeiten auf der Grundlage der Transaktionskostentheorie aufgegriffen wurde.[3] Die Wahl von Governance-Entscheidungen im Spannungsfeld zwischen Markt und Hierarchie wurde zudem durch weitere Perspektiven ergänzt, so z. B. Hierarchie versus strategische Allianzen[4] oder Equity- versus Non-Equity-Allianzen.[5]

Markt versus Hierarchie als klassische Fragestellung der Governance-Entscheidung ist auch als *Make-or-Buy*-Entscheidung bekannt. Die enorme praktische Relevanz dieser Thematik wird durch die Tatsache unterstrichen, dass sich eine Vielzahl von Unternehmensberatungen mit diesbezüglichen (empirischen) Studien beschäftigt haben. Eine spezielle Form des Fremdbezugs steht seit über einem Jahrzehnt weit oben auf der Agenda in den Unternehmen: Outsourcing. Die Unternehmen versprechen sich hiervon i. d. R. deutliche Effektivitäts- und Effizienzverbesserungen in Bezug auf die fremdbezogenen Leistungen. Empirische Untersuchungen belegen jedoch, dass diese Erwartungen häufig nicht bzw. nicht im erwarteten Umfang erfüllt werden.[6] So bestätigt nur ein Drittel der Befragten im Rahmen einer aktuellen Studie von *Capgemini*, dass die Outsourcing-Dienstleister den Qualitätsansprüchen genügt hätten.[7] Die Folge hiervon sind i. d. R. zusätzlich anfallende Transaktionskosten, die die Kalkulation der Outsourcing-Entscheidung in Frage stellen können.

Insbesondere zwei Determinanten stehen bei Outsourcing-Entscheidungen im Speziellen bzw. bei Governance-Entscheidungen im Allgemeinen vermutlich im Vordergrund: *Kosten* und *Flexibilität*.[8] Vor dem Hintergrund der kontroversen Faktoren sowie der uneinheitlichen Forschungsergebnisse scheint eine ausreichende theoretische Fundierung für Outsourcing-Entscheidungen in der Praxis noch nicht vorzuliegen. Der Aufbau des vorliegenden Beitrags orientiert sich somit an der Zielsetzung, die organisationstheoretische Perspektive von Governance-Entscheidungen theoretisch fundiert darzustellen und gliedert sich hierzu in drei zentrale Abschnitte. Der erste Abschnitt greift Governance-Formen auf. Ausgehend von der Dichotomie zwischen Markt und Hierarchie wird diese Sichtweise um die Möglichkeit hybrider Organisationsformen[9] zwischen Markt und Hierarchie ergänzt, wobei strategische Kooperationen im Mittelpunkt der Betrachtung stehen. Im Anschluss daran geht der zweite Abschnitt auf die Determinanten ein, die den Governance-Entscheidungen zu Grunde liegen. Die Ausarbei-

---

[1] Vgl. COASE (1937).
[2] Zum Begriff des Strategischen Managements vgl. ausführlich KEUPER (2001), S. 1 ff.
[3] Vgl. WILLIAMSON (1975).
[4] Vgl. z. B. PINSANO (1990).
[5] Vgl. z. B. OXLEY (1999).
[6] Vgl. z. B. ZEITLER (2008), KÖNIG (2009) und SCHLOSSER/SCHOTT (2009).
[7] CAPGEMINI (2008), S. 41.
[8] Vgl. IHK (2007). Demnach nennen 83 % Kostenreduktionen und 76 % die Erhöhung der Flexibilität als Faktoren für eine Entscheidung zum Outsourcing.
[9] Vgl. hierzu bspw. VON GLAHN/KEUPER (2008) und KEUPER/OECKING (2008).

tung folgt dabei dem Vorschlag von LEIBLEIN, der die Bedeutung der folgenden Theorien zur Erklärung von Governance-Entscheidungen unterstreicht:[10]

➢ Transaktionskostentheorie und
➢ Real Options Theory.

Die Transaktionskostentheorie fokussiert dabei insbesondere auf die Kosten einer Transaktion, während die Real Options Theory die Flexibilität in den Mittelpunkt der Betrachtung rückt. Im letzten Abschnitt folgt eine kurze Zusammenfassung der beiden genannten Theorien im Rahmen von Governance-Entscheidungen, aus der mögliche Implikationen für die Managementforschung abgeleitet werden.

2 Einführung in die Theorie von Governance-Entscheidungen

Im folgenden Abschnitt wird ein Überblick über die im weiteren Verlauf dieses Beitrags relevanten Governance-Entscheidungen gegeben werden. Zunächst wird auf die klassische Fragestellung des Make-or-Buy eingegangen; diese wird dann um die Sichtweise von Kooperationsformen, die zwischen Markt und Hierarchie liegen, ergänzt.

2.1 Markt versus Hierarchie

Unternehmen sehen sich regelmäßig mit der Frage konfrontiert, ob sie ein Produkt oder eine Dienstleistung bzw. Teile hiervon selbst erzeugen oder über den Markt beziehen sollen.[11] Und so definieren BESANKO ET AL.: „The decision of a firm to perform an activity itself or purchase it from an independent firm is called a make-or-buy decision."[12] Der dichotome Entscheidungsraum wird bei Make-or-Buy-Entscheidungen durch die beiden Pole Markt und Hierarchie abgebildet. Anhand geeigneter Definitionen sollen diese Formen im Folgenden kurz diskutiert werden. Eine allgemeine Definition zur Organisationsform Hierarchie liefert MORSCHETT, indem er ausführt: „Hierarchie [...] meint die Koordination wirtschaftlicher Aktivitäten mittels Verhaltensanweisungen, also durch eine übergeordnete Institution bzw. einheitliche Leitung."[13] Hierarchie steht somit für eine Koordination der Aktivitäten mittels institutioneller Arrangements. Beispielsweise können Unternehmen die für den Input benötigten Teile selbst produzieren beziehungsweise intern nachfragen, ohne dabei auf den Markt zurückzugreifen. Ebenso beschreibt Hierarchie die Organisationsform, bei der z. B. Unternehmen Produkte über integrierte Vertriebskanäle absetzen.[14]

---

[10] Vgl. LEIBLEIN (2003).
[11] Vgl. WALKER/WEBER (1984), und vgl. WALKER/WEBER (1987), S. 589.
[12] BESANKO ET AL. (2000), S. 109.
[13] MORSCHETT (2003), S. 390.
[14] Vgl. HARRIGAN (1983), S. 31, und HARRIGAN (1984).

Demgegenüber erfolgt die Koordination am Markt nicht mit Hilfe institutioneller Arrangements, sondern insbesondere über den Preis. Allgemein formuliert MORSCHETT hierzu: „Der Markt stellt eine Organisationsform ökonomischer Aktivitäten dar, in der Marktteilnehmer eine genau spezifizierte Leistung austauschen, wobei als zentraler Koordinationsmechanismus der Preis fungiert. Dabei besitzen die auf dem Markt aktiven Wirtschaftssubjekte zu diesem freien Zugang und unbeschränkten Austritt."[15] Beispiele für Aktivitäten, die über den Markt geregelt werden, bei denen also dem Preis eine besondere Koordinationsfunktion zukommt, sind externe Zulieferer sowie externe bzw. unabhängige Absatzkanäle.[16]

Letztendlich zeigt ein Blick in die Unternehmenspraxis aber, dass Markt und Hierarchie nur die extremen Pole eines Entscheidungsraums abbilden. So konstatieren HERIOT/KULKARNI: „Market [...] and hierarchy [...] are however endpoints of a continuum of sourcing strategies."[17] Nichtsdestotrotz bietet die Betrachtung der dichotomen Pole Markt und Hierarchie ein eindeutiges Verständnis der Wirkungszusammenhänge und erleichtert somit auch die Analyse hybrider Organisationsformen[18], auf die im Folgenden eingegangen wird.

2.2 Strategische Kooperationen

„Strategic alliances are voluntary cooperative inter-firm agreements aimed at achieving competitive advantage for the partners"[19], und sie finden in den letzten 20 Jahren eine immer stärkere Verbreitung.[20] Strategische Kooperationen liegen dabei zwischen den dichotomen Polen Markt und Hierarchie bzw. können als alternative Organisationsformen zu Markt und Hierarchie angesehen werden. Die Einordnung strategischer Kooperationen zwischen Markt und Hierarchie wird von MELLEWIGT unterstrichen, der zudem die Vielfalt an Gestaltungsmöglichkeiten solcher Kooperationsformen aufgreift: „Strategische Kooperationen können als intermediäre Organisationsformen zwischen Markt und Hierarchie gekennzeichnet werden, welche ein ganzes Spektrum institutioneller Arrangements von vertraglosen Kooperationen über Lizenz- und Kooperationsverträge bis hin zu Gemeinschaftsunternehmen (Joint Venture) beinhalten."[21]

Wie oben bereits dargestellt, ist ein wesentliches Merkmal strategischer Kooperationen die Beteiligung von mindestens zwei Unternehmen an der Kooperation. Die Partnerunternehmen bestehen indes auch nach Formation der Kooperation als unabhängige Einheiten weiter, teilen aber das wirtschaftliche Ergebnis sowie die Kontrolle der strategischen Kooperation.[22] Dane-

---

[15] MORSCHETT (2003), S. 390.
[16] HARRIGAN (1983), S. 32.
[17] HERIOT/KULKARNI (2001), S. 18.
[18] Vgl. CONNER/PRAHALAD (1996), S. 478.
[19] Vgl. DAS/TENG (2000), S. 33. Zur Bedeutung strategischer Allianzen für die Schaffung von Wettbewerbsvorteilen vgl. z. B. IRELAND ET AL. (2002), S. 413.
[20] Vgl. DAS/TENG (1999), S. 50, und GRANT/BADEN-FULLER (2004), S. 61. In der Literatur sind verschiedene Begriffe zu finden, u. a. Hybrids z. B. BORYS/JEMISON (1989), intermediate forms z. B. WILLIAMSON (1991), strategic alliances z. B. DAS/TENG (1997, 1998, 2001), interfirm cooperation z. B. DICKOSEN/WEAVER (1997). Eine Begriffsdiskussion für den deutschsprachigen Raum führt z. B. KRAEGE (1997), S. 49 f.
[21] MELLEWIGT (2002), S. 12. Die Vielzahl möglicher strategischer Kooperationsformen wird ebenfalls unterstrichen von CONTRACTOR/LORANGE (2002), S. 4: „Alliances differ!".
[22] Vgl. YOSHIN/RANGAN (1995), S. 5.

ben werden in der Literatur noch weitere Eigenschaften von Kooperationen diskutiert. So bspw. die Verknüpfung der Ziele der Kooperationspartner, weil von der Kooperation naturgemäß alle beteiligten Unternehmen profitieren sollen.[23]

Aufgrund der Zusammenarbeit von mindestens zwei Unternehmen erfolgt dementsprechend auch ein teilweiser Zugriff auf die Ressourcen des Kooperationspartners[24], wobei dieser Aspekt insbesondere die Notwendigkeit der Lernfähigkeit einer Organisation in einer strategischen Kooperation unterstreicht.[25] So fügen PRAHALAD/HAMEL als eine Begründung für die Kooperation mit anderen Unternehmen an: „To learn and absorb other companies´ skills."[26]

Trotz einiger typischer Eigenschaften von strategischen Kooperationen, ist keine einheitliche Definition hierfür in der Literatur zu finden. Eine breit gefasste Definition, welche die oben genannten Aspekte zusammenfassend einbezieht, liefern SPEKMAN ET AL.: „[...] a close, long-term, mutually benefical agreement between two or more partners in which resources, knowledge, and capabilities are shared with the objective of enhancing the competitive position of each partner."[27]

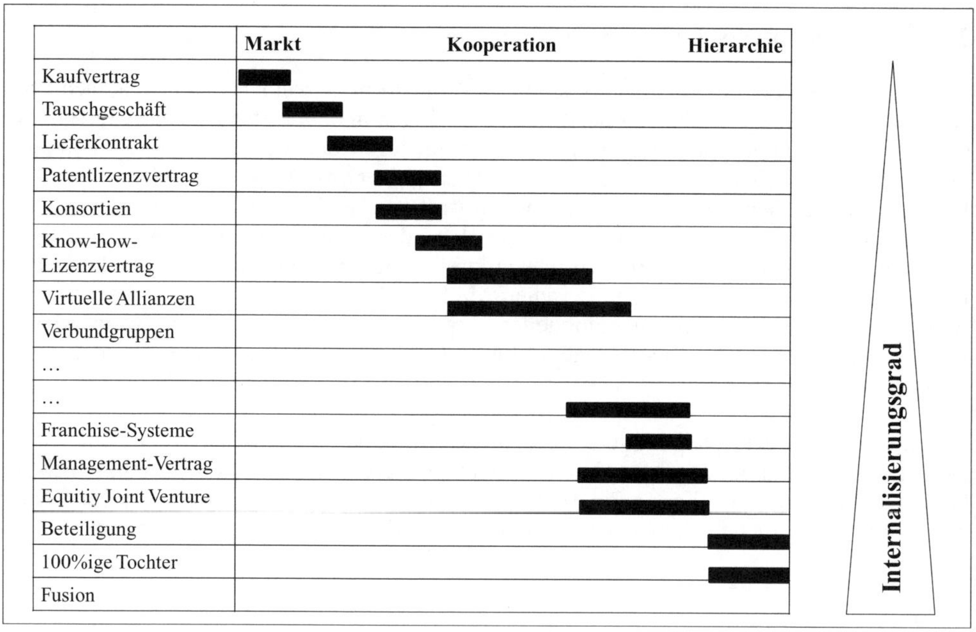

	Markt	Kooperation	Hierarchie
Kaufvertrag			
Tauschgeschäft			
Lieferkontrakt			
Patentlizenzvertrag			
Konsortien			
Know-how-Lizenzvertrag			
Virtuelle Allianzen			
Verbundgruppen			
...			
...			
Franchise-Systeme			
Management-Vertrag			
Equitiy Joint Venture			
Beteiligung			
100%ige Tochter			
Fusion			

Abbildung 1: Einordnung strategischer Governance-Formen in das Markt-Hierarchie-Kontinuum[28]

---

[23] Vgl. HAMEL (1991), S. 87.
[24] Vgl. PARKHE (1991), S. 580, PARKHE (1993) und SILVERMANN/BAUM (2002).
[25] Vgl. LEI/SLOCUM (1992), S. 84.
[26] PRAHALAD/HAMEL (1990), S. 80.
[27] SPEKMAN ET AL. (1998), S. 748.
[28] Weiterentwicklung von MORSCHETT (2003), S. 396, und KABST (2000), S. 16. Zur Vertiefung bieten TODEVA/KNOKE (2005), S. 124 f., einen umfassenden Überblick strategischer Governance-Formen inklusive kurzer Definitionen.

Abbildung 1 gibt einen Überblick über mögliche strategische Kooperationsformen und ordnet diese in das Markt-Hierarchie-Kontinuum ein, und zwar danach, inwieweit das betrachtete institutionelle Arrangement eher auf marktlichen oder auf hierarchischen Koordinationsmechanismen basiert. Diese Einschätzung erfolgt anhand des Internalisierungsgrads, der im Markt minimal und in der Hierarchie maximal ist.[29] Dabei macht die Abbildung zwei Aspekte deutlich: Zum einen kann es zu Überlappungen der einzelnen Kooperationsformen bei der Einordnung kommen, was darauf hinweist, dass eine absolut eindeutige Zuordnung von strategischen Kooperationsformen nicht immer möglich ist, sondern diese einem gewissen Gestaltungsspielraum unterworfen sind. Zum anderen ist evident, dass eine solche Auflistung nur ausgewählte strategische Kooperationen erfassen und somit auch keinen Anspruch auf Vollständigkeit erheben kann. Im weiteren Verlauf dieses Beitrags ist diese Tatsache aber keine qualitative Einschränkung, weil weniger eine genaue Definition der jeweiligen Kooperationsform notwendig ist, als vielmehr die Aussage darüber, bei welchen Determinanten eher ein marktliches oder ein hierarchisches Arrangement gewählt wird. Diese Einordnung wird durch die Darstellung des Markt-Hierarchie-Kontinuums abgebildet.

Die Einordnung strategischer Kooperationen in das Markt-Hierarchie-Kontinuum leitet auf einen weiteren Aspekt über; es stellt sich die Frage, wodurch sich strategische Kooperationen letztendlich von den beiden Polen Markt und Hierarchie abgrenzen. Dieser Sachverhalt wird in Abbildung 2 verdeutlicht.

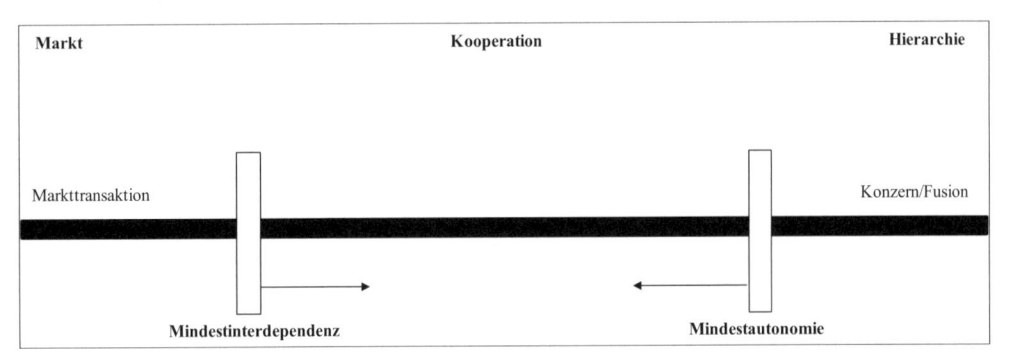

Abbildung 2: *Abgrenzung strategischer Kooperationen von den dichotomen Polen Markt und Hierarchie*[30]

So erfolgt die Abgrenzung strategischer Arrangements einerseits durch ein Mindestmaß an gegenseitiger Abhängigkeit vom Markt.[31] Andererseits ergibt sich die Abgrenzung zur Hierarchie über ein Mindestmaß an Autonomie, über welches strategische Kooperationen im Vergleich zur Hierarchie verfügen.[32] Bei der Darstellung der Abgrenzung strategischer Kooperationen von den Polen Markt und Hierarchie durch die Mindestinterdependenz und Mindestautonomie bleibt trotzdem evident, dass strategische Kooperationen letztendlich Merkma-

---

[29] Vgl. *KABST* (2000), S. 19.

[30] *JUSTUS* (1999), S. 26.

[31] Wie oben dargestellt, besteht im Markt keine direkte Abhängigkeit zwischen den Wirtschaftssubjekten; die Koordination erfolgt über den Preis.

[32] Vgl. *ROTERING* (1993), S. 7 ff. Das Mindestmaß an Autonomie wird z. B. dadurch ausgedrückt, dass die Partnerunternehmen unabhängig bleiben und die Kontrolle der Kooperation geteilt wird: vgl. hierzu die oben erfolgte Diskussion der Merkmale strategischer Kooperationen

le des Markts und der Hierarchie vereinen; KABST stellt hierzu fest: „Kooperative Interorganisationsbeziehungen zeigen in der Unabhängigkeit der Beteiligten ein wesentliches Merkmal des Marktes und in der wechselseitigen Beeinflussung und Kontrolle eins der Element der Hierarchie."[33]

2.3 Zusammenfassung

Im vorangegangenen Abschnitt stand die organisationstheoretische Perspektive von Governance-Entscheidungen im Mittelpunkt der Betrachtung. Ausgehend von der klassischen Make-or-Buy-Sichtweise, bei der die Formen Markt und Hierarchie die dichotomen Pole bilden, ist diese Betrachtungsweise um die Formen der strategischen Kooperationen ergänzt worden. Strategische Kooperationen existieren dabei in vielfacher Ausprägung und lassen sich zur besseren Strukturierung anhand des Markt-Hierarchie-Kontinuums einordnen.

Auch wenn die Mannigfaltigkeit der Ausprägungsformen strategischer Kooperationen zu unterstreichen ist, so soll dennoch zur Orientierung ein vereinfachender Handlungsrahmen vorgestellt werden, der die drei genannten Schwerpunkte der Governance-Formen – Markt, Hierarchie und strategische Kooperationen – in Abbildung 3 integriert. Die Abbildung zeigt zum einen die Übergänge zwischen den verschiedenen Governance-Formen (Internalisierung, Externalisierung, Quasi-Internalisierung/-Externalisierung) und zum anderen die idealtypischen Ordnungs- und Koordinationsmechanismen.

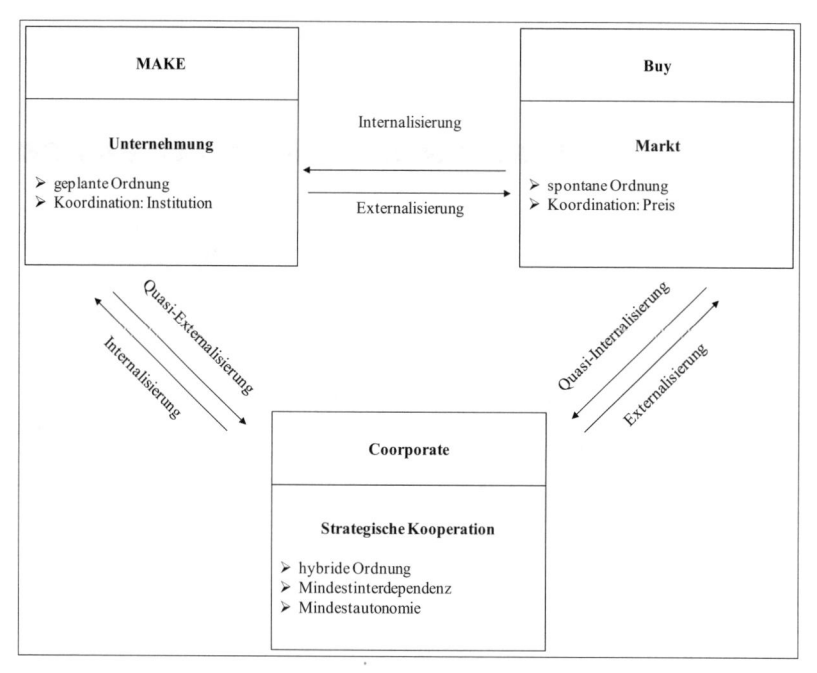

Abbildung 3:   *Governance-Formen im Überblick*[34]

---

[33] KABST (2000), S. 18.
[34] In enger Anlehnung an SYDOW/MÖLLERING (2004).

3 Organisationstheoretische Perspektive von Governance-Entscheidungen

Nachfolgend werden die grundlegenden Determinanten von Governance-Entscheidungen entlang der Transaktionskostentheorie und der Real Options Theory dargestellt.

3.1 Transaktionskostentheorie

„Transaction cost economics is one of the leading perspectives in management and organizational studies, [...]"[35], und somit ein Schwerpunkt der im Folgenden durchgeführten theoretischen Diskussion von Governance-Entscheidungen. Die Relevanz der Transaktionskostentheorie für Governance-Entscheidungen wird durch drei weitere Sachverhalte unterstrichen. Erstens dokumentiert der *Social Sciences Citation Index* seit Anfang der 1990er Jahre eine Vielzahl von Studien, die auf der Transaktionskostentheorie beruhen.[36] Zweitens wird die Aktualität der Transaktionskostentheorie durch einen anhaltenden wissenschaftlichen Diskurs belegt.[37] Drittens existieren mehrere integrative, quantitative Reviews, welche die theoretischen Grundannahmen der Transaktionskostentheorie empirisch überprüfen.[38]

Transaktionen sind die Grundeinheiten der Analyse in der Transaktionskostentheorie. Damit werden alle Übertragungen von Verfügungsrechten an Gütern und Dienstleistungen in Austauschbeziehungen zwischen mindestens zwei Vertragspartnern bezeichnet. Der Ansatz der Transaktionskostentheorie ist es, nicht nur die Produktionskosten zu betrachten und zu minimieren, sondern den Fokus auch auf die Transaktionskosten auszuweiten, sodass bei der Entscheidung über die Struktur einer Transaktion letztendlich die Summe aus Produktionskosten und Transaktionskosten betrachtet wird.[39] Die drei maßgeblichen Faktoren, die die Kosten einer Transaktion beeinflussen, sind:[40]

> *Faktorspezifität (Asset Specificity)*: „Im Laufe oder in Folge einer Transaktion kann es zu transaktionsspezifischen Investitionen in bestimmte Einsatzfaktoren kommen: So kann es z. B. notwendig sein, im Rahmen einer Transaktion in eine produktspezifische Fertigungsanlage oder in unternehmensspezifische Qualifikationen zu investieren."[41]

> *Unsicherheit (Uncertainty)*: Prinzipiell wird zwischen der Unsicherheit über zukünftige Umweltzustände (parametrische Unsicherheit) und Unsicherheit über das Verhalten der (potenziellen) Transaktionspartner (Verhaltensunsicherheit) differenziert.[42]

> *Häufigkeit (Frequency)*: Die Häufigkeit identischer Transaktionen kann einen Einfluss auf die Produktions- und Transaktionskosten haben.[43]

---

[35] DAVID/HAN (2004), S. 39.
[36] Vgl. DAVID/HAN (2004), S. 39. Die Autoren sprechen von 250 bis 500 Zitationen jährlich.
[37] Vgl. z. B. den Diskurs zwischen GHOSHAL/MORAN (1996) und WILLIAMSON (1996a).
[38] Vgl. z. B. DAVID/HAN (2004) und GEYSKENS ET AL. (2006).
[39] Vgl. KLEIN ET AL. (1990), S. 197.
[40] Vgl. WILLIAMSON (1985), S. 52.
[41] NIENHÜSER/JANS (2004), S. 4, vgl. auch PICOT (1982), PICOT/DIETL (1990), S. 178, und PICOT (1991).
[42] Für eine nähere Auseinandersetzung mit Unsicherheitstypen vgl. PRIEM ET AL. (2002).

Den beteiligten Akteuren einer Transaktion wird in der Transaktionskostentheorie opportunistisches Verhalten sowie begrenzte Rationalität unterstellt.[44] Begrenzte Rationalität bezieht sich dabei auf die Tatsache, dass die Akteure zwar rational handeln, ihre Informationsaufnahme- sowie ihre Informationsverarbeitungskapazität jedoch begrenzt sind. Bezüglich des opportunistischen Verhaltens nimmt WILLIAMSON an, dass die Akteure auch vor Arglist nicht zurückscheuen, um ihre eigenen Ziele zu verwirklichen. Dies bezieht sich vor allem auf eine nicht vollständige bzw. verzerrte Weitergabe von Informationen der beteiligten Akteure, „[...] was vorsätzliche Versuche zu verzerren, verbergen, verschleiern und irreführen einschließt."[45]

Bezüglich der drei oben genannten maßgeblichen Faktoren werden in der Transaktionskostentheorie folgende Zusammenhänge unterstellt:

➢ Bei wenig spezifischen Transaktionen erfolgt der Austausch am effizientesten über den Markt. Mit zunehmender *Faktorspezifität* gewinnen hierarchische Organisationsstrukturen an Bedeutung, weil spezifische Investitionen zur Reduktion der Produktionskosten führen.[46]

➢ Mit wachsender *Unsicherheit* über die zukünftige Umwelt oder das Verhalten der Transaktionspartner steigen die Transaktionskosten, weil bspw. auf ein vertragswidriges, opportunistisches Verhalten durch Kontrolle und Anpassung der Verträge reagiert werden muss. Dementsprechend begünstigt Unsicherheit hierarchische Organisationsformen. Abbildung 4 fasst die Annahmen der ersten beiden Faktoren zusammen.

➢ Die *Häufigkeit*, als dritter Faktor, spielt eine, im Vergleich zu den bereits skizzierten Faktoren, etwas untergeordnete Rolle. Mit steigender Anzahl identischer Transaktionen bietet sich die Möglichkeit zur Realisierung von Kostendegressions-, Skalen- und Synergieeffekten. Diese Potenziale können somit zur Reduktion sowohl der Transaktions- als auch der Produktionskosten genutzt werden. Abbildung 5 verdeutlicht diesen Zusammenhang.

Somit kann zusammengefasst werden: Die Transaktionstheorie basiert auf der Analyse von Transaktionen und greift somit weiter als eine reine Betrachtung der Produktions- bzw. Beschaffungskosten. Als wesentliche Faktoren zur Bestimmung der Kosten einer Transaktion wurden die Faktorspezifität, die Unsicherheit und die Häufigkeit herausgearbeitet. Für die Faktorspezifität und die Unsicherheit wurde gezeigt, dass diese Faktoren die Transaktionskosten erhöhen und hierarchische Governance-Formen hierbei eine geeignete, d. h. effiziente Form der Transaktionsabwicklung darstellen. Diese Grundannahmen werden durch die Meta-Analyse von GEYSKENS ET AL. bestätigt, durch die für die genannten Zusammenhänge signifikante Beta-Koeffizienten zwischen 0,07 und 0,19 ermittelt werden konnten. Bezüglich der Häufigkeit einer Transaktion wurde dargestellt, dass die Kosten je Transaktion mit zunehmender Anzahl identischer Transaktionen abnehmen.[47]

---

[43] Vgl. EBERS/GOTSCH (1995), S. 213 f.
[44] Vgl. LEIBLEIN/MILLER (2003), S. 839.
[45] WILLIAMSON (1996b), S. 7.
[46] Dieser Zusammenhang wird in Abbildung 4 durch den flacheren Verlauf der Hierarchie-Gerade im Vergleich zur Markt-Gerade dargestellt.
[47] Auch wenn die Meta-Analyse von GEYSKENS ET AL. diesen Zusammenhang aufgrund der zu geringen Stichprobengröße nicht testen konnte, ist diese Grundannahme doch in abgewandelter Form in der betriebswirtschaftli-

Die organisationstheoretische Perspektive von Governance-Entscheidungen 305

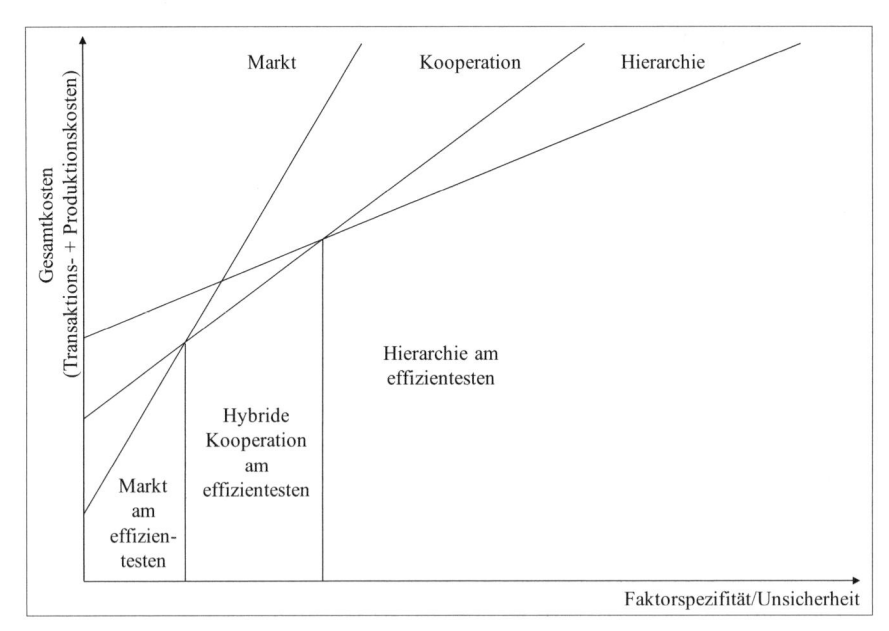

Abbildung 4: Der Einfluss von Faktorspezifität und Unsicherheit auf die organisatorische Governance-Entscheidung im Rahmen der Transaktionskostentheorie[48]

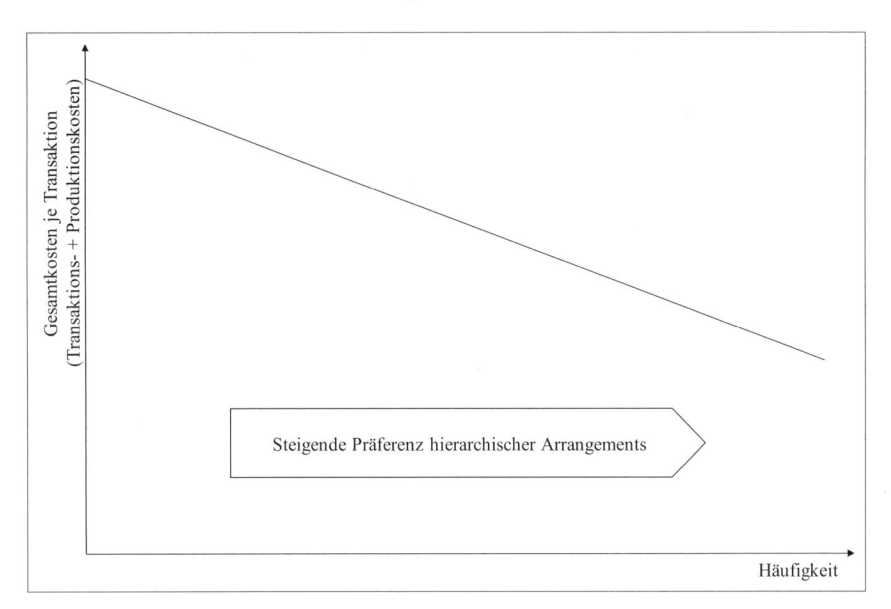

Abbildung 5: Der Einfluss von Häufigkeit auf die Gesamtkosten je Transaktion im Rahmen der Transaktionskostentheorie

---

chen Literatur zu finden, z. B. im Rahmen der Erfahrungskurve; vgl. z. B. HOMBURG (2000) und HOMBURG/ KROHMER (2006).

[48] In enger Anlehnung an WILLIAMSON (1991), S. 284.

3.2 Real Options Theory

Die Real Options Theory erfreut sich zunehmender Aufmerksamkeit in der Forschung und Praxis.[49] Bezüglich dieses theoretischen Ansatzes stellen BOWMAN/HURRY fest: „The option lens provides a view of an organization's resources – its capabilities and assets – as a bundle of options for future strategic choice."[50] Dabei setzt sich die Real Options Theory aus verschiedenen wissenschaftlichen Forschungsbereichen zusammen, unter anderem der Finanzwissenschaft, Operation Research und Supply Chain Management.[51] Gerade der finanzwissenschaftliche Bezug wird dahingehend deutlich, dass in der Real Options Theory die Unternehmung als ein Portfolio von Realoptionen angesehen wird, das wertmaximierend *gemanaged* wird.[52]

Die Betrachtung und Bewertung von Realoptionen ist davon abhängig, inwieweit diese als flexibel angesehen werden, weil durch Flexibilität zukünftige Handlungsmöglichkeiten im Rahmen der Unternehmensführung entstehen können.[53] So stellen BREKKE/SCHIELDROP hierzu beispielhaft fest: „Flexibility is at the core of real option theory."[54] Und so ist Flexibilität ein Kernbestandteil der von ROEMER angeführten Definition der Real Options Theory, indem sie diesen Ansatz als „[...] concept of explicitly valuing the flexibility of investment projects"[55] bezeichnet.

Der beschriebene Zusammenhang zwischen der Flexibilität und dem Wert einer Realoption ist in Abbildung 6 verdeutlicht. Die Flexibilität der betrachteten Realoption wird hierbei vereinfacht anhand zweier Handlungsmöglichkeiten dargestellt: zum einen durch die Möglichkeit einer früheren Expansionen beziehungsweise Investition und zum anderen durch die Möglichkeit des früheren Ausstiegs aus einem Investitionsprojekt. Durch diese Möglichkeiten und die damit verbundene Flexibilisierung des Handlungsspielraums erhöht sich der Wert des betrachteten Investitionsobjekts.

Wie bereits geschildert, liegt der Kerngedanke der Real Options Theory in der Bewertung der Flexibilität von Investitionsprojekten. Hierbei wird den beteiligten Akteuren bezüglich des Prozesses der Entscheidungsfindung ein hohes Maß an Rationalität unterstellt, mit der die Akteure die möglichen Investitionsalternativen bewerten und entsprechend der Wertmaximierungsmaxime auswählen. Die Entscheidungsfindung wird vom Ausmaß der durch die Investition verursachten irreversiblen Kosten determiniert.[56]

Die Übertragung der Real Options Theory auf Management-Entscheidungen nicht-finanzwirtschaftlicher Art ist nach ADNER/LEVINTHAL prinzipiell unter zwei Voraussetzungen möglich. Ersten ist der Wert der Option exogen und kann somit vom Unternehmen nicht direkt beeinflusst werden. Zweitens können die Marktsignale bezüglich des Werts einer Option durch das

---

[49] Vgl. ZIEDONIS (2006), S. 1.
[50] BOWMAN/HURRY (1993), S. 762.
[51] Vgl. ROEMER (2004), S. 5
[52] Vgl. ROEMER (2004), S. 5. Hierzu werden alle möglichen Investitionsalternativen sondiert: „[...], the real option evaluation carefully maps out all of the possibilities available to the company[...]", COPELAND/KEENAN (1998a), S. 141.
[53] Vgl. BOWMAN/MOSKOWITZ (2001), S. 772
[54] BREKKE/SCHIELDROP (2000), S. 34.
[55] ROEMER (2004), S. 5.
[56] Vgl. DIXIT/PINDYCK (1994), S. 6.

Unternehmen generell wahrgenommen werden. „If these properties carry over to an investment of a nonfinancial sort (such as in plant and equipment, or in technology licences), then the logic of options can directly carry over."[57]

Bei der Auswahl wertmaximierender Investitionen wird die Unsicherheit in das Kalkül mit einbezogen, weil Unsicherheit z. B. bezogen auf Preise, Nachfrage oder Technologien die Bewertungsmöglichkeiten von Investitionen einschränkt. Die direkte Einbindung von Unsicherheit in die Real Options Theory wird von KOGUT/KULATILAKA unterstrichen, die Realoptionen als „[...] investment decision that is characterized by uncertainty, the provision of future managerial discretion to exercise at the appropriate time, and irreversibility"[58] definieren und weiter ausführen, dass eine Realoption erst dann einen Wert hat, wenn Unsicherheit überhaupt vorliegt[59], denn unsichere Umweltzustände bilden eine Grundvoraussetzung „[...] for the emergence of new competitive strategic responses"[60] und somit für die Nutzung von Real-optionen. Liegen einem Investitionsprojekt vollkommen sichere Rahmenbedingungen zugrunde, so sind weder die Möglichkeit eines vorzeitigen Ausstiegs noch die Möglichkeit zur vorzeitigen Expansion für das Unternehmen interessant, und der Wert der Investition wird durch den Basiswert abgebildet.

Abbildung 6 zeigt, inwieweit sich der Wert der Flexibilität in Abhängigkeit von der Unsicherheit und den Einflussmöglichkeiten des Managements ändert. Je größer die Einflussmöglichkeit des Managements und je höher der Grad der Unsicherheit sind, desto höher ist auch der Wert der Handlungsmöglichkeiten.

Room for managerial flexibility / Ability to respond	Moderate flexibility value	High flexibility value
	Moderate flexibility value	Moderate flexibility value

Uncertainty →

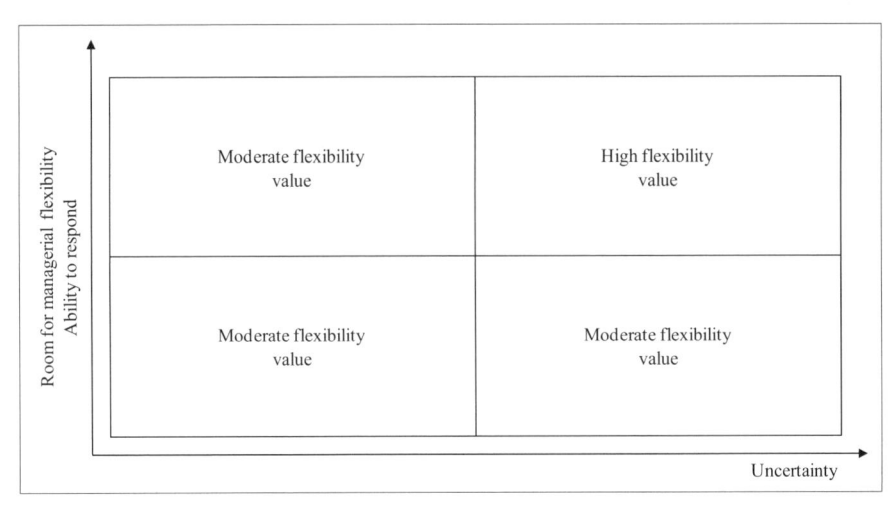

Abbildung 6:   Wert der Flexibilität von Investitionsprojekten[61]

---

[57] ADNER/LEVINTHAL (2004), S. 76.
[58] Vgl. KOGUT/KULATILAKA (2001), S. 746.
[59] Vgl. KOGUT/KULATILAKA (2001), S. 746, ebenso unterstreichen AMRAM/KULATILAKA (1999), S. vii: „If your firm is properly positioned, you can take advantage of uncertainty."
[60] Vgl. ANDERSON (2001), S. 238. Somit schaffen Realoptionen das Potenzial für eine bessere Wettbewerbsposition, vgl. hierzu z. B. MCDONALD (2000), S. 13.
[61] COPELAND/KEENAN (1998), S. 46.

Der im Abschnitt zur Transaktionskostentheorie diskutierte Faktor *Spezifität* kann auf die Real Options Theory übertragen werden. Es darf angenommen werden, dass mit einer Erhöhung der Faktorspezifität der Grad der Flexibilität reduziert wird. Ein Beispiel soll diesen Zusammenhang verdeutlichen: Erfolgt eine Investition in eine Produktionsanlage, die spezifisch auf ein Produkt zugeschnitten ist, so kann diese Produktionsanlage bei veränderten Rahmenbedingungen nur mit erheblichem Umrüstungsaufwand für andere Produkte genutzt werden.

Werden die beiden Faktoren Unsicherheit und Faktorspezifität auf die Governance-Entscheidung bezogen, so wird angenommen, dass hierarchische Arrangements wenig flexibel sind und somit notwendige Anpassungen an sich verändernde Umweltzustände hohe Kosten verursachen.[62] Zudem wird in der Real Options Theory angenommen, dass bei der Schaffung realer Optionen hybride Organisationsformen zwischen Markt und Hierarchie die adäquate Organisationsform bieten, weil sie die Flexibilität des Unternehmens im Gegensatz zu hierarchischen Arrangements erhöhen.[63] Intermediäre Organisationsformen bieten dabei die Möglichkeit der Nutzung positiver Marktentwicklungen. Gleichzeitig schützen sie das Unternehmen vor negativen Schocks.[64] Zudem ist durch strategische Kooperationen (z. B. Equity Investments) im Vergleich zu rein marktwirtschaftlichen Transaktionen ein Mindestmaß an Kontrolle gegeben, z. B. um die Eigentumsrechte in einem von starkem Wettbewerb geprägten Investitionsumfeld zu sichern.[65] Abbildung 7 zeigt die diskutierten Zusammenhänge.

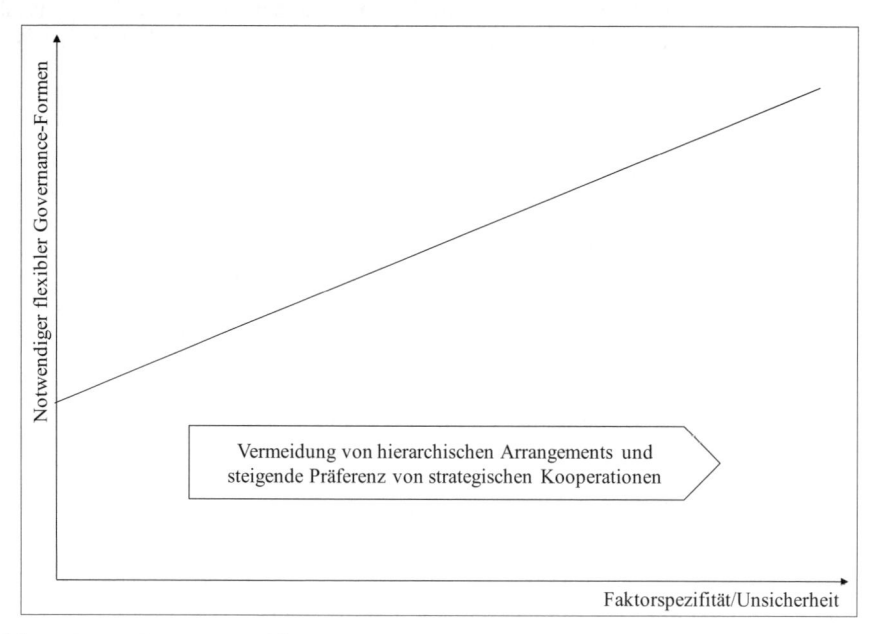

Abbildung 7: *Der vorgeschlagene Einfluss von Faktorspezifität und Unsicherheit auf die organisatorische Governance-Entscheidung im Rahmen der Real Options Theory*

---

[62] Vgl. BARNEY/WOONGHEE (1998), S. 5, SCHILLING/STEENSMA (2002), S. 398, und STEENSMA/CORLEY (2001), S. 274.
[63] Vgl. KOGUT (1991), S. 22.
[64] Vgl. FOLTA (1998), S. 1014, und REUER (2002), S. 65.
[65] Vgl. FOLTA/MILLER (2002), S. 77.

3.3 Zusammenfassung

Die Flexibilität und die Reduktion von (Transaktions-)Kosten sind zwei grundlegende Determinanten von Governance-Entscheidungen. Es wurde dargestellt, dass zwei Organisationstheorien zwei diametrale Antworten finden, wie die Determinanten die Governance-Entscheidungen beeinflussen. Hierin scheint eine mögliche Begründung für die uneinheitlichen Forschungsergebnisse zu liegen. Die Transaktionskostentheorie fokussiert insbesondere auf den Schutz gegenüber opportunistischem Verhalten und sieht hierfür sowie für den Fall steigender Faktorspezifität und Transaktionshäufigkeit hierarchische Arrangements als effizienteste Form der Transaktion an. Die Real Options Theory hingegen sieht in der Schaffung von zukünftiger Flexibilität eine wichtige Determinante, wonach hierarchische Governance-Formen tendenziell vermieden werden sollten. Eine Lösung ergibt sich hierbei aus einer geeigneten Ausgestaltung strategischer Kooperationen, die die Determinanten beider Theorien vereinbaren können.

4 Abschließende Betrachtung und Ausblick

In diesem Beitrag wurden Governance-Entscheidungen aus der Perspektive der Transaktionskostentheorie und der Real Options Theory näher beleuchtet. Hierzu wurden zunächst die grundlegenden Formen von Governance-Entscheidungen dargestellt. Darauf folgte eine Aufarbeitung der beiden genannten Theorien. Abschließend wird ein Ausblick auf mögliche Forschungspfade gegeben werden, die sich aus der Bestandsaufnahme ergeben.

Im Rahmen von Governance-Entscheidungen basiert eine Vielzahl von empirischen Arbeiten auf den Grundlagen der Transaktionskostentheorie. Die wichtigsten theoretischen und integrativ-empirischen Arbeiten wurden hierzu dargestellt. Hierarchische Governance-Formen bieten hierbei Schutz vor opportunistischem Verhalten der Transaktionspartner. Sie bieten zudem Vorteile je spezifischer die einzusetzenden Faktoren sind und je häufiger eine identische Transaktion durchgeführt wird. Während integrative Arbeiten die Grundannahmen der ersten beiden Faktoren bestätigen konnten, sind für den Faktor Häufigkeit noch nicht genügend Primärstudien für eine meta-analytische Auswertung vorhanden, sodass hier noch Forschungsbedarf besteht. Ebenso scheint eine Fokussierung auf strategische Kooperationen, bei der nicht nur die beiden Extrempole Markt und Hierarchie betrachtet werden, vielversprechend.

Die Darstellung der Transaktionskostentheorie wurde um eine Perspektive erweitert: Der Kerngedanke der Real Options Theory ist die Schaffung von Flexibilität. Dieser theoretischen Grundausrichtung zufolge vermeiden Unternehmen hierarchische Organisationsformen, um die Flexibilität zu erhöhen. In Zeiten volatiler Märkte scheint diese Perspektive an praktischer Relevanz zu gewinnen. Existieren aber Konstellationen, wie z. B. Wachstumschancen oder ein starker Wettbewerb, durch die dieser Zusammenhang abgeschwächt wird? Einige empirische Arbeiten haben sich mit der Frage der Governance-Entscheidung im Rahmen der Real Options Theory beschäftigt. Beispielhafte Ansätze finden sich bei *FOLTA* (1998), *REUER* (2002), *SA VINHAS* (2002), *ZIEDONIS* (2002), *VASSOLO ET AL.* (2004), *CUPERS/MARTIN* (2005) sowie *REUER/TONG* (2005). Allerdings besteht in diese Stoßrichtung noch weiterer Forschungsbedarf, sowohl theoriegeleitet als auch durch empirische Primärstudien und meta-analytisch-integrative Auswertungen.

Quellenverzeichnis

ADNER, R./LEVINTHAL, D. A. (2004): What is not a Real Options: Considering Boundaries for the Application of Real Options to Business Strategy, in: Academy of Management Review, 29. Jg. (2004), Nr. 1, S. 74–85.

ANDERSON, T. J. (2000): Real Options Analysis in Strategic Decision Making: an applied approach in a dual options framework, in: Journal of Applied Management Studies, 9. Jg. (2000), Nr. 2, S. 235–255.

AMRAM, M./KULATILAKA, N. (1999): Real Options – Managing Strategic Investment in an Uncertain World, Boston 1999.

BARNEY, J. B./WOONGHEE, L. (1998): Governance under Uncertainty: Transactions Costs, Real Options, Learning, and Property Rights, Reference No. 124140, Fisher College of Business, Ohio 1998.

BESANKO, D./DRANOVE, D./SHANLEY, M. (2000): Economics of Strategy, New York 2000.

BORYS, B./JEMISON, D. B. (1989): Hybrid Arrangements as Strategic Alliances: Theoretical Issues in Organizational Combinations, in: Academy of Management Review, 14. Jg. (1989), Nr. 2, S. 234–249.

BOWMAN, E. H./HURRY, D. (1993): Strategy Through the Option Lens: An Integrated View of Resource Investments and the Incremental-Choice Process, in: Academy of Management Review, 18. Jg. (1993), Nr. 4, S. 760–782.

BOWMAN, E. H./MOSKOWITZ, G. T. (2001): Real Options Analysis and Strategic Decision Making, in: Organization Science, 12. Jg. (2001), Nr. 6, S. 772–777.

BREKKE, K. A./SCHIELDROP, B. (2000): Investment in Flexible Technologies under Uncertainty, in: BRENNAN, M. J./TRIGEORGIS, L. (Hrsg.), Project Flexibility, Agency, and Competition – New Developments in the Theory and Application of Real Options, New York 2000, S. 34–49.

CAPGEMINI (2008): Studie IT-Trends 2008 – IT-Leiter im Spagat zwischen Dienstleister und Business Partner, online: http://www.de.capgemini.com/m/de/tl/IT-Trends_2008.pdf, Stand: März 2008, Abruf: 04.02.2009.

COASE, R. (2001): The Nature of the Firm, in: Economica, Nr. 4, S. 386–405.

CONNER, K. R./PRAHALAD, C. K. (1996): A Resource-based Theory of the Firm: Knowledge Versus Opportunism, in: Organization Science, 7. Jg. (1996), Nr. 5, S. 477–501.

CONTRACTOR, F. J./LORANGE, P. (2002): The Growth of Alliances in the Knowledge-based Economy, in: International Business Review, 11. Jg. (2002), Nr. 4, S. 485–502.

CONTRACTOR, F. J./KUNDU, S. K. (1998): Modal Choice in a World of Alliances: Analyzing Organizational Forms in the International Hotel Sector, in: Journal of International Business Studies, 29. Jg. (1998), Nr. 2, S. 325–356.

COPELAND, T. E./KEENAN, P. T. (1998a): Making real options real, in: McKinsey Quarterly, Nr. 3, 1998, S. 128–141.

COPELAND, T. E/KEENAN, P. T. (1998b): How much is flexibility worth?, in: McKinsey Quarterly, Nr. 2, 1998, S. 38–49.

CUYPERS, I. R. P./MARTIN, X. (2005): What Makes and What Does Not Make a Real Opton – A Study of International Joint Ventures, Working Paper, Tilburg University 2005.

DAS, T. K./TENG, B.-S. (1997): Sustaining strategic alliances structures, in: Journal of General Management, 24. Jg. (1997), Nr. 4, S. 49–64.

DAS, T. K./TENG, B.-S. (1998): Between Trust and Control: Developing Confidence in Partner Cooperation in Alliances, in: Academy of Management Review, 23. Jg. (1998), S. 491–512.

DAS, T. K./TENG, B.-S. (1999): Managing risks in strategic alliances, in: Academy of Management Executive, 13. Jg. (1999), Nr. 4, S. 50–62.

DAS, T. K./TENG, B.-S. (2000): A Resource-Based Theory of Strategic Alliance, in: Journal of Management, 26. Jg. (2000), Nr. 1, S. 31–61.

DAS, T. K./TENG, B.-S. (2001): Trust, Control, and Risk in Strategic Alliances: An Integrated Framwork, in: Organization Studies, 22. Jg. (2000), Nr. 2, S. 251–283.

DAVID, R. J/HAN, S.-K. (2004): A Systematic Assessment of the Empirical Support for Transaction Cost Economics, in: Strategic Management Journal, 25. Jg. (2004), Nr. 1, S. 39–58.

DICKSON, P. H./WEAVER, K. M. (1997): Environmental Determinants and Individual-Level Moderators of Alliance Use, in: Academy of Management Journal, 40. Jg. (1997), Nr. 2, S. 404–425.

DIXIT, A. K./PINDYCK, R. S. (1994): Investment Under Uncertainty, Princeton 1994.

EBERS, M./GOTSCH, W. (1995): Institutionenökonomische Theorien der Organisation, in: KIESER, A. (Hrsg.), Organisationstheorien, 2. Auflage, Stuttgart et al. 1995, S.185–235.

FOLTA, T. B. (1998): Governance and Uncertainty: The Trade-Off Between Administrative Control and Commitment, in: Strategic Management Journal, 19. Jg. (1998), Nr. 11, S. 1007–1028.

FOLTA, T. B./MILLER, K. D. (2002): Real Options in Equity Partnerships, in: Strategic Management Journal, 23. Jg. (2002), Nr. 1, S. 77–88.

GEYSKENS, I./STEENKAMP, J.-B./KUMAR, N. (2006): Make, Buy, Or Ally: A Transaction Cost Theory Meta-Analysis, in: Academy of Management Journal, 49. Jg. (2006), Nr. 3, S. 519–543.

GHOSHAL, S./MORAN, P. (1996): Bad for practice: critique of the transaction cost theory, in: Academy of Management Review, 21. Jg. (1996), S. 13–47.

VON GLAHN, C./KEUPER, F. (2008): Shared-IT-Services im Kontinuum der Eigen- und Fremderstellung, in: KEUPER, F./OECKING, C. (Hrsg.), Corporate Shared Services – Bereitstellung von Dienstleistungen im Konzern, 2. Auflage, Wiesbaden 2008, S. 3–26.

GRANT, R. M./BADEN-FULLER, C. (2004): A Knowledge Acceding Theory of Strategic Alliances, in: Journal of Management Studies, 41. Jg. (2004), Nr. 1, S. 61–84.

HAMEL, G. (1991): Competition for Competence and Inter-Partner Learning within International Strategic Alliances, in: Strategic Management Journal, 12. Jg. (1991), Nr. 4, S. 83–103.

HARRIGAN, K. R. (1983): A framework for looking at vertical integration, in: Journal of Business Strategy, 3. Jg. (1983), Nr. 3, S. 30–37.

HARRIGAN, K. R. (1984): Formulating Vertical Integration Strategies, in: Academy of Management Review, 9. Jg. (1984), Nr. 4, S. 638–652.

HERIOT, K. C./KULKARNI, S. P. (2001): The Use of Intermediate Sourcing Strategies, in: Journal of Supply Chain Management: A Global Review of Purchasing & Supply, 37. Jg. (2001), Nr. 1, S. 18–26.

HOMBURG, C. (2000): Quantitative Betriebswirtschaftslehre - Entscheidungsunterstützung durch Modelle, Wiesbaden 2000.

HOMBURG, C./KROHMER, H. (2006): Marketingmanagement: Strategie – Instrumente – Umsetzung – Unternehmensführung, Wiesbaden 2006.

INDUSTRIE- UND HANDELSKAMMER BADEN-WÜRTTEMBERG (2007): Outsourcing von Dienstleistungen – Ergebnisse einer Unternehmensbefragung der Industrie- und Handelskammern in Baden-Württemberg, online: http://www.nordschwarzwald.ihk24.de/produktmarken/recht/Anlagen/bilder2007/Studie_Outsourcing.pdf, Stand: Juli 2007, Abruf: 23.02.2009.

IRELAND, R. D./HITT, M. A./VAIDYANATH, D. (2002): Alliance Management as a Source of Competitive Advantage, in: Journal of Management, 28. Jg. (2003), Nr. 3, S. 413–446.

JUSTUS, A. (1999): Wissenstransfer in strategischen Allianzen, Frankfurt a. M. 1999.

KABST, R. (2000): Steuerung und Kontrolle Internationaler Joint Venture – Eine transaktionskostentheoretisch fundierte empirische Analyse, München et al. 2000.

KEUPER, F. (2001): Strategisches Management, München 2001.

KEUPER, F./OECKING, C. (2008): Corporate Shared Services – The First and the Next Generation, in: KEUPER, F./OECKING, C. (Hrsg.), Corporate Shared Services – Bereitstellung von Dienstleistungen im Konzern, 2. Auflage, Wiesbaden 2008, S. 475–502.

KLEIN, S./FRAZIER, G. L./ROTH, V. J. (1990): A Transaction Cost Analysis Model of Channel Integration in International Markets, in: Journal of Marketing Research, 27. Jg. (1990), Nr. 2, S. 196–208.

KÖNIG, A. (2009): Keiner weiß, was Outsourcing bringt, online: http://www.cio.de/knowledgecenter/outsourcing/896032/, Stand: 18.09.2009, Abruf: 01.10.2009.

KRAEGE, R. (1997): Controlling strategischer Unternehmenskooperationen – Aufgaben, Instrumente und Gestaltungsempfehlungen, München et al. 1997.

KOGUT, B. (1991): Joint Ventures and The Option to Expand and Acquire, in: Management Science, 37. Jg. (1991), Nr. 1, S. 19–33

KOGUT, B./KULATILAKA, N. (2001): Capabilites as Real Options, in: Organization Science, 12. Jg. (2001), Nr. 6, S. 744–758.

LEI, D./SLOCUM, J. W. (1992): Global Strategy, Competence-Building and Strategic Alliance, in: California Management Review, 35. Jg., Nr. 1, S. 81–97.

LEIBLEIN, M. J. (2003): The Choice of Organizational Governance Form and Performance: Predictions from Transaction Cost, Resource-based, and Real Options Theories, in: Journal of Management, 29. Jg. (2003), Nr. 6, S. 937–961.

LEIBLEIN, M. J./MILLER, D. J. (2003): An Empirical Examination of Transaction- and Firm-Level Influences on the Vertical Boundaries of the Firm, in: Strategic Management Journal, 24. Jg. (2003), Nr. 9, S. 839–859.

MCDONALD, R. L. (2000): Real Options and Rules of Thumb in Capital Budgeting, in: BRENNAN, M. J./TRIGEORGIS, L. (Hrsg.), Project Flexibility, Agency, and Competition – New Developments in the Theory and Application of Real Options, New York 2000, S. 13–33.

MELLEWIGT, T. (2003): Management von Strategischen Kooperationen – Eine ressourcenorientierte Untersuchung in der Telekommunikationsbranche, Wiesbaden 2003.

MORSCHETT, D. (2003): Formen von Kooperationen, Allianzen und Netzwerken, in: ZENTES, J./ SWOBODA, B./MORSCHETT, D. (Hrsg.): Kooperationen, Allianzen und Netzwerke, S. 387–413.

NIENHÜSER, W./JANS, M.(2004): Grundbegriffe und Grundideen der Transaktionskostentheorie, online: http://www.uni-duisburg-essen.de/personal/GrundbegriffeTAKT.pdf., Stand: Januar 2004, Abruf: 24.02.2009.

OXLEY, J. E. (1999): Institutional environment and the mechanisms of governance: the Impact of intellectual property Protection on the Structure of inter-firm alliances, in: Journal of Economic Behavior & Organization, 38. Jg. (1999), Nr. 3, S. 283–309.

PARKHE, A. (1991): Interfirm Diversity, Organizational Learnings, and Longevity in Global Strategic Alliances, in: Journal of International Business Studies, 22. Jg. (1991), Nr. 4, S. 579–601.

PARKHE, A. (1993): Strategic Alliance Structuring: A Game Theoretic and Transaction Cost Examination of Interfirm Cooperations, in: Academy of Management Journal, 36. Jg. (1993), Nr. 4, S. 794–829.

PICOT, A. (1982): Transaktionskostenansatz in der Organisationstheorie: Stand der Diskussion und Aussagewert, in: Die Betriebswirtschaft, 42. Jg. (1982), Nr. 2, S. 267–284.

PICOT, A. (1991): Ökonomische Theorien der Organisation – Ein Überblick über neuere Ansätze und deren betriebswirtschaftliches Anwendungspotential, in: ORDELHEIDE, D./ RUDOLPH, B./BÜSSELMANN, E. (Hrsg.), Betriebswirtschaftslehre und Ökonomische Theorie, Stuttgart 1991, S. 143–170.

PICOT, A./DIETL, H. (1990): Transaktionskostentheorie, in: Wirtschaftswissenschaftliches Studium, 19. Jg. (1990), Nr. 4, S. 178–184.

PINSANA, G. P. (1990): The R&D Boundaries of the Firm, An Empirical Analysis, in: Administrative Science Quarterly, 35. Jg. (1990), Nr. 1, S. 153–176.

PRAHALAD, C. K./HAMEL, G. (1990): The Core Competence of the Corporation, in: Harvard Business Review, 68. Jg. (1990), Nr. 3, S. 79–91.

PRIEM, R./LOVE, L./SHAFFER, M. (2002): Executives' Perceptions of Uncertainty Sources: A Numerical Taxonomy and Underlying Dimensions, in: Journal of Management, 28. Jg. (2002), Nr. 6, S. 725–746.

REUER, J. J. (2002): How Real are Real Options? The Case of International Joint Venture, in: HITT, M. A./AMIT, R./LUCIER, C. E. (Hrsg.), Creating Value: Winners in the New Business Environment, Oxford 2002, S. 61–84.

REUER, J. J./TONG, T. W. (2005): Real Options in International Joint Ventures, in: Journal of Management, 31. Jg. (2005), Nr. 3, S. 403–423

ROEMER, E. (2004): Real Options and the Theory of the Firm, Working Paper Series Bradford University School of Management, Nr. 04/28, Bradford 2004.

ROTERING, J. (1993): Zwischenbetriebliche Kooperation als alternative Organisationsform – ein transaktionskostentheoretischer Erklärungsansatz, Koblenz 1993.

SA VINHAS, A. (2002): Dual Distribution Channels in Business-to-Business Marketing: A Transaction Interdependencies View, Dissertation, Insead 2002.

SCHILLING, M. A./STEENSMA, H. K. (2002): Disentangling the theories of firm boundaries: A path model and empirical test, in: Organization Science, 13. Jg. (2002), Nr. 4, 2002, S. 387–401.

SCHLOSSER, A./SCHOTT, E. (2009): IT-Bossen sind mit Outsourcing-Partner glücklich - Anwender weniger, in: Computerwoche, 36. Jg. (2009), Nr. 36/37, S. 36.

SILVERMAN, B. S./BAUM, J. A. (2002): Alliance-Based Competitive Dynamics, in: Academy of Management Journal, 45. Jg. (2002), Nr. 4, S. 791–806.

SPEKMAN, R. E./FORBES, T. M./ISABELLA, L. A./MACAVOY, T. C. (1998): Alliance Management: A View from the Past and a Look to the Future, in: Journal of Management Studies, 35. Jg. (1998), Nr. 6, S. 747–772.

STEENSMA, H. K./CORLEY, K. G (2001): Organizational Context as a Moderator of Theories on Firm Boundaries for Technology Sourcing, in: Academy of Management Journal, 44. Jg. (2001), Nr. 2, S. 271–291.

SYDOW, J./MÖLLERING, G. (2004): Produktion in Netzwerken – Make, Buy & Cooperate, München 2004.

TODEVA, E./KNOKE, D. (2005): Strategic alliances and models of collaboration, in: Management Decision, 43. Jg. (2005), Nr. 1, S. 123–148.

VASSOLO, R. S./ANAND, J./FOLTA, T. B. (2004): Non-Additivity in Portfolios of Exploration Activities: A Real Options-Based Analysis of Equity Alliances in Biotechnology, in: Strategic Management Journal, 25. Jg. (2004), S. 1045–1061.

WALKER, G./WEBER, D. (1984): A Transaction Cost Approach to Make-or-Buy Decisions, in: Administrative Science Quarterly, 29. Jg. (1984), Nr. 3, S. 373–391.

WALKER, G./WEBER, D. (1987): Supplier Competition, Uncertainty, and Make-or-Buy Decisions, in: Academy of Management Journal, 30. Jg. (1987), Nr. 3, S. 589–596.

WILLIAMSON, O. E. (1975): Markets and Hierarchies: Analysis and Antitrust Implications, New York 1975.

WILLIAMSON, O. E. (1985): The Economic Institutions of Capitalism, New York 1985.

WILLIAMSON, O. E. (1991): Comparative Economic Organization: The Analysis of Discrete Structural Alternatives, in: Administrative Science Quarterly, 36. Jg. (1991), Nr. 2, S. 269–296.

WILLIAMSON, O. E. (1996a): Economic Organization: the case for candor, in Academy of Management Review, 21. Jg. (1996), S. 48–57.

WILLIAMSON, O. E. (1996b): Transaktionskostenökonomik, Hamburg 1996.

YOSHINO, M. Y./RANGAN, U. S. (1995): Strategic Alliances – An Entrepreneurial Approach to Globalization, Boston 1995.

ZEITLER, N. (2008): Häufig Unzufriedenheit mit externen Dienstleistern, online: http://www.cio.de/it_berater/nachrichten/849869/, Stand: 25.02.2008, Abruf: 01.09.2009.

ZIEDONIS, A. A. (2002): Real Options in Technology Acquisition, Working Paper, The Wharton School - University of Pennsylvania, Pennsylvania 2002.

IT-Governance – Weg vom administrativen Ballast hin zu einer business-orientierten Governance

CHRISTOPH STEENS, UWE WILHELM und SERKAN CALISKAN

BearingPoint GmbH

1	Einleitung	319
2	IT-Governance – Eine kurze Einführung	320
3	Herausforderungen einer funktionierenden IT-Governance	322
4	Konzept einer business-orientierten IT-Governance	323
5	Das CoE-Governance-Modell als Lösungsansatz einer business-orientierten IT-Governance	325
	5.1 Aufbau des CoE-Governance-Modells	325
	5.2 Das Funktionsprinzip des CoE-Governance-Modells	327
6	IT-Governance-Review zur Einführung des CoE-Governance-Modells	328
7	iGRC Cockpit als Instrument zur Steuerung und Überwachung der IT-Governance	332
8	Fazit	334
	Quellenverzeichnis	335

1 Einleitung

Die Informationstechnologie (IT) hat sich in den letzten Jahren zunehmend zu einem entscheidenden Wettbewerbsfaktor entwickelt: Aufgrund eines zunehmenden Wettbewerbsdrucks und steigender interner und externer Anforderungen sowie meist komplexer und dezentraler Unternehmensstrukturen ist eine konsequente Ausrichtung der IT an den Unternehmens- und Geschäftszielen unabdingbar, um die Unternehmensprozesse nachhaltig unterstützen zu können.

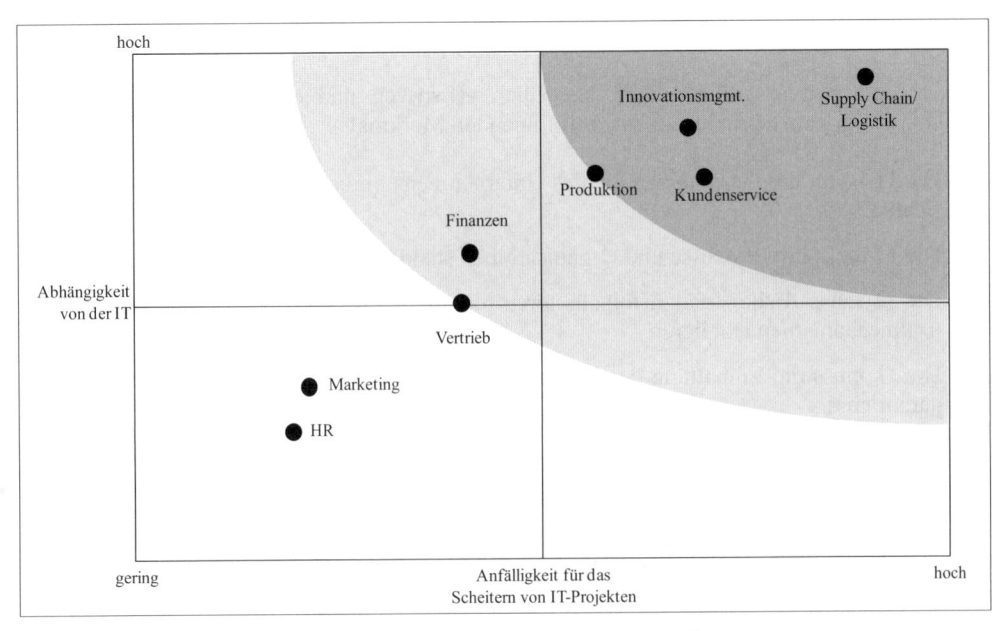

Abbildung 1:   Abhängigkeit der Geschäftsprozesse von der IT[1]

Aus ihrer ursprünglichen Rolle einer Support-Funktion der Geschäftsprozesse wird die IT zum Enabler des Business, die effiziente Nutzung der IT ist heute ein bedeutender Wettbewerbsvorteil. Wesentliches Instrument zur Geschäftsprozessunterstützung sind die IT-Anwendungen und Systeme, die die Geschäftsprozesse auf Seiten der Fachseite nicht nur unterstützen, sondern vielmals auch erst ermöglichen. Daher müssen wesentliche IT-Steuerungsinstrumente auf- und ausgebaut werden, die mit denen des Gesamtunternehmens zu synchronisieren sind.

Um diese Herausforderungen zu bewältigen, bedarf es einer Strategie im Sinne eines methodischen Rahmen-/Regelwerks, um Entscheidungen durch die Vorgabe eines Handlungskorridors, innerhalb dessen die operative Ebene die notwendigen Freiheitsgrade für effizientes und zielorientiertes Handeln hat, zu beschleunigen.[2]

---

[1] RICHTER ET AL. (2008), S. 6.
[2] Vgl. ähnlich KEUPER (2001), S. 23.

Es ist folglich eine Governance-Struktur in der IT-Organisation aufzubauen, um Leitlinien zu definieren, an denen sich das IT-Kerngeschäft ausrichtet, um Risiken zu reduzieren, um Ressourcen zu managen, um Leistungen zu überwachen und um den Wertbeitrag zu sichern.

Viele Unternehmen haben die Notwendigkeit einer IT-Governance erkannt, diese aber – und darin liegt das gegenwärtige Problem – nicht als Führungsaufgabe definiert und lediglich in unterschiedlichen Ausprägungen in ihre Organisation eingeführt. Die IT-Governance wird dann weniger als Vorteil, sondern vielmehr als administrativer Ballast gesehen, der die Freiheitsgrade der IT-Organisation einschränkt. Ein konkreter Wertbeitrag der IT für den Unternehmenserfolg ist nicht sichtbar, die IT-Governance wird als Bremsklotz statt als Akzelerator für das Geschäft gesehen.

Notwendig für den Aufbau einer tatsächlich effektiven und effizienten IT-Governance-Struktur ist ein ganzheitlicher Ansatz mit folgenden Merkmalen:

➢ Die IT ist an der Gesamtstrategie des Unternehmens und den Zielen des Business auszurichten.

➢ Die IT muss ihre Prozesse und Organisationen standardisieren.

➢ Die IT muss Risiko- und Erfolgsfaktoren identifizieren, Vorgaben definieren und Kontrollmechanismen etablieren.

➢ Die IT muss die Einhaltung der Vorgaben und die Durchführung der Kontrollaktivitäten garantieren.

➢ Die IT muss die Ergebnisse transparent machen, um den Wertbeitrag zu ermitteln.

In den nachfolgenden Kapiteln wird erläutert, wie dieser ganzheitliche Ansatz einer IT-Governance in der Praxis umgesetzt werden kann. Bei der Einführung einer IT-Governance sollte das Ziel darin bestehen, eine business-orientierte IT-Governance als proaktives und prozessintegriertes Hilfsmittel für eine effiziente und rasche Entscheidungsfindung zu etablieren.

2 IT-Governance – Eine kurze Einführung

Der Begriff der IT-Governance wird in der Praxis häufig für unterschiedlichste Aspekte verwendet, daher existiert eine Vielzahl von unterschiedlichen IT-Governance-Definitionen. Für die nachfolgenden Ausführungen wird IT-Governance wie folgt definiert: „Grundsätze, Verfahren und Maßnahmen, die zusammengefasst sicherstellen, dass mit Hilfe der eingesetzten IT die Geschäftsziele abgedeckt, Ressourcen verantwortungsvoll eingesetzt und Risiken angemessen überwacht werden" [3]. Die IT-Governance ist folglich ein Rahmenwerk und eine Führungsaufgabe zugleich. Es besteht die Notwendigkeit zur Zusammenarbeit zwischen der Unternehmensführung und dem operativen Management. Dabei definiert die Unternehmensführung die Zielsetzung und übernimmt die Kontrollfunktionen.

---

[3] MEYER/ZARNEKOW/KOLB (2003), S. 445 ff.

Die IT-Governance umfasst fünf Disziplinen:[4]

- *Strategic Alignment*: Schaffung von Übereinstimmung von Geschäfts- und IT-Strategie mit dem Ziel der Maximierung des Nutzens/Wertbeitrags der IT zur Erreichung der Unternehmensziele.
- *Risk Management*: Schaffung von Transparenz zur Risikominimierung und Definition von Regelungen, wie mit Risiken effektiv und effizient umgegangen wird.
- *Ressource Management*: Effektiver Einsatz der Ressourcen zur Optimierung des Kosten-/Nutzenverhältnisses.
- *Value Delivery*: Generierung des definierten Nutzens (bspw. Kosten- oder Prozessoptimierung) durch den Einsatz der IT.
- *Performance Management*: Effektive und effiziente Leistungsmessung, die alle Disziplinen der IT-Governance überspannt und individuell für jede Disziplin auszugestalten ist.

Zur Einführungsunterstützung der IT-Governance existieren in der Praxis unterschiedliche Modelle, Rahmenwerke und Standards, von denen an dieser Stelle die wichtigsten hierarchisch vorgestellt werden.

- COSO: COSO ist das Akronym für *Committee of Sponsoring Organizations of the Treadway Commission*, gilt als das Standard-Kontrollmodell für die Corporate Governance und dient der Analyse, Entwicklung und Dokumentation eines Kontrollrahmenwerks. Wesentliche Elemente sind dabei das Kontrollumfeld, die Risikobeurteilung, die Kontrollaktivitäten, die Information und Kommunikation sowie die Überwachung. Ergänzend zum COSO-Modell wurde das Enterprise-Risk-Management-(ERM)-COSO-Modell publiziert, das weitere Elemente in das Basismodell integriert hat.
- COBIT 4.1: COBIT ist das Akronym für Control Objectives for Information and related Technologie und verbindet als offener Standard die IT-Governance mit der Corporate Governance. Es ist ein Werkzeug zur Unterstützung der IT-Governance, indem es dem Management hilft, IT-Prozesse zu kontrollieren und zu messen. COBIT enthält eine Aufstellung der kritischen Erfolgsfaktoren für die IT-Prozesse und ein Reifegradmodell, das die Ist-Situation im Vergleich zur Ziel-Situation darstellt.
- ITIL V3: ITIL ist das Akronym für IT Infrastructure Library und ein de-facto Standard für IT Service Management und dient der Schaffung von standardisierten und transparenten IT-Prozessen mit klar definierten Aufgaben, Rollen und Verantwortlichkeiten. Der Standard findet sich in der ISO Norm 20000 wieder und verbindet ITIL mit COBIT.

Die skizzierten Modelle, Rahmenwerke und Standards bieten jeweils einzelne Aspekte zur Einführungsunterstützung der IT-Governance, jedoch leistet keines einen ganzheitlichen Ansatz mit entsprechenden Methoden und Instrumenten. Vielmehr müssen die Unternehmen aus den einzelnen, teilweise sehr komplexen Ansätzen, die für ihre Bedürfnisse relevanten Inhalte erschließen und entsprechend ausgestalten.

---

[4] Zur vertiefenden Auseinandersetzung mit der IT-Governance sowie deren Disziplinen sei verwiesen auf online: http://www.itgi.org/.

3 Herausforderungen einer funktionierenden IT-Governance

Die Einführung einer IT-Governance stellt viele Unternehmen vor große Herausforderungen. Wie die folgenden Ausführungen verdeutlichen, sind die Rahmenbedingungen für eine erfolgreiche und gelebte, ganzheitliche IT-Governance meist negativ vorbelastet:

➢ *„IT-Governance als zwingende Notwendigkeit"*: Die IT-Governance wird häufig als zwingende Notwendigkeit – getrieben durch interne oder externe Anforderungen – gesehen. Im Rahmen von Risikomanagement- und Compliance-Anforderungen sind Unternehmen gefordert, entsprechende Steuerungssysteme hinsichtlich der Risikoidentifikation, -analyse und -behebung sowie deren Dokumentation zu implementieren. Im Rahmen einer solchen Anforderungsumsetzung wird IT-Governance nur hinsichtlich zweier wesentlicher Teildisziplinen verstanden – dem Risikomanagement sowie dem überspannenden Performance Management als leistungsüberwachendes Controlling-Instrument. Die notwendige Bedingung der Harmonisierung von Geschäfts- und IT-Strategie in Hinblick auf die Maximierung des Wertbeitrags der IT zur Erreichung der Unternehmensziele findet dabei keine Beachtung.

➢ *„Unvollständige Implementierung"*: Im Rahmen der Einführung der jeweiligen Governance-Disziplinen findet selten eine systematische Identifizierung und Analyse der möglichen Steuerungsobjekte wie Providermanagement, Projekt- und Portfoliomanagement sowie dem Ressourcenmanagement statt. Key-Performance-Indikatoren (KPI) bzw. Kontrollen werden in der Regel definiert, jedoch nicht im Rahmen eines etablierten Prozesses kontinuierlich hinterfragt und entsprechend der Zielsetzung und des erwarteten Nutzens angepasst. Dies führt zu einer Governance-Struktur, die durch eine hohe Anzahl und teilweise unnötige Kontrollen definiert ist, welche im Sinne der Unternehmens- und IT-Zielsetzung keinen wesentlichen Wertbeitrag liefern. Die Akzeptanz einer solchen Governance-Struktur sowohl beim Management als auch bei den operativen Ebenen ist dadurch sehr gering.

➢ *Mangelnde Integration*: Häufig wird die IT-Governance als Struktur verstanden, die nur einmalig aufgesetzt wird. Da diese auf den ersten Blick durch ihre Regeln und Regularien die Aktionsfreiheit der betroffenen Instanzen einschränkt und meist nur fragmentarisch in die Geschäfts- und IT-Prozesse integriert wird, wird sie als Hindernis betrachtet und schließlich aus dem Gesamtprozess wieder ausgeschlossen.

➢ *Unkenntnis des IT Wertbeitrags*: Trotz des Paradigmenwechsels der IT von einer Unterstützungsfunktion der Geschäftsprozesse zum integralen Bestandteil der unternehmerischen Leistungserbringung und wesentlichem Wettbewerbsvorteil ist der originäre Wertbeitrag der IT für den Unternehmenserfolg nicht transparent. Entgegen ihrer exponierten Unternehmensfunktion wird die Steuerung der IT und ihr Leistungs- und Wertbeitrag für den Unternehmenserfolg nur rudimentär gemessen und dargestellt. Ihr operativer Nutzen ist dabei aber nicht immer transparent, ihr Wertbeitrag für den Unternehmenserfolg wird nicht sichtbar. Die Herausforderung besteht zumeist darin, dass die traditionell eher technisch ausgeprägten Ziel- und Messdimensionen der IT nicht unmittelbar mit denen der finanz- und produktionsorientierten Kennzahlen korrespondieren.

- *"Intransparentes Reporting"*: Eine zeitnahe und Management-taugliche Aufbereitung der Steuerungskennzahlen sowie deren Leistungsergebnisse findet in der Regel nur unzureichend statt. Intransparente Ergebnisse können auf der Entscheidungsebene ohne eine stringente Governance als Interpretationsrahmen nicht zielführend genutzt werden. Die IT-Governance definiert diesen Rahmen für die entsprechenden operativen und strategischen Managementdisziplinen der IT. Notwendig ist eine zeitnahe Konsolidierung der Ergebnisse und deren Aufbereitung, sodass der Entscheidungsträger – abhängig vom entsprechenden Managementlevel – die für ihn wesentlichen Informationen im Blick hat.

- *"Mangelnde Kommunikations- und Abstimmungskultur"*: Eine grundsätzliche Herausforderung im Hinblick auf eine funktionierende IT-Governance besteht in der Entwicklung einer Kommunikations- und Abstimmungskultur zwischen IT und Business/Fachbereichen. Vorwürfe der Fachbereiche bezüglich einer mangelnden Flexibilität, fehlenden Verständnisses und eines zu langsamen Vorgehens der IT belegen die gegenwärtig noch suboptimale Situation, dass die Business und die IT isolierte, nicht aufeinander abgestimmte Ziele verfolgen. In der Regel gibt die Geschäftsführung jedem Bereich individuelle Ziele vor, die dieser dann unabhängig von der anderen Organisationeinheit entsprechend ihrer individuellen Zielsetzungen und Prioritäten versucht zu erreichen.

- *"Zielintransparenz und -divergenz"*: Die Intransparenz der gegenseitigen Ziele sowie teilweise konterkarierende Ziele führen zu strategischen und operativen Konflikten in der Organisation. Nur wenn die bereichsspezifischen Ziele eindeutig kommuniziert sind und im Rahmen eines gemeinsamen Zieldefinitionsprozesses erstellt wurden, sind sie im Sinne des Gesamtunternehmens aufeinander abgestimmt und können zur Erfüllung des Gesamtziels beitragen. Pragmatische Methoden und Tools unterstützen mittlerweile diesen Prozess und sorgen für die notwendige Kontinuität in der Abstimmung.[5]

- *"Geringe Prozessstandardisierung"*: Wesentliche Herausforderung für IT-Organisationen sind die steigenden Anforderungen an das Management der IT-Prozesse. Insbesondere bei dezentralen IT-Organisationen finden sich wenig standardisierte Vorgehensweisen, Rollen und Verantwortlichkeiten. Notwendige Voraussetzung für eine erfolgreiche Einführung einer IT-Governance ist eine IT-Organisation, die hinsichtlich ihrer Service-Management- und Service-Delivery-Strukturen klar definiert ist.

4 Konzept einer business-orientierten IT-Governance

Die skizzierten Herausforderungen und Zielkomplexitäten der IT und der Geschäftsbereiche gilt es in einem standardisierten Prozess zu lösen. Die Vorgaben und Anforderungen an die IT müssen sich direkt aus den strategischen und operativen Geschäftsanforderungen des Unternehmens ableiten. Auf strategischer Ebene müssen sie gemeinsam definiert und priorisiert werden. Auf operativer Ebene sind diese globalen Anforderungen zu operationalisieren, sodass sie entsprechend des jeweiligen IT-Assets nutzenstiftend wirken können.

---

[5] Vgl. zur Advisory-Navigator-Methodik der *BearingPoint GmbH* online http://www.bearingpoint.com.

Im Rahmen der Entwicklung der IT-Governance-Struktur ist verstärkt auf die Schnittstelle zum Geschäft zu achten und ein auf das Unternehmen individuell gestalteter Prozess zu entwickeln, der die gemeinsame Definition und Sicherstellung der Unternehmensziele gewährleistet. Die bereits existierenden Standards und Rahmenwerke im Kontext der IT-Governance (COSO, COBIT, ITIL) beschreiben isolierte Teilaspekte bzw. sind einzelne Werkzeuge zur Etablierung und Sicherstellung einer IT-Governance, bieten jedoch nicht das übergeordnete Rahmenwerk für eine ganzheitliche, am Business orientierte IT-Governance.

Es ist derzeit in vielen IT Projekten zu beobachten, dass die Abstimmung zwischen dem Business und der IT zu einem sehr späten Zeitpunkt stattfindet, da Fachbereich und IT ein „Paralleldasein" führen. Deshalb kommt es oft zu Unstimmigkeiten und Konflikten während der Implementierung beziehungsweise dem Rollout von Lösungen (siehe Abbildung 2). Daher muss über geeignete Konzepte und Rahmenbedingungen die Abstimmung zwischen Business und IT über alle Ebenen von der Strategie über den Prozess bis zur operativen Umsetzung sichergestellt werden. Diese Vorgehensweise hat den großen Vorteil, dass Konflikte proaktiv vermieden werden können, die sonst in oftmals langen und kostspieligen Eskalationsrunden resultieren.

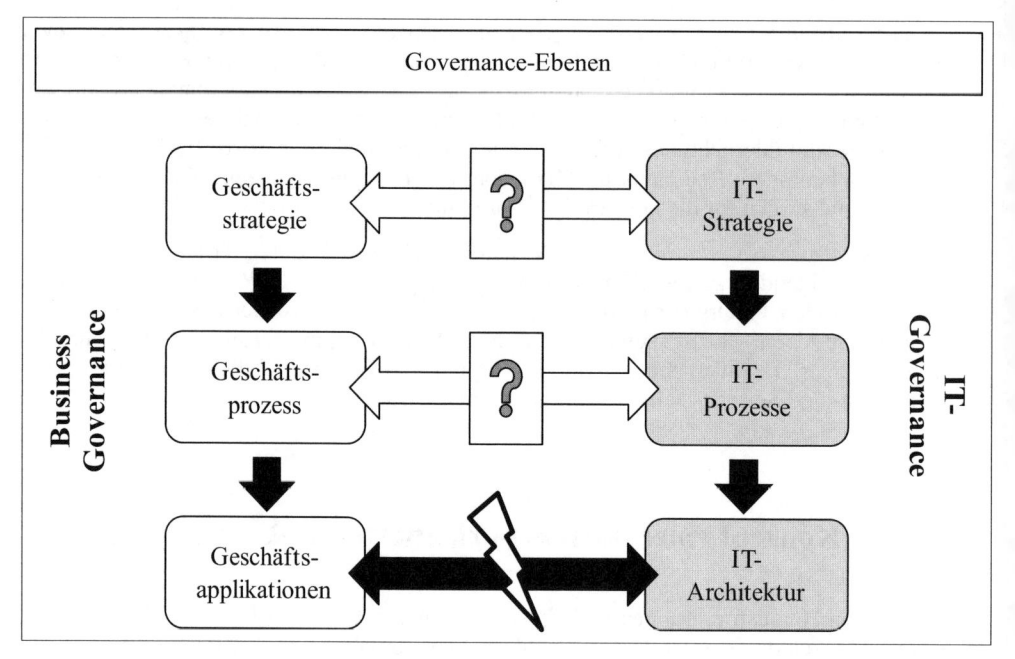

Abbildung 2: Governance-Ebenen

Zur Erläuterung folgendes Beispiel: Die Geschäftsführung definiert für den Vertrieb einen Umsatzzuwachs von 15 %, die IT-Abteilung soll ihre Kosten gleichzeitig um 15 % reduzieren. In den jeweiligen Abteilungen werden anschließend bereichsspezifische Maßnahmen umgesetzt, die allerdings nicht miteinander abgestimmt werden. Business-orientierte Governance-Konzepte hingegen betonen aufgrund ihrer ganzheitlichen Perspektive, dass die Bereiche keine ausschließlichen Individual- sondern immer auch Unternehmensziele bearbeiten und entsprechend im Sinne der ganzheitlichen Zielerfüllung kooperieren müssen.

IT-Governance

Jeder Versuch der IT-Abteilung, Kosten zu senken wird unweigerlich Einfluss auf das Business haben, unabhängig davon, ob es um die Konsolidierung der IT-Systeme zur Senkung der Hardwarekosten oder um die Auslagerung des Supports geht. Das Business wiederum benötigt die Unterstützung der IT, um seine Ziele der Umsatzsteigerung zu erreichen. Wenn aber die IT und das Business sich bereits auf strategischer Ebene abstimmen und eine gemeinsame Priorisierung der jeweiligen Maßnahmen erarbeiten, ist dies gleichbedeutend mit optimaler Effizienz zur Zielerreichung und frühzeitiger Konfliktvermeidung in der späteren Umsetzung (siehe Abbildung 3).

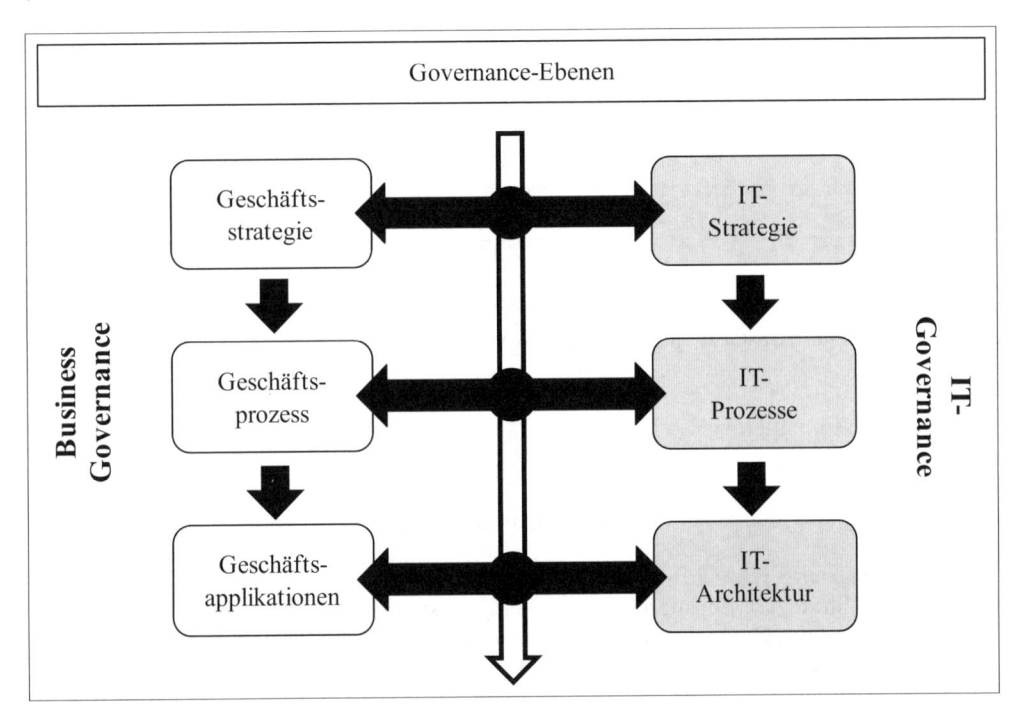

Abbildung 3: Governance-Ebenen mit optimiertem Abstimmungsprozess

5 Das CoE-Governance-Modell als Lösungsansatz einer business-orientierten IT-Governance

5.1 Aufbau des CoE-Governance-Modells

Bei der Implementierung einer business-orientierten IT liegt der Schwerpunkt nicht in der Zentralisierung aller IT-Funktionen. Vielmehr muss anhand eines strukturierten Modells klar definiert werden, wie eine kontinuierliche Abstimmung im Gesamtprozess von der Strategie bis zum Betrieb sichergestellt werden kann und an welcher Stelle Zentralisierung und Dezentralisierung Mehrwerte generieren.

Einen solchen Lösungsansatz zur Strukturierung des Gesamtablaufs stellt das Center-of-Excellence-(CoE)-Governance-Modell dar.

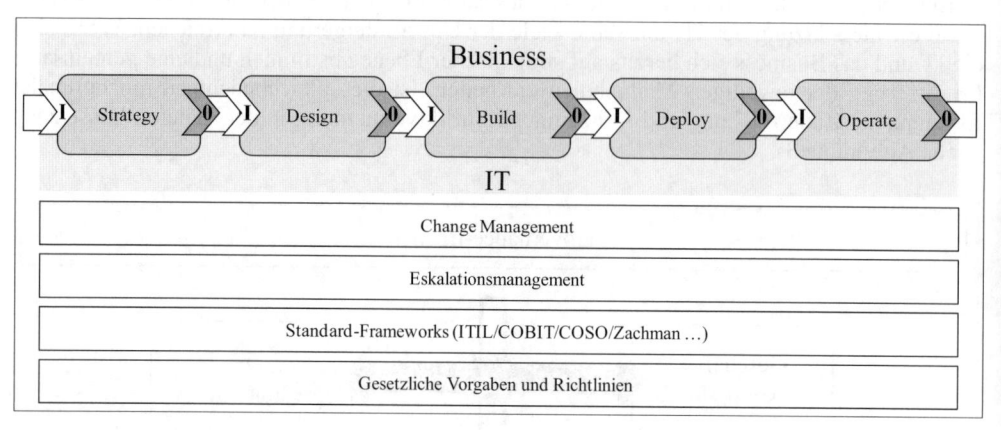

Business: Strategy → Design → Build → Deploy → Operate

IT:
- Change Management
- Eskalationsmanagement
- Standard-Frameworks (ITIL/COBIT/COSO/Zachman ...)
- Gesetzliche Vorgaben und Richtlinien

Abbildung 4:   CoE-Governance-Modell

Das ganzheitliche CoE-Governance-Modell beruht dabei auf drei wesentlichen Kernelementen:

➢ der Prozessorientierung

➢ der Ergebnisorientierung und

➢ den phasenübergreifenden Koordinationsmechanismen

Prozessorientierung: Das CoE-Governance-Modell umfasst die fünf Prozessschritte Strategiedefinition (Strategie), Lösungsdesign (Design), Lösungsentwicklung (Build), den Roll-out der Lösungen in die Organisation (Deploy) und den Lösungsbetrieb (Operate). Dabei wird jeder Schritt organisatorisch in einem sogenannten Center-of-Excellence (CoE) funktional gebündelt. Die physische Ausgestaltung, also die strukturelle Zentralisierung/Dezentralisierung, ist davon unabhängig. Auch die Zusammensetzung aus Business- und IT-Experten ist abhängig von der Aufgabenstellung des jeweiligen CoE sowie der definierten Lösung. In der Designphase werden verstärkt Vertreter der Fachbereiche beteiligt sein, in der Lösungsentwicklung werden hingegen die IT-Experten überwiegen. Organisatorisch werden Entwicklungsaufgaben in der Regel stärker zentralisiert. Für die strategischen Entscheidungen im Strategie-CoE ist es jedoch wichtiger, die relevanten Entscheidungsträger der Schlüsselbereiche des Unternehmens funktional zu bündeln als organisatorisch zu zentralisieren. Die durchgängige Leitidee aller CoE ist die bestmögliche Abstimmung zwischen Fachbereich und IT.

Über den in Abbildung 4 dargestellten Prozess wird ein detailliertes Verständnis für die Anforderungen und Zielstellungen des Fachbereichs und der IT entwickelt. Dieser Prozess ermöglicht es allen Beteiligten, im Bedarfsfall frühzeitig korrigierend einzugreifen. Dies spiegelt sich auch im zweiten Kernelement, der Ergebnisorientierung, wider.

Ergebnisorientierung: Klar definierte Input- und Output-Beziehungen zwischen den einzelnen Phasen sind die Basis zur effizienten Steuerung und Qualitätssicherung des Gesamtprozesses. Nur wenn die vordefinierten Input-Kriterien einer Phase erfüllt sind, kann diese effizient durchlaufen werden und die notwendigen Ergebnisse (Output) erzielen (Tollgate-Prinzip). Teil der Governance ist es hierbei, die zu erfüllenden Kriterien wie u. a. Vollständigkeit und Zielkonformität vorzugeben, die dann projektabhängig inhaltlich ausgestaltet werden. Die Erfüllung der jeweiligen Kriterien wird immer von der Folgephase überprüft und abgenommen. Dies erfolgt stets in Abstimmung zwischen Business und IT. Werden definierte Kriterien nicht erfüllt, wird das Ergebnis zur Überarbeitung an das liefernde CoE zur Nacharbeit zurückgegeben. Auf diese Weise werden Fehler so früh wie möglich identifiziert und behoben, der Kosten- und Zeitaufwand entsprechend minimiert und somit eine größtmögliche „Kundenzufriedenheit" gewährleistet.

Phasenübergreifende Koordinationsmechanismen: Hierbei handelt es sich um die erfolgskritischen Mechanismen wie Change Management, Eskalations-Management, Standards sowie gesetzliche und regulatorische Vorgaben. Diese bilden eine konsistente Basis für die Durchführung des Governance-Prozesses sowie die Qualität der zu liefernden Ergebnisse. Sie sind integrativer Bestandteil eines jeden CoE. So muss z. B. bereits im Strategie-CoE berücksichtigt werden, welche organisatorischen Auswirkungen ein Lösungsantrag bedingt, um frühzeitig die notwendigen Veränderungsmaßnahmen einzuleiten bzw. Anträge wegen eines voraussichtlich zu hohen Änderungsaufwands abzulehnen.

5.2 Das Funktionsprinzip des CoE-Governance-Modells

Der Prozess wird mit einer Bedarfsanforderung von Seiten des Business, dem sogenannten Mission Needs Statement (MNS), initiiert. Im *Strategie-CoE* wird die Anforderung auf ihre strategische Relevanz bzw. strategische Konformität geprüft und als Anforderung in Form eines Designkonzepts und entsprechender Priorität an das *Design-CoE* weitergeleitet. Obwohl die Verantwortung im Prozessfluss von Funktion zu Funktion übergeben wird, verbleibt die Verantwortung für die Qualität der Gesamtlösung beim Strategie-CoE.

Die Aufgabe des *Design-CoE* ist die Definition der Leistungs- und Funktionskriterien, der Daten- und Systemarchitektur sowie des Applikationsdesigns für die Lösung. Bereits in dieser frühen Phase wird auch die Einhaltung unternehmensweiter Templates und sonstiger interner sowie externer Rahmenbedingungen (Compliance) im Lösungsdesign gesichert. Das Ergebnis sind sogenannte „Build Packages", die als Input für die Lösungsentwicklung im *Build-CoE* dienen.

Im *Build-CoE* erfolgt die Lösungsentwicklung nach einheitlichen IT-Vorgaben und -Entwicklungsstandards. Dies dient der Sicherung eines systemkonformen Gesamtergebnisses. Ebenso sind Funktions- und Integrationstests Aufgabe des *Build-CoE*. Auf Ebene des *Build-CoE* können auch entsprechend erweiterte Liefermodelle wie Onshore, Nearshore und Offshore eingebunden werden. Aufgrund der grundsätzlich einheitlichen Entwicklungsumgebung ist dies besonders effizient möglich.

Vor der Freigabe zum Rollout wird das Lösungspaket erneut dem *Strategie-CoE* zur Prüfung vorgelegt. Hier werden die Erfüllung des MNS verifiziert und ggf. korrektive Maßnahmen veranlasst, um identifizierte Lücken vor dem kostenintensiven Rollout zu schließen.

Wird die Freigabe erteilt, übernimmt das *Deploy-CoE* den Rollout der Lösung an die betreffenden Unternehmensbereiche. Über die gesamte Dauer des Rollouts kooperiert das CoE eng mit den jeweils Verantwortlichen aus fachlicher und/oder geographischer Sicht, um notwendige lokale/funktionale Spezifika zu berücksichtigen bzw. Einschränkungen im funktionalen Rollout zu identifizieren. Diese werden in Form von Change Requests an das *Design-CoE* weitergeleitet, um einen konzertierten Änderungsprozess zu gewährleisten. Jede Änderungsanforderung durchläuft den gleichen Prozess wie eine Neuentwicklung. Es werden prinzipiell die gleichen Entwicklungs- und Testprozesse und auch die gleiche Infrastruktur genutzt. Dies erscheint komplex, trägt jedoch signifikant zur Vermeidung von Redundanzen und Ineffizienzen sowie einer deutlichen Reduzierung von Fehlerrisiken bei.

Nach Beendigung des Rollouts wird der Betrieb der Lösung an das *Operate-CoE* übergeben, das den optimalen Betrieb der Lösung im Rahmen der produktiven System- und Applikationslandschaft sichert. Notwendige Änderungen in der produktiven Lösung werden in Form von Change Requests an das *Strategie-CoE* gemeldet.

Das vorgestellte CoE-Governance-Modell sowie dessen Funktionsprinzip dient als Basismodell für eine individuelle Ausgestaltung in der unternehmerischen Praxis. Einerseits kann anhand des Modells ein effizientes IT-Governance-Konzept für die eigene Unternehmung aufgebaut werden. Andererseits besteht aber in den meisten Unternehmen bereits ein wie auch immer geartetes IT-Governance-Modell. Hier können anhand eines IT-Governance-Reviews auf Basis des CoE-Modells Ineffizienzen und Potenziale im existierenden IT-Governance-Modell zielgerichtet identifiziert und entsprechende Lösungen abgeleitet werden. Im Folgenden wird der Review-Ansatz beschrieben, um zu zeigen, wie hier methodisch vorgegangen werden kann.

6   IT-Governance-Review zur Einführung des CoE-Governance-Modells

Da in den meisten Unternehmen bereits IT-Governance-Regelwerke implementiert sind, kann nicht ohne weiteres ein neues Modell eingeführt werden. Vielmehr sind bestehende IT-Governance Strukturen zu berücksichtigen und hinsichtlich ihrer Effizienzpotenziale und Anwendbarkeit für das CoE-Modell zu bewerten. Ein methodisches Vorgehen ist notwendig, um existierende IT-Governance-Regeln zu überprüfen und Wege zur Vereinfachung, Optimierung der Effizienz- und Effektivität und zur Erhöhung der Anwenderakzeptanz zu identifizieren. Ein geeignetes Verfahren hierfür stellt die Review-Technik dar, welche hier kurz überblicksartig vorgestellt werden soll.

IT-Governance

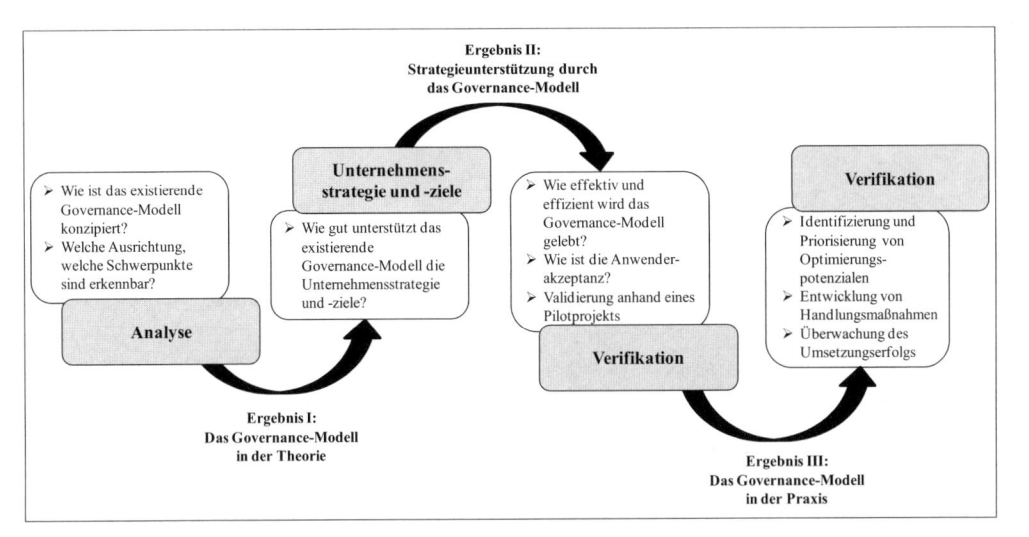

Abbildung 5:   *IT-Governance-Review-Konzept*

Das IT-Governance-Review folgt einem strukturierten Ansatz von der Analyse, über das Business- und IT-Alignment bis zur Verifikation und Handlungsempfehlung:

➢ Welche Ziele und Funktionsweisen weist das existierende IT-Governance-Konzept auf?

➢ Wie business-orientiert ist dieses Konzept unter Betrachtung der Unternehmensstrategie und -ziele?

➢ Welche Qualität zeigt das Konzept in der Praxis, wie erfolgreich wird es gelebt?

➢ Welche Schwachstellen können mit Hilfe des CoE-Ansatzes identifiziert werden und welche Lösungsoptionen werden empfohlen?

Im ersten Schritt der Analyse des existierenden IT-Governance-Konzepts wird mit Hilfe eines IT-Governance-Quick-Scan-Assessments (siehe Abbildung 6) analysiert, welche Zielstellungen, Schwerpunkte und strategischen Ausrichtungen das bestehende Konzept aufweist. Vorstukturierte, IT-gestüze Fragebögen führen dabei Schritt für Schritt durch die relevanten Fragestellungen.

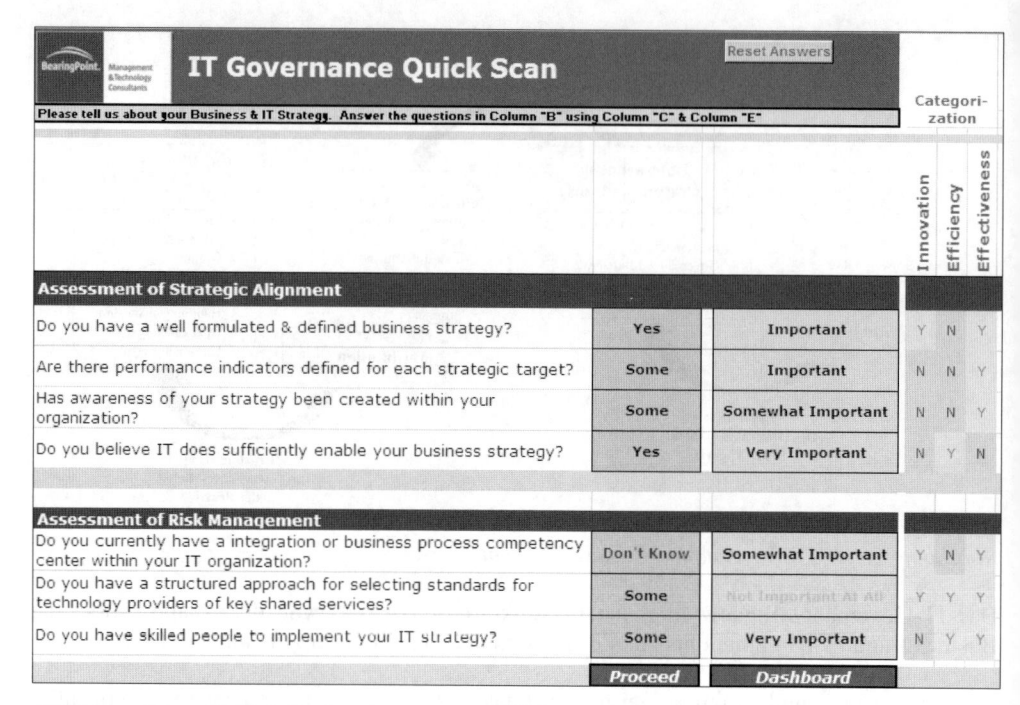

IT Governance Quick Scan				Categorization		
Please tell us about your Business & IT Strategy. Answer the questions in Column "B" using Column "C" & Column "E"				Innovation	Efficiency	Effectiveness
Assessment of Strategic Alignment						
Do you have a well formulated & defined business strategy?	Yes	Important		Y	N	Y
Are there performance indicators defined for each strategic target?	Some	Important		N	N	Y
Has awareness of your strategy been created within your organization?	Some	Somewhat Important		N	N	Y
Do you believe IT does sufficiently enable your business strategy?	Yes	Very Important		N	Y	N
Assessment of Risk Management						
Do you currently have a integration or business process competency center within your IT organization?	Don't Know	Somewhat Important		Y	N	Y
Do you have a structured approach for selecting standards for technology providers of key shared services?	Some	Not Important At All		Y	Y	Y
Do you have skilled people to implement your IT strategy?	Some	Very Important		N	Y	Y

Abbildung 6: Beispielhafter Auszug eines IT Governance Quick Scan Assements

Im Ergebnis des Assessments wird eine Bewertung des Reifegrads der bestehenden IT-Governance vorgenommen. Auf diese Weise wird ein umfassendes Bild aufgezeigt, das den aktuellen Unternehmensstatus, den Zielreifegrad sowie den Reifegrad auch im Vergleich zum Branchendurchschnitt darstellt (siehe Abbildung 7).

IT Governance Quick Scan – Auswertungschart

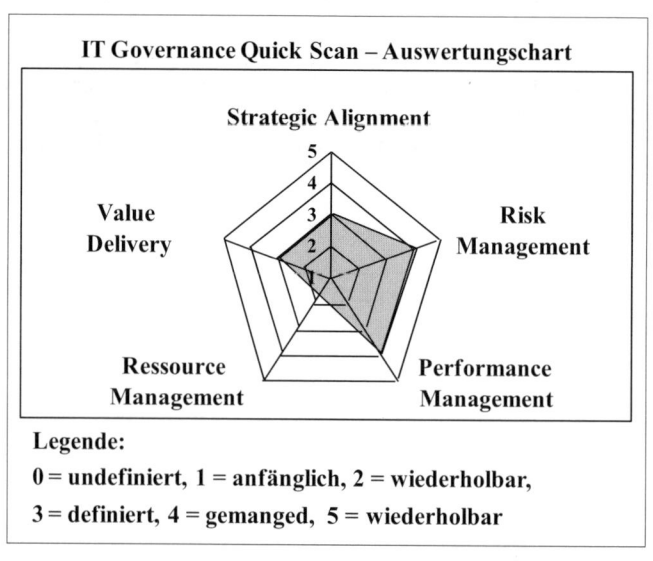

(Radar-Chart mit Achsen: Strategic Alignment, Risk Management, Performance Management, Ressource Management, Value Delivery; Skala 0–5)

Legende:
0 = undefiniert, 1 = anfänglich, 2 = wiederholbar,
3 = definiert, 4 = gemanged, 5 = wiederholbar

Abbildung 7: Auswertung des IT Governance Quick Scans

IT-Governance

IT-Governance-Quick-Scan-Dimensionen	Indikatoren (exemplarisch)
Strategic Alignment — 0 1 2 3 4 5 — Undefiniert ... Optimiert	➢ Dokumentation der IT-Strategie ➢ Ausrichtung der IT auf das Business ➢ ...
Risk Management — 0 1 2 3 4 5 — Undefiniert ... Optimiert	➢ Dokumentation der Risiken ➢ Steuerung der Risiken mittels KPI ➢ ...
Performance Management — 0 1 2 3 4 5 — Undefiniert ... Optimiert	➢ Definition von Aufgaben und Verantwortlichkeiten ➢ Definition von CSF und KPI ➢ ...
Ressource Management — 0 1 2 3 4 5 — Undefiniert ... Optimiert	➢ Zuordnung von verfügbaren Ressourcen ➢ Konfliktmanagement ➢ ...
Value Delivery — 0 1 2 3 4 5 — Undefiniert ... Optimiert	➢ Kenntnis des Wertbeitrags ➢ Steuerung des Wertbeitrags ➢ ...

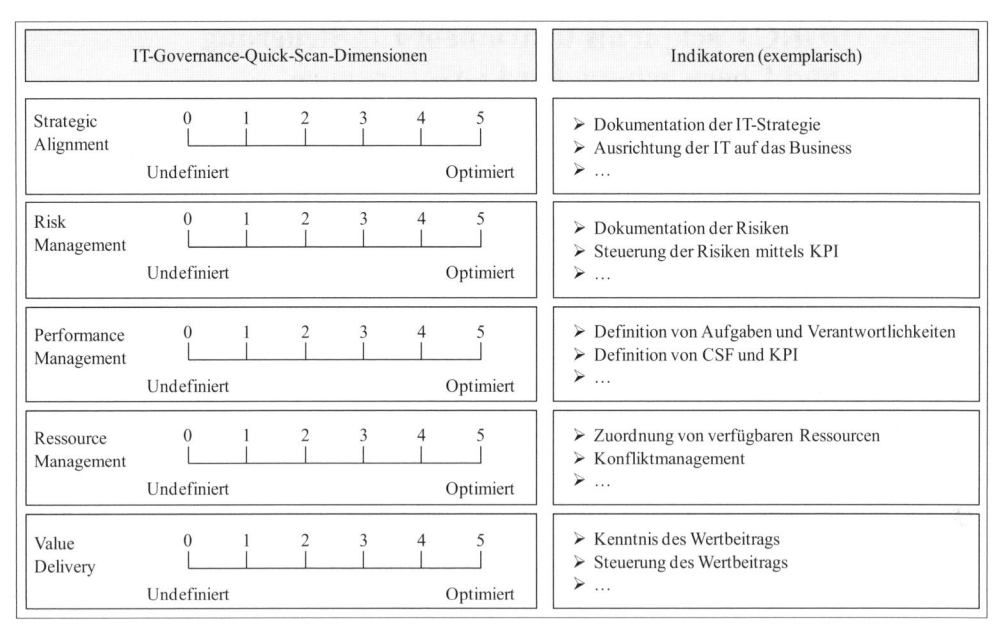

Abbildung 8: Bewertungsdimensionen und Indikatoren

Die Bewertung erfolgt anhand der fünf Kerndimensionen der IT-Governance sowie der entsprechenden Indikatoren.

Im zweiten Schritt der Analyse erfolgt die Validierung, wie gut das existierende IT-Governance-Modell die Geschäftsstrategie und deren Ziele in Bezug auf Effizienz und Flexibilität unterstützt. Es ist hierbei nicht ausreichend, diese Betrachtung ausschließlich als Momentaufnahme durchzuführen. IT-Governance-Modelle müssen aufgrund ihrer langfristigen Ausrichtung weitgehend unabhängig gegenüber Unternehmensstrategiewechseln oder entsprechend anpassbar sein.

Im dritten Schritt wird anhand eines erfolgskritischen Projekts verifiziert, wie das implementierte Modell in der Unternehmenspraxis funktioniert. Spätestens hier zeigen sich die wahren Stärken und Schwächen des produktiven Modells. Im folgenden Schritt werden schließlich die Ergebnisse konsolidiert, priorisiert und entsprechende Handlungsempfehlungen ausgesprochen. Den Umsetzungsfortschritt sowie dessen Erfolg gilt es dabei im Sinne eines kontinuierlichen Verbesserungsprozesses zu kontrollieren.

Grundsätzlich werden Prozessorientierung, Ergebnisorientierung und phasenübergreifende Koordinationsmechanismen als oberste Prinzipien des CoE-Governance-Modells bei der Durchführung des IT-Governance-Reviews berücksichtigt. Auf diese Weise kann methodisch die Qualität jedes implementierten IT-Governance-Modells validiert werden.

7 iGRC Cockpit als Instrument zur Steuerung und Überwachung der IT-Governance

In den vorigen Kapiteln wurden die Herausforderungen, Lösungsansätze und Vorgehensweisen einer business-orientierten IT-Governance dargestellt. Damit diese auch erfolgreich in das Unternehmen eingeführt, etabliert und langfristig gelebt werden können, bedarf es entsprechender Instrumente zur Steuerung der IT-Governance und Überwachung ihrer Compliance.

Die Komplexität der IT-Governance insbesondere im Spannungsfeld der langfristigen Organisationsetablierung, Ergebnistransparenz- und Erfolgsüberwachung bedarf einer systemtechnologischen Unterstützung, welche die entscheidenden Prozesse, Informationen und Dokumente zentral und zielgruppenspezifisch zur Verfügung stellt. Die Verfügbarkeit und Transparenz der relevanten Informationen ist Basis für die Entscheidungsfähigkeit der IT bzw. deren Steuerung durch den Chief Information Officer (CIO).

Um die Herausforderungen einer nachhaltigen Integration der business-orientierten IT-Governance zu bewältigen, wird nicht eine Implementierung eines hochgradig komplexen und für die individuelle Unternehmung überdimensionierten Tools angestrebt. Vielmehr bedarf es einer Lösung, die sich durch klare Fokussierung auf die wesentlichen IT-Governance Herausforderungen sowie eine anwenderfreundliche Bedienung auszeichnet.

Vor diesem Hintergrund hat *BearingPoint* das iGRC Cockpit (integrated Governance, Risk & Compliance Cockpit) entwickelt. Das iGRC Cockpit bietet einen zentralen, zielgruppenspezifischen Einstieg zu Governance-, Risk- und Compliance-relevanten Informationen, die anhand von Kennzahlen und Diagrammen aus den relevanten Systemen übersichtlich aufbereitet und angezeigt werden.

	Herausforderungen einer funktionierenden IT-Governance	iGRC Cockpit
1	IT-Governance als zwingende Notwendigkeit	✓
2	Unvollständige Implementierung	✓
3	Mangelnde Integration	✓
4	Unkenntnis des IT-Wertbeitrags	✓
5	Intransparentes Reporting	✓
6	Mangelnde Kommunikations- und Abstimmungskultur	✓
7	Zielintransparenz und -divergenz	✓
8	Geringe Prozessstandardisierung	✓

Abbildung 9: Abdeckungsgrad der IT-Governance-Herausforderungen des iGRC Cockpit

Das iGRC Cockpit kann auf vorhandene Systeme innerhalb des Unternehmens oder durch einfache Erstellung neuer Reports auf unternehmensspezifische Systeme zugreifen. Die Kennzahlen werden dabei aggregiert und benutzerfreundlich dargestellt. Das iGRC Cockpit kann an die jeweiligen Unternehmens- und Organisationsgegebenheiten angepasst werden. Es stellt sicher, dass die definierten KPI's (Key Performance Indicators) und die entsprechenden Kontrollaktivitäten kontinuierlich überwacht, analysiert und gegebenenfalls angepasst werden.

Das iGRC Cockpit bietet dazu ein Set an Schnittstellen für alle gängigen Systeme (*SAP*, *Microsoft*, *Oracle*). Bei selbstdefinierten Abweichungen können entsprechend Warnungen versendet und verantwortliche Personen per Mail benachrichtigt werden.

Um die Maximierung des Wertbeitrags der IT für die Erreichung der Unternehmensziele zu ermöglichen, also die notwendige Harmonisierung und Transparenz der Geschäfts- und IT-Strategie voranzutreiben, verfügt das iGRC Cockpit über entsprechende Prozessschritte (Workflows) und Vorlagen, sodass bereits getroffene Entscheidungen jederzeit verifiziert werden können. Die Ziel- und Strategiedefinitionen werden online in das Tool eingetragen und sind jederzeit transparent, wobei individuelle Rechte vergeben werden können, sodass nur für bestimmte Benutzergruppen die entsprechenden Informationen einsehbar sind. Auch KPI, die den Wertbeitrag der IT zur Erreichung der Unternehmensziele festlegen, können definiert und eingetragen werden.

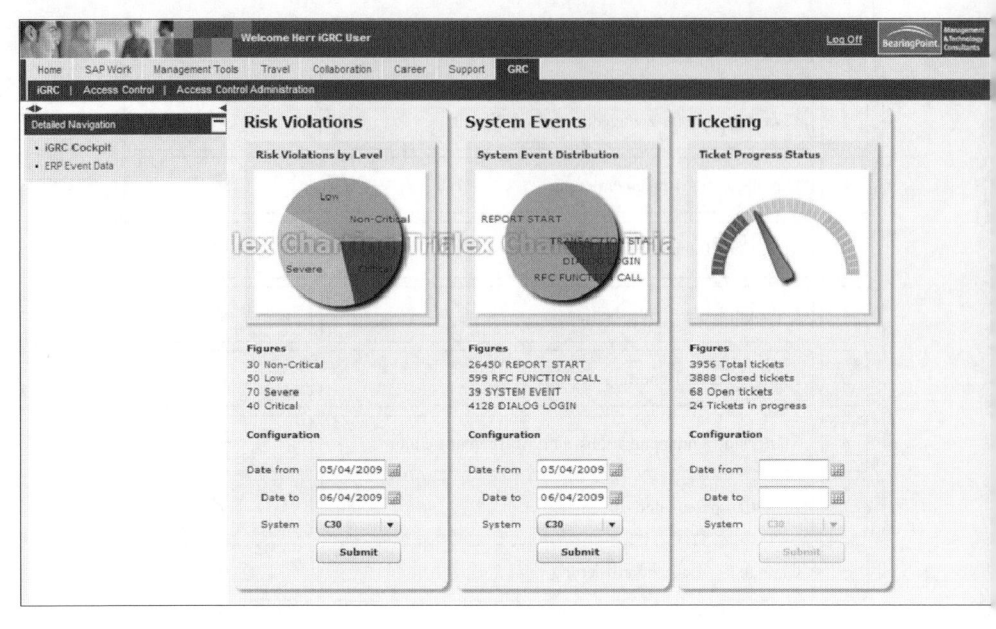

Abbildung 10:   Beispiel einer iGRC-Cockpit-Maske

8   Fazit

Die effiziente Nutzung der IT ist heute ein bedeutender Wettbewerbsvorteil. IT-Steuerungssysteme müssen auf- und ausgebaut werden und mit denen des Gesamtunternehmens synchronisiert werden. Es bedarf einer Strategie und eines methodischen Handlungsrahmens zur Einführung einer IT-Governance in der IT-Organisation.

Es muss ein ganzheitlicher Ansatz verfolgt werden, der Prozesse und Organisationen der IT standardisiert, ihre Ergebnisse transparent macht und an der Gesamtstrategie des Unternehmens ausgerichtet ist.

Als wesentliche Herausforderungen einer IT-Governance wurden folgende Aspekte identifiziert:

- ➢ IT-Governance als zwingende Notwendigkeit
- ➢ unvollständige Implementierung
- ➢ mangelnde Integration
- ➢ Unkenntnis des IT-Wertbeitrags
- ➢ intransparentes Reporting
- ➢ mangelnde Kommunikations- und Abstimmungskultur

- Zielintransparenz- und -divergenz sowie
- geringe Prozessstandardisierung.

Das Konzept einer business-orientierten IT-Governance stellt sich diesen Herausforderungen und löst diese in einem standardisierten Prozess, sodass Konflikte proaktiv vermieden werden können. Das CoE-Governance-Modell bietet einen strukturierten Lösungsansatz, der die drei wesentlichen Kernelemente der Prozessorientierung, der Ergebnisorientierung und der phasenübergreifenden Koordinationsmechanismen berücksichtigt. Dieses Modell dient als Basis für die individuelle Ausgestaltung in der unternehmerischen Praxis.

Mittels eines IT-Governance-Reviews können Ineffizienzen und Potenziale identifiziert und Lösungen entsprechend abgeleitet werden. Das IT-Governance-Review-Konzept folgt einem strukturierten Ansatz von der Analyse, über das Business- und IT-Alignment bis zur Verifikation und der Formulierung von Handlungsempfehlungen. Vorstrukturierte, IT-gestützte Erfassungsbögen begleiten schrittweise die relevanten Fragestellungen und ermitteln als Ergebnis den aktuellen Unternehmensstatus und den Zielreifegrad.

Die Validierung zeigt, wie erfolgreich das IT-Governance-Modell die Geschäftsstrategie langfristig und nachhaltig unterstützt. Im dritten Schritt werden die Funktionsweise des bestehenden Modells in der Unternehmenspraxis bewertet, Stärken und Schwächen analysiert und aus den Ergebnissen entsprechende Handlungsempfehlungen abgeleitet. Der Erfolg der Umsetzung wird kontinuierlich überwacht, um weitere Verbesserungspotenziale realisieren zu können.

Zur Steuerung und Überwachung der IT-Governance bedarf es entsprechender Instrumente; das von *BearingPoint* entwickelte iGRC Cockpit bietet einen zentralen, zielgruppenspezifischen Lösungsansatz, der alle aufgezeigten Herausforderungen einer funktionierenden IT-Governance erfolgreich abdeckt.

Die aufgezeigte Lösung ist eine maßgebliche Unterstützung, sobald ein Unternehmen den notwendigen Paradigmenwechsel vom administrativen Ballast hin zu einer business-orientierten IT-Governance konsequent anstrebt. Die Einführung einer business-orientierten IT-Governance bedarf einer IT-strategischen Entscheidung, welche zwingend organisatorische und einführungsunterstützende Maßnahmen nach sich zieht, die durch die aufgezeigte Lösung maßgeblich unterstützt werden.

Quellenverzeichnis

MEYER, M./ZARNEKOW, R./KOLBE, L. M. (2003): IT-Governance – Begriff, Status quo und Bedeutung, in: Wirtschaftsinformatik, 45. Jg. (2003), Nr. 4, S. 445–448.

RICHTER, G./BENDER, K./KLINGER, M./HERBOLZHEIMER, C. (2008): Projekte mit Launch Management auf Kurs halten, online: http://www.rolandberger.com/media/pdf/rb_press/Roland_Berger_launch_management_de_20080723.pdf, Stand: Juli 2008, Abruf: 14.09.2009.

Meldewesenfabrik – die flexible BPM-Lösung in einem heterogenen Anforderungskontext

ULRICH BECHT und SANJAY DEWAL

BearingPoint GmbH

1 Einleitung 339
2 Anforderungen an das künftige Meldewesen 340
3 Konzept einer Meldewesenfabrik 342
    3.1 Infrastrukturelle Ebene 344
    3.2 Applikatorische Ebene 345
    3.3 Prozessuale Ebene 346
4 Die Meldewesenfabrik erhöht die Qualität der Ergebnisse 349
    4.1 Bereitstellen eines SLA Framework 349
    4.2 Anforderungs- und Release Management 350
    4.3 Höhere Qualität von Services 351
    4.4 Meldewesenfabrik und Datenqualität 351
5 Der Weg zur Meldewesenfabrik 352
6 Abschließende Bemerkungen 354
Quellenverzeichnis 354

1 Einleitung

Im späten 18. Jahrhundert beginnt in Europa die Industrialisierung. Die Manufaktur, die mehrere Handwerke zusammenfasste, wird durch die Fabrikation ersetzt, d. h. viele Arbeitsschritte werden durch Maschinen abgelöst. Die automatisierte Fertigung beginnt zunächst im Textilgewerbe, breitet sich dann aber mit der Erfindung der Dampfmaschine auf beinahe alle produzierenden Bereiche aus.

Die Vorteile dieser Art der Produktion von Waren liegen klar auf der Hand: eine Steigerung der Produktivität wird durch die Standardisierung des Fertigungsprozesses erreicht. Der Produktionsablauf wird in viele kleine Prozesse gegliedert, die den Arbeitsablauf routinieren. Im gleichen Zeitraum kann mehr und billiger produziert werden als im Handwerk oder in der Manufaktur.

Es dauert bis zum Ende des 20. Jahrhunderts bis die Idee der Fabrikation auch auf das Finanzwesen übertragen wird. Mit der rasanten Entwicklung im Bereich der EDV wird es möglich, immer leistungsfähigere Rechner, die immense Datenmengen verarbeiten können, zu entwickeln. Moderne Datenbanksysteme und immer billiger werdende Speichermedien lassen es zu, Fabriken von Datenverarbeitungsanlagen entstehen zu lassen. Begonnen hat die Fabrikation von Bankdienstleistungen in den 1990er Jahren des 20. Jahrhunderts mit der Wertpapierabwicklung, dem Zahlungsverkehr und danach auch mit der Kreditabwicklung (Kredite aus der Fabrik). Standardisierte Arbeitsabläufe werden in eigene Fabriken übertragen und aus dem Kern der Bankorganisation ausgelagert.

Die Motivation für diese Schritte ist die gleiche wie zu Beginn der industriellen Revolution: Die Automatisierung von Abläufen mit modernen EDV-Systemen führt zu Kostensenkungen. Personal kann durch die Fließbandabwicklung und die hohe Rationalisierung effizienter eingesetzt werden, was insgesamt zu einer Einsparung an Ressourcen führt. Die Banken konzentrieren sich wieder auf ihr Kerngeschäft und können so dem Wettbewerbsdruck eher Stand halten. Warum also nicht Tätigkeiten und Prozesse in „billigere" und oft auch zuverlässigere Fabrikationen verlagern? Zumal es sich um Aufgaben handelt, die für eine Bank keinen strategischen Vorteil bringen. Die Abwicklung einer Wertpapier-Order und die Verwahrung eines Wertpapiers sind Dienstleistungen, die der Kunde jeder Bank zutraut. So wurden in der jüngeren Vergangenheit die Wertpapier-, die Zahlungsverkehrs- und die Kreditabwicklung in sogenannte Fabriken ausgegliedert.

Der Druck auf die Banken hat aber auch nach Vollzug dieser Maßnahmen nicht abgenommen, sondern ist gerade mit der Finanzkrise noch weiter verstärkt worden. Lassen sich die Einsparungspotenziale durch Fabrikation auf weitere Bereiche ausdehnen? Es gibt weitere Bereiche in der Bank, die durch standardisierbare Abläufe gekennzeichnet sind, die sich stets in der gleichen Form wiederholen und aus deren Ausübung sich für die Bank keinerlei strategischer Vorteile ergeben: das bankenaufsichtsrechtliche Meldewesen.

Banken[1] unterliegen der Verpflichtung, Statistiken und Meldungen zu erstellen. Diese Informationen helfen den Aufsichtsbehörden (*Bundesbank* und *Bundesanstalt für Finanzdienstleistungsaufsicht* – BaFin) bei der Überwachung der Banken (Bankenregulierung) und der Sicherstellung der Stabilität des Finanzsystems. Der Prozess der Meldeerstellung weist viele Charakteristiken auf, die für ein standardisiertes Produktionsverfahren geeignet sind. Daten werden aus den relevanten Systemen extrahiert und in das Schnittstellenformat der jeweiligen Meldewesensoftware gebracht. Die Meldewesensoftware (z. B. ABACUS/DaVinci) verarbeitet die Daten in den jeweiligen vorgeschriebenen Rhythmen (täglich, monatlich, quartalsweise). Aus der Meldewesensoftware heraus werden alle Abgabedateien für die *Deutsche Bundesbank* bzw. das *BaFin* erzeugt. Die Abgabe der Meldungen erfolgt weitestgehend in elektronischen Datenfiles und nur in wenigen Ausnahmen noch in Papierform. Alle Prozessschritte, die nach Bereitstellung der Daten aus den Vorsystemen bis zur Abgabe der Meldungen notwendig sind, werden an die Fabrik übergeben. In der Fabrik wird sichergestellt, dass die Abhängigkeiten zwischen den einzelnen Prozessen eingehalten werden. Permanente Prüfroutinen gehören zum Leistungsumfang. Das Monitoring der Anwendung, das Prüfen von Fehlerlisten, das Erstellen von Standardreports gehören u. a. zum Leistungsumfang. Der Umfang der Auslagerung in die Fabrik kann die Hardware (Rechenleistung, Datenspeicherung), die Software (Meldewesensystem, einschl. Release Management), aber auch die Fach-Expertise zur Erstellung der aufsichtsrechtlichen Meldungen beinhalten.

Sind die Schnittstellen von den Systemen der Bank zum Meldewesensystem realisiert, dann ist der Vorgang der Meldungserstellung ein in festen Intervallen wiederkehrender identischer Prozess, der (von der technischen Seite betrachtet) problemlos aus den Kernprozessen der Bank in eine Fabrik übertragen werden kann. Natürlich hat die Bankenaufsicht auch die Auslagerung von Prozessen im KWG[2] geregelt. Die Erfüllung dieser Auflagen stellt für den Prozess der Meldeerstellung keine unüberwindbaren Hürden mehr da, wie Beispiele in der Praxis beweisen.

2 Anforderungen an das künftige Meldewesen

Ein Auslöser für ein Überdenken und Überarbeiten des Meldewesens ist sicherlich die US-Immobilienkrise[3], die globale Auswirkungen hatte. Daraus resultieren vielfältige Anforderungen an ein zukünftiges Meldewesen. Darüber hinaus ergeben sich weitere Veränderungen, die an Regularien vorgenommen werden müssen. Im Folgenden werden einige dieser Anforderungen zusammengestellt Dabei ist zu berücksichtigen, dass einige Ideen bereits heute schon umgesetzt wurden, sich aber vielleicht künftig noch ausweiten werden.

---

[1] Der Terminus Bank ist ein vereinfachter Begriff und trifft nicht alle meldepflichtigen Unternehmen. Der allgemeinere Begriff wäre Finanzinstitut, das wiederum aus mehreren Teilinstituten bestehen kann. Daher wird vereinfacht im Folgenden ganz allgemein von einer Institutsgruppe gesprochen.

[2] Das Gesetz über das Kreditwesen (KWG) liefert die Rechtsgrundlage, auf deren Basis die *Bundesbank* und die *BaFin* Informationen von Banken beziehen sowie direkt Einfluss auf Kreditinstitute ausüben können. Das KWG und ergänzende Verordnungen (Solvabilitätsverordnung [als deutsche Umsetzungen von Basel II], Liquiditätsverordnung, GroMiKV) legen Kreditinstituten Restriktionen auf, welche die Möglichkeit der Banken, Risiken eingehen zu können, begrenzen.

[3] Vgl. WIKIPEDIA (2007).

- Globale Harmonisierung des Meldewesens erfordert integrierte Lösungen

  - Die Meldewesen-Anforderungen der letzten Jahre basieren auf Empfehlungen, welche auf internationaler Ebene erarbeitet wurden (z. B. Basel II). Dieser Trend der globalen Harmonisierung wird sich zukünftig konsequent fortsetzen. Gerade die Finanzmarktkrise wird diese Vorgehensweise tendenziell verstärken.

  - Die nationalen Umsetzungen, die zukünftig fast ausschließlich auf internationalen Standards beruhen werden, unterscheiden sich nicht mehr strukturell voneinander und gelten daher automatisch für die ganze Institutsgruppe. Diese Harmonisierung soll verhindern, dass regionale Schlupflöcher zur Umgehung regulatorischer Anforderungen genutzt werden.

  - Eine Institutsgruppe mit internationaler Geschäftstätigkeit muss aus der globalen Harmonisierung der Meldeanforderungen heraus eine Verzahnung der Einzelgesellschaften anstreben. Regulatorische Neuerungen gelten immer für alle Gesellschaften. Isolierte Umsetzungen pro Meldeanforderung und Land sind nicht effizient. Der hohe Kostendruck und Qualitätsaspekte erzwingen zukünftig einen umfassenden Lösungsansatz.

- Niedrige Kosten, hohe Qualität

  - Nicht nur als Folge der Finanzmarktkrise suchen Banken nach Einsparungspotenzialen. Nachdem die Eintrittsschwelle für Nichtbanken im Finanzgeschäft in den letzten Jahrzehnten stetig gesunken ist, stieg der Kostendruck in der europäischen Bankenwelt, die ohnehin als „overbanked" gilt. Konzentration auf das Kerngeschäft, d. h. im Umkehrschluss: Insbesondere die Aufgaben, welche nicht zu den Kernprozessen gehören, werden hinterfragt. Das Meldewesen ist keine operativ am Markt agierende Einheit und somit nur ein Kostenfaktor. Aus den Risikomeldungen (Solvabilität, Marktpreisrisiken, Großkreditrisiken, Liquiditätsrisiko) zieht die Bank noch partiell eigenen Nutzen. Aus den statistischen Meldungen resultiert kein eigener Nutzen für die Banken. Sie sind ein reiner Kostenfaktor. Eine Verletzung der Meldepflichten kann sich die Bank wegen des Reputationsrisikos gerade in der jetzigen Situation nicht erlauben. Daher muss das Meldewesen preiswert und dabei höchst zuverlässig arbeiten.

  - Hohe Kosten entstehen im Meldewesen heute häufig, weil es innerhalb einer Institutsgruppe dezentrale Einheiten in den einzelnen Filialen oder Gruppengesellschaften gibt. Diese arbeiten mit lokalen Lösungen auf heterogenen Plattformen. Dies geschieht deshalb, weil einerseits die Meldeanforderungen der landesspezifischen Aufsichtsbehörde und andererseits die Zulieferung zur Konsolidierung nach dem Aufsichtsregime der international agierenden Muttergesellschaft erfüllt werden müssen. Unter dem derzeitigen Kostendruck werden auch diese Architekturen hinterfragt. Der Trend wird zur einheitlichen Plattform gehen.

- Beherrschung der Komplexität

  - Die Erstellung der verschiedenen Meldungen ist in den letzten Jahren sehr komplex geworden. Sowohl die immensen Datenanforderungen, als auch die verschachtelten Abläufe und die umfangreichen Rechenalgorithmen haben zu einer höheren Komplexität beigetragen. Mit der Umsetzung von Basel II in der Solvabilitätsrichtlinie (SolvV) wurden komplizierte Rechenformeln zur Ermittlung der Eigenkapitalausstattung eingeführt. Die Berechnung/Ermittlung der Eigenkapitalunterlegung für ein mit verschiedenen Instrumenten besichertes Kredit-Engagement ist (im Gegensatz zu früher) nicht mehr ohne weiteres mit einem einfachen Taschenrechner möglich. Die Verwendung interner Ratings, die wiederum zu differenzierten Risikogewichten führen und die Haircut-Thematik, nach der für bestimmte Sicherheitenkonstellationen Abschläge beim Sicherheitenwert vorzunehmen sind, sind Beispiele für die gestiegene Komplexität. Im Anschluss an die Solvabilitätsrichtlinie wurde die neue Groß- und Millionenkreditverordnung (GroMiKV) eingeführt. Diese verweist in vielen Fällen auf Ergebnisse der SolvV, was die Abhängigkeiten der Prozesse untereinander erhöht und den Gesamtablauf komplexer gemacht hat. Neben komplexen Rechenalgorithmen steigen zusätzlich die Anforderungen an die Daten und an die Datenspeicherung. Neben Bestandsdaten sind zunehmend auch Bewegungen über definierte Zeiträume abzubilden (z. B. Kreditkäufe/-verkäufe in der neuen *EZB*-Statistik; Meldungen von Zahlungen nach dem Auslandskreditvolumen – das ist aber eine Stichtagsbetrachtung).

- ➢ Für die Betreuung und Überwachung dieser komplexen Abläufe müssen entsprechende Ressourcen bereitgestellt werden. Sowohl auf der technischen als auch auf der fachlichen Seite sind die Anforderungen an diese Ressourcen in den letzten Jahren stark gestiegen. Gerade für kleinere Institutsgruppen ist es schwierig, diese Kapazitäten im benötigten Umfang bereitzustellen und zu bezahlen.

Nachfolgend stellen wir eine Struktur vor, die diese Anforderungen am ehesten erfüllen kann.

3 Konzept einer Meldewesenfabrik

Das landesspezifische Meldewesen ist durch die regulatorischen Vorgaben für alle meldepflichtigen Institute und Institutsgruppen in identischer Form anzuwenden. Durch die globalen Effekte insbesondere der Krise der Finanzmärkte werden sich auch länderübergreifend die Richtlinien sukzessive einander annähern. Die Komplexität der Vorschriften sowie deren Umsetzung und die Anzahl der Geschäfte, die ein Institut täglich tätigt, erfordert eine Softwaretechnische Lösung im Sinne eines Anwendungssystems.

Die Angleichung der regulatorischen Vorgaben führt sogar dazu, dass die abgeleiteten Anfoderungen an die Software sich auch länderübergreifend ähneln, wodurch ein übergreifendes Anwendungssystem[4] für das Meldewesen, welches in mehreren Ländern genutzt werden kann, möglich ist. Dabei muss die entsprechende Anwendung auch flexibel gestaltet sein, weil zum einen Aufsichtsbehörden in den einzelnen Ländern autonom sind und daher unabhängig entscheiden können, ob, wie und wann übergreifende Regelungen überhaupt umgesetzt werden. Im Zusammenhang mit dem Anwendungssystem sind zudem die erforderliche Infrastruktur und die notwendigen Prozesse zu betrachten.

---

[4] Eine Software für das Meldewesen ist eher isoliert und für ein Land gedacht. In Zukunft wird es durch die Harmonisierung der regulatorischen Vorgaben sowie die zunehmende Internationalisierung und Globalisierung der Institute erforderlich sein, eine länderübergreifende Software bereitzustellen. Da hierbei die Komplexität im Hinblick auf die Abdeckung der regulatorischen Anforderungen sowie die diversen Landesspezifika signifikant ansteigt, wird von einem Anwendungssystem, welches aus einer Vielzahl von länderübergreifenden und -spezifischen Komponenten besteht, gesprochen.

Dies kommt unter Kostengesichtspunkten auch den Institutsgruppen zu Gute, weil sie durch die immer stärkere Globalisierung und Internationalisierung derzeit gezwungen sind, in dem Land, in dem ein meldepflichtiger Sitz aufgebaut wird, ein jeweils landesspezifisches Anwendungssystem für das Meldewesen zu implementieren. Ein länderübergreifendes Anwendungssystem wäre erheblich kostengünstiger. Somit entsteht ein Standard für die Meldewesen-Software.

Um die Darstellungen zu vereinfachen, wird im Folgenden zunächst einmal nur ein Land betrachtet. Alle meldepflichtigen Institutsgruppen eines Landes können mit dem Standardsystem den Meldepflichten nachkommen. Dementsprechend stellt das Meldewesen eher eine Commodity[5] dar als einen Kernprozess eines Finanzinstitutes, wie beispielsweise der Kreditprozess, der als Alleinstellungsmerkmal angesehen werden kann. Eine solche Commodity kann in ein neutrales Unternehmen ausgelagert werden, weil trotz Konkurrenz sehr viele Synergieeffekte existieren.[6] Ein solches Unternehmen wird im Folgenden als Meldewesenfabrik bezeichnet.

Derartige Fabriken sind in anderen Bankenbereichen, z. B. als Kreditfabrik[7,8], als Wertpapierfabrik (dies wird eher als Wertpapierservice [WPS] bezeichnet) oder als Zahlungsverkehrsfabrik (ZVF)[9] bestens bekannt. Ziel der Fabriken ist es, komplexe Anwendungssysteme zentral auszulagern und diese vielen institutsübergreifenden (also auch Instituten unterschiedlicher Bankengruppen) Anwendern zur Verfügung zu stellen. Diese Fabriken bieten Funktionalitäten der Abwicklung und des Managements über den gesamten Lebenszyklus der Produkte an. Dies stellt erhebliche Anforderungen an das Anwendungssystem, weil es modular oder wie es heute besser heißt „serviceorientiert" aufgebaut sein muss. Dies ist erforderlich, weil unterschiedliche Produkte teilweise gänzlich andere Prozesse erfordern und auch einem anderen Lebenszyklus unterliegen. Dies bedeutet, dass für jeden Prozess spezifische Services identifiziert werden, die dann miteinander ad hoc integriert werden (siehe Abbildung 1).

Durch den Einsatz der Service-orientierten Architektur ist es möglich, dass gleichzeitig mit einem Set an Services verschiedene Produkte und Prozesse unterstützt werden können und diese auch noch für unterschiedliche Institutsgruppen angewendet werden.

Bei der Meldewesenfabrik werden drei Bereiche für Leistungen unterschieden. Dies sind die infrastrukturelle, applikatorische und prozessuale Ebene. Im Folgenden wird auf jeden Bereich detailliert eingegangen.

---

[5] Im Sinne eines Standardprozesses, der einfach existieren muss, aber nicht notwendigerweise zur Gewinnsteigerung beiträgt.

[6] Vgl. *NALEBUFF/BRANDENBURGER* (1997).

[7] Vgl. *DEWAL/JUNG/LEHMANN* (2002).

[8] Vgl. *FÜSER/THEEWEN/TÖLLE* (2008).

[9] Vgl. *MOORMANN/FISCHER* (2004).

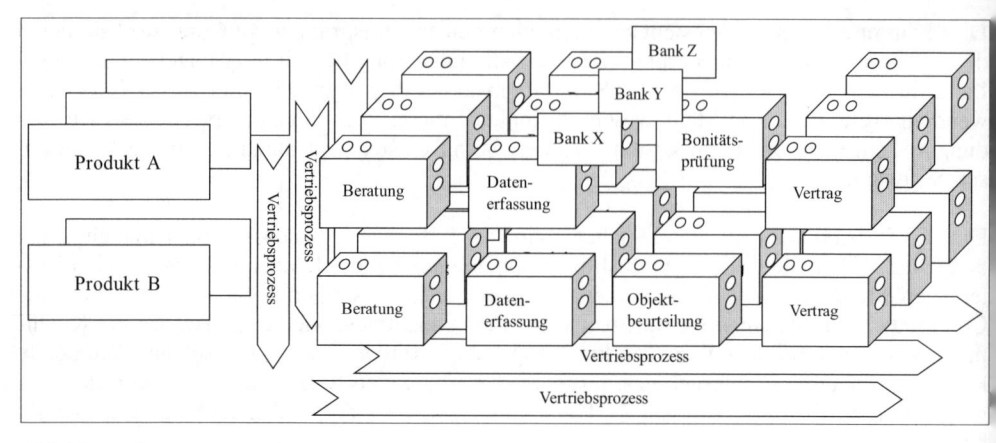

Abbildung 1:   *Beispiel einer Service-orientierten Architektur*

3.1 Infrastrukturelle Ebene

Die Meldewesenfabrik stellt die Infrastruktur für den Betrieb der Services zur Verfügung. Dabei muss insbesondere auf Kontinuität, Performance und Ausfallsicherheit sowohl beim Online- als auch im Batchbetrieb geachtet werden.

Ziel der *Kontinuität* ist es, dass immer ausreichend Serverkapazitäten vorhanden sind und dass keine Engpässe entstehen. Hierzu ist es erforderlich, dass die Hardware skalierbar ist. Im Online-Bereich ist die Kontinuität sehr stark mit der *Performance* im Sinne des Antwortzeitverhaltens verquickt. So ist es beispielsweise schwierig, vorherzusehen, wie viele Anwender gleichzeitig bestimmte Aktionen durchführen, wenn für diese bestimmte Antwortzeiten vereinbart wurden. Im Batchbetrieb bedeutet Kontinuität, dass Verarbeitungen in einem vorgesehenen Zeitfenster durchgeführt werden. Da der Batchbetrieb meist nachts stattfindet, muss ein hoher Automationsgrad bei der Durchführung der Verarbeitungen sichergestellt werden.

Die *Ausfallsicherheit* muss durch adäquate Backup- und Sicherungsmaßnahmen gewährleistet werden. Dabei muss auf der einen Seite natürlich sichergestellt werden, dass durch ausreichende Hardware ein Ausfall vermieden wird. Daneben stellt das Zeitfenster zum Wiederherstellen des geregelten Betriebs eine sehr viel höhere Hürde dar. Je nach dem welcher Zeitraum für eine Wiederherstellungsfrist definiert ist, sind die Backup- und Sicherungsmaßnahmen zu planen. Beispielsweise kann eine extrem hohe Verfügbarkeit der Hardware dazu führen, dass Failover-Strategien mit redundanten Servern installiert werden. Bei weniger kritischen Anwendungen kann es ausreichen, dass beispielsweise die Datenbank täglich gesichert wird.

Der Vorteil der Auslagerung des Betriebs der Meldewesenapplikation sind die Synergieeffekte durch den Fokus auf diesen Themenbereich.

> ➢ *Synergien bei den Mitarbeitern*: In den Institutsgruppen, insbesondere bei kleineren Gesellschaften, ist es häufig so, dass Mitarbeiter den Betrieb für verschiedene Applikationen übernehmen. Damit fehlt das Spezialwissen zu der jeweiligen Applikation, welches für die Stabilität und Kontinuität durchaus kritisch bzw. wichtig ist. In der Meldewesen-

fabrik können Mitarbeiter sich auf die Abläufe und Problemstellungen konzentrieren und sich so zu Spezialisten entwickeln.

➢ *Synergien und Skalierbarkeit bei der Infrastruktur*: In den Institutsgruppen wird versucht, bei der Infrastruktur Kosten einzusparen, in dem mehrere Applikationen auf einem Server installiert werden (Serverkonsolidierung). Dies führt meist dazu, dass nur wenig Skalierbarkeit[10] für die spezifische Applikation vorhanden ist. In der Meldewesenfabrik kann die Infrastruktur in einer Cloud angeboten werden, sodass bei Bedarf weitere Ressourcen bereitgestellt werden können. Dies bedeutet, dass Performance on Demand möglich wird.

➢ *Synergie bei den Kosten*: Für die Meldewesenapplikation müssen sich die Institutsgruppen entsprechende Infrastruktur beschaffen. Durch die Konsolidierung der Infrastruktur in der Meldewesenfabrik können Hardware- und Lizenzkosten durch Synergieeffekte bei den Bestellmengen deutlich reduziert werden.

3.2 Applikatorische Ebene

Ähnlich wie bei der Kreditfabrik oder WPS ist das Ziel der Meldewesenfabrik die erforderlichen Applikationen für den Themenkomplex zu entwickeln, zu warten und zu pflegen. Die Nutzung dieser Applikationen durch unterschiedliche Institutsgruppen hat verschiedene kritische Anforderungen zur Folge:

➢ *Mandantenfähigkeit*: Es muss sichergestellt werden, dass mehrere Nutzer unterschiedlicher Institutsgruppen nur Zugriff auf „ihre Daten" haben. Es darf nicht passieren, dass ein Nutzer Zugriff auf die Daten einer anderen Institutsgruppe erhält. Hierzu muss es eine strikte Trennung der Zugriffsrechte der Anwender geben. Dies lässt sich in einfacher Weise dadurch erreichen, dass beispielsweise für jeden Kunden eine spezifische Instanz[11] aufgebaut wird. Dies wirkt sich insbesondere deswegen nachteilig aus, weil die erwarteten Synergieeffekte aus einer Hardware-Konsolidierung (d. h. gemeinsame Nutzung von von einer Installation auf einem Server) wegfallen. Nehmen wir nur als Beispiel die Installation eines Releases für eine Applikation in der Meldewesenfabrik mit 10 Instituten. In diesem Fall muss der Upgrade auf das neue Release zehnmal durchgeführt werden, d. h. für jede Institutsgruppe separat.

Um wirklich Serverkonsolidierung und Reduktion der Software-Instanzen hinzubekommen, ist eine Kernanforderung an ein Meldewesensystem die Sicherstellung einer vollständigen Mandantenfähigkeit.

---

[10] Unter der Skalierbarkeit wird die Möglichkeit verstanden, je nach Bedarf bei den Anwendern auch mehr infrastrukturelle Ressourcen bereitzustellen, um beispielsweise die Performance zu verbessern. Diese Skalierbarkeit ist im Meldewesen ganz entscheidend, da während der Meldeperioden natürlich vermehrte Aktivitäten zu verzeichnen sind.

[11] Eine Instanz ist die Installation der erforderlichen Applikationen. Gibt es spezifische Instanzen für jedes Institut, so bedeutet dies, dass jeweils auch eine Installation existiert. Dies kann so weit gehen, dass jede Installation auch auf einer eigenen Hardware erfolgt.

➤ *Flexibilität der Prozesse*: Obwohl sich die Meldepflicht von Institut zu Institut nicht ändert, ist die Erfüllung dieser Auflagen in einer Bank sehr individuell. Dies hängt zum einen von der Größe der Institutsgruppe und zum anderen von den unterschiedlichen Produktarten ab, die vorhanden sind. Dies führt zu verschiedenen Prozessen, die eine Meldewesenfabrik abbilden muss.

Daher ist es unabdingbar, dass die Applikationen als Services bereitgestellt werden. Nur durch die Verwendung einer Service-orientierten Architektur lassen sich einfacher unterschiedliche Prozesse abbilden. Dies kann soweit führen, dass sich jedes Institut seine Services individuell zusammenstellt. Dabei ist darauf zu achten, dass die Meldefähigkeit trotzdem gewährleistet wird.

Die service-orientierte Anwendung bietet verschiedene Vorteile. Zum einen können durch die „baustein-orientierte" Architektur Funktionalitäten adäquat für eine Institutsgruppe zusammengestellt werden. Dies führt zu einer hohen Anwenderzufriedenheit, weil die Komplexität der Anwendung auf die Bedürfnisse der Institutsgruppe zugeschnitten ist. Zum anderen ergeben sich natürlich Kosteneinsparungen, weil nur die genutzten Funktionalitäten bereitgestellt und dementsprechend auch bezahlt werden müssen.

Denkbar ist es auch, bestimmte Überwachungsfunktionen in Form eines Service on Demand[12] bereitzustellen, sodass die Anwendung weiterverschlankt werden könnte.

3.3 Prozessuale Ebene

Eine Institutsgruppe muss eine Meldung eigenverantwortlich abgeben. Dafür sind vielfältige Prozesse in den Institutsgruppen etabliert, um der Meldepflicht zu genügen. Meist sind es Aufgaben wie bspw. die Daten auf den Meldeformularen zu einem Termin zu kontrollieren, zu verifizieren und gegebenenfalls zu korrigieren. Des Weiteren ist es insbesondere im Rahmen des Kreditwesengesetzes (§13, §13b und §14 KWG) erforderlich, täglich eine Überwachung der Einhaltung von Kreditgrenzen durchzuführen.

Insbesondere bei kleineren Institutsgruppen kann dies zu einem Problem führen, weil die Volumina der Geschäfte zu einem Meldebereich gar nicht ausreichen, um eine einzelne Person komplett zu beschäftigen. Dies bedeutet, dass dieser Mitarbeiter neben den Aktivitäten für das Meldewesen weitere Aufgaben übernimmt, sodass er sich auch bei einer täglichen Überwachung u. U. immer wieder in die Themen einfinden muss. Dies ist insbesondere dann der Fall, wenn sich beispielsweise das Portfolio der Geschäfte einer Institutsgruppe erweitert. Ferner ist in kleineren Unternehmen auch eine Vertretungsregelung schwierig. Dies kann natürlich in der Meldewesenfabrik anders gelöst werden, weil sich die Mitarbeiter ausschließlich mit der Thematik des Meldewesens beschäftigen.

Viele dieser Tätigkeiten, insbesondere Überwachungsfunktionen und Analysen auf die Korrektheit der Daten können als Prozess in eine Meldewesenfabrik ausgelagert werden. Diese hat den Vorteil, dass durch eine Meldeerstellung für verschiedene Institutsgruppen mit kleineren Volumina eine kritische Masse erreicht wird, die eine einzelne oder auch mehrere Perso-

---

[12] Vgl. *BEINHAUER/HERR/SCHMIDT* (2008).

nen auslasten. Durch die sich stetig wiederholende Tätigkeit können die Prozesse optimiert und effizienter gestaltet werden.

Es gibt jedoch Beschränkungen bei dem Verlagern der Prozesse in die Meldewesenfabrik. So können beispielsweise über Validierungen und Konsistenzprüfungen Fehler bei den Daten identifiziert werden, aber die Korrektur kann nur von einem Mitarbeiter der Bank durchgeführt werden. Ferner werden insbesondere heute manuell in der Institutsgruppe durchgeführte Prozesse (z. B. die Anpassung von Kreditnehmereinheiten, GbRs[13], etc. vor einer Meldungsabgabe) so nicht mehr möglich sein. Derartige Korrekturen müssen in der Institutsgruppe in den bestandsführenden Systemen durchgeführt und anschließend per Schnittstelle an die Meldewesenfabrik geliefert werden müssen.

Ein offener Punkt ist auch, dass eine Institutsgruppe die Meldung in ihrem Namen abgeben muss und somit auch die Richtigkeit „garantiert". Es gibt aber Möglichkeiten, mit den Aufsichtsbehörden eine Regelung zu finden. Dennoch bleibt es nicht aus, dass die Verifikationsprozesse in der Institutsgruppe verbleiben müssen.

Trotz dieser Einschränkungen verbessert sich die Effizienz der Meldeerstellung bei den Institutsgruppen durch das Auslagern der Prozesse an die Meldewesenfabrik.

3.4 Der Prozessbus für die Meldewesenfabrik

Mit der Möglichkeit, die Infrastruktur, die Applikationen und die Prozesse in eine Meldewesenfabrik auszulagern, ergeben sich vielfältige Vorteile, die in den vorhergehenden Abschnitten dargestellt wurden. Dennoch zeigt sich, dass Institute vor einem solchen Schritt zurückschrecken. Hauptkritikpunkte an der Meldewesenfabrik sind:

➢ *Meldewesen als institutseigene Domäne*: Meldewesen wird noch immer als Hoheit der Institute angesehen. Dies liegt auch insbesondere daran, dass das meldende Institut letztlich die Verantwortung für die Abgabe der Meldungen an die Aufsichtsbehörden hat.

➢ *Wettbewerbsvorteile*: In den Meldungen, insbesondere bei der Solvabilitätsverordnung, sind Möglichkeiten vorgesehen, dass bestimmte Parameter durch ein Institut selbst durch Nutzung von internen Modellen ermittelt werden. Ferner gibt es Möglichkeiten, beispielsweise Sicherheitenzuordnungen zu Krediten und Kreditnehmern so zu optimieren, dass die vorgegebenen Regularien eingehalten werden.

Durch Verlagerung des Meldewesens in eine Meldewesenfabrik besteht die Befürchtung, dass diese Wettbewerbsvorteile verloren gehen. Denn in einer Meldewesenfabrik wird das Anwendungssystem allen Instituten die gleichen Berechnungsmodule bereitstellen.

➢ *Genehmigung der Aufsichtsbehörden*: Es ist immer im Einzelfall mit den Aufsichtsbehörden zu klären, was im Rahmen des Meldungsprozesses überhaupt ausgelagert werden darf.

---

[13] GbR = Gesellschaft des bürgerlichen Rechts.

Um diesen Kritikpunkten zu entgegnen, ist eine Kernfunktionalität der Meldewesenfabrik der Prozessbus. Die Idee dabei ist – ähnlich wie beim Softwarebus[14], wo Software-Komponenten miteinander kommunizieren –, dass einzelne Prozessschritte über wohldefinierte Schnittstellen verfügen und den Prozessbus als Kommunikationsplattform benutzen. Da Prozessschritte erst einmal eher prozeduralen Vorgehensweisen entsprechen, wird ein Ansatz aus den prozeduralen Programmiersprachen genutzt. Danach verfügt ein Prozessschritt eine definierte Import- und Exportschnittstelle sowie einen Satz von Funktionen, die die angelieferten Daten in Ausgabedaten transformieren. Jedem Prozessschritt werden des Weiteren ein oder mehrere Services oder Applikationen zugeordnet. Diese können wiederum auf einer oder mehreren Infrastrukturkomponenten (d. h. Servern) installiert sein.

Die Aufgabe des Prozessbuses ist es, zum einen eine Spezifikation für die Import- und Exportschnittstellen (z. B. WSDL[15]) bereitzustellen und zum anderen die Kommunikation durch entsprechende internetbasierte Technologien, wie SOAP[16], IIOP[17] oder RMI, zwischen den einzelnen Prozessschritten bereitzustellen. Dadurch werden Prozesse sowie die zugrundeliegenden Services/Applikationen und Infrastrukturkomponenten unabhängig von der eigentlichen Lokation.

Ein Meldewesenprozess gliedert sich dann in einzelne Prozessschritte. Wo nun diese einzelnen Schritte ausgeführt werden und wo die zugehörigen Services/Applikationen bereitgestellt werden, liegt in der Entscheidungsgewalt des Instituts bzw. wird im Rahmen des Einführungsprojekts (siehe Abschnitt 5) festgelegt. Das Institut kann so entscheiden, dass beispielsweise Berechnungsmodule nicht ausgelagert werden, sondern über die definierten Schnittstellen mit Daten von der Meldewesenfabrik beliefert werden und die Ergebnisse wieder zurückspielen.

Der Prozessbus verleiht den Instituten als zentrale Komponente der Meldewesenfabrik eine Flexibilität, die es ermöglicht:

➢ den Wettbewerbsvorteil durch eigene Modelle im Rahmen der regulatorischen Vorgaben voll auszuschöpfen,

➢ den Investitionsschutz für eigenentwickelte Rechenkerne und Optimierungen zu wahren, und

➢ den Meldevorschriften der Aufsichtsbehörden zu genügen und die Hoheit über die Meldung zu behalten.

Somit rundet der Prozessbus die Anforderungen der Institute ab und verhilft der Meldewesenfabrik zum Erfolg.

---

[14] Vgl. *VARRELL* (1991).
[15] Vgl. *BARRY* (2003).
[16] Vgl. *DOUGLAS* (2003).
[17] Vgl. *SIEGEL* (1999).

4 Die Meldewesenfabrik erhöht die Qualität der Ergebnisse

Ein wesentlicher Vorteil beim Outsourcing ist, dass der Spezialanbieter in der Lage ist, eine verbesserte Qualität zu gewährleisten. So können durch den Einsatz von Spezialisten in den drei Bereichen – Infrastruktur, Applikationen und Prozesse – auch gänzlich andere Prozesse in der Meldewesenfabrik implementiert werden als die in einem Institut.

➢ Ein Element für die konstruktive Qualitätssicherung ist die Definition von Service Level Agreements für das Managen einer Meldewesensoftware, deren Betrieb und Sicherstellung der Abgabetermine.

➢ Ein zweites Element ist die höhere Qualität der bereitgestellten Services. Dies liegt insbesondere daran, dass Services aufgrund ihrer Wiederverwendung innerhalb einer Vielzahl von Prozessen einem höheren Qualitätsstandard genügen als Individualentwicklungen.

In den folgenden beiden Abschnitten wird auf diese beiden Elemente eingegangen.

4.1 Bereitstellen eines SLA Framework

Verschiedene Institutsgruppen werden aufgrund unterschiedlicher Einschätzungen für Services auch verschiedene Anforderungen an den unterstützenden Service Level haben. Daher wird für die Service Levels bei einer Meldewesenfabrik ein sogenanntes Service Level Framework[18] erstellt (siehe Abbildung 2).

Wie in der Abbildung dargestellt, gibt es zu den übergreifenden Services, wie z. B. Applikationsmanagement, verfeinerte Leistungen, die von der Meldewesenfabrik erbracht werden. Zu jeder Leistung werden eine Metrik und mögliche Ausprägungen zu dieser definiert. Alle übergreifenden Services, Leistungen, Metriken und Ausprägungen bilden dann das SLA Framework, welches den Rahmen bildet. Für jeden Kunden werden die Services und Leistungen identifiziert, die von der Meldewesenfabrik erbracht werden sollen. Anschließend werden die Ausprägungen ausgewählt, die für eine spezifische Leistung gelten müssen. Des Weiteren werden die Ausprägungen kategorisiert, um festzulegen, welcher Wert als akzeptabel und welcher als nicht mehr akzeptabel angesehen wird.

Das SLA Framework beinhaltet auch ein sogenanntes Penalty-Modell. In diesem Modell wird definiert, welche Sanktionen bei welchen Werten letztlich greifen. Dies ist unbedingt erforderlich, um sicherzustellen, dass in der Meldewesenfabrik auch die Relevanz von Services eindeutig bekannt ist. Interessanterweise haben Untersuchungen bei dem Outsourcing von Dienstleistungen gezeigt, dass beide Partner – also sowohl der Auftraggeber als auch der Auftragnehmer – in dem Augenblick verlieren, in dem wirklich Sanktionen ausgesprochen werden müssen, weil beispielsweise der eine oder andere zugesicherte Service nicht erbracht wird. Dies liegt daran, dass der Auftraggeber einen vielleicht unwiderruflichen Reputationsverlust erleidet und der Auftragnehmer für den Schaden, meist in finanzieller Form, aufkommen muss (wobei ein derartiger Verlust des Ansehens in der Regel nicht mit Geld abgegolten werden kann).

---

[18] *DEWAL* (2004).

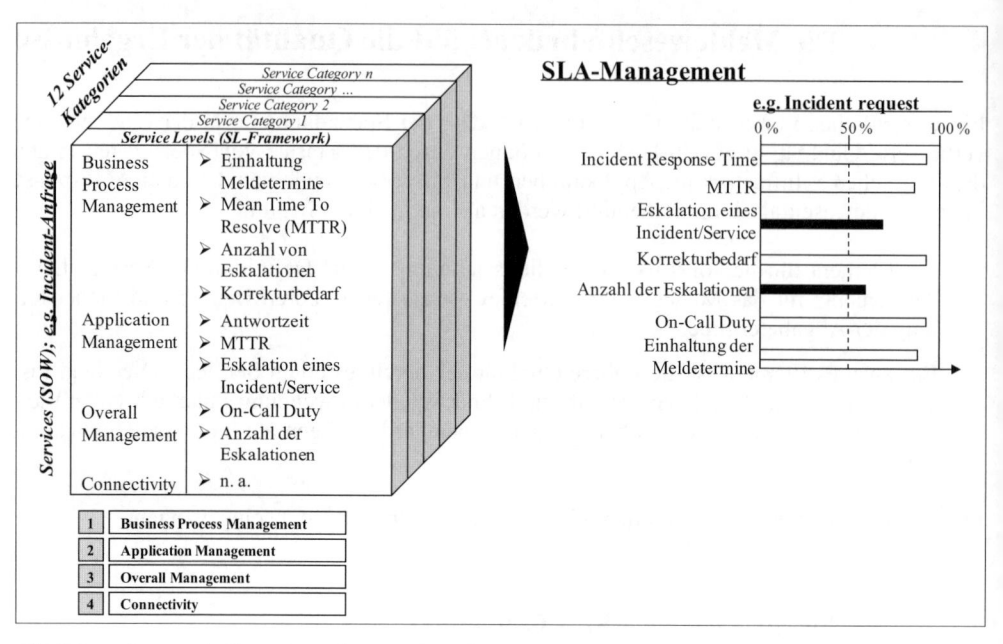

Abbildung 2:   Aufbau eines Service Level Frameworks

Das Service Level Agreement muss bei Vertragsunterzeichnung festgelegt sein und im Rahmen von kontinuierlichen Verbesserungsprozessen turnusmäßig überprüft und bei Bedarf auch angepasst werden.

4.2   Anforderungs- und Release Management

Wenn Prozesse, Applikationen und/oder Infrastruktur ausgelagert werden, die vorher exklusiv für beispielsweise das Meldewesen zur Verfügung standen, gibt es häufig Befürchtungen, die Exklusivität in der Betreuung zu verlieren. Denn in der Meldewesenfabrik ist dann die Institutsgruppe eine von vielen. Dies kann beispielsweise dazu führen, dass Anforderungen und Wünsche wegen mangelnder Kritikalität nicht so schnell bearbeitet werden. Daher ist ein Kernelement der Meldewesenfabrik das Anforderungsmanagement, welches sicherstellt, dass die Vorgaben, Wünsche, Anregungen und Fehler auch entsprechend priorisiert und umgesetzt werden (siehe Abbildung 3).

Die Anforderungen an eine Meldewesenfabrik haben unterschiedlichen Ursprung. So können es neue Verordnungen der Aufsicht (z. B. *Bundesbank/BaFin* in Deutschland oder *CSSF/BCL* in Luxemburg) sein, die bei der Meldungserstellung berücksichtigt werden müssen bzw. zu einer Modifikation der Anwendung führen können. Des Weiteren können die einzelnen Anwender Änderungswünsche, Fehler und Anregungen einbringen. Die Gesamtmenge der Anforderungen wird vom Anforderungsmanagement gesichtet, analysiert, priorisiert und ggf. an die Anwendungsentwicklung weitergeleitet. Dort werden die zugewiesenen Anforderungen in Arbeitsaufträge umformuliert und in einen Release, Patch oder Hotfix gepackt. Dabei kann jedes Release als ein Projekt angesehen werden, welches zum Ziel hat, die Applikation so zu modifizieren, dass sie den geänderten Bedürfnissen entspricht.

Meldewesenfabrik 351

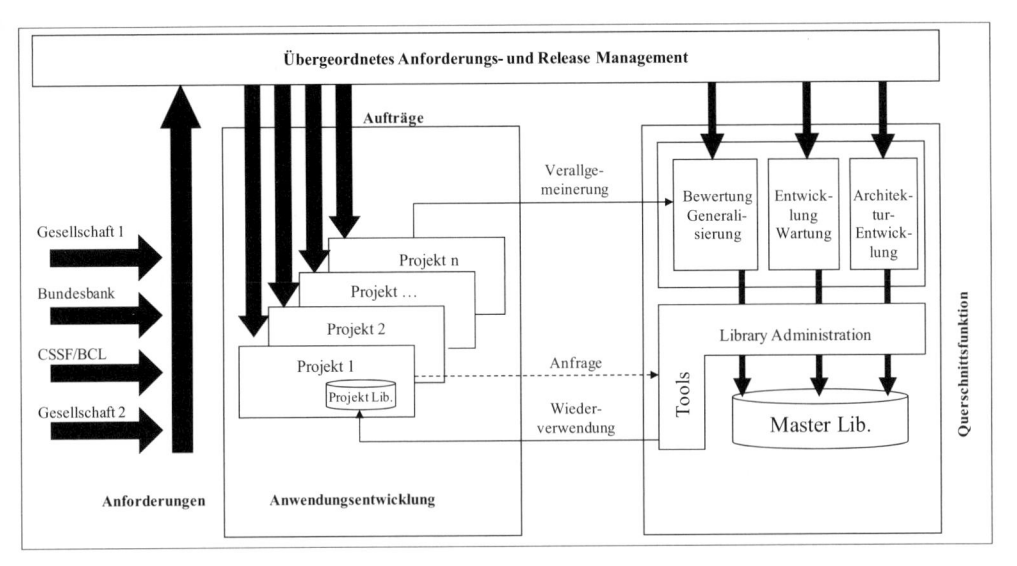

Abbildung 3: Aufbau eines Anforderungs- und Release Managements

Im Rahmen der Anwendungsentwicklung ist es besonders wichtig darauf zu achten, dass die Arbeitsaufträge auch so implementiert werden, dass die Service-orientierte Architektur beibehalten wird. Ganz wichtig ist es daher, dass im Rahmen eines ständigen Qualitätsmanagements überprüft wird, inwieweit Services adäquat sind. Ggfs. ist es erforderlich, über entsprechende Projekte Services zu neutralisieren, aufzuteilen oder gar neu zu konzipieren.

4.3 Höhere Qualität von Services

Bei einer Service-orientierten Architektur, wie sie in der Meldewesenfabrik zum Einsatz kommt, ist es unabdingbar, dass Services, die wiederverwendet werden, einer deutlich höheren Qualität unterliegen müssen, als dies vielleicht für Individualentwicklungen der Fall ist. Dies fängt an bei der wohldefinierten Schnittstelle, die für einen Service ganz entscheidend ist, damit dieser auch für verschiedene Prozesse eingesetzt werden kann. Ferner wird im Rahmen der Software-Entwicklung explizit auf die Qualität der zugesicherten Funktionalitäten geachtet. Hierzu werden spezielle Qualitätskriterien aufgestellt und bei den Modul- und Integrationstests entsprechende Testszenarien ausgeführt.

4.4 Meldewesenfabrik und Datenqualität

SLAs, Anforderungs- und Release Management sowie Quality of Service stellen Methoden und Verfahren dar, mit denen die Meldewesenfabrik signifikante Verbesserungen in der Qualität auf der infrastrukturellen, applikatorischen und prozessualen Ebene für ein Institut oder auch für eine Institutsgruppe erbringen kann.

Die für die Meldeerstellung benötigten Daten werden von der Institutsgruppe bereitgestellt. Stimmt die Datenqualität der bereitgestellten Informationen nicht, so hat dies Auswirkungen auf Prozesse (weil beispielsweise mehr Fehlerkorrekturen am Datenbestand durchgeführt werden müssen) und auch auf die Meldungsabgabe (weil es beispielsweise zu Beanstandungen der *Deutschen Bundesbank* kommen kann).

Auf die Datenqualität selbst hat die Meldewesenfabrik jedoch keinen Einfluss. Dies muss die Institutsgruppe bei der Anlieferung sicherstellen. Stetig mangelnde Datenqualität kann also zu erhöhten Kosten führen. Daher muss es in der Meldewesenfabrik einen Prozess geben, der die Datenqualität kontinuierlich prüft und sicherstellt, dass bei Problemen, die betroffenen Institutsgruppen auch entsprechend in Kenntnis gesetzt werden.

5 Der Weg zur Meldewesenfabrik

Die Kernfrage lautet, wie ein neues Institut in eine bestehende Meldewesenfabrik aufgenommen werden kann. Diese Übernahme ist in einer Meldewesenfabrik standardisiert und wird immer um die applikatorische Unterstützung aufgebaut. So hat die *BearingPoint Software Solutions GmbH* das Produkt ABACUS/DaVinci entwickelt, welches als Meldewesensoftware konzipiert und bei zahlreichen Banken in Deutschland und Luxemburg im Einsatz ist. Durch die Architektur von ABACUS/DaVinci eignet sich dieses Produkt auch als Kernapplikation in einer Meldewesenfabrik.

In Abbildung 4 ist eine typische Applikationsunterstützung mit ABACUS/DaVinci für das Meldewesen dargestellt. Basierend auf dieser Vorgehensweise wird auch der standardisierte Übernahmeprozess aufgebaut.

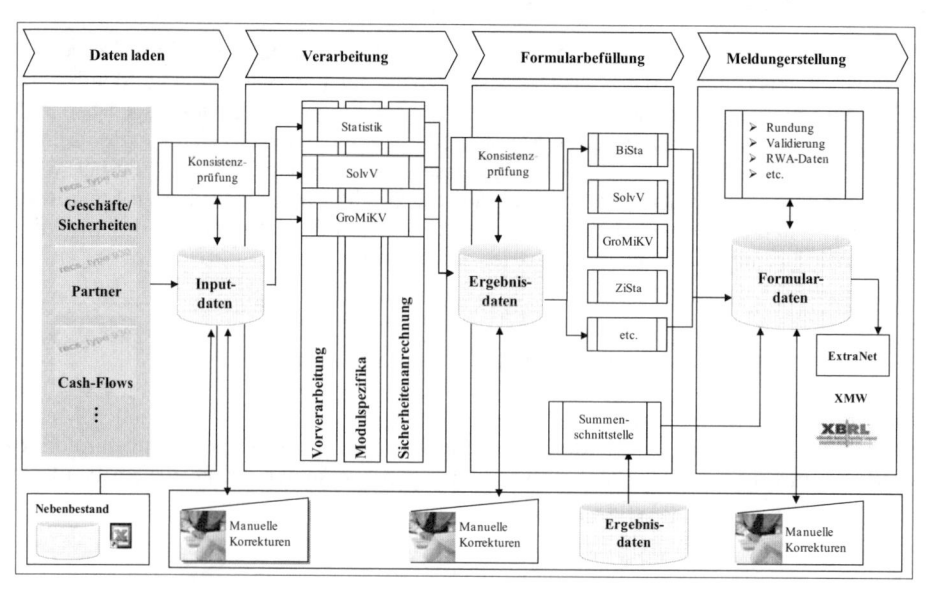

Abbildung 4: Meldeerstellung mit ABACUS/DaVinci

Die Abbildung zeigt, welche Schritte typischerweise anfallen, wenn in einer Institutsgruppe das Meldewesen unterstützt werden soll. Daraus lassen sich auch die Schritte ableiten, die erforderlich sind, um eine neue Institutsgruppe in der Meldewesenfabrik aufzunehmen.

- *Identifikation der Services*: Es werden die Services identifiziert, die ein Institut an eine Meldewesenfabrik auslagern möchte. Dies kann sich auf einzelne Ebenen wie Infrastruktur, Applikation und Prozesse beschränken. Des Weiteren muss dann festgelegt werden, welche Leistungen für die ausgewählten Ebenen erbracht werden müssen.

  Hierbei ist natürlich auch zu entscheiden, welche Services von der Meldewesenfabrik übernommen werden und welche im Institut verbleiben.

- *Einrichten der Schnittstellen*: Ein ganz wichtiger Aspekt ist die Lieferung von Daten an die Meldewesenfabrik. Hierfür existiert eine standardisierte Schnittstelle, die das Institut für die Datenzulieferung verwenden kann. Die Schnittstelle wird von ihrer Komplexität auf die Belange einer Institutsgruppe dimensioniert. So kann es sein, dass ein Institut, welches eine geringe Produktpalette hat, auch mit einer einfachen Schnittstelle auskommt, während ein anderes mit komplexen Geschäften auch viel mehr Daten anliefern muss.

  Im Rahmen eines Projekts wird die individuelle Schnittstelle für ein Institut definiert und muss dann von diesem in der Applikationslandschaft implementiert werden. Die Datenübertragung an die Meldewesenfabrik erfolgt automatisiert über eine gesicherte Datenleitung.

- *Parametrisierung der Services*: Die identifizierten Services müssen im Rahmen eines Projektes auf die Belange der Institutsgruppe parametrisiert werden. Beispielsweise müssen die grundlegenden Einstellungen wie zum Beispiel Name, Bankleitzahl, Meldeeinheiten, etc. vorgenommen werden.

- *Definition der Service Levels*: Wie in Abschnitt 4.1 festgelegt, werden zusammen mit der Institutsgruppe die Services und Leistungen sowie deren Ausprägungen aus dem SLA Framework identifiziert und festgeschrieben. Das institutsspezifische Service Level Agreement wird anschließend zum Vertragsbestandteil.

- *Aufbau des Datenhaushalts in der Meldewesenfabrik*: Wie bei der Schnittstellendefinition wird ein Projekt aufgesetzt, welches die Datenmigration zum Inhalt hat. Es ist beispielsweise erforderlich, die notwendigen Datenhistorien in den Datenbanken der Meldewesenfabrik aufzubauen. Hierzu wird festgelegt, wie die Datenübernahme erfolgen soll.

Die Übernahme von Aktivitäten in der Meldewesenfabrik ist darauf optimiert, dass Standardservices und Leistungen in Anspruch genommen werden. In diesem Fall ist eine Übernahme recht einfach und kostengünstig. Zusätzliche Services und Leistungen können dazu führen, dass eine Übernahme komplizierter und damit teurer wird. Dies ist im Einzelfall zu entscheiden.

Insgesamt profitiert eine Institutsgruppe bei der Verlagerung des Meldewesens von dem Know-how, das in der Meldewesenfabrik existiert.

6 Abschließende Bemerkungen

Meldewesen ist eine sehr komplexe Thematik. Durch die Internationalisierung und Globalisierung der Finanzmärkte wird es immer mehr zu einer Harmonisierung der Verordnungen in den verschiedenen Ländern kommen. Dies bedeutet, dass immer mehr Standardentwicklungen in den Institutsgruppen eingesetzt werden, wobei die Aufgaben des Meldewesens nicht zum Kerngeschäft zählen. Unter dem stetig wachsenden Kostendruck und der nur bedingt verfügbaren Mitarbeiter für die erforderlichen Aktivitäten, stellt die Meldewesenfabrik eine sehr gute Lösung für die Institutsgruppen dar. Hierbei werden auf infrastruktureller, applikatorischer und prozessualer Ebene die Aufgaben ausgelagert.

In der Meldewesenfabrik, die somit zum Spezialinstitut für das Meldewesen wird, können die Meldeerstellungsprozesse bei deutlich verbesserter Qualität durchgeführt werden. Die Qualitätsverbesserungen resultieren daraus, dass Mitarbeiter, Infrastruktur und auch die Applikation auf das Spezialgebiet fokussiert werden können. Dies führt dazu, dass immer wieder Synergieeffekte bei der Infrastruktur und den Meldeprozessen ausgenutzt werden können, die letztlich zu erheblichen Kosteneinsparungen führen.

Darüber hinaus bietet die Meldewesenfabrik mit dem Prozessbus eine ideale Möglichkeit, die Prozesse auf die Institute maßzuschneidern und sicherzustellen, dass die einzelnen Prozessschritte unabhängig von der Lokation ausgeführt werden können. So können die Institute neben Kosteneinsparungen auch Wettbewerbsvorteile für sich in Anspruch nehmen, indem beispielsweise eigene Rechenkerne oder Optimierungsverfahren in bestimmten Prozessschritten genutzt werden.

Auch die Übernahme zusätzlicher Institutsgruppen gestaltet sich effizienter als die Einführung einer neuen Meldewesensoftware im eigenen Haus. Dies liegt daran, dass mit wohldefinierten Schnittstellen gearbeitet wird und die Funktionalitäten durch die Nutzung der Serviceorien-tierten Architektur für eine Institutsgruppe maßgeschneidert werden können.

Somit ist die Meldewesenfabrik die Lösung für die anstehenden Herausforderungen für die Institutsgruppen im Finanzwesen im Allgemeinen und im Meldewesen im Speziellen.

Quellenverzeichnis

BEINHAUER, W./HERR, M./SCHMIDT, A. (2008) (Hrsg.): SOA für agile Unternehmen - Serviceorientierte Architekturen verstehen, einführen und nutzen, Düsseldorf 2008.

BRANDENBURGER, A. M./NALEBUFF, B. J. (1997): Co-Opetition: A Revolution Mindset That Combines Competition and Cooperation: The Game Theory Strategy That's Changing the Game of Business, New York 1997.

DOUGLAS, K. B. (2003): Web Services and Service-Oriented Architectures: The Savvy Manager's Guide, San Francisco 2003.

DEWAL, S./JUNG, H./LEHMANN, K. (2002): Zukünftige IT-Architekturen im Firmenkundengeschäft der Banken, in *JUNCKER, K./PRIEWASSER, E.* (Hrsg.), Handbuch Firmenkundengeschäft, 2. Auflage, Frankfurt am Main 2002, S. 523–537.

DEWAL, S. (2004): Erstellung eines SLA-Frameworks für das Applikations-Outsourcing, BearingPoint Projekt, 2004.

DEWAL, S. (2009): Make SOA Work – Eine Frage des Gleichgewichts, in: *KEUPER, F./ HAMIDIAN, K./VERWAAYEN, E./KALINOWSKI, T.* (Hrsg.), transformIT – optimale Geschäftsprozesse durch eine transformierende IT, Wiesbaden 2009, S. 77–95.

FÜSER, K./THEEWEN, E./TÖLLE, H. (2008): Industrialisierung der Kreditprozesse: Wege zu externen Kreditfabriken, Köln 2008.

MOORMANN, J./FISCHER, T. (2004): Handbuch Informationstechnologie in Banken, Wiesbaden 2004.

SIEGEL, J. (1999): CORBA 3 – Fundamentals and Programming, 2. Auflage, Hoboken 1999

VARRELL, M. S. (1991): ESF: the Software Bus, in: IEE Colloquium on Architectures for Distributed Development Support Environments, London 1991.

WIKIPEDIA (2007): Finanzkrise ab 2007, online: http://de.wikipedia.org/wiki/US-Immobilienkrise, Stand: 23.09.2009, Abruf: 23.09.2009.

Auswirkungen von Green IT auf das IT-Controlling

ANDREAS GADATSCH

Hochschule Bonn-Rhein-Sieg,
Fachbereich Wirtschaftswissenschaften Sankt Augustin

1 Einführung 359
2 IT-Controlling 359
   2.1 Begriff 359
   2.2 Gestaltungsoptionen 360
   2.3 Werkzeuge des IT-Controllers 361
3 Green IT 363
   3.1 Technologien und Konzepte 363
   3.2 Forschung und Entwicklung 363
   3.3 Alternativen 364
4 Auswirkungen von Green IT 364
   4.1 Green IT im deutschen Sprachraum 364
   4.2 Ziele von Green IT 365
   4.3 Aktualität von Green IT 366
   4.4 Kenntnis der IT-Energiekosten 367
   4.5 Maßnahmen zur Energieeinsparung 368
   4.6 Prozesse in der IT 369
   4.7 Organisation 370
   4.8 Erweiterung des IT-Controlling-Konzeptes 371
5 Fazit und Ausblick 371
Quellenverzeichnis 372

1 Einführung

Nachhaltig gestiegene Energiepreise haben vor dem Hintergrund begrenzter IT-Budgets zum Nach- und teilweise auch Umdenken geführt. Ähnlich der „Bio-Welle" im Lebensmittelbereich ist derzeit eine „Grüne-Welle" unter IT-Anbietern und deren Kunden zu verspüren. Unter Green IT kann der energiesparende Umgang mit IT-Ressourcen verstanden werden. Hierzu gehören energiesparende Investitionen in Hardware, Software und Services, aber auch Veränderungen in der Geschäfts- und IT-Strategie. Allerdings zeigen verschiedene Studien, dass noch kein durchgängiges Verständnis über Green IT existiert[1]. In vielen Fällen sind dem IT-Management die Energiekosten für den Betrieb zentraler IT-Systeme (Server im Rechenzentrum u. a.) und dezentraler Arbeitsplatzsysteme (Desktops, Laptops u. a.) weitgehend unbekannt. Eine aktuelle Umfrage hat ergeben, dass ein Drittel der Unternehmen ihre Energiekosten für den Betrieb der IT nicht kennen.[2] Zudem werden bei Investitionsentscheidungen die Energiekosten nur rudimentär oder gar nicht in den Entscheidungsprozess einbezogen. Gleichzeitig prognostizieren Analysten wie die *Gartner Group* einen stark steigenden Markt für IT-Leistungen, die unter dem Schlagwort „Green IT" vermarktet werden.[3] Stand bislang die Einsparung von Energiekosten im zentralen Rechenzentrum im Vordergrund, weiten sich die Bemühungen auch im dezentralen IT-Umfeld, also in den Büros mit ihren Arbeitsplatzsystemen (Desktops, Laptops etc.) aus. Nach Untersuchungen der *Experton Group* fallen mehr als 60 % der IT-getriebenen Energiekosten außerhalb des Rechenzentrums an, also in Büros und anderen Unternehmensbereichen.[4]

IT-Controller haben der Thematik Nachhaltigkeit der IT bzw. Green IT bislang nur wenig Bedeutung beigemessen, obwohl der Handlungsbedarf und Nutzen unübersehbar ist. Dies dürfte sich angesichts der hohen Relevanz in Bezug auf die Effizienz der IT in Zukunft ändern. Der vorliegende Beitrag zeigt auf, welchen Einfluss Green IT auf das IT-Controlling hat.

2 IT-Controlling

2.1 Begriff

IT-Controlling liegt im Schnittpunkt des IT-Managements und des allgemeinen Controllings. Es beschäftigt sich mit der Sicherstellung von Effizienz und Effektivität des IT-Einsatzes. Der Fokus liegt auf Wirtschaftlichkeitsanalysen, Maßnahmen zur Gegensteuerung und Risikomanagement sowie dem IT-Projektcontrolling. Das IT-Controlling unterstützt das IT-Management mit Kennzahlen, Analysen, Vorschlägen für Gegenmaßnahmen und einem Prozess zur Sicherstellung der IT-Projekt- und Produktwirtschaftlichkeit.

---

[1] Vgl. z. B. die Studie von EREK ET AL. (2009).
[2] Vgl. GADATSCH/JUSZCZAK (2009).
[3] Vgl. ERIKSDOTTER (2009).
[4] Vgl. O. V. (2008).

2.2 Gestaltungsoptionen

Betrachtet man das IT-Prozessmodell in der Abbildung 1, d. h. die Prozess-Schritte Strategische Planung, Entwicklung und Betrieb von Software, dann lassen sich die aufgeführten Aufgaben als Wirkungsnetz darstellen. Im Rahmen des Prozess-Schrittes IT-Strategie wird zunächst eine IT-Strategie konzipiert, welche die Umsetzung und Überwachung von IT-orientierten Maßnahmen zur Erreichung der strategischen Unternehmensziele übernimmt. Daneben sind Hardwarestandards (z. B. Standard-PCs), Softwarestandards (z. B. Bürosoftware für Textverarbeitung und E-Mail) und Sicherheitsstandards (z. B. Verschlüsselungs- und Virenschutzprogramme) festzulegen und zu verabschieden.

IT-Strategie-Entwicklung	IT-Entwicklung	IT-Betrieb	Prozess-Schritte
➢ Erarbeitung von IT-Strategie und IT-Bebauungsplan ➢ Festlegung von Hardware-, Software-, und Sicherheitsstandards ➢ IT-Portfolioplanung und Priorisierung	➢ Entwicklung und Wartung von Individualsoftware ➢ Einführung und Implementierung von Standardanwendungssoftware	➢ Aufbau und Betrieb der IT-Infrastruktur (Netzwerke, zentrale Server u. a.) ➢ Service und Benutzer-Support ➢ Bereitstellung von Desktop-Services	Ausgewählte Aufgaben im Informations-Management
Strategisches IT-Controlling			Bezugsbereich des IT-Controllings

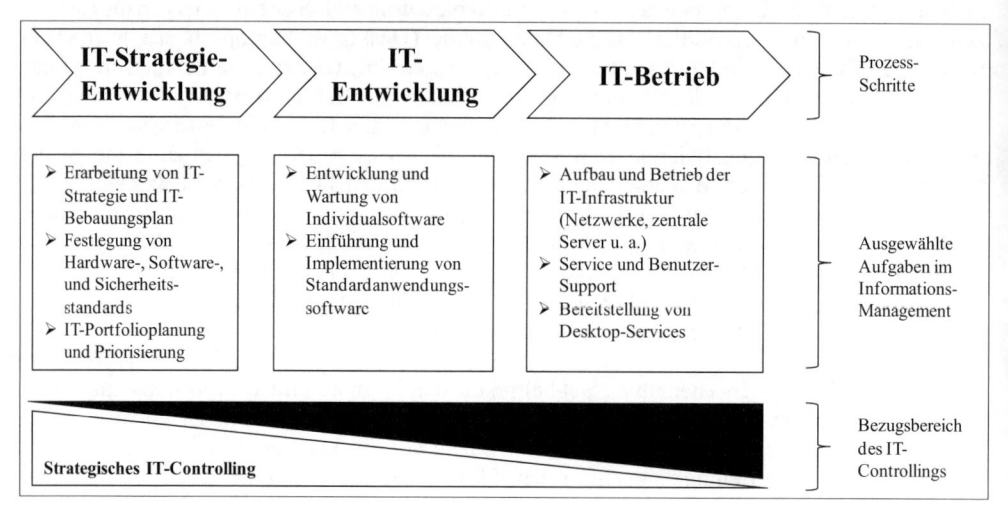

Abbildung 1:   IT-Prozessmodell[5]

Der Prozess-Schritt IT-Entwicklung unterstützt die Entwicklung und Wartung von Individualsoftware sowie die Einführung und Implementierung von Standard-Anwendungssoftware, wie etwa SAP® ERP®. Nach der Einführung der Individual- oder Standardsoftware folgt der Prozess-Schritt IT-Betrieb. Hier stehen zum einen die Planung und der Aufbau der IT-Infrastruktur, also dem Rechenzentrum, Unternehmensnetz, zentralen Servern für die Datenhaltung u. a. an. Weiterhin ist die im Einsatz befindliche Software zu betreiben und für einen regelmäßigen Service und Benutzer-Support (Hotline etc.) zu sorgen. Alle genannten Aufgaben durchlaufen die Phasen Konzeption, Umsetzung und Monitoring. In allen Phasen wird das IT-Controlling gefordert. Der Übergang zwischen dem strategischen und operativen Controlling-Konzept ist vernetzt und fließend. In größeren Unternehmen mit mehreren Geschäftsbereichen, Tochterunternehmen u. a. Gliederungen werden die strategischen Aufgaben im IT-Controlling-Konzept häufig zentral, die operativen Aufgaben dezentral angesiedelt.

---

[5] GADATSCH (2009), S. 301.

2.3 Werkzeuge des IT-Controllers

Der IT-Controller setzt strategische und operative Werkzeuge zur Bearbeitung seiner Aufgaben ein. Die zentralen Werkzeuge sind in Tabelle 1 aufgeführt.

Ebene	Werkzeug	Aufgaben
strategisch	IT-Strategie	Unterstützung bei der Formulierung, Überprüfung der Effektivität und der Umsetzung der IT-Strategie
	Balanced Scorecard	IT-Strategiesteuerung, Erstellung von Kennzahlen, Analysen und Monitoring der Zielerreichung
	Standardisierung	Unterstützung des IT-Managements bei der Festlegung und Durchsetzung von IT-Standards
	IT-Portfoliomanagement	Bewertung, Auswahl und Steuerung von Neu- oder Wartungsprojekten
operativ	IT-Kosten- und Leistungsrechnung	Kostenarten-, Kostenstellen- und Kostenträgerrechnung, Deckungsbeitragsrechnung, Investitionsrechnung/Wirtschaftlichkeitsanalysen,/ Projektkalkulationen, Abweichungsanalysen/Soll-Ist-Vergleiche
	Geschäftspartnermanagement	Vertragsmanagement, IT-Beratermanagement und –Benchmarking, Service Level Agreements (SLA)
	IT-Berichtswesen und Kennzahlen	IT-Berichtswesen, IT-Kennzahlen, IT-Projektstatusreports
	IT-Projektcontrolling	Mitwirkung in IT-Projektteams (Projektcontroller), Planungstechniken (Netzplantechnik), Formale Projektgenehmigungsverfahren, Pflichtenheft/Beschaffungsanträge, Reviews/Audits, Projektbenchmarking
	IT-Prozessmanagement	IT-Prozessmodellierung, Prozesskostenrechnung, Prozessbenchmarking, IT-Bereitstellungs-prozess, IT-Asset-Management, IT-Outsourcing, IT-Offshoring, ITIL

Tabelle 1: Strategische und operative IT-Controlling-Werkzeuge

Durch den Einsatz der Werkzeuge des strategischen IT-Controllings unterstützt der IT-Controller das IT-Management bei der Formulierung, Umsetzung und laufenden Überwachung (Monitoring) der IT-Strategie des Unternehmens. Die IT-Strategie unterstützt IT-Standards (z. B. Betriebssysteme, Office-Produkte), die verbindlich vorgegeben werden. Die Überwachung eingeleiteter Maßnahmen unterstützt insbesondere die Balanced Scorecard-Methode, die für den IT-Bereich zunehmend eingesetzt wird. Die Mitwirkung im IT-Portfolioausschuss für strategisch wichtige IT-Projekte ist anzustreben. Dort werden langfristig wirkende Entscheidungen vorbereitet, verabschiedet und im Rahmen des IT-Portfolio-Managements IT-Projekte priorisiert.

Im operativen IT-Controlling-Werkzeugkasten steht die klassische Kosten- und Leistungsrechnung, angepasst an die Belange der IT, zur Verfügung. Bei IT-Projekten ist es üblich, externe Dienstleister einzubinden. Ein funktionierender IT-Controllerservice vernetzt ein umfassendes Vertrags- und Beratermanagement für ein zeitnahes Benchmarking der eingebundenen Geschäftspartner. Service-Level-Agreements sichern einen hohen Leistungsgrad der Geschäftspartner und erlauben es dem IT-Controllerservice, bei Vertragsverletzungen rechtzeitig einzugreifen. Hierzu gehört auch ein Vertragscontrolling zur Sicherstellung der inhaltlichen, terminlichen, organisatorischen und finanziellen Ziele, die mit den IT-Verträgen verbunden sind.[6] Auf der technischen Seite wird das Vertragscontrolling durch den Einsatz spezieller Vertragsmanagementtools ergänzt, um die Vielzahl der IT-Verträge (insbesondere

---

[6] Vgl. *KLOTZ/DORN* (2005), S. 98.

Kauf-, Leasing-, Miet- und Beratungsverträge) zu verwalten. Zahlreiche IT-Verträge werden nach Abschluss nicht systematisch überwacht. Als Folge hieraus werden Kündigungsfristen übersehen oder Gebühren für nicht mehr vorhandene Geräte bezahlt.

Das IT-Berichtswesen basiert auf den Daten des Rechnungswesens und speziellen Berichten. Darin liefern Kennzahlen und Projektstatusreports dem IT-Controller ein umfassendes Bild über geplante, laufende und abgeschlossene IT-Projekte.

Die aktive Mitarbeit des IT-Controllers in IT-Projektteams erlaubt es, frühzeitig IT-Projekte beeinflussen zu können. Die Genehmigung von IT-Projekten wird durch ein formalisiertes Genehmigungsverfahren des IT-Controllerservices standardisiert. Es verhindert den Start riskanter und unwirtschaftlicher Projekte. Regelmäßige Reviews kontrollieren laufende Projekte, um frühzeitig Schwachstellen und Fehlentwicklungen zu korrigieren. Das innerbetriebliche Projektbenchmarking garantiert einen Wettbewerb zwischen den IT-Projekten. Plan-Ist-Vergleiche und Kennzahlenanalysen lassen sich dann leichter durchführen.

In vielen Unternehmen werden Geschäftsprozesse modelliert, um eine Dokumentation und Basis für laufende Prozessverbesserungen zu erhalten. Kernprozesse des Unternehmens wie Vertriebsabwicklung, Fertigung usw. werden bevorzugt. Auch IT-Prozesse wie die Entwicklung von Individualsoftware, die Einführung von Standardsoftware usw. sind einzubeziehen. Die Prozesskostenrechnung liefert für typische Verwaltungsprozesse wie z. B. im Vertrieb Kostenanalysen von Geschäftsprozessen.

Die Kosten für den IT-Bereitstellungsprozess, also die Beschaffung, Installation, Betrieb und Entsorgung von IT-Arbeitsplätzen sind in das Prozessmanagement einzubeziehen. Sie benötigen oft große Anteile des gesamten IT-Budgets. Das IT-Assetmanagement übernimmt die Inventarisierung und Verwaltung der IT-Ressourcen im Unternehmen. Der IT-Controllerservice kann auf die Bestands- und Analysedaten der Asset-Software zugreifen, eine Optimierung der IT-Bestände (z. B. Arbeitsplatzsysteme, Laptops, Drucker, Organizer) steuern. Die Auslagerung von IT-Leistungen (IT-Outsourcing) wird seit Jahren zur Vereinfachung der IT-Prozesse und vor allem zur Kostenreduktion praktiziert.[7] Zunehmend ist eine deutliche Verlagerung von IT-Leistungen in Niedriglohnländer (IT-Farshore bzw. IT-Offshore) zu verzeichnen.[8] Derartige Maßnahmen erfordern langfristige Wirtschaftlichkeits- und Risikoanalysen durch ein unabhängiges IT-Controlling.

---

[7] Vgl. JOUANNE-DIEDRICH (2005).
[8] Vgl. MERTENS ET AL. (2005), S. 1 f.

3 Green IT

3.1 Technologien und Konzepte

Green IT ist kein neues Thema. Seit Anfang der 1990er Jahre gibt es das „Energy Star" Zertifikat, welches IT-Hardware die Einhaltung von Energiesparkriterien bescheinigt. Gestiegene Energiepreise haben vor dem Hintergrund begrenzter bzw. rückläufiger IT-Budgets zum weiteren Nach- und Umdenken geführt. Ähnlich der „Bio-Welle" im Lebensmittelbereich ist eine „Grüne-Welle" im IT-Umfeld zu verspüren. Allerdings dominieren in den Unternehmen noch Einzelmaßnahmen auf der technischen Ebene[9].

Unter Green IT wird der Einsatz energiesparenden Technologien (Hardware, Software, Kühlung), organisatorischer und technischer Konzepte (Anordnungen technischer Einrichtungen und Geräte, Gebäudekonstruktion) und Regelungen (Arbeitsanweisungen) verstanden.

Zwei technologische Bereiche sind von Relevanz: Energiesparende Hardware und Software sowie die Gebäude- und Kühlungstechnik. Im Regelfall ist ein unternehmensweiter Hardwareaustausch erforderlich, um ausreichende Effekte zu erzielen. Damit verbunden sind neue Konzepte der Rechenzentrumsorganisation, wie z. B. Servervirtualisierung (Zusammenlegung mehrerer physikalischer Server). Neue Gebäudekonzepte und Kühlungstechniken (z. B. Wärmerückgewinnung) erfordern Gebäudeänderungen oder Neubauten für Rechenzentren. Im Bereich Hardware wird meist auf das Konzept der Servervirtualisierung zurückgegriffen, d. h. mehrere Server werden auf einer Hardware betrieben. Hinzu kommen Thin-Clients (Simulation von PCs auf Servern) auf der Endbenutzerseite. Im Softwareumfeld hat die Bereitstellung energiesparender Softwarefunktionen eine große Bedeutung. Hierunter fallen z. B. automatisiertes Hoch-/Herunterfahren von Servern, Standby-Betrieb bei Endgeräten, Lastverteilung. Die Gebäudetechnik stellt Konzepte der Wärmerückgewinnung, spezielle Kühlungsverfahren, Wärmedämmung u. a. Maßnahmen bereit. Derzeit dominieren technische Einzelmaßnahmen. Es fehlt an ganzheitlichen Ansätzen, die bei der Geschäfts- und IT-Strategie der Unternehmen ansetzen und z. B. auch die Mitarbeiteraufklärung, die Prozessgestaltung mit umfassen. Ebenso fehlen umfassende Angebote an neutralen Zertifizierungsmöglichkeiten.

Ein weiteres Gebiet sind papiersparende Maßnahmen, wie z. B. den Ersatz dezentraler Drucker durch zentrale Druckserver oder den Einsatz stromsparender neuer Drucker. *Daimler Benz* hat durch sein Projekt „Opti-Print" beispielsweise ein Einsparpotenzial von 13 Mio. EUR identifiziert.[10]

3.2 Forschung und Entwicklung

Green IT wird vor allem von der Hard- und Softwareindustrie sowie IT-Dienstleistern vorangetrieben. Die Unternehmen befinden sich zum Teil in der Umsetzungsphase. Im wissenschaftlichen Umfeld liegen noch wenige Arbeiten vor. Es ist davon auszugehen, dass sich die Aktivitäten aufgrund der hohen Relevanz noch steigern werden. Hoher Forschungsbedarf ist im Umfeld von Reifegrad- und Bewertungskonzepten zu sehen. Erste unabhängige Dienst-

---

[9] Vgl. ZARNEKOW/EREK (2008), S. 8.
[10] Vgl. *O. V.* (2009a), S. 34.

leister (z. B. TÜV Rheinland) bieten erste Konzepte zur Zertifizierung von Rechenzentren an. In der Regel müssen die Maßnahmen in die IT-Strategie und das IT-Projekt- und Infrastrukturportfolio eingearbeitet werden. Damit konkurrieren sie mit anderen Maßnahmen um IT-Budgets. Weitere Sachzwänge sind langfristige Mietverträge für Gebäude, Leasingverträge für Hardware oder Outsourcing-Verträge. Im letzteren Fall hat der IT-Nutzer keinen direkten Einfluss auf den Einsatz energiesparender Konzepte des IT-Anbieters.

3.3 Alternativen

Oft wird „Cloud Computing" als Alternative vorgeschlagen. Hierunter ist zu verstehen, dass die IT-Ressourcen (Computerleistung) aus dem Netz (Wolke, engl. cloud) bezogen werden. Der IT-Nachfrager betreibt keine eigene IT-Infrastruktur, sondern bezieht Leistungen von mehreren Anbietern. Voraussetzung ist lediglich ein Internetzugang. Es gibt bei diesem Konzept keinen direkten Einfluss auf den Energieverbrauch, dieser wird dem IT-Anbieter zugeordnet.

4 Auswirkungen von Green IT

4.1 Green IT im deutschen Sprachraum

Zu Green IT gibt es sehr unterschiedliche Aussagen, die vom „veralteten Thema" bis hin zum „Aktuellen Trend" reichen.[11] Gelegentlich wird sogar der Begriff negiert.[12] Zur Anreicherung der Diskussion hat die *Hochschule Bonn-Rhein-Sieg* Anfang 2009 eine zweiwöchige Expertenbefragung zum Stand von Green IT im deutschen Sprachraum durchgeführt.[13] Die Unternehmenssitze der 132 antwortenden Unternehmen (Rücklaufquote ca. 10 %) verteilten sich in der Befragung schwerpunktmäßig auf Deutschland sowie einige angrenzende europäische Länder. Als Ansprechpartner wurden gezielt Geschäftsführer und Vorstände, IT-Controller, CIOs, IT-Manager und IT-Leiter adressiert. Die befragten Unternehmen kommen überwiegend aus dienstleistungsorientierten Branchen, dem produzierenden Gewerbe, Verkehr und Kommunikation sowie dem Finanzsektor (siehe Abbildung 2).

---

[11] Vgl. *O. V.* (2009a), S. 34.
[12] Vgl. *WÖRNER* (2009).
[13] Vgl. *GADATSCH/JUSZCZAK* (2009).

Auswirkungen von Green IT auf das IT-Controlling 365

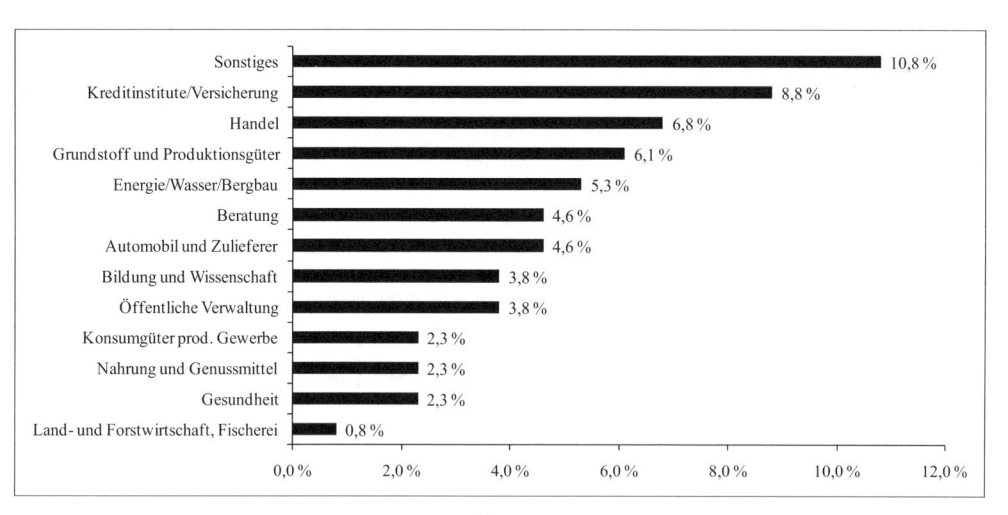

```
Sonstiges                              10,8 %
Kreditinstitute/Versicherung            8,8 %
Handel                                  6,8 %
Grundstoff und Produktionsgüter         6,1 %
Energie/Wasser/Bergbau                  5,3 %
Beratung                                4,6 %
Automobil und Zulieferer                4,6 %
Bildung und Wissenschaft                3,8 %
Öffentliche Verwaltung                  3,8 %
Konsumgüter prod. Gewerbe               2,3 %
Nahrung und Genussmittel                2,3 %
Gesundheit                              2,3 %
Land- und Forstwirtschaft, Fischerei    0,8 %
```

Abbildung 2:   Teilnehmer nach Branchen[14]

Die Fragen betreffen die Aktualität und Verantwortlichkeit von Green IT im jeweiligen Unternehmen, die Kenntnis der Energiekosten für den IT-Betrieb sowie die hierfür Verantwortlichen, geplante und realisierte Maßnahmen zur Energieeinsparung und den damit verbundenen Erfolg, Ziele und Auswirkungen von Green IT-Maßnahmen.

4.2   Ziele von Green IT

Die beiden Hauptziele von Green IT sind Energieeinsparung und die damit im Regelfall einhergehende Kostenreduktion (siehe Abbildung 3). Der Zielerreichungsgrad scheint allerdings noch nicht zur Zufriedenheit der Unternehmen auszufallen. Zu ähnlichen Ergebnissen kommen auch aktuelle internationale Umfragen.[15] Trotz der bisher spürbaren Erfolge sollen die Anstrengungen noch verstärkt werden. Über 80 % der Firmen gaben an, die beiden Ziele in Zukunft weiter zu verfolgen. Marketing- und Innovationsziele spielen zukünftig mit 38,6 % bzw. 40,2 % eine deutlich höhere Rolle, als bisher (15,2 % bzw. 24,2 %).

---

[14] Vgl. GADATSCH/JUSZCZAK (2009), S. 7.
[15] Vgl. LANGE (2009).

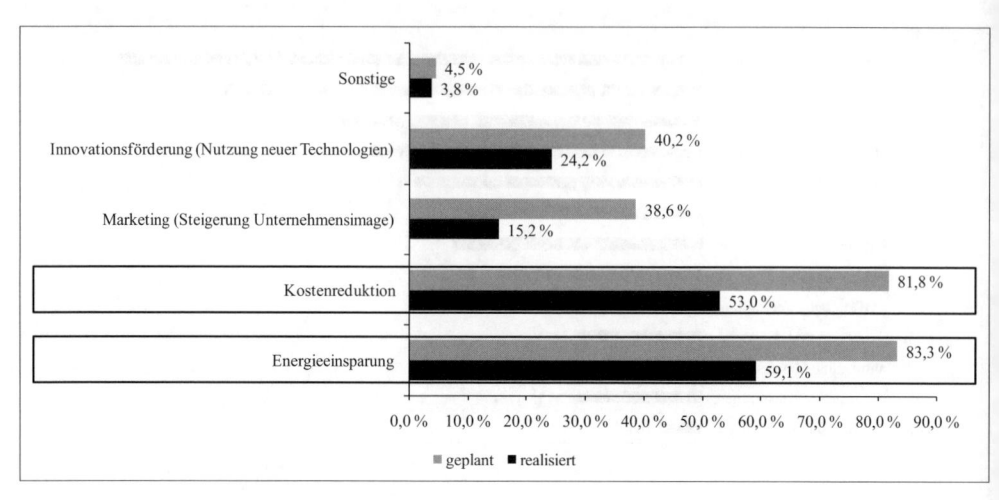

```
                                    ┤ 4,5 %
                         Sonstige   │ 3,8 %
                                                              40,2 %
Innovationsförderung (Nutzung neuer Technologien) ┤
                                                  24,2 %
                                              38,6 %
Marketing (Steigerung Unternehmensimage) ┤
                                       15,2 %
                                                                         81,8 %
                    Kostenreduktion ┤
                                                              53,0 %
                                                                            83,3 %
                    Energieeinsparung ┤
                                                                59,1 %

        0,0 %  10,0 %  20,0 %  30,0 %  40,0 %  50,0 %  60,0 %  70,0 %  80,0 %  90,0 %
                              ■ geplant   ■ realisiert
```

Abbildung 3:   Ziele von Green IT[16]

4.3   Aktualität von Green IT

Auf die Frage zur Aktualität von Green IT antworteten 62,3 % der Unternehmen mit „Ja". Dies ist ein Ergebnis, das vergleichbare Untersuchungen bestätigt. Mittlerweile mehren sich die Anzeichen, dass sich die Unternehmen im Hintergrund intensiv mit der Umsetzung von Green IT beschäftigen.[17] Zudem ist davon auszugehen, dass die Bedeutung noch steigen wird. Auf der „CeBIT-PreView", einer der größten Presse-Veranstaltungen im Vorfeld der CeBIT 2009, haben 300 Fachjournalisten über die CeBIT-Trends abgestimmt. Hierbei wurde Green IT mit 29,9 % als wichtigstes Thema der Messe gewählt. Interessant ist hierbei, dass Green IT im Vergleich zum Vorjahr noch an Bedeutung gewonnen hat.[18] Green IT ist in erster Linie (65 %) ein Thema für die IT-Leitung bzw. den Chief Information Officer (CIO) der Unternehmen. Immerhin sind 13,8 % der Unternehmensleitungen federführend mit Green IT beschäftigt, was auf eine hohe Relevanz des Themas in den Führungsetagen schließen lässt.

---

[16]   Vgl. GADATSCH/JUSZCZAK (2009), S. 16 f.
[17]   Vgl. ERICKSDOTTER (2009), S. IV.
[18]   Vgl. O. V. (2009b).

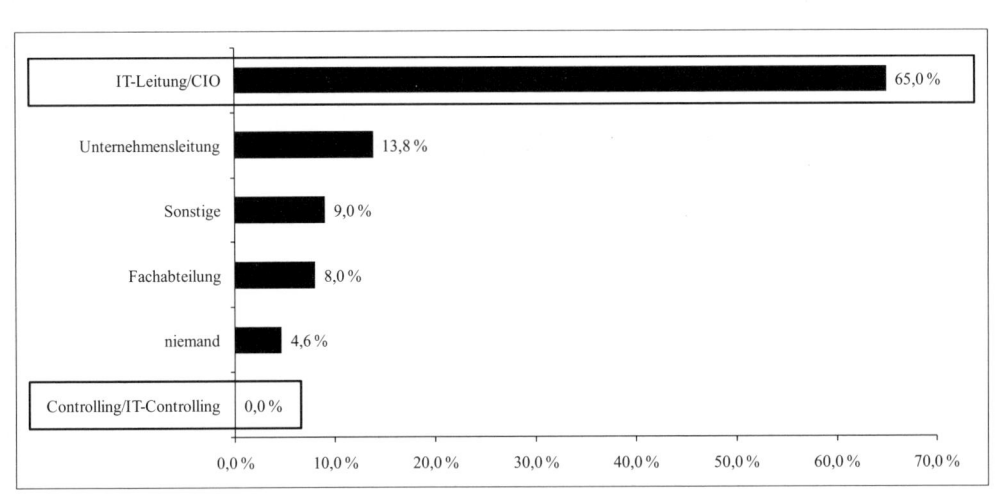

Bar chart:
- IT-Leitung/CIO: 65,0 %
- Unternehmensleitung: 13,8 %
- Sonstige: 9,0 %
- Fachabteilung: 8,0 %
- niemand: 4,6 %
- Controlling/IT-Controlling: 0,0 %

Abbildung 4: Verantwortung für Green IT in den Unternehmen[19]

Von den Unternehmen, für die Green IT kein aktuelles Thema ist (37,7 %) waren 41,7 % der Befragten der Meinung, dass die IT-Leitung bzw. der CIO aktiv werden muss. Diese Aussage deckt sich weitgehend mit den Verantwortlichkeiten in den Unternehmen, die Green IT bereits verfolgen (siehe Abbildung 4).

4.4 Kenntnis der IT-Energiekosten

Die Energiekosten für den IT-Betrieb sind in den Unternehmen nur teilweise bekannt (45,5 %), z. B. nur im Rechenzentrum, nicht aber für Personalcomputer und Laptops. Etwa ein Drittel der Unternehmen kennen ihre Energiekosten nicht (29,5 %). Lediglich 25 % der Unternehmen gaben an, Ihre IT-Energiekosten zu kennen. Hieraus lässt sich ein hohes Potenzial für weitere Aktivitäten des IT-Controllings ableiten, da anzunehmen ist, dass diese Situation zwar den Ist-Zustand, nicht aber die gewünschte Situation widerspiegelt. Die Energiekosten sind für die überwiegende Mehrheit der Unternehmen nur einer von mehreren Entscheidungsfaktoren für IT-Investitionen (71,8 %). Lediglich 1,7 % der Unternehmen gab an, dass die IT-Kosten für Entscheidungen ausschlaggebend sind. Interessant ist, dass ein Drittel der Unternehmen Energiekosten nicht im Rahmen von IT-Investitionsentscheidungen (26,5 %) berücksichtigt.

Die Verantwortung für die Energiekosten der IT-Systeme ist uneinheitlich geregelt. Ein sehr hoher Anteil der Unternehmen ordnet die Verantwortung hierfür der IT-Leitung bzw. dem CIO zu (59,8 %) oder aber der Fachabteilung (42,5 %) (siehe Abbildung 5).

---

[19] Vgl. GADATSCH/JUSZCZAK (2009), S. 11..

```
IT-Leitung/CIO          ████████████████████████ 59,8 %
Fachabteilung           ████████████████ 42,5 %
Unternehmensleitung     ██████ 16,7 %
Controlling/IT-Controlling █████ 13,6 %
Niemand                 ██ 6,1 %
Sonstige                ██ 5,5 %
            0,0%   10,0%  20,0%  30,0%  40,0%  50,0%  60,0%  70,0%
```

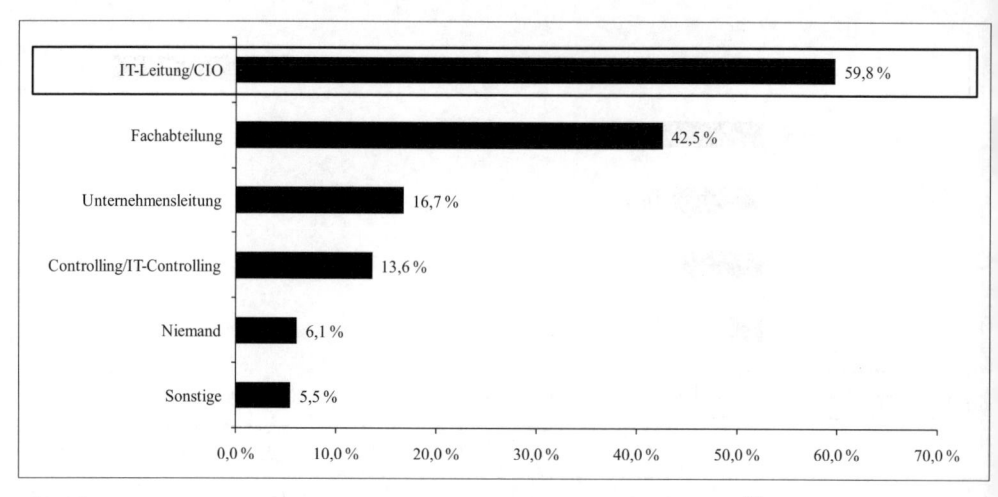

Abbildung 5:   *Verantwortung für die Energiekosten der IT-Systeme*[20]

4.5   Maßnahmen zur Energieeinsparung

Bereits Mitte der 1990er Jahre wurde im Beitrag von EDER[21] beschrieben, welche Eigenschaften ein „Grüner Computer" aufweisen muss. Im Vordergrund stand damals die Energieeinsparung einzelner Hardwarekomponenten, die durch entsprechende „Siegel" nachgewiesen wurden. Im Beitrag von PERNICI ET AL.[22] wird untersucht, wie energieproportionale IT-Systeme gestaltet werden können. Zukünftig sind integrierte Konzepte erforderlich, die Energieeinsparung als zentrales Element der IT-Architektur, Hardware und Gebäudetechnik berücksichtigen.

Zahlreiche Unternehmen haben bereits in energiesparende Maßnahmen investiert bzw. haben hierzu konkrete Planungen (siehe Abbildung 6). Zu den Favoriten gehören mit 72,7 % Realisierungsgrad Investitionen in energiesparende Hardware oder virtualisierte Hardware. Die Versprechen der Hardwarehersteller gehen zum Teil bis zu 80 % hoch, wenn man mehrere alte Server durch neue Technologien konsolidiert.[23] In der Realität müssen sich die Unternehmen allerdings mit geringeren Einsparungen zufrieden geben. An zweiter Stelle stehen energiesparende Gebäude bzw. entsprechende Gebäudetechnik. Zu den Standardmaßnahmen gehören daneben Softwareanpassungen, wie z. B. Standby-Regelungen oder energiesparende Kühlsysteme.

---

[20]   Vgl. GADATSCH/JUSZCZAK (2009), S. 15.
[21]   Vgl. EDER (1994).
[22]   Vgl. PERNICI ET AL. (2008).
[23]   Vgl. SCHMITZ (2009), S. XIII.

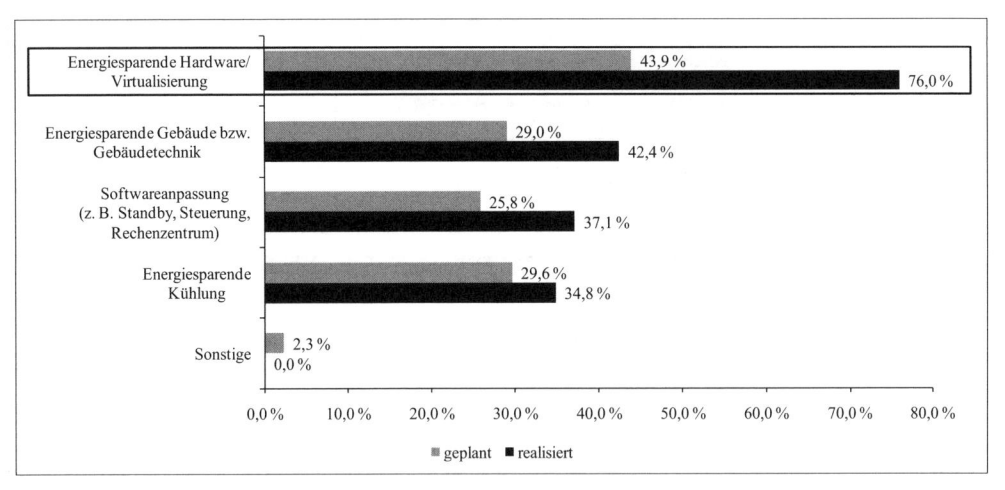

Abbildung 6: Realisierte/geplante Maßnahmen zu Green IT[24]

4.6 Prozesse in der IT

Im Rahmen der empirischen Umfrage der Hochschule Bonn-Rhein-Sieg wurden die Unternehmen nach den Auswirkungen von Green IT auf unterschiedliche Aspekte befragt (siehe Abbildung 7). Trotz der hohen Zielsetzungen und den aufwändigen Maßnahmen bleiben die aktuellen Auswirkungen von Green IT auf die Qualifikation der Mitarbeiter, der Software, den IT-Prozessen, IT-Controlling sowie der Geschäfts- und IT-Strategie überschaubar. Lediglich auf der Beschaffungsseite sind größere Veränderungen zu erwarten, weil energiesparende Lieferanten und Produkte identifiziert und beschafft werden müssen. Die IT-Kosten- und Leistungsverrechnung muss zukünftig genauere Informationen zum Energieverbrauch im IT-Bereich bereitstellen.

---

[24] Vgl. *GADATSCH/JUSZCZAK* (2009), S. 16.

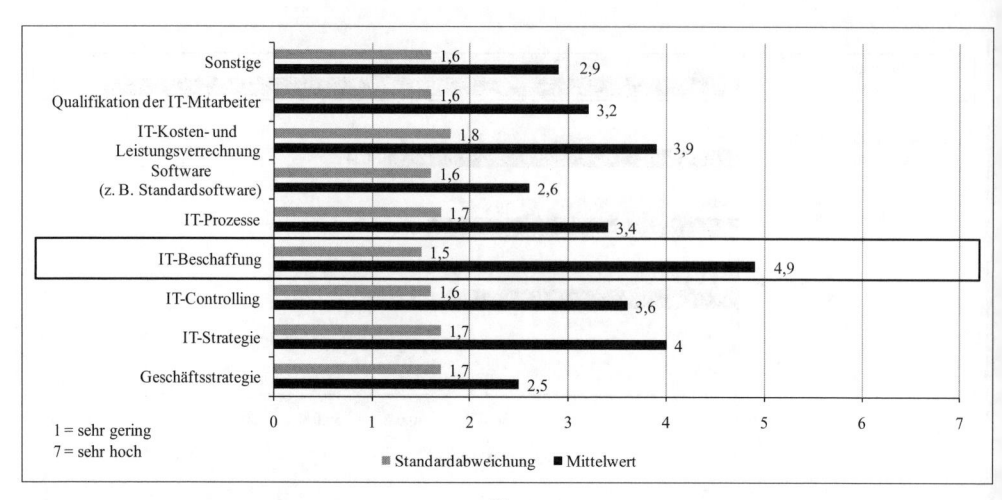

```
                                          1,6
              Sonstige
                                                  2,9
                                          1,6
Qualifikation der IT-Mitarbeiter
                                                   3,2
        IT-Kosten- und                     1,8
    Leistungsverrechnung                              3,9
            Software                      1,6
        (z. B. Standardsoftware)
                                                2,6
           IT-Prozesse                     1,7
                                                   3,4
          IT-Beschaffung                  1,5
                                                             4,9
          IT-Controlling                  1,6
                                                     3,6
           IT-Strategie                    1,7
                                                       4
        Geschäftsstrategie                 1,7
                                               2,5
                                0    1    2    3    4    5    6    7
1 = sehr gering
7 = sehr hoch                       ■ Standardabweichung  ■ Mittelwert
```

Abbildung 7:   Auswirkungen von Green IT[25]

Bislang wird die IT aufgrund des hohen Energiebedarfs in der gesellschaftlichen Diskussion als Teil des Problems betrachtet. Allerdings unterstützt die IT lediglich die Geschäftsprozesse der Unternehmen, welche für den Energieverbrauch verantwortlich sind. In Zukunft muss die IT daher dazu eingesetzt werden, intelligente Gestaltung und Überwachung der Geschäftsprozesse mit geeigneten Technologien den Energieverbrauch in den Geschäftsprozessen zu vermeiden oder zu senken. Damit kann die IT als Katalysator von Lösungen zur betrachtet werden.[26]

4.7   Organisation

Aus Unternehmenssicht ist es erforderlich, die Verantwortung für Green IT stärker zu verankern, z. B. durch „Green-IT Beauftragte". In der Literatur wird dieser Ansatz bereits seit längerem unter dem Begriff „Green Business" diskutiert, die schlichtweg als Notwendigkeit für Unternehmen betrachtet wird[27]. Im Idealfall wird ein „Chief Sustainability Officer (CSO)" benannt, der die Gesamtkoordination für Nachhaltigkeit im Unternehmen übernimmt und damit unter anderem die Verantwortung für „Green IT" innehat. Er sollte möglichst Mitglied der Unternehmensleitung sein, um die Durchsetzung der Maßnahmen sicher zu stellen.[28] Die Maßnahmen sind nicht nur auf den IT-Bereich zu begrenzen, vielmehr ist eine Bewusstseinsveränderung in den Unternehmen erforderlich. Das IT-Controlling als spezialisierte Organisationseinheit muss sich in der Breite seiner Aufgaben der Thematik stellen und seine Werkzeuge erweitern und modifizieren.

---

[25] Vgl. GADATSCH/JUSZCZAK (2009), S. 18.
[26] Vgl. BUHL ET AL. (2009), S. 58.
[27] Vgl. LOCKWOOD (2007), S. 3.
[28] Vgl. ILG (2009).

4.8 Erweiterung des IT-Controlling-Konzeptes

Das IT-Controlling-Konzept muss erweitert werden, um die Ziele von Green IT zu unterstützen. Insbesondere sind spezifische Ziele und Maßnahmen zu definieren. Die Tabelle 2 zeigt ausgewählte mögliche Green IT-relevante Ziele auf, die auf den einzelnen Ebenen des IT-Controllings zum Einsatz kommen können.

Ebene	Werkzeug	Ziele in Bezug auf Green IT
strategisch	IT-Strategie	➢ Senkung von Energieverbrauch und CO_2 Ausstoß, Alternativenprüfung (z. B. Standortwahl von Rechenzentren), ➢ Einsatz innovativer Technologien (z. B. Brennstoffzellen) ➢ Bau „grüner" Rechenzentren
	Balanced Scorecard	Berücksichtigung von Energieverbrauchs- und CO_2-Zielen, Maßnahmen, Kennzahlen und Messgrößen
	Standardisierung	Energieverbrauchssenkung durch technische Standards wie ➢ Servervirtualisierung ➢ Desktop Virtualisierung (Thin Client) ➢ Videokonferenzen ➢ Büroraum- und Geräteteilung (Shared Desk) ➢ Energiespar-Modus ➢ „Remote Shut Down" von Endgeräten (Vermeidung von Übernachtbetrieb nicht ausgeschalteter Geräte) ➢ Kühlsysteme ➢ Druckerzentralisierung
	IT-Portfoliomanagement	Kriterienerweiterung zur Berücksichtigung von Green IT-relevanten Projekten im IT-Portfolio, Erhöhung der Kosten- und Energieverbrauchstransparenz
operativ	IT-Kosten- und Leistungsrechnung	Ermittlung und Weiterverrechnung von Energiekosten und CO_2-Verbrauch
	Geschäftspartnermanagement	Audits in Bezug auf Einhaltung der „Green IT-Strategie" beim Lieferanten, Umfragen
	IT-Berichtswesen und Kennzahlen	Bereitstellung, Analyse und Gegenmaßnahmen in Bezug auf Energieverbrauch und CO_2-Ausstoß nach IT-Kunden, Systemen, Projekten u. a. Kriterien
	IT-Projektcontrolling	Einhaltung der Energieverbrauchs- und CO_2-Ziele durch die Projekte, Frühzeitige Aufklärung der Projektleiter und Auftraggeber
	IT-Prozessmanagement	➢ internes Marketing für Green IT Ziele ➢ Information und Training der Mitarbeiter ➢ Beschaffungsprozesse anpassen (Energiesparende Produkte, Lieferanten) ➢ Rücknahmeprozesse für Altgeräte ➢ Rücknahmeprozesse für Verbrauchsmaterial (Tonerkartuschen, Batterien von Endgeräten) ➢ Ermittlung/Reduktion Energieverbrauch in Prozessen ➢ Echtzeitmonitoring des Energieverbrauchs/automatische Geräteabschaltung bei Nichtnutzung

Tabelle 2: „Grüne Ziele" für das IT-Controlling

5 Fazit und Ausblick

Green IT ist in den Unternehmen weit verbreitet und bekannt. Die Maßnahmen stehen hauptsächlich noch unter dem Gesichtspunkt der Energie- und Kostenreduktion. Sie sollen in Zukunft noch weiter intensiviert werden. Eine Einbindung von Green IT in die Unternehmens- und IT-Strategie ist bislang die Ausnahme. Controller und IT-Controller haben das Thema

Green IT noch nicht als Aufgabenfeld identifiziert. Ebenso werden Zertifizierungen durch neutrale Gutachter nur durch wenige Unternehmen praktiziert. Von daher kann davon ausgegangen werden, dass sich die Thematik Green IT noch in der Anfangsphase befindet und noch ausbaufähige Weiterentwicklungsmöglichkeiten bestehen. Eine zentrale Aufgabe für die Unternehmen wird der Aufbau ganzheitlicher Umweltmanagementkonzepte sein, die u. a. Green IT integrieren. Die bisherigen Einzelmaßnahmen reichen nicht aus, weil eine strategische Zielsteuerung fehlt. Hierzu ist eine Erweiterung bzw. Anpassung der Geschäfts- und IT-Strategie erforderlich. Strategiesteuerungskonzepte, wie die Balanced Scorecard sind um geeignete Kenngrößen (Ziele, Kennzahlen, Messgrößen und Maßnahmen) zu erweitern. Das Umweltbewusstsein der Mitarbeiter ist zu schärfen.

Ein weiterer Aspekt ist die Frage der Messung des Fortschritts in den Unternehmen und auch aus gesamtwirtschaftlicher Sicht. Die Entwicklung von Reifegradmodellen und Zertifizierungskonzepten steht ebenfalls noch am Anfang. Hier besteht noch ein erhebliches Forschungspotenzial und vor allem Möglichkeiten der Umsetzung. Unternehmen sollten jetzt bereits vorhandene Zertifizierungskonzepte unabhängiger Anbieter aufgreifen und nutzen. Forscher sollten Zertifizierungskonzepte entwickeln bzw. weiterentwickeln und mit den Managementinstrumenten der Betriebswirtschaftslehre abstimmen bzw. diese dort integrieren.

Quellenverzeichnis

EDER, S. (1994): Grüne Computer, in: WIRTSCHAFTSINFORMATIK, 36. Jg. (1994), Heft 6, S. 600–603.

EREK, K./KOLBE, L. M./SCHMIDT, N.-H./ZARNEKOW, R. (2009): Studie: Nachhaltigkeit und Green IT in IT-Organisationen, Status quo und Handlungsempfehlungen, online: http://www.uni-goettingen.de/en/114326.html, Göttingen/Berlin, Stand: 18.05.2009, Abruf 07.06.2009.

ERICKSDOTTER, H. (2009): Green IT – Vom Buzzword zum Markttrend, in: CIO – Magazin, o. Jg. (2009), Heft 01/02, Verlegerbeilage IT-Ökologie, S. IV–V.

GADATSCH, A. (2009): IT-Controlling Konzepte und aktuelle Situation in der Praxis, in: WIRTSCHAFTSINFORMATIK, 51. Jg. (2009), Heft 3, S. 295–305.

GADATSCH, A./JUSZCZAK, J. (2009): Ergebnisse der Kurzumfrage zum Stand von Green IT im deutschsprachigen Raum 2009, in: Schriftenreihe des Fachbereiches Wirtschaftswissenschaft Sankt Augustin, Hochschule Bonn-Rhein-Sieg, Band 24, Sankt Augustin 2009.

ILG, P. (2009): Green IT gegen Fachkräftemangel: Nur umweltbewusste Firmen ziehen Mitarbeiter an, in: Computer Zeitung, o. Jg., vom 10.03.2009.

JOUANNE-DIEDRICH, H. VON (2008): Die ephorie.de IT-Sourcing-Map. Eine Orientierungshilfe im stetig wachsenden Dschungel der Outsourcing- Konzepte, online: http://www.ephorie. de/it-sourcing-map.htm, Stand: o. A., Abruf am 09.12.2008

KLOTZ, M./DORN, D. (2005): Controlling von IV-Beschaffungsverträgen – Bedeutung, Ziele und Aufgaben, in: Praxis der Wirtschaftsinformatik, Heft 241, Februar 2005, S. 97–106.

LANGE, B. (2009): Green IT soll hauptsächlich Kosten und Energie sparen, online: http://www.heise.de, Stand 13.02.2009, Abruf am 16.02.2009.

LOCKWOOD, C. (2007): Building the Green Way, in: HARVARD BUSINESS REVIEW (Hrsg.): Harvard Business Review on Green Business Strategy, Boston 2007, S. 1–20.

MERTENS, P./GROSSE-WILDE, J./WILKENS, I. (2005): Die (Aus-)Wanderung der Softwareproduktion – Eine Zwischenbilanz, Arbeitsberichte des Instituts für Informatik, Band 38, Nr. 3, Juni 2005, Friedrich-Alexander-Universität Erlangen-Nürnberg 2005.

O. V. (2008): Netzkomponenten, 60 Prozent des IT-Stromverbrauchs außerhalb des Rechenzentrums, Experton Group: Green Office kommt, online: http://www.lanline.de, Stand: 15.12.2008, Abruf: 19.12.2008.

O. V. (2009a): Daimler auf 10Projects. Mit Druck ins Grüne, in: CIO Magazin, o. Jg. (2009), Heft 4, S. 34.

O. V. (2009b): Journalisten haben gewählt: Die CeBIT - Trends 2009, http://www.ad-hoc-news.de/journalisten-haben-gewaehlt-die-cebit-trends-2009--/de/Wirtschaft-Boerse/Marktberichte/20037194, Stand: o. A., Abruf am 12.02.2009

PERNICI, B./ARDAGNA, D./CAPPIELLO, C. (2008): Business Process Design: Towards Service-based Green Information Systems, in: MAZZEO, A./BELLINI, R./MOTTA, G. (Hrsg.), E-Government, ICT Professionalism and Competencies, Service Science, IFIP International Federation for Information Processing, Vol. 280, Boston, S. 195–203.

WÖRNER, G. (2009): „Green IT" gibt es gar nicht, in: CIO-Magazin, o. J. (2009), Heft 3, S. 50.

ZARNEKOW, R./EREK, K. (2008): Nachhaltiges IT-Servicemanagement – Grundlagen, Vorgehensmodell und Managementinstrumente. in: HMD - Praxis der Wirtschaftsinformatik, Nr. 264, S. 7–18.

Dritter Teil:

transformIT – Organisations- und Change-Management-Perspektive

Der CIO 2.0 –
Schlüsselfigur für das Enterprise 2.0

THOMAS PIETSCH

HTW Berlin

1	Einleitung	379
2	Every Business is eBusiness!	379
3	Der CIO entsteht	380
4	Anforderungen an den CIO	382
5	Die Realität sieht anders aus	384
	5.1 Aktuelle Situation der CIOs	384
	5.2 Rolle des CIO im Wandel	386
6	Gründe für die dargestellte Situation	387
	6.1 Nationale Unterschiede	387
	6.2 Historische Gründe	388
	6.3 IT-Affinität der Unternehmen	388
	6.4 Differenzen zwischen Technik und Business	389
	6.5 Persönlichkeit des CIO	390
7	Die Zukunft hat bereits begonnen	391
8	Weitere Schritte sind nötig	394
Quellenverzeichnis		396

1 Einleitung

Der Chief Information Officer (CIO) – fast jedes große oder mittelständische Unternehmen hat diese Position mittlerweile besetzt. Was aber ist ein CIO genau und was tut er? Ist er der richtige, um das IT-Business der Zukunft erfolgreich zu lenken? Die Antworten auf diese Fragen scheinen nicht so einfach zu sein. Viele Publikationen diskutieren die Rolle des CIO und zeigen dabei auf, dass sie noch sehr uneinheitlich ausgefüllt wird. Diese Uneinheitlichkeit, aber auch der Wandel, der gerade stattfindet, sind z. B. durch folgende Artikel belegt:

- „Sieben Trends, die die Rolle des CIO verändern werden"[1],
- „Der CIO gehört in die Führungsspitze"[2],
- „Immer mehr CIOs kommen nicht aus den IT-Abteilungen"[3].

Der vorliegende Beitrag widmet sich diesem Thema mit dem Anspruch,

- seine Entstehung und die Anforderungen an einen CIO zu erläutern,
- Status und Rollenverhalten in der Realität aufzeigen,
- Gründe für die Diskrepanzen zwischen Anspruch und Realität zu diskutieren und
- abschließend zu beschreiben, wie die Zukunft des CIO aussehen sollte.

2 Every Business is eBusiness!

„2015 wird es nur noch zwei Arten von Unternehmen geben: Unternehmen, die erkannt haben, dass IT ein zentraler Punkt der Unternehmensstrategie ist und Unternehmen, die nicht länger existieren."[4] Diese Meinung vertritt *DAVID BURDEN*, CIO von *Royal Mail*. Diese und ähnliche Aussagen hört man momentan immer öfter. Wie kommt es dazu?

Die Bedeutung der Informationstechnik hat sich in den letzten Jahrzehnten stark gewandelt: Nachdem sie früher nur eine unterstützende Funktion hatte, verbreitete sich in den 1990er Jahren das Bewusstsein, dass ohne IT eine effiziente Geschäftstätigkeit nicht mehr möglich ist. In den ersten Jahren des 21. Jahrhunderts wurde schließlich deutlich, dass IT sogar Teil des Geschäfts ist und dieses aktiv mitgestaltet. Wurde in einem nächsten Entwicklungsschritt noch zwischen konventionellem Business und dem sogenannten Electronic Business unterschieden, müssen wir heute für große Unternehmen und größere Mittelständler konstatieren:

Every Business is eBusiness!

---

[1] Vgl. *PETERS* (2008).
[2] Vgl. *WIDMANN/CLERICO* (2007).
[3] Vgl. *COMPUTERZEITUNG* (2007).
[4] *HARVEY NASH GROUP* (2007), S. 12.

Bei dieser Entwicklung wurde auch deutlich, dass der entscheidende Faktor nicht die IT, also die Informationstechnik ist, sondern die Informationen sind der Faktor, die den Unterschied ausmachen. Unsere Gesellschaft ist eine Informationsgesellschaft und Informationen sind ein Wirtschaftsgut. Informationen tragen zum Erreichen der Unternehmensziele und damit zum Unternehmenserfolg bei. Für Unternehmen muss dies bedeuten, dass sie sich aktiv um die Themen Information und Informationsmanagement kümmern müssen. Natürlich gehört auch die Informationstechnik zu den wichtigen Themen, denn sie stellt das Equipment bereit, um die Informationen in den Arbeitsabläufen effizient bereitzustellen.

Entscheidend ist jedoch die Erkenntnis, dass die Unternehmensstrategie und die Strategie der Informationsverarbeitung in einem engen Zusammenhang stehen. Eine leistungsfähige Informationsverarbeitung ist für die Unterstützung der Unternehmensstrategie erforderlich und die Verfügbarkeit von Informationen durch Einsatz von Informationstechnik kann sogar ganz neue strategische Möglichkeiten eröffnen.[5]

Die aufgeführten Argumente machen klar: Das Thema Information verlangt nach einer Ansiedlung in den obersten Managementebenen eines Unternehmens und es verlangt nach einem Topmanager mit hervorragenden Kompetenzen auf diesem Gebiet, dem Informationsmanagement. Für diese Position wurde in amerikanischen Unternehmen der „Chief Information Officer" (CIO) geschaffen und etabliert.

3 Der CIO entsteht

Der Begriff Chief Information Officer kommt aus dem angloamerikanischen Sprachraum. Er tauchte erstmals in den 1980er Jahren auf, als Information zum ersten Mal als Ressource bezeichnet wurde und das Informationsmanagement als eigenständige Unternehmensfunktion und fachliche Disziplin entstand, um diese Ressource zu nutzen.[6] Folgerichtig wurde die Position des CIO geschaffen und in das in amerikanischen Unternehmen praktizierte CxO-Konzept (CEO, CFO, CTO etc.) integriert.

Wie interessant und bedeutend die Akteure der Szene das Konstrukt CIO in Wissenschaft und Praxis in den Jahren nach seiner Entstehung empfunden haben, zeigt sich darin, wie häufig dieser Begriff diskutiert und dabei in Publikationen verwendet wurde. Eine in den USA durchgeführte Untersuchung zur Häufigkeit der Verwendung des Begriffs CIO in der Literatur zeigt, dass der Terminus in der Fachwelt sehr interessiert aufgenommen wurde.

---

[5] Vgl. PIETSCH/MARTINY/KLOTZ (2004), S. 104 ff.
[6] Vgl. BRENNER/WITTE (2007), S. 31.

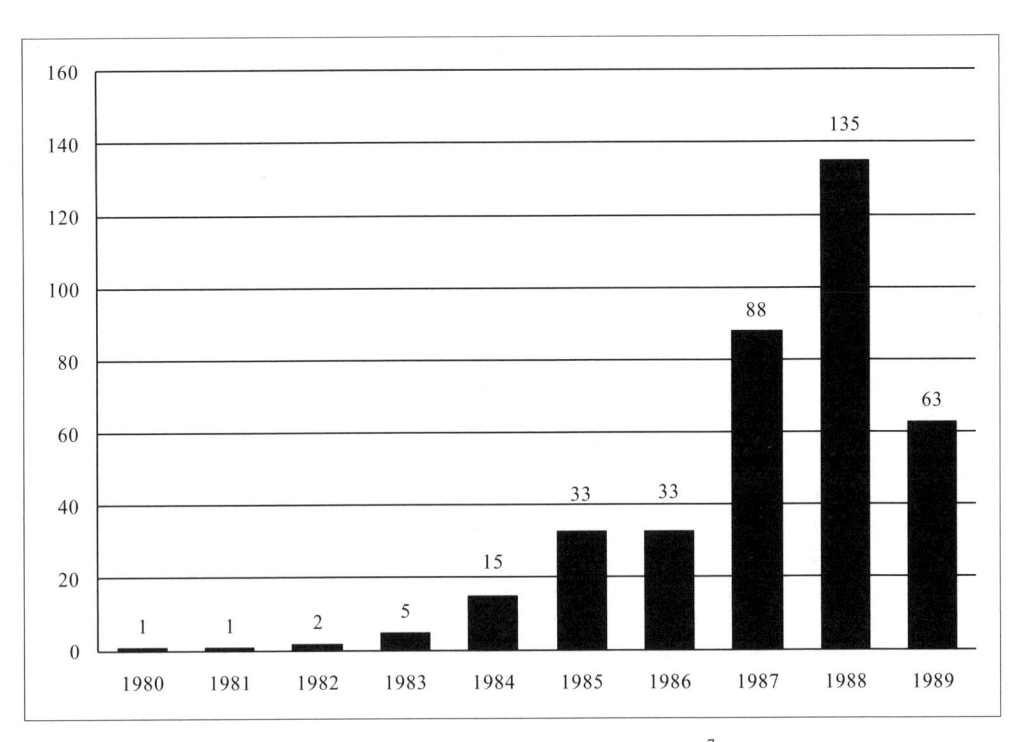

Abbildung 1:   Vorkommen des Begriffs „CIO" in der Literatur[7]

1980 wurde der Begriff zum ersten Mal in einem Artikel der COMPUTERWORLD verwendet. In diesem Artikel wurde WILLIAM R. SYNNOTT zitiert, als er auf der Konferenz INFO '80 über diese neue Position sprach. Seit Mitte der 1980er Jahre wurde der Begriff dann immer häufiger benutzt.[8]

Die bloße Nennung des Begriffs CIO in Publikationen sagt allerdings noch nichts über die inhaltliche Ausgestaltung dieser Funktion aus. Auch die Bezeichnung CIO auf den Visitenkarten dieser Funktionsträger ist lediglich ein Label, hinter dem sich inhaltlich ganz unterschiedliche Vertreter dieser Rolle verbergen.[9]

Das zeigt sich vor allem im deutschsprachigen Raum, wo die IT in vielen Unternehmen noch heute lediglich als Rationalisierungswerkzeug gilt. Hier wurde die Bezeichnung CIO vielfach gedankenlos übernommen. Meistens wurde die Funktion des DV-Leiters zunächst durch die Bezeichnung „IT-Leiter" ersetzt und diese dann später – inspiriert durch die Entwicklung in amerikanischen Unternehmen – in „CIO" umbenannt. Damit wurde einer amerikanischen Vorlage gefolgt, ohne die Rahmenbedingungen der amerikanischen Unternehmensstrukturie-

---

[7] Entnommen aus DOLENCE/DOUGLAS/PENROD (1990), S. 3.
[8] Vgl. DOLENCE/DOUGLAS/PENROD (1990), S. 1.
[9] In meiner Eigenschaft als Vorsitzender der Jury zur Vergabe des CIO AWARD durch die CONFARE GMBH und die Zeitschrift COMPUTERWELT in Wien habe ich in den vergangenen Jahren durch Bewerbungsunterlagen und Gespräche sehr viele Manager kennengelernt, die sich alle CIO nennen, diese Funktion fachlich aber sehr unterschiedlich ausfüllen. Zum CIO-Award vgl. online http://www.cioaward.at.

rung und vor allem, ohne die dort vorgesehene inhaltliche Ausprägung des Konstrukts CIO wirklich zu verstehen.

Es ist also notwendig, vor allem die Anforderungen näher zu betrachten, die ein CIO erfüllen muss, um die Funktion inhaltlich so auszufüllen, wie sie ursprünglich konzipiert wurde.

4 Anforderungen an den CIO

Die Anforderungen an den CIO sind vielschichtig und komplex. Aussagen zur Charakterisierung des CIO werden in der Literatur aus unterschiedlichen Perspektiven vorgenommen. Autoren und befragte Manager haben unterschiedliche fachliche Wurzeln und damit auch unterschiedliche Sichten auf diese Fragestellung. Somit ist es schwer, in einem einheitlichen Schema darzustellen, wie der CIO hinsichtlich seiner fachlichen Kompetenzen und charakterlichen Eigenschaften gestrickt sein muss.

Zweckmäßig erscheint es darum, die Anforderungen an den CIO aus verschiedenen Sichten zu betrachten. Als Sichten erscheinen gut geeignet: Die *Themen*, mit denen sich ein CIO befassen, die *Aufgaben*, die er dabei bewältigen und die *Rollen*, die er bei dieser Arbeit spielen muss.

Die sieben wichtigsten *Themen*, denen sich der CIO in den nächsten Jahren widmen muss, sind:[10]

- Nutzung vorhandener und zu generierender Informationen,
- Prozess-, Produkt- und Geschäftsmodellinnovationen,
- Entscheidung über Make-or-Buy,
- Auswahl und Betrieb neuer IT,
- Effizienzsteigerung des IT-Einsatzes,
- Internationalisierung und Globalisierung,
- Sicherheit, Compliance und Recht.

Bei der Beschäftigung mit diesen Themen kommen hauptsächlich die folgenden sieben *Aufgaben*bereiche auf ihn zu.[11] Er muss

- Geschäfts- und IT-Strategien miteinander verknüpfen,
- Erfolgschancen identifizieren, die durch verfügbare Informationen entstehen,
- eine leistungsfähige Organisation der Informationsverarbeitung aufbauen,
- eine transparente und angemessene IT-Governance schaffen,

---

[10] Vgl. *BRENNER/WITTE* (2007), S. 41 ff.
[11] Vgl. *BROADBENT/KITZIS* 2005, S. 7 ff.

- Richtlinien für die Informationsverarbeitung festlegen und kommunizieren,
- die Risiken der Informationsverarbeitung managen,
- die Leistung seiner Organisationseinheit kommunizieren.

Diese Aufgaben verlangen vom CIO, die folgenden sieben *Rollen* spielen zu können:[12]

- Rolle des Visionärs:
  Möglichkeiten jenseits der sichtbaren Horizontlinie erkennen und einschätzen können.
- Rolle des Strategen:
  Den Weg zum Ziel festlegen und dabei Unternehmensstrategie, Informationsverarbeitung und Bedürfnisse der Kunden in Einklang bringen.
- Rolle des Business Enablers:
  Chancen im Business erkennen, Optionen beurteilen und die strategische Ausrichtung des Unternehmens mitgestalten.
- Rolle des Change Agents:
  Veränderungen umsetzen, die dafür notwendigen Kapazitäten verfügbar machen und dabei die Anwender mitnehmen.
- Rolle des Politikers:
  Einfluss auf die Unternehmenskultur, -struktur und -entwicklung nehmen.
- Rolle des Controllers:
  Aktivitäten der Informationsverarbeitung unter Wirtschaftlichkeitsaspekten unternehmensweit planen, überwachen und steuern.
- Rolle der Führungskraft:
  Als Vorgesetzter die eigenen Mitarbeiter kompetent motivieren, einsetzen, führen und entwickeln.

Mit diesen fachlichen Zuständigkeiten, Aufgaben und Rollen ist der CIO das wichtigste Bindeglied zwischen Unternehmensstrategie und Informationsverarbeitung. Diese Funktion kann der CIO allerdings nur dann erfolgreich wahrnehmen, wenn er in der obersten Managementebene angesiedelt ist. Fraglich ist, ob die aufgeführten Themen und Aufgaben der Informationsverarbeitung in den Unternehmen tatsächlich aktiv betrieben werden. Weiterhin ist fraglich, ob alle Unternehmen, in denen es einen CIO gibt, diesen hierarchisch wirklich ganz oben angesiedelt haben. Lassen Sie uns ansehen, wie sich die aktuelle Situation der CIOs in den Unternehmen darstellt.

---

[12] Vgl. *PIETSCH/MARTINY/KLOTZ* (2004), S. 183.

5 Die Realität sieht anders aus

Die Bedeutung des Informationsmanagements für das Business und damit die Bedeutung des CIO, seine konzeptionell vorgesehenen Zuständigkeiten, Aufgaben und Rollen ist die eine Seite – die Realität jedoch ist eine andere.

5.1 Aktuelle Situation der CIOs

Womit verbringen CIOs wirklich ihre Zeit? Die Umfrage „State of the CIO 2007" des Wirtschaftsmagazins „CIO" unter 339 IT-Managern bringt einiges davon ans Licht. Die meiste Zeit des Tages verbringt der CIO mit analytischen und technischen Aufgaben: Hauptprojekte (inhaltlich nicht spezifiziert) werden überwacht und gesteuert, Geschäftsprozesse werden entworfen und optimiert und der IT-Manager trifft Systementscheidungen. Danach wird das Verhandeln mit Geschäftspartnern und Dienstleistern genannt.[13]

Aufgabe	Prozent
Hauptprojekte	57,7 %
Entwerfen/Optimieren von Geschäftsprozessen	56,2 %
Strategische Systementscheidungen	39,1 %
Verhandeln mit IT-Händlern und Dienstleistern	34,8 %
Verhandeln mit anderen Geschäftspartnern, IT-Anbietern und Kunden	34,3 %

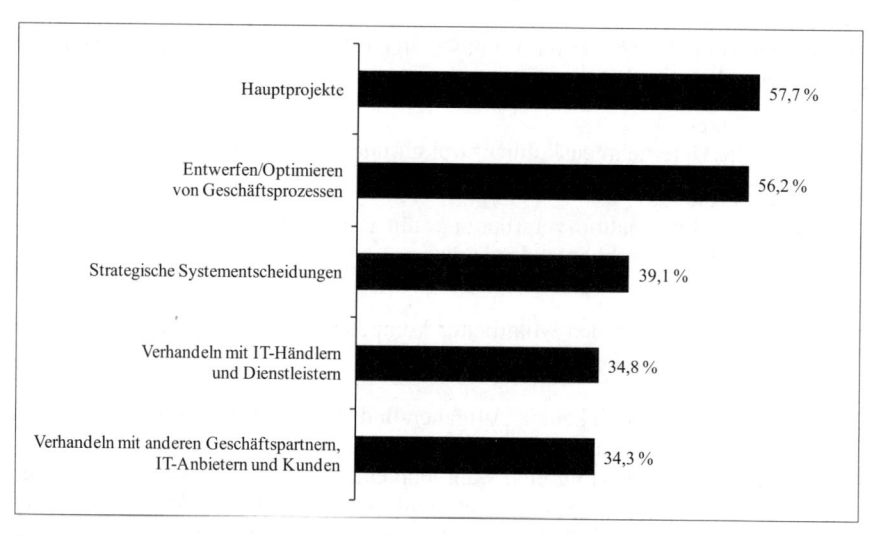

Abbildung 2: *Aufgabengebiete von CIOs mit größtem Zeitaufwand*[14]

Ein weiterer interessanter Teil der Umfrage ist die Antwort der befragten CIOs auf den Einfluss ihrer Abteilung auf das, was im Unternehmen diskutiert, entschieden und umgesetzt wird: Die IT war hauptsächlich für reduzierte Kosten und gesteigerte Produktivität verantwortlich, aber auch Geschäftsinnovationen wurden genannt.[15]

---

[13] Vgl. SCHMITZ (2007), S. 2.
[14] In Anlehnung an SCHMITZ (2007), S. 2.
[15] Vgl. SCHMITZ (2007), S. 4.

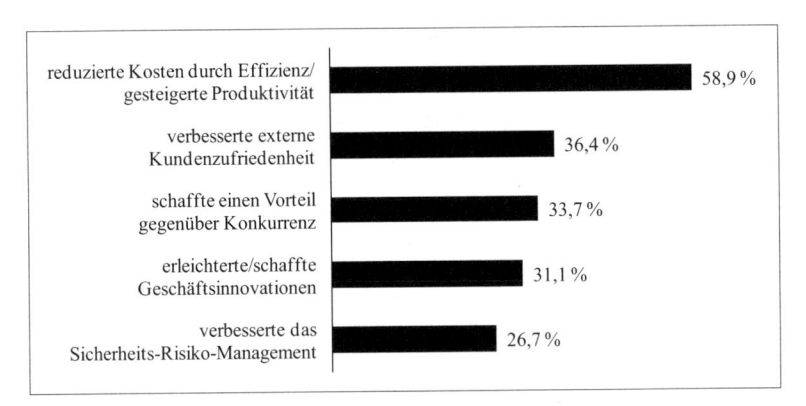

reduzierte Kosten durch Effizienz/ gesteigerte Produktivität	58,9 %
verbesserte externe Kundenzufriedenheit	36,4 %
schaffte einen Vorteil gegenüber Konkurrenz	33,7 %
erleichterte/schaffte Geschäftsinnovationen	31,1 %
verbesserte das Sicherheits-Risiko-Management	26,7 %

Abbildung 3: Einfluss der IT im Rückblick[16]

Eines wird aufgrund von Umfragen deutlich: Die Bedeutung des CIO und damit seine inhaltliche Arbeit wird zum großen Teil von der Unternehmensstruktur und der hierarchischen Stellung des CIO bestimmt:

➤ In Deutschland berichten nur 21 % der von GARTNER befragten CIOs direkt an die Unternehmensspitze. Der weltweite Durchschnitt liegt bei 38 %![17]

Bei der Beschäftigung mit der Frage, wann der CIO Mitglied des Vorstands ist, stellt sich ein Zusammenhang mit den folgenden Faktoren heraus:[18]

➤ Größe des Unternehmens,

➤ Dynamik der Geschäftsfelder,

➤ Geschäftsprozesse,

➤ Organisationsform des Unternehmens.

Aber auch wenn CIOs in der Vorstandsebene angesiedelt sind, werden sie von den Kollegen dort meistens nicht als gleichwertige Partner angesehen und behandelt.[19] Auch hatten 2007 nur 23 % der deutschen CIOs ein Selbstbestimmungsrecht bezüglich ihres Budgets. In anderen Ländern sind es 30 %, bei Unternehmen mit überdurchschnittlichem Umsatz- und Renditewachstum sind es sogar 62 %.[20]

Allerdings gibt es auch Zeichen, dass sich die Rolle der CIOs momentan ändert und dass die Situation nicht ganz so festgefahren ist, wie sie anhand dieser Daten zunächst scheint.

---

[16] In Anlehnung an *SCHMITZ* (2007), S. 4.
[17] Vgl. *QUACK* (2008a).
[18] Vgl. *KRCMAR* (2005), S. 305.
[19] Vgl. *BRENNER/WITTE* (2007), S. 6.
[20] Vgl. *QUACK* (2008c), S. 1 f.

5.2 Rolle des CIO im Wandel

Laut der Umfrage von GARTNER erwarten vier von fünf befragten CIOs einen grundlegenden Wandel ihrer Position und Abteilung, der sich bereits heute abzeichne und in den kommenden drei Jahren vollziehen werde.[21]

Auch die Themen, mit denen sich CIOs auseinandersetzen, unterliegen einem Wandel: Nach den Business-Prioritäten für 2008 befragt, rückt der Punkt „Neue Produkte und Services/Innovationen" auf Platz 3 vor, nachdem er im Vorjahr auf Platz 10 lag. Das Thema „Senkung der Unternehmenskosten" rutschte hingegen von Platz 2 (2007) auf Platz 5 (2008). Eine Entwicklung in Richtung Business ist also bereits zu erkennen (siehe Abbildung 4).

Business-Prioritäten weltweit	Rang 2007	Rang 2008	Trend
Optimierung von Geschäftsprozessen	1	1	→
Neukundengewinnung und -erhalt	3	2	↗
neue Produkte und Services/Innovationen	10	3	↗
Expansion in neue Märkte und Regionen	9	4	↗
Senkung der Unternehmenskosten	2	5	↘
Verbesserung der Mitarbeiter-Effizienz	4	6	↘
Ausbau bestehender Kundenbeziehungen	3	7	↘
Steigerung des Nutzens von Informationen und Analysen	7	8	↘
Effizientere Ausrichtung auf Kunden und Märkte	-	9	↗
Zukauf neuer Unternehmen und Kompetenzen/Fusionen und Akquisitionen	-	10	↗

Von 2007 bis 2008 in der Priorität ↗ gestiegen
→ gleich geblieben
↘ gesunken

Abbildung 4:   *Entwicklung der Business-Prioritäten*[22]

Die von der HARVEY NASH GROUP unter 258 amerikanischen CIOs durchgeführte Umfrage „CIO SURVEY 2007/08" zeigt diesen Wandel ebenfalls auf: 69 % der befragten CIOs sagen, dass ihre Aufgaben strategischer geworden sind. Lediglich bei 25 % war noch keine Veränderung zu spüren.[23]

---

[21] Vgl. QUACK (2008b).
[22] In Anlehnung an QUACK (2008b).
[23] Vgl. HARVEY NASH GROUP (2008), S. 13.

Der Trend zum strategisch ausgerichteten CIO mit Geschäftsverantwortung ist also zu erkennen. Noch aber sind ihm viele Unternehmen nicht gefolgt. Vor allem in Deutschland ist diese Entwicklung noch lange nicht abgeschlossen. Was aber ist dafür verantwortlich, dass die Entwicklung so langsam vorangeht, und dass der Großteil der CIOs noch so Technik-fixiert ist? Im nachfolgenden Kapitel werden die Gründe erläutert.

6 Gründe für die dargestellte Situation

Unterschiedliche Faktoren beeinflussen die Rolle des CIO und verursachen so die Diskrepanz zwischen Anspruch und Realität.

6.1 Nationale Unterschiede

In Amerika ist der CIO im Vergleich zu Deutschland häufiger in der höchsten Managementebene zu finden. Der Hauptgrund dafür liegt darin, dass amerikanische Unternehmen vor dem Hintergrund einer anderen Gesetzgebung gegenüber deutschen Unternehmen anders konstruiert und organisiert sind:[24]

In Deutschland ist der Vorstand die höchste Unternehmensebene, wobei die Mitglieder des Vorstands oftmals die Leiter der Teilfunktionen auf der zweiten Hierarchieebene sind. Im Vorstand sind damit in der Regel alle Funktionen der zweiten Hierarchieebene vertreten. Für die Aufnahme des CIO in den Vorstand müsste somit ein eigenes Ressort auf der zweiten Hierarchieebene gebildet werden. Dies ist in vielen Unternehmen noch nicht geschehen, da die Zuständigkeiten des CIO in Deutschland häufig nicht klar abgegrenzt sind.

Wie gezeigt, arbeiten sehr viele deutsche CIOs noch auf dem Gebiet der Technik, der Informationsverarbeitungstechnik. Gleichzeitig gehören aber auch etliche auf die Informationsverarbeitung bezogene Aufgaben aus den Gebieten strategische Planung, Geschäftsprozesse, Controlling und Finanzen zu ihrem Betätigungsfeld. Einen eigenständigen Unternehmensbereich „Informationsmanagement" gibt es noch recht selten.

In Amerika ist das „Board of Directors" das Leitungs- und Kontrollgremium eines Unternehmens. Es herrscht somit das Direktorialprinzip. Dabei sind nicht zwangsläufig alle Teilfunktionsleiter Mitglieder des Boards und die Aufnahme eines CIO stellt keinen großen organisatorischen und die Machtstrukturen grundsätzlich verändernden Aufwand dar. Darüber hinaus ist der Aufgabenbereich des CIO in Amerika häufig klarer definiert und auf das Business ausgerichtet.

---

[24] Vgl. *HEINZL* (2001), S. 410 f.

6.2 Historische Gründe

Die Entwicklung des CIO muss vor dem Hintergrund der Entwicklung von Informationsverarbeitungstechnik und Informationsverarbeitung betrachtet werden. Diese Entwicklung in den letzten Jahrzehnten trägt ihren Teil zur aktuellen Stellung des CIO bei:[25]

- In den 1980er Jahren hielten die PCs Einzug in die Unternehmen. Die EDV-Leiter, die bis dahin für Großrechner und Rechenzentren verantwortlich waren, betrachteten die PCs mit ihrem bis dahin geprägten Verständnis von der Rolle der EDV im Unternehmen. Sie verkannten das Potenzial der PCs, distanzierten sich von dieser Thematik und konzentrierten sich auf Großrechner. Auf der anderen Seite begannen die Fachabteilungen das benötigte IT-Wissen aufzubauen, was zu einer immer größeren Kluft zwischen der IT-Abteilung und den Fachabteilungen führte.

- In den 1990er Jahren waren Standardsoftware und Geschäftsprozesse die Hauptthemen der IT. Da das dafür benötigte bereichsübergreifende Wissen in der IT-Abteilung zumeist nicht vorhanden war, wurden oft externe Berater eingeschaltet und der IT-Leiter (oder CIO – wenn es ihn gab) von dieser Thematik ausgeschlossen. Er erhielt somit meist nicht einmal die Chance, das Unternehmen mit seinen Abläufen aktiv mitzugestalten.

- Im ersten Jahrzehnt des 21. Jahrhunderts entwickelte sich die Rolle des CIO ähnlich weiter. Da es ihm an Kompetenzen und auch Vertrauen mangelte, blieb die Rolle des CIO in den Zeiten des Internet-Hypes weiter hauptsächlich in der Technik verhaftet. In dieser Zeit waren neue Geschäftsmodelle zwar meist technik-getrieben, doch entwickelte sich zumindest das Bewusstsein, dass die IT einen wichtigen strategischen Beitrag leisten kann.

6.3 IT-Affinität der Unternehmen

Bis heute zeigt sich die weit verbreitete Auffassung, dass die IT, d. h. der Einsatz von Technik den eigentlich anzustrebenden Nutzen darstellt. Die Erkenntnis, dass es tatsächlich aber die Informationen sind, die den Erfolg eines Unternehmens beeinflussen, setzt sich nur sehr langsam durch. Dieser Fokus führte dazu, dass die mit den operativen technischen Aufgaben betraute IT-Abteilung weiter unten in der Unternehmenshierarchie angesiedelt wurde.[26]

Gleichzeitig hat dieser Fokus aber auch die Einstellung der Beteiligten zu den IT-Aktivitäten der Unternehmen geprägt:

- Im Rahmen größerer Business Transformations sehen von Teilnehmern eines IT-Strategie-Forums in der Schweiz 51 % die IT eher als „Bremsklotz" und nur 49 % als „Enabler".[27]

---

[25] Vgl. PIETSCH/MARTINY/KLOTZ (2004), S. 146 ff., und BRENNER/WITTE (2007), S. 27 ff.
[26] Vgl. BUHL/KREYER/WOLFERSBERGER (2001), S. 408.
[27] Vgl. WOLFF (2008), S. 1.

> Dies bestätigen 79 % von 503 befragten IT-Managern, die zugeben, dass ihr Unternehmen IT primär als Mittel zur Effizienzsteigerung einsetzt und nicht, um neues Business zu generieren.[28]

Durch diese Ausrichtung erhalten die Leiter der dafür zuständigen Organisationseinheiten, die inzwischen bereits vielfach als CIO bezeichnet werden, oft noch nicht die Wertschätzung und hierarchische Position im Unternehmen, die notwendig ist, um das Potenzial, das im Wirtschaftsgut Information liegt, auszuschöpfen. Vielen CIOs fehlt häufig auch die Zeit, sich mit strategischen Aspekten zu beschäftigen, weil sie mit dem Betrieb der IT und den IT-Projekten schon vollkommen ausgelastet sind. Vor allem in kleinen und mittleren Unternehmen und wenn die Abhängigkeit des Unternehmens von der IT nicht sonderlich ausgeprägt ist, kommt der CIO oft nicht über die Rolle eines IT-Dienstleisters hinaus.[29]

6.4 Differenzen zwischen Technik und Business

Ein weiterer Grund für die eingeschränkte Rolle der CIOs liegt darin, dass die IT-Abteilung und die Fachabteilungen oft in völlig verschiedenen Welten leben und unterschiedliche Sprachen sprechen. Die Fachabteilung sieht Mitglieder der IT-Abteilung oft als Technik-Experten ohne Bezug zum Kerngeschäft. Beiden Seiten fehlt meistens das Wissen über die fachlichen Inhalte und Sichtweisen des jeweils anderen und somit beklagen alle, dass der jeweils andere ihren Ideen und Argumenten unaufgeschlossen gegenüber steht.

Und in der Tat sind die Positionen ja auch unterschiedlich. Der IT-Leiter, der als Dienstleister für die Fachabteilungen das Funktionieren der IT-Infrastruktur gewährleisten muss, muss mit den Fachabteilungen, die den Umsatz generieren, um das erforderliche IT-Budget ringen. Die Ideen von CIOs, die ihre Rolle so leben, wie das ursprüngliche Konzept es vorsieht, werden im Räderwerk betriebswirtschaftlicher Meinungsvielfalt so lange zermahlen, bis der CIO entmutigt resigniert oder die Idee nicht mehr umsetzbar ist.

Diese Aussagen werden durch die Umfrage „*STATE OF THE CIO 2007*" des Wirtschaftsmagazins „*CIO*" untermauert, in der CIOs fehlende Klarheit in der Kommunikation zwischen den verschiedenen Funktionsträgern des Unternehmens und mangelnden Realismus in der Erwartungshaltung beklagen.[30]

---

[28] Vgl. *PETERS* (2008), S. 1.
[29] Vgl. *BRENNER/WITTE* (2007), S. 67.
[30] Vgl. *SCHMITZ* (2007), S. 3.

weniger Zeit für strategisches Denken und Handeln	42,4 %
unrealistische Erwartungen an die IT	41,2 %
unbekannte/unausgesprochene Erwartungen an die IT	34,5 %
Schwierigkeit, die IT verständlich zu machen	33,6 %
unangemessene Budgets	30,4 %

Abbildung 5:   *Die Schwierigkeiten der* CIOs[31]

Aufgrund dieser festgefahrenen Konstellation geben es viele CIOs auf, sich um die Mitgestaltung des Geschäfts zu bemühen. Aber auch die Geschäftsseite könnte mehr für die Beseitigung dieser Defizite tun: Nach einer *IBM*-Studie unter 750 Geschäftsführern weltweit haben bereits 80 % der CEOs erkannt, dass die Zusammenführung von Geschäftsstrategie und IT sehr wichtig ist. Allerdings haben erst 45 % dies in ihrem Unternehmen auch angemessen umgesetzt.[32]

6.5   Persönlichkeit des CIO

Ein Teil der als CIOs bezeichneten Funktionsträger ist mit seiner derzeitigen Rolle ganz zufrieden. Diese CIOs beschäftigen sich lieber mit dem Betrieb der IT-Infrastruktur, als sich mit strategischen Möglichkeiten der Informationsversorgung oder eine durch die IT verursachte Umsatzsteigerung des Unternehmens auseinanderzusetzen. Der Grund dafür liegt meist in den fachlichen Wurzeln und der bisherigen Berufslaufbahn der jeweiligen Aufgabenträger. Im Jahr 2007 kamen zum Beispiel knapp 40 % der CIOs in Deutschland aus Kernarbeitsgebieten der IT.[33] Ihnen fehlt damit die Business-orientierte Sicht- und Denkweise sowie vielfach die Fähigkeit, mit Gesprächspartnern, die aus anderen fachlichen Domänen kommen, verständlich zu kommunizieren.[34]

Als weiterer Tatbestand ist zu konstatieren, dass der heute in vielen Unternehmen existierende „Menschentyp CIO" zwar überdurchschnittlich rational veranlagt aber weniger machtbewusst ist, als die Vorstandsmitglieder aus den Fach- oder nichttechnischen Querschnittsabteilungen.[35] Dieses fehlende Machtbewusstsein führt dazu, dass so gelagerte Funktionsträger gar nicht das Verlangen haben, die noch größere Verantwortung auf der höheren Ebene zu übernehmen.

---

[31] In Anlehnung an SCHMITZ (2007), S. 3.
[32] Vgl. WIDMANN/CLERICO (2007).
[33] Vgl. SCHMITZ (2007), S. 1.
[34] Vgl. SCHMITZ (2007), S. 2.
[35] Vgl. PENZEL (2001), S. 409.

7 Die Zukunft hat bereits begonnen

Die Bereitschaft zu einer Rollenveränderung ist vorhanden und die Entwicklung zu einem zeitgemäßen CIO 2.0 hat bereits begonnen. Eine *IBM*-Umfrage zeigt, dass es ein dringendes Anliegen der meisten CIOs ist, künftig Einfluss auf Strategie und Geschäftsprozesse zu nehmen:[36]

- 92 % halten es für entscheidend, dass ihr Einfluss auf die Geschäftsleitung erweitert wird.
- 86 % betrachten es als große Chance für ihr Unternehmen, gemeinsam mit der Geschäftsführung Strategien zu entwickeln.
- 84 % gaben an, dass sich die IT fundamental auf die Veränderungen der Unternehmensstrategie auswirkt.

Ein Teil der heute als CIO bezeichneten Funktionsträger wird diese veränderte Rolle nicht spielen können oder spielen wollen. Der für die Zukunft benötigte CIO 2.0 muss andere Fähigkeiten und Denkstrukturen aufweisen, als der klassische IT-Leiter, der bislang lediglich zum CIO „umgelabelt" wurde. Er muss seine Prioritäten anders setzen und sich anders verhalten. Er muss Informationsmanagement nicht als Management der technischen Einrichtungen verstehen, sondern die beiden Ziele des Informationsmanagements integrativ verfolgen. *Effektivität* und *Effizienz* des Unternehmens erhöhen, durch den gezielten Einsatz von Informationen.

Hierbei stehen die primär durch Menschen geprägten und schwer greifbaren Business Needs und Business Rules im Vordergrund und nicht das durch technische Abläufe geprägte Zusammenwirken der IT-Infrastruktur.

Dazu muss der CIO 2.0 Entwickler und Planer neuer, auf informationellen Alleinstellungsmerkmalen oder auf Informationsvorsprüngen basierender Geschäftsmodelle sein. Um diese Geschäftsmodellinnovationen zu bewirken, muss der CIO 2.0 Wettbewerbschancen erkennen, die auf Informationen beruhen, die der Wettbewerb nicht, noch nicht oder so nicht hat. Er muss sich innerhalb seines Unternehmens zum Anwalt und Zugpferd dieser Geschäftsmodelle machen und diese argumentativ und unter Einsatz aller seiner Machtmittel zur Umsetzung treiben. Dabei ist er auch Beschaffer von erforderlichen Ressourcen und Koordinator des Ressourceneinsatzes. Er muss das Unternehmen mit Informationen bewirtschaften.

Dafür ist ein Aufgabenträger mit anderen charakterlichen und fachlichen Merkmalen gefordert, als vom bisherigen IT-Leiter verkörpert. Der CIO 2.0 braucht Strategiekompetenz und Managementfähigkeiten, die sich auf Märkte, Kunden sowie ökonomische und gesellschaftliche Entwicklungen beziehen. Er braucht Sozialkompetenz, die über das hinausgeht, was mit dem Leiten einer mit Technikern besetzten Organisationseinheit zu tun hat.

---

[36] Vgl. *WIDMANN/CLERICO* (2007).

Dass dies unabdingbar ist, belegt das Ergebnis einer weltweit durchgeführten Studie des Wirtschaftsmagazins „CIO" zu den wichtigsten Eigenschaften eines CIO. Als wichtigste Fähigkeit wurde dabei „Strategisches Denken und Planen" genannt, gefolgt von „Verstehen von Geschäftsprozessen" und der „Fähigkeit, effektiv zu kommunizieren".[37] Technisches Verständnis ist dabei zwar nicht unwichtig, steht jedoch deutlich hinter den Business Skills zurück.

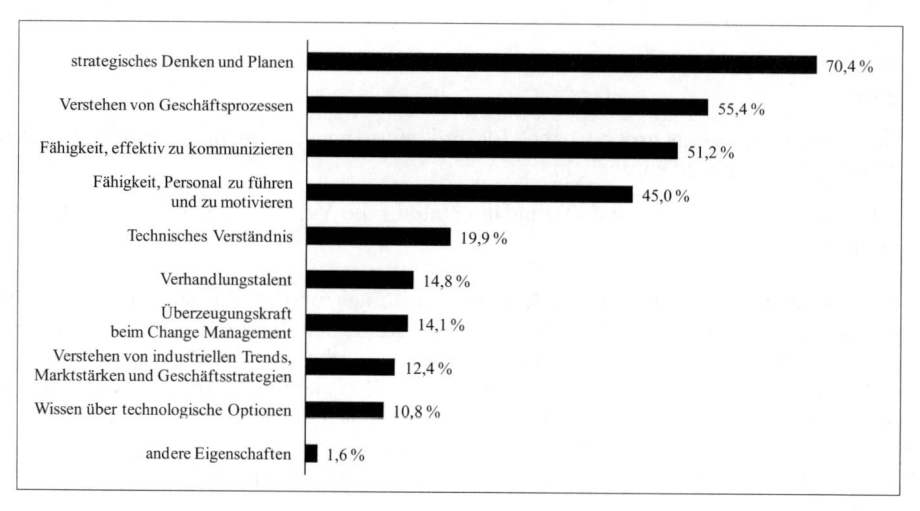

Eigenschaft	Prozent
strategisches Denken und Planen	70,4 %
Verstehen von Geschäftsprozessen	55,4 %
Fähigkeit, effektiv zu kommunizieren	51,2 %
Fähigkeit, Personal zu führen und zu motivieren	45,0 %
Technisches Verständnis	19,9 %
Verhandlungstalent	14,8 %
Überzeugungskraft beim Change Management	14,1 %
Verstehen von industriellen Trends, Marktstärken und Geschäftsstrategien	12,4 %
Wissen über technologische Optionen	10,8 %
andere Eigenschaften	1,6 %

Abbildung 6:   Die wichtigsten Eigenschaften eines CIO[38]

Eines wird damit deutlich: Die benötigten Fähigkeiten und Kompetenzen befinden sich mit der sich ändernden CIO-Rolle in einem deutlichen Wandel. Business-Know-how wird immer wichtiger, wohingegen die Bedeutung von Technologiewissen für CIOs immer mehr in den Hintergrund rückt (siehe Abbildung 7).[39]

Darüber hinaus werden aber auch Soft Skills immer wichtiger: Laut der 2007/08 von der HARVEY NASH GROUP in den USA durchgeführten Umfrage sagen 76 %, dass gute Kommunikationsfähigkeiten immer wichtiger für CIOs sind. 73 % halten Führungsqualitäten und 59 % Teamfähigkeit für entscheidend.[40] Auch die Fähigkeiten, sich schnell in neue Themengebiete einzuarbeiten und Ergebnisse überzeugend zu präsentieren, sind für erfolgreiche CIOs unerlässlich.

Vor allem aber benötigt ein CIO die richtige Denkweise: Er muss Generalist sein, geschäfts-(prozess)-orientiert denken und die IT als Mittel zum Zweck betrachten (siehe Abbildung 8).

---

[37] Vgl. SCHMITZ (2007), S. 4.
[38] In Anlehnung an SCHMITZ (2007), S. 4.
[39] Vgl. WOLFF (2008), S. 2.
[40] Vgl. HARVEY NASH GROUP (2008), S. 23.

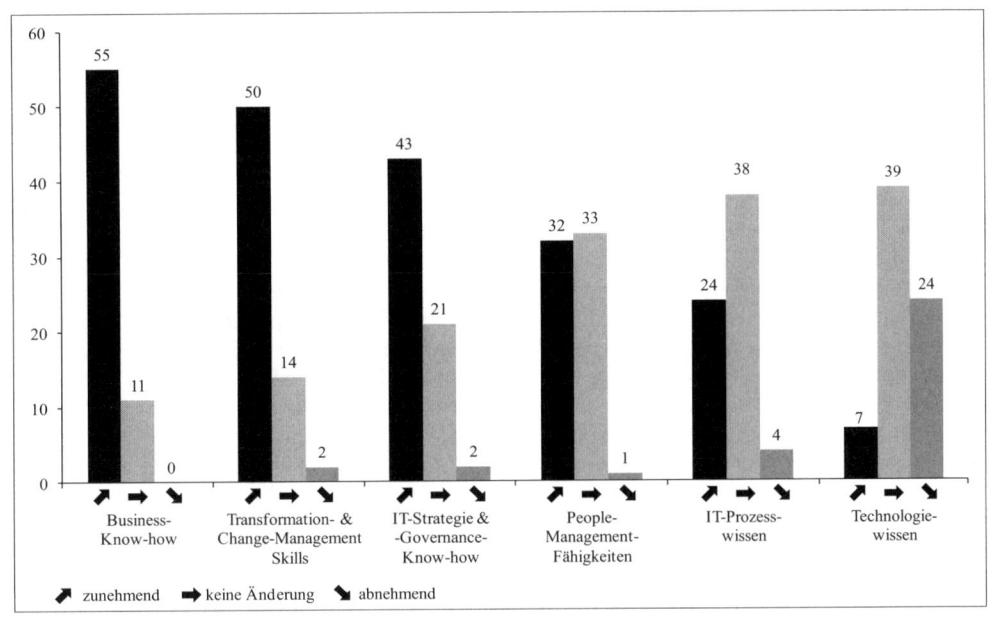

Der CIO 2.0 – Schlüsselfigur für das Enterprise 2.0

Abbildung 7: *Die Fähigkeiten und Kompetenzen des CIO im Wandel*[41]

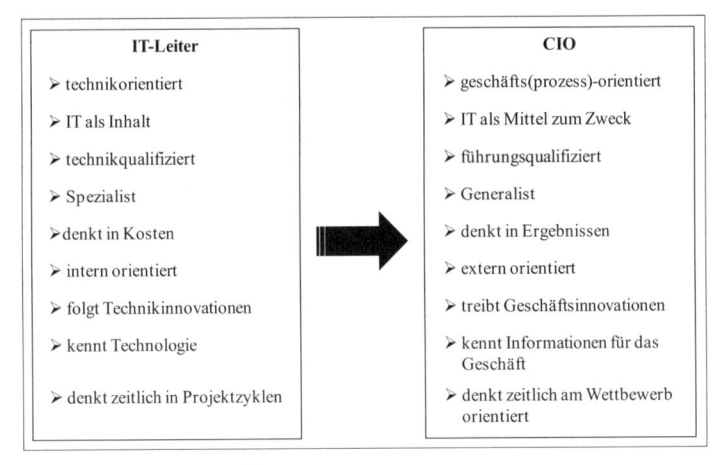

Abbildung 8: *IT-Leiter vs. CIO*[42]

IT-Leiter	CIO
➢ technikorientiert	➢ geschäfts(prozess)-orientiert
➢ IT als Inhalt	➢ IT als Mittel zum Zweck
➢ technikqualifiziert	➢ führungsqualifiziert
➢ Spezialist	➢ Generalist
➢ denkt in Kosten	➢ denkt in Ergebnissen
➢ intern orientiert	➢ extern orientiert
➢ folgt Technikinnovationen	➢ treibt Geschäftsinnovationen
➢ kennt Technologie	➢ kennt Informationen für das Geschäft
➢ denkt zeitlich in Projektzyklen	➢ denkt zeitlich am Wettbewerb orientiert

Bei all diesem Wissen um die Notwendigkeit, eine Entwicklung zum CIO 2.0 voranzutreiben, muss jedoch eingestanden werden, dass die Ausbildungsmöglichkeiten für CIOs noch sehr rar und unvollkommen sind. Die in Deutschland gut etablierten Wirtschaftsinformatik-Studiengänge sind entweder als Studiengang „Angewandte Informatik" mit einer Anreicherung durch einige kaufmännische Lehrveranstaltungen konzipiert oder wenn Sie thematisch ausgewogen sind, stellen Sie häufig lediglich ein Nebeneinander aus BWL- und IT-Fächern dar. Eine

---

[41] WOLFF (2008), S. 2.
[42] In Anlehnung an HARTERT (2000), S. 652.

integrative Sichtweise und vor allem die Vernetzung von unternehmerischen, sozialen und Führungsfähigkeiten werden hier nur wenig vermittelt.

Neu entwickelte Studiengänge, die unter Bezeichnungen, wie „eBusiness", „Informationsmanagement" oder „Information Engineering" angeboten werden, tun sich ebenfalls schwer, die – vor allem in den Köpfen ihrer Protagonisten verwurzelten – Denkstrukturen zu überwinden. Das wird beim Betrachten der Curricula dieser modern klingenden Studiengänge deutlich. Dort sieht vieles noch sehr konventionell aus.

Die meisten dieser Studiengänge schaffen es nicht, die Qualifikationen, die ein CIO 2.0 benötigt, zu vermitteln, sondern sind weiterhin eher auf technisches Expertenwissen ausgerichtet. Aufgrund der Fokussierung von Bachelor-Studiengängen auf die Ausbildung von operativen Mitarbeitern in Linienfunktionen oder Projekten ist ein Masterstudium für einen CIO unerlässlich. Neben Master-Studiengängen der Wirtschaftsinformatik mit der Spezialisierungsmöglichkeit im Bereich Informationsmanagement können Business-orientierte Master-Studiengänge geeignet sein, die auf einen Wirtschaftsinformatik-Bachelor aufgesetzt werden.

8 Weitere Schritte sind nötig

Erfolgreiches Unternehmertum resultiert heute aus dem Schaffen und Ausnutzen von Informationsvorsprüngen. Plakativ heißt das:

Business runs on Information!

Die Entwicklung der Märkte, der Unternehmen und der Geschäftsmodelle machen Veränderungen in den Unternehmensstrukturen notwendig. Ein dafür geeignetes Prozess-Design ist in vielen Unternehmen auf einem guten Weg. Das Übertragen der Verantwortung für diese Prozesse auf geeignete Funktionsträger (Process Owner) ist der nächste Schritt, den die Unternehmen konsequenter Weise gehen müssen. Parallel dazu muss die Rolle des CIO so definiert und implementiert werden, dass sie dem Anspruch an diese Rolle gerecht wird. In diese Zukunft führt ein Weg, der sich gabelt.

Viele heutige CIOs heißen zwar CIO, sind aber klassische IT-Leiter. IT-Leiter ist eine wichtige Funktion, die die kontinuierliche, den Geschäftsbetrieb angemessen unterstützende Weiterentwicklung der betrieblichen IT-Infrastruktur betreiben und verantworten muss. Auch sämtliche zu erbringenden IT-Dienstleistungen, die die Anwender benötigen, um ihre Aufgaben bestmöglich zu bearbeiten, obliegen dem IT-Leiter und seiner Mannschaft. Zum Wohle des Unternehmens darf der IT-Leiter vor allem nicht abgewertet werden. Er hat eine verantwortungsvolle Aufgabe zu erfüllen, die in der Zukunft mehr denn je benötigt wird.

Aber warum können wir den IT-Leiter im deutschsprachigen Raum nicht einfach IT-Leiter nennen? Und wenn es im Rahmen der Globalisierung bei international agierenden Unternehmen unbedingt eine englischsprachige Bezeichnung für den IT-Leiter sein muss, dann nicht CIO. Der Name sollte das bezeichnen, was wirklich gemeint ist. Ein passender Name für diese Funktion lautet:

CITO – Chief Information Technology Officer.

Neben dem technisch fokussierten IT-Leiter braucht es jedoch einen auf das Business fokussierten Verantwortlichen für die ökonomisch erfolgreiche Arbeit mit dem Wirtschaftsgut Information. Das Arbeiten mit und Verantworten von Wirtschaftsgütern ist bei Material, Personal und Finanzen selbstverständlich. Ohne Material, ohne Personal und ohne finanzielle Mittel kann kein Unternehmen agieren. Leiter der Materialwirtschaft, Leiter Personalwirtschaft und Leiter Finanzen sind ganz übliche Funktionsträger in Unternehmen. Genauso selbstverständlich muss es auch bezüglich des immateriellen Wirtschaftsguts Information sein.

Es stellt sich die Frage, ob es sinnvoll ist, diesen Funktionsträger als CIO zu bezeichnen oder ob unter diesem Namen mittlerweile eine so heterogene Gruppe von Führungskräften existiert, dass ein neuer Name erforderlich ist, um Klarheit in die Situation zu bringen. In diesem Fall empfiehlt sich für diesen Informationsmanager die Bezeichnung:

CIBO – Chief Information Business Officer.

Die Spaltung der Rolle heutiger IT-Leiter und CIOs ist in der Abbildung 9 dargestellt.

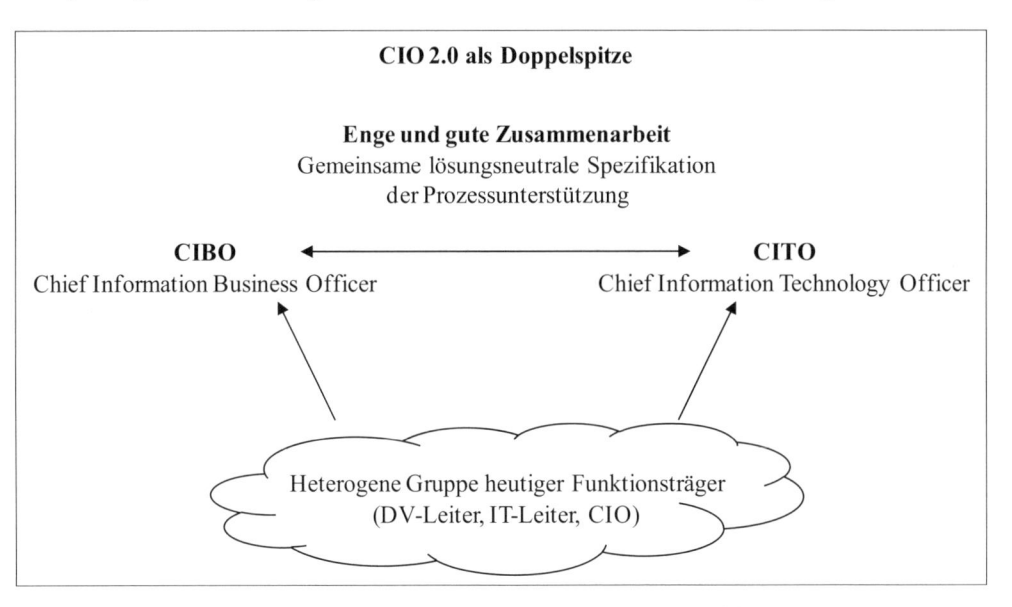

```
┌─────────────────────────────────────────────────────────────┐
│              CIO 2.0 als Doppelspitze                       │
│                                                             │
│              Enge und gute Zusammenarbeit                   │
│            Gemeinsame lösungsneutrale Spezifikation         │
│                  der Prozessunterstützung                   │
│                                                             │
│        CIBO        ◄─────────────►        CITO              │
│  Chief Information Business Officer   Chief Information Technology Officer
│                                                             │
│              ┌─────────────────────────────┐                │
│              │ Heterogene Gruppe heutiger Funktionsträger │  │
│              │     (DV-Leiter, IT-Leiter, CIO)            │  │
│              └─────────────────────────────┘                │
└─────────────────────────────────────────────────────────────┘
```

Abbildung 9:   Der CIO 2.0 wird zu einer „gespaltenen Persönlichkeit"

Um eine erfolgreiche gemeinsame Arbeit von CIBO und CITO zu gewährleisten, muss sichergestellt werden, dass beide eng und gut zusammenarbeiten. Als Vorbild für diese duale Führungsspitze der Organisationseinheit Informationsverarbeitung dienen Unternehmen, die bereits seit langer Zeit erfolgreich mit einer Doppelspitze aus einem kaufmännischen und einem technischen Geschäftsführer arbeiten.

Damit die Arbeit auf den operativen Ebenen funktioniert, müssen IT- und kaufmännische Abteilungen besser als bisher lernen, sich zu verstehen. Dies kann erreicht werden, indem[43]

> die Geschäfts- und die dafür benötigten IT-Prozesse von beiden Abteilungen gemeinsam definiert werden,

> IT-Projektleiter an Fachabteilungen ausgeliehen werden und so die Zusammenarbeit fördern,

> IT- und kaufmännische Abteilungen regelmäßig gemeinsame Meetings durchführen.

Als Indiz für die Richtigkeit dieses Wegs kann das Ergebnis der *IBM*-Umfrage von 2006 gewertet werden, bei dem sich herausstellte, dass bei Unternehmen, die sich bei der Zusammenführung von Geschäftsstrategie und IT als führend einstufen, der Umsatz um 5 % schneller wächst, als bei ihren Wettbewerbern.[44]

Quellenverzeichnis

BRENNER, W./WITTE, CHR.(2007): Erfolgsrezepte für CIOs, München/Wien, 2007.

BROADBENT, M./KITZIS, E. S. (2005): The New CIO Leader, Boston 2005.

BUHL, H. U./KREYER, N./WOLFERSBERGER, P. (2001): Die Rolle des Chief Information Officer (CIO) im Management, in: WIRTSCHAFTSINFORMATIK, 43. Jg. (2001), Nr. 4, S. 408.

COMPUTERZEITUNG (2007): Immer mehr CIOs kommen nicht aus den IT-Abteilungen, online: http://www.computerzeitung.de/articles/immer_mehr_cios_kommen_nicht_aus_den_it-abteilungen:/2007046/31292146_ha_CZ.html, Stand: 12.11.2007, Abruf: 23.9.2009.

DOLENCE, M. G./DOUGLAS, J. V./PENROD, J. I. (1990): The Chief Information Officer in Higher Education, CAUSE (The Association for the Management of Information Technology in Higher Education), Boulder (USA), 1990.

HARTERT, D. (2000): Informationsmanagement im Electronic Business am Beispiel der Bertelsmann AG, in: WEIBER, R. (Hrsg.), Handbuch Electronic Business, Wiesbaden 2000, S. 643–654.

HARVEY NASH GROUP (2008): 2007/08 CIO Survey – Insights and Perspectives from IT Leaders, USA 2008.

HARVEY NASH GROUP (2007): 2007 Strategic Leadership Survey – A CIO Perspective, UK 2007.

HEINZL, A. (2001): Die Rolle des CIO in der Unternehmung, in: WIRTSCHAFTSINFORMATIK, 43. Jg. (2001), Nr. 04, S. 408–420.

KRCMAR, H. (2005): Informationsmanagement, Berlin/Heidelberg 2005.

---

[43] Vgl. BROADBENT/KITZIS (2005), S. 75.
[44] Vgl. WIDMANN/CLERICO (2007).

PENZEL, H.-G. (2001): Hat der CIO im Vorstand eine Zukunft? in: WIRTSCHAFTSINFORMATIK, 43. Jg. (2001), Nr. 04, S. 409.

PETERS, A. (2008): Sieben Trends, die die Rolle des CIO verändern werden, online: http://www.cio.de/markt/analysen/848164/index1.html, Stand: 9.1.2008, Abruf: 15.8.2008.

PIETSCH, TH./MARTINY, L./KLOTZ, M. (2004): Strategisches Informationsmanagement, Berlin 2004.

QUACK, K. (2008a): Gartner: Deutsche CIOs setzen veraltete Prioritäten, online: http://www.computerwoche.de/nachrichtenarchiv/1853874/index.html, Stand: 25.1.2008, Abruf: 23.9.2009.

QUACK, K. (2008b): Update: Gartner sieht fundamentale Veränderungen in der Rolle der IT, online: http://www.computerwoche.de/knowledge_center/it_strategie/1853799/index.html, Stand: 25.1.2008, Abruf: 23.9.2009.

QUACK, K. (2008c): Deutsche CIOs hängen am Tropf der Finanzchefs, online: http://www.computerwoche.de/knowledge_center/it_strategie/1853341, Stand: 23.1.2008, Abruf: 23.9.2009.

SCHMITZ, A. (2007): Umfrage: „State of the CIO 2007", online: http://www.cio.de/karriere/personalfuehrung/833673/index.html, Stand: 4.5.2007, Abruf: 23.9.2009.

WIDMANN, B./CLERICO, M. (2007): Der CIO gehört in die Führungsspitze, online: http://www.silicon.de/cio/strategie/0,39038989,39180447,00/der+cio+gehoert+in+die+fuehrungsspitze.htm, Stand: 27.6.2007, Abruf: 24.9.2009.

WOLFF, T. (2008): IT bei M&A-Prozessen, 2008, http://www.cio.de/strategien/methoden/846836/index1.html, Stand: 7.1.2008, Abruf: 24.9.2009.

SAP-Outsourcing – Der Weg zum effektiven Betrieb von SAP-Applikationen

STEFAN PECHARDSCHECK

BearingPoint GmbH

1 SAP-Outsourcing – Was ist das? 401
2 Make or Buy – Gründe für ein Outsourcing 402
3 Formen des Outsourcings und SAP-Auslagerungsbereiche 404
   3.1 Formen des Outsourcings 404
       3.1.1 Interne zentralisierte Leistungserbringung 404
       3.1.2 Externe Leistungserbringung 405
       3.1.3 Business Process Outsourcing (BPO) 407
   3.2 Potenziell auszulagernde Bereiche im SAP 408
       3.2.1 IT-Infrastruktur und SAP-Basis 408
       3.2.2 Applikationsbetreuung 410
       3.2.3 Geschäftsprozesse und IT-Dienstleistungsprozesse 410
4 Kostentransparenz und Preisgestaltung von SAP-Services 411
   4.1 Herstellen von Kostentransparenz 411
   4.2 Preismodelle für SAP-Services 412
   4.3 Benchmarking 414
5 Service Level Agreements 415
   5.1 Services 415
   5.2 Service Level Agreements 416
6 transformIT – Verflechtung von Business und IT in Outsourcing-Projekten 417
   6.1 IT-Governance in Outsourcing-Projekten 417
   6.2 Outsourcing goes Business 418
   6.3 Fazit 419
Quellenverzeichnis 420

1 SAP-Outsourcing – Was ist das?

Kaum ein Thema ist solch ein Dauerbrenner wie das Outsourcing: In wirtschaftlich guten Zeiten, um Zugang zu neuen Technologien und Ressourcen zu bekommen und sich strategisch auf seine Kernkompetenzen zu fokussieren, und in der Rezession als Kostensenker. Kaum ein Thema ist allerdings auch so umstritten – von der Verlagerung in asiatische Offshore-Zentren bis zu Personalverlagerung und -abbau. Speziell zum Thema *SAP*-Outsourcing sollen in vorliegendem Beitrag Chancen und Risiken näher untersucht werden.

Mit der Standardisierung von IT-Dienstleistungen im Umfeld der Applikation *SAP* R/3 bzw. mySAP hat sich deren Bedeutung relativiert. *SAP*-Kompetenz ist kein Differenzierungskriterium gegenüber dem Wettbewerb und zählt deshalb vielfach nicht zu den Kernkompetenzen. Aufgrund beider Faktoren – der zunehmenden Standardisierung und der geringer werdenden strategischen Bedeutung – werden mehr und mehr *SAP*-Dienstleistungen ausgelagert.

Unter *SAP*-Outsourcing versteht man die Abgabe dieser *SAP*-Dienstleistungen an Drittunternehmen. Hierbei handelt es sich um eine spezielle Form des Fremdbezugs von bisher intern erbrachten Leistungen, wobei Verträge die Dauer und den Gegenstand der Leistung fixieren.

Die Entscheidung, Aufgaben an einen externen IT Service Provider zu vergeben, ist oft Teil des Bemühens der Unternehmen, sich stärker auf ihre eigentlichen Aufgaben zu konzentrieren und ihre Arbeitsprozesse mit den strategischen Zielen des Unternehmens in Einklang zu bringen. Mit der Auslagerung von *SAP*-Dienstleistungen werden als Kernziele die Verbesserung der Wirtschaftlichkeit und der Servicequalität verfolgt. Aber auch Themen wie die Sicherung der Innovationsfähigkeit der IT und Flexibilisierung gewinnen zunehmend an Bedeutung, damit die IT einen Wertbeitrag zu den eigentlichen Kernaufgaben des Unternehmens leisten kann.

Der Umsatz mit IT- und Geschäftsprozess-Outsourcing soll nach Angaben der *BITKOM* im Jahr 2009 um 7,2 % auf 14,6 Mrd. EUR steigen. Das durchschnittliche Marktwachstum von 2002 bis 2008 betrug etwa 10–12 %.

Gerade in Zeiten der Finanzkrise und des zunehmenden Kostendrucks werden für Deutschland in den kommenden Jahren nach internen Marktschätzungen von *BearingPoint* Outsourcing-Wachstumsraten zwischen 8 bis 10 % erwartet. Der traditionelle, vor allem auf kurzfristige Kosteneinsparungen ausgerichtete Fokus heutiger Outsourcing-Aktivitäten wird sich um strategische und Innovations-Dimensionen erweitern. Dies wird verstärkt mit einer Teilung des unternehmerischen Risikos bzw. der Verantwortung, mit neuen Leistungssteuerungsinstanzen und neuen Kooperationsstrukturen verbunden sein.

Die Leistungen eines *SAP*-Serviceanbieters können grundsätzlich in zwei Kategorien erfolgen: Im Betrieb der den *SAP*-Systemen zugrundeliegenden Hardware (Server, Mainframe, Netze etc.) und im Betrieb der Applikation. Im Regelfall werden dazu unterstützende Servicemanagementprozesse angeboten, wie z. B. der Betrieb eines User Help Desk oder ein Second Level Support.

Obgleich die Auslagerung von *SAP*-Dienstleistungen eine Reihe von Vorteilen bringt, entstehen auf der anderen Seite Probleme, die nachhaltige Folgen haben können. Der nachfolgende Abschnitt zeigt Erfahrungswerte aus der über 15jährigen Outsourcing-Erfahrung des Autors auf und nennt Good Practices die zum erfolgreichen Abschluss dieser Projekte führen.

2 Make or Buy – Gründe für ein Outsourcing

Outsourcing-Projekte können viele Gründe haben. Entscheider haben zunächst die Vision, dass ihnen ein Outsourcing von Teilen oder der gesamten IT Wettbewerbsvorteile bringt. Um diese Vision zu erhärten, braucht jedes Unternehmen vor einer Outsourcingentscheidung – der „*Make or Buy*"-Entscheidung – eine Vorphase, in der wichtige Fragestellungen beantwortet sowie Vor- und Nachteile einer Verlagerung sorgfältig abgewogen werden.

Entscheidend ist dabei die Frage, ob ein Eigenbetrieb oder ein Outsourcing der IT bzw. des *SAP*-Betriebs die Marktposition eines Unternehmens steigern kann bzw. ob die Ertragskraft des Unternehmens oder eines Bereichs signifikant erhöht werden kann. Ausgehend von dieser grundlegenden Fragestellung sind insbesondere die folgenden Fragen für die betrachteten *SAP*-Leistungen kritisch zu beantworten:

➢ Werden die betrachteten *SAP*-Leistungen am Markt von externen IT Service Providern angeboten?

➢ Handelt es sich um eine regelmäßige, wiederkehrende Dienstleistung und hat diese keinen Projektcharakter?

➢ Fehlen ausreichend Personalressourcen mit einem hinreichenden Wissen für die Erbringung der Dienstleistung und bleibt diese Situation auch zukünftig bestehen?

➢ Ist die Dienstleistung nur Unterstützungsleistung im Unternehmen, also trägt sie nicht strategisch zum Unternehmenserfolg bei?

Je mehr dieser Fragestellungen bejaht werden, umso eher ergibt sich eine Indikation für eine positive Outsourcing-Entscheidung. Erst wenn diese positiv beantwortet ist, lässt sich die Frage beantworten, in welchen Unternehmensteilen und für welche IT-Layer ein Outsourcing sinnvoll ist.

Die oben genannten Fragestellungen stellen lediglich eine erste Indikation für eine „*Make or Buy*"-Entscheidung dar. Für eine solche Entscheidung, die immer auch eine Entscheidung des Top-Managements sein muss, müssen die Vor- und Nachteile sorgfältig betrachtet und für die jeweilige Situation im Unternehmen gewichtet werden. Für die Verlagerung von *SAP*-Dienstleistungen sprechen dabei insbesondere folgende Argumente:

➢ *SAP*-Dienstleistungen sind Commodity-Dienstleistungen und gehören nach reinen Infrastruktur-Verlagerungen zu den am häufigsten initiierten und durchgeführten Outsourcing-Vorhaben. *SAP*-Outsourcing-Dienstleistungen werden am Markt von einer großen Anzahl international wie auch mittelständisch geprägter Unternehmen angeboten.

- Bei den wenigsten Unternehmen und Organisationen gehört der Betrieb eines *SAP*-Systems zu den Kernkompetenzen bzw. im öffentlichen Sektor zu den hoheitlichen Aufgaben.
- Outsourcing-Projekte führen fast immer zu einer strukturierteren Darstellung von IT-Services und legen damit die Grundlage für eine gut gesteuerte Angebots- und Nachfrageorganisation.
- Outsourcing führt bei modernen Preismodellen zu einer Variabilisierung der Kosten und zu einer Erhöhung der Preistransparenz.
- Die meisten Outsourcing-Projekte werden – sofern sie nicht strategischer Natur sind – erst dann realisiert, wenn Einsparpotenziale von mindestens 15 % erzielt werden.
- Outsourcing bedeutet Risikoübernahme des externen Anbieters. Dieser trägt das unternehmerische Risiko der Leistungserbringung und haftet dafür gegenüber dem Auftraggeber.
- Im Regelfall kommt es zu einem Technologie- und Know-how-Zuwachs.

Diesen zahlreichen, in der Praxis erwiesenen Vorteilen stehen jedoch auch Nachteile gegenüber. Insbesondere die folgenden Erfahrungen sollten bedacht werden:

- In Outsourcing-Projekten kann die Qualität des IT Service Providers nur bedingt beeinflusst werden. Zwar liefern die Vereinbarung von Service Level Agreements (SLAs) vertragliche Rahmenbedingungen; Pönalezahlungen bei Verletzungen der SLAs beseitigen denkbare Qualitätsprobleme nicht wirklich.
- Den denkbaren Einsparpotenzialen stehen Transaktionskosten gegenüber, die im Einzelfall nicht zu unterschätzen sind. Zu den Transaktionskosten zählen Beratungskosten, Kosten für Ausschreibungen, Verhandlungskosten sowie Transaktionskosten nach Vertragsabschluss (Transitionskosten, Absicherungskosten, Kontrollkosten und Kosten für Nachverhandlungen).
- Obwohl es zu einem Technologie- und Know-how-Zuwachs für die gesamte Leistungserbringung kommt, wandert dieses dennoch nach und nach zum IT Service Provider ab – die Abhängigkeit zum Service Provider steigt dadurch an.
- Outsourcing ist immer sicherheitssensitiv; durch eine (Teil-)öffnung der Systeme sowie durch Near- und Offshore-Konzepte steigt der Aufwand zur Einhaltung von Datenschutz und Sicherheitsmaßnahmen,
- Innovation im Rahmen eines Outsourcing-Projekts sicherzustellen, ist in der Praxis immer eine Herausforderung; es kommt zu einer gewissen Abhängigkeit von der Innovationsfähigkeit des IT Service Providers.
- Eventuelle Kulturunterschiede sollten bei der Auswahl des Outsourcing-Anbieters berücksichtigt werden. Eine Nichtbeachtung kann bei großen Unterschieden eine hohe (gefühlte) Unzufriedenheit mit der Serviceerbringung zur Folge haben und damit den Erfolg des Outsourcing-Projekts nachhaltig gefährden.

Nach Abwägung der Für und Wider eines Outsourcings und der auszugliedernden Bereiche (siehe Abschnitt 3.2) sollte das Management eine Entscheidung über die Initiierung des Ausschreibungsprozesses treffen. Dies wird im positiven Fall die Erstellung eines Request for Proposals, ggf. mit Voranstellung eines Request for Information (RfI), sein. In der Praxis hat sich gezeigt, dass der eigentliche Ausschreibungsprozess mit nicht mehr als fünf potenziellen Anbietern gestartet werden sollte. Dem Auftraggeber sollte dabei klar sein, dass ein Ausschreibungsprozess immer ein Prozess mit offenem Ausgang ist, d. h. zu festgesetzten Meilensteinen sollte eine kritische Zwischenergebnisprüfung erfolgen und ggf. der Prozess gestoppt werden.

3 Formen des Outsourcings und SAP-Auslagerungsbereiche

3.1 Formen des Outsourcings

IT kann in Organisationen unterschiedlich erbracht werden – sowohl starke dezentralisierte Erbringungsformen aber auch eine Zentralisierung der IT-Funktionen sind heute anzutreffen. Organisationen, die eine starke Bündelung querschnittlicher Funktionen vorantreiben (Rechnungswesen, Personal etc.), werden häufig auch die IT-Leistungserbringung zentralisieren.

3.1.1 Interne zentralisierte Leistungserbringung

IT optimal zu erbringen, heißt nicht automatisch, diese extern zu verlagern. Hohe Einsparpotenziale und Effizienzzuwächse sind mit internen Optimierungen und einer Zentralisierung von IT-Funktionen erreichbar. Die Effekte sind dabei die gleichen, wie bei einer externen Verlagerung. Interne zentralisierte Leistungserbringung meint die Konzentration von IT-Leistungserbringung innerhalb der Organisation. Eine starke Dezentralisierung von IT-Funktionen führt meist zu ineffizienten Prozessen und Fehlallokationen von Ressourcen. Eine Zusammenlegung fördert Synergien und nutzt Skaleneffekte. Die Zentralisierung der IT selbst kann in unterschiedlichen Organisationsformen erfolgen:

- *Cost Center*: Bildung einer IT-spezifischen Fachabteilung (idealerweise in einem cross functional Geschäfts- oder Vorstandsbereich),
- *Internes Profit Center*: Bildung eines Shared-Service-Centers oder *SAP*-Competence-Centers,
- *Externes Profit Center*: Gründung einer IT-Servicegesellschaft.

Keine dieser spezifischen Organisationsformen hat so viele Vorteile, dass sie per se zu empfehlen wäre. Dies hängt von der konkreten Situation innerhalb des Unternehmens ab.

Unabhängig davon, welche der Organisationsformen benutzt wird, eine Strukturierung der Leistungen und Erbringungsqualitäten (SLAs) ist immer vorzusehen. Soll eine externe Erbringungsform (Servicegesellschaft) Drittmarktgeschäft betreiben, ist dies zwingend.

3.1.2 Externe Leistungserbringung

Im Gegensatz zur internen Leistungserbringung werden bei der externen Leistungserbringung organisationsfremde IT Service Provider mit der Erbringung aller oder Teile der IT-Funktionen beauftragt. Eine Übernahme des Erbringungsrisikos durch Externe ist dabei von der Art der Leistungserbringung abhängig. Dabei unterscheidet man folgende Formen voneinander:

> *Komplettes Outsourcing*: Verlagerung aller oder wesentlicher Teile der IT und des Erbringungsrisikos an Externe,

> *Outtasking/Managed Services*: Verlagerung weniger Teile oder Funktionen an Externe; das Erbringungsrisiko liegt nach wie vor bei der auslagernden Funktion,

> *Housing*: Nutzung externer Infrastrukturkapazitäten; das Erbringungsrisiko liegt nach wie vor bei der auslagernden Funktion,

> *Offshoring/Nearshoring*: Outsourcing-Form, die die o. a. externen Leistungserbringungsformen außerhalb der eigenen Landesgrenzen kombiniert. Dies kann in regional „nahen" Ländern (nearshore) oder regional weit entfernt (offshore) geschehen,

> *Application Service Providing*: Zur Verfügungstellung eines Zugriffs auf verschiedene Software-Applikationen gegen Gebühr, das Verfügbarkeitsrisiko liegt beim IT Service Provider.

Nachfolgend sind diese Formen näher beschrieben.

Komplettes Outsourcing:
Werden wesentliche Teile der IT oder eines abgegrenzten IT-Bereichs an Externe verlagert und übernehmen diese das Risiko der Leistungserbringung, spricht man von einem kompletten Outsourcing. IT Service Provider übernehmen die Leistungserbringung zu vereinbarten Qualitäten (SLAs) und haften in definiertem Umfang für diese. Die Risikoübernahme ist wesentliche Eigenschaft des kompletten Outsourcings. Im Gegensatz zu teilweise anderslautenden Literaturmeinungen, ist auch die Verlagerung von Teilbereichen an verschiedene IT Service Provider (sog. Multi-Provider-Outsourcing) ein komplettes Outsourcing, da das Risiko der Leistungserbringung auch in diesem Fall komplett an die Service Provider übergeht.

Es ist allerdings zu beachten, dass ein komplettes Outsourcing eine effiziente Steuerung (Governance) benötigt (siehe auch Kapitel 6.1). Diese muss umso stärker ausgeprägt sein, wenn mehrere Service Provider Leistungserbringer sind, da in solchen Multi-Provider-Umgebungen oftmals technische und organisatorische Schnittstellenprobleme zu managen sind.

Eine Sonderform des kompletten Outsourcings ist das Joint Venture. Hier beteiligt sich die leistungsabgebende Organisation kapitalmäßig an dem Service Provider (der dann ggf. neu gegründet wird). Dabei kann die Kapitalmehrheit sowohl auf der IT-Service-Provider-Seite als auch auf der Seite der auslagernden Organisation liegen. Im Regelfall werden Service Provider, die sich an einem solchen Modell beteiligen, einen Anspruch auf die kapitalmäßige Mehrheit haben, um das Joint Venture besser nach ihren Modellen steuern zu können. Joint Ventures im öffentlichen Dienst bezeichnet man oft als Public Privat Partnership.

Outtasking/Managed Services:
Im Gegensatz zu einem kompletten Outsourcing bezeichnet man die Verlagerung von speziellen IT-Funktionen (z. B. den *SAP* 2nd Level Support oder Datenbankadministration) als Outtasking oder Managed Services. Das (unternehmerische) Risiko der Leistungserbringung liegt hier regelmäßig nicht beim Service Provider. Outtasking-Projekte werden of nach „*Make or Buy*"-Entscheidungen aufgesetzt, in denen sich gegen ein Outsourcing entschieden wurde.

Housing:
Eine spezielle Form des Outtaskings ist das Housing. Dabei wird das Rechenzentrum eines externen Infrastrukturanbieters genutzt. Dieser stellt dazu die Rechenzentrumsumgebung sowie infrastrukturelle Dienstleistungen rund um das Rechenzentrum bereit (Facility Management, Klima- und Energieversorgung, Sicherheit etc.). Die eigentliche IT-Serviceerbringung wird von diesen Service Providern im Regelfall nicht erbracht. Housing zeichnet sich als neuer Trend des Outsourcings ab, da immer mehr Organisationen Hoheit über den Betrieb ihrer eigenen Hard- und Software behalten möchten, gleichzeitig aber hochprofessionelle Rechenzentrumsumgebungen benötigen. Selbst etablierte IT-Serviceprovider fangen langsam damit an, Housing-Dienstleister als Unterauftragnehmer in Projekte einzubinden, da dies wirtschaftlich günstiger ist und weniger Kapital bindet.

Offshoring/Nearshoring:
Eine weitere Art der externen Leistungserbringung ist das Off- und Nearshoring (teilweise auch als Cross-border Outsourcing bezeichnet). Der Haupttreiber solcher Überlegungen ist die massive Absenkung der IT-Erbringungskosten aufgrund geringer Personalkosten. Es gilt jedoch bestehende Kulturunterschiede (insbesondere im Servicebereich und in der Entwicklung von Business-Applikationen) und Anforderungen an den Datenschutz zu bedenken. Auch der Zugriff lokaler Regierungsbehörden auf den Betrieb von IT (Beschlagnahmung von Infrastruktur) sollte kritisch beleuchtet werden.

Derzeit nehmen mehr und mehr IT-Dienstleistungsanbieter Offshore- und Nearshore-Bestandteile in ihre Outsourcing-Angebote auf. Im Einzelfall kann dies durchaus sinnvoll sein, darf jedoch nicht dazu führen, dass Kostensenkungen überwiegend durch eine Verbilligung des Faktors Personals in Niedriglohnländern erreicht werden und nicht durch Effizienz- und Innovationssteigerungen.

Application Service Providing (ASP):
Unter ASP wird die zur Verfügungstellung eines Zugriffs auf verschiedene Software-Applikationen gegen Gebühr verstanden. Der ASP-Dienstleister stellt auf seinen eigenen zentralen Servern und Infrastrukturkomponenten die Anwendungen zentral bereit. Der Zugriff des „Software-Mieters" kann über verschiedene Netzverfahren erfolgen (Internet, VPN etc.).[1] Das Verfügbarkeitsrisiko liegt generell beim IT Service Provider.

Da mittels ASP im Regelfall eine Applikation mehreren Nachfragern zur Verfügung gestellt werden, eignen sich für ASP-Modelle nur solche Software-Pakete, die in sich homogen sind, d. h. entweder Standardsoftware (MS Office, Bürosoftware etc.) oder Software mit sehr homogenen Kundenkreis, für den kein oder nur marginaler Customizing-Aufwand notwendig ist. Dazu können beispielsweise bestimmte Fachapplikation für sehr homogene Zielgruppen gehören. Das Anbieten von *SAP*-Applikationen über ASP-Modelle erscheint daher nur dann

---

[1] Vgl. SÖBBING (2006), S. 105 ff.

sinnvoll, wenn einer Gruppe von Nachfragern ein System zur Verfügung gestellt werden kann, welches für jeden Nachfrager gleich gecustomized ist.

Bei einem ASP-Modell sind jedoch rechtliche Besonderheiten zu bedenken. Der ASP-Anbieter ist oftmals nicht der Entwickler der angebotenen Software. In diesem Falle beruht ein ASP-Modell auf zwei Vertragsverhältnissen- dem Vertragsverhältnis des Kunden zum ASP-Anbieter und das Vertragsverhältnis vom Entwickler der Software zum ASP-Anbieter. Im Regelfall kann der ASP-Anbieter die angebotene Software in einem ASP-Modell nutzen. Der Kunde sollte sich dies jedoch vertraglich bestätigen lassen (Recht zur Unterlizensierung sowie Recht zur Nutzung bei mehreren Arbeitsplätzen).

3.1.3 Business Process Outsourcing (BPO)

BPO ist eine Sonderform des Outsourcings und bezeichnet das Auslagern ganzer Geschäftsprozesse oder abgrenzbarer Teile davon. Es bietet sich an, zu prüfen, ob mit dem Geschäftsprozess auch das zugrundeliegende IT-System outgesourct wird – beispielsweise mit der Personalbuchhaltung *SAP*-HR. Typische Bereiche, die mittels eines BPOs ausgelagert werden, sind:

- Personalmanagement (insb. Lohn- und Gehaltsabrechnung),
- Finanz- und Rechnungswesen / Buchhaltung,
- Beschaffung,
- Logistik,
- Customer Care.

Innerhalb verschiedener Branchen kann es zu anderen Prozessfokussierungen kommen, z. B. im Bankensektor Prozesse der Kreditkarten-Abrechnung, Scheckabwicklung.

BPO setzt meist auf IT-Outsourcing auf. Für ein BPO eignen sich insbesondere solche (Teil-) Prozesse, die hochstandardisiert sind und in hoher Anzahl abgewickelt werden. Das Risiko der Auslagerung ist hier eher gering.

Die Betrachtung auszulagernder Prozesse wird mehr und mehr ganzheitlich gesehen. Der BPO-Markt ist der am stärksten wachsende des gesamten Marktes für Informations- und Telekommunikationstechnik. Die IT-Analysten von *Gartner* dotieren den weltweiten BPO-Markt im Jahre 2009 auf 172 Mrd. USD bei einer jährlichen Wachstumsrate von 9,1 % im betrachteten Zeitraum.[2]

---

[2] Vgl. *WIKIPEDIA* (2009).

3.2 Potenziell auszulagernde Bereiche im SAP

In weiteren Überlegungen zum Outsourcing ist es wichtig zu verstehen, welche Teilbereiche des *SAP* sinnvoll ausgelagert werden können. Zum besseren Verständnis hat sich in der Praxis ein sogenanntes Schichtenmodell bewährt, das nachfolgend grob skizziert ist:

Geschäftsprozesse	Ebene 7
FI, CO, AM, BKK, IS-Bank, Limit,…	Ebene 6
ABAP Development Workbench (Data Dictionary, Screenpainter, Sapscript, Menupainter), Korrektur- und Transportsystem, Versionskontrolle, Schnittstellen-Management / Berechtigungskonzept, Zugriffsrechte, Profile Benutzer	Ebene 5
SAP-Basissystem – Early Watch, Release-Wechsel, Puts, Batchjobs, Mandantenkopie	Ebene 4
Datenbank – Administration, Tuning, Erweiterungen, Import/Export, Monitoring, Reorganisation	Ebene 3
Betriebssystem – Backup & Recovery, Updates, Patches, Monitoring (Printer und Performance)	Ebene 2
Hardware-Plattform – Hardware Support, Software Support	Ebene 1

☐ Betriebswirtschaft   ☐ *SAP*-Applikationsbetreuung   ☐ SAP-Basis

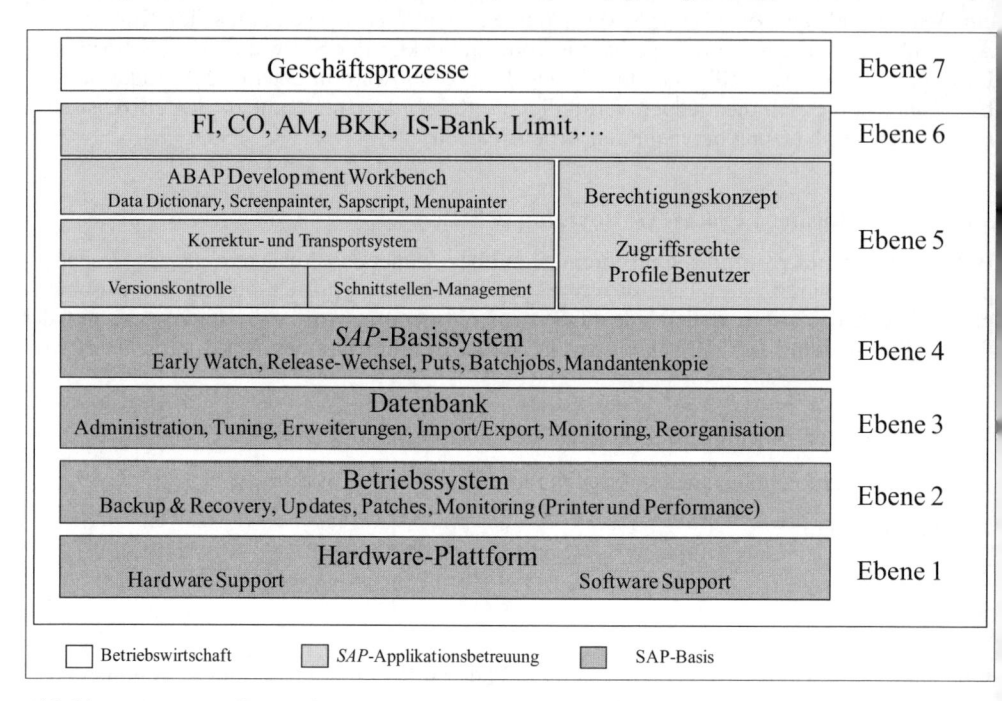

Abbildung 1:   *Teilbereiche SAP*

Grob können danach drei potenzielle Teilbereiche der SAP-Auslagerung unterschieden werden:

➢ IT-Infrastruktur und SAP-Basis (Ebenen 1 bis 4),

➢ Applikationsbetreuung (Ebenen 5 bis 6),

➢ Geschäfts- und IT-Dienstleistungsprozesse (Ebene 7).

Diese Teilbereiche sind im Folgenden überblicksweise beschrieben.

3.2.1 IT-Infrastruktur und SAP-Basis

Unter IT-Infrastruktur wird an dieser Stelle die erforderliche Hard- und Software verstanden, die notwendig ist, um das *SAP*-System und damit IT- und Geschäftsprozesse der auslagernden Organisation unterstützen zu können. Nach praktischer Erfahrung präferieren Organisationen am ehesten ein Outsourcing der oben beschriebenen Ebenen 1 und 2. Dazu zählt die Auslagerung hardwarenaher Gesamtkomponenten wie Rechenzentrums-Outsourcing, Outsourcing des LAN und WAN, Desktop-Service-Outsourcing und andere. Bei der Auslagerung dieser Services sind alle Formen gemäß Kapitel 3.1.2 denkbar.

Unter Infrastruktur-Dienstleistungen werden insbesondere verstanden:

- Rechenzentrums-Leistungen,
- Netzwerkleistungen (LAN, WAN),
- Workplace-Services und Client/Server Management,
- Mail-Systeme,
- Telekommunikationsdienstleistungen.[3]

Üblicherweise wird der Begriff *SAP*-Basis-Betrieb als Überbegriff für den Betrieb der Ebenen 1 bis 4 verwendet: Der *SAP*-Basis-Betrieb umfasst danach den Betrieb und die Administration sämtlicher IT-Systeme, der Rechnerperipherie (z. B. Platten, Bänder, Drucker) und des Rechnernetzwerks, die systemtechnische Betreuung der Betriebssystemsoftware für die IT-Systeme und das Rechnernetzwerk sowie die *SAP*-Basis-Betreuung, die für einen reibungslosen Betrieb der *SAP*-Basis notwendig sind. Eine übliche Servicegliederung für einen *SAP*-Basis-Betrieb wird in der nachfolgenden Tabelle skizziert:

Allgemeine Services	- Beratung und Infrastrukturplanung - Beschaffung Hardware /Bestands- und Lizenzmanagement Hardware - Service Level Management - Ressourcen- und Kapazitätsmanagement - Sicherheitsmanagement und Notfallplanung.
SAP-Basis-Services	- Installation/Konfiguration/Wartung - System Operating - Monitoring - Problem-Management - Release-Wechsel - Output-Operating - Produktionssteuerung *SAP*
Datenbank-Services	- Installation / Konfiguration der Datenbank nach *SAP*-Standard, - Monitoring - Produktionssteuerung Datenbank - Kapazitätsmanagement - Betrieb & Fehlerbehebung - Backup und Restore - Wartung (Instandhaltung)
Betriebssystem/Hardware/RZ-Operating	- Installation/Deinstallation, Konfiguration und Pflege - Betrieb (Operating) - Fehlerbehebung - Sicherheitsmanagement RZ /Notfallplanung
Netz-Services (*SAP*-RZ)	- Installation, Konfiguration, Deinstallation und Pflege - Betrieb und Operating - Fehlerbehebung

Tabelle 1:   Serviceleistungen des SAP-Basis-Betriebs im Überblick

---

[3] Vgl. SÖBBING (2006), S. 118 ff.

Infrastruktur und SAP-Basis-Services werden am Markt in hochstandardisierter Form und von einem breiten Dienstleisterkreis angeboten. Sie lassen sich aufgrund ihrer hohen Standardisierbarkeit gut benchmarken, d. h. es sind ausreichend Vergleichszahlen am Markt vorhanden.

3.2.2 Applikationsbetreuung

Unter Applikationsbetreuung wird die Durchführung der Services gemäß den Ebenen 5 und 6 verstanden. Dazu gehören insbesondere:

- Anwendungsentwicklung,
- Berechtigungsmanagement,
- Wartung,
- Second Level Support.

Leistungen der Applikationsbetreuung sind am Markt wesentlich schwerer zu vergleichen als hochstandardisierte Infrastruktur- oder *SAP*-Basis-Services. Meist geschieht dies über Personalaufwände und Personalkostensätze. Für diese Preiskomponenten bestehen belastbare Vergleichszahlen am Markt, die es ermöglichen Aufwände in der *SAP*-Applikationsbetreuung kritisch zu bewerten.

3.2.3 Geschäftsprozesse und IT-Dienstleistungsprozesse

Neben der Erbringung reiner Outsourcing-Services erbringen IT Service Provider oft auch Prozessleistungen im Rahmen laufender Outsourcingverträge. In den letzten Jahren hat es sich durchgesetzt, IT-Dienstleistungsprozesse an der IT Infrastructure Libary (ITIL) auszurichten. ITIL ist ein von der *Central Computer and Telecommunications Agency* (CCTA) entwickelter Leitfaden für das IT Service Management. Und hat sich zum De-facto-Standard im Bereich des IT-Servicemanagements entwickelt. Die *CCTA* ist eine IT Dienstleistungsorganisation der britischen Regierung mit Sitz in Norwich, die ein Bestandteil des *Office of Government Commerce* (OGC) ist.

Mit ITIL werden alle Services beschrieben, die eine IT-Organisation erbringen muss, jedoch nicht das „*Wie*" der Leistungserbringung. Über die Jahre haben sich jedoch „*Good Practices*" herausgebildet, die auf den Erfahrungen implementierter Prozesse beruhen. Gegenwärtig liegt ITIL in der Version 3 vor. Mit der Version 3 wurde ITIL auf das Service-Lifecycle-Modell umgestellt. Die wesentlichste Änderung ist dabei die Betrachtung des gesamten Lebenslaufs eines IT-Services, von der Strategie über die Implementierung, den Betrieb bis hin zur Abschaltung eines IT-Service. Dafür sind sowohl die bekannten IT-Prozesse auf das Life-Cycle-Modell übertragen als auch neue Themen wie IT-Strategie und Service Portfolio Management aufgenommen worden.

Die meisten der etablierten Service Provider bieten ihre eigenen Prozesse an. Obwohl einem Service Provider das „*Wie*" der Leistungserbringung nicht vorgegeben werden sollte, sollten die angewandten Prozesse auf der Service Provider Seite initial kritisch reflektiert werden, um sie mit bereits bestehenden Prozessen auf der Kundenseite zu harmonisieren. Gegebenenfalls sollte sich die outsourcende Organisation Audit-Rechte beim IT Service Provider einräumen lassen.

Davon unterschieden werden muss die Übernahme ganzer Geschäftsprozesse im Rahmen eines Business Process Outsourcings (siehe auch Kapitel 3.1.3). Die Übernahme von Geschäftsprozessen in die Verantwortung eines externen Service Providers beinhaltet üblicherweise auch die Verantwortung für die Leistungserbringung in den Ebenen 1 bis 6. Im Rahmen eines *SAP*-fokussierten BPO werden häufig Geschäftsprozesse in folgenden betriebswirtschaftlichen Anwendungsbereichen ausgelagert:

- Rechnungswesen/Controlling oder Teile davon (Buchhaltung, Rechnungseingangsbearbeitung),
- Logistik (Materialwirtschaft, Produktdatenmanagement),
- Personalwirtschaft (Personalmanagement, Lohn- und Gehaltsabrechnung),
- Anlagenwirtschaft/-buchhaltung,
- Instandhaltungsmanagement,
- Beschaffung,
- Customer Care.

4 Kostentransparenz und Preisgestaltung von SAP-Services

4.1 Herstellen von Kostentransparenz

Die gesteigerten Anforderungen der Fachbereiche an die IT-Services und die Prozessqualität bei gleichzeitiger Reduzierung der zur Verfügung stehenden Budgets verstärken zunehmend den Druck, die wirtschaftliche Leistungsfähigkeit von IT-Organisationen nachweisen zu müssen. In den letzten Jahren wird zunehmend zum Vergleich der eigenen Leistungsfähigkeit mit der Leistungsfähigkeit anderer IT-Bereiche ein Benchmarking der IT-Services gefordert bzw. durchgeführt.

Grundsätzlich können Kosten-Vergleichswerte immer nur so gut sein, wie die Basisdaten mit denen sie verglichen werden sollen. Kostentransparenz ist die Grundlage für vergleichbare Marktdaten. In der nachfolgenden Abbildung ist eine Entwicklung der Reifegrade von Preis- bzw. Verrechnungsmodellen von IT-Dienstleistungen als Maß für die Kostentransparenz aufgeführt.

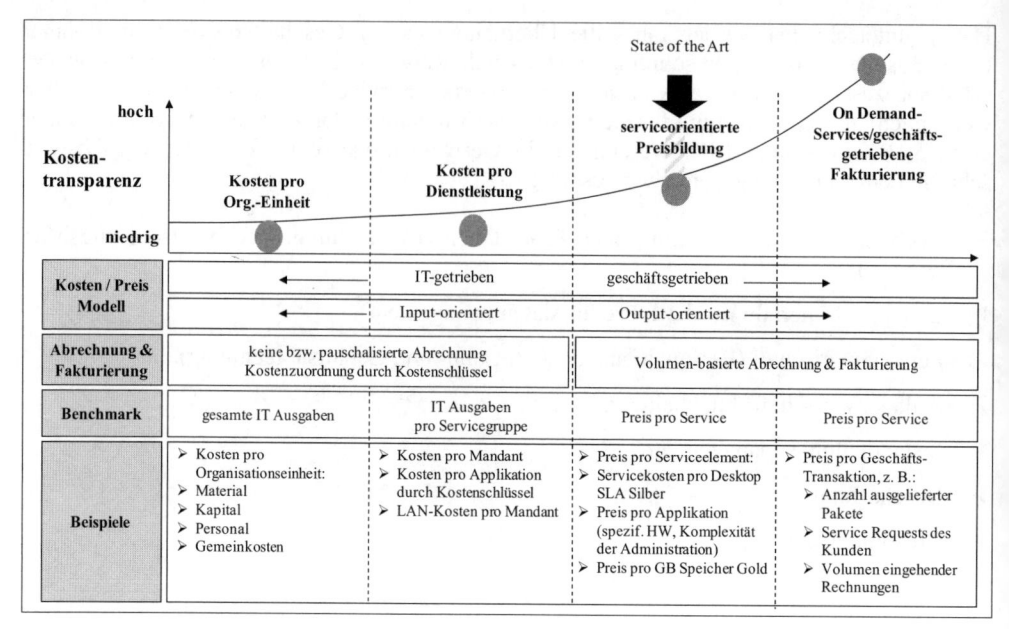

Kosten-transparenz				State of the Art ↓ serviceorientierte Preisbildung	On Demand-Services/geschäfts-getriebene Fakturierung
hoch niedrig		Kosten pro Org.-Einheit	Kosten pro Dienstleistung		
Kosten / Preis Modell		← IT-getrieben ← Input-orientiert		geschäftsgetrieben → Output-orientiert →	
Abrechnung & Fakturierung		keine bzw. pauschalisierte Abrechnung Kostenzuordnung durch Kostenschlüssel		Volumen-basierte Abrechnung & Fakturierung	
Benchmark		gesamte IT Ausgaben	IT Ausgaben pro Servicegruppe	Preis pro Service	Preis pro Service
Beispiele		➢ Kosten pro Organisationseinheit: ➢ Material ➢ Kapital ➢ Personal ➢ Gemeinkosten	➢ Kosten pro Mandant ➢ Kosten pro Applikation durch Kostenschlüssel ➢ LAN-Kosten pro Mandant	➢ Preis pro Serviceelement: ➢ Servicekosten pro Desktop SLA Silber ➢ Preis pro Applikation (spezif. HW, Komplexität der Administration) ➢ Preis pro GB Speicher Gold	➢ Preis pro Geschäfts-Transaktion, z. B.: ➢ Anzahl ausgelieferter Pakete ➢ Service Requests des Kunden ➢ Volumen eingehender Rechnungen

Abbildung 2: Evolution der Preismodelle nach SCHIEFER/BEARINGPOINT

Mit steigender Transparenz und Reife nehmen auch die Möglichkeiten zu, die Kosten sowohl aus Sicht des Service-Providers wie auch aus Sicht des Leistungsempfängers zu steuern. Nur eine differenzierte Steuerung der Kosten erlaubt eine Erhöhung der Wirtschaftlichkeit durch richtig priorisierte Investitionsentscheidungen bzw. Beauftragungen. Bei den Reifegraden der Preismodelle werden vier Stufen unterschieden:

1. Kosten werden je Organisationseinheit bzw. je Kostenart erfasst,
2. Kosten sind Dienstleistungen zugeordnet,
3. Preisbildung erfolgt serviceorientiert,
4. On Demand Services/geschäftsgetriebene Fakturierung nach Transaktionen.

Je nach bereits erzielter Kostentransparenz ergeben sich unterschiedliche Fragestellungen bzw. Zielsetzungen an ein Benchmarking. Aber auch die realistisch zu erwartenden Ergebnistypen differieren entsprechend. Gegenwärtig liegen die besten Marktpreise für serviceorientierte Preise vor (Evolutionsstufe 3). Wie diese serviceorientierten Preise für *SAP* gebildet werden, beschreibt das nachfolgende Kapitel.

4.2 Preismodelle für SAP-Services

Finanz- und Controllingleiter haben nach unseren Erfahrungen eine nur geringe Übersicht über die laufenden *SAP*-Kosten jedoch das permanente Gefühl, dass diese zu hoch sind. Nur wenige *SAP*-Bereiche treffen die dedizierte Aussage, den Betrieb soweit optimiert zu haben, dass gegenwärtig keine Kosteneinsparungen mehr zu erzielen sind.

Ein wesentlicher Grund dafür ist die fehlende Transparenz der *SAP*-Kosten. In der Praxis sind heute Preismodelle anzutreffen, die von Pauschalen im Infrastrukturbereich bis zu rein aufwandsgetriebener Abrechnung speziell im Bereich Applikationserstellung und -betreuung reichen. Dazwischen liegen verbrauchsbezogene Preismodelle, z. B. per User oder per Unit innerhalb bestimmter Abnahmemengen.

Um den tatsächlichen Aufwand zu bestimmen, versuchen IT-Organisationen oftmals die „Kosten pro Anwender" (named user/concurrent user) zu ermitteln. Diese Bezugsgröße unterliegt allerdings je nach Systemlandschaft immensen Schwankungen. Die beabsichtigte Transparenz der *SAP*-Kosten lässt sich somit nur schwerlich erreichen.

Diese Preismodelle geben IT Service Providern keinerlei Innovationsanreiz und keinerlei Anreize zur Limitierung des Ressourcenverbrauchs und sind schwer zu benchmarken. Ein Preismodell muss heute in erster Hinsicht transparent, flexibel, einfach zu steuern und zu benchmarken sein (keep it small & simple). Ungeplante und kurzfristige Veränderungen der Serviceabnahme müssen aus Sicht des Kunden im Rahmen des täglichen Geschäfts möglich sein.

Basis für jedes Preismodell ist eine interpretationsfreie Servicebeschreibung mit standardisierten und marktvergleichbaren Leistungsmodulen. Dazu gilt es Kostentreiber zu identifizieren und in ein variables Vergütungsmodell zu integrieren. Eine hinreichend genaue verursachungsgerechte Kostenverteilung kann die Komplexität jedoch ungemein erhöhen. Um aus diesem Dilemma zu entfliehen, hat sich im Bereich der *SAP*-Basisbetreuung als Preiseinheit „SAPS" (SAPS = *SAP* Application Performance Standard) durchgesetzt. Dabei handelt es sich um einen Index, der angibt, wie viele „Order Line Items" ein *SAP*-System pro Zeit verarbeiten kann. Dieser Index erhebt den Anspruch, plattformunabhängig die Leistungsfähigkeit einer *SAP*-Installation festzustellen.

Der SAPS-Wert wird durch die Ausführung des SD-Benchmarks ermittelt. Dabei handelt es sich um eine Abfolge von Arbeitsschritten, die im Sales & Distribution-Bereich des *SAP*-Systems ausgeführt werden. Dieser Index dient zum einen dazu, sich einen Überblick über die Performance einer bestehenden Installation zu verschaffen. Zum anderen ist es auch Grundlage für eine grobe Abschätzung zum sog. Sizing einer zu planenden Infrastruktur für den *SAP*-Betrieb.

Die monatlichen Entgelte für ein *SAP*-System sind dann abhängig von der beauftragten Menge der „SAPS" sowie von der beauftragten Verfügbarkeitsklasse (es gelten für jede Verfügbarkeitsklasse mengenabhängige Staffelpreise). Über die Verrechnungseinheit „SAPS" werden sämtliche *SAP*-Basisleistungen pauschalisiert fakturiert (im Regelfall mit Mindestabnahmemengen). Da „SAPS" ein von der *SAP AG* anerkannter Standard ist, ist diese Messzahl gut zu benchmarken. Sie hat zusätzlich den Vorteil, dass sie die Verantwortung zum Design der Lösung dem Service Provider überlässt, d. h. der Service Provider ist selbst an einer günstigen, konsolidierten Lösung interessiert.

Die Messzahl „SAPS" eignet sich nur bedingt als Preismodell für die *SAP*-Applikationsbetreuung. Nachfolgend sei daher ein Modell umrissen, mit dem der Autor gute Erfahrungen in der Praxis gemacht hat und das darauf beruht, eine Grundvergütung für die *SAP*-Applikationsbetreuung je Monat abzurechnen.

Eine zugrundeliegende Grundlast sollte eine definierte Anzahl von Störungsmeldungen für den Second Level Support, Changes mit einem Aufwand von jeweils maximal zwei Personentagen, eine definierte Useranzahl sowie weitere wichtige Kostentreiber umfassen. Für über die Grundlast hinausgehende Aufwände, die vom Kunden im Rahmen des Auftragsmanagement beauftragt werden, sind mit dem Service Provider Preise pro Stunde zu vereinbaren. Naturgemäß ist dieses Modell schwer zu benchmarken. Einen denkbaren Weg zu einer Vergleichbarkeit der *SAP*-Applikationsbetreuung ist im nächsten Kapitel aufgezeigt.

Ein allgemeingültig „bestes Preismodell" gibt es nicht. Preismodelle, die die Kriterien der Transparenz, der Vergleichbarkeit und der leichten Steuerbarkeit genügen, sind in jedem Fall zu präferieren.

4.3 Benchmarking

Derzeit sind in der Praxis zwei verschiedene Formen des Benchmarking von Bedeutung:

- *Preis-/Kosten-Benchmarking*: Entsprechen interne Kostenstruktur bzw. die Preise des Service-Providers den Marktgegebenheiten?

- *Benchmarking zur Optimierung von Geschäftsprozessen*: Dies umfasst detaillierte Analysen und einen Abgleich mit Referenzen zur Steigerung von Servicequalität und Wirtschaftlichkeit.

In der Praxis ist es schwierig, zu verwertbaren Informationen zu gelangen. Bereits für einen Preis-/Kosten-Check ist deutlich mehr Aufwand erforderlich als meist vermutet wird. Die wesentliche Schwierigkeit besteht hier darin, vergleichbare Referenzen zu finden bzw. die Vergleichbarkeit zu verlässlichen Referenzwerten herzustellen. Ursache hierfür ist, dass Service Provider derzeit noch häufig sehr heterogen und individualisiert und daher im Einzelfall mitunter schwer vergleichbar sind. Denn leider ist die IT „aus der Steckdose" mit geeichten Preiskomponenten bis dato noch Wunschdenken – auch wenn derzeit vielversprechende Standardisierungen z. B. im Bereich Speichersysteme (Storage) oder *„Software as a Service"* (SaaS) erfolgen. Grundsätzlich sind standardisierte Infrastrukturservices und „Commodity-Applikationsservices" gut zu benchmarken. Für den *SAP*-Basis-Betrieb steht mit der Messzahl „SAPS" ein anerkannter Standard zur Verfügung.

Im Bereich der *SAP*-Applikationsbetreuung gibt es gute Erfahrungen mit einem personalfokussierten Benchmarking. Dazu werden wesentliche *SAP*-Applikations-Kostentreiber identifiziert (Abweichungsgrad vom Standard, Komplexität des Berechtigungssystems, Anzahl Changes, etc.) und der Betreuungsaufwand evaluiert. Dieser kann in Abhängigkeit von der Systemkomplexität gut mit anderen *SAP*-Installationen verglichen werden. Über diesen Ansatz sind gute Vergleichsindikationen auch innerhalb der *SAP*-Applikationsbetreuung zu bekommen. Ein solches Benchmarking wird oft in Verbindung mit einem Benchmark zur Optimierung von Geschäftsprozessen durchgeführt. Dieser erfordert jedoch noch weitergehende Analysen und ist damit wesentlich zeit- und kostenintensiver.

Je genauer die Anforderungen der Referenzunternehmen an die IT mit den Benchmarking-Objekten übereinstimmen, desto valider sind die hier die Ergebnisse. Leider werden gerade in dieser Phase des genauen Leistungsabgleich zwischen Referenzdaten und dem Benchmarking-Objekt die folgenschwersten Fehler gemacht. Das Ergebnis sind dann unplausible oder falsche Benchmarking-Ergebnisse, die keine Rückschlüsse für Preisverhandlungen oder Optimierungsprojekte zu lassen. Dies kann sich beispielsweise infolge der unterschiedlichen Abgrenzungen von Leistungen oder auf Grund von unterschiedlich verwendeter Begrifflichkeiten und Terminologien erklären. Aber auch selbst so scheinbar hoch standardisierte Leistungen wie *SAP*-Basis-Services können in der Bearbeitungstiefe enorm differieren. Sinnvoll ist es daher, die gesamte Prozesskette zu betrachten. So können auch versteckte IT-Kosten aufgedeckt werden.

Sind Mehr- und Minderleistungen erkennbar, sind diese zu benennen und quantitativ zu bewerten. Sofern die Ist-Kosten des Benchmarking-Objekts noch nicht bekannt sind, sollten diese nach Maßgabe der Referenzdaten aufbereitet werden. Ansonsten bilden die (Verrechnungs-)Preise je Service die Grundlage.

Entscheidend für den Erfolg der Durchführung eines Benchmarks sind die Analysen zu den Benchmark-Ergebnissen sowie die daraus entstehenden Interpretationen der Ergebnisse. Deltas zwischen den Benchmarking-Ergebnissen und dem Ist sind zu bewerten und mögliche Ursachen zu benennen. Darauf aufbauend sind Maßnahmen zu identifizieren, die eine Optimierung bzw. Kostenreduktionen ermöglichen. Darüber hinaus sollten Benchmarks immer auch Vorschläge zur Verbesserung z. B. der marktgerechten Definition von Services, SLAs und Preismodellen bzw. Prozessen enthalten.[4]

5 Service Level Agreements

5.1 Services

Eines der größten Herausforderungen in Outsourcing-Projekten ist es, IT-Dienstleistungen nachvollziehbar und messbar zu machen. Klassischerweise sind Dienstleistungen im Gegensatz zu Produktbeschreibungen oft beliebig interpretierbar. Selbst scheinbare Standard-Leistungen wie ein Helpdesk variieren entsprechend einer eventuell vorgelagerten Vorklärung, der angestrebten Lösungsrate und den jeweils nachgeordneten 2nd-Level-Prozessen. Es stellt sich also die Frage, ob bei der Beurteilung einer Dienstleistung mehr das Ergebnis oder der Prozess wahrgenommen wird. Dienstleistungen lassen sich als Produkte leichter beschreiben und verstehen. Werden Dienstleistungen wie Produkte beschrieben, werden sie als Services bezeichnet. Ein Service besteht aus einer Gruppe von weitgehend wiederholbaren Funktionen und Prozessen und wird gegenüber seinen Kunden zu vereinbaren Leistungsstandards – den sogenannten nachfolgend SLAs – erbracht.

---

[4] Vgl. PECHARDSCHECK/SCHIEFER (2007).

5.2 Service Level Agreements

SLAs beschreiben Art und Standards vereinbarter Services. Übergreifend sind drei Fragen der Leistungserbringung zu beantworten:

- *„WAS?"* – beinhaltet eine interpretationsfreie Beschreibung des Service.
- *„WANN?"* – beinhaltet die Zeiten der Leistungserbringung.
- *„WO?"* – beinhaltet den Ort der Leistungserbringung.
- *„NICHT WIE?"* – Den Prozess der Leistungserbringung sollte der Leistungserbringer bzw. der IT Service Provider definieren; jedoch sind Rahmenbedingungen und ggf. gesetzliche Anforderungen vorzugeben.

Entscheidend für gute SLAs ist die genaue und konsistente Beschreibung der zu erbringenden Leistungen. Wichtig ist es, die einzelnen Services vollständig und interpretationsfrei zu beschreiben. Hierfür sind konkrete Angaben zum Ort, zur Zeit und zum Inhalt der Leistungserbringung erforderlich, die mit Service Levels sowie den Angaben zur Messung und zum Reporting zu hinterlegen sind. So reicht es bei der Leistungsbeschreibung von IT-Dienstleistungen in einer Bank überhaupt nicht aus, als Servicezeiten Feiertage auszuschließen und dabei unberücksichtigt zu lassen, das die IT einer Bank auch an „Nicht-EU-Feiertagen" vollen Einsatz leisten muss.

Die Vereinbarung eines Service Level macht nur Sinn, wenn sich das Service Level auch messen und berichten lässt. Sollen Service Level wirklich effektiv sein, dann müssen aus Abweichungen vom vereinbarten Soll auch Konsequenzen resultieren. Service Level müssen so definiert sein, dass der Anwender sie auch verstehen kann. Eine zu technische Sichtweise ist eher hinderlich. Einfache Service Level lassen sich zudem einfacher messen.

Unbedingt sollten sich Service-Level-Verletzungen klar identifizieren und im Rahmen monatlicher Berichte aufzeigen lassen. Gewöhnlich misst der IT Service Provider den Service Level. Das Problem dabei ist, dass man die Messergebnisse im Einzelfall kaum überprüfen kann. Auf jeden Fall muss man daher gemeinsam ein Messverfahren, die Messpunkte, die Messintervalle sowie die Angaben für das Reporting vereinbaren. Falls der Auftraggeber sich hier nicht sicher genug fühlt, kann er auch ein unabhängiges Unternehmen mit der stichprobenartigen Kontrolle der Messverfahren betrauen.

Bei der Definition der Service Level und der Messverfahren offenbaren sich Widersprüche zwischen gewünschten Anforderungen und technisch machbaren oder wirtschaftlich sinnvollen Messungen. Aus Anwendersicht ist beispielsweise die Verfügbarkeit einer *SAP*-Anwendung am Arbeitsplatz des Anwenders interessanter als am Ausgang des Rechenzentrums. Diese End-to-End-Betrachtung lässt sich über Referenz-Clients realisieren, von denen regelmäßig ein „Ping" (Echo-Request-Paket) versandt und von einem Gegenpart empfangen wird. Ob sich die mit diesem Messverfahren verbundenen Kosten vertreten lassen, hängt von der Größe und Bedeutung der jeweiligen Standorte ab.

Für den Fall, dass Service Level nicht eingehalten werden, gibt es grundsätzlich zwei Möglichkeiten: Entweder man vertraut auf die partnerschaftliche Beziehung und die gemeinsame Problemlösung oder die Parteien verabreden, die Untererfüllung der vereinbarten Service Level im Rahmen einer Pönaleregelung monetär oder auch über eine Verkürzung der Vertragslaufzeit zu sanktionieren.[5]

Letzteres bietet dem IT Service Provider einen verbindlichen Anreiz, die Service Level einzuhalten. Bei der Pönale ist zwischen Minderung für Schlechtleistung bzw. nicht erfüllte Leistung sowie einen zusätzlichen Anteil für die Sanktionierung zu unterscheiden. Darüber hinaus sollte der Bereich Haftung nicht ausgeschlossen werden. Im Mittelpunkt der Überlegung sollten aber realistische Anforderungen an den IT Service Provider und die Erfüllung der Service Level stehen. Bei der Vereinbarung einer (kompensierenden) Bonusregelung ist stets kritisch zu prüfen, inwiefern die Übererfüllung der Service Level auch tatsächlich einen Mehrwert bedeutet.

6 transformIT – Verflechtung von Business und IT in Outsourcing-Projekten

6.1 IT-Governance in Outsourcing-Projekten

Die Kosten für IT und insbesondere für den Betrieb und die Weiterentwicklung von *SAP*-Systemen sind in den letzten Jahren stark gestiegen. Aufsichtsrat, Vorstände und Geschäftsleitungen haben klare Anforderungen an den Wertbeitrag der IT. Erfolgreich agierende Bereiche im Umfeld der IT werden mehr und mehr nach dem Selbstverständnis eines Geschäftsbereichs nach klaren Messgrößen gesteuert. IT-Governance spezifiziert den Entscheidungsspielraum und den Verantwortungsrahmen, um einen Einklang der IT mit den Werten und übergeordneten Zielen der Unternehmung herzustellen. Darüber hinaus werden weitere elementare Bestandteile zum Umsetzung einer funktionierenden IT-Governance benötigt: die Definition der relevanten Organisationsstrukturen, der verwendeten IT-Standards sowie ein funktionierendes und etabliertes Risikomanagement. Schlussendlich müssen Strukturen eines Performance Managements geschaffen werden, mit denen die IT transparent hinsichtlich ihrer Zielerreichung gesteuert wird und mit dem Impulse für notwendigen Handlungsbedarf gegeben werden.

Innerhalb eines Outsourcing-Projektes müssen die zuvor beschriebenen Bestandteile auf die Beziehung zwischen Service Provider und Auftraggeber angewandt werden. Outsourcing-Projekte sind gelebte Partnerschaften! In diesem Sinne sind die IT-Steuerungsmechanismen so zu etablieren, dass Unstimmigkeiten prozessual und organisatorisch aufgefangen werden, z. B. durch eingespielte Gremienstrukturen und ein funktionierendes Eskalationsmanagement. Juristische Auseinandersetzung schaden dem Sinn solcher Vereinbarungen und führen mittelfristig zu einem Scheitern der Geschäftsbeziehung. Dies sollte weder im Sinne des Service Providers noch im Sinne des Auftraggebers sein.

---

[5] *PECHARDSCHECK/SCHIEFER* (2004).

Bezüglich der einzelnen Outsourcingelemente haben sind folgende Aufgabenteilungen in Outsourcing-Projekten bewährt:

> Die Festlegung der *IT- bzw. ERP/SAP-Strategie* ist eine Kernkompetenz des Auftraggebers und gehört als Aufgabe in die steuernde Provider-Organisation des Auftraggebers. Hierunter fallen auch Rahmenbedingungen und Prozessvorgaben für den Service Provider. Der Service Provider sollte in die IT-strategischen Überlegungen beratend einbezogen werden,

> Effiziente Outsourcing-*Organisationsstrukturen* ermöglichen effiziente und effektive Kommunikation innerhalb des Outsourcing-Vertrags und steuern die Umsetzung der Ziele. Dazu gehört eine Einbindung des Outsourcing-Vertrags in die bestehende IT-Organisation, der Aufbau eines Vendor- bzw. Providermanagements sowie eine funktionierende Steuerungsstruktur (Gremien, Eskalations-, Change-Request-Prozesse usw.),

> Durch den Aufbau eines speziell für den Outsourcing-Vertrag aufgesetzten *Risikomanagements* werden Risiken erkannt und bewertet und versucht, diese kostengünstig zu minimieren,

> Die Vorgabe von *Standards* sollte wie die IT-Strategie Kernaufgabe des Auftraggebers sein. Es werden klare Vorgaben für die operative Umsetzung der Strategie und des Vertragsziels geschaffen. Bei der Vorgabe der Standards sollte jedoch beachtet werden, dem Service Provider nicht das WIE der Leistungserbringung oder operative Betriebsstandards vorzuschreiben. Im Regelfall haben die Service Provider hier etablierte standardisierte Prozesse,

> Ein Performancemanagement schafft die Grundlagen für eine transparente, kennzahlengesteuerte Zielüberwachung des Service-Providers. Hier kommt es darauf an, ein pragmatisches, auch aus Sicht des Auftraggebers steuerbares Modell zu schaffen. Grundsätzlich kann den Daten der Service Provider vertraut werden, ggf. können ergänzende Audits durchgeführt werden.

6.2 Outsourcing goes Business

Die Motivation für Outsourcing verlagert sich zunehmend von einer reinen Kostenorientierung zu einer Qualitäts-, Wachstums- und Innovationsorientierung. In diesem Zusammenhang werden zukünftig reine Infrastruktur- oder Applikationsverlagerungen zunehmend betrachtet. Der mehr und mehr off- oder nearshoring-getriebene Outsourcing-Ansatz großer Service Provider stößt an seine Grenzen, weil damit die beschriebenen Fragestellungen nicht zufriedenstellend beantworten werden können. Durch unsere Mitarbeit in zahlreichen Outsourcing-Initiativen sehen wir zudem die folgenden Trends:

> Neue Verträge zeigen mehr und mehr die Tendenz eines partiellen Outsourcens – weg vom Mega-Deal, hin zu spezialisierten Verträgen, in denen den spezifischen Anforderungen von IT und Business mehr Gewicht geschenkt wird.

> Die Verantwortlichkeit der Kunden steigt an. Service Provider übernehmen geringere Risiken.

> Verstärkt werden flexiblere Modelle eingesetzt, die Innovation sowohl auf der Service Provider als auch auf der Auftraggeber-Seite unterstützen.

- Facilities und Equipment sind State-of-the-Art. Die Asset-Lifecycle-Kosten sinken, da sich die (Ausfall-)Sicherheit verbessert.
- Umwelt- und Sicherheitsstandards erhöhen sich. Green-IT-Anforderungen finden sich mittlerweile in jeder Ausschreibung wieder. Spezialisierte Facility-Anbieter geben heute die Best-Practice Standards in punkto Energieverbrauch und geringe Infrastrukturkosten bei hoher Sicherheit vor.
- Outsourcing-Projekte werden mehr und mehr global. Global-Delivery-Modelle (GDMs) entwickeln sich verstärkt zur bevorzugten Angebotsform in Outsourcing-Projekten.
- Outsourcing-Modelle sind aus Sicht des Business verstärkt Value-orientiert.
- Outsourcing-Verträge werden im Kontext von etablierten Angebots- und Nachfragemodellen abgeschlossen,
- Next-Generation-Price- & SLA-Modelle werden verstärkt eingesetzt (siehe Kapitel 5),
- Modelle, durch die Services und Preise nachfragegesteuert angeboten werden (Service on demand), werden öfter von Kunden nachgefragt.

Vor dem Hintergrund einer stärkeren Einbindung der Fachseiten in IT- und *SAP*-Outsourcing-Projekten ist es eine große Herausforderung, die beschriebenen Trends in Verträge zu integrieren. Ein Commitment ist dazu sowohl auf Seiten des Service Providers als auch auf der Seite des Auftraggebers notwendig.

Änderungen haben sich auch bei den auszulagernden Servicebereichen ergeben. Gegenwärtig werden bei Applikationen Web-Anwendungen, Portale, ERP, Messaging, branchenspezifische Applikationen sowie unterstützende Funktionen wie Customer Relationship Management, Business Intelligence und Incident-/Problemmanagement-Lösungen (erweiterter Help Desk) am häufigsten ausgelagert. Im Bereich Infrastruktur hat es dagegen wenig Änderungen in den augelagerten Services gegeben. Nach wie vor stehen Server, Desktops und Netzwerke ebenso auf der Liste zu prüfender Services wie Betrieb und Wartung von Storage, Datenbanksystemen und Applikations- sowie File-Servern. Ein relativ aufstrebender Bereich ist die Auslagerung von Security Services.

6.3   Fazit

Die Tendenz zum Outsourcing ist laut Analysten noch nicht an ihrem Höhepunkt angelangt. Dennoch lässt sich zunehmend auch eine kritische Reflexion des Nutzens beobachten. Viele Unternehmen haben festgestellt, dass sich zwar unmittelbar Kosten reduzieren lassen – mittelfristig bzw. langfristig kann es unter Umständen trotzdem teurer werden. Häufig hatte die Kalkulation Faktoren im Vergleich vernachlässigt oder schlimmstenfalls vergessen. Das klassische Outsourcing-Modell hat sich weiterentwickelt. Heute bieten sich den Kunden sehr viel differenziertere Sourcing-Strategien als dies noch vor 10 Jahren der Fall war. Damals waren in der Regel Full-Outsourcing-Varianten mit langen Laufzeiten zu Fixpreisen gang und gäbe. Mittlerweile treten flexiblere Modelle mit meist kurzen Vertragszeiten sowie transparenten und leistungsabhängigen Preisen in den Vordergrund.

Die allgemeine Wirtschaftskrise lässt den IT-Markt deutlich schrumpfen. Von dieser Entwicklung ist auch der IT-Servicemarkt betroffen. Wegen der rückläufigen Hard- und Softwareverkäufe geht die Nachfrage nach Implementierung, Wartung/Support und Training zurück. Profitieren kann von der Krise das Outsourcing, da sich viele Anwender Einsparungen vom Auslagern versprechen und der Outsourcing-Markt traditionell antizyklisch zur Gesamtwirtschaft ist. Der Wettbewerb um die neu abzuschließende Outsourcing-Geschäfte wird jedoch härter denn je: Die Zahl der Konkurrenten wächst, die der potenziellen Vertragsabschlüsse geht zurück. Marktteilnehmer erwarten eine deutliche Konsolidierung im Markt. Diese kann für die Kunden nützlich sein, wenn es ihnen gelingt, kritisch, zielfokussiert und ergebnisoffen in „*Make or Buy*"-Entscheidungen und Auswahlprozesse einzusteigen. Outsourcing darf schließlich kein Selbstzweck sein.

Quellenverzeichnis

PECHARDSCHECK, S./SCHIEFER, C. (2004): Service Level Management – Im Dienste der Anwender, in: eBanker, o. Jg. (2004), S. 22–23.

PECHARDSCHECK, S./SCHIEFER, C. (2007): Benchmarking von Services der Informationstechnologie, in: Deine Bahn, 35. Jg. (2007), S. 28–31.

SÖBBING, T. (2006): Handbuch IT-Outsourcing, Heidelberg 2006.

WIKIPEDIA (2008): Business Process Outsourcing, online: http://de.wikipedia.org/wiki/Business_Process_Outsourcing, Stand: 16.08.2009, Abruf: 09.09.2009.

Business Transformation Process – Die Auswirkungen einer transformierenden IT auf vorhandene Unternehmensstrukturen und Denkweisen

TORSTEN KALINOWSKI

BearingPoint GmbH

1 Technologie ermöglicht und verändert 423
2 Neue Geschäftsmodelle 424
   2.1 Definition des Begriffs Geschäftsmodell 424
   2.2 Externe Einflüsse auf Geschäftsmodelle 427
      2.2.1 The Market for Lemons 427
      2.2.2 Kondratieff-Zyklen 427
   2.3 Zusammenfassung und Erkenntnisse 429
3 Technologie der agilen IT 430
   3.1 Service-orientierte Architekturen 432
   3.2 Business Process Management 434
   3.3 Zusammenfassung und Erkenntnisse 435
4 Beispiele aus dem SAP-Projektalltag 435
5 Business Transformation Process 437
   5.1 Change Management 438
   5.2 Business Process Expert 438
   5.3 SAP BPX Community 439
6 Fazit 440
Quellenverzeichnis 441

1 Technologie ermöglicht und verändert

Ende der 1990er Jahre war es noch an der Tagesordnung, das Haus zu verlassen um Freunde, Kollegen oder einfach nur andere Menschen zu treffen. In diesem Jahrzehnt war das Fortschrittlichste, was die Partnervermittlungen zu bieten hatten, die Inserate in den Tageszeitungen. Der Begriff der Brieffreundschaft war etabliert. Einkaufen war meist mit dem Gang ins Geschäft verbunden oder man bestellte aus einem Versandhauskatalog. Telefonnummern standen in den Telefonbüchern, Handwerker fand man in den *Gelben Seiten*. Mobiltelefone waren unbezahlbar und so groß wie Schuhkartons. *Wikipedia* hieß *Brockhaus*.

Diese Vergleiche lassen sich noch um ein Vielfaches verlängern, doch sollten diese Beispiele genügend Anregung dafür bieten, wie der technologische Fortschritt unsere alltäglichen Gewohnheiten in den letzten Jahren verändert hat.

Genauso wie sich unsere Gewohnheiten verändert haben, so haben sich auch vollkommen neue Geschäftsmodelle entwickelt, die früher auf Grund von nicht vorhandener Technologie und Infrastruktur unmöglich gewesen wären. Die generellen Entwicklungen in der Informationstechnologie (IT) haben diese neuen Geschäftsmodelle erst möglich gemacht. Damit allerdings Unternehmen neue Geschäftsmodelle etablieren können, ist durch die unternehmenseigenen IT-Organisationen die technologische Voraussetzung hierfür zu schaffen. Parallel zur technologischen Basis müssen in den Unternehmen auch die Gewohnheiten geändert werden und das nicht nur auf Seiten der IT, sondern auch auf Seiten des Business und vor allem des Managements.

Dieser Beitrag gibt Aufschluss darüber, warum das sogenannte Business-IT-Alignment so wichtig ist und welche Ansätze zur Verfügung stehen, um sich in Richtung dieses Ziels zu entwickeln.

Die Chronologie des Beitrags ist wie folgt aufgebaut:

> Es wird zunächst untersucht, warum die Umsetzung von neuen Geschäftsmodellen der zentrale Treiber für die Transformation der IT ist und warum neue Geschäftsmodelle erforderlich für den Erhalt der Wettbewerbsfähigkeit von Unternehmen sind. Diese These wird durch wissenschaftliche Erkenntnisse untermauert und dadurch erklärt, welche Einflüsse auf die Umsetzung von Geschäftsmodellen wirken.

> Aufbauend auf den Anforderungen des Business an die IT wird aufgezeigt, welche technischen Lösungen auf dem Markt gebracht worden sind, die zu genau der geforderten Flexibilisierung der IT führen sollen.

> Im Folgenden werden Ansätze gegeben, die ein erfolgreiches Business-IT-Alignment ermöglichen sollen. Dabei werden die Anforderungen an den Wandel von vorhandenen Unternehmensstrukturen und Denkweisen diskutiert und Möglichkeiten für ein erfolgreiches Change Management aufgezeigt.

> Abschließend werden die Erfolgsfaktoren nochmals im Fazit zusammengefasst sowie ein vorsichtiger Ausblick in die Zukunft gewagt.

Die Anforderungen, die von den Unternehmen an die IT gestellt werden, ist das Optimum aus Effizienz, Innovation und Effektivität. Die IT muss daher eine technologische Basis zur Verfügung stellen, damit die Geschäftsprozesse optimal, kostengünstig und flexibel abgebildet werden können. Um das Optimum aus dem Verhältnis von Effizienz, Innovation und Effektivität zu erreichen, ist die Transformation der IT ein bedeutender Faktor, der mit diesem Beitrag auch an Größe in Ihrem Unternehmen gewinnen soll.

2 Neue Geschäftsmodelle

Unternehmen sind gezwungen, ihre Geschäftsmodelle ständig zu überdenken und zu optimieren, neue Geschäftsmodelle zu etablieren und sich von nicht mehr lukrativen Geschäftsmodellen zu trennen. Diese Notwendigkeit basiert auf diversen Faktoren, wie bspw. das sich ändernde Kundenverhalten, die sich veränderten Marktsituationen und neue Möglichkeiten durch neue Technologien. Die Möglichkeit Geschäftsmodelle schnell den Markt- und Kundenbedürfnissen anzupassen, wird zunehmend zum zentralen Element von Wettbewerbsfähigkeit. Die der Allgemeinheit zur Verfügung stehenden technischen Möglichkeiten bieten allerdings kein hinreichendes Differenzierungspotenzial.[1] Es gilt sich daher die IT-Innovationen konkret auf das eigene Unternehmen bezogen zu Nutze zu machen. In diesem Zusammenhang muss klar werden, dass nicht die IT das treibende Element für den Einsatz von Innovationen für die Erhaltung der Wettbewerbsfähigkeit sein kann, sondern vielmehr das Geschäftsmodell selbst. Es bildet die Basis, aus der die Anforderungen an Mitarbeiter, Infrastruktur, IT, Kosten und Produkte[2] hervorgehen.

2.1 Definition des Begriffs Geschäftsmodell

In der Literatur sind diverse Definitionen des Begriffs Geschäftsmodell zu finden, die zum Teil nicht unerheblich voneinander abweichen. Derzeit gibt es allerdings keine allgemeingültige Definition dieses Begriffs.

Für den ersten Teil dieses Beitrages, welcher sich mit den betriebswirtschaftlichen Anforderungen an Geschäftsmodelle beschäftigt, kommt folgende Definition zum tragen: „An architecture for the product, service and information flows, including a description of the various business actors and their roles; and a description of the potential benefits for the various business actors; and a description of the sources of revenues."[3]

---

[1] Vgl. *JONDA* (2004), S. 98.

[2] Diese Aufzählung ist abhängig von der Unternehmensstruktur. Sie soll der Verdeutlichung dienen, erhebt aber keinen Anspruch auf Übertragbarkeit und Vollständigkeit.

[3] *TIMMERS* (1998), S. 4.

Durch das Geschäftsmodell werden Produkte, Dienstleistungen und Informationsflüsse, Kunden und Kundenprozesse, sowie das Erlösmodell beschrieben. Es wird somit ein umfassendes Bild des Geschäftsablaufs geliefert.

Diese Definition soll für die detaillierte Betrachtung der Geschäftsprozesse noch durch die folgenden Definitionen erweitert werden: Geschäftsmodelle sind „vereinfachte Darstellungen oder Abbilder der Mechanismen und der Art und Weise, wie ein Unternehmen oder ein Unternehmenssystem oder eine Branche am Markt Werte schafft."[4] „Mittels Geschäftsmodellen wird im Informationsmanagement versucht, die Wirklichkeit eines Unternehmens mit seinen Prozessen, Aufgaben und Kommunikationsbeziehungen auf ein IT-System abzubilden, um so das Unternehmen bei seinen Aufgaben zu unterstützen. Dieses Geschäftsmodell dient als Bauplan für das Informationssystem eines Unternehmens. Aufbauend auf das Geschäftsmodell lassen sich Geschäftsprozesse und Datenmodell ableiten."[5]

Diese Definitionen beschreiben die heutigen Herausforderungen an ein Geschäftsmodell allerdings nicht umfassend genug, denn die Differenzierung auf Ebene eines Unternehmenszweiges, sowie die Einflüsse der Gesamtunternehmensstrategie fehlen noch. Das Geschäftsmodell hängt demzufolge direkt von der Unternehmensgesamtstrategie ab[6] und beschreibt diese für einen Unternehmenszweig. Ein Geschäftsmodell allein ist noch keine Unternehmensgesamtstrategie, es kann aber direkten Einfluss darauf nehmen.

Eines der herausragenden Beispiele für neue Geschäftsmodelle bietet *Apple* mit der Verknüpfung des Hardware- und Applikationsverkaufs. Mit *iTunes* hat *Apple* zunächst eine Software für den *PC* und den *Mac* geschaffen, mit denen Kunden Musik, Filme oder Podcasts verwalten und abspielen können. Um Mediadateien auf einen *iPod* oder ein *iPhone* zu übertragen, wird *iTunes* ebenfalls benötigt.

Womit sich allerdings *iTunes* von Konkurrenzprodukten erheblich abhebt, ist die Integration des *iTunes*-Store in die Applikation selbst, daher in die eigenentwickelte Hardware wie *iPod* oder *iPhone*. Über den *iTunes*-Store greift man online auf die Mediathek von *Apple* zu, die den kostenlosen, sowie den kostenpflichtigen Download von Musik, Fernsehsendungen, Filmen und Podcasts ermöglicht.

Durch die Integration des *iTunes*-Store in die Geräte, wie *iPod touch* oder *iPhone*, ist damit ein Download der Mediadaten – eine Online-Verbindung vorausgesetzt – von praktisch überall aus möglich. Auf den Geräten *iPod touch* und *iPhone* ist zusätzlich der *Apple* App-Store, als Erweiterung des *iTunes*-Store integriert, mit dem man MiniApps auf das Gerät online laden kann. MiniApps sind kostenlose oder kostenpflichtige Applikationen, wie Spiele, Unterhaltungs- oder Dienstprogramme.

---

[4] Vgl. BIEGER/RÜEGG-STÜRM/ROHR (2002), S. 50 ff.
[5] Vgl. STÄHLER (2002), S. 38.
[6] Vgl. STÄHLER (2002), S. 49.

Die Firma *Amazon* ist 1998 mit dem Ziel gestartet, das kundenorientierteste Unternehmen der Welt zu sein, bei dem Kunden alles finden, was sie online kaufen wollen – zum günstigen Preis.[7] Begonnen hat *Amazon* mit dem Online-Vertrieb von Büchern. Mittlerweile bietet *Amazon* über ihre Plattform Waren aus fast jedem Bereich an, egal ob neu oder gebraucht. Produkte, die *Amazon* nicht selbst vertreibt, werden über Partnerfirmen angeboten, wobei die Produkte komplett in den *Amazon*-Onlineshop integriert sind. Der große Vorteil für den Kunden ist hierbei, dass die vertraute Umgebung gewahrt bleibt.

Amazon hat früh damit begonnen, auch die Kunden in den Wertschöpfungsverbund zu integriere, die durch Rezensionen und Bewertungen Käufern nützliche Zusatzinformationen zu den Produkten liefern.

Neben dem Vertrieb von Gebrauchsgütern vermietet *Amazon* Teile seiner Infrastruktur, bspw. für den Betrieb von virtuellen Servern. Anders als bei den meisten Hosting-Anbietern lässt sich die Leistung der gemieteten Server laut *Amazon* innerhalb weniger Minuten stufenweise nach oben oder unten skalieren. Mit *Amazon*s EC2[8] bezahlt daher der Kunde nur die tatsächlich abgerufene Leistung.

Anders als *Apple* oder *Amazon* verfolgt *Google* nicht den Ansatz des Produktvertriebs. Vielmehr besteht das Ziel von *Google* darin, die auf der Welt vorhandenen Informationen zu organisieren und allgemein zugänglich und nutzbar zu machen[9]. Daher bietet *Google* neben der klassischen Suchmaschine mit *Google Earth*, *YouTube*, *Google Mail* und diversen weiteren Produkten innovative Online-Lösungen.

Neben den kostenlosen Diensten bietet *Google* mit dem Produkt *Google AdWords* die Möglichkeit, Werbung gezielt auf *Google* zu platzieren.

Analog *Amazon* biete auch *Google* diverse Dienste im Bereich Cloud Computing. Nach Einschätzung von *Google* nimmt die Entwicklung von netzbasierten Computerprogrammen in den nächsten Jahren exponentiell zu.[10] Mit der gleichzeitigen Leistungssteigerung von Computern lassen sich daher immer mehr Anwendungen virtuell zur Verfügung stellen, die auf diversen Plattformen, wie beispielsweise PCs, Mobiltelefonen oder PDAs lauffähig sind. Mit *Google* „text und tabellen" und der *Google* „Buchsuche" ist *Google* einen weiteren Schritt in Richtung Virtualisierung gegangen.

---

[7] Vgl. AMAZON.DE (2009).
[8] *Amazon* EC2 bedeutet *Amazon* Elastic Compute Cloud.
[9] Vgl. GOOGLE.DE (2009).
[10] Vgl. GOOGLE.DE (2008).

2.2 Externe Einflüsse auf Geschäftsmodelle

Nicht nur innovative Ideen, wie aus den Beispielen von *Apple*, *Amazon* oder *Google* sind die Einflussfaktoren auf Geschäftsmodelle. Äußere Faktoren, wie sich veränderte Marktgegebenheiten und konjunkturelle Schwankungen wirken sich mindestens ebenso stark auf die Anpassung von Geschäftsmodellen aus, wie bspw. der Einfluss von sich änderndem Kundenverhalten.

2.2.1 The Market for Lemons

Aber warum ändert sich das Kundenverhalten? Gerade in den heutigen Zeiten wird den Menschen aus allen Richtungen suggeriert, wie schlecht es ihnen geht und wie der Verfall von Werten voranschreitet. Die „Geiz ist Geil"-Mentalität hat sich in vielen Schichten durchgesetzt.

Wie es zu diesem veränderten Verhalten kommt und wie die Wirtschaft darauf reagiert, zeigte schon 1970 der Amerikaner GEORG AKERLOFF in seinem bahnbrechenden Aufsatz „The Market for Lemons"[11]. AKERLOFF vertritt die Theorie der „asymmetrischen Informationen", wobei zwei Vertragsparteien bei Abschluss eines Geschäftes nicht die gleichen Informationen zur Verfügung haben, was so viel bedeutet, dass der Verkäufer die Produkte besser kennt als der Käufer. Nach Aussage des Ökonomen kann dieses Ungleichgewicht von Informationen in letzter Konsequenz zu Marktversagen führen. AKERLOFF erklärt dieses Phänomen am Beispiel des Gebrauchtwagenhandels, den er „Markt der Zitronen" nennt. Im Markt der Zitronen können Verkäufer von gut erhaltenen und gepflegten Fahrzeugen, die AKERLOFF mit „Pfirsichen" bezeichnet, ihre Gebrauchtwagen nicht zum wahren Wert verkaufen. Der Grund liegt darin, dass auf dem Gebrauchtwagenmarkt auch Fahrzeuge in schlechtem Zustand, also „Zitronen" angeboten werden. Da der Käufer allerdings nicht weiß, ob es sich bei dem angebotenen Wagen um einen Pfirsich oder einen Zitrone handelt, ist der Käufer generell nur bereit einen niedrigen Preis zu zahlen. Da dieser Preis für die Anbieter von Pfirsichen zu niedrig ist, verlassen sie den Markt. Dies führt langfristig dazu, dass die Qualität der angebotenen Fahrzeuge immer schlechter wird und gleichzeitig die Preise immer mehr verfallen. In letzter Konsequenz bricht der Markt zusammen.

Wie aktuell diese Theorie ist, lässt sich deutlich daran erkennen, wie komplex Angebote aus dem Finanz-, Versicherungs- oder Telekommunikationsbereich heute sind.

2.2.2 Kondratieff-Zyklen

Neben dem sich ändernden Kundenverhalten haben Konjunkturzyklen ebenfalls große Auswirkungen auf Geschäftsmodelle. In diesem Abschnitt soll sich allerdings nicht mit den meist kurz-, bzw. mittelfristigen Konjunkturzyklen auf Grund von Nachfrage-, Produktions- oder saisonalen Schwankungen beschäftigt werden, sondern vielmehr mit langfristigen Konjunkturzyklen.

---

[11] Vgl. *AKERLOFF* (1970), S. 488 ff.

Die Theorie von langfristigen Konjunkturzyklen beruht auf einer Arbeit von NIKOLAI KONDRATJEW, die er 1926 in „Die langen Wellen der Konjunktur"[12] veröffentlichte. Das Ergebnis seiner Arbeit beruht auf der Auswertung von empirischen Daten aus mehreren Volkswirtschaften. Auf Basis dieser Daten fand KONDRATJEW heraus, dass ein langer Konjunkturzyklus mit ca. 40 bis 60 Jahren zu bemessen sei.

1939 wurde die Idee von JOSEPH SCHUMPETER aufgegriffen und weitergeführt. SCHUMPETER war der erste, der den Begriff „Kondratieff-Zyklen" prägte und die langfristigen Konjunkturzyklen auf technischen Basisinnovationen zurückführte.

SCHUMPETER erkannte drei Zyklen:[13]

> 1. Zyklus (1787–1842): Dampfmaschine, Eisen- und Textilindustrie
> 2. Zyklus (1843–1897): Eisenbahn und Dampfschiffe
> 3. Zyklus (1897– ca.1940): Chemie, Elektrizität und Verbrennungsmotor

Im Allgemeinen geht man heute von fünf Zyklen aus:[14]

> 4. Zyklus (ca. 1940–1990): Transistor, integrierte Schaltkreise, Kernenergie, Computer und Automobil
> 5. Zyklus (ab ca. 1990): Informations- und Kommunikationstechnik, Internet

Nach der allgemeinen Auffassung befinden wir uns derzeit im fünften Zyklus (siehe Abbildung 1).

Durch die immer schneller voranschreitende Vernetzung infolge der Nutzung neuer Technologien können wir heute beobachten, dass sich unser Leben in vielerlei Hinsicht geändert hat. Wie bereits eingangs beschrieben, zieht sich diese Veränderung durch fast alle Lebensbereiche. Aber was bedeutet das im Zusammenhang mit Geschäftsmodellen oder konkreten Produkten? Die digitale Fotografie liefert hierzu ein Paradebeispiel.

Als vor wenigen Jahren die Digitalfotografie bekannt wurde, hat sie sich erst sehr zögerlich durchgesetzt. Das lag sicherlich einerseits an den hohen Anschaffungskosten und den nicht überragenden Auflösungen der Fotos sowie der technischen Eigenschaften der Kameras der ersten Generationen. Als aber später die Technologie immer besser wurde und parallel dazu eine Infrastruktur entstanden ist, hat sich die Digitalfotografie durchgesetzt. Erst kürzlich hat daher die Firma *Kodak* offiziell bekanntgegeben, dass der wohl bekannteste Farbfilm aller Zeiten, der *Kodachrome* nicht mehr hergestellt wird.

Das Resultat aus der Durchsetzung der Digitalfotografie ist daher, dass ganze Produktionszweige der chemischen Fotografie überflüssig werden. Gleichzeitig werden aber auch ganz neue Produktionszweige für die Technologisierung der Digitalfotografie notwendig.

---

[12] Vgl. KONDRATIJEW (1970), S. 573 ff.
[13] Vgl. LIPPENS (1995).
[14] Vgl. online WIKIPEDIA (2009).

Business Transformation Process 429

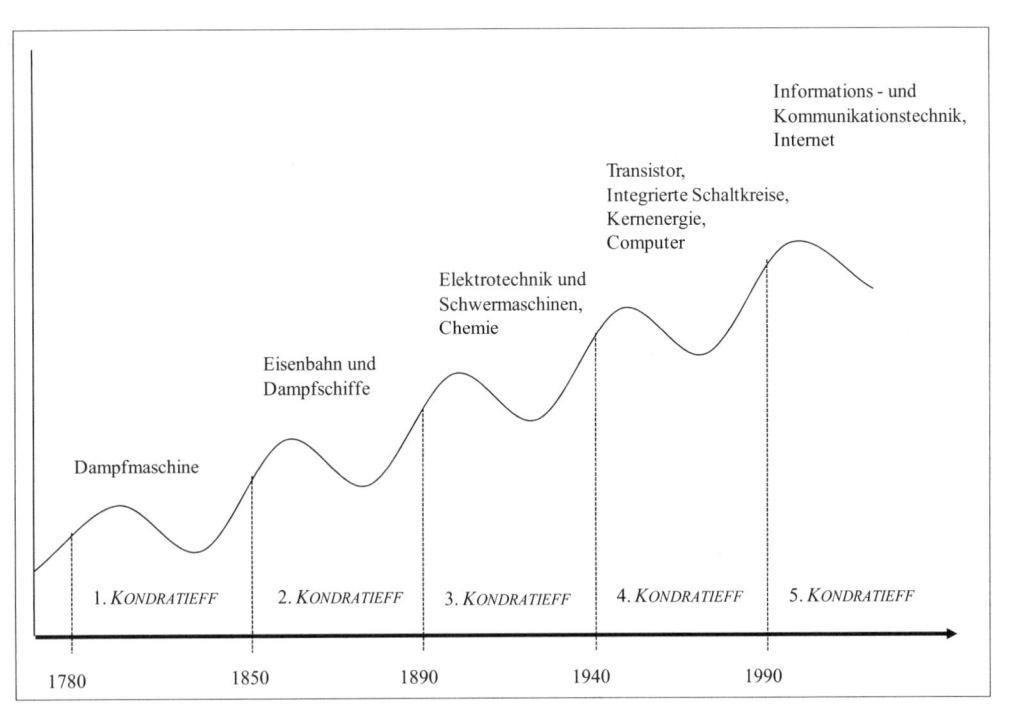

Abbildung 1: Kondratieff-*Zyklen*

Es gibt allerdings mittlerweile diverse Kritiker, die die Existenz der zyklischen Konjunkturmuster bezweifeln und somit die Existenz der Kondratieff-Zyklen in Frage stellen. Es herrscht zunehmend die Meinung, dass es keine feste zeitliche Abfolge für diese Zyklen gibt, sondern eher eine Zufallsbewegung. Es soll daher an dieser Stelle darauf hingewiesen werden, dass unabhängig der weiterführenden Diskussion über die Existenz von zeitlichen Mustern in Zusammenhang mit den Kondratieff-Zyklen, dies keine Auswirkungen auf die Richtigkeit dieses Kapitels hat. Als Kernaussage wird sich vielmehr an die Erkenntnis von *JOSEPH SCHUMPETER* angelehnt, dass bahnbrechende technische Innovationen die Basis für die langen Wellen der Konjunktur sind. Es ist unbestritten, dass sich bahnbrechende technische Innovationen nachhaltig auf die Gewohnheiten und Verhaltenswesen der Menschen auswirken.

2.3 Zusammenfassung und Erkenntnisse

In diesem Kapitel wurden Beispiele dafür gegeben, dass nicht immer nur innovative Ideen Einfluss auf Geschäftsmodelle nehmen, sondern auch externe Einflussfaktoren ihren Teil dazu beitragen, wie bspw. ein sich änderndes Kundenverhalten oder innovative technische Basisinnovationen. Sicherlich gibt es noch eine Vielzahl weiterer Faktoren, die sich direkt oder indirekt auf Geschäftsmodelle auswirken. Es besteht allerdings keinesfalls der Anspruch, alle Möglichkeiten und Einflussfaktoren zu beschreiben, die sich auf eine Unternehmens-, Produkt- oder IT-Strategie auswirken können. Vielmehr besteht der Anspruch dieses Kapitels, die Grundlage für die weiteren Ausführungen zu bilden.

An dieser Stelle soll deshalb nochmals betont werden, dass das zentrale Element von Wettbewerbsfähigkeit mehr und mehr darin besteht, Geschäftsmodelle schnell den Markt- und Kundenbedürfnissen anzupassen.

Wie soll und kann eine solche Anpassung stattfinden und welches Handwerkszeug ist dafür notwendig? Oberflächlich ist diese Frage einfach zu beantworten:

> Es wird eine IT-Infrastruktur benötigt, die diese Flexibilität ermöglicht.
> Es werden Mitarbeiter benötigt, die diesen technischen Herausforderungen gewachsen sind.

Aber ist das wirklich die Quintessenz? Leider nicht, denn wir haben es hier nicht nur mit einer technischen Herausforderung zu tun, sondern mit einer Herausforderung auf Ebene des Geschäfts *und* der IT.

3 Technologie der agilen IT

Vor nicht allzu langer Zeit hat die IT bereits einen enormen Wandel vollzogen. Die Mainframe-Architektur wurde durch die Client-Server-Architektur abgelöst. Im Zuge dessen haben viele Unternehmen auf Standard-Software gesetzt, wie bspw. *SAP*.

Die Unternehmen versprechen sich durch den Einsatz von Standard-Software viele Vorzüge. Beispiele hierfür sind die verhältnismäßig kurze Implementierungszeit im Gegensatz zur Neuentwicklung, die ständig durch den Softwarehersteller sichergestellte Wartung, sowie die Softwareaktualität, bspw. im Hinblick auf neue gesetzliche Anforderungen. Ein unbestritten großer Vorteil von Standardsoftware ist die Möglichkeit, Standardprozesse durch einfaches Customizing an die Unternehmensbedürfnisse anzupassen und diese ohne Programmieraufwand zu nutzen.

Aber wie sieht es bei Prozessen aus, die nicht durch einen Standard abzubilden sind oder die einen unerlässlichen Wettbewerbsvorteil für das Unternehmen darstellen? Hier bietet die Standardsoftware in der Regel Möglichkeiten vom Standard abzuweichen und Standardprozesse anzupassen oder aber auch gänzlich neue Prozesse zu entwickeln.

Das Problem, welches sich durch die Abweichung oder durch die Veränderung des Standards ergibt, sind die dadurch erhöhten Wartungskosten der Software. Diese erhöhten Kosten entstehen dadurch, dass modifizierte[15] Programme bei einem Update[16] oder Upgrade[17] eine erhöhte Aufmerksamkeit und meist auch ein hohes Maß an manueller Nacharbeit erfordern.

---

[15] Eine Modifizierung ist die Abänderung von Quellcode einer Standard-Software in Bereichen, die nicht für Kundenanpassungen vorgegeben sind.

[16] Aktualisierung der Software in Teilbereichen, meist zur Fehlerbereinigung oder neue Funktionen einzuspielen. Erfolgt in der Regel über Patches.

[17] Aktualisierung der kompletten Software. Oftmals auch als Release-Wechsel bezeichnet.

Trotz aller Flexibilität und Offenheit, die die Standardsoftware heutzutage bietet, erfolgt die Anpassung an die Kundenprozesse immer zu einem definierten Zeitpunkt. Das bedeutet, dass vor der Softwareimplementierung immer eine Prozessaufnahme erfolgt. Auf Basis dieser Prozessaufnahme wird der Prozess dokumentiert und nachfolgend die Implementierung im System durchgeführt. Die Implementierung erfolgt durch Customizing und ggf. Programmierung.

Demzufolge ist nach der Implementierung der Geschäftsprozess möglichst optimal auf die Anforderung aus der Prozessaufnahme umgesetzt worden. Allerdings mit der Einschränkung auf die zeitliche Fixierung.[18] Wenn sich nachträgliche Änderungen am Prozess ergeben, wird der Ablauf von der Fixierung über die Dokumentation bis zur Implementierung wieder durchlaufen. Das Ergebnis ist wieder ein möglichst optimaler Prozess mit zeitlicher Fixierung. Für die meisten Prozesse, die eine mittel- bis langfristige Lebensdauer haben, stellt dieses Vorgehen kein Problem dar. Bei Prozessen mit einer kurzen Lebensdauer kann dieses Vorgehen jedoch problematisch werden, da beispielsweise Großkonzerne durch ihre Struktur nicht dazu in der Lage sind, auf solche Anforderungen schnell zu reagieren und diese in-time umzusetzen.

Im Zeitalter der Client-Server-Architektur wurde für jede Geschäftsanforderung ein eigenes System implementiert. Das hat dazu geführt, dass sich in den meisten Fällen eine sehr heterogene Systemarchitektur durchgesetzt hat, die durch Systeme diverser Softwarehersteller geprägt ist. Weitergehend führte dies zu der Bildung von Software-Silos.

Es soll an dieser Stelle nicht die Frage beantwortet werden, ob es sinnvoll ist, sich auf einen Softwarehersteller zu fokussieren, vielmehr soll das Problem der dadurch entstandenen Software-Silos hingewiesen werden. Genau genommen können Software-Silos auch in Systemlandschaften vorkommen, die nur Systeme eines Softwareherstellers beinhalten, denn das Silo-Problem ist generell auf die Client-Server-Technologie zurückzuführen: Bildet man also einen repräsentativen Querschnitt aus den Systemarchitekturen von Unternehmen, findet man eine Vielzahl von Systemen, die jedes für sich eine entsprechende Aufgabe übernimmt. Das sind beispielsweise Systeme für Enterprise Resource Planning, Finanzwesen, Customer Relationship Management, Stammdatenmanagement, Business-Warehousing, Applications-Integration u. v. m., jedes als eigenständiges System.

Das Hauptproblem durch die sich in einer heterogenen Systemlandschaft bildenden Software-Silos besteht in den hohen Kosten, die durch Schnittstellen entstehen, sowie in dem Problem, dass hohe Flexibilität nur durch hohe Kosten zu erzielen ist.

---

[18] Vgl. *HACK/LINDEMANN* (2007), S. 21.

3.1 Service-orientierte Architekturen

In den vorigen Kapiteln wurden diverse Beispiele dafür gegeben, die für eine Weiterentwicklung der Client-Server-Technologie sprechen. Die Softwareindustrie ist daher bestrebt, die Client-Server-Architektur durch eine Service-orientierte Architektur[19] abzulösen.

Das Marktforschungsunternehmen *Gartner* sprach im Jahr 1996 erstmalig vom Begriff Service-orientierte Architektur (SOA)[20]. Seit dem wurde der Nutzen dieser neuen Technologie immer wieder sehr kontrovers diskutiert. Es wurde selten eine Technologie so in Frage gestellt und angezweifelt, ob durch die neuen technologischen Errungenschaften ein Mehrwert zu erzielen ist. Nichtsdestotrotz hat es in den letzten Jahren eine Vielzahl von SOA-Projekten in Unternehmen aus den unterschiedlichsten Bereichen und Größe gegeben.

Das Management- und Technologie-Beratungshaus *BearingPoint* hat im Jahr 2009 eine Studie zum Thema Service-orientierte Architekturen veröffentlicht. Laut dieser Studie liegen die Ziele, welche Unternehmen mit einer Service-orientierten Architektur verfolgen, zwischen mittlerer und hoher Priorität. Die Zielerreichung wird allerdings nur zwischen 10 % und 40 % eingeordnet. Die folgende Grafik gibt Aufschluss über die einzelnen Ziele, deren Priorität und den Zielerreichungsgrad:[21]

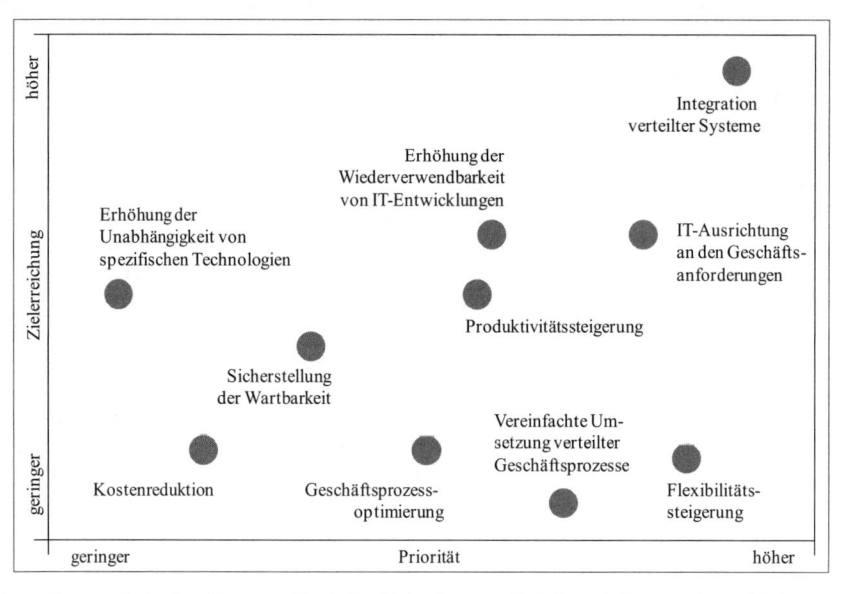

Abbildung 2:   *Relative Unterschiede in Priorität und Zielerreichung einer SOA*

---

[19] Da der Begriff „Service-Orientierten Architektur" in den letzten Jahren in einer Vielzahl von Publikationen immer wieder erklärt wurde, wird an dieser Stelle absichtlich auf die nähere Erläuterung verzichtet.

[20] Vgl. GARTNER (1996).

[21] Vgl. BEARINGPOINT (2009), S. 10.

Aus dieser Verteilung ist zu erkennen, dass die eher IT-getriebenen Ziele, wie die Integration verteilter Systeme, die IT-Ausrichtung an Geschäftsanforderungen, die Erhöhung der Wiederverwendbarkeit von IT-Entwicklungen oder die Erhöhung der Unabhängigkeit von spezifischen Technologien in der Zielerreichung relativ hoch liegen. Hingegen liegt die Zielerreichung der eher geschäftsbezogenen Ziele, wie die Flexibilitätssteigerung, die vereinfachte Umsetzung verteilter Geschäftsprozesse oder die Geschäftsprozessoptimierung, sehr niedrig.

Das Ergebnis, wonach die IT-getriebenen Ziele wesentlich besser erreicht werden, als die geschäftsbezogenen Ziele, wirft die Frage nach den Schwierigkeiten auf, die bei der Umsetzung von geschäftsbezogenen Zielen vermehrt auftreten müssen. Die folgende Abbildung gibt Aufschluss darüber, welche Hürden bei der Implementierung einer SOA überwunden werden müssen und wie dessen Schwierigkeitsgrad von Unternehmen eingeschätzt wird:

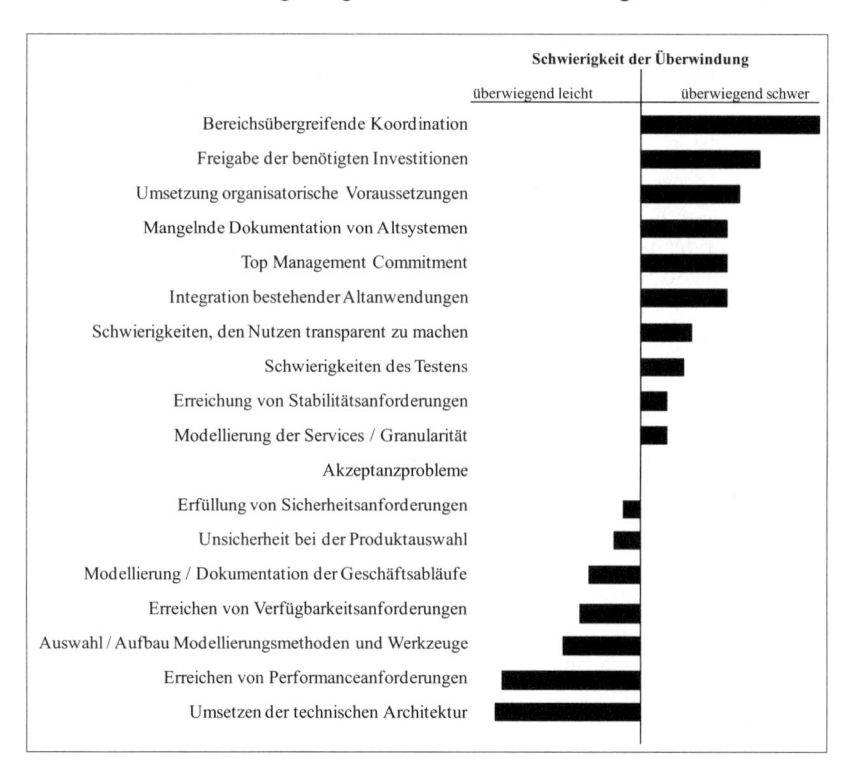

Abbildung 3:   *Relativer Schwierigkeitsgrad bei der Einführung einer SOA*[22]

Auch aus diesen Ergebnissen lässt sich wieder klar erkennen, dass die zu überwindenden Hürden auf Seiten der technologischen Herausforderungen eher klein im Gegensatz zu den unternehmenspolitischen sind.

---

[22] Vgl. *BEARINGPOINT* (2009), S. 13.

3.2 Business Process Management

Business Process Management (BPM) ist kein neuer Begriff aus der IT-Welt, BPM steht vielmehr als Synonym für diverse Methoden und Werkzeuge, um Geschäftsprozesse zu analysieren und um eine Optimierung der Prozesse zu ermöglichen. Der Blickwinkel ist beim Business Process Management klar auf den Geschäftsprozess gerichtet, nicht auf Organisationsstrukturen, Mitarbeiter oder Technologien, was allerdings nicht heißt, das diese Einflüsse nicht betrachtet werden.

Der Anspruch an BPM ist die Abwicklung des gesamten Lebenszyklus eines Geschäftsprozesses, um die Effektivität und Effizienz im Unternehmen zu erhöhen, wobei die Unternehmensgesamtstrategie stets berücksichtigt wird.

Unter dem Oberbegriff BPM werden eine Vielzahl von Werkzeugen und Methoden angeboten, die bei der Visualisierung, Analyse und Optimierung von Geschäftsprozessen unterstützen sollen.

Aus diesen Anforderungen sind eine Reihe von Prozessmodellierungssprachen entstanden, die zu einer strukturierten Visualisierung der Geschäftsprozesse dienen. Als bekannteste Beispiele lassen sich hier Ereignisgesteuerte Prozessketten (EPK), Business Process Execution Language (BPEL) oder Business Process Modeling Notation (BPMN) nennen. Im Hinblick auf den Einsatz von Service-orientierten Architekturen und der Nutzung von Web-Services haben sich die Beschreibungssprachen BPMN und WS-BPEL 2.0[23] weitestgehend als Standard etabliert. Wobei man nicht verschweigen sollte, dass diese Standardisierung auch vom Einfluss der Softwarehersteller abhängt.

Die neueste Generation der BPM-Tools verspricht, die modellierten Geschäftsprozesse ausführbar zu machen. Das bedeutet, dass das Prozessmodell an eine „Process-Engine" übergeben wird, die für die Ausführung des Prozesses notwendigen Rahmenbedingungen zur Verfügung stellt. Die Aufgabe, die die Process Engine zu erledigen hat, ist allerdings sehr komplex und bedarf einer entsprechenden Systemarchitektur, die diese Funktionaltäten unterstützt.

Die *SAP AG* bietet mit *SAP* NetWeaver Business Process Management innerhalb des Composition Environments ebenfalls die Möglichkeit an, Geschäftsprozesse auf Basis von BPMN zu modellieren, in die Systemlandschaft zu integrieren und während der Laufzeit zu monitoren. Die Modellierung erfolgt mittels der Eclipse basierten Entwicklungsumgebung *SAP* NetWeaver Developer Studio.

Natürlich darf man im Bereich der Prozessmodellierung die Anforderungen aus Governance, Compliance oder aber auch von Maturity-Modellen nicht außer Acht lassen, denn sie spielen eine erhebliche Rolle für die erfolgreiche Umsetzung in der Praxis. Nichtsdestotrotz würde die Detaillierung dieser Themen den Rahmen dieser Ausarbeitung überschreiten.

---

[23] WS = Webservice.

3.3 Zusammenfassung und Erkenntnisse

Es ist festzustellen, dass sich SOA als Architekturkonzept immer weiter entwickelt und sich als Mainstream-Architektur etabliert. Hierbei darf allerdings nicht vergessen werden, dass die Umstellung auf ein neues Architekturkonzept, wie bspw. SOA, nicht innerhalb eines Projekts realisiert werden kann, sondern vielmehr Teil der Unternehmensausrichtung sein muss. Das begründet sich darin, dass gravierende Änderungen in der gesamten Organisationsstruktur notwendig werden, was aus den Ergebnissen der SOA-Studie klar erkennbar ist. Insbesondere lässt sich daraus ableiten, dass die größte Hürde im Überwinden der Verantwortungsbereiche innerhalb von Organisationen zu sehen ist. In der Regel findet man in Unternehmen abteilungsbezogene Verantwortungen, daher horizontale Verantwortungsbereiche. Geschäftsprozesse sind allerdings in der Regel abteilungsübergreifend, daher vertikal angeordnet.

Über Business Process Management wird der Ansatz der Geschäftsprozessoptimierung verfolgt und die Geschäftsprozesse aus der Unternehmenssicht betrachtet, um diese zu visualisieren, zu analysieren und zu optimieren. Die zugrunde liegende Technologie ist in dieser Betrachtungsweise nur eine den Geschäftsprozess beeinflussende Rahmenbedingung, analog zu der im Unternehmen etablierten Organisationsstruktur. Methoden und Tools unterstützen bei der Visualisierung, Analyse und Optimierung.

Es wäre falsch zu sagen, dass BPM und SOA, jeweils einzeln betrachtet, nicht ihren Nutzen bringen würden. Allerdings hat auch die Softwareindustrie erkannt, dass eine rein technische Lösung in Form einer Service-orientierten Architektur nicht ausreichend ist, um zukünftig bestehen zu können. Für eine Geschäftsprozessorientierung in der IT ist daher auch die methodische Komponente zwingend notwendig. Das führt zunehmend dazu, dass die Softwareindustrie reagiert. In der Softwareindustrie ist derzeit vermehrt zu beobachten, dass Softwareunternehmen ihr Lösungsportfolio stark mit prozessorientierten Komponenten erweitern.

Am Beispiel von *SAP* NetWeaver BPM ist zu sehen, dass die Entwicklung sehr stark in die Richtung gehen wird, dass die Stärken aus der Prozessmodellierung, Analyse und Optimierung mit der Technologie einer Service-orientierten Architektur zusammenwachsen.

Wie man sich sicher vorstellen kann, bedingen diese Tools ebenfalls sehr große Herausforderung für die Anwender, denn durch das Zusammenwachsen der Anforderungen aus der Geschäfts- und der IT-Welt sind hier entsprechende Kenntnisse gefordert, die diese beiden Welten verbinden.

4 Beispiele aus dem SAP-Projektalltag

Aus den vorigen Kapiteln gehen die Anforderungen an die Flexibilisierung von Geschäftsprozessen und an eine agile IT klar hervor. Es soll allerdings nicht versäumt werden, auch die tägliche Praxis und deren Erfordernisse zu skizzieren, die sich wiederum in besonderem Maße auf die Umsetzungsfähigkeit von neuen Technologien und Methoden in Unternehmen auswirken. Es wird bzgl. der Übertragbarkeit des Beispiels absichtlich kein multinationaler Konzern als Praxisbeispiel herangezogen, sondern vielmehr ein mittelständisches Unternehmen, das sein Kerngeschäft in Deutschland betreibt.

Es sei anzunehmen, dass dieses Unternehmen bis vor kurzem eine Host-basierte Softwarelösung für die operativen Prozesse im Einsatz hatte und diese durch die Standardsoftware *SAP* ERP abgelöst hat. Es sei weiterhin anzunehmen, dass die Einführung von *SAP* ERP abgeschlossen ist und sich das Unternehmen in der klassischen Optimierungsphase befindet. Unter Optimierungsphase sei einerseits die Fehlerbereinigung aus der Einführung zu sehen und andererseits die nachträgliche Umsetzung von Prozessen, die während der Einführung absichtlich auf den Nach-Go-Life verschoben wurden.

Meist wird die Umstellung auf eine Standardsoftware dadurch veranlasst, dass die noch im Einsatz befindlichen Host-Systeme abgelöst werden müssen. Dies rührt bspw. daher, dass die Wartungsgebühren nicht mehr bezahlbar sind, die unentbehrlichen Mitarbeiter, die diese Systeme beherrschen, in Ruhestand gehen, oder aber die heute notwendige Flexibilität und Integrationsfähigkeit nicht mehr gegeben ist.

Generell ist aber für ein mittelständisches Unternehmen die Umstellung ihrer IT-Systeme auf eine Standardsoftware mehr als nur ein IT-Projekt, obwohl dies leider aus Unternehmenssicht oftmals zu Anfang einer Umstellung falsch beurteilt wird.

Neben den hohen Kosten an Hardware und Lizenzen, sowie dem hohen Risiko einer Systemumstellung, kommen über die gesamte Projektlaufzeit enorme Anforderungen auf die Mitarbeiter zu. Die Mitarbeiter müssen neben dem Tagesgeschäft auch das Projektgeschäft erledigen und sich gleichzeitig in die neue Materie einarbeiten. Nach dem Go-Life findet die Optimierung statt. Gleichzeitig muss aber die im Projekt angefallene Mehrarbeit, sowie meist der noch offene Urlaub nachgeholt werden. Die Produktivität fällt plötzlich stark ab, da die Ressourcen nur in begrenztem Maße vorhanden sind. Dazu kommt, dass die neue Softwarelösung noch nicht durchgängig beherrscht wird und bedingt dadurch Fehler nicht ausgeschlossen sind. Das Unternehmen ist in dieser Zeit mehr oder weniger gezwungen, sich auf sein Kerngeschäft zu konzentrieren und hat wenig Spielraum sich Gedanken über die Einführung von weiteren Technologien zu machen, die weitere Ressourcen binden und die Ausbildung in diese neuen Technologien erfordern.

Im Zeitalter von Cost Cutting in der IT ist hier ein enormes Problem zu sehen, denn das zu Projektbeginn mitunter spärlich vorhandene *SAP*-Know-how, gerade in Hinblick auf das generelle *SAP*-Verständnis und die ABAP-Entwicklung, muss nicht nur aufgebaut, sondern auch etabliert werden. Neue Technologien aus der SOA-Welt bauen allerdings weitestgehend auf neuen Programmiersprachen wie JAVA auf und bedingen fundierte Kenntnisse in Objektorientierung.

Die Frage mag berechtigt sein, warum diese Anforderungen nicht bereits bei der Umstellung berücksichtigt worden sind? Auch hier ist die Antwort wieder auf die Ressourcen zurückzuführen, wobei Mitarbeiter und Projektkosten gleichermaßen zu nennen sind.

Viele Unternehmen nutzen bei der Einführung neuer IT-Systeme die Chance, ihre Geschäftsprozesse neu zu dokumentieren. Die Dokumentation erfolgt meist über EPKs, die in Tools wie VISIO oder ARIS erstellt werden.

Wie bei jeder anderen Form der Dokumentation besteht auch hier das Problem der Nachhaltigkeit in Bezug auf die Aktualität, denn bei der Anpassung eines Prozesses muss auch die Prozessdokumentation angepasst werden, was allerdings in der Praxis oftmals nicht in letzter Konsequenz umgesetzt wird.

An diesem kurzen Beispiel ist zu sehen, in welchem Dilemma sich vor allem mittelständische Unternehmen befinden, die einerseits sehr flexibel auf die Marktanforderungen reagieren müssen, allerdings oftmals unter enormen Kostendruck stehen. Es wird daher versucht, soweit wie möglich Standardsoftware einzusetzen und die Kosten für die Einführung und den Betrieb möglichst klein zu halten. Bei Einführungsprojekten wird daher in besonderem Maße versucht, sowohl eine gute Balance zwischen dem Einsatz von internen und externen Ressourcen zu erreichen als auch eine möglichst kurze Einführungszeit zu erzielen. Leider wird unter dem herrschenden Kostendruck oftmals der Rotstift an vermeintlich unwichtigen Positionen des Projekts angesetzt. Somit werden meist die auf den ersten Blick unwirtschaftlichen Bereiche eliminiert, bzw. die Budgets hierfür gekürzt. Paradebeispiele hierfür sind Change- und Projektmanagement.

Es wird häufig von den Implementierungspartnern nicht deutlich genug aufgezeigt, dass bereits kleinere IT-Projekte oftmals gravierend in die gesamte Organisation eingreifen und dadurch Veränderungen der Prozesse und Organisationsstrukturen bedingen.

5 Business Transformation Process

Zu Anfang dieses Beitrags wurde geschildert, mit welchen Herausforderungen Unternehmen in der heutigen Zeit konfrontiert sind. Dabei ist klar, dass eine Geschäftswelt ohne die Unterstützung durch die IT nicht mehr möglich ist. Diese Herausforderungen werden von der Softwareindustrie erkannt und technische Lösungen erarbeitet – doch dadurch sind die Unternehmensprobleme nicht gelöst. Kritiker behaupten, dass die eigentlichen Probleme dadurch erst beginnen.

Innerhalb von Unternehmen herrschen in der Regel eine vertikal hierarchische Organisationsstruktur, daher eine Aufteilung in Abteilungen. Die IT hat sich vormals an diesen Strukturen ausgerichtet und die einzelnen Aufgaben der Fachbereiche unterstützt. Wie bereits im Vorfeld erläutert, haben sich aus diesen Abgrenzungen Software-Silos gebildet. Durch neue Architekturkonzepte lassen sich diese Silos überwinden, wodurch die Möglichkeit entsteht, Prozesse unternehmensweit, sogar unternehmensübergreifend abzubilden.

Durch diese Technologien rücken die Prozesse in den Vordergrund, was aber gleichzeitig bedeutet, dass „die Abteilung" in den Hintergrund rücken muss.

Die Herausforderung ist also nicht mehr nur die Einführung oder Umstellung einer Softwarelösung. Vielmehr wird durch neue Architekturkonzepte ein Umdenken erforderlich, welches sich durch alle Unternehmensbereiche zieht, daher die Unternehmens- und Organisationsstruktur genauso beeinflusst, wie die Nutzung neuere IT-Applikationen.

Es wird schnell klar, dass die Umstellung auf ein Architekturkonzept wie SOA nicht nur aus der IT zu bewerkstelligen ist, die IT sogar nur sekundär bei dem Transformationsprozess[24] unterstützen kann. Die Transformation ist vielmehr eine Herausforderung an die Menschen[25], die diesen Prozess gestalten und unterstützen müssen.

Die Transformation ist daher in erster Linie nicht das Erlernen einer neuen Technik, sondern für die Menschen bedeutet dies das Verlassen von gewohnten Strukturen und Denkweisen, um sich auf einen neuen und vor allem unsicheren Weg einzulassen.

Eines der entscheidenden Kriterien für den Erfolg ist nicht nur die Zustimmung, sondern das volle Commitment des Top-Managements, sowie der Unternehmenseigentümer. Ist dies nicht gegeben, ist das hohe Risiko nicht tragbar und daher das Projekt im Vorfeld abzusagen.

Der Business Transformation Process verlangt neben der Etablierung von neuen Rollen im Unternehmen, wie beispielswiese dem Solution Architect oder dem Business Process Expert, ein geordnetes Change Management.

5.1 Change Management

Die Aufgabe des Change Managements besteht darin, den zu erwartenden Veränderungsprozess zu planen und das Management, sowie das Projektteam durch diesen Prozess zu führen. Hierbei ist es entscheidend, so wenig wie möglich Konflikte entstehen zu lassen, bzw. entstandene Konflikte schnell zu lösen, um das Tagesgeschäft so wenig wie möglich zu beeinträchtigen.

Innerhalb des Business Transformation Process ist die Rolle des Change Managements daher unablässig und ein enormer Erfolgsfaktor. Es liegt in der Natur des Menschen, Widerstand gegen Veränderungen am Arbeitsplatz aufzubauen, wenn sie die gewünschte Sicherheit in Frage stellen. Aus diesem Grund ist es von substanzieller Wichtigkeit, die Mitarbeiter in den Wandlungsprozess einzubeziehen und die Unsicherheit soweit wie möglich zu reduzieren. Hierzu trägt eine klare Kommunikation der Ziele des Change-Prozesses bei. Ein hundertprozentiges Commitment des Top-Managements ist verpflichtend.

Die Anforderungen an das Change-Management sind neben einem tiefgehenden Verständnis der Ziele des Transformationsprozesses vor allem kommunikative Fähigkeiten, um die Menschen durch den Prozess zu begleiten.

5.2 Business Process Expert

Der Begriff Business Process Expert stammt aus dem Fundus der *SAP* und bezeichnet einen neuen Berufsstand, der die Lücke zwischen Business-Usern und IT-Technikern schließen soll. Unabhängig von der Herkunft dieser Berufsbezeichnung hat sich der Begriff mittlerweile etabliert und wird außerhalb der *SAP* anerkannt. Sucht man über diesen Begriff im Internet, findet man bereits auf diversen Jobplattformen entsprechende Angebote.

---

[24] Transformation ist die Umsetzung von Konzepten und Modellen in gelebte Praxis.
[25] Vgl. KAGERMANN/ÖSTERLE, (2007), S. 254.

Der Business Process Expert ist das Bindeglied zwischen Business und IT und daher für ein erfolgreiches Business-IT-Alignment essentiell wichtig.

Die Anforderungen an einen Business Process Expert sind überaus vielfältig. Zum einen muss der BPX tiefgreifendes Prozesswissen mitbringen und zum anderen dazu in der Lage sein, die Technologien der heutigen Zeit zu verstehen und anzuwenden. Darüber hinaus muss der BPX über ein entsprechendes Methoden-Know-how verfügen, das ermöglicht, nach den Ansprüchen von BPM, Prozesse zu analysieren und Verbesserungspotenziale zu erkennen.

Der Business Process Expert nimmt neben dem Change Management die zentralste Rolle innerhalb des Business Transformationen Process ein. Aus diesem Grund ist eine ausgeprägte Kommunikationsfähigkeit notwendig, um gemeinsam mit dem Change-Management den Transformation Process zu begleiten.

Wie man sieht darf auf keinen Fall die Herausforderung an einen Business Process Expert unterschätzt werden. Gerade in Bezug auf den Einsatz der neuen Werkzeuge, wie bspw. *SAP NetWeaver BPM*, ist eine entsprechende Einarbeitung erforderlich. *SAP NetWeaver BPM* stellt eine Eclipse-basierte Entwicklungsumgebung für die Modellierung zur Verfügung, die ohne zu übertreiben, ein sehr komplexes Tool ist. Der sichere Umgang mit diesem Tool setzt ein großes technisches Verständnis und den generell sicheren Umgang mit Programmierwerkzeugen voraus. Auch wenn es sich um eine Modellierung handelt, so ist es in letzter Konsequenz die Abbildung eines Prozesses durch Coding, und das ist Programmierung.

Auf der anderen Seite, daher auf Seiten der Prozesse, sind die Anforderungen an den Business Process Expert nicht minder hoch. Hier sind neben den Fähigkeiten in Prozessen zu denken, um diese zu Visualisieren, zu Analysieren und zu Optimieren, auch ein entsprechend tiefgreifendes Verständnis der Geschäftsabläufe und vor allem der Geschäftsstrategie gefordert.

5.3   SAP BPX Community

Ein weiterer enorm wichtiger Punkt im Transformationsprozess ist das Erlangen von Wissen in Bezug auf die neuen Technologien. Bei der *SAP* hat sich um das Thema Business Process Expert (BPX) eine Community[26] etabliert, die eine unendliche Vielzahl an Informationen, wie Foren, Blogs, Wikis, Artikel oder eLearning bietet. Diese Community ist zwar auf *SAP*-Produkte fokussiert, bietet allerdings auch für nicht *SAP*-ler eine gute Plattform für den Know-how-Aufbau und den Austausch.

Ein ebenfalls sehr gutes Beispiel für Wissenstransfer und Collaboration und eine gute Informationsquelle zum Thema Business Process Expert stellt das Buch *Process First: The evolution of the Business Process Expert*[27] dar. Dieses Buch ist ein Gemeinschaftswerk diverser Autoren und wurde innerhalb des BPX Community-Blogs als Wiki-Buch verfasst. Das Buch ist kostenlos über die *SAP* BPX Community als PDF zu bekommen oder aber im Buchhandel als Druck zu bestellen.

---

[26] Vgl. *BPX.SAP.COM* (2009).
[27] Vgl. *VAANHOLT, SAP BUSINESS EXPERT COMMUNITY* (2008)

6 Fazit

Zweifelsfrei trägt die IT heute schon einen Großteil zum unternehmerischen Erfolg bei. Es dürfte auch außer Zweifel sein, dass der Anteil der IT am Erfolg in den nächsten Jahren weiter zunehmen wird. Damit aber zukünftig die IT diesen Nutzen erbringen kann, ist ein Zusammenwachsen von Business und IT unablässig. Der Fokus muss mehr und mehr auf den Kernpunkt gesetzt werden, nämlich den Geschäftsprozess. Diese Fokussierung kann allerdings ohne das Überwinden von Widerständen aus den bereits zuvor beschriebenen Gründen nicht erreicht werden. Es ist ein unternehmensweites Umdenken erforderlich, um dieses Ziel zu erreichen.

Die *SAP* rät ihren Kunden bei der Einführung von Service-orientierten Architekturen nach dem Ansatz: „Thing big – but start small" vorzugehen. Es darf hierbei allerdings nicht der Fehler gemacht werden, den Ansatz nur nach technischen Gesichtspunkten zu verfolgen. In der zuvor zitierten Studie über SOA-Projekte geht hervor, dass viele SOA-Projekte scheitern, weil sie zu technisch betrachtet werden. Damit aber ein nachhaltiger Erfolg generiert werden kann, ist ein durchgängiger Business Transformation Process notwendig. Das bedeutet in erster Linie, dass bereits zu Beginn des Projekts die Ziele mit Business und IT gemeinsam definiert werden. Das uneingeschränkte Commitment des Managements, sowie der Aufbau einer konkreten Planung zur langfristigen Umsetzung sind essentiell.

Es führt darauf hinaus, das neue Rollen und Verantwortungsbereiche im Unternehmen etabliert, und alte Strukturen aufgeweicht und ggf. auch abgeschafft werden müssen. Da ein Großteil der Mitarbeiter von der Transformation betroffen ist, ist ein gut geplantes und strukturiertes Change-Management verpflichtend.

Es ist unabdingbar, dass klare und messbare Ziele definiert werden, denn nur klar definierte Ziele sind überhaupt erreichbar.

Wir dürfen allerdings bei all dem Druck auf Unternehmen und deren Geschäftsmodelle, sowie dem Druck der von Softwareherstellern vielleicht auch künstlich forciert wird, nicht vergessen, dass die Technologien für einen ganzheitlich prozessorientierten Ansatz noch in den Kinderschuhen stecken. Es ist daher noch genug Zeit mit einer gewissen Gelassenheit zu agieren.

An dieser Stelle kann sich berechtigter Weise die Frage aufdrängen, ob es daher überhaupt notwendig ist, den Business Transformation Process proaktiv zu gestalten, oder ob der Mainstream automatisch für einen Wandel sorgen wird? Wenn sie in ihrem Business auf eine agile IT angewiesen sind, dann nutzen Sie die Chance bereits heute, die Weichen in diese Richtung zu stellen.

Jetzt ist nur die Frage nach der Zukunft offen: Ohne orakeln zu müssen, ist von einer weiteren Entwicklung von Technologie in Richtung Geschäftswelt zu rechnen, was ein stetig wachsendes Bedürfnis an Business-IT-Alignment verursacht. Es ist davon auszugehen, dass die Technologien und Methoden in den nächsten Jahren weiter ausgefeilt werden und die Tools wesentlich einfacher in der Bedienbarkeit werden.

Die Frage bleibt allerdings offen und spannend, ob es einen Gewinner im Rennen um eine Vorreiterschaft und Standardisierung gibt. Wie sich derzeit am Markt erkennen lässt, statten sich die großen, weltweit agierenden Softwarekonzerne mit diversen Zukäufen aus, um das Produktportfolio für ein durchgängiges BPM[28] zu vervollständigen. Dementsprechend gibt es auch diverse Anstrengungen, Standards in diesem Umfeld zu etablieren.

Es lässt sich abschließend mit Gewissheit behaupten, dass die Veränderungen in der IT weiterhin für viel Bewegung sorgen werden und dass wir alle gespannt sein dürfen, wie sich zukünftige Entwicklungen auf unsere Gewohnheiten und Verhaltensweisen auswirken werden.

Stay open-minded!

Quellenverzeichnis

AKERLOF, G. A. (1970): The Market for Lemons, in: Quarterly Journal of Economics, 84. Jg. (1970), S. 488–500.

AMAZON.DE (2009): Über uns, online: http://www.amazon.de/gp/press/info/home/ref=cs_nav_bn_ab, Stand 02.07.2009, Abruf: 02.07.2009

BEARINGPOINT (2009): BearingPoint's CxO Research – Einsatz Service-orientierter Architekturen und Erfahrungsanalyse – Ergebnisse einer empirischen Untersuchung, Frankfurt 2009

BIEGER, T./RÜEGG-STÜRM, J./ROHR, T. V. (2002): Strukturen und Ansätze einer Gestaltung von Beziehungskonfigurationen – Das Konzept Geschäftsmodell, in: *BIEGER, T./BICKHOFF, N./ CASPERS, R./KNYPHAUSEN-AUFSESS, D. Z./REDING, K.* (Hrsg.), Zukünftige Geschäftsmodelle – Konzepte und Anwendungen in der Netzökonomie, Berlin/Heidelberg 2002, S. 35–61.

GARTNER (1996): SSA *Research Note* SPA-401-068, 12 April 1996, „Service Oriented Architectures, Part 1" and SSA *Research Note* SPA-401-069, 12. April 1996, „Service Oriented Architectures, Part 2", o. O. 1996.

GOOGLE.DE (2008): The intelligent cloud, online: http://googleblog.blogspot.com/2008/09/intelligent-cloud.html, Stand: 18.09.2008, Abruf: 04.07.2009.

GOOGLE.DE (2009): Unternehmensprofil, online: http://www.google.de/intl/de/corporate/index.html, Stand: 04.07.2009, Abruf: 04.07.2009.

HACK S./LINDEMANN M. (2007): Enterprise SOA einführen, Sonderausgabe anlässlich DSAG Jahreskongress Frankfurt, November 2007

JONDA, M. (2004): Szenario-Management digitaler Geschäftsmodelle – Skizze einer Geschäftsmodellierung am Beispiel von Mobile-Health-Dienstleistungen, Oldenburg 2004

---

[28] BPM sei in diesem Kontext mit einer durchgängigen Integration in die Systemlandschaft über einen kompletten Lifecycle zu verstehen.

KAGERMANN, H./ÖSTERLE, H. (2007) Geschäftsmodelle 2010: Wie CEOs Unternehmen transformieren, 2. Auflage, Frankfurt 2007.

KONDRATJEW, N. D. (1926): Die langen Wellen der Konjunktur, in: Archiv für Sozialwissenschaft und Sozialpolitik, Band 56, S. 573–609.

LIPPENS, W. (1995): Im Kreislauf der Wirtschaft, 11. Auflage. Köln 1995.

STÄHLER, P. (2002): Geschäftsmodelle in der digitalen Ökonomie, 2. Auflage, Zürich 2002.

BPX.SAP.COM (2009), BPX Community, online: http://www.sdn.sap.com/irj/bpx, Stand: 02.07.2009, Abruf 02.07.2009

TIMMERS, P. (1998): Business Models for Electronic Markets. Electronic Markets, 8. Jg. (1998), Nr. 2, S. 3–8.

VAANHOLT, TEN M./SAP BUSINESS EXPERT COMMUNITY (2008): Process First: The evolution of the Business Process Expert, online: http://wiki.sdn.sap.com/wiki/display/SEB/Home, Stand: 2008, Abruf: 21.08.2009.

WIKIPEDIA.DE (2009): Kondratjew-Zyklus, online: http://de.wikipedia.org/wiki/Kondratjew-Zyklus, Stand 02.07.2009, Abruf 02.07.2009

Nachhaltiges Lernen im globalisierten IT-Geschäft: Konzepte, Realisierung und Erfahrungen mit Methods 2.0

SUSANNE MÖRL, HANS-JÜRGEN STENGER und THOMAS WESTERHOFF

Siemens AG, IT-Solutions and Services

1	Anforderungen an ein globales industrialisiertes IT-Geschäft	445
	1.1 Die industrielle, tayloristische Arbeitsorganisation	446
	1.2 Die handwerkliche Arbeitsorganisation	446
	1.3 Ziele des Lernens auf geschäftlicher und personaler Ebene	446
2	Wissen und Lernen unterscheiden sich in beiden Arbeitswelten	447
	2.1 Die Rolle von Wissen und Lernen bei einer industriellen, tayloristischen Arbeitsorganisation	448
	2.2 Die Rolle von Wissen und Lernen bei einer handwerklichen Arbeitsorganisation	449
3	Social Software unterstützt nachhaltiges Lernen	450
	3.1 Netzwerke und Communities of Practice	450
	3.2 Enterprise 2.0 und Social Software	451
	3.3 Social Software als Enabler für individuelles und kollektives Lernen	452
4	Methods 2.0 für nachhaltiges Lernen im Methodenumfeld	453
5	Erfahrungen und Erfolgsfaktoren	455
6	Fazit	456
7	Ausblick	457
Quellenverzeichnis		457

1 Anforderungen an ein globales industrialisiertes IT-Geschäft

Die IT-Dienstleistungsindustrie befindet sich in einem Reifungsprozess. Zwei Treiber dieses Prozesses sollen hier besonders hervorgehoben werden: die Globalisierung und die Industrialisierung von IT-Dienstleistungen. Viele IT-Dienstleistungen können heute an einem beliebigen Ort der Welt erstellt werden, unabhängig vom Lieferort der Leistung. Wesentlich dazu beigetragen hat der Aufbau der Internet-Infrastruktur vor gut zehn Jahren. Ein Beispiel dafür ist die Betreuung von Rechnern eines Rechenzentrums. Die Betreuung kann aus verschiedenen, weit entfernten Teilen der Welt erfolgen, während die Rechner selbst in Deutschland oder Österreich stehen. Derartige Services, Remote Management genannt, sind ein wichtiges Element der heutigen globalen Liefermodelle, die ein Erfolgsfaktor international agierender IT-Dienstleister sind.

Der Trend hin zur Industrialisierung zeigt sich in der zunehmenden Standardisierung, Automatisierung und Virtualisierung von IT und IT-Services. Die Notwendigkeit zur globalen Lieferfähigkeit und zur Industrialisierung der IT-Dienstleistungen zwingen die Dienstleister dazu, ihre in diesem Umfeld benötigten Fähigkeiten, Kompetenzen und Arbeitsformen zu überdenken und die organisatorische Aufstellung entsprechend zu gestalten. Es ist offensichtlich, dass es organisatorische Einheiten geben muss, die die standardisierten Services so produktiv und preisgünstig wie möglich liefern können. Diese Einheiten benötigen einen hohen Automatisierungsgrad, standardisierte und IT-unterstützte Abläufe, bei globaler Aufstellung und Arbeitsteilung. Die Arbeitsorganisation dieser Einheiten ist daher tayloristisch geprägt. Es zeigt sich jedoch, dass nicht alle Teile der Organisation so aufgestellt werden sollten.

Viele Dienstleistungen werden nicht standardisiert gekauft, sondern setzen sich aus standardisierten und spezifischen Anteilen zusammen, die bestenfalls durch standardisierte Services unterstützt werden können. Hierzu bedarf es Organisationseinheiten, die Kunden individuell beraten, kundenspezifische Lösungen entwerfen und mit ihm zusammen realisieren können. Wir nennen diesen Ansatz der Arbeitsorganisation handwerklich. Ebenso arbeiten Einheiten, die sich mit Planung, Aufbau, Steuerung und Optimierung der tayloristisch erbrachten, standardisierten Services und der dazu notwendigen Organisation befassen.

Der IT-Sektor der *Siemens AG*, die *Siemens IT Solutions and Services* (SIS), begegnet diesen Herausforderungen, indem Standardleistungen aus sogenannten Global Production Centers geliefert werden, während spezifische und kundennahe Leistungen lokal in sogenannten Regional Workbenches erbracht werden.[1] Weder in den Global Production Centers noch in den Regional Workbenches wird ausschließlich die eine oder die andere Arbeitsform angewandt. Vielmehr ist es immer eine Mischung aus beiden, aber mit deutlichen Schwerpunkt auf der tayloristischen Arbeitsweise in den Global Production Centers und der handwerklichen Arbeitsweise in den Regional Workbenches. Wir werden zeigen, dass die Art der Arbeitsorganisation auch das Lernen dieser organisatorischen Einheit beeinflusst.

---

[1] Vgl. OECKING/WESTERHOFF (2008), S. 244.

1.1 Die industrielle, tayloristische Arbeitsorganisation

Mit industrieller, tayloristischer Arbeitsorganisation[2] meinen wir die in der modernen Massenproduktion vorherrschende Arbeitsorganisation. Die Reinform dieser Arbeitsorganisation geht auf FREDERICK WINSLOW TAYLOR zurück. Bei der *SIS* wird sie in einer auf das IT-Servicegeschäft adaptierte Weise gelebt.

Sich wiederholende Standardarbeiten werden bei der *SIS* nach detaillierten Arbeitsanweisungen erbracht und durch gut dokumentierte und IT-unterstützte Arbeitsprozesse gesteuert. Die Arbeitsanweisungen enthalten klare, vordefinierte Kriterien für Entscheidungen, die im Regelbetrieb wenig Ermessensspielraum zulassen. Die Verantwortungsbereiche sind in der Organisation eindeutig zugeordnet. Definition, Planung und Verbesserung der fachlichen Tätigkeiten erfolgen durch Prozess- und Qualitätsmanager, weniger durch die Ausführenden selbst.

1.2 Die handwerkliche Arbeitsorganisation

Die handwerkliche Arbeitsorganisation ist charakterisiert durch flexible Spezialisierung.[3] Diese wird bei der *SIS* in Teams erbracht, die meist aus Teilnehmern unterschiedlicher Organisationsbereiche zusammengestellt werden. Für die Erbringung dieser Leistungen müssen definierte und erprobte Vorgehensweisen immer wieder neu für die konkrete Situation interpretiert werden, was eine hohe kognitive Transferleistung erfordert. Typisch für die Erstellung kundenspezifischer Services sind somit Ermessensspielräume, die durch Wissen, Erfahrung und Kreativität ausgefüllt werden müssen. Hierfür sind die Fähigkeiten jedes Einzelnen und sein Netzwerk aus erfahrenen Kollegen, die oft als Communities organisiert sind, entscheidend. Prozesse und Funktionen der Regelorganisation werden zwar als Basis für die Zusammenarbeit benötigt, reichen aber allein nicht aus. Die Arbeitsabläufe können wegen der Ermessensspielräume nur unvollständig abgebildet werden. Eine Automatisierung der Abläufe ist somit nur dort möglich, wo wenig oder keine spezifischen und situationsabhängigen Entscheidungen benötigt werden.

1.3 Ziele des Lernens auf geschäftlicher und personaler Ebene

Sowohl in den Global Production Centers als auch in den Regional Workbenches spielt Lernen eine zentrale Rolle. Nur durch permanente Weiterentwicklung sowohl der Mitarbeiter als auch der Prozesse kann die *SIS* sich im Wettbewerb behaupten. Der Wert des Lernens bemisst sich am erzielten geschäftlichen Beitrag für den Erfolg des Unternehmens. Entscheidend ist daher der sichere, rasche und wiederholbare Transfer des Gelernten in das Tun im betrieblichen Alltag.[4] Dies beinhaltet die Fähigkeit, kreative, innovative Lösungen zu gestalten, sowie die Fähigkeit zu schneller und flexibler Anpassung an neue geschäftliche Anforderungen und Rahmenbedingungen, wie z. B. das schnelle Erfassen und Umsetzen neuer Technologien und Vorgehensweisen in Geschäftswerte. Auf der individuellen Ebene bedeutet dies vor allem die Befähigung zum professionellen Arbeiten als Einzelner sowie in der Zusammenarbeit im Team und in der gesamten Organisation. Dies setzt die Fähigkeit zu effektiver und effizienter

---

[2] Vgl. TAYLOR (1977).
[3] Vgl. ZNOJ (2007), S. 4.
[4] Vgl. SCHÜSSLER (2001), S. 27.

Kommunikation über Bereichs- und Ländergrenzen hinweg voraus, sowie die Verwendung von bewährten Vorgehensweisen und Praktiken.

Nachhaltiges individuelles und organisatorisches Lernen ist somit eine entscheidende Fähigkeit, um kontinuierlichen geschäftlichen Erfolg zu sichern. Die Nachhaltigkeit bezieht sich sowohl auf das Lernverhalten als auch auf die Lernergebnisse. Es handelt sich also um Prozesse für dauerhaftes Lernen und die Festigung von Kenntnissen, Fähigkeiten und Fertigkeiten.[5] Problematisch ist das Messen und damit die Planung, Prüfung und Steuerung der Nachhaltigkeit, denn diese ist mit der Fähigkeit, Situationsbezüge herzustellen, verbunden, und die ist nicht messbar.[6]

Wenn Nachhaltigkeit die Eigenschaft und Qualität eines Lernprozesses bestimmt, ist die Frage entscheidend, unter welchen Voraussetzungen nachhaltig gelernt werden kann. Diese Voraussetzungen sind in beiden Arbeitswelten unterschiedlich und werden im Folgenden näher betrachtet.

2 Wissen und Lernen unterscheiden sich in beiden Arbeitswelten

Die unterschiedliche Leistungserbringung in den Global Production Centers und den Regional Workbenches stellt unterschiedliche Anforderungen an das Lernen auf personeller Ebene, Team- und organisatorischer Ebene. Die folgende Einordnung und Unterscheidung zwischen kognitivem und konstruktivistischem Lernen hilft dabei, das Lernen in beiden Welten besser zu verstehen und zu organisieren.

Aus der Sichtweise des Kognitivismus[7] existiert Wissen als externe, objektive Größe, die durch das Lernen als Wechselspiel von externen Reizen mit der internen Denkstruktur des Organismus als endogenes Wissen aufgebaut wird. Somit kann ein Lernprozess nicht getrennt von den individuellen Erfahrungen und dem Vorwissen des jeweiligen Individuums gesehen werden.[8]

---

[5] Vgl. SCHÜSSLER (2001), S. 2.
[6] Vgl. TIETGENS (1993), S. 220.
[7] BENDEL/HAUSKE (2004), S. 79: „Der Kognitivismus befasst sich mit der menschlichen Intelligenz und dem menschlichen Denken und untersucht und beschreibt die im menschlichen Gehirn ablaufenden Prozesse des Wissenserwerbs. Zu diesen Prozessen, den kognitiven Vorgängen, zählen u. a. Wahrnehmen, Erkennen, Verstehen, Bewusstwerden, Denken, Vorstellen, Interpretieren, Problemlösen, Entscheiden oder Urteilen. Gegenstand der Betrachtung ist der Mensch als ein Individuum, das nicht durch äußere Reize steuerbar ist, sondern vielmehr diese aktiv und selbstständig verarbeitet."
[8] Vgl. KRÜGER (2004), S. 10.

Aus konstruktivistischer Sicht muss ein Lernender sein Wissen individuell für sich aufbauen bzw. konstruieren anstatt externes Wissen von außen aufzunehmen. Demzufolge gibt es viele verschiedene Wege, die Welt zu strukturieren und wahrzunehmen und Konzepte oder Ereignisse zu interpretieren.[9] Nach konstruktivistischen Vorstellungen ist Lernen ein aktiver, selbst gesteuerter, konstruktiver, situativer und sozialer Prozess.[10]

Somit steht beim kognitiven Lernen das geschickte Lösen bereits bekannter Probleme mit beschriebenen Informationen und Hilfsmitteln im Vordergrund, während es beim konstruktivistischen Lernen um selbstständige Konstruktion und Erprobung auf Passung (viability) neuen Wissens durch das Individuum geht.

In einer tayloristischen Arbeitsumgebung ist daher eher ein kognitiver Lernstil erforderlich, um Faktenwissen zu vermitteln, während komplexe, kreative Tätigkeiten durch konstruktivistisches Lernen unterstützt werden. Für diese beiden Richtungen sind folglich unterschiedliche Lernumgebungen und Lernformen erforderlich, die im Weiteren beschrieben werden.

2.1 Die Rolle von Wissen und Lernen bei einer industriellen, tayloristischen Arbeitsorganisation

Wie oben beschrieben, geht es in der tayloristischen Arbeitsgestaltung um kognitives Lernen und das Lösen bereits bekannter Probleme. Damit wird das Wissen in den Strukturen der Organisation verankert, z. B. in dokumentierten Prozessen, detaillierten Arbeitsanweisungen und fest definierten Verantwortlichkeiten.

Das Lernen in diesen Strukturen ist ein Lernen auf Vorrat. Informationen werden vom Lernenden aufgenommen und bei der Anwendung schnell abgerufen und auf Problemstellungen übertragen. Im operativen Betrieb kommt der hypothesenbasierten Problemlösung und dem Auffinden offizieller relevanter Information eine größere Bedeutung zu als der Verwendung eigener (kreativer) Lösungsmodelle.

Die praktische Aneignung des benötigten Wissens und Fähigkeiten erfolgt durch fokussierte Trainings, die durch e-Learnings unterstützt werden können. Mentoring-Konzepte und Betreuung durch erfahrene Kollegen während der Einarbeitungsphasen stellen eine sinnvolle Ergänzung dar. Zur Steuerung und Koordination der Arbeitsabläufe sowie dem schnellen Auffinden aktueller Informationen werden unterstützende IT-Systeme eingesetzt.

Die Ausführung der beschriebenen Arbeitsabläufe muss in der globalen Organisation einheitlich – ggf. mit definierten Varianten – erfolgen. Diese Standardisierung ist für eine effektive Zusammenarbeit nötig, um die Prozesse durch IT zu unterstützen und zu automatisieren. Es gibt deshalb *eine* gültige Interpretation des Tuns, die in Arbeitsanweisungen mit klaren Kriterien für Entscheidungen implementiert ist. Nur so kann die Umsetzung im gesamten Geschäft homogen, reproduzierbar und ohne wiederholte, schwierige Transferleistungen erfolgen.

---

[9] Vgl. KRÜGER (2004), S. 13.
[10] Vgl. REINMANN-ROTHMEIER/MANDL (1997), S. 356.

Die kontinuierliche Verbesserung der verwendeten Arbeitsabläufe geschieht gemäß tayloristischer Arbeitsteilung durch das verantwortliche Prozess- und Qualitätsmanagement. Diese geben die Definition von Messgrößen vor, erfassen sie anschließend systematisch und nehmen die nötigen Anpassungen der Messgrößen vor. Dabei sind die unmittelbar an der Wertschöpfung beteiligten Mitarbeiter teilweise involviert.[11]

2.2 Die Rolle von Wissen und Lernen bei einer handwerklichen Arbeitsorganisation

Für kreative, kunden- oder projektspezifische (handwerkliche) Tätigkeiten muss Wissen, selbstständig durch den Mitarbeiter konstruiert werden. Denn nur ein bestimmter Teil, nämlich das explizite Wissen, kann in Form von wiederverwendbaren Methoden und Wissenselementen dokumentiert werden. Der größere Anteil, das stille Wissen (tacit knowledge) ist personengebunden und existiert nur in Form mentaler Modelle, Haltungen und Werte von Individuen (daher oft auch implicit knowledge genannt). Solches Wissen strukturiert und erklärt Themengebiete, Wirkungszusammenhänge oder Handlungsstränge. Die Essenz der Wertschöpfung liegt demnach im stillen Wissen, das oft unbewusst oder als tieferes Verständnis z. B. beim Ausfüllen von Ermessensspielräumen wirksam wird. Es wird nur durch eigene Tätigkeiten, Erleben und Reflexion aufgebaut und ständig aktualisiert.[12]

Aus diesem Grund muss Lernen als aktive Wissenskonstruktion stattfinden. Der dargebotene Lerninhalt erlangt erst durch Interpretation und aktive Konstruktion seine wertschöpfende Bedeutung. Die Zuweisung von Bedeutung ist abhängig von Vorwissen, Einstellungen und Erfahrungen des Lernenden.

Die praktische Aneignung von Wissen und Fähigkeiten erfolgt somit weitgehend selbstgesteuert, da das gemeinsame Wissen und die üblichen Praktiken der Disziplin (des Handwerks) internalisiert werden sollen. Der Aufbau von Erfahrung und Können beginnt ebenfalls mit einem Basistraining, wesentlich vorangetrieben durch das Selbststudium von Fachliteratur und reflektierendes Handeln am Arbeitsplatz. Beobachtung und Imitation des Vorgehens erfahrener Kollegen sind zu Beginn wichtig. Später entstehen durch eigenes Tun und Erleben mentale Modelle, die zu einem tieferen Verständnis und Erfahrung der bewährten Praktiken führen. Die Begleitung durch einen erfahrenen Kollegen (Mentor) ist dabei förderlich und sinnvoll. Der Lernende findet seine fachliche Heimat im Kreis von Kollegen, die das gemeinsame Tun in ihrer Disziplin verbindet. Häufig haben sich dazu bereits internationale Communities[13] oder Netzwerke gebildet.

Die Ausführung primär handwerklich orientierter Tätigkeiten basiert auf bewährten Praktiken und Prinzipien der jeweiligen Disziplin, z. B. IT-Architektur, Business Consulting oder Projektmanagement. Für die aktive Umsetzung ist stets eine gewisse Transferleistung notwendig, die ohne entsprechende Expertise und Erfahrungshintergrund kaum zu bewerkstelligen ist.

---

[11] Eine Ausnahme bilden hier Betriebe, in denen die Arbeit nach den Prinzipien von Lean Production organisiert sind.
[12] Vgl. SILVESTER/AHMED (2008), S. 58.
[13] Vgl. WENGER (2005).

Kontinuierliche Verbesserung findet in der handwerklichen Arbeitsorganisation zuerst beim Individuum als Weiterentwicklung der eigenen Fähigkeiten statt. Dies geschieht v. a. durch den Dialog in der Fachgemeinde, in der sich die Mitglieder austauschen und so aktiv zum Aufbau von Expertise beitragen. Anders als bei der industriellen Arbeitsorganisation ist also hier der einzelne Mitarbeitender die primäre Quelle der Verbesserung. Er bildet das immaterielle Vermögen eines Unternehmens.

Im Weiteren werden wir uns auf das mit der handwerklichen Arbeitsorganisation verbundene konstruktivistische Lernen konzentrieren. Denn standardisierte Services *alleine* bieten wenig Möglichkeiten zur Differenzierung im Geschäft; hier steht vor allem preisgünstige Leistungserbringung im Vordergrund, die meist durch Automatisierung und Verlagerung der Arbeit in Standorte mit niedrigem Kostenniveau realisiert wird.

Entscheidend für den Erfolg sind innovative Lösungen, die aus Standardservices zusammen gesetzt werden und mit kundenspezifischen Erweiterungen angereichert werden. Diese Lösungen müssen den Wettbewerbsvorteil der Kunden effizient und effektiv verbessern und unterstützen. Dabei spielt eine intensive Kundenkenntnis, rasche Handlungsfähigkeit auf Kundenanforderungen und ein vertrauensvolles Verhältnis zum Kunden eine zentrale Rolle. Diese Erfordernisse können am besten mit einer handwerklichen Arbeitsorganisation realisiert werden.

3 Social Software unterstützt nachhaltiges Lernen

3.1 Netzwerke und Communities of Practice

Experten und Konzeptarbeiter identifizieren sich vor allem mit ihrem Fachthema[14] und suchen Anschluss an Netzwerke und Communities. In diesen Strukturen tauschen sie sich aus und erhalten wichtige Impulse und Anerkennung von führenden Vertretern ihrer Disziplin. Dies gleicht den früheren Newsgroups unter Unix, in denen sich Experten vor 20–25 Jahren über Firmengrenzen hinweg kommunizierten und sich weiter halfen.

Netzwerke formieren sich um gemeinsame Interessen. Die Teilnehmer agieren hier temporär und weitgehend unverbindlich. Sie nutzen je nach Bedarf bereits vorhandene oder bilden neue Kontakte. Durch die typischerweise lockeren Verbindungen und der damit verbundenen Dynamik wird der Austausch erleichtert und ein schneller Übergang zu andern Gruppen ermöglicht.[15] Die offenen Grenzen von Netzwerken steigern die Motivation durch die flexible Weise der Beteiligung, wecken Neugier und senken so mögliche Barrieren für die aktive Beteiligung.[16] Damit werden Netzwerke auch zu einem Umfeld für innovative Ideen.

---

[14] Vgl. *MALIK* (2001).
[15] Vgl. *KOCH/RICHTER* (2007), S. 7.
[16] Vgl. *KOCH/RICHTER* (2007), S. 3.

Communities of Practice sind engere und verbindlichere Zusammenschlüsse als Netzwerke und bilden sich typischerweise um eine definierte fachliche Disziplin. ETIENNE WENGER definiert drei Merkmale für Communities of Practice: inhaltliche Domäne, Community und Praxis.[17] Die Domäne ist ein gemeinsames Interessengebiet, dem sich alle Mitglieder verpflichtet fühlen; die Kenntnisse darin geben der Community eine inhaltliche Identität. Die Teilnehmer schätzen die kollektive Kompetenz und die Gemeinschaft ermöglicht ihnen, sich in ihrer Domäne weiterzubilden. Innerhalb der dadurch entstehenden Community engagieren sich die Mitlieder in gemeinsamen Aktivitäten und Diskussionen, helfen einander und teilen Information. Die Mitglieder einer Community of Practice eint das praktische Tun in ihrer Disziplin; sie nutzen dabei gemeinsame Ressourcen wie z. B. Erfahrungen, Werkzeuge und Vorgehensweisen. Damit bilden Communities of Practice eine eigenständige Identität heraus, die sie nach außen (z. B. in der restlichen Organisation) abgrenzt.

Zur besseren Unterscheidung werden Netzwerke deshalb auch Community of Interest genannt. Communities of Practice können bei entsprechender Aktivität der Mitglieder und unterstützender Unternehmenskultur aus Netzwerken hervorgehen.

Generell werden fachliche Inhalte in Netzwerken und Communities anderen Teilnehmern zur Anwendung und Weiterentwicklung zur Verfügung gestellt. Dadurch gehören sie nicht mehr dem ursprünglichen Autor allein, sondern allen, die sie weiterentwickeln. Aus passiven Anwendern werden so aktive Autoren, Entwickler oder Betreiber von Webseiten. Diese Vorgehensweise wird durch Social Software unterstützt.

3.2 Enterprise 2.0 und Social Software

MCAFEE definiert Enterprise 2.0 als „die Nutzung von Sozial-Software-Plattformen innerhalb von oder zwischen Unternehmen und ihren Partnern oder Kunden."[18] RICHTER/KOCH erweitern den Begriff um die notwendigen Veränderungen der Unternehmenskultur: „Enterprise 2.0 bedeutet vielmehr die Konzepte des Web 2.0 und von Social Software nachzuvollziehen und zu versuchen, diese auf die Zusammenarbeit in den Unternehmen zu übertragen."[19]

Social Software und andere Web2.0-Anwendungen dienen der Unterstützung von Netzwerken, weniger von Communties of Practice. Dennoch ist Social Software auch für sie eine wertvolle Bereicherung. Diese Anwendungen unterstützen die indirekte und direkte zwischenmenschliche Interaktion (Koexistenz, Kommunikation, Koordination, Kooperation) auf breiter Basis, bilden die Beziehungen ihrer Nutzer im Internet und Intranet ab und ermöglichen deren Vernetzung.[20] Social Software can „loosely defined as software which supports, extends, or derives added value from human social behaviour – message-boards, musical taste-sharing, photo-sharing, instant messaging, mailing lists, social networking."[21]

---

[17] Vgl. WENGER (2005).
[18] MCAFEE (2008), S. 17.
[19] KOCH/RICHTER (2007), S. 16.
[20] Vgl. KOCH/RICHTER (2007), S. 13.
[21] Vgl. COATS (2005).

Wesentliches Merkmal von Social Software ist die aktive Beteiligung der Nutzer, die Dezentralität ermöglicht und die Vernetzung der Beteiligten für die Zusammenarbeit fördert. Im Vergleich zu klassischer Software zur Unterstützung von Teams und Communities zeichnet sich Social Software besonders durch einfache Benutzbarkeit, Integrierbarkeit und Kombinierbarkeit aus. „Die „Ich"-Zentriertheit stellt den Nutzen für den einzelnen Benutzer in den Mittelpunkt. Die intrinsische Motivation spielt hierbei eine zentrale Rolle."[22] Dadurch dass die Teilnehmer von den Potenzialen und Beiträgen aller anderen Teilnehmer des Netzwerks profitieren, entstehen geschäftliche Werte. Ein Netzwerk kann dabei sowohl unternehmensintern als auch übergreifend sein.

Voraussetzung für Enterprise 2.0 – und damit für die Wirksamkeit von Social Software – ist eine Unternehmensphilosophie, die auf Selbstorganisation, flache Hierarchien und Partizipation setzt.[23] Hierarchische Strukturen werden im Enterprise 2.0 zunehmend durch Feedback-Schleifen als typisches Grundmuster ersetzt.[24]

3.3 Social Software als Enabler für individuelles und kollektives Lernen

Ein Treiber für die Verbreitung von Social Software sind Veränderungen in der Nutzungsgewohnheit der neuen technischen Möglichkeiten, wie z. B. individuelle Playlisten, die die CD mit ihren fest zusammengestellten Inhalten verdrängt. Auf das Lernen übertragen, spiegelt sich dieser Wandel in der Erwartung wider, Lerneinheiten nach Interesse und Bedarf selbst auszuwählen und zusammenstellen zu können. Das Beispiel zeigt, dass Unternehmen und Organisationen auch die veränderten Gewohnheiten und Erwartungen der Menschen aktiv aufgreifen sollten, um attraktiv für neue Mitarbeiter zu werden.[25]

Durch diese einfache individuelle Handhabung und den Fokus auf Zusammenarbeit und Vernetzung ist es offensichtlich, dass Social Software das Lernen auf individueller und kollektiver Ebene gut unterstützen kann. Ihre Fähigkeit, dass die Teilnehmer Informationen miteinander individuell verbinden können, ermöglicht es zudem, durch Rekombination und Kommentierung neue Wissensbausteine zu schaffen.

Dies bedeutet, dass sich Lernumgebungen von der klassischen Bereitstellung von Inhalten unter Einsatz von Social Software zu einer interaktiven Lernumgebung entwickeln und den Lernenden die Möglichkeiten bieten, eigenes Wissen einzubringen. So sind es nicht allein die Lerninhalte, sondern vor allem die Art der individuellen Nutzung, die über den Nutzen des Ganzen entscheidet.

Anwender und Gruppen können – entsprechend ihrer individuellen Sichtweisen – Inhalte charakterisieren und Strukturen anlegen. Damit gibt es eine Vielzahl gleichberechtigter Strukturen, die sich an den individuellen Interpretationen und Lernmustern ausrichten und nicht mehr nur eine autorisierte Interpretation. Durch die statistischen Effekte beim Tagging bilden

---

[22] KOCH (2008), S. 50.
[23] Vgl. BITKOM (2008), S. 9 ff.
[24] Vgl. STRAMER (2008), S. 77.
[25] Vgl. GASSER (2009), S. 33 ff.

sich bei der Verwendung von Social-Bookmarking-Systemen trotzdem kollektive Interpretationen heraus, die das Entstehen gemeinsamer Begriffe und Sprache fördern.

Da das Lernen in Netzwerken und Communities über Kooperation erfolgt, fördern Strukturen, die die Kooperation unterstützen auch das Lernen.[26] Social Software trägt der Anforderung nach räumlicher Verteilung und Asynchronität einerseits und aktivem kooperativen Lernen andererseits Rechnung und unterstützt die Zusammenarbeit in Teams und Communities. Social Software kann wie Weblog und Wiki dem konstruktivistischen Lernen zugeordnet werden.[27] Sie unterstützen eine aktive Wissenskonstruktion und fordern vermehrt zu einem selbstgesteuerten Lernprozess auf.

4 Methods 2.0 für nachhaltiges Lernen im Methodenumfeld

Bisher wurde im Methodenumfeld[28] der *SIS* sehr viel Wert auf aufgeschriebenes Wissen gelegt. Methoden wurden in Form von Büchern festgehalten und in großen Trainingsinitiativen implementiert. Vertreter des konstruktivistischen Lernens kritisierten das Vorhandensein von sogenanntem trägen Wissen. Dabei handelt es sich um Wissen, welches zwar prinzipiell vorhanden ist, das Lernende jedoch nicht auf praktische Probleme übertragen können.[29] Dieses Problem hatte auch das bisherige Methodenumfeld der *SIS*.

Methods 2.0 setzt an dieser Schwachstelle an und stellt die Zusammenarbeit der Mitarbeiter, insbesondere die Weitergabe von implizitem Wissen in den Vordergrund. Die Kommunikationsstrukturen werden durch Social Software und die entsprechende Unternehmenskultur unterstützt, sodass das Potenzial des kollektiven Arbeitens in Netzwerken und Communites besser ausgeschöpft werden kann. Methods 2.0 besteht aus vier wesentlichen Elementen: Empowered Topic Groups, TechnoWeb, Wiki und den Engagement-Methoden.

Die Empowered Topic Groups entwickeln und pflegen themenorientierte Methoden. Es sind Gruppen von Fachleuten, die Expertise zu ihrem fachlichen Thema aufbauen und kultivieren. Sie haben das Mandat, für ihr Thema zu entscheiden und zu handeln. Sie sind länder- und bereichsübergreifend organisiert und mit Gruppen zu benachbarten Themen vernetzt. Je nach strategischer Relevanz sind sie als Community of Practice[30] oder sogar als explizite Organisationseinheit organisiert.

---

[26] Vgl. RICHTER/KOCH (2009), S. 2.
[27] Vgl. KOUBEK (2008).
[28] WORDNET (2009): Es gibt zahlreiche Definitionen für „method" und „methodology", u. a. die Folgenden, an denen wir uns orientieren wollen: „method is a way of doing something, especially a systematic way; implies an orderly logical arrangement (usually in steps)" und „A methodology is the system of methods followed in a particular discipline."
[29] Vgl. JADIN (2007), S. 24.
[30] Vgl. WENGER (2005).

Die Social Software TechnoWeb unterstützt die Bildung von Netzwerken und Communities. TechnoWeb bietet jedem Mitarbeiter die Möglichkeit, einen Call for Network zu einem Themengebiet zu starten. Kollegen aus anderen Abteilungen, die sich ebenfalls für dieses Fachthema interessieren, können sich dem Netzwerk anschließen und es entsteht ein Interest Net. Jedes Netzwerk kann Services zu seinem Themengebiet anbieten und sich intern austauschen. Bei großer Nachfrage und geschäftlicher Wichtigkeit der angebotenen Services kann das Netzwerk auch organisatorisch verankert werden. Diese Netzwerke werden durch verschiedene kommunikationsfördernde Funktionen wie Microblogging, user pages, wiki, Blogs und Versenden von Urgent requests unterstützt.

Wie einleitend beschrieben, ist ein erfolgreiches (handwerkliches) Lösungsdesign einer Outsourcing-Lösung stark davon abhängig, ob die Mitarbeiter eine gemeinsame Sprache und ein gemeinsames Verständnis haben. Diese gemeinsame Sprache kann durch Schulungen gefördert werden. Effektiver noch ist die Vernetzung der Mitarbeiter, sodass sie sich kontinuierlich über ihr bestimmtes Fachthema austauschen können. Wichtig dabei ist, dass das Wissen nicht nur bei wenigen Experten liegt, sondern von Netzwerken und Communities gemeinsam getragen wird. Diese tauschen sich regelmäßig aus, entwickeln das Wissen weiter und verbreiten es in der Organisation. Wissen entsteht nicht in den Silos der einzelnen Abteilungen, sondern durch die globale Vernetzung von Mitarbeitern über organisatorische Grenzen hinweg. Genau dies wird mit TechnoWeb unterstützt.

Die dritte wichtige Komponente von Methods 2.0 ist das Wiki. Es dient als Plattform zum Nachschlagen und Best Practice Sharing für alle Methoden im Unternehmen. Für jede Methode in Wiki soll ein fachlicher Ansprechpartner sowie eine kurze Beschreibung des Einsatzgebietes und der Inhalt oder ein Link zur Methode verfügbar sein. Wiki bietet die Möglichkeit, Inhalte selbst zu editieren und mit anderen darüber zu diskutieren. Dies erhöht die Transparenz vorhandener Methoden in der Firma, indem die Experten selbst, die von ihnen angewandte Methode oder auch eine Variante einer bereits bestehenden Methode in Wiki veröffentlichen. Es vermeidet damit, dass lokale Varianten von Methoden auf unterschiedlichsten Wegen und Plattformen erstellt werden. Zudem konnte die Organisation meist nicht auf dieses Wissen zugreifen, sodass wiederholt redundante Arbeit geleistet wurde. Unternehmensweite Best Practices können so nur schwer entstehen. Diese Doppelarbeit soll nun vermieden werden, indem Mitarbeiter bestehende Methoden mit den entsprechenden Ansprechpartnern an *einer* Stelle finden und leicht zugreifen können.

Darüber hinaus fördern Wikis das Entstehen einer Gruppenatmosphäre, in der freiwillige soziale Verbindungen entstehen, um persönliche Ziele umzusetzen. Durch das kollektive Kreieren von Inhalten und deren Diskussion zu den jeweiligen Artikeln, können Meinungen und Anregungen ausgetauscht werden, was eine gemeinsame Sprache und Interpretation fördert. Gemeinsame Sprache bildet sich auch durch gemeinschaftliches Indexieren: Die Gemeinschaft von Nutzern des Wikis kann die Objekte im System mit Metadaten charakterisieren. Jeder Benutzer kann die Begriffe frei wählen; dennoch bilden sich häufig Kategorien, die von verschiedenen Benutzern verwendet werden. Diese gemeinsamen Interpretationen werden in einer Tag-Cloud visualisiert, über die auch navigiert werden kann.

Zusätzlich zu den Kommunikationsstrukturen werden in Methods 2.0 auch die Inhalte anwenderfreundlicher strukturiert und aufbereitet. Das wiederholte Anpassen großer, generischer Methoden an den jeweiligen Anwendungsfall nimmt zu viel Zeit in Anspruch und ist auch aufgrund einer höheren Standardisierung bei der Leistungserbringung künftig nicht mehr nötig.

Methoden beschreiben damit nicht mehr den Weg wie man zu einer Lösung kommt, sondern unterstützen das Integrieren und Konfigurieren fertiger Lösungsbausteinen. Engagement-Methoden sind integrierte Pakete von anwendungsnahen, portfoliobasierten Methoden, Templates und Tools, die zur Realisierung von Portfolioelementen und spezifischen Angeboten im Rahmen der Abwicklung eines Kundenauftrags benötigt werden. Sie werden global eingesetzt und existieren nach Bedarf in geschäfts- und/oder landesspezifischen Varianten. Diese Variantenvielfalt ist oft wünschenswert, um auf kundenindividuelle Wünsche oder regionale Gegebenheiten angemessen einzugehen. Allerdings muss hierfür eine gemeinsame Basis bestehen und die Kompatibilität der unterschiedlichen Methoden sichergestellt werden. Engagement-Methoden werden dezentral von Empowered Topic Groups auf Basis von generischen Methoden entwickelt. Abgeleitet von einem gemeinsamen Standard entstehen so kunden-, geschäftstyp- und länderspezifische Varianten, in die Erfahrungen aus Kundenprojekten einfließen. Die entstandenen Methoden werden versioniert und systematisch in Lessons Learned Workshops nach dem Einsatz weiterentwickelt.

5 Erfahrungen und Erfolgsfaktoren

Für die Akzeptanz und den Erfolg von Methods 2.0 war es wichtig, dass die Mitarbeiter von Anfang an eingebunden waren. So wurden für das Design von Methods 2.0 die geschäftlichen Anforderungen und Key Features in einer Reihe von Interviews im Frühjahr und Sommer 2007 ermittelt. Mit den Ergebnissen wurden Lösungsprinzipien, zentrale Konzepte und Lösungselemente entwickelt.

Während der weiteren Realisierung wurde ein prototypischer Ansatz mit agilen Elementen in einem kleinen Team verfolgt. Dadurch konnten erfahrene Anwender und Piloten schon früh eingebunden und deren Anregungen eingearbeitet werden.

Dieser Bottom-up-Ansatz war bei der Einführung von Methods 2.0 bei *SIS* wichtig, reichte aber allein nicht aus. Gerade im mittleren Management führten die erhöhte Transparenz von fachlichen Leistungsträgern durch Einsatz von Social Software und die damit verbundene Dezentralisierung zu Verunsicherung und stellenweise zu Angst vor Kontrollverlust. Dieser Besorgnis im Management konnte durch ausführliche Informationsrunden begegnet und reduziert werden.

Somit wurde für die Implementierung ein gemischter Ansatz aus Top-down- und Bottom-up-Vorgehen gewählt. In verschiedenen Leitungskreisrunden wurde der neue Ansatz und der damit einhergehende kulturelle Wandel vorgestellt. Die Unternehmensleitung der *SIS* entschied, dass sie ein zentrales Methodenteam etabliert, um der Implementierung und Nutzung von Methods 2.0 entsprechenden Nachdruck zu verleihen. Das Thema findet darüber hinaus regelmäßig in der internen Kommunikation Platz. Das zentrale Methodenteam selbst geht gezielt auf Mitarbeiter mit wissensintensiven Aufgaben zu, um sie für den neuen Ansatz zu gewinnen. Diese Mitarbeiter wirken wiederum katalytisch in ihren Bereichen.

Die Akzeptanz und Verwendung in den operativen Bereichen wird vom zentralen Methoden-Team durch persönliches Coaching von Pilotpartnern unterstützt. Zentral sind dabei Hilfe beim Community-Aufbau und im Umgang mit den IT-Plattformen sowie die Durchführung von Workshops zur Entwicklung von Engagement-Methoden.

Für die technische Umsetzung des Wikis wurde *MediaWiki* gewählt, um die Ähnlichkeit zu *Wikipedia* herzustellen, mit dem viele Mitarbeiter schon aus dem privaten Bereich vertraut sind. Zusätzlich wurde ein Helpdesk eingerichtet, das schnell bei der Handhabung von Wiki hilft. Zum anderen sind durch die interne Kommunikation die Kollegen aus dem Methoden-Team persönlich bekannt und können auch direkt bei Problemen angesprochen werden.

Die Akzeptanz von Wiki zeigt sich in der Anzahl der User und Page Edits. Das Wiki wurde im Februar 2009 offiziell eingeführt. Bereits sechs Monate später gibt es bei weltweit ca. 41.000 Mitarbeitern 226 registrierte Nutzer, 77.605 Page Views und 6.719 Page Edits bei 192 Seiten in Wiki. Die Zahlen übertreffen die anfänglichen Schätzungen und stellen zudem eine Untergrenze dar, da die Anwender nicht zum Registrieren verpflichtet sind; dies ist lediglich eine Empfehlung. Damit soll die Hemmschwelle für Mitarbeiter, in Wiki aktiv zu werden, möglichst gering sein. Die Zahlen zeigen, dass die Lösung gut angenommen wird. So wurden z. B. aus den Regionalgesellschaften in England und Deutschland Methoden eingepflegt, sodass Best Practice Sharing bereits auch auf internationaler Ebene sichtbar verstärkt stattfindet.

Ansatzpunkt für die organisatorische Implementierung der Empowered Topic Groups sind heute die bereits etablierten bzw. im Aufbau befindlichen globalen Communities, die sich über TechnoWeb vernetzen. TechnoWeb hat derzeit 8.072 Nutzer, die sich auf 547 Netzwerke in 38 Ländern verteilen. Die Zahl der Netzwerke wächst kontinuierlich.

6 Fazit

Mit Methods 2.0 unterstützen wir als zentrales Methodenteam die kunden- und projektspezifischen Geschäfte der *SIS*. Wir verfolgen dabei fokussiert einen konstruktivistischen Lernansatz. Dieser wird mit den Konzepten des Enterprise 2.0 realisiert.

Zusammenfassend lässt sich feststellen, dass bei der Einführung von Enterprise-2.0-Lösungen wie Methods 2.0 die Auswahl und Implementierung der Software nur einen geringen Anteil darstellt, der schnell durchzuführen ist. Entscheidend für Akzeptanz und Erfolg ist der kulturelle Wandel, der damit einhergeht. Dieser braucht das Vorleben und die kontinuierliche aktive und unmissverständliche Unterstützung des Top-Managements.

Mit Blick auf die Zukunft ist dieser kulturelle Wandel entscheidend, um im Wettbewerb bestehen zu können. In dynamischen Märkten reicht die standardisierte Leistungserbringung nach tayloristischer Arbeitsorganisation allein nicht mehr aus. Die Regional Workbenches werden an Bedeutung gewinnen, da aufgrund neuer technologischer Möglichkeiten und Anwendungen IT-Lösungen immer kundenindividueller angefordert werden. Enterprise-2.0-Fähigkeiten ermöglichen Regional Workbenches schneller, flexibler und mit höherer Umsetzungsqualität auf neue Anforderungen zu reagieren und damit im Wettbewerb bestehen zu können.

7 Ausblick

Mit Methods 2.0 haben wir auf dem Weg zu einem Unternehmen mit 2.0-Fähigkeiten einen Meilenstein gesetzt. Die Weiterentwicklung auf diesem Weg erfordert kontinuierliche Überzeugungsarbeit sowohl beim Top-Management als auch viel Engagement der einzelnen Mitarbeiter. Wünschenswert wäre, dass Methods 2.0 auch auf andere *Siemens*-Bereiche ausstrahlt und sich der Enterprise-2.0-Gedanke wie ein Virus im Unternehmen ausbreitet.

Quellenverzeichnis

BENDEL, O./HAUSKE, S. (2004): E-Learning: Das Wörterbuch, Berlin 2004.

BITKOM (2008): Enterprise 2.0 – Auf der Suche nach dem CEO 2.0 – Neue Unternehmensphilosophie gewinnt Konturen, Positionspapier, Berlin 2008.

COATS, T. (2005): An addendum to a definition of Social Software, online: http://www.plasticbag.org/archives/2005/01/an_addendum_to_a_definition_of_social_software, Stand 2005, Abruf: 22.08.2009

DOWNES, S. (2007), Learning networks in practice, in: Emerging Technologies for Learning, 2. Jg. (2007), Nr. 4, S. 20.

FRÖSCHLE, H.-P./STRAHRINGER, S. (Hrsg.)(2007): IT-Industrialisierung, in: HMD – Praxis der Wirtschaftsinformatik, 44. Jg. (2007), Heft 256, Heidelberg 2007.

GASSER, U. (2009): Die Digital Natives, in: BUHSE, W./REINHARD, U. (Hrsg.), DNA digital Wenn Anzugträger auf Kapuzenpullis treffen. Die Kunst, aufeinander zuzugehen, Neckarhausen 2009, S. 33–42.

JADIN, T.(2007): Social Software für kollaboratives Lernen, in: BATINIC B./KOLLER, A/SIKORA, H. (Hrsg.), E-Learning, digitale Medien und lebenslanges Lernen, Linz 2007, S. 23–35.

KOCH, M. (2008): Lehren aus der Vergangeheit – Computer-Supported Collaborative Work & Co., in: BUHSE, W./STRAMER, S. (Hrsg.), Die Kunst Loszulassen Enterprise 2.0, Berlin 2008, S. 37–58.

KOCH, M./RICHTER, A. (2007): Enterprise 2.0 – Planung, Einführung und erfolgreicher Einsatz von Social Software im Unternehmen, München 2007.

KOUBEK, J. (2008): Wiki-Didaktik zwischen Kognitivismus und Konstruktivismus, online: http://waste.informatik.hu-berlin.de/koubek/forschung/KoubekWikiDidaktik.pdf, Stand 2008, Abruf: 22. 08 2009.

KRÜGER, R. (2004): Lerntheorien und ihre Auswirkung auf eLearning-Systeme, Seminararbeit im Rahmen des Seminars „Neue Lerntechnologien" am Lehrstuhl für Praktische Informatik IV, Fakultät für Mathematik und Informatik, Universität Mannheim 2004.

MALIK, F. (2001): Wissensmanagement – auch dieser Kaiser ist nackt, in: manager-magazin. de, online http://www.manager-magazin.de/koepfe/mzsg/0,2828,169723,00.html, Stand: 27.11.2001, Abruf: 27.08.2009.

MCAFEE, A. (2008): Eine Definition von Enterprise 2.0, in: BUHSE, W./STRAMER, S. (Hrsg.), Die Kunst Loszulassen Enterprise 2.0, Berlin 2008, S. 17–35.

OECKING, C./WESTERHOFF, T.(2008): Einführung eines globalen Delivery-Netzwerks, in: KEUPER, F./SCHOMANN, M./GRIMM, R. (Hrsg.), Strategisches IT-Management, Wiesbaden 2008, S. 241–253.

REINMANN-ROTHMEIER, G./MANDL H. (1997): Lernen im Erwachsenenalter, Auffassungen vom Lehren und Lernen, Prinzipien und Methoden, in: WEINERT, F. E./MANDL, H. (Hrsg.), Psychologie der Erwachsenenbildung., Göttingen 1997, S. 355–403.

RICHTER, A./KOCH, M. (2009): Kooperatives Lernen mit Social Networking Services, in: HOHENSTEIN, A./WILBERS, K. (Hrsg.), Handbuch E-Learning 28. Ergänzungslieferung, Kapitel 4.35, Köln 2009, S. 1–14.

SCHÜSSLER, I. (2001): Nachhaltiges Lernen, online: http://www.uni-kl.de/FB-SoWi/FG-Paedagogik/Personen/schuessler/hp/text6.htm, Stand: 2001, Abruf 22.08.2009.

SILVESTER, M./AHMED, M. (2008): Living Services: How to Deliver the Services of the Future Today, Financial Times Series, o. O. 2008.

STRAMER, S .(2008): Enterprise 2.0 – Learning By Doing, in: BUHSE, W./STRAMER, S. (Hrsg.), Die Kunst Loszulassen Enterprise 2.0, Berlin 2008, S.59–88

TAYLOR, F. (1977): Die Grundsätze wissenschaftlicher Betriebsführung, Weinheim 1977.

TIETGENS, H. (1993): Was sind Maßstäbe für Bildungswirkung?, in: GdWZ, o. Jg. (1993), Nr.4, S. 219–220.

WENGER, E. (2005): Communities of practice: A brief introduction, online: http://www.ewenger.com/theory/, Stand: 14.10.2005, Abruf: 24.08.2009.

WORDNET (2009): Cognitive Science Laboratory, Princeton University, online: http://wordnet.princeton.edu, Stand 21.08.2009, Abruf: 24.08.2009.

ZNOJ, H. (2007): Anthropologie der Arbeit, 9. Vorlesung: Taylorismus, Fordismus und Post-Fordismus, online: http://www.anthro.unibe.ch/unibe/philhist/anthro/content/e297/e1386/e3847/e3849/linkliste3932/arbeit-9_ger.pdf, Stand: 16.05.2007, Abruf: 27.08.2009.

Reputationssysteme für das Enterprise 2.0

Ivo Reitzenstein und *Ralf Peters*

Martin-Luther-Universität Halle-Wittenberg

1 Einführung 461
2 Duale Funktion von Reputationssystemen 462
3 Anwendungen im Enterprise 2.0 463
  3.1 Reputationssysteme für das Informationsmanagement 463
  3.2 Reputationssysteme für das Identitäts- und Beziehungsmanagement 464
4 Funktionale Architektur 465
  4.1 Erfassen 466
  4.2 Aggregieren 467
  4.3 Verbreiten 468
5 Probleme und Lösungsansätze 468
  5.1 Fehlende Bewertungen 468
  5.2 Verhaltensänderungen 469
  5.3 Verfälschte Bewertungen 469
  5.4 Identitätsmissbrauch 470
6 Zusammenfassung und Ausblick 470
Quellenverzeichnis 471

1 Einführung

Bekannte Plattformen wie *Youtube, Facebook* oder *Wikipedia* haben das Internet tiefgreifend verändert, sodass man in diesem Zusammenhang von einem Web 2.0 spricht.[1] Ein wesentliches Merkmal dieser Entwicklung ist, dass viele bisher passive Nutzer aktiv an der Erstellung von Inhalten mitwirken, während die Betreiber dieser Plattformen lediglich die notwendige Technologie bereitstellen. Untersuchungen von GILES[2] und MÖLLER[3] zur *Wikipedia* zeigen, dass dadurch grundsätzlich Inhalte guter Qualität entstehen können. Im Rahmen des Enterprise 2.0 versucht man daher durch den Einsatz von Web 2.0-Anwendungen das Potenzial der „Wisdom of the Crowds"[4] auch im Unternehmensumfeld zu nutzen.[5] In Anlehnung an SCHMIDT[6] und RICHTER/KOCH[7] eignen sich Web 2.0-Anwendungen im Unternehmenskontext vor allem für das Beziehungs-, Identitäts- sowie Informationsmanagement.

Auf offenen Plattformen im Web 2.0 bestehen häufig Unsicherheiten über die Fähigkeiten und Absichten ihrer Teilnehmer, da niemand von deren Nutzung ausgeschlossen ist und einander unbekannte, anonyme Teilnehmer aufeinandertreffen. So lassen sich bspw. in der *Wikipedia* auch Fälle von Vandalismus und Verleumdung beobachten. Diese Probleme können prinzipiell auch beim Einsatz im Rahmen des Enterprise 2.0 auftreten. Zudem stellt sich die Frage, wie Teilnehmer zur aktiven Mitarbeit auf Plattformen des Enterprise 2.0 motiviert werden können.[8] Insgesamt besteht die Gefahr, dass das Plattformgeschehen aufgrund mangelnden Vertrauens oder fehlender Aktivität der Teilnehmer zum Erliegen kommt.

Zum Herstellen von Vertrauen und kooperativem Verhalten haben Reputationssysteme im Web 2.0 eine hohe Bedeutung erlangt. Dieser Beitrag erläutert die duale Funktionsweise von Reputationssystemen und zeigt deren Einsatzmöglichkeiten im Enterprise 2.0 auf. In Abhängigkeit der konkreten Anwendungsdomäne ergeben sich dabei unterschiedliche Anforderungen, die im Rahmen eines funktionalen Architekturschemas diskutiert werden. Außerdem wird auf die verschiedenen Probleme und Lösungsansätze beim praktischen Einsatz von Reputationssystemen eingegangen.

---

[1] Vgl. O'REILLY (2005).
[2] Vgl. GILES (2005).
[3] Vgl. MÖLLER (2006).
[4] DENNING ET AL. (2005).
[5] Vgl. MCAFEE (2006), S. 21.
[6] Vgl. SCHMIDT (2006), S. 39 f.
[7] Vgl. RICHTER/KOCH (2007), S. 7.
[8] Vgl. O'REILLY (2005).

2 Duale Funktion von Reputationssystemen

Reputationssysteme bieten eine Möglichkeit, Vertrauen zwischen den Interaktionspartnern herzustellen. Hierbei bewerten sich die Teilnehmer im Anschluss an eine Transaktion gegenseitig hinsichtlich ihrer Vertrauenswürdigkeit. Die abgegebenen Bewertungen werden gesammelt, aggregiert und allen Teilnehmern zur Verfügung gestellt.[9] Die Teilnehmer sind damit einerseits in der Lage, durch das Sammeln positiver Bewertungen eine Reputation als vertrauenswürdige Teilnehmer aufzubauen, und können sich andererseits vor dem Abschluss einer Transaktion über die bisherige Vertrauenswürdigkeit ihres potenziellen Interaktionspartners informieren. Darüber hinaus schafft der ökonomische Wert einer guten Reputation einen Anreiz zur aktiven Teilnahme an der jeweiligen Plattform.

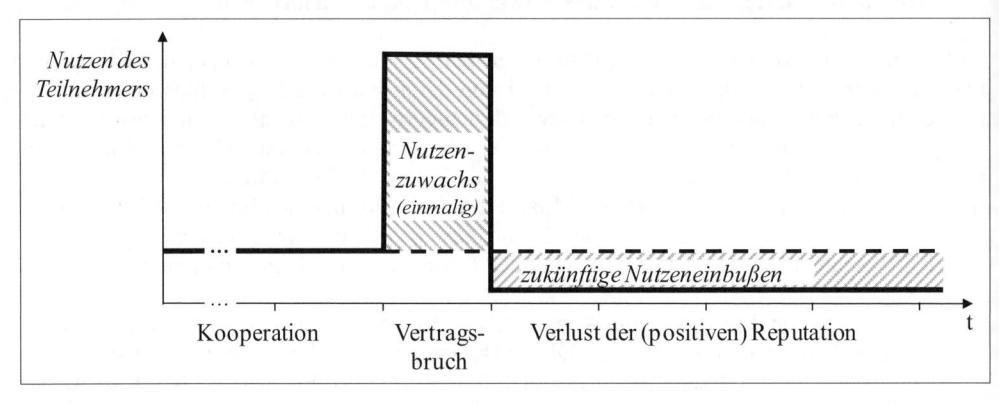

Abbildung 1: Shadow of the future

Verhält sich ein Teilnehmer nicht vertrauenswürdig, so erhält er eine negative Bewertung und wird später aufgrund seiner schlechten Reputation von anderen Teilnehmern gemieden. Abbildung 1 zeigt, dass dem einmaligen Nutzenzuwachs durch einen Vertrauensbruch damit Nutzeneinbußen in der Zukunft gegenüber stehen. Dieses Phänomen wird als Shadow-of-the-future bezeichnet[10] und bietet einen Anreiz zu vertragskonformem Verhalten. Ein rationaler Teilnehmer wird sich genau dann vertrauenswürdig verhalten, falls dieser Verlust den einmaligen Gewinn bei Vertrauensbruch übersteigt.

Das Beispiel zeigt die duale Funktionsweise von Reputationssystemen.[11] Diese besteht zum einen in einer direkten Signalisierungsfunktion, die das bisherige Verhalten jedes Teilnehmers sichtbar macht. Zum anderen wird eine indirekte Sanktionierungsfunktion ausgeübt, indem unehrliche Teilnehmer von weiteren Transaktionen ausgeschlossen werden.

Die Sanktionierungsfunktion und damit der Anreiz zu vertragskonformem Verhalten sind umso größer, je stärker der Teilnehmer die Zukunft in seine Entscheidung einbezieht. Plant der Teilnehmer hingegen, die Plattform nach seinem Betrug zu verlassen, so bleibt die Sanktionierungsfunktion wirkungslos. Damit ein Reputationssystem erfolgreich ist, müssen die

---

[9] Vgl. RESNICK ET AL. (2000), S. 46.
[10] Vgl. AXELROD (1990), S. 126 ff.
[11] Vgl. RESNICK ET AL. (2000), S. 46.

Teilnehmer also daran interessiert sein, langfristig auf der Plattform zu agieren. Bei kurzfristig agierenden Teilnehmern wird der Reputationsmechanismus demgegenüber versagen. Eine weitere Voraussetzung für die Funktion des Reputationsmechanismus ist, dass neue Teilnehmer für ihre erste Transaktion einen Vertrauensvorschuss erhalten. Einige Autoren argumentieren daher, „dass Reputationssysteme nur deswegen funktionieren, weil die Nachfrager glauben, dass sie funktionieren."[12]

3 Anwendungen im Enterprise 2.0

3.1 Reputationssysteme für das Informationsmanagement

Die Kernaufgabe des Informationsmanagements ist die effiziente Unterstützung des innerbetrieblichen Informationsaustausches.[13] Für das Enterprise 2.0 haben hierbei neben Weblogs insbesondere Wikis eine besondere Bedeutung erlangt.[14] Ein Wiki ermöglicht seinen Nutzern, eine Webseite direkt im Webbrowser ohne besondere technische Kenntnisse zu editieren.[15] Das Beispiel der *Wikipedia*, des bekanntesten Wikis zeigt, dass auf diese Weise Inhalte hoher Qualität entstehen können. Über den Einsatz als elektronisches Nachschlagewerk hinaus werden Wikis auch zur Unterstützung des Projektmanagements, zur Dokumentation bei der Softwareentwicklung, für das Ideenmanagement oder im Rahmen des Vorschlagswesens eingesetzt.[16] Außerdem eignen sich Wikis auch als überbetriebliche Enterprise 2.0-Anwendung. Ein Beispiel hierfür ist das von BECK[17] beschriebene Projekt des „partizipativen Journalismus" der *Frankfurter Allgemeinen Sonntagszeitung*, bei dem die Leser mit Hilfe eines Wikis in die Erstellung von Zeitschriftenbeiträgen einbezogen wurden.

An der freien Enzyklopädie *Wikipedia* lassen sich auch Grenzen der Wiki-Technologie beobachten.[18] So sind die frei editierbaren Inhalte grundsätzlich der Gefahr des Vandalismus ausgesetzt, indem Teile eines Artikels gelöscht oder mit irrelevanten bzw. anstößigen Inhalten überschrieben werden.[19] Falls sich zwei oder mehr Autoren nicht auf einen gemeinsamen Standpunkt einigen können, kann auch ein sogenannter „edit war" entstehen, bei dem jede Partei versucht, ihren Standpunkt durch das Wiederherstellen der vorherigen Version des Artikels durchzusetzen. Zudem kann das einfache Erstellen und Editieren von Artikeln opportunistisch missbraucht werden, indem gezielt Fehlinformationen verbreitet werden, mit dem Ziel, andere zu verleumden, Tatsachen zu beschönigen oder anderweitig Einfluss auszuüben. Schließlich herrscht auch Unsicherheit über die Expertise der Autoren, da in der Regel nur schwer nachvollziehbar ist, ob Autoren ihre Kompetenz überschreiten oder Informationen auf Spekulationen oder Gerüchten beruhen.[20]

---

[12] TIROLE (2003), S. 123
[13] Vgl. LAUDON/SCHODER (2006), S. 47 f.
[14] Vgl. BECK (2007), S. 6 ff.
[15] Vgl. CUNNINGHAM/LEUF (2004), S. 14 f.
[16] Vgl. BECK (2007), S. 7 f.
[17] Vgl. BECK (2007), S. 7 f.
[18] Vgl. DENNING ET AL. (2005).
[19] Vgl. VIÉGAS/WATTENBERG/DAVE (2004).
[20] Vgl. DENNING ET AL. (2005).

Im Enterprise 2.0 ist zu erwarten, dass einige dieser Probleme wie Vandalismus aufgrund des geschlossenen Nutzerkreises und der fehlenden Anonymität weniger relevant sind und in abgeschwächter Form auftreten. Dennoch zeigen verschiedene Publikationen[21], dass die Grenzen der Wiki-Technologie grundsätzlich auch im Enterprise 2.0 relevant sind. Dies betrifft insbesondere die Probleme der Expertise der Autoren, des Opportunismus sowie der edit wars. Insgesamt stellt sich auch in diesem Umfeld die Frage nach der Vertrauenswürdigkeit der bereitgestellten Informationen.

Der *Wikipedia* verwandte Projekte wie *everything2* zeigen, dass ein Reputationssystem zur Verbesserung der Qualität der Artikel beitragen kann.[22] Bei *everything2* werden dazu die Rechte der Plattformteilnehmer an ihre Reputation geknüpft. Die Reputation eines Autors basiert auf der Anzahl der verfassten Artikel (write-ups), ihrer Bewertung durch andere Autoren sowie auf Erfahrungspunkten (XP's). Erfahrungspunkte werden für Aktivitäten wie das Schreiben oder das Bewerten von Artikeln vergeben. Um bestimmte Rechte auf der Plattform zu erhalten, muss jeweils eine Mindestanzahl an write-ups und Erfahrungspunkten vorliegen. So darf ein Autor erst dann eine (begrenzte) Zahl an Bewertungen abgeben, wenn er mindestens 20 Artikel verfasst und 50 Erfahrungspunkte gesammelt hat. Mit steigender Reputation ist es dann auch möglich, eine höhere Anzahl von Bewertungen abzugeben, Artikel zu prüfen und gegebenenfalls zur Löschung vorzuschlagen. Die Bewertung von Artikeln stellt dabei ein Korrektiv der Reputation des Autors dar. So führt die negative Bewertung eines Artikels zu einer Verringerung des XP-Wertes seines Autors. Außerdem besteht die Gefahr, dass ein Artikel mit einer negativen Bewertung schließlich gelöscht wird und sich so auch die write-ups des Autors verringern. Auf diese Weise wird eine Manipulation des Reputationssystems verhindert, bei der ein Autor seine Reputation gezielt durch das Verfassen vieler Artikel geringer Qualität verbessert. Außerdem greift auch die Sanktionierungsfunktion des Reputationssystems, da sich das Löschen des Artikels negativ auf die Reputation eines Autors und dessen Rechte auswirkt.

Insgesamt motiviert dieses System grundsätzlich zum Verfassen hochqualitativer Artikel. Das Konzept der Erfahrungspunkte fördert zudem die aktive Beteiligung der Teilnehmer am Plattformgeschehen und ist damit ein vielversprechendes Instrument im Enterprise 2.0.

3.2 Reputationssysteme für das Identitäts- und Beziehungsmanagement

Über den innerbetrieblichen Informationsaustausch hinaus wird unter dem Begriff des Computer Supported Cooperative Work (CSCW)[23] auch die Unterstützung der Zusammenarbeit der Mitarbeiter durch IT im Unternehmen diskutiert. Im Web 2.0 ermöglichen soziale Netzwerke wie *Facebook*, *Xing* oder *meinVZ* das Identitäts- und Beziehungsmanagement, indem sie es ihren Nutzern erlauben, Angaben zur eigenen Person zu veröffentlichen, miteinander zu kommunizieren sowie Kontakte zu knüpfen.[24] Soziale Netzwerke können auch im Unternehmen die Zusammenarbeit verbessern und bieten so eine interessante Ergänzung zum CSCW im Enterprise 2.0. So können diese Netzwerke in großen Unternehmen den Zugang zu verantwortlichen Mitarbeitern oder Experten erleichtern und die Lösung komplexer Aufgaben

---

[21] Vgl. KOMUS (2006), S. 41.
[22] Vgl. MÖLLER (2006), S. 163 ff.
[23] Vgl. STAHLKNECHT/HASENKAMP (2005), S. 422 ff.
[24] Vgl. BECK (2007), S. 9.

unterstützen.[25] Als Diskussionsplattform können Soziale Netzwerke außerdem zum Entstehen von Innovationen im Unternehmen beitragen und generell die Teambildung fördern.[26]

Der praktische Erfolg solcher sozialen Netzwerke hängt maßgeblich vom Erreichen einer kritischen Masse aktiver Nutzer ab.[27] Dies kann bspw. dadurch erschwert werden, dass die Mitarbeiter des Unternehmens bereits andere soziale Netzwerke nutzen. Auch der notwendige Aufwand zur Pflege der eigenen Identität und der Kontakte kann die Aktivität in diesen Netzwerken vermindern.

Reputationssysteme können Abhilfe schaffen, weil der Wert einer guten Reputation einen Anreiz zur aktiven Teilnahme bietet.[28] Eine einfache Möglichkeit hierfür ist die Messung der Nutzungshäufigkeit der Teilnehmer im Netzwerk und deren Veröffentlichung in einem sogenannten „Aktivitätsindex", wie es beispielsweise bei *Xing* erfolgt. Andere Plattformen verwenden eine differenziertere Bewertung, in die das konkrete Verhalten des Nutzers eingeht. So können Mitglieder der *Compaq*-Kunden-Community durch ihre aktive Teilnahme eine gute Reputation erlangen, indem sie viele Fragen beantworten, deren Qualität auch von anderen Mitgliedern gut bewertet wird.[29] Eine solche Form der Reputationsbestimmung ist auch für das Enterprise 2.0 interessant. Indem verschiedene Aktivitäten mit unterschiedlich hoher Punktzahl „belohnt" werden, lassen sich gewünschte Verhaltensweisen, wie beispielsweise die Kontaktaufnahme oder das Veröffentlichen von Dokumenten und Beiträgen, fördern.

Ein anderes Problem ist das Risiko einer übermäßigen Nutzung des sozialen Netzwerks und damit verbundene Produktivitätsverluste der beteiligten Mitarbeiter. Dieser Aspekt wird oft als Einwand gegen den Einsatz solcher Systeme im Unternehmen angeführt. Ein möglicher Lösungsansatz könnte darin bestehen, eine entsprechend zugeschnittene Sanktionierungsfunktion des Reputationssystems zu nutzen. Diese Fragestellung wurde bisher jedoch bislang noch nicht weiter untersucht und es bleibt offen, wie ein solches System auszugestalten ist.

4 Funktionale Architektur

Die Anwendungsbeispiele zeigen, dass die Ausgestaltung der Teilkomponenten eines Reputationssystemes darüber entscheidet, ob der Anreiz zur Nutzung der Plattform und zu vertrauenswürdigem Verhalten eintritt. Der in Abbildung 2 dargestellte, funktionale Aufbau eines Reputationssystems verdeutlicht die verschiedenen Möglichkeiten zur Ausgestaltung der Teilkomponenten. Insbesondere im Bereich des E-Commerce finden sich dazu zahlreiche Praxisbeispiele, da die Anwendung von Reputationssystemen auf Marktplätzen wie *eBay* und *Amazon* schon seit längerer Zeit erfolgt.

---

[25] Vgl. KOCH/RICHTER/SCHLOSSER (2007), S. 451.
[26] Vgl. DAWSON (2009), S. 86.
[27] Vgl. DAWSON (2009), S. 90.
[28] Vgl. BULLINGER (2002), S. 220.
[29] Vgl. BULLINGER (2002), S. 221.

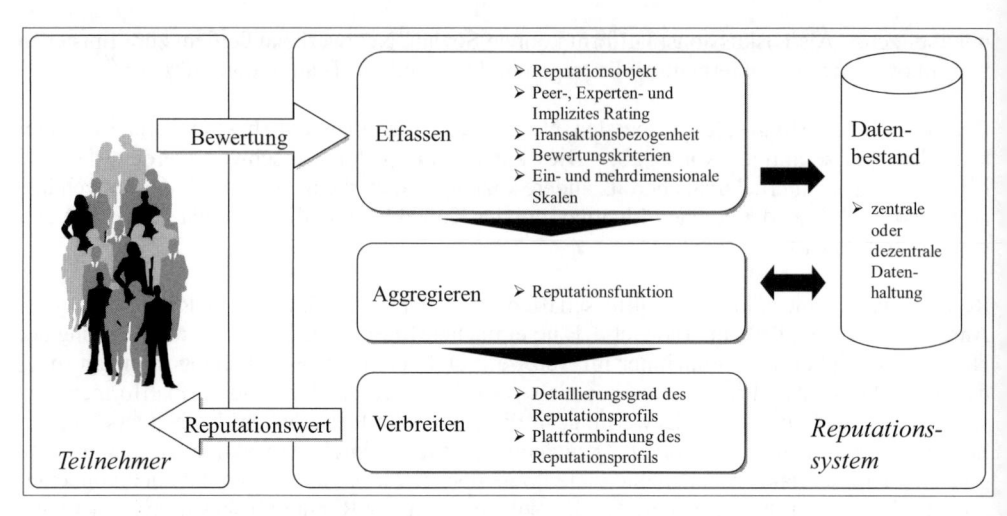

Abbildung 2: Funktionale Architektur von Reputationssystemen

4.1 Erfassen

Ausgangspunkt jedes Reputationssystems ist das zugrundeliegende Reputationsobjekt. Oft sind die Teilnehmer einer Plattform und deren Verhalten das Ziel der Bewertung, wie das Beispiel des Bewertungssystems bei *everything2* zeigt. Es können jedoch auch andere Objekte betrachtet werden. *Amazon* bietet seinen Nutzern bspw. die Möglichkeit, die dort angebotenen Produkte zu bewerten. In Diskussionsforen und Newsgroups werden oft auch einzelne Beiträge bewertet.

Auf vielen Plattformen wie *eBay* oder *Amazon* können grundsätzlich alle Teilnehmer im Rahmen eines Peer-Rating Bewertungen abgeben. Eine Alternative hierzu bietet das sogenannte Experten-Rating, bei dem nur bestimmte Nutzer Bewertungen vornehmen können. Ziel ist es, die Zuverlässigkeit der Bewertungen zu erhöhen und Manipulationen vorzubeugen. Ein solches Experten-Rating wird in der Praxis unter anderem bei redaktionellen Inhalten eingesetzt, beispielsweise vom Anbieter cnet.de zur Bewertung der dort angebotenen Softwaredownloads.

Eine weitere Alternative bieten die impliziten Verfahren, bei denen auf eine explizite Abgabe von Bewertungen durch die Teilnehmer verzichtet wird. Anstelle dessen wird auf andere Merkmale der Anwendungsdomäne zurückgegriffen. Bei dem *Google*-PageRank-Verfahren wird bspw. die Reputation einer Webseite anhand ihrer Popularität in Form der Zahl der eingehenden Verweise ermittelt.[30] Die vorgestellten sozialen Netzwerke für das Beziehungs- und Identitätsmanagement können eine implizite Bewertung ihrer Teilnehmer durchführen, indem sie deren Aktivitäten protokollieren und beispielsweise die Veröffentlichung eines neuen Beitrages mit einer positiven Reputation belohnen.

---

[30] Vgl. PAGE ET AL. (1999).

Abhängig von der Anwendungsdomäne kann die Abgabe von Bewertungen an weitere Bedingungen geknüpft werden. Auf elektronischen Marktplätzen wie *eBay* können die Teilnehmer in der Regel nur im Anschluss an eine Transaktion bewertet werden. In ähnlicher Weise ist die Abgabe einer Bewertung bei *everything2* an das Erreichen einer bestimmten Reputation gebunden. Bei anderen Plattformen wie *Amazon* oder der *Compaq*-Kunden Community existiert eine derartige Bindung jedoch nicht. Dies erhöht einerseits die Anzahl abgegebener Bewertungen, bietet jedoch im Gegenzug auch Möglichkeiten für Manipulationen.

Die Aussagekraft der Bewertungen hängt auch von dem verwendeten Bewertungssystem ab. In der Regel sind die Bewertungen an eine vorgegebene Skala gebunden. Bei *everything2* ist dies eine zweistufige Skala mit den Werten positiv und negativ. Andere Plattformen erlauben detailliertere Bewertungen anhand einer größeren Skala, wie bspw. das Reputationssystem auf *eBay*. Dort wird eine dreistufige Skala mit den Werten +1 (positiv), 0 (neutral) oder -1 (negativ) verwendet, die um einen kurzen textuellen Kommentar ergänzt wird. Eine weitere Möglichkeit bieten mehrdimensionale Skalen, wie sie vor einiger Zeit bei *eBay* optional eingeführt wurden. Hier erfolgt eine detaillierte Bewertung anhand domänenspezifischer Kriterien wie der Versandzeit und der Versandgebühr.

4.2 Aggregieren

Die derzeit im E-Commerce eingesetzten Reputationssysteme sind zentralisiert aufgebaut. Die Bewertungen zu den einzelnen Reputationsobjekten werden in einer Datenbank gesammelt und den Teilnehmern in aggregierter Form als Reputationswert zur Verfügung gestellt. Die hierbei verwendete Reputationsfunktion beschreibt, wie der Reputationswert aus der Vielzahl der Einzelbewertungen berechnet wird. Bei *eBay* erfolgt dies als Summe der Einzelbewertungen, wobei im Falle mehrerer Bewertungen desselben Reputationsobjekts seitens eines Teilnehmers nur dessen neueste Bewertung berücksichtigt wird. Andere Plattformen verwenden derzeit ähnliche Reputationsfunktionen.[31] Verschiedene Forschungsarbeiten deuten jedoch darauf hin, dass bspw. durch gewichtende Funktionen aussagekräftigere Reputationswerte und damit robustere Reputationssysteme möglich sind.[32]

Außerhalb des Web 2.0 existieren auch dezentrale Reputationssysteme, die keinen zentralen Betreiber benötigen. Derartige Systeme haben sich bspw. im Kontext digitaler Signaturen zum Aufbau eines Web-of-Trust herausgebildet, wie dies bei der Anwendung Pretty-Good-Privacy (PGP) der Fall ist. Hier bewerten sich die Nutzer wechselseitig hinsichtlich der Vertrauenswürdigkeit ihrer digitalen Zertifikate und können so eine Public-Key-Infrastruktur ohne zentrale Zertifizierungsstellen aufbauen. Ähnliche Strukturen werden auch zur Bewertung der Vertrauenswürdigkeit von Mitgliedern in dezentralen Peer-to-Peer-Netzwerken verwendet.

---

[31] Vgl. RIEMER/KORN (2007).
[32] Vgl. PETERS/REITZENSTEIN (2008).

4.3 Verbreiten

Die Signalisierungsfunktion eines Reputationssystems stellt neben dem aggregierten Reputationswert oft noch weitere Informationen über das Reputationsobjekt bereit. Bei *eBay* besteht so die Möglichkeit, auch einzelne Bewertungen sowie deren Kommentare einzusehen. Darüber hinaus werden nach Zeiträumen von einem, sechs und zwölf Monaten gruppierte Zusammenfassungen angeboten.

5 Probleme und Lösungsansätze

Insbesondere aus der praktischen Anwendung im E-Commerce sind verschiedene Probleme bekannt, die die korrekte Funktion von Reputationssystemen erheblich beeinträchtigen können. Im Mittelpunkt steht meist der ökonomische Wert einer guten Reputation, der einen Anreiz für strategisches Verhalten und gezielte Manipulationen bietet. Da diese Probleme grundsätzlich auch für das Enterprise 2.0 relevant sind, ist der Einsatz eines Reputationssystems in diesem Kontext ebenfalls dahingehend gezielt auszugestalten.

5.1 Fehlende Bewertungen

Bei vielen Reputationssystemen ist die Abgabe von Bewertungen nicht zwingend vorgeschrieben. Untersuchungen auf dem Marktplatz *eBay* zeigen, dass die Nutzer nur in ungefähr der Hälfte aller Transaktionen eine Bewertung vornehmen.[33] Die Bewertungsprofile der Teilnehmer sind damit in der Regel unvollständig und nur begrenzt aussagekräftig. Ein Grund dafür ist die Trittbrettfahrer-Problematik, die darin besteht, dass ein Teilnehmer zwar von den Bewertungen anderer Teilnehmer profitiert, nicht jedoch von der Abgabe seiner eigenen Bewertungen.[34] Aufgrund des fehlenden Anreizes verzichten einige Teilnehmer auf die Abgabe einer Bewertung. Diesem Problem lässt sich wie im Beispiel von *everything2* begegnen, indem die Abgabe einer Bewertung mit einer Verbesserung der eigenen Reputation „belohnt" wird.

Auch die Drohung mit Rachebewertungen kann zu fehlenden Bewertungen führen. In der Regel haben die Teilnehmer die Möglichkeit, die Abgabe der eigenen Bewertung so lange zu verzögern, bis der Transaktionspartner seine Bewertung abgegeben hat. Eine einfache Drohstrategie besteht darin, bei Erhalt einer negativen Bewertung eine Rachebewertung vorzunehmen. Die Konsequenz dieses Drohspiels ist, dass der bedrohte Teilnehmer die Rachebewertung antizipiert und auf die Abgabe einer wahrheitsgemäßen, negativen Bewertung verzichtet[35]. Auf diese Weise kann der betrügerische Teilnehmer die Sanktionierungsfunktion des Reputationssystems umgehen. Der geringe Anteil negativer (0,6 %) und neutraler (0,3 %) Bewertungen bei *eBay*[36] könnte auf dieses Phänomen zurückzuführen sein. Die Betreiber von *eBay* reagierten vor einiger Zeit auf diese Drohstrategie. So ist es nun für Verkäufer nicht mehr möglich, eine negative Bewertung abzugeben. Die einfache Drohstrategie kann alternativ

---

[33] Vgl. RESNICK/ZECKHAUSER (2002), S. 141.
[34] Vgl. MILLER/RESNICK/ZECKHAUSER (2005), S. 1359.
[35] Vgl. MILLER/RESNICK/ZECKHAUSER (2005), S. 1359.
[36] Vgl. RESNICK/ZECKHAUSER (2002), S. 141.

auch durch eine verdeckte Bewertungsabgabe verhindert werden. Die Veröffentlichung erfolgt hierbei erst dann, wenn entweder beide Bewertungen vorliegen oder ein Zeitlimit überschritten wurde, nach dem keine Bewertungsabgabe mehr möglich ist.

5.2 Verhaltensänderungen

Ein weiteres Problem ist die mangelnde Aussagekraft der Reputation im Hinblick auf das zukünftige Verhalten eines Teilnehmers. Da Reputationssysteme nur Informationen über das bisherige Verhalten der Teilnehmer liefern, ist eine Verhaltensänderung in der Zukunft nicht ausgeschlossen. Ein derartiger Manipulationsansatz ist die Rest-on-the-Laurels-Strategie, in der ein Teilnehmer zunächst eine gute Reputation aufbaut, um dann deren Wert durch eine betrügerische Transaktion abzuschöpfen.[37] Entsprechend besteht auch die Gefahr, dass Teilnehmer aufgrund ihrer negativen Reputation selbst dann noch gemieden werden, wenn sie bereit sind, ihr bisheriges Verhalten zu ändern. Ein potenziell vertrauenswürdiger Teilnehmer bleibt damit trotz seiner späten Einsicht dauerhaft von der Nutzung der Plattform ausgeschlossen.

Ein Lösungsansatz besteht darin, das aktuelle Verhalten stärker in die Berechnung der Reputation einzubeziehen, also aktuelle Bewertungen stärker als ältere Bewertungen zu gewichten. Eine aktuelle negative Bewertung kann die Reputation eines betrügerischen Teilnehmers stärker reduzieren und den Betrug damit unprofitabel werden lassen. Gleichzeitig werden die Einzelbewertungen im Laufe der Zeit kontinuierlich vergessen, sodass auch Teilnehmer mit später Einsicht nach entsprechender Wartezeit erneut Zugang zum Plattformgeschehen erhalten.

5.3 Verfälschte Bewertungen

In Reputationssystemen mit Peer-Rating können die einzelnen Bewertungen stark von subjektiven, zwischen den verschiedenen Teilnehmern differierenden Maßstäben geprägt sein. Während beispielsweise eine Lieferzeit von zwei Wochen für einen bei eBay erworbenen Artikel aus Sicht eines Teilnehmers akzeptabel ist, könnte dies bei einem anderen Käufer bereits zu einer negativen Bewertung führen. Auch in den vorgestellten Web 2.0-Plattformen, wie *everything2* oder der *Compaq*-Kunden Community ist kaum ersichtlich, welcher Anlass zur Vergabe einer positiven oder negativen Bewertung für einen Beitrag führt.

Die Objektivität der Einzelbewertungen kann durch detaillierte, in vorgegebene Teilaspekte untergliederte Bewertungsrichtlinien gefördert werden, so wie dies vor einiger Zeit bei *eBay* eingeführt wurde. Ein anderer Ansatz besteht darin, die Korrektheit einer Bewertung wiederum von anderen Teilnehmern bewerten zu lassen. Eine weitere Möglichkeit bietet die Gewichtung jeder Bewertung mit der Erfahrung des Bewertenden, wobei unterstellt wird, dass erfahrene Teilnehmer tendenziell öfter objektive Bewertungen abgeben. Bei *everything2* wird dies erreicht, indem die Anzahl der möglichen Bewertungen eines Teilnehmers durch dessen Reputation begrenzt wird.

---

[37] Vgl. *DELLAROCAS* (2003), S. 1419.

Manipulationen sind auch durch die gezielte Abgabe falscher Bewertungen möglich.[38] So können Scheintransaktionen mit anderen Marktplatzteilnehmern dazu dienen, positive Bewertungen zu sammeln (Ballot Stuffing). Damit können Rest-on-the-Laurels-Angriffe vorbereitet oder die Folgen einer negativen Bewertung ausgeglichen werden. Eine andere Form gezielter Bewertung besteht darin, einen Konkurrenten mit negativen Bewertungen zu denunzieren (Bad Mouthing) und damit im Wettbewerb zu benachteiligen.

Diese Manipulationsmöglichkeiten können reduziert werden, indem der Einfluss eines einzelnen Teilnehmers auf die Reputation eines anderen Teilnehmers begrenzt wird. So kann etwa beim Vorliegen mehrerer Bewertungen seitens eines Teilnehmers nur dessen jeweils neueste Bewertung in der Berechnung der Reputation berücksichtigt werden.

5.4 Identitätsmissbrauch

Viele Plattformen lassen es zu, dass sich ein Teilnehmer ohne großen Aufwand unter einer gefälschten Identität anmeldet und agiert. Durch die wiederholte Anmeldung mit gefälschten Identitäten ist es darüber hinaus für einen einzelnen Teilnehmer möglich, verschiedene Scheinidentitäten zu erhalten. Damit ist bereits ein einzelner Teilnehmer in der Lage, das Reputationssystem beispielsweise durch einen Ballot-Stuffing oder einen Bad-Mouthing-Angriff zu manipulieren. Derartige Manipulationen anhand mehrerer Scheinidentitäten werden als Sybil-Attack bezeichnet.

Eine ähnliche Manipulation beruht darauf, dass auch ein Wechsel der Identität einfach möglich ist. Beim Whitewashing nimmt ein Teilnehmer einen Identitätswechsel vor, um damit seine schlechte Reputation abzulegen und sich den negativen Folgen seines Handelns zu entziehen.[39]

Diese Formen des Identitätsmissbrauchs lassen sich verhindern, indem bei der Anmeldung eine starke Authentifizierung durchgeführt wird, die personengebundene Merkmale wie die Personalausweisnummer prüft und damit gefälschte Identitäten grundsätzlich ausschließt. Aufgrund des hohen technischen und administrativen Aufwandes ist dies in der Praxis jedoch derzeit nur wenig verbreitet. Ein anderer Lösungsansatz besteht darin, die Anmeldung mit Kosten zu verbinden, um damit den Identitätsmissbrauch unprofitabel werden zu lassen. Diese Kosten können bspw. in Form einer Anmeldegebühr erhoben werden.

6 Zusammenfassung und Ausblick

Reputationssysteme eignen sich für den Einsatz im Enterprise 2.0, um das für eine Interaktion notwendige Vertrauen zwischen potenziellen Interaktionspartnern herzustellen und zur Teilnahme an der Plattform zu motivieren. Die duale Funktionsweise aus Signalisierung und Sanktionierung sowie der Wert einer guten Reputation kann Anreize zum gewünschten Verhalten erzeugen, falls

---

[38] Vgl. DELLAROCAS (2000) und ZACHARIA/MOUKAS/MAES (2000).
[39] Vgl. FRIEDMANN/RESNICK (2001).

- die Teilnehmer dem Reputationssystem vertrauen,
- die Teilnehmer eine längerfristige Partizipation planen,
- eine gute Reputation profitabel ist und
- das Reputationssystem korrekt funktioniert und insbesondere nicht manipulierbar ist.

Der letztgenannte Punkt stellt eine wesentliche Herausforderung an die Konzeption und den erfolgreichen Einsatz von Reputationssystemen dar. So haben sich Reputationssysteme zum einen als ein eigenes Forschungsgebiet etabliert, zum anderen ist auch in der Praxis zu beobachten, dass die Reputationssysteme bekannter Plattformen wie *eBay* kontinuierlich Veränderungen und Verbesserungen erfahren. Es ist daher zu erwarten, dass Reputationssysteme sowohl in der Praxis als auch in der Forschung weiterhin ein aktuelles Thema bleiben.

Quellenverzeichnis

AXELROD, R. (1990): The evolution of cooperation. London et al. 1990.

BECK, A. (2007): Web 2.0 – Konzepte, Technologie, Anwendungen, in: HMD – Praxis der Wirtschaftsinformatik, 44. Jg. (2007), Nr. 255, S. 5–16.

BULLINGER, H. (2002): Business Communities – professionelles Beziehungsmanagement von Kunden, Mitarbeitern und B2B-Partnern im Internet, Bonn 2002.

CUNNINGHAM, W./LEUF, B. (2004): The Wiki way. 2. Auflage, Boston et al. 2004.

DAWSON, R. (2009): Implementing Enterprise 2.0: A Practical Guide To Creating Business Value Inside Organizations With Web Technologies, o. O. 2009.

DELLAROCAS, C. (2000): Immunizing online reputation reporting systems against unfair ratings and discriminatory behaviour, in: Proceedings of the 2nd ACM Conference on Electronic Commerce 2000, S. 150–157.

DELLAROCAS, C. (2003): The Digitization of Word-of-Mouth – Promise and Challenges of Online Feedback Mechanisms, in: Management Science, 49. Jg. (2003), S. 1407–1424.

DENNING P./HORNING, J./PARNAS, D./WEINSTEIN, L. (2005): Wikipedia Risks, in: Communications of the ACM, 48. Jg. (2005), Nr. 12, S. 152.

FRIEDMANN, E. J./RESNICK, P.(2001): The social cost of cheap pseudonyms, in: Journal of Economics and Management Strategy, 10. Jg. (2001), S. 173–199.

GILES, J. (2005): Internet encyclopaedias go head to head, in: Nature, 438 Jg. (2005), Nr. 12, S. 900-901.

KOCH, M./RICHTER, A./SCHLOSSER, A. (2007): Produkte zum IT-gestützten Social Networking im Unternehmen, in: Wirtschaftsinformatik, 49. Jg. (2007), Nr. 6, S. 448–455.

KONUS, A. (2006): Social Software als organisatorisches Phänomen – Einsatzmöglichkeiten in Unternehmen, in: HMD – Praxis der Wirtschaftsinformatik, 43. Jg. (2006), Nr. 252, S. 36–44.

LAUDON, J. P./SCHODER, D. (2006): Wirtschaftsinformatik. München et al. 2006.

MCAFEE, A. P. (2006): Enterprise 2.0: The Dawn of Emergent Collaboration, in: MIT Sloan Management Review, 47. Jg. (2006), Nr. 3, S. 21–28.

MILLER, N./RESNICK, P./ZECKHAUSER, R. (2005): Eliciting informative feedback – The peer-prediction method, in: Management Science, 51. Jg. (2005), Nr. 9, S. 1359–1373.

MÖLLER, E. (2006): Die heimliche Medienrevolution. 2. Auflage, Hannover 2006.

O'REILLY, T. (2005): What is Web 2.0 – Design Patterns and Business Models for the Next Generation of Software, online: http://oreilly.com/web2/archive/what-is-web-20.html, Stand: 30.09.2005, Abruf: 29.06.2009.

PAGE, L./BRIN, S./MOTWANI, R./WINOGRAD, T. (1999): The PageRank Citation Ranking – Bringing Order to the Web. Arbeitsbericht Nr. 1999-66 des Stanford Infolab, Stanford 1999.

PETERS, R./REITZENSTEIN, I. (2008): Robuste Reputationssysteme auf Elektronischen Märkten, in: BICHLER, M./HESS, T./KRCMAR, H./LECHNER, U./MATTHES, F./PICOT, A./SPEITKAMP, B./ WOLF, P. (Hrsg.), Multikonferenz Wirtschaftsinformatik 2008, Berlin 2008, S. 267–286.

RESNICK, P./ZECKHAUSER, R./FRIEDMANN, E./KUWABARA, K. (2000): Reputation systems, in: Communications of the ACM, 43. Jg. (2000), Nr. 12, S. 45–48.

RESNICK, P./ZECKHAUSER, R. (2002): Trust among strangers in Internet transactions – Empirical analysis of eBay's reputation System, in: BAYE, M. R. (Hrsg.), The Economics of the Internet and E-Commerce. Amsterdam 2002, S. 127–157.

RICHTER, K./KOCH, M. (2007): Social Software – Status quo und Zukunft. Neubiberg 2007.

RIEMER, K./KORN, D. (2007): Design von Reputationssystemen in Online-Auktionen – Eine vergleichende Marktanalyse, in: OBERWEIS, A./WEINHARDT, C./GIMPEL, H./KOSCHMIDER, A./ PANKRATIUS, V./SCHNIZLER, B. (Hrsg.), 8. Internationale Tagung Wirtschaftsinformatik, Karlsruhe 2007, S. 851–868.

SCHMIDT, J. (2006): Social Software - Onlinegestütztes Informations-, Identitäts- und Beziehungsmanagement, in: Forschungsjournal Neue Soziale Bewegungen, 19. Jg. (2006), Nr. 2, S. 37–46.

STAHLKNECHT, P./HASENKAMP, U. (2005): Einführung in die Wirtschaftsinformatik. 11. Auflage, Berlin et al. 2005.

TIROLE, J. (2003): The theory of industrial organization. 14. Auflage, Cambridge (Massachusetts) et al. 2003.

VIÉGAS, F.B./WATTENBERG, M./DAVE, K. (2004): Studying cooperation and conflict between authors with history flow visualizations, in: Proceedings of the CHI Conference on Human Factors in Computing Systems, Wien 2004, S. 575–582.

ZACHARIA, G./MOUKAS, A./MAES, P. (2000): Collaborative reputation mechanisms for electronic marketplaces, in: Decision Support Systems, 29. Jg. (2000), Nr. 4, S. 371–388.

Krisenkommunikation und Intervention bei bedrohlichen Gerüchten im Internet

Andreas Frädrich und *Marcell Vollmer*

mediXtra – Agentur für Krisenkommunikation
und *Unternehmensberater*

1	Merkmale eines Gerüchts	475
2	Manipulationen im Internet und Kommunikationsguerilla	482
3	Strategien der Krisenkommunikation	494
4	Krisenintervention	502
	Quellenverzeichnis	507

1 Merkmale eines Gerüchts

Kleine Ursache – große Wirkung

Gerüchte gibt es, seitdem Menschen miteinander reden. Formeln wie „man sagt", „es heißt", „ich habe gehört" nimmt jeder in den Mund. Ethnologische Studien betonen die gruppenstiftende Funktion von Gerücht und Klatsch. Das Gerücht – hier Gegenstand der Betrachtung und Bedeutung in der Krisenkommunikation – wird schon seit der Antike als Macht- und Manipulationsinstrument eingesetzt. So dienten Gerüchte gezielt als strategische Form der psychologischen Kriegführung. Dazu zählten das Verteilen von Handzetteln und Flugblättern, Lautsprecheraufrufe oder die Manipulation von Hörfunksendern.

Gerüchte wecken stets reges Interesse und Aufmerksamkeit in der Öffentlichkeit. Sie manipulieren die öffentliche Wahrnehmung und können Ansehen und Erfolg von Unternehmen bedrohen. Personen des öffentlichen Lebens und Unternehmen sehen sich zunehmend im Internet einer Flut von Gerüchten ausgesetzt – bei der ausgeprägtesten Form spricht man auch metaphorisch von Rufmord. Gerüchte gehören zur größten und zukunftsträchtigen Herausforderung für die Krisenkommunikation – ein Wispern kann einen Orkan auslösen. Während sich Konzerne im öffentlichen Meinungsbild früher langatmig mit Werbekampagnen zur Imagepflege befassten, müssen dieselben heutzutage schnellstmöglich etwa auf einen kritischen Blog-Eintrag reagieren, vorausgesetzt ein tägliches Monitoring erfasst das aktuelle Meinungsbild im Internet. Das Image von Firmennamen oder Produkten kann in kürzester Zeit erheblichen Schaden erleiden.

Die Auseinandersetzung mit einem Gerücht im Rahmen der Krisenkommunikation ist für Unternehmen überlebenswichtig. Gerüchte können das Image und die finanzielle Situation eines Unternehmens nachhaltig beeinträchtigen. Indikatoren für versteckte Krisensymptome sind neben der Verletzung von Werten und Normen inszenierte Gerüchte. Gerüchte richten Schaden an, ohne dass etwas Fassbares geschehen ist. Gerüchte setzen Organisationen unter Zug- und Handlungszwang.

Strukturiertes Wissen um das Phänomen Gerücht und dessen Wirkung sowie Handlungsstrategien sind nicht nur in der Krisenkommunikation unentbehrlich. Wer sich manifestierende Gerüchte ignoriert oder falsch mit ihnen umgeht, dem können fatale Folgen drohen.

Ein „in die Welt gesetztes Gerücht" ist eine unverbürgte, simplifizierte Nachricht. Das Gerücht wurzelt in einer stark subjektiv gefärbten Wahrnehmung, in einer Vermutung, einem Missverständnis oder auch einer boshaften Absicht seines Schöpfers und wird von ihnen und durch weitere Personen über Klatsch und Tratsch verbreitet und so in die Welt gesetzt. Je größer der Neuigkeitswert, der Sensationsgrad oder die persönliche Betroffenheit der Gerüchteverbreiter ist, umso schneller kommt es in Umlauf.

Bei einem Gerücht handelt es sich nicht um Vorliegen eines Werkes im urheberrechtlichen Sinne, insbesondere in Hinblick auf das Vervielfältigungsrecht und das Verbreitungsrecht. Unerheblich ob ungefährliche, eher schädliche und eher positiv belegte Gerüchte, sie bedienen sich aller denkbaren Kommunikationsformen und Medien.

Damit ein Gerücht sich fortpflanzt, muss es eine Person im Durchschnitt mehr als zwei weiteren erzählen. Die archaische Form der Verbreitung von Gerüchten erfolgt durch die Mund-zu-Mund-Propaganda in ungesteuerter, nicht flächendeckender Weise. Im Laufe ihrer Verbreitung verändern sich Gerüchte auf eine charakteristische Art und Weise.

Zunächst wird die Empfänglichkeit des Gegenübers für das Gerücht getestet, oft in einer verschwörerischen Grundhaltung und mit der eindringlichen Bitte an den Gesprächspartner, es möglichst niemandem weiterzuerzählen. Gegenüber offiziellen Meldungen genießen Gerüchte nämlich Exklusivität. Der Wunsch zu tratschen, um eine Befriedigung auslösen, kann bereits eine Geschichte in ein Gerücht verwandeln.

Der Prozess der Verbreitung und Übertragung von Gerüchten gleicht dem Prinzip der stillen Post. Die Flüsterpost ist eigentlich ein Kinderspiel, das Spielvergnügen ergibt sich durch die zunehmende Verfälschung der ursprünglichen Nachricht und der schlussendlichen Entlarvung derselben.

Die Verbreitung eines Gerüchts kann epidemisch erfolgen. Eine Epidemie ist die massenhafte Ausbreitung eines übertragbaren Phänomens durch Ansteckung innerhalb einer Population. Die Botschaft kann sich also genauso wie ein Virus verbreiten. Gerüchte sind die ansteckendsten aller gesellschaftlichen Botschaften. Mund-zu-Mund-Epidemien können durch ihre dramatische Verbreitungsgeschwindigkeit bedrohlich werden. Den kritischen Moment in einer Epidemie, wenn alles kippen kann, bezeichnet man als „Tipping Point", etwa vergleichbar mit dem Siedepunkt, bei dem Wasser zu kochen beginnt. Im Gegensatz zu einer Gerüchte-Epidemie ist eine Gerüchte-Pandemie örtlich nicht mehr beschränkt und insbesondere für global operierende Unternehmen brandgefährlich. Den idealen Nährboden hierfür gibt es im Internet.

Gerüchte bleiben also durch die mehrfache informelle Weitergabe nicht unverändert, sondern können wie ein Virus mutieren, unter Umständen in eine hochgefährliche Variante. Bestimmte Details werden vernachlässigt, andere Aspekte werden übertrieben oder mit Stimmungen, Meinungen oder Vorurteilen des Überträgers eingefärbt. Ein Gerücht kann sich demnach innerhalb eines Lebenszyklus verändern oder sogar zu einer völlig anderen Aussage führen.

Mit vermeintlichen Geheiminformationen aus Gerüchten fühlt sich der Rezipient in seinem sozialen Status erhöht. Ein Gerücht gewinnt umso mehr Durchschlagkraft, je mehr Komponenten es enthält, die mit tatsächlichen Gegebenheiten oder Erwartungen des Empfängers in Verbindung gebracht werden können. Insbesondere die Nähe zur Realität macht ein Gerücht glaubhaft und mächtig. Gerüchte, die nicht der Stereotypie der Zielgruppe entsprechen, pflanzen sich i. a. nicht fort. Anonymität des Absenders kann zur weiteren Verbreitung eines Gerüchts aufgrund der fehlenden Glaubwürdigkeit eine Barriere darstellen.

Personen, von denen das Gerücht handelt, erfahren dessen Inhalt meist sehr spät, weil sie von der Gerüchtekommunikation ausgegrenzt werden; ihre Versuche, das Gerücht aufzuhalten oder es richtig zu stellen, sind in der Regel erfolglos, da der Wahrheitsgehalt von Gerüchten nur selten in Frage gestellt oder überprüft wird. Wer das Image eines Anderen nachhaltig schädigen will, dem steht ein ganzes Arsenal an existenzbedrohenden Waffen zur Verfügung.

Unter Rufmord fallen Verleumdung, üble Nachrede, inszenierte Skandale und Diskreditierung. Das gezielte Untergraben des in eine Person oder Sache gesetzten Vertrauens wird oft durch Lügen, Indiskretionen oder das Verbreiten von Gerüchten erreicht. In der Wirtschaft wird die Diskreditierung eingesetzt, um Produkte von Konkurrenten beim Kunden in Verruf zu bringen. Beispielsweise kann durch Lancierung von Übernahmegerüchten, oder zeitlich geschickt terminierte Produktankündigungen die öffentliche Wahrnehmung erzeugt werden, dass ein Konkurrenzprodukt keine Zukunftsperspektiven besitzt.

In der Politik wird das Mittel der Diskreditierung verwendet, um sich unliebsamer Gegner zu entledigen, indem ihnen nach erfolgreicher Diskreditierung der Rücktritt nahe gelegt wird. Unter Prominenten und Künstlern kann mit Hilfe der Diskreditierung deren Karriere gezielt beendet oder zumindest erschwert werden. Eine Sonderform ist das sogenannte Mobbing, bei der jemand am Arbeitsplatz oder in der Schule fortgesetzt geärgert, schikaniert, durch Gerüchte verunglimpft, oder in passiver Form als durch Kontaktverweigerung mehrheitlich gemieden, oder in sonstiger Weise in seiner Würde verletzt wird.

Ähnlich gelagert ist die Diffamierung (lat.: diffamare = Gerüchte verbreiten): Durch die gezielte Verleumdung Dritter, etwa durch Unterstellungen oder Beleidigungen, soll der Betroffene gesellschaftspolitisch ausgeschaltet, mundtot gemacht, oder ruiniert werden. Vor allem im Bereich der Politik bezieht sich die Diffamierung auf die Ehrkränkung, Hetze sowie die Gerüchteverbreitung gegen partei- oder staatspolitische Gegner. Die dabei angewendeten Methoden können sowohl physischer als auch psychischer Natur sein – und finden selbstverständlich im Internet statt.

Wer wider besseren Wissens in Beziehung auf einen anderen eine unwahre Tatsache behauptet oder verbreitet, ihn in der öffentlichen Meinung herabwürdigt, bzw. über eine Person ehrverletzende Behauptungen aufstellt, der macht sich gemäß § 187 StGB einer Verleumdung schuldig. Die Verleumdung beschreibt ein bestimmtes Kommunikationsverhalten.

Objektiv erfordert die Verleumdung eine unwahre ehrenrührige Tatsachenbehauptung über eine Person, die beleidigungsfähig sein muss. Es müssen weiterhin eine gewisse Kundgabehandlung und ein Erfolg der solchen erkennbar sein. Subjektiv ist die Wissentlichkeit bezüglich der Unwahrheit der behaupteten Tatsache erforderlich. Im Übrigen muss mindestens ein Eventualvorsatz gegeben sein. Zu beachten ist hier ebenfalls § 187 Var. 2 StGB (öffentliche Verleumdung) und § 188 StGB (Personen des politischen Lebens).

Bei der üblen Nachrede nach § 186 StGB wird die Behauptung und Verbreitung einer ehrverletzenden Tatsachenbehauptung unter Strafe gestellt. Entscheidend ist, dass diese nicht „erweislich wahr" ist. Der Autor identifiziert sich mit der Behauptung und zitiert eine tatsächlich oder vermeintlich fremde Behauptung, und sei es auch nur „unter dem Siegel der Verschwiegenheit", in Beziehung auf einen Dritten. Dies kann in Form einer Behauptung (im eigenen Namen), oder durch bloße Verbreitung (fremden Wissens) erfolgen. Wird dagegen die Behauptung direkt gegenüber der beleidigten Person geäußert, kommt alleine Beleidigung (Kundgabe eigener Missachtung) in Frage. Wenn eine Tatsache eine Straftat ist, so kommt es auf ein eventuelles Urteil an. Je nachdem liegt üble Nachrede vor oder nicht. Werturteile sind keine üble Nachrede, aber unter Umständen eine Beleidigung.

Wenn über eine andere Person herabwürdigende Tatsachen verbreitet werden, und dieser Person vorher nicht die Gelegenheit eingeräumt wurde, zu den Vorwürfen Stellung zu nehmen, handeln Journalisten fast immer rechtswidrig.

Die Schmähkritik ist eine Äußerung, durch die eine Person verächtlich gemacht werden soll und bei der es nicht mehr um eine sachliche Auseinandersetzung geht. Dies ist eindeutig bei Kraftausdrücken der Fall. Das Bundesverfassungsgericht (BVerfG) stellt wegen der besonderen Bedeutung der Meinungsfreiheit in einer Demokratie besonders hohe Anforderungen an die Einstufung einer Äußerung als Schmähkritik.

So ist bspw. die Bezeichnung als „durchgeknallter Staatsanwalt" nicht als generell als unzulässige Schmähkritik anzusehen. Mit dem am 26.Juni 2009 veröffentlichten Beschluss hob eine Kammer des Bundesverfassungsgerichts die Geldstrafe gegen den „Zeit"-Herausgeber MICHAEL NAUMANN auf. Der ehemalige Kulturstaatssekretärs hatte 2003 in der Sendung „Talk in Berlin" auf *N24* die Staatsanwaltschaft Berlin wegen ihrer Drogenermittlungen gegen MICHEL FRIEDMAN scharf angegriffen und den damaligen Berliner Generalstaatsanwalt HANSJÜRGEN KARGE daraufhin als „durchgeknallten Staatsanwalt" bezeichnet, der in der Hauptstadt einen außerordentlich schlechten Ruf habe. Gegen den Talkmaster und damaligen Vizepräsidenten des Zentralrats der Juden war wegen Kokainbesitzes ein Strafverfahren eingeleitet worden.

Das Amtsgericht Tiergarten verurteilte NAUMANN im Jahr 2004 wegen Beleidigung zu 9.000 EUR Geldstrafe. Die Bemerkung reiche in unzulässige Schmähkritik hinein, die durch die Meinungsfreiheit nicht gedeckt sei, so die damalige Begründung des Gerichts. Auf die Verfassungsbeschwerde NAUMANNs hin wurde das Urteil aufgehoben. Das Berliner Gericht habe das Grundrecht der freien Meinungsäußerung nicht in der gebotenen Weise gegen das Persönlichkeitsrecht abgewogen, hieß es zur Begründung. Ungeachtet der polemischen und herabsetzenden Begriffswahl spreche der Kontext der Äußerung dagegen, dass NAUMANN dem Staatsanwalt pauschal die geistige Gesundheit absprechen und ihn diffamieren wollte. Die damalige Bezeichnung sei zwar durchaus ehrverletzend, aber im Gegensatz etwa zu Begriffen der Fäkalsprache keine derart grobe Beleidigung, dass eine Abwägung mit der Meinungsfreiheit erforderlich sei. Da die Meinungsfreiheit gerade aus dem besonderen Schutzbedürfnis der Machtkritik erwachsen sei, müssten Amtsträger sich auch eine personalisierte Kritik an ihrer „Art der Machtausübung" gefallen lassen.[1]

Ein Gerücht bedient soziale Bedürfnisse nach Nähe und Übereinkunft. Durch das Teilen eines vermeintlichen Geheimnisses wird kurzzeitig so etwas wie eine Gemeinschaft der Wissenden hergestellt, die über gemeinsam geteilte Gefühle wie der Schadenfreude oder moralischer Entrüstung gestärkt wird. Darüber festigen sich vorhandene informelle Normen.

Je bekannter die Marke, Organisation oder Person, desto heftiger die Folgen und Auswirkungen eines Gerüchts und umso größer die Bedrohung der Reputation. Die Kehrseite des Erfolgs sind Distanz, Ironie und Schock. Der Wert eines Gerüchts definiert sich in dem Spannungsverhältnis, ob es denn nun wahr oder unwahr ist. Daher erweckt es Interesse und erregt Aufmerksamkeit. Trifft es in Gruppen, Organisationen oder Gesellschaften auf vorhandene Bedürfnisse, Hoffnungen, Erwartungen, Unsicherheiten, Misstrauen, Befürchtungen, Ängste und Bedrohungen, fällt ein Gerücht auf einen fruchtbaren Boden; es scheint für den Moment Orientierung und Klärung zu bieten.

---

[1] Vgl. online BECK-ONLINE (2009).

Krisenkommunikation und Intervention

Vor allem Personen mit hoher Glaubwürdigkeit und Autorität kommen als Transmitter in Frage. Tendenzen der Gerüchtebildung sind Vereinfachung, Strukturierung, Dramatisierung oder Schuldzuweisung. Aprilscherze, Zeitungsenten oder Urban Legends können ein Gerücht initialisieren.

Gerüchte können ebenfalls durch gezielte Desinformation entstehen, zum Beispiel in der Öffentlichkeitsarbeit von staatlichen Stellen, Geheimdiensten, von politischen Parteien oder Lobbyisten. Ziel ist die Täuschung der Bevölkerung, Stimmungsmache oder Verwirrung des Gegners. Desinformation kommt besonders häufig in totalitären Systemen vor und kann entweder direkt durch Lügen, Betrug, Spamming, oder indirekt durch subtile Unterdrückung objektiver oder geprüfter Fakten, Verschweigen oder Ablenken von der Wahrheit, Implizieren falscher Urteile geschehen. In Ländern mit freier, pluralistischer Presse wird Desinformation subtiler betrieben. Das Fälschen von Statistiken oder deren absichtliche Fehlinterpretation (mit scheinbar wissenschaftlichen Hintergrund), sowie die massenhafte Verfälschung von Online-Abstimmungen sind Beispiele für Desinformation.

Massenmedien werden bevorzugt zur Desinformation der Bevölkerung genutzt. Ein Beispiel für staatliche Desinformation ist die 1986 von der Sowjetunion zunächst verbreitete Aussage über die Harmlosigkeit des Reaktorunglückes von Tschernobyl. Ein weiteres Beispiel stellt die angebliche Misshandlung von Babys durch irakische Soldaten im Golfkrieg von 1991 dar, die weltweit für Empörung in der Bevölkerung sorgte, aber später als Falschmeldung einer Werbeagentur enttarnt wurde. Desinformation diente hier der Vorbereitung von Kriegen.

Eine weitere Erscheinung der Gerüchteverbreitung ist der sogenannte Flurfunk. Dieser Informationsfluss „auf dem Flur" eines Unternehmens, eines Verbandes oder einer Behörde erfolgt nicht nur zwischen den Gesprächspartnern, sondern auch ungeplant über zufällig Anwesende und Mithörende, z. B. in nahe gelegenen Büros mit geöffneten Türen. Der Flurfunk ist eine Erscheinung ungewollter interner Unternehmenskommunikation und dennoch ein wichtiger Faktor der Informationslogistik. Die gezielte Nutzung von Flurfunk kann als Teil einer innerbetrieblichen Kommunikationskampagne, z. B. im Bereich Employee Generated Media (EGM), Verwendung finden.

Stammtischparolen bezeichnen stereotype Versatzstücke einer lokalen Meinungsbildung und begünstigen ebenfalls die Gerüchteverbreitung. In der Flüsterpropaganda werden geheim gehaltene Vorkommnisse weitererzählt und gelangen so in die Öffentlichkeit. Diese häufig in totalitären Staaten vorkommende Verbreitung von Nachrichten kann ebenfalls zu Gerüchten führen.

Propaganda ist der absichtliche und systematische Versuch, Sichtweisen zu formen, Erkenntnisse zu manipulieren und Verhalten zu steuern – zum Zwecke der Erzeugung einer vom Propagandisten erwünschten Reaktion. Entscheidend ist dabei die geschickte Auswahl und gegebenenfalls die Manipulation der Nachricht und nicht ihr Wahrheitscharakter.

Im Machtbereich der Sowjetunion (unter *LENIN*) wurde als Propaganda die allgemeine Überzeugungsarbeit von Kommunisten bezeichnet, im Unterschied zur Agitation, die ein „Appell an die Massen zu bestimmten konkreten Aktionen" sei. *ADOLF HITLER* und sein Reichsminister für Volksaufklärung und Propaganda, *JOSEPH GOEBBELS* gaben in der Zeit des Nationalsozialismus der Propaganda eine totalitär-dominante Bedeutung und nutzten dafür Bücher und Zeitungen, die neuen Medien wie Rundfunk und Film und symbolisch markant aufgezogene Massenveranstaltungen. Ein zentraler Bestandteil der NS-Propaganda war insbesondere die nationalsozialistische Filmpolitik. Sie folgte damit den Leitvorstellungen von Propaganda, die *ADOLF HITLER* schon in seinem 1924 verfassten politischen Grundlagenwerk „Mein Kampf" beschrieben hatte: „Gerade darin liegt die Kunst der Propaganda, dass sie, die gefühlsmäßige Vorstellungswelt der großen Masse begreifend, in psychologischer richtiger Form den Weg zur Aufmerksamkeit und weiter zum Herzen der breiten Masse findet".

Durch die Monopolisierung der Propaganda in diktatorischen Regimen erhielt der Terminus einen stark totalitären Charakter. Dennoch ist die gezielt einseitige Darstellung von Informationen eine gängige Praxis, auch in Demokratien. Auf Grund seiner negativen Konnotation im Zusammenhang mit dem Nationalsozialismus und Stalinismus ist der Begriff „Propaganda" weitgehend dem Begriff der Öffentlichkeitsarbeit (oder Public Relations) gewichen.

Die Auswirkungen von Gerüchten sind vielfältig – vielfach kann von tiefgreifenden psychologischen und ökonomischen Wirkungen gesprochen werden. Denkbare psychologische Wirkungen betreffen beispielsweise das Image, die Motivation der Mitarbeiter, oder das Vertrauen der Kunden und Partner in ein Unternehmen. Was psychologisch wirkt, hat langfristig gesehen auch ökonomischen Einfluss auf ein Unternehmen oder eine Organisation: Ökonomische Wirkungen lassen sich am Umsatz oder dem Aktienkurs ablesen.

An den Finanzmärkten gehören Gerüchte zum Tagesgeschäft. Aktienkurse reagieren sensibel auf aufkommende Gerüchte. Übernahmefantasien, Gewinnwarnungen, Wechselmanagement, Klagenandrohung, oder finanzielle Unregelmäßigkeiten über Liquiditätsschwierigkeiten bis hin zu drohender Insolvenz sind die Stoffe, aus denen Börsengerüchte gemacht werden. Alles auf Grundlage nicht verifizierter Fakten und Halbwahrheiten. Die Relevanz der Verbreitungsgeschwindigkeit zeigt sich am Beispiel der globalen Finanzmärkte. Hier werden Gerüchte besonders in nachrichtenarmen Zeiten wie hard facts gehandelt.

Beispiel Aktienspam: Durch den massenhaften Versand von E-Mails werden entweder ausländische Aktien abgeladen, die der Anleger nie mehr verkaufen kann, oder Kaufempfehlungen von Aktien ausgesprochen, meist deutscher Pennystocks. Hier hat der Spammer vorher Aktien gesammelt, die Versender prophezeien eine hohe Kurssteigerung. Im ersten Fall erwirtschaftet der Spammer die gesamten Einnahmen, während im zweiten Fall der Spammer genau wie andere Käufer vom Kurssprung profitieren. Angeregt durch die Werbung, steigt das Handelsvolumen und in dessen Folge der Börsenkurs der Aktie. Eine Verdopplung oder sogar Vervielfachung des Kurswertes ist dabei nichts Außergewöhnliches. Die Aussagen werden, wie auch Gerüchte schlechthin, als Insiderwissen deklariert.

Sobald jedoch einige Aktionäre – meist auch der Versender der Werbung – ihre Aktien verkaufen, fällt der Kurs wieder stark. Zum Teil werden dann sogar Kurswerte erreicht, die unter dem Kurs vor dem Spam-Versand liegen. Nicht rechtzeitig abgesprungene Aktionäre bleiben dann auf nahezu wertlosen Papieren sitzen. Wenn in beiden Fällen auf diese Interessenkollision nicht wirksam hingewiesen wird und die Aktie durch die Kaufempfehlung steigt oder fällt, stellt dies eine Straftat dar. Wenn der Kurs sich nicht verändert, ist es eine Ordnungswidrigkeit. Das Versenden von Aktienspam stellt einen Wettbewerbsverstoß dar (vgl. § 7 UWG Belästigende Werbung).

Der Begriff Spam steht als Synonym für eine unnötig häufige Verwendung und Wiederholung. Während der Rationierung im Krieg war Spam – ursprünglich ein Markenname für Dosenfleisch – eines der wenigen Nahrungsmittel, die in Amerika praktisch überall und unbeschränkt erhältlich waren. Die Omnipräsenz dieses Fleisches, ähnlich wie die unerwünschter Botschaften, förderte die Entwicklung des Begriffs.

Unverlangte Massen-E-Mails werden an eine große Anzahl von Empfängern verschickt. Häufig handelt es sich dabei um E-Mail-Marketing-Aktionen – missionierende, diffamierende oder volksverhetzende E-Mails und Kettenbriefe gehören aber ebenfalls in diese Kategorie.

Kettenbriefe dienen zur Verbreitung eines Gerüchts und werden per E-Mail, Instant Messenger, SMS und MMS transportiert, von vielen für wahr gehalten und daher an Freunde, Kollegen und andere Personen weitergeleitet. Ein verbreitetes Beispiel dafür sind Briefe, die angeblich von den Redakteuren vom MSN Messenger verschickt worden seien und die einen dazu auffordern, die Mail an möglichst viele Leute weiterzuschicken, denn nur so könne man sich in Zukunft einen gratis Account beim – angeblich bald kostenpflichtigen – *MSN* sichern.

Unverlangte kommerzielle E-Mails beinhalten dubiose oder besonders günstig erscheinende Angebote für Sex, Pornographie, Penisvergrößerungen, illegale Online-Glücksspiel-Casinos, gefälschte Uhren, Lebensverlängerung, Software, Markenprodukte, Finanzdienstleistungen oder Medikamente usw.

Es kursieren auch immer wieder Falschmeldungen im Netz, die einen caritativen Hintergrund suggerieren. Mit Hinweis auf ein angebliches Charity-Projekt wird beispielsweise behauptet, dass ein bekannter Konzern ein paar Cent pro weitergeleiteter Mail zahlt, wodurch eine lebensrettende Operation finanziert werden soll.

Beim Schneeballsystem beziehen sich die Texte der E-Mail-Kettenbriefe oft auf aktuelle Geschehnisse und benutzen damit die sogenannte Lokomotiv-Technik, die auch in der Presse als Aufmerksamkeitserreger gebräuchlich ist. In Zeiten, zu denen etwa Energieversorgungsunternehmen besonders in der öffentlichen Kritik stehen, ergeht eine Ketten-Mail, die zum Abschalten aller Stromverbraucher zu einer bestimmten Zeit eines bestimmten Tages aufruft. Auf dem Zug der Tagesereignisse fahrend wendet sich so ein Aufruf etwa an ökologisch engagierte E-Mail-Benutzer. Oft behauptet der Text einer Organisation, die hinter der Aktion stehe, nennt sie aber nicht namentlich oder nennt einen erfundenen Namen. Ähnliche Vorfälle werden bei sozialen Netzwerken wie *Facebook* oder *studiVZ* beobachtet.

2 Manipulationen im Internet und Kommunikationsguerilla

„We love to entertain you"[2]

Im Internet brodelt die größte Gerüchteküche der Welt. Das Gerücht birgt im Netz ein immanentes Krisenpotenzial. Der deutsche Verfassungsschutz geht davon aus, dass das Internet das zentrale Instrument zur Propagandaverbreitung und Nachwuchsrekrutierung von Terroristen ist. Im Internet ist also niemanden zu trauen?

Wer in das Visier professioneller Gerüchtestreuer gerät, hat im Zeitalter der Informationsüberflutung durch Massenmedien und des Internets schlechte Karten, was die Geschwindigkeit, Effizienz, Reichweite und Durchschlagkraft desselben betrifft. Der rasante Fortschritt des Internets hat die Welt nicht nur kleiner gemacht: Das Internet bietet unbegrenzten und unregierbaren Raum für Gerüchte. Das betrifft auch Produkte, Marken, Entscheidungen und das Handeln von Unternehmen. Journalisten nutzen das Internet vorzugsweise als Recherchemedium und übernehmen unternehmenskritische Inhalte – nicht selten ungeprüft – in eigene Beiträge. Gerüchte im Internet finden in der Vielzahl der zeitlich überlasteten Redaktionen von TV-Sendern, Zeitungen und sonstigen Massenmedien einen dankbaren Abnehmer.

So führten die Recherchen einiger Blogger zur Trennung des *WDR* von HADEMAR BANKHOFER, weil der Gesundheitsexperte unter dem Verdacht stand, immer wieder im *ARD-Morgenmagazin* den Gebrauch von „Klostermelisse" empfohlen zu haben.

Das Internet ist dabei ein zweischneidiges Schwert: Einerseits kann es Dienstleistungen und Botschaften kommunizieren und vermarkten, andererseits das Image eines Unternehmens verbessern. Das Internet bietet in Echtzeit einen unbegrenzten Raum für Botschaften und Nachrichten aller Art, da im Netz aller Netze alle und doch keiner zu regieren scheint. Der digitale Fortschritt könnte die zivilisierte Welt in die Zeit der Faustrechts und der Selbstjustiz zurückführen.[3]

Jeder kann sich zu jedem Zeitpunkt und Thema zu Wort melden. Das Internet scheint falsche Fährtenleger nahezu magisch anzuziehen. Zu den Chancen des E-Business hat sich die Gefahr von E-Crises hinzugesellt – also von Unternehmenskrisen, die durch das Internet hervorgerufen werden.

Nicht in jeder Krise spielt das Internet eine wichtige Rolle als Teilchenbeschleuniger in der Gerüchteküche. Doch oft wirkt es als Katalysator. Das Internet ist nicht nur Bedrohung, sondern bietet der modernen Krisenkommunikation ganz neue Möglichkeiten. Internet bedeutet: Zugänglichkeit von Informationen, Dauerhaftigkeit, Vernetzung von Informationen und Personen.

---

[2] Vgl. online *ProSieben.de* (2009).
[3] Vgl. *Darnstädt et al.*(2009).

Das Internet gibt ganz besonders jenen Bezugsgruppen neue Möglichkeiten, die sich im Krisenfall bislang als Betroffene – aus finanziellen oder organisatorischen Gründen – schlecht mobil machen konnten, beispielsweise Anwohner oder kleinere „Nonprofit" – Organisationen. Gerüchte mit den größten Marktanteilen bzw. mit dem größten Renommee, erfahren in der Neidgesellschaft eine weitere Verbreitung als vergleichbare Gerüchte über Konkurrenzunternehmen. Parallel besteht die Tendenz, Erzählungen über kleinere Firmen auf prototypische Unternehmen zu übertragen.

Die Aussage eines Gerüchts bestimmt, ob es weiterverbreitet wird, oder nicht. Die Wahrscheinlichkeit, dass ein Gerücht weiterverbreitet wird, steigt mit zunehmender Glaubwürdigkeit der angebliche Quelle bzw. des Urhebers, der es verbreitet. Für die Glaubwürdigkeit und die Verbreitung eines Gerüchts spielen Meinungsführer eine zentrale Rolle. Während Massenmedien Aufmerksamkeit und Interesse für bestimmte Themen wecken, tragen Meinungsführer zur Beurteilung und Einstellungsbildung bei. Werden Gerüchte durch einen Wissenschaftler oder eine wissenschaftliche Expertise gestützt, so ist die Wahrscheinlichkeit ihrer Weiterverbreitung deutlich höher. Je stärker wiederum die Übereinstimmung der dargebotenen Information mit der Einstellung des Empfängers, desto höher ist die Übernahmewahrscheinlichkeit eines Gerüchts.

Hinweise auf Dynamik und Nutzerverhalten im Internet geben soziale Netzwerke. Beispiele für bekannte soziale Netzwerke im Sinne eines Dienstes oder einer Plattform sind *Facebook*, *Lokalisten*, *MySpace*, *StayFriends*, *studiVZ*, *Twitter* und *XING*. Diese Online-Communitys gepaart mit Weblogs, Newsgroups, E-Mail-Kettenbriefe, oder via SMS verfügen über eine beachtenswerte Schlagkraft und unterstreichen die Bedeutung des Internets als vormedialen Raum auf dem Sprung in die klassischen Medien – weltweit. Denn nicht nur Journalisten und andere Medien bedienen sich in sozialen Netzwerken mit Bildern und Informationen.

Twitter, *Facebook* oder *YouTube* waren im Juni 2009 im Iran Quelle, Protestmedium, Propagandamittel und Koordinationsinstrument zugleich. Nach dem offiziell erklärten Wahlsieg von Amtsinhaber MAHMUD AHMADINEDSCHAD kam es in Teheran zu den schwersten Unruhen seit einem Jahrzehnt. Regimegegner protestierten tumultartig gegen die offensichtlich manipulierte Wahl. Auch international stieß das Wahlergebnis auf Skepsis. Die iranische Polizei ging – teils auch in Zivil – mit Schlagstöcken und Tränengas gegen Tausende Demonstranten vor, die trotz eines Demonstrationsverbots ihrem Unmut Luft machten. Die staatlichen Medien wurden mit Zensur belegt, einhergehend mit erheblichen Beschränkungen für Journalisten, Repressalien gegen Auslandskorrespondenten und vergeblichen Einschränkungen in der Kommunikationstechnologie.

Twitter und *Facebook* wurden so ersatzweise der Nachrichtendienst der Demonstranten, *Youtube* ihr Fernsehsender: Im Sekundentakt erschienen bei *Twitter* und anderen Netzwerken Meldungen zu den Protesten. Es wurden Demos organisiert, Berichte von Übergriffen machten die Runde. Handy-Videos zeigten der ganzen Welt, dass der Protest wesentlich umfangreicher war als die zensierten staatlichen Medien darstellen wollten. Millionen Internet-User in aller Welt wurden Zeuge einer Freiheitsbewegung und solidarisierten sich via *Twitter* mit den Demonstranten.

Doch teilweise häuften sich widersprüchliche Informationen. Nutzer mussten Bespitzelung staatlich gelenkte Propaganda und Desinformation fürchten: *Twitter* wurde auch durch die iranischen Geheimdienste entdeckt. Wann und wo legitime Warnungen enden, war ad hoc nicht mehr zu unterscheiden. An verschiedenen Stellen wurden unterdessen "Richtlinien für den Cyberwar" verbreitet: So wurde beispielsweise empfohlen, im eigenen *Twitter* -Profil die Angaben so zu ändern, als lebe man selbst in Teheran, um wiederum spionierende iranische Sicherheitskräfte zu verwirren, die womöglich auf der Suche nach subversiven Netznutzern sind.

Auch hinsichtlich der Verbreitungsgeschwindigkeit spielt das Internet eine entscheidende Rolle. So kann eine E-Mail mit geringstem Zeit- und Kostenaufwand an eine große Zahl von Empfängern versandt werden. Im Krisenfall gibt es kein vollständiges Ergebnis, denn der Nachrichtenmarkt ist unerbittlich und rau, insbesondere bei einem immens steigende öffentliche Interesse. Im Wettrennen darum, möglichst als erster eine Neuigkeit ins Netz zu stellen, bleibt die Sorgfalt oft auf der Strecke. Aktion schafft Meinungsvorsprung, Reaktion verursacht Rechtfertigungszwang. Krisen sind Entertainment, so entsteht oft der Eindruck von Nichtbeherrschbarkeit. Hoher Zeit- und Entscheidungsdruck ist der Feind gründlichen Denkens und zwingt zum Handeln, mit Nebeneffekten wie Diffenzierungsverlust und Objektivitätsverfall.

Abends ist Prime Time fürs Internet. Wie schnell dabei der Sprung aus der Anonymität des Internets heraus in die klassischen Medien gehen kann, zeigen innerhalb kürzester Zeit organisierte, scheinbar spontane und politisch unmotivierte Menschenaufläufe auf öffentlichen Plätzen mit dem Ziel, kollektiven Unsinn zu veranstalten: Flashmobs. Verabredet werden sie über das Internet, oder via SMS, teilweise nur wenige Stunden vor dem Ereignis. Es gibt keinen Veranstalter, jeder kann spontan teilnehmen.

Der 26jährige gelernte Metallbauer CHRISTOPH STÜBER aus Busdorf (Kreis Schleswig-Flensburg) hatte Mitte Juni 2009 im Internet-Portal *meinVZ* zu einem „Liebeskummer-Besäufnis" auf der Ferieninsel Sylt aufgerufen – weil seine Freundin ihn verlassen hatte. Dieser Flashmob schaffte es nicht nur, schon im Vorfeld über 13.000 Party-Anmeldungen zusammenzutrommeln, sondern auch den Sprung in die klassischen Medien. Abends berichteten mehrere Nachrichtensendungen zur Primetime, dass über 5.000 zumeist junge Leute dem Aufruf gefolgt waren, um in Westerland und am Strand eine ausgelassene „Flashmob"-Party zu feiern.

Die Folgen: Drei Ärzte, 50 Helfer des Deutschen Roten Kreuz (DRK) und acht Fahrzeuge wurden auf Bitten der Stadtverwaltung kurzfristig einsatzbereit gestellt. Die Polizei im Großeinsatz, verschmutzte Strände, zertrampelte Dünen, Alkoholexzesse und Schlägereien. 26 Verletzte mussten versorgt werden, es gab 22 Platzverweise und 16 Festnahmen. In der Nacht noch gab es mehrere Gewalttaten insbesondere bedingt durch hohen Alkoholgenuss. Die Gemeinde Sylt forderte im Nachgang 20.000 EUR für Schäden und Aufräumarbeiten, die *Nord-Ostsee-Bahn* (NOB) rechnete mit einer "mittleren fünfstelligen Summe" für die Reinigung ihrer verschmutzten Züge. Zahlen soll das alles CHRISTOPH STÜBER als vermeintlicher Veranstalter. Doch ob er tatsächlich für Verwüstungen und Müllberge verantwortlich gemacht werden kann, war juristisch unklar.[4]

Archaische Ängste spiegeln sich in den öffentlichen Räumen des Internets wieder. Paradebeispiel sind sogenannte „Hate-Sites". Diese teilweise professionell organisierten Gerüchteküchen bergen ständig latente Krisen. „Hate-Sites" artikulieren ihren virtuellen Protest meist gezielt gegen ein Unternehmen oder eine Organisation. „Cripe Sites" verstehen sich als Verbraucherportale, die Kritik über beliebige Unternehmen, Personen, oder Produkten ins Netz

---

[4] Vgl. online *NETZEITUNG* (2009).

stellen. Häufig handelt es sich bei den auf diesen Seiten und in zahlreichen Online-Foren verbreiteten Informationen um Gerüchte, haltlose Anschuldigungen, negative Verbraucherkommentare und absichtliche Falschinformationen – in Echtzeit weltweit kommuniziert. Solche ungerechtfertigte Kritik kann dem Unternehmen langfristigen Schaden zufügen und betrifft Firmen nahezu aller Branchen und fast jeder Größe.

Besonders gefährdet und öffentlich angreifbar ist ein Unternehmen, wenn es öffentlich in die Mühlen der Justiz gerät. Bereits eine einfache Vernehmung durch Ermittlungsbehörden aufgrund einer Anzeige kann verheerende Folgen haben – frei nach dem Motto: Ein Gerücht hat immer ein Fünkchen Wahrheit. Mit dem Staatsanwalt reagieren auch die Medien – die Folge: Die Trennlinie zwischen Gerücht, Anzeige, Anfangsverdacht, Ermittlungsverfahren und der darauffolgenden Berichterstattung verschwimmt.

Trotz Regelungen im Presserecht existieren tatsächlich zwei kommunikative Welten: Gegeneinander stehen Unschuldsvermutung versus Vorverurteilung; das Recht zu schweigen versus no comment; Argumentation versus Emotion; fairer unparteiische Richter versus Kommunikationsfreiheit; Rechtsmittel versus der erste Eindruck entscheidet; Recht und Gesetz versus Moral und Gerechtigkeitsempfinden.

DIETMAR HOPP, Mitbegründer von SAP, wurde Zielobjekt der Staatsanwaltschaft Mannheim und geriet damit auch in den Blickwinkel der Medien. Obwohl HOPP die Verdachtsmomente bereits zu Beginn durch Unterlagen ausräumen konnte, es sei von einer Staatsanwältin weiter ermittelt worden, bis diese durch ein Beschwerdeverfahren gestoppt wurde. Auf diese Erfahrung hin rief HOPP die Stiftung „ProJustitia" ins Leben. Die Stiftung soll die Arbeit von Richtern und Staatsanwälten kritisch begleiten, zum Wohle der Justiz und zur Bewahrung der Rechtskultur.[5]

Denn fast rund zwei Drittel aller Ermittlungsverfahren in Wirtschaftsstrafsachen werden kommentarlos eingestellt. Niemand spricht von den Menschen, die über Monate hinweg durch Ermittlungen belastet, teilweise sogar schikaniert werden und unschuldig in der Öffentlichkeit am Pranger stehen. Oft sind die Konsequenzen im Beruf, in der Familie, dem Freundes- und Bekanntenkreis gravierend – eine Stilvorlage für das Entstehen von Gerüchten.

Die wichtigste zivilrechtliche Bestimmung zur Beurteilung der Rechtmäßigkeit eines Textes ist im gesamten geschriebenen Recht nicht explizit geregelt: Das Allgemeine Persönlichkeitsrecht. Diese Rechtsfigur wird heute aus einer Zusammenschau des Menschenwürdeschutzes (vgl. Art.1 Abs. 1 GG) und des Rechts auf freie Entfaltung der Persönlichkeit (vgl. Art. 2 Abs. 1 GG) abgeleitet. Das Allgemeine Persönlichkeitsrecht stellt den Grundsatz auf, dass jeder selbst darüber entscheiden soll, ob überhaupt und in welcher Weise über ihn öffentlich thematisiert werden darf. Andererseits kann es aus Gründen des öffentlichen Interesses zulässig sein, dass sich jemand gegen seinen Willen eine Berichterstattung gefallen lassen muss.

Aufgrund der scheinbaren Anonymität und grenzüberschreitenden Funktionsweise wird das Internet häufig als ein rechtsfreier Raum betrachtet. Das Internetrecht bereitet der Rechtsprechung und dem Gesetzgeber insbesondere durch die Geschwindigkeit und Dynamik der Entwicklung große Schwierigkeiten. Der Trumpf und Triumph des Internets sind sein dezentraler Charakter – eine militärische Erfindung, um sich vor dem totalen Vernichtungsschlag an

---

5 Vgl. online http://www.projustizia.de.

einer Stelle zu schützen. Der Rechtsprechung bereitet das allerdings Kopfschmerzen, denn es gibt keine verbindliche Instanz – ein Alptraum für den Rechtsstaat.

Der Übergang des Internetrechts ins Medienrecht ist fließend und kein homogenes Rechtsgebiet. Regelungsziele des Medienrechtes sind die Gewährleistung einer allgemein zugänglichen Kommunikations-Infrastruktur, Sicherung der Meinungsvielfalt, Schutz der Rezipienten, Daten- und Jugendschutz, aber auch der Schutz geistigen Eigentums. Rechtlich geregelt wird also die Nutzung und Nutzbarkeit medial übertragener Inhalte.

Das Presserecht wiederum ist ein Teilbereich des Medienrechtes, ausgehend von der Pressefreiheit. Die Pressefreiheit geht von einem modernen und dynamischen Pressebegriff aus, der auch ungedruckte Verkörperungen von Gedankeninhalten umfasst, demnach auch das Internet.

Eine zentrale Anforderung an die Presse ist die Einhaltung der publizistischen oder journalistischen Sorgfaltspflicht bei der Berichterstattung, nach der Inhalt, Herkunft und Wahrheitsgehalt von Nachrichten vor der Veröffentlichung überprüft werden müssen und darüber hinaus, dass die Nachrichten nicht sinnentstellend wiedergegeben werden dürfen.

Unbestätigte Meldungen oder Gerüchte müssen als solche gekennzeichnet werden. Die Anforderungen an die Sorgfaltspflicht sind umso höher, je stärker durch die Berichterstattung möglicherweise in Rechte Dritter eingegriffen wird. Andererseits kann die Pflicht auch abgeschwächt sein, wenn derselbe Inhalt bereits andernorts ohne Beanstandung veröffentlicht wurde oder wenn er aus einer seriösen Quelle, zum Beispiel einer Nachrichtenagentur oder einer Pressemitteilung stammt. Das heißt, ein Bericht, der zum Beispiel die Intimsphäre eines Politikers betrifft, muss wesentlich sorgfältiger recherchiert werden als ein Bericht, der im Wesentlichen lediglich die Aussage eines Politikers auf einer Pressekonferenz wiedergibt.

Als Ex-Bundeskanzler GERHARD SCHRÖDER wegen seines angeblich gefärbten Schläfen gegen die Nachrichtenagentur *ddp* vor Gericht zog, interessierten sich die Medien erst recht für diesen Fall von Haarspalterei. Dabei stand die Klärung der möglichen Verletzung der Sorgfaltspflicht der Nachrichtenagentur im keinen Verhältnis gegenüber der Wirkung in den Medien – ein gefundenes Fressen für die Presse.

Nach Ansicht der Richter hätte *ddp* die Pflicht gehabt, sich vor Veröffentlichung der Agenturmeldung bei Schröder zu erkundigen, ob die mutmaßlich gefärbten Haare tatsächlich gefärbt oder getönt wären. Selbst hatte *ddp* das nicht behauptet, jedoch eine Meldung veröffentlicht, in der die Münchner Image-Beraterin Sabine Schwind von Egelstein sagte, sie finde es besser für das Image des Kanzlers, wenn er zu seinen grauen Schläfen stünde und sie nicht mehr färben würde.

Nachrichtenagenturen unterliegen beim Verbreiten von Nachrichten keinen geringeren Sorgfaltsanforderungen als andere Presseunternehmen; so entschied in letzter Instanz das Bundesverfassungsgericht am 26.09.2003. Danach darf eine Agentur die Tatsachen-Behauptungen eines Dritten in einem Interview nur verbreiten, wenn sie in zumutbarem Rahmen Recherchen über deren Richtigkeit angestellt hat.

Mit dem Beschluss ließen die Richter eine Verfassungsbeschwerde von *ddp* nicht zu, die sich in ihrer Pressefreiheit eingeschränkt fühlte. Herabsetzende Tatsachenbehauptungen sind demnach zu unterlassen, wenn sie unwahr oder nicht erweislich wahr seien. Agenturen müssen die Wahrheit nachrecherchieren, auch wer die Äußerung eines Dritten verbreite, müsse für sie einstehen.

Diese Sorgfaltsanforderungen seien für Nachrichtenagenturen nicht etwa deshalb gemildert, weil sie täglich mit einer großen Zahl von Meldungen umgehen müssten. Nachrichtenagenturen käme vielmehr eine hervorgehobene meinungsbildende Funktion zu, denn andere Medienunternehmen brächten ihnen großes Vertrauen entgegen. Eine kurze Nachfrage bei der Interviewten oder dem Bundeskanzler hätte diesbezüglich für Klarheit sorgen können. Die unzutreffende Behauptung hätte den Kanzler in seinem Persönlichkeitsrecht verletzt.[6]

Wenn aus Unternehmen hochvertrauliche wettbewerbsrelevante Planungen an die Medien gespielt werden, dann müssen sich die beteiligten Journalisten fragen, ob sie nicht im Kampf um Quote und Auflage instrumentalisiert werden. Indiskretionen und Informationslecks in Unternehmen hat es schon immer gegeben. Unter Umständen verleiten neue technische Möglichkeiten zum Ge- und Missbrauch.

Nach dem Kodex des deutschen Presserats ist die Presse angehalten, ihre Quellen nicht preis zu geben. Die weichenstellende Kernfrage im presserechtlichen Umfeld ist, ob es sich um eine Tatsachenbehauptung oder Meinungsäußerung handelt. Grundsätzlich ist das Recht auf Meinungsfreiheit im Grundgesetz verankert, d. h. jeder hat das Recht auf freie Meinungsäußerung. Sie sind bis zur Grenze der sogenannten Schmähkritik zulässig.

Bei Meinungsäußerungen unterhalb der Schmähkritik findet – anders als bei Tatsachenbehauptungen – keine Abwägung der widerstreitenden Interessen statt. Meinungsäußerungen sind durch die Elemente und Verben des Glaubens, Meinens, Dafürhaltens und der Stellungnahme bzw. als Kommentare gekennzeichnet. Eine Meinungsäußerung oder eine sonstige Wertung oder Prognose ist also eine subjektive, nicht verifizierbare Äußerung. Im Gegensatz dazu sind Tatsachenbehauptungen dem Beweis zugänglich.

Eine Tatsachenbehauptung bezieht sich auf objektive Umstände in der Wirklichkeit, die (zumindest theoretisch) dem Beweis vor einem Gericht zugänglich sind, also etwa durch Urkunden, Zeugen oder Sachverständige bestätigt oder widerlegt werden können.

Der Begriff der Tatsachenbehauptung reicht über den allgemeinen Sprachgebrauch einer verbalen Äußerung hinaus und umfasst auch andere Äußerungsformen. So kann zum Beispiel auch ein Foto oder ein Video als Tatsachenbehauptung angesehen werden, wenn der Inhalt entsprechende Aussagen vermittelt.

Der Gesetzgeber räumt den Medien ausnahmsweise das Recht ein, sogar noch unbewiesene Vorwürfe zu veröffentlichen, wenn sie in Wahrnehmung berechtigter Interessen handeln (vgl. § 193 StGB). Ansonsten würde kein Skandal realistischerweise von den Medien thematisiert werden, wenn das Risiko einer falschen Tatsachenbehauptung restlos bei Journalisten oder Verlegern bliebe. Neben der Wahrung der journalistischen Sorgfaltspflicht muss dazu an der Veröffentlichung erhebliches öffentliches Interesse bestehen. Andernfalls könnte die Wächterfunktion der Medien nicht zum Zuge kommen.

---

[6] Vgl. *BECK-ONLINE* (2003).

Im Presserecht ist die Einstufung einer Aussage als Tatsachenbehauptung Voraussetzung für bestimmte Ansprüche. Der Gegendarstellungsanspruch etwa kann nur gegen Tatsachenbehauptungen gerichtet werden und muss seinerseits mit Tatsachenbehauptungen geltend gemacht werden.

Eine Vermengung von Wertung und Tatsachenbehauptung kommt bei journalistischen Testberichten häufig vor. Beispielsweise lässt sich in einer Restaurantkritik die Aussage, der Kaffee sei kalt gewesen, nicht ohne Weiteres als Tatsachenbehauptung einstufen, weil dazu üblicherweise keine überprüfbaren Temperaturangaben gemacht werden. Eine entsprechende Aussage enthält aber einen Tatsachenkern, der zumindest in eindeutigen Fällen dem Beweis zugänglich ist.

Bereits durch den Wechsel vom Indikativ zum Konjunktiv kann eine Tatsachenbehauptung in eine Meinungsäußerung, zum Beispiel in Form einer Spekulation oder Prognose, verpackt werden. Nichtsdestotrotz können Meinungsäußerungen in der Öffentlichkeit ebenso gefährlich sein und eben solchen Schaden anrichten wie Tatsachenbehauptungen.

Der Hinweis in dem Zusammenhang „wie aus gut informierten Kreisen zu erfahren war" reicht dabei nicht aus. Veröffentlicht nämlich die Presse Aussagen Dritter, ist sie inhaltlich hierfür ebenso verantwortlich wie für ihre eigene Aussage. Eine Ausnahme gilt, wenn man sich hiervon eindeutig distanziert. Ähnlich gelagert ist die Verlinkung auf fremde Seiten, es sei denn man distanziert sich hiervon durch einen Haftungsausschluß.

Vielfach wird im Impressum jede Form von Verbreitung ohne ausdrückliche Genehmigung verboten. Das Zitieren allerdings, kann ein Urheber nicht mehr verbieten, wenn er sein Werk einmal veröffentlicht hat (vgl. § 51 UrhG). Das ist nachvollziehbar, da ansonsten das Gesagte wieder der Diskussion in der Öffentlichkeit entzogen werden würde. Bei allen Zitaten lohnt sich übrigens im Streitfall eine Rückfrage beim Zitierten, ob die betreffende Äußerung auch wirklich so gemacht wurde, denn auch hierbei handelt es sich um eine angreifbare Tatsachenbehauptung.

Die Internet-Community hat auf die handwerklichen Fehler der etablierten Medien ein neidvoll-wachsames Auge – entstanden aus alten Grabenkämpfen. Durch die Art der Berichterstattung, durch eine einseitige oder verzerrte journalistische Darstellung von Fakten, sowie die daraus folgende verzerrte Wahrnehmung in der Öffentlichkeit ist das Internet oft noch unglaubwürdiger. Kontrollmechanismen versagen immer noch im Internet aufgrund der Schnelligkeit des Mediums. Sind im Printbereich Druckfahnen, Korrekturabzüge und eine Schlussredaktion üblich, vermisst man diese Instanzen in der virtuellen Welt. Schon beim Vergleich zwischen einem sorgfältig geschrieben Brief und einer E-Mail zeigt sich der höhere Fehlerquotient bei der rasch abgesetzten E-Mail in der täglichen Geschäftskorrespondenz.

Eine weitere Bedeutung bei der Gerüchtestreuung ist die gezielte Manipulation von digitalen Informationen durch den Faktor Mensch. Bewusst einseitige Berichterstattung widerspricht den Grundsätzen unabhängiger journalistischer Tätigkeit und journalistischer Ethik, sowie den Regeln des *Deutschen Presserats* – dieser erweist sich allerdings leider bei Verstößen allzu oft als zahnloser Tiger.

Immer wieder werden auch komplett gefälschte, oder erfundene Interviews entlarvt. Die Medienwelt wurde schon von einigen spektakulären Fälschungen erschüttert – zum Beispiel durch KONRAD KUJAUs erfundene HITLER-Tagebücher im *Stern*. Durch die Möglichkeiten der modernen Bildbearbeitung ist die nachträgliche Manipulation von Fotografien oder Videos in den meisten Redaktionen Alltag.

Die Forderung nach absoluter Objektivität und Neutralität der Medien stößt naturgemäß an Grenzen und ist freilich ein unerreichbares Ideal. Kommunikation determiniert auch immer Manipulation, denn es gibt keine absolute Wahrheit, sondern nur Teilwirklichkeiten: Indem man etwas sagt, verschweigt man zugleich auch etwas. Disziplin ist daher das höchste Gut in der Pressearbeit. Aufgabe von Journalisten ist nicht, einer Pressestelle einen Bärendienst zu erweisen, indem ein Thema auf kleiner Flamme gekocht wird. In der Pressearbeit und vor allem in der Krisenkommunikation sollten Unternehmen daher ihrem Gesprächspartner keinen Sand in die Augen streuen, um ihre Meinungsmacht mit tendenziöser Berichterstattung auszuspielen. Das Dilemma des Journalisten ist jedoch oft, dass er sich ständig über den Tisch gezogen, falsch, oder nur teilweise richtig informiert fühlt.

Die Manipulation auch des Internets durch staatliche Stellen ist in Ländern mit staatlich gelenkter Presse üblich. In Ländern mit Pressefreiheit ist Medienmanipulation ein politischer Kampfbegriff. Aus den ideologischen Positionen der Journalisten können politische Verquickungen erwachsen, die ihrerseits oftmals eine tendenziöse Berichterstattung zur Folge haben. Er ist mit einer Meinung seiner Zielgruppe verpflichtet, denn Plausibilität lässt sich besser verkaufen als naturwissenschaftliche Fakten

Zu den Faktoren, die bei den Medienunternehmern zu einer manipulierten Darstellung führen können, zählen auch die Besitzanteile des Betreibers oder Verlags, sowie deren Ausrichtung auf eine bestimmte Zielgruppe. Der Platz, oder die Sendezeit für Berichte, sowie die notwendigen Stichtage können zu unvollständigen, tatsächlich oder scheinbar manipulierten Berichten führen. Auf der anderen Seite steht die Manipulation als willkürliche Einflussnahme von außen auf das journalistische Geschehen. Die Abhängigkeit von Werbeindustrie, Parteien, Verbänden, Lobbyisten und sonstigen Interessengruppen spielen dabei eine wichtige Rolle.

Im Internet wurde schon immer viel Böses vermutet, sozusagen ein Massenspeicher des Übels, und je nach persönlicher Einstellung auch gefunden. Wer einen bereits im Internet veröffentlichten Text verwenden will, benötigt dafür das Nutzungsrecht der Vervielfältigung, ansonsten handelt es sich um einen unerlaubte Veröffentlichung bzw. Kopie. Kopieren und Einfügen (engl. Copy & Paste) ist ein zweistufiges Prinzip der Übertragung von Daten zwischen Software-Anwendungen – man könnte es auch als digitales „Abschreiben" bezeichnen. Text, Ton oder Bild lassen sich so neu kombinieren. Suchmaschinen wie Google entlarven allerdings den Klau von Sätzen und Textpassagen und zugleich die Verletzung des Urheberrechts.

Aufgrund der Eigenschaft von Copy & Paste, dass nur die Informationen des markierten Textes kopiert werden und nicht die Referenzen nach außen hin, wird von Programmierern Copy & Paste auch als Copy & Waste (engl. Kopieren und Müll) bezeichnet, da ein redundanter Code erzeugt wird, der schlechter zu warten ist, als ein wiederverwendeter Code. Das Zusammenklauben von verschiedenen Textfragmenten durch „Mashup" birgt die Gefahr, dass Fehler eingearbeitet werden und so Gerüchte verändert und veröffentlicht werden.

Ein prominentes Beispiel ist die Verfälschung des umfangreichen Vornamens des am 10. Februar 2009 ernannten Bundeswirtschaftsminister in der Online-Enzyklopädie *Wikipedia* um den weiteren Vornamen Wilhelm. Für einige Stunden hieß er nicht mehr nur KARL THEODOR MARIA NIKOLAUS JOHANN JAKOB PHILIPP FRANZ JOSEPH SYLVESTER FREIHERR VON UND ZU GUTTENBERG, sondern bekam zwischen Philipp und Franz noch den Vornamen Wilhelm dazu. Ein paar Stunden später prangte der falsche Wilhelm in der *Süddeutschen Zeitung* und in der *taz* und auf der millionenfach gedruckten Titelseite der *BILD* und schaffte es sogar ins „*RTL* Nachtjournal". „Müssen wir uns diesen Namen merken?", fragte *BILD*. Schließlich enttarnte sich ein Jungjournalist auf der medienkritischen Website Bildblog.de als Urheber des falschen Vornamens und wies die Öffentlichkeit auf die Manipulation, sowie die zweifelhaften Recherchen der Medien hin.

Qualitätsjournalisten waren erschüttert. Wer sich bei der Recherche auf Internetquellen wie zum Beispiel *Wikipedia* verlässt, der ist verlassen. Kaum war der falsche Vorname gelöscht, tauchte dieser auch gleich wieder in der Online-Enzyklopädie auf: *Wikipedia* krankte an sich selbst, denn da der neue Vorname nun in den Medien mehrfach genannt wurde, tauchte er mit Hinweis auf die Veröffentlichungen wieder im *Wikipedia*-Eintrag auf. In Konzernen gehört übrigens das Überwachen und Frisieren von *Wikipedia*-Einträgen mittlerweile zum Geschäft.

Die Medien schreiben ab und plappern nach. Die zunehmend schlechter werdende Ausbildung im Journalismus, vor allem im TV-Sektor, und der Mangel an wissenschaftlicher Kompetenz in aktuellen Redaktionen erhöht das Risiko, Fehleinschätzungen aufzusitzen, die durch die Krisenkommunikation wieder korrigiert werden müssen. Neben Mißinterpretationen aufgrund fehlender Sachkenntnisse sind als weitere Übertragungsfehler fehlende Berufserfahrung, fehlende Check-ups aufgrund mangelnder Recherchezeit oder auch investigativer Journalismus zu nennen. Manchmal wird aber auch nur eine Story überspitzt, weil man sich in der Redaktion eine Festanstellung erhofft. Eine Motivation zur verfälschten Darstellung haben auch Meinungstäter, die einen Ruf zu verlieren haben. Erst recht findet dieser Betrug im schnellen Medium Internet statt. Ein Problem stellen übrigens Übersetzungen aus anderen Sprachen dar. Hier hat der Übersetzer Gelegenheit zur Manipulation, indem er nicht wortwörtlich und originalgetreu übersetzt.

Journalisten nutzen in Krisenzeiten gerne dubiose Quellen, zum Beispiel angebliche oder selbst ernannte Experten. Diese besitzen medial wichtige sekundäre Qualitäten wie beispielsweise Emotionalität, Mut zu gewagten Schlussfolgerungen, schlichtweg Entertainment-Wert – „wer häufig stattfindet", ist in der Logik des Mediensystems wichtig und bedeutsam. Und wo eigenen Quellen fehlen, wird zum Fakt, was oft genug irgendwo im Internet wiederholt wird.

Die Gewichtung der Informationen hinsichtlich unterschiedlicher Positionen und Argumenten ist eine weitere ständige Herausforderung für den Journalismus. Ausgewogene Berichte sollten alle relevanten Positionen und Argumente aufzeigen, andererseits durch eine Gewichtung verdeutlichen, dass die Argumente unterschiedliche Relevanz haben. Journalisten schlagen sich gerne auf die Seite der Schwächeren, egal ob im Recht oder nicht. Bei einer verzerrte oder falsch gewichteten Darstellung von Fakten spricht man von tendenziöser Berichterstattung, die gegen die journalistische Ethik verstößt.

Einzelne Medien vertreten bewusst bestimmte (politische) Positionen. Die entsprechende „Färbung" der Berichterstattung ist keine Manipulation, sondern ein Ausdruck der Meinungsfreiheit der Redaktion oder des Verlags und basiert auf Art. 5 des Grundgesetzes. Unter Tendenzschutz wird verstanden, dass dem Verleger eines Mediums ausdrücklich das Recht gewährt wird, die politische Meinung der jeweiligen Publikation festzulegen. Tendenzschutz bedeutet also konkret, dass der Verleger berechtigt ist, die politische Richtung der ihm gehörenden Medien zu bestimmen und seine Redakteure und freie Journalisten zu verpflichten, in einer bestimmten Art und einem bestimmten Stil Texte, Bilder und Filme in einer bestimmten politischen Sichtweise zu produzieren. Die sogenannte innere Pressefreiheit erlaubt Redakteuren nicht, journalistisch und inhaltlich vom Verleger unabhängig zu sein.

Menschen haben in Konflikt- und Krisensituationen ein hohes Informationsbedürfnis. Harte Nachrichtenfaktoren wie Bedeutsamkeit, Eindeutigkeit, Verlässlichkeit, Objektivität und Konsequenz unterliegen oft weichen Nachrichtenfaktoren wie Unterhaltsamkeit, Überraschung, Prominenz, Erotik, Negativimus, oder Tabubruch. Der wichtigste Faktor für den Wert einer Nachricht in den Massenmedien ist jedoch häufig ihr negatives Potenzial. „Only Bad news are good news".

Die Versuchung des Negativpotenzials ist groß: Skandale, Katastrophen, Sensationen, Krisen. Krisen sind stets polarisierend und polemisierend und Treibstoff der Medienindustrie. Komplexe Themen mit faktisch höherem Gefährdungspotenzial werden bei der Berichterstattung oft ausgeblendet, negative Aspekte und mögliche gefährliche Folgen überbetont. Vergleichsweise geringe Risiken werden überschätzt und ein oftmals zu pessimistisches Bild der Situation gezeichnet.

Auch der Gebrauch eines Wortes mit positivem bzw. negativem Beigeschmack an Stelle seines neutralen Synonyms ist geeignet, den Leser zu manipulieren. Sind Themen umstritten, so zeigt sich dies meist auch darin, dass die Parteien gleiche Sachverhalte mit unterschiedlichen Begriffen bezeichnen, z. B. „Flucht und Vertreibung" als in Deutschland übliche Wortwahl und „Umsiedlung" als in Polen übliche Wortwahl.

Sensationshunger hat Hochkonjunktur, die Folge ist eine unnötige Dramatisierung in der Berichterstattung durch Zuspitzung, Verdichtung oder Überhöhung: Weinende Retter, verzweifelte Einsatzleiter, fluchende Anwohner, drohende Konsumenten – Emotionen sind das Schwungrad der Krise. Im Mediengeschäft verkaufen sich Antagonismen immer besser (David gegen Goliath, Gut gegen Böse).

Nicht nur Boulevard-Journalisten orientieren sich bei der Themenwahl an der Berichterstattung ihrer Kollegen. Die Folge dieser Konsonanz in Krisensituationen ist zunächst weitgehend gleichförmige Medienberichterstattung. Differenzierte und voneinander abweichende Darstellungen folgen erst später, wenn die sogenannten Tatsachen verdaut sind. In einer repräsentativen Studie von Juni 2009 der *Universität Dresden* hielten nur 35 % von 1.000 Befragten Journalisten für vertrauenswürdig. Kritisiert wird eine zu starke subjektive Einfärbung und Emotionalisierung der Berichterstattung.

Mit dem Internets als ein für alle zugänglichen Medium hat aber die Gegenöffentlichkeit auch eine neue Plattform gefunden, wie zum Beispiel Internet-Piratensender oder die sich etablierende „Piraten-Partei". In der Kommunikationsguerilla wird unter anderem gezielt desinformiert – politische bzw. ideologische Inhalte werden verbreitet, oder auch entlarvt. Kommunikationsguerilla ist eine Strategie zur Subversion von etablierten Kommunikationsstrukturen.

Die klassische Guerilla-Taktik wurde auf Internet-basierte Medien wie Newsgroups, Mailinglisten und auch Gemeinschaftsprojekte wie *Wikipedia* übertragen. Durch das Hinzufügen von Hyperlinks zum Beispiel auf *Wikipedia*-Seiten versuchen Spammer den Rang ihrer eigenen, oft kommerziellen Seite in den Ergebnislisten der Suchmaschinen zu erhöhen.

Methoden der Kommunikationsguerilla werden häufig von Gruppen aus dem anarchistischen und autonomen Bereich genutzt. Zur Taktik gehören häufig scheinbare Affirmation, die bis zur Überidentifikation gehen kann: Mit Verfremdung in einen Kommunikationsprozess eingreifen, bedeutet den normalen, erwarteten Ablauf zu stören und zu verwirren. Damit soll bei Akteuren und Zuschauern Distanz zu den vertrauten Verhältnissen geschaffen werden, um deren Normalität in Frage zu stellen. Beim Reframing werden vertraute Begriffe und Bilder aus ihrem gewohnten Zusammenhang gerissen und in einen neuen, meist den bisherigen Begriff kritisierenden Kontext gestellt und damit umgedeutet. Dazu gehört auch die Entstellung, das Faken und Verfremden von Logos und Werbebotschaften.

Einige Aktivitäten der Kommunikationsguerilla sind als illegal einzustufen, da oft der Tatbestand der Urkundenfälschung oder Markenschutzverletzung anzunehmen ist. Dies ist auch der Fall beim Defacement von Webseiten. Dabei werden Sicherheitslücken in Webservern ausgenutzt, oder Passwörter geknackt. Gehackte Webpräsenzen durch externe Angreifer oder eigene Mitarbeiter können schwerwiegende Folgende für ein Unternehmen haben.

Ein Beispiel ist die am 11.Februar 2009 gehackte Website des Fußball-Bundesligisten *FC Schalke 04* mit der Platzierung der vermeintlichen Eilmeldung, Stürmer KEVIN KURANYI sei nach einer Sondersitzung der Vereinsführung mit sofortiger Wirkung freigestellt worden. Prompt übernahmen einige Medien, wie auch bild.de, die Ente. Journalistische Sicherungen versagten. Kurz darauf dementierte der Verein die Entlassung des Spielers, mit krimineller Energie sei die Homepage des *FC Schalke 04* gehackt worden. Die Homepage www.schalke04.de wurde außer Betrieb gesetzt. Für den Angriff nutzten die Hacker offenbar eine ungepatchte Sicherheitslücke im Content-Management-System Typo3.

Seit einigen Jahren werden Methoden der Kommunikationsguerilla auch in der Werbung zur Vermarktung von Produkten und Webseiten genutzt. Ursprünglich bedienten sich kleinere und mittlere Unternehmen des Guerilla-Marketings; heutzutage greifen auch Großunternehmen im Rahmen von Werbekampagnen darauf zurück. Guerilla-Marketing kann mit untypisch geringem Mitteleinsatz eine große Wirkung erzielen. Merkmal des Guerilla Marketings ist insbesondere die kreative Umsetzung einer Werbebotschaft. Zum Guerilla-Marketing zählen ebenfalls Maßnahmen, Webseiten derart zu manipulieren, dass diese auf den vordersten Plätzen wichtiger Suchmaschinen angezeigt werden.

Enthalten diese suchmaschinenoptimierten Seiten keine relevanten Informationen, spricht man von Suchmaschinen- oder Index-Spamming. Dadurch, dass Blogs von Suchmaschinen oder Webcrawlern sehr oft besucht werden, können es Optimierer recht schnell schaffen, dass die von ihnen verlinkten Seiten im Ranking sehr weit vorne stehen. Link- oder Blogspam ist das Ausnutzen der Bearbeitungs-, Kommentar- und Trackbackfunktion von Blogs und Gästebüchern durch Spammer.

Unerwünschte Praktiken wie z. B. der Einsatz von Linkfarmen verstoßen gegen Regeln und Direktiven, die Suchmaschinen zum Schutz vor Manipulationen ihrer Suchergebnisse aufstellen. So ist es möglich, automatisierte Umleitungen einzurichten, die speziell für Suchmaschinen erstellte Textseiten enthalten. Diese Methode, mit sogenannten Brückenseiten zu arbeiten, widerspricht jedoch den Richtlinien der meisten Suchmaschinen. Fälle, die von den Suchmaschinenbetreibern aufgedeckt werden, haben oftmals den Bann oder die Herabstufung in den Suchergebnisseiten der betreffenden Seite zur Folge. Eines der ersten betroffenen Unternehmen war der Autohersteller *BMW*, dessen auf Java-Skript basierende Startseite für mehrere Wochen nicht mehr unter den *Google*-Treffern auftauchte. *BMW* benutzte eine sogenannte „Doorway Page", die allerdings mit unsichtbarem Text unterlegt ist, auf der recht sinnlos zusammengereimt dutzendweise die Worte Gebrauchtwagen, Jahreswagen und BMW vorkommen.[7]

Auch mit seinem kollektiven medialen Gedächtnis hat das Internet schon jetzt eine besondere Qualität erreicht, sowohl als Krisenauslöser als auch Krisenbewahrer. Der Datenumfang, der für die Volkszählung 1987 erhoben wurde, steht dem in nichts nach verglichen mit den intimen Details, die in heutigen Netzwerkprofilen stecken. Hämische oder verleumderische Einträge verbreiten sich nicht nur in Windeseile im Internet, sondern sind über Suchmaschinen wie *Google* oder Serverdienste wie *Wayback* nach Jahren noch aufzufinden. *Archiv.org* fungiert dabei als Datenbank, die Daten über Webseitenzugriffe durch Web-Benutzer sammelt und darstellt.

Selbst wer private Daten über sich veröffentlicht hat und sie wieder aus dem Netz entfernen möchte, kann durchaus vor Problemen stehen: Was man auf einer eigenen Internetseite, oder auch in den meisten Social Networks und Communitys ohne allzu große Probleme wieder löschen kann, ist womöglich zwischenzeitlich schon auf ganz anderem Wege weiterverbreitet worden – zum Beispiel im Cache von Suchmaschinen oder in Web-Archiven, bei denen Kopien von Webseiten angelegt werden, um auch Inhalte für die Nachwelt zu bewahren – obwohl der eigentliche Seitenbetreiber diese Seiten schon lange wieder aus dem Netz genommen hat. Wenngleich etliche Firmen sich auf diese Form des Reputationsmanagement spezialisiert haben, lassen sich alte Sünden einfach nicht löschen. Solche Einträge wirken wie Tätowierungen – sie lassen sich nach Jahren schwer bzw. nicht vollständig entfernen.

Verschiedene Initiativen und Kampagnen befassen sich mit den daraus resultierenden Datenschutzproblemen: Beispielsweise die Jugendkampagne „Watch your Web" will Jugendlichen den richtigen Umgang mit ihren Daten im Netz näher bringen und vor „Daten-Striptease" schützen.

Besonders Jugendlichen sind die Gefahren, die sich daraus ergeben können, oft nicht bewusst, oder leichtsinnigerweise schlichtweg egal. Bilder und Daten können leicht in die falschen Hände geraten und sogar Jahre später noch für Probleme sorgen. Jugendlichen, die sich im Internet völlig natürlich und unbedacht bewegen, ist oft nicht klar, dass sie sich nicht nur mit ihren Freunden und Bekannten austauschen, sondern durch ihre öffentlichen Profile fremden Leuten vieles über sich offenbaren. Doch das Netz vergisst nichts.

Löschen kann schwierig werden: Denn das deutsche Datenschutzrecht schützt zwar einigermaßen zuverlässig vor Missbrauch persönlicher Daten, wer allerdings Informationen, die er selbst veröffentlicht hat, zum Beispiel aus dem Zwischenspeicher von Suchmaschinen oder Web-Archiven löschen lassen möchte, steht ziemlich verlassen da. Denn für einen solchen Anspruch gibt es keine gesetzliche Grundlage, die es ermöglichen würde, Betreiber von Internetseiten zum Löschen solcher Daten zu zwingen.

---

[7] Vgl. *HEISE-ONLINE* (2006).

Dabei geht es unter anderem auch um Aussagen in öffentlichen Diskussionsgruppen oder Gästebüchern, die der Urheber der Aussagen vielleicht später gerne rückgängig machen würde – aber wenn der entsprechende Anbieter nicht mitmacht und die Daten freiwillig löscht, oder dem User die Möglichkeit zum Löschen der eigenen Beiträge gibt, kann es schwierig werden, seine Datenreste aus dem Internet vollständig zu entfernen.

3 Strategien der Krisenkommunikation

„Die ich rief, die Geister, werd' ich nicht mehr los."[8]

Die „Krise" (alt- und gelehrtes Griechisch κρίσις, krísis - heute κρήση, krísi - ursprünglich „die Meinung", „Beurteilung", „Entscheidung", später mehr im Sinne von „die Zuspitzung") ist ein griechisches Substantiv, ein anderes dafür ist die Kritik. Krisen werden heute umgangssprachlich als Zustände von Scheitern und Versagen definiert, eigentlich stellen sie aber den Scheidepunkt einer Entwicklung dar. Eine problematische, mit einem Wendepunkt verknüpfte Entscheidungssituation.

So gibt es auch ein vielzitiertes chinesisches Schriftzeichen, das sowohl für Krise als auch Chance steht. Krise bezeichnet „(Ent-)Scheidung", „entscheidende Wendung" (Duden) und bedeutet eine „schwierige Situation, Zeit, die den Höhe- und Wendepunkt einer gefährlichen Entwicklung darstellt" (Duden). Unternehmenskrisen sind also nicht als etwas notwendigerweise Negatives anzusehen. Ob es sich hierbei um einen Wendepunkt handelt, kann jedoch oft erst konstatiert werden, nachdem die Krise abgewendet oder beendet wurde. Krisen sind ungeplant, ungewollte Prozesse, bedrohen die Unternehmensziele und sind von begrenzter Dauer und Beeinflussbarkeit mit ambivalentem Ausgang.

Eine mediale Krise ist ein Vorfall, der negative Medienberichterstattung in erheblichen Umfang auslöst und das Image oder die Reputation eines Unternehmens oder eine Marke erheblich gefährdet. Entscheidungsträger haben es oft mit unvollständiger oder verfälschter Information zu tun. Charakteristika einer Krise sind eine dringende Notwendigkeit von Handlungsentscheidungen, ein durch die Entscheidungsträger wahrgenommenes Gefühl der Bedrohung, ein Anstieg an Unsicherheit, Dringlichkeit und Zeitdruck und das Gefühl, das Ergebnis sei von prägendem Einfluss auf die Zukunft.

Viele medial erzeugte Krisen haben sich im Nachhinein als Resultat unsauberer Recherche oder als Produkt geschickter PR-Strategien erwiesen. Krisen sind das Salz in der medialen Suppe, denn sie wirken garantiert auflagensteigernd, Reichweiten erhöhend, Quoten treibend. Zählte einst die Vermittlung von Inhalt und Fakten, sind heute Simplifizierung, Verzerrung, Dramatisierung tonangebend. Massenmedien wollen nicht bilden sondern unterhalten, Krisen sind dabei die reinsten Medienleckerbissen. Krisen lassen sich daher nicht wegdenken oder wegwünschen.

---

[8] Zitat aus „Der Zauberlehrling" von JOHANN WOLFGANG VON GOETHE (deutscher Dichter, geboren 1749 und gestorben 1832).

Gerüchte können verleugnen, Unternehmen zerstören, Personen um ihre Reputation bringen, Politiker zum Rücktritt zwingen. Für Gerüchte, die sowohl in der Offline- als auch in der Onlinewelt entstehen, gilt daher das Gleiche wie im klassischen Krisenmanagement: Nichts ist erreicht, alles bleibt zu tun. Eine Krise ohne entsprechendes Medienecho ist für die Betroffenen keine Krise, sondern schlimmstenfalls eine intern zu behebende Betriebsstörung. Öffentliche Krisen sind die echten, eigentlichen Vertrauenskrisen. Daher ist es ein legitimes Ziel der Krisenkommunikation, die öffentliche Meinung mit Hilfe der Medien und last but not least mit Hilfe des Internets aufgrund der höheren und dauerhaften Reichweite positiv zu beeinflussen.

Gerade im Krisenfall steigt die Zahl der Anfragen und zu bewältigenden Aufgaben so rapide an, dass eine zeitnahe Bearbeitung nicht mehr möglich ist (1. Alarm). Zu einer guten Feuerwehr in der Krisenabteilung gehört daher eine solide Vorbereitung: Frühwarnsysteme sollten rechtzeitig installiert, ein Krisenplan vorhanden sein mit allen erforderlichen Notfallnummern und Rufbereitschaft, der auch ständig trainiert, simuliert und aktualisiert werden sollte. Zudem werden im Zeitalter von Lean-Production-Leistungen und Wertschöpfungsgemeinschaften selten aus einer Hand erbracht, sodass es hier zu weiteren Reibungsverlusten kommen könnte. Dadurch könnte der Eindruck entstehen, das Unternehmen wolle im Krisenfall Informationen unterdrücken. Oft handelt es sich um abstrakte Bedrohungen oder schlichte Unwahrheiten, die rationalen Argumenten nicht zugänglich sind.

Krisenkommunikation ist wie Brandbekämpfung: der Brandherd ist möglichst schnell zu löschen, mit möglichst geringen Schaden. Krisen sind wie Feuer, sie kommen immer zum falschen Zeitpunkt, unvermutet, hochgefährlich und am falschen Ort, nämlich da wo man sich schlecht auskennt. Erstreaktionen am Brandherd sollten bereits binnen zwei Stunden erfolgen, um noch die Meinungsbildung mitzugestalten, frühzeitig Themen zu besetzen und den Negativtrend zu stoppen. Durch das enorme Tempo in den Medien stellen sich bereits binnen 24 Stunden die Weichen, ob die mediale Krise beherrscht wird (Rapid response).

Wie bei vielen Krisenfällen kommt die Wahrheit scheibchenweise ans Licht. Manchmal müssen die betroffenen Unternehmen erst mal intern recherchieren. In der Politik und allgemein in Verhandlungssituationen (z. B. Tarifverhandlungen) wird Salami-Taktik meist abwertend für den Verhandlungsstil derjenigen Verhandlungspartei verwendet, die an einer Veränderung der Verhältnisse im Sinne des erklärten Verhandlungsziels kein Interesse hat. Eine aktive Krisenkommunikation erlaubt allerdings keine minimalen Zugeständnisse und Häppchenstrategie, sondern Ross und Reiter müssen benannt werden.

Wichtig ist es aber so schnell wie möglich Tabula rasa zu machen und die Lehren aus den Fehlern zu ziehen. Untätigkeit wird als Eingeständnis gewertet. Ansonsten droht ein teurer und langfristiger Imageverlust. Zur schnellen Bewältigung von akuten Krisen gehört daher eine sofortige, offene, ehrliche, transparente und von allen Betriebsangehörigen auch „gelebte" Kommunikation. Dazu gehört natürlich nicht das Weitergeben von Betriebsgeheimnissen oder etwa die Instrumentalisierung von Staatsanwaltschaften.

Medial erzeugte Krisen können sich in der akuten Phase gefährlich schnell aufheizen. Mit Erreichen der Siedetemperatur kann es zu unberechenbaren Reaktionen kommen, in Form von neusten Schlagzeilen und wildesten Gerüchten. Rechtfertigungsdruck, Sondersitzungen und -berichte, hektischer Aktionismus, persönliche unfaire Diffamierung, Fehlentscheidungen, Demotivation, Frust und fehlende Identifikation mit dem Unternehmen sind typische Attribute einer Unternehmenskrise (2. Schwarzes Loch). In einer Eskalationskette kommt es zu einer brandgefährlichen Negativspirale durch Identifikations-, Motivations-, Qualitäts- und Sicherheitsverlust. Häufig stecken die im Krisenfall befindlichen Unternehmen fest in Sach- und Formzwängen, Hierarchien oder dezentralen Strukturen. Im Brand- und Krisenfall gilt gleichermaßen: Ruhe bewahren!

Vor der Krisenintervention gilt es sich zunächst einen Überblick zu verschaffen. Für den Notfall können die sieben W-Fragen herangezogen und erweitert werden: Wer ist beteiligt? Was ist geschehen? Wann ist es passiert? Wo ist es geschehen? Wie ist es passiert? Warum ist es geschehen? Woher kommen die Informationen? In der Krisenkommunikation müssen alle Informations- und Entscheidungsprozesse unmittelbar eingebunden werden. Dazu gehört auch, unliebsame Wahrheiten aussprechen (3.Weg nach innen), und zwar stets mit einer einzigen, für die Gemeinschaft stellvertretenden Stimme (One-Voice-Policy).

Trotz des Drucks der öffentlichen Meinung darf im Krisenfall die interne Unternehmenskommunikation nicht vernachlässigt werden. Durch die interne Kommunikation werden Aufgaben koordiniert und die Kooperation zwischen Mitarbeitern bzw. Abteilungen gefördert, der Mitarbeiter sollte in das System Unternehmen integriert sein. Bei gelungener Integration wird sich der Mitarbeiter mit dem Unternehmen identifizieren, was eine wesentliche Voraussetzung für eine erfolgreiche Krisenkommunikation darstellt. In der Feuerwehr gibt es eine klare Rollenverteilung, und das sollte auch so in der Krisenkommunikation geregelt sein. Zielgenauigkeit vor Breitenwirkung bedeutet eine differenzierte und umfassende Information von Mitarbeitern, Multiplikatoren, Medien und Öffentlichkeit.

Nun gilt es Schneisen schlagen, aber auch Ressourcen schonen. Angriff ist die beste Verteidigung, schnelle Entscheidungen sind gefordert, bei Feuer wartet man nicht ab, sondern greift zum Feuerlöscher, zu groß ist sonst die Gefahr eines eventuell irreparablen materiellen oder immateriellen Schadens. Einer der häufigsten Fehler in Unternehmen in Krisensituationen ist einfach abzuwarten, was passiert.

Wer in der Krise richtig reagiert, sollte auch darüber reden. Auch die sensible Einbindung psychologischer Aspekte wie Empathie, Mitleid, Angst oder Wut gehören in eine verantwortungsbewusste Krisenkommunikation (4. Mea Culpa). Krisenkommunikation ist Brandbekämpfung und ein wesentlicher Bestandteil unternehmerischer und sozialer Verantwortung. Dazu zählt manchmal auch ein kontrolliertes „Abbrennen lassen", um ein Übergreifen zu verhindern. Die Krise verzeiht keine Fehler. Nur wer glaubwürdig und sachlich argumentiert, kann gewinnen.

In der Krisenintervention bewähren sich Deeskalationstaktik, offene Manöverkritik, interne Disziplin, Selbstkritik und Kooperation mit den Medien. Medienschelte, Rechtfertigungen, Provokationen, Haftungszusagen (führen zum Haftungsausschluss der Versicherung), Vertuschungsversuche, Reizworte, Grundsatzdiskussionen, Abwiegelungsversuche, Falschmeldungen, Spekulationen, Blockaden, Abwehrhaltung, Schuldzuweisungen, Parteinahmen oder belehrenden Botschaften sind unangebracht. Hilfreich ist die Gewinnung von Fürsprechern für eine konstruktive Medienberichterstattung. Zum Standardrepertoire der Krisenkommunikation gehören ständig aktualisierte Pressemitteilungen (mit Datum und Uhrzeit, weniger kreativ, mehr informativ – weniger ist mehr) und Pressekonferenzen bei wirklich wichtigen Ereignissen, mit neutralen, sachlichen und objektiven Informationen, um den Prozess der stillen Post zu unterbinden. Dabei sollte eine offensive, aktive Kommunikation bei aller Bescheidenheit, ohne Anbiederei erfolgen, bei der man Kompetenz herausstellt. (5. Katharsis). Vermeiden sollte man zudem Anglizismen und technisches Fachvokabular.

Nach dem Brand ist vor dem Brand: Nach einem entsprechendem Backing sollten „Brandwachen" aufgestellt werden und einzelne „Glutnester" aufgespürt werden. Das Unternehmen ist wieder Alarmbereitschaft zu versetzen, um ein erneutes Auflodern möglicher Konflikte frühzeitig zu unterbinden. Während Unternehmen in der Krise meist ungewollt im Mittelpunkt des Medieninteresses stehen, wenden sich Journalisten nach der durchlebten Krise schnell anderen Themen zu. Oft müssen Unternehmen ihre Krisennachbereitung kostenpflichtig über Anzeigen, Symposien, Tag der offenen Tür bis hin zu schriftlichen Dokumentationen und neuen Leitlinien kommunizieren (6. Comeback).

Häufiger ist das Phänomen zu beobachten, dass zu laute und heftige Dementis als Bestätigung eines Gerüchts empfunden werden. Dann bewirken sie die antizipierte Bestätigung eines Sachverhalts, der bislang nur Gerücht war. Dementis haben so nur eine unvollkommene Wirkung. Denn eigentlich soll das Dementi Gerüchte entkräften und diejenigen beeinflussen, denen das Gerücht schon bekannt ist.

Gefährlich sind Schnellschüsse, hier kann es genauso schnell zu Bumerang-Effekten kommen, und es wird noch zusätzlich Öl ins Feuer gegossen. Schließlich leben Gerüchte davon, weitergetragen zu werden, in welcher Form auch immer. Gerüchte haben ihren Nährstoff im Gesprächsstoff. Wenn ein ohnehin angeschlagenes Unternehmen ein Gerücht dementiert, trägt er noch aktiv dazu bei, den Inhalt des Gerüchts noch weiter zu verbreiten und letztendlich im kollektiven Gedächtnis zu zementieren.

Im kollektiven Gedächtnis verankerte Negativbeispiele werden dann sofort mit einer neuen Situation assoziiert. Ein Dementi dann zu dementieren ist ziemlich peinlich. Besser sind dann Erklärungen wie „Wir müssen den Fall prüfen" auch auf die Gefahr hin, dass es später in den Medien heißt, „das Unternehmen war zu einer Stellungnahme nicht bereit". Dementis dienen nie der Beseitigung eines Gerüchts, sondern können nur als erweiterte Information angesehen werden.

Letztendlich ist Schweigen oft weniger verdächtig als nur vage formulierte Dementis. Das Aussitzen als Ausdruck der totalen Defensive ist manchmal ein geeignetes Mittel, die Verbreitungskette eines Gerüchts zu unterbrechen und zum Verstummen zu bringen. Der Totstellreflex bietet aber oft wieder Raum für neue Spekulationen. Wer schweigt, überlässt das Feld anderen, die möglicherweise weniger informiert sind. Aussitzen bedeutet auch Aushalten, insbesondere wenn die Gerüchte unter die Gürtellinie gehen.

Grundsätzlich muss man sich bewusst sein, wenn man sich gegen Veröffentlichungen zur Wehr setzen will, dass dies zu weiterer Publicity führen kann – langfristig, positiv oder negativ. Gibt es ein Opfer, existiert auch ein Täter. Nur überführte Täter können Gerüchte in der Öffentlichkeit entkräften.

Natürlich kann man ein Gerücht durch das sogenannte Spin-Doctoring auch versuchen umzudrehen und zu verwässern, wodurch das Interesse der Öffentlichkeit erlischt. Im Unterschied zu politischen Propagandisten geht es beim Spin-Doctoring nicht um die Vermittlung einer bestimmten Ideologie, sondern darum, seinen Auftraggeber, dessen Politik oder andere Personen oder Ereignisse in einem möglichst positiven (oder auch fallweise negativen) Licht darzustellen und in jeder Situation die bestmögliche öffentliche Aufmerksamkeit zu verschaffen. Spin-Doctoren arbeiten mit Bildern, Inszenierungen sowie PR und (be-) nutzen vor allem die Massenmedien und das Internet für ihre Ziele.

Durch Agenda Setting werden Einschätzungen in der öffentlichen Meinung, die öffentliche Agenda, determiniert und Themenschwerpunkte gesetzt. Die Medien haben zwar keinen großen Einfluss auf das, was das Publikum zu einzelnen Themen denkt, aber einen erheblichen Einfluss darauf, worüber es sich überhaupt Gedanken macht.

Beim Spin-Doctoring bleibt der Protagonist meist im Hintergrund. Ziel ist es immer mehr Unklarheit in das Gerücht zu bringen. Durch das ständige Hinzufügen immer neuer, verwirrender Informationen in die Gerüchterzählung gerät in Konflikt mit dem Prinzip der Originalität. Diese Form der gezielten Überversorgung mit aus der Rezipientenperspektive objektiv nutzlosen Informationen überdecken wichtigen Informationen.

Eine Einflussnahme von Spin-Doctoring gibt es vor allem in der Politik. Es wird aus Regierungssicht wichtig ein Thema zu besetzen, Wahrnehmungen und Wertungen zu beeinflussen, wie über einen Sachverhalt gedacht wird und wie er zu interpretieren ist. So war bspw. die Rechtfertigung des Irak-Kriegs mit der angeblichen Bedrohung durch Massenvernichtungswaffen ein Spin. Am 5. Februar 2003 führte US-Außenminister COLIN POWELL als Hauptgründe für den Irakkrieg vor dem UN-Sicherheitsrats an, dass SADDAM HUSSEIN über Massenvernichtungswaffen verfüge und dass er in die Anschläge vom 11. September verwickelt gewesen sei. Beide Behauptungen haben sich als falsch erwiesen.

Stigmatisierung, eine Methode aus der Propaganda- und Agitationsbewegung, bezeichnet die zu sozialer Diskriminierung führende Charakterisierung einer Person oder Gruppe durch die Zuschreibung gesellschaftlich oder gruppenspezifisch negativ bewerteter Merkmale. Ein Stigma ist „eine unerwünschte Andersheit gegenüber dem, was wir erwartet hätten. Dem Gerüchteverursacher werden hinterhältige Motive vorgeworfen und Vorteilsnahme unterstellt. Da man mit solchen „Machenschaften" nichts zu tun haben will, distanziert man sich von den stigmatisierten Urhebern, das Gerücht wird nicht weiter aufgegriffen bzw. weiter verbreitet. Stigmatisierungsprozesse bedeuten, Unterstützung für die Gesellschaft bei denen einzuholen, welche nicht von der Gesellschaft unterstützt werden.

Viele medialen Streitfälle enden irgendwann vor Gericht. Selbst wer Recht hat oder Recht zu haben glaubt, sollte sich wohl überlegen, ob er dies auch geltend macht. Dabei spielt es keine Rolle, ob Informationen von Journalisten ungeprüft übernommen werden dürfen.

Grundsätzlich müssen eine presserechtliche und strafrechtliche Strategie Hand in Hand gehen. Frühe Geständnisse arbeiten der Krisenkommunikation zu, müssen aber mit der Strafverteidigung abgestimmt werden. Rechtliche Mittel können dazu dienen, die Wahrnehmung eines Gerüchts zu destabilisieren und ein Unternehmen als Geschädigten darstellen. Ein Prozessgeschehen beeinflussen stets die Unternehmenskommunikation: Ein scheinbarer Wahrheitsbeweis ist erbracht bei Sieg oder vorläufiger positiver Bewertung durch das Gericht, dagegen geht ein Glaubwürdigkeitsverlust bei einer Niederlage oder einer negativer Zwischenbewertung einher.

Die Presse darf nicht über Informationen berichten, wenn ein überwiegend privates Interesse verletzt wird. Hierbei ist zu erwähnen, dass die Erwähnung einer Person im Zusammenhang mit einem laufenden Ermittlungsverfahren in jedem Fall einen gravierenden Eingriff in sein Privat- und Geschäftsleben bedeutet. Vor allem, weil die Öffentlichkeit schon den bloßen Verdacht als Fakt auffasst. Gemäß dem journalistischen Credo: Nur eine schlechte Nachricht ist eine gute Nachricht, glauben die meisten bei einer Einstellung eines Ermittlungsverfahrens oder einem Freispruch, der Betroffene habe Glück gehabt – der Makel bleibt jedoch.[9]

Besteht ein berechtigtes öffentliches Informationsinteresse an einer Person oder handelt es sich um eine sogenannte Person der Zeitgeschichte, so kann eine Identifizierung berechtigt sein und kommt an einer Berichterstattung nicht vorbei. Eine einstweilige Verfügung gegen die Berichterstattung der „Bild"-Zeitung über das laufende Ermittlungsverfahren im Fall der No-Angels-Sängerin NADJA BENAISSA zeigt die Fronten: In der Abwägung zwischen dem öffentlichen Informationsinteresse und dem Schutz der Privatsphäre entschied das Gericht zugunsten der Persönlichkeitsrechte der Sängerin. „Bild" hatte ursprünglich als erste Zeitung darüber berichtet, dass die No-Angels-Sängerin in einer Frankfurter Diskothek unter dem Vorwurf der schweren Körperverletzung verhaftet wurde. Die Sängerin soll einen Mann bei ungeschütztem Sex mit HIV angesteckt haben, obwohl sie von ihrer Infektion wusste.

„Bild"-Chefredakteur KAI DIEKMANN wies in einer Stellungnahme darauf hin, dass die No Angels, die 2008 Deutschland beim Grand Prix vertraten, die erfolgreichste deutsche Pop-Band der letzten Jahre sei. „Ihre Poster hängen in tausenden Teenager-Zimmern. Die Vorbildfunktion der Bandmitglieder steht daher völlig außer Frage." Angesichts dieser Vorbildfunktion, aber auch der Schwere der strafrechtlichen Vorwürfe gegen Nadja Benaissa ist das öffentliche Interesse an der Berichterstattung nicht im Ansatz zu bestreiten. Auch die dpa hatte über den Fall berichtet. Sie teilte nicht die Auffassung des Anwalts der Sängerin, wonach diese keine absolute Person der Zeitgeschichte sei und es sich auch nicht um eine spektakuläre Straftat handele.

Ein Unterlassungsanspruch kann im Wege der einstweiligen Verfügung durchgesetzt werden und ist damit im Gegensatz zum Klageverfahren auch kurzfristig realisierbar. Mit dem Unterlassungsanspruch kann eine künftige Beeinträchtigung oder drohende Störung rechtlich abgewehrt werden.

Im Medienzivilrecht ist der Unterlassungsanspruch praktisch der wichtigste Anspruch. Denn gerade bei Berichterstattungen im Fernsehen oder in Zeitschriften macht eine nachträglicher Schadensersatz keinen Sinn mehr. Das Ansehen der betroffenen Person wurde dann unwiderruflich beeinträchtigt. Deshalb wird hier oft im Vorfeld versucht die Berichterstattung ganz zu verhindern.

Den Unterlassungsanspruch kann jeder geltend machen, der individuell durch eine unzulässige Äußerung in der Medienberichterstattung, sei es durch eine Tatsachenbehauptung oder eine Meinungsäußerung, in seinem Persönlichkeitsrecht, oder eine Bildnisveröffentlichung betroffen ist. Die Störung muss widerrechtlich sein, sodass eine Verletzung einer geschützten Rechtsposition zu befürchten ist. Hier muss im Einzelnen zwischen dem Persönlichkeitsrecht des Betroffenen und den Grundrechten des Äußernden abgewogen werden.

Anspruchsgegner ist nicht nur derjenige, der die Äußerung unmittelbar tätigt, sondern ggf. auch der Verbreiter der Äußerung (Verbreiterhaftung), also z. B. der Verlag, Sender, Chefredakteur, etc.

---

[9] Vgl. online FRÄDRICH (2009).

Eine weitere Form der inhaltlichen Restriktion ist die Gegendarstellung. Dabei handelt es sich um eine eigene Darstellung eines Sachverhalts, über den zuvor in einem Medium berichtet worden war, durch den Betroffenen selbst. Der Betroffene muss dabei nicht unbedingt den Nachweis erbringen, dass die Veröffentlichung unwahr ist.

Wer von einem Bericht über seine Person oder Organisation betroffen ist, soll sich im selben Medium an vergleichbarer Stelle und in vergleichbarer Aufmachung kostenlos artikulieren, beziehungsweise etwas richtig stellen dürfen. Der Abdruck einer fremden Aussage ist eigentlich ein harscher Eingriff in die redaktionelle Freiheit.

Dennoch versteht sich die Gegendarstellung als Instrument des öffentlichen Interesses an inhaltlich richtiger Information und damit des Rechts auf freie Meinungsbildung als Recht auf Selbstbestimmung über die öffentliche Darstellung der eigenen Person. Anspruch auf eine Gegendarstellung hat nur die betroffene Person, das betroffene Unternehmen, Organ, die betroffene Behörde selbst. Ausschließlich der Betroffene darf eine Gegendarstellung verlangen. Diese muss von dem Betroffenen zwar nicht selbst verfasst, aber unterzeichnet werden.

Danach kann jede Person und jede Stelle (also z. B. auch eine AG, ein Verein oder eine Behörde), die von einer in den Medien verbreiteten Tatsachenbehauptung betroffen ist, ihre eigene abweichende Darstellung des Sachverhalts in demselben Medium an vergleichbarer Stelle kostenlos veröffentlichen lassen. Allerdings darf die Gegendarstellung keine Meinungsäußerungen enthalten und darf auch nicht die Version der gesamten Angelegenheit präsentieren. Insofern beschränkt sich die Gegendarstellung auf die Negation einer – angeblich – unwahren Tatsachenbehauptung. Das Recht der Gegendarstellung ist eine Errungenschaft der französischen Revolution. Aussage gegen Aussage – audiatur et altera pars – auch der andere Teil soll angehört werden: es darf also nur Tatsache gegen Tatsache gesetzt werden. Eine Gegendarstellung ist übrigens nach diesem Grundsatz der Waffengleichheit auch im Internet möglich.

Eine Gegendarstellung muss durch den Betroffenen schriftlich verlangt und persönlich unterzeichnet werden und in engem zeitlichen Zusammenhang mit der beanstandeten Berichterstattung verlangt werden, das sind maximal ca. drei Monate bei Presseerzeugnissen, ca. zwei Monate im Rundfunk. Die Gegendarstellung sollte nicht umfangreicher sein, als die ursprüngliche beanstandete Berichterstattung.

Die Zeitung, die Rundfunkanstalt oder der Internetanbieter ist verpflichtet, die Gegendarstellung unverzüglich in der nächsterreichbaren Ausgabe des Mediums an derselben Stelle und in derselben Aufmachung zu veröffentlichen wie der beanstandete Artikel.

Prinzessin CAROLIN VON MONACO war die erste Person, die eine Gegendarstellung auf einer Titelseite erwirken konnte. Die Illustrierte „Das Neue Blatt" hatte einen Artikel über eine angeblich bevorstehende Hochzeit von Prinzessin CAROLINE VON MONACO und die darauf bezogenen Vorbereitungen der Bewohner des Dorfes Saint Rémy veröffentlicht. Der Artikel war in der unteren Mitte der linken Spalte der Titelseite als „Exklusiv-Reportage" angekündigt. Dagegen erwirkte CAROLINE VON HANNOVER eine einstweilige Verfügung zum Abdruck einer Gegendarstellung auf der Titelseite.

Die *Bild*-Zeitung musste 2002 eine Gegendarstellung von WOLFGANG THIERSE, in seiner Funktion als Bundestagspräsident, abdrucken, in der es um das Treffen der deutschen und französischen Parlamentarier in Paris ging, das in der *Bild*-Zeitung als „Paris-Sause", ein großes Fest auf Kosten der Steuerzahler, dargestellt wurde.

Es ist in diesem Zusammenhang auch zulässig, einen sogenannten Redaktionsschwanz anzuhängen, in dem das Medium sich z. B. vom Inhalt der Gegendarstellung distanziert. In ihrer Wirkung ist die Gegendarstellung somit eher bescheiden, zumal von Redaktionen oft Gegendarstellungen mit dem Hinweis veröffentlicht werden, man sei zum Abdruck verpflichtet unabhängig vom Wahrheitsgehalt derselben. Hier entsteht eher der Eindruck, es handele sich eher um eine Schutzbehauptung des Betroffenen als ein Beitrag zur Wahrheitsfindung. Für die Gegendarstellung ist es ohne Bedeutung, ob die beanstandete Tatsachenbehauptung wahr oder falsch war. Wer den Anspruch auf Gegendarstellung geltend macht, muss aber selbst durch die Tatsachenbehauptung betroffen sein und ein berechtigtes Interesse geltend machen. Ein berechtigtes Interesse fehlt z. B., wenn die Gegendarstellung offenkundig unwahr, oder inhaltlich völlig belanglos ist.

Wenn das Medium die Gegendarstellung verweigert, kann der Betroffene sie nach den Vorschriften für eine einstweilige Verfügung vor einem Zivilgericht erzwingen. Dabei müssen weder die Dringlichkeit noch der Wahrheitsgehalt glaubhaft gemacht werden.

Der Betroffene kann unverzüglich Stellung nehmen, innerhalb von zwei Wochen gilt als angebrachte Frist. Das Abdruckverlangen einer Gegendarstellung darf nur innerhalb von drei Monaten an den Verlag gestellt werden, nachdem der Artikel veröffentlicht wurde. Ein Wahrheitsbeweis der Gegendarstellung muss nicht erbracht werden, eine Gegendarstellung ist keine Berichtigung. Somit steht nach einer abgedruckten Gegendarstellung Aussage gegen Aussage. Dem Leser ist es nicht möglich, zu wissen, welche Aussage nun richtig ist.

Die Zeitschrift „Das Neue - Schnell und Aktuell" hatte auf ihrer Titelseite einen Bericht über eine angeblich bevorstehende Hochzeit von FRANZISKA VAN ALMSICK angekündigt. FRANZISKA VAN ALMSICK erwirkte per einstweiliger Verfügung den Abdruck einer Gegendarstellung auf der Titelseite und eines Widerrufs im inneren Teil. Die Zeitschrift druckte beides im Innenteil ab, und kündigte die Gegendarstellung lediglich auf der Titelseite an. Die Zivilgerichte bestätigten daraufhin den Anspruch Franziska van Almsicks, die Gegendarstellung auf der Titelseite abzudrucken. Dem kam die Illustrierte daraufhin nach. Neben der Gegendarstellung verlangten FRANZISKA VAN ALMSICK und ihr damaliger Freund eine Richtigstellung auf der Titelseite.[10]

Gegen Meinungsäußerungen gibt es keine Gegendarstellung, keine Richtigstellung und keinen Widerruf. Unterlassung bei Meinungsäußerungen ist nur im seltenen Fall der Schmähkritik möglich.

Im Gegensatz zur Gegendarstellung verhält es sich mit einer Berichtigung ganz anders: Eine Berichtigung ist die Behebung einer falschen Information. Die Zeitung räumt also selbst ein, dass eine Veröffentlichung unzutreffend war. Im Medienrecht versteht man unter dem Begriff Berichtigung sowohl die Richtigstellung als auch den Widerruf einer Tatsachenbehauptung in einem Medium (z. B. Presse oder Rundfunk). Es existiert ein Berichtigungsanspruch für die Berichtigung falscher Angaben, der nicht im Verfahren des einstweiligen Rechtsschutzes,

---

[10] Vgl. BUNDESVERFASSUNGSGERICHT (1998).

sondern nur im Hauptsacheverfahren durchgesetzt werden kann. Berichtigungen in der Presse sind zwar wirkungsvoller als Gegendarstellungen, kommen in der Praxis meist zu spät. Ein Prozess bei dem eine der Prozeßparteien in Berufung oder gar Revision kann sich über Jahre hinziehen mit der Folge, dass dann wieder schlafende Hunde erneut geweckt werden und die Angelegenheit in den Medien wieder hoch kocht – mit gegenteiligem Erfolg.

Schadensersatzansprüche sind bei unwahren, geschäftsschädigenden Tatsachenbehauptungen möglich, allerdings ist es sehr schwierig, einen konkreten Schaden durch die Veröffentlichung nachzuweisen. Im Schadenersatzrecht zwischen haftungsbegründender (die Verletzungshandlung führt zur Rechtsgutsverletzung) und haftungsausfüllender (die Rechtsgutsverletzung führt zum Schaden) Kausalität unterschieden. Selbst wenn Geldentschädigungen etwa wegen Verletzung der Persönlichkeitsrechte zugesprochen werden, ist der Abschreckungseffekt aufgrund der geringen Summe viel zu niedrig. Ansehensverlust oder Imageschaden sind nicht zu beziffern.

4 Krisenintervention

„Krisen meistert man am besten, in dem man ihnen zuvorkommt"[11]

In jedem Bereich menschlicher Tätigkeit „geht das schief, was schief gehen kann" – so lautet die Hauptregel von Murphys Gesetzen. „Wenn etwas auf verschiedene Arten schiefgehen kann, dann geht es immer auf die Art schief, die am meisten Schaden anrichtet" – eine weitere wichtige Lebensweisheit, die eine wichtige Aussage über das menschliche Versagen bzw. über die Fehlerquellen in komplexen Systemen trifft. „Früher oder später wird die schlimmstmögliche Verkettung von Umständen eintreten" – ein weiterer Aspekt, der stets in der Krisenkommunikation Eingang finden sollte. „Hat man alle Möglichkeiten ausgeschlossen, bei denen etwas schiefgehen kann, eröffnet sich sofort eine neue Möglichkeit."

Hausgemachte Krisen resultieren oft aus dem unzureichenden bzw. zu seltenen Umgang mit der Presse. Da viele Menschen eher pessimistisch denken, bemerken und beurteilen sie vorwiegend die negativen Ereignisse. Die positiven sind für sie eher selbstverständlich und fallen weniger auf. Hauptziel von Public Relations ist der strategische und kontinuierliche Aufbau einer Beziehung zwischen einem Unternehmen einerseits und der Presse anderseits, um Sympathie und Vertrauen aufzubauen. PR grenzen sich von Agitation oder Werbung insoweit ab, als sie nicht einzelne Handlungen anzielen, sondern ein generelles positives Vorurteil erzielen möchte. Ein persönlicher Vertrauenskredit zahlt sich für das Unternehmen in Krisenzeiten aus.

Presse- und Öffentlichkeitsarbeit umfasst die Gewinnung von Meinungsführern (Lobbyismus), die Okkupation von Begriffen (Wording) und den Ausbau des Bekanntheitsgrades eines Unternehmens. Die klassische Presse- und Öffentlichkeitsarbeit umfasst unter anderem die Bereitstellung von Informationen für die Presse, die Nutzung von elektronischen Medien für die gezielte Platzierung eigener Botschaften sowie die Herstellung und Verbreitung von Medienerzeugnissen.

---

[11] WALT WHITMAN ROSTOW, geboren 1916, gestorben 2003, US-amerikanischer Ökonom und Wirtschaftshistoriker.

Redaktionelle Veröffentlichungen erhöhen die Chance, dass über das Unternehmen berichtet wird und damit eine allgemeine Relevanz erreicht wird. Zudem wird von Lesern und Usern die Glaubwürdigkeit von redaktionellen Beiträgen höher eingestuft als von Anzeigen und Werbebannern. Die meisten Redaktionen sind tatsächlich auf Informationen aus den unterschiedlichsten Quellen angewiesen und nur die wenigsten von ihnen stützen sich auf große Redaktionsstäbe und feste Korrespondenten-Netze.

Häufig ist das Verhältnis zwischen Unternehmen und Medien von Berührungsängsten gekennzeichnet, nach dem Motto „Der Presse gehe ich möglichst aus dem Weg!" Vertrauensvolle Langzeit-Kontakte zu Journalisten fehlen. Dabei wird der Wunsch nach Kontaktaufnahme der Journalisten sträflicherweise verweigert, oder z. B. berechtigte Fotowünsche der Presse abgelehnt.

Immer wieder in den PR-Abteilungen zu bemängeln sind verspätete oder Informationen ohne Neuigkeitswert. Schnelligkeit geht vor Vollständigkeit, die Vorläufigkeit sollte daher in der Presseinformation deutlich gekennzeichnet werden. Zu den häufigsten Fehlern in einer Pressemitteilung gehört das Fehlen der drei „W"-Fragen Was? Wann? Wo?, oder die Presseinformationen enthalten "fachchinesische" Begriffe, die nicht erläutert werden bzw. sind wie ein Fachbeitrag abgefasst.

Semiprofessionalität in der Pressearbeit verursacht Rückschlüsse auf die Seelenlage des Unternehmens in der Krise. Immer wieder sind Presseinformationen nicht gegliedert, die wichtigsten Informationen stehen am Ende oder gehen unter, oder die Pressemitteilung entspricht nicht dem formalen Anspruch an: Überschrift, Absender, Name, Anschrift, Funktion, Telefon, Telefax, Tag, Datum, Ort, Zeit, Nummer der Meldung. Neben einer klaren Sprachregelung im Unternehmen über den Umgang mit Medien sollten also PR-Verantwortliche ihre Hausaufgaben gemacht haben.

Die Bedeutung – der Informationswert – der Presseinformation muss beachtet werden: Personen stehen im Vordergrund, die Interessen der Öffentlichkeit (Nachbarschaft, Kunden, Umwelt) stehen vor den Unternehmensinteressen. Lange, komplizierte und verschachtelte Sätze verstärken die rhetorische Krise. Handwerkliche Fehler sind zu vermeiden, wie zum Beispiel die Angabe einer falschen Hotline-Nummer.

Auch sind viele Pressegespräche und manche Pressekonferenzen durch mangelhafte Vorbereitung gekennzeichnet. Dazu gehören Proben von Ablauforganisationen speziell für den Umgang mit Medien und Öffentlichkeit im Krisenfall. Eine kurzfristige Schadensbegrenzung einer kommunikativen Krise ist nur PR-Kosmetik – erfolgreiche Krisenkommunikation setzt auf langfristige Neuorientierung und Vertrauensbildung, Konsensmanagement ist dabei nicht gefragt. Zu einer transparenten Informationspolitik gehört auch die richtige Bildsprache. Ein Bild sagt mehr als 1.000 Worte, daher sollten möglichst authentische Fotos zugelassen werden.

Gerüchte lassen sich nie komplett kontrollieren, aber Unternehmen bzw. ihre PR-Abteilungen können diesen durch eine solide Presse- und Öffentlichkeitsarbeit entgegenwirken. Schafft ein Gerücht den Sprung aus dem Internet in die klassischen Medien, ist es für eine frühzeitige Gegenoffensive zu spät. Das Gerücht kann sich in Eigendynamik verselbstständigen und ist dann kaum noch zu beeinflussen. Es hat das Szenario einer Krisensituation erreicht.

Wer eine durch Gerüchte ausgelöste Krise verhindern will, muss ein geeignetes Frühwarnsystem durch eine umfassende, transparente Informationspolitik und einen entsprechend langfristigen Imageaufbau entwickeln und auch einsetzen. Alles was Gerüchte auslösen kann muss beobachtet werden. Ein starkes positives Image dient der Gerüchteprävention. Je früher sich das Unternehmen mit einem Thema auseinandersetzt, desto größer ist die Wahrscheinlichkeit, dass das Gerücht sich zugunsten des Unternehmens entwickelt.

Mangelhafte und fehlende Umfeldbeobachtung ist ein Grund für die Eskalation von Krisen. Eine weitere Schwachstelle ist das schlichte Leugnen der latenten Krise und „Bunkerdenken". In einer gefährlichen Mischung aus Betriebsblindheit und mangelndem Problembewusstsein glauben Führungskräfte oft an die Unverwundbarkeit ihres Unternehmens. Manager scheitern immer wieder in der Krisenintervention, weil sie die Bedrohung zu spät erkennen oder wahr haben wollen, oder weil sie in einer Mischung aus „Schicksalshadern" und Selbstbemitleidung die kommunikative Front falsch einschätzen. Eine systematische Früherkennung fehlt daher bei vielen Unternehmen, Krisen-PR gilt lediglich als Alibi zur Gewissensberuhigung. Der Malus sind zumeist dezentrale Kommunikationsstrukturen, unterschätztes Krisenpotenzial, zu langsames Handling und zu wenig kommunikative Qualitätssicherung.

Durch den Informations-Overload – eine Vielzahl von Informationen und beschränkten Informationsaufnahme und Informationskapazität der Entscheidungsträger – kann auch das beste Frühwarnsystem nur einen Teil der potenziellen Krisenherde abdecken. Im Idealfall liefern daher die eigenen Mitarbeiter Beobachtungen zu kritischen Ereignissen. Stattdessen landen Frühwarninformationen oft bei unternehmensexternen Adressaten wie Boulevardjournalisten, weil einzelne Beschäftigte ihren Arbeitgeber verpfeifen.

Obwohl Gerüchte zu den betrieblichen Risiken zählen, die durch das Gesetz zur Kontrolle und Transparenz im Unternehmensbereich (KonTraG) vorgeschriebenen Risikomanagement eigentlich mit erfasst werden sollten, ist ein Krisenplan, geschweige eine „Stallwache", für solche Szenarien oft nicht vorhanden. Nicht die Großen fressen die Kleinen, sondern die Schnellen die Langsamen.

Viele Anforderungen von Risikomanagementsystemen bei börsennotierten Unternehmen stammen von Wirtschaftsprüfern. Sie sind im Prüfungsstandard des Deutschen Instituts der Deutschen Wirtschaftsprüfer festgelegt. Demnach ist u.a. die Risikopolitik durch Führungskräfte zu definieren, Identifikationsverfahren für Risiken festzulegen, Verantwortlichkeiten für die Überwachung zu bestimmen. Ein Frühwarnsystem ist einzurichten, das Berichtswesen muss beschrieben werden. Die einzelnen Arbeitsdokumente müssen erstellt werden, und alle organisatorischen Regelungen sind in einem „Risikomanagementhandbuch" bzw. einer entsprechenden IT-Lösung zusammenzufassen. Die Funktionsfähigkeit des gesamten Systems muss regelmäßig überprüft werden, eine Aufgabe der Revision. Wer an einer fixen Strategie festhält, wird zwangsläufig im Wettbewerb verlieren. Zum Risikomanagementsystem in der Praxis gehören regelmäßige Audits.

Information und Wissensvermittlung sind Kern der Risikokommunikation, zudem die Risikokultur im Unternehmen überprüft werden: Je unbekannter das Risiko; desto schrecklicher die Wahrnehmung. Freiwillig eingegangene Risiken werden unkritischer gesehen, unfreiwillig übernommene Risiken werden weitaus bedrohlicher eingeschätzt. Alarmpläne sollten schnell greifbar und flexibel einsetzbar sein, jährlich erneuert werden, geübt sein und geübt werden. Vorteilhaft im Rahmen des strategischen Managements ist hierbei auch die SWOT-Analyse

(Strengths, Weaknesses, Opportunities, Threats) zur Auslotung von Stärken und Schwächen, Chancen und Risiken.

Einschlägige Studien belegen, dass die Risikowahrnehmung von Laien nach anderen Grundsätzen funktioniert als jene von Experten. Dies hängt mit den Mechanismen der Risikowahrnehmung zusammen. Demnach wird ein Risiko niedriger eingestuft, wenn man den Eindruck hat, es kontrollieren zu können. Neue Technologien werden eher als riskant eingestuft als bekannte Technologien.

Im Idealfall trägt das systematische Issue Monitoring dazu bei, dass Krisen gar nicht erst entstehen. Zeit gewinnen durch solide Vorbereitung – Issues-Management ist eine interdisziplinäre, strategische Aufgabe, die neben technischem Fachwissen auch gesellschaftsrelevante Kenntnisse benötigt. Es dient dem Unternehmen als Frühwarnsystem, als Radar oder als Leuchtturm: Es leistet die permanente, strukturierte und frühzeitige Identifikation, Analyse und Bewertung von unternehmensrelevante Informationen mit noch latenter Wirkung, die mehr und mehr via Internet und Mainstream (Print, AV) verbreitet werden und eine Eigendynamik entfalten könnten. Beim Web Issues Profiling als Frühwarnsystem zur Vermeidung von Unternehmenskrisen geht es um das gezielte Themenmonitoring im Internet, in Hinblick auf Issues wie Social Media (Mailinglists, Foren, Groups, Blogs, Podcasts, Social Networks), NGOs oder Think Tanks.

Im Rahmen des Issue-Screenings gehört zuvor die Implementierung eines Themenmanagement, bei der sogenannte weiche Signale eruiert werden, wie zum Beispiel demographischer Wandel oder Klimawandel. Mit Hilfe eines ganzheitlichen Issue Managements kann mit der strategischen Bewertung der Ergebnisse auf ihr Krisenpotenzial anschließend an der Vermeidung potenziellen Krisenherde gearbeitet werden. Es wird darüber hinaus auch zur Aufdeckung von Urheber- und Namensrechtsverletzungen sowie zur kontinuierlichen Beobachtung von Wettbewerbern eingesetzt.

Im Unterschied zur vergleichsweise überschaubaren Überwachung von Offline-Publikationen durch traditionelle Ausschnittdienste ist die Beobachtung aller potenziell relevanten Internet-Seiten schlicht unmöglich. Anstelle der Zeitungsausschnitte durch Ausschnittdienste werden den Kunden beim Internet Monitoring die jeweiligen Internet-Adressen mit samt einer Kurzfassung des Inhalts übermittelt. Die Bereitstellung sogenannter „Citations" erfolgt wahlweise per E-Mail oder auf kennwortgeschützten Internet-Seiten. Unternehmensspezifische „Hate sites" oder unternehmensübergreifende „Gripe sites" werden allerdings häufig erst dann überwacht, wenn traditionelle Offline-Medien über sie berichtet haben.

Manuelles Web-Monitoring wird überwiegend unternehmensintern durchgeführt. Dabei werden in den meisten Fällen bestimmte Suchbegriffe – wie Firmen- oder Produktnamen – in verschiedene Internet-Suchmaschinen eingegeben und zusätzlich ausgesuchte Online-Foren beobachtet. Problematisch bei dieser Strategievariante ist, dass selbst die besten Suchmaschinen nur einen Teil der im Internet verfügbaren Seiten erfassen und zudem tagesaktuelle Nachrichten nur selten in den Suchergebnissen enthalten sind.

Als Resultat der erheblich gestiegenen Nachfrage bieten mittlerweile eine Reihe spezialisierter Dienstleister ihren automatisierten Service in diesem Marktsegment an. Auch traditionelle Clipping-Services haben ihr Angebot erfolgreich auf das Internet ausgeweitet. Problematisch bei der Nutzung dieser Dienste ist, dass einige ihre Online-Angebote für automatisierte Suchverfahren gesperrt haben und sich so eine Vielzahl nutzloser „Citations" mit oft nur profanem Inhalt ansammeln.

In einer Krise ist das Informationsbedürfnis der Öffentlichkeit enorm, eine Website muss ständig aktualisiert werden und übersichtlich bleiben. Das Internet eignet sich sehr gut als Plattform der aktiven Krisenintervention. In den meisten Krisen recherchieren Journalisten und Interessierte mit aller Macht, also vor allem im Internet und informieren sich auf der Homepage über die betroffene Person oder das angeschlagene Unternehmen. Etwa kurzfristig eingerichtete Hotlines werden daher nicht genügen. Grundsätzlich ist eine nicht aktualisierte Website eine schlechte Visitenkarte. Im Krisenfall die Homepage einfach abzuschalten, kommt einer Bankrotterklärung gleich.

Kommunikationsprofis bereiten für solche Fälle sogenannte Dark Sites vor, die in Minutenschnelle online gestellt werden können und auf denen wichtige Hintergrundinfos, Kontaktadressen und natürlich aktuelle Meldungen für Journalisten, Angehörige von Betroffenen und die interessierte Öffentlichkeit verfügbar sind. Diese Darksites sind möglichst einfach grafisch und am besten so in html gestaltet, dass ein einfaches schnelles Posten möglicht ist. So lässt sich im Zweifel die Öffentlichkeit im Minutentakt informieren. Es empfiehlt sich eine umgekehrte Chronologie der Beiträge, RSS, Kategorien oder besser Tagging. Auf aufwändige Animationen, PDFs oder Pop-Ups oder sonstiges schmückendes Beiwerk sollte verzichtet werden, damit die Seite im Ernstfall schnell abgerufen werden kann. Um so einfach desto besser. Krisen erfordern ungewöhnliche Maßnahmen. Dies ist in Hinblick auf mögliche Spitzen bei der Serverauslastung bei hohen Abfragefrequenzen besonders wichtig. Auch kann ein auf solch einer Dark Site ein Weblog – oder zumindest Features eines Weblogs vorgehalten werden.

Für den raschen Einsatz können Blindtextbausteine vorgehalten werden. Noch besser ist es, die Darksite schon suchmaschinenaffin zu präparieren, online im Hintergrund zu halten und dennoch schon auf relevante Suchbegriffe hin zu optimieren. Im Krisenfall bediene sich nicht nur Journalisten Google, um mehr Hintergründe zu ermitteln. Hier erweist es sich als vorteilhaft, wenn die eigene Darksite mit entsprechenden Suchbegriffen unter den ersten 10 Ergebnissen – am besten ganz oben – auftaucht.

In Friedenszeiten sollte dazu ein unverfänglicher Text eingesetzt werden, zum Beispiel der das Szenario einer Krisenintervention unverfänglich beschreibt. Darin sollten die wichtigsten Keywords auftauchen. Erster Schritt zur Suchmaschinenoptimierung ist die Auswahl der geeigneten Suchbegriffe. Hierzu kann man sich frei verfügbarer Datenbanken, wie einer Keyword-Datenbank, oder dem *Metager* Web-Assoziator bedienen. Ein weiterer Schritt ist die Analyse des User-Verhaltens bei der Verwendung von häufigen (logischen und generischen) Keywords.

Die Metatags im Headbereich einer Homepage verlieren dabei immer mehr an Bedeutung. Um korrekte Suchergebnisse gewährleisten zu können, werden diese von großen Suchmaschinen wie Google kaum noch beachtet. Allerdings werden diese auch von kleineren Suchmaschinen und Webkatalogen herangezogen. Wichtig ist aktueller und relevanter Text in der betreffenden Internetpräsenz, um möglichst viele Keyword-Phrasen gewährleisten zu können. Besonders bedeutsam sind außerdem die Wörter, die im Seitentitel (Title-Tag), in Textlinks resp. Teaser (auch solchen, die auf die betreffende Seite verweisen) sowie innerhalb der URL vorkommen.

Bei der traditionellen Suchmaschinenoptimierung wird üblicherweise eine Seite für mehrere Suchwörter optimiert. Dabei werden die Suchwörter mit den entsprechenden Inhalten kombiniert. Mittlerweile genügt es nicht mehr alleine, die Relevanz von Webseiten zu erhöhen.

Im Krisenfall wird die derart optimierte Seite sekundenschnell umgeswitched und mit brandaktuellen Informationen angefüttert bzw. ausgetauscht – Aktion statt Reaktion. Solche Seiten sollten mehrfach und unter verschiedenen ebenfalls relevanten Domains und IP-Adressen abgelegt werden und deswegen teilweise auch zu PR-Agenturen ausgelagert werden. Dies erhöht die Chance in den Suchmaschinerankings weit vorne zu erscheinen.

Im Krisenfall zahlt sich in Hinblick auf Webhosting Autarkie aus, so sollte man Wert legen auf einen eigenen, direkten Zugriff auf die Website haben per FTP oder via Content Management System), ohne Umwege über Provider oder sonstige Dienstleister, die stets die Gefahr erheblicher Reibungsverluste und Zeitverzögerung bergen. Übrigens sollte jede Pressestelle bzw. jeder gewissenhafte Pressesprecher oder Krisenmanager in der Lage sein, seine Webseiten im Bereich der Presse- und Öffentlichkeitsarbeit selber zu pflegen.

Die Arbeitsweise der Sortier-Algorithmen wird von den Suchmaschinen versucht geheim zu halten und häufig geändert, um Missbrauch zu erschweren und dem Benutzer nur wirklich relevante Ergebnisse zu liefern. Auf sie muss deshalb indirekt durch die Analyse der Suchergebnisse geschlossen werden.

Suchmaschinenoptimierungen sollten nicht nur auf Google ausgerichtet werden, obgleich hier der größte Marktanteil bei den Suchmaschinenergebnissen vorzufinden ist. Gerade im Rahmen der Link Popularity von *Google* ist die Anzahl der externen Verlinkungen auf die eigene Seite von Bedeutung, um im *Google* Page Rank höher zu klettern. Ein gute Sichtbarkeit in Suchmaschinen sowie die Quantität und Qualität der eingehenden Links auf eine Website (Backlinks) werden immer wichtiger. Die OffPage-Optimierung sollte sich idealerweise auf reichweitenstarke, populäre Webseiten konzentrieren.

Quellenverzeichnis

BECK-ONLINE (2003): BVerfG: Nachrichtenagentur durfte Meldung über Schröders vermeintlich gefärbten Haare nicht ohne Recherche verbreiten, online: http://beck-online.beck.de/default.aspx?vpath=bibdata\reddok\hp.10\103959.htm&pos=28&hlwords= #xhlhite, Stand: 26.09.2003, Abruf: 22.08.2009.

BECK-ONLINE (2009): http://beck-online.beck.de/default.aspx?vpath=bibdata%5creddok%5chp.10%5c284272.htm&pos=17&hlwords=, Stand: 26.06.2009, Abruf: 22.08.2009.

BUNDESVERFASSUNGSGERICHT (1998): Titelseiten von Presseerzeugnissen müssen nicht von Gegendarstellungen oder Richtigstellungen freigehalten werden, Pressemitteilung Nr. 16/98 vom 26.02.1998, Karlsruhe 1998.

HEISE-ONLINE (2006): Google sperrt nun auch deutsche Webseiten mit versteckten Suchwörtern aus, online: http://www.heise.de/newsticker/Google-sperrt-nun-auch-deutsche-Webseitenmitversteckten-Suchwoertern-aus--/meldung/69230, Stand: 5.02.2006, Abruf: 25.08.2009.

FRÄDRICH, A. (2009): Krisenkommunikation statt Kommunikationskrise, in: Neue Juristische Wochenschrift, 2009, Nr. 3, online: http://www.medixtra.de/pdf/litigation_PR.pdf, Stand: 15.12.2008, Abruf: 24.08.2009.

NETZEITUNG (2009): Sylter Ordnungsamt will Rechnung schicken – Flashmob-Party könnte 20.000 Euro kosten, online: http://www.netzeitung.de/vermischtes/1380061.html, Stand: 15.06.2009, Abruf: 22.08.2009.

PROSIEBEN.DE (2009): Homepage, online: www.prosieben.de, Stand: 220.08.2009, Abruf: 22.08.2009.

DARNSTÄDT, T./HORNIG, F./MÜLLER, M. U./ROSENBACH, M./SCHMUNDT, H. (2009): Staat gegen Netzbürger – wer hat die Hoheit im Internet, in: Spiegel, 2009, Nr. 33, S. 68–81.

Autorenverzeichnis

ASSMANN, MARTIN: Doktorand der International Graduate School of Dynamic Intelligent Systems, geb. 1981, hält ein Stipendium der *Wincor Nixdorf International GmbH*. Forschungsschwerpunkte in den Bereichen Service-orientierte Architekturen und Enterprise Architecture Management.

BECHT, ULRICH: Dipl.-Inf., geb. 1963, seit 2003 bei Mitarbeiter der *BearingPoint GmbH*, dort als Business Director tätig, langjährige Erfahrung als Projektleiter für die Implementierung von Meldewesenlösungen in Deutschland und Luxemburg, Unterstützung von Kunden bei der Umsetzung neuer melderechtlicher Anforderungen sowohl in fachlichen Fragestellungen als auch beim Design der IT-Architektur und der Prozesse.

CALISKAN, SERKAN : Dipl.-Inf. (FH), geb. 1977, seit 2001 Mitarbeiter der *BearingPoint GmbH*, dort als Manager in der *SAP* Advisory Gruppe und verantwortlich für Themen rund um *SAP* NetWeaver, User Interfaces und *SAP* Business Objects GRC, Schwerpunkte der Tätigkeit im Projektmanagement, in der Strategieentwicklung und in der Konzepterstellung; weitere Fokusthemen: Entwicklung von Governance-Modellen und das effiziente Management von Compliance (Hierfür hat die *BearingPoint GmbH* unter der Verantwortung von Herrn CALISKAN das iGRC Cockpit entwickelt.)

DEWAL, SANJAY: Dr. rer. nat., Dipl.-Inf., geb. 1961, Studium und Promotion an der *Universität Dortmund*, seit 2000 bei *BearingPoint GmbH*, dort als Senior Manager derzeit Entwicklungsleiter für das Produkt ABACUS/DaVinci im Bereich des regulatorischen Meldewesens; langjährige Expertise in unterschiedlichen Positionen(z. B. als Berater, Chef-Architekt oder Projektleiter) für die Einführung von Methoden und Standards zur Verbesserung der Software-Entwicklung, für die Auswahl und Implementierung von neuen Technologien, für die Planung, Konzeption und Implementierung von IT-Strategien, für die Planung und Umsetzung von IT-Outsourcing-Projekten sowie die Optimierung von IT-Architekturen.

DORRHAUER, CARSTEN: Prof. Dr. rer. pol., Dipl.-Hdl., geb 1969, seit Wintersemester 2009/10 Inhaber der Professur für Wirtschaftsinformatik, insbesondere Information Management, im Fachbereich III der *Fachhochschule Ludwigshafen*, zuvor als IT-Projektmanager bei der *Heidelberger Druckmaschinen AG* unter anderem verantwortlich für die Einführung eines globalen Online-Shops für Druckverbrauchsmaterialien; 2004–2009 Professor für Angewandte Informatik im Studiengang Wirtschaftsingenieurwesen an der *Berufsakademie Stuttgart*; diverse Dozenturen an verschiedenen Hochschulen; Arbeitsschwerpunkte: Modellierung, Software Engineering, Information Management.

FESSLER, SVEN: MBA, geb. 1968, derzeit für die Software Group der *IBM Deutschland GmbH* im Information Solutions Tiger Team tätig und dort schwerpunktmäßig für das Thema Master Data Management verantwortlich; betreut Kunden aus allen Industrien; zuvor Produktmanager, Berater und Sales Specialist in verschiedenen Unternehmen und Positionen im Software-Bereich, u. a. bei mittelständischen Unternehmen und *Oracle*.

FRÄDRICH, ANDREAS: Medizinjournalist und Onlineredakteur, geb. 1969, Pressesprecher der Unternehmensgruppe *Klinik Bavaria*, Berater für Krisenkommunikation und Litigation-PR der Agentur *mediXtra*, Gründer des *Deutschen Infografikdienstes 2001*; seit 15 Jahren tätig in der Presse- und Öffentlichkeitsarbeit und im Corporate Publishing, u. a. für den *WEKA*-Verlag; Autor verschiedener Fachbücher, u. a. „Welt der Infektionskrankheiten"; Chefredakteur mehrerer prominenter Medizinportale.

GADATSCH, ANDREAS: Prof. Dr. rer. pol., Dipl.-Kfm., Dipl.-Bw., geb. 1962, Inhaber der Professur für Betriebswirtschaftslehre, insbesondere Wirtschaftsinformatik im Fachbereich Wirtschaft der *Fachhochschule Bonn-Rhein-Sieg* in Sankt Augustin; zuvor lange Jahre als Berater, Projektleiter und IT-Manager in der Praxis tätig, zuletzt verantwortete er im zentralen Informationsmanagement der *Deutschen Telekom AG* das Arbeitsplatzsystem-Management und die IT-Sicherheit bevor er 2000 in die anwendungsbezogene Forschung und Lehre wechselte; Arbeitsschwerpunkte: Einsatz von SAP ERP®, das Geschäftsprozess- und Workflow-Management sowie IT-Controlling und IT-Management; Mitherausgeber der Zeitschrift WIRTSCHAFTSINFORMATIK; Autor von über 160 Publikationen, davon 14 Bücher, die z. T. in mehreren Auflagen und Sprachen erschienen sind.

GÜNTHER, LARSEN: Dipl.-Ing., geb. 1966, seit 1996 Mitarbeiter der *BearingPoint GmbH*, dort als Senior Manager tätig; langjährige Erfahrungen in Praxis und Beratung mit dem Fokus auf Geschäftsprozessoptimierung, SAP-Einführung, Projekt- und Programmanagement, unterstützt mit den SAP Advisory Services Kunden in unterschiedlichen Branchen bei IT-Strategiefragen mit dem Schwerpunkt Unternehmenssoftware und SAP.

HAACK, MARKUS: Dipl.-Ing. (BA) für Informationstechnik, geb. 1978, Enterprise- und Solution-Architekt im SOA-Umfeld, beschäftigt sich seit mehreren Jahren mit dem Aufbau von modernen Unternehmensarchitekturen und unternehmensweiten Portallösungen für Finanzdienstleister.

HACK, STEFAN: Dipl.-Wirt.-Ing., M.B.A., Studium an der *Universität Karlsruhe* und als Stipendiat des Landes Baden-Württemberg an der *University of Massachusetts*, Boston; seit 1998 bei der *SAP AG*, gegenwärtig Beratungsleiter der *SAP Consulting Deutschland* für Beratungsdienstleistungen, verantwortlich für die Konzeption und Realisierung Service-orientierter Architekturen, zusätzlich leitet er bei *SAP Field Services* internationale Programme für Enterprise SOA sowie zum Thema Nachhaltigkeit (Sustainability); zuvor als Vice President bei der *SAP AG* verantwortlich für die Entwicklung von Managementmethoden und Werkzeugen zur Modellierung, Dokumentation und Implementierung von Geschäftsprozessen; davor als Senior Associate für *McKinsey & Company* in Düsseldorf tätig mit den Projektschwerpunkten IT-Strategie und Aufbau innovativer Geschäftsbereiche; zuvor zertifizierter *SAP*-Logistikberater (SAP R/3 MM, PP, SD) bei *KPMG Peat Marwick* in Boston, Massachusetts.

HAGEN, NICO VOM: Bachelor of Computer Science, geb. 1980, seit einigen Jahren als Architekt einer Standardsoftware-Produktlinie im Bankenumfeld tätig; Schwerpunkte: Produktlinien-Engineering, Service-orientierte Architekturen und Architektur-Governance.

Autorenverzeichnis

HAMIDIAN, KIUMARS: Dipl.-Wirt.-Ing., geb. 1968, Partner der *BearingPoint GmbH*, koordiniert als *SAP* Solution Leader alle *SAP*-Aktivitäten der *BearingPoint GmbH*; Erfahrungsschwerpunkte liegen im Projektmanagement großer Business-Transformation-Projekte mit dem Fokus auf die Themen SCM, CRM, GRC und *SAP* sowie IT-Strategie.

KALINOWSKI, TORSTEN: Dipl.-Ing., geb. 1971, Senior Manager bei der *BearingPoint GmbH* im Bereich *SAP* Advisory Services, in die verschiedensten Beratungsthemen aus dem Bereich Unternehmens- und IT-Strategien involviert, Schwerpunkte: *SAP*-Infrastruktur, *SAP*-SOA-Strategien und Innovationen; Studium der Technischen Informatik an der *Universität Kassel*.

KEUPER, FRANK: Prof. Dr. rer. pol. habil., Dipl.-Kfm., geb. 1966, Inhaber des Lehrstuhls für Betriebswirtschaftslehre, insbesondere Konvergenz- und Medienmanagement (www.konvergenz-management.com) an der *School of Management and Innovation* der *Steinbeis-Hochschule Berlin*, Herausgeber und Geschäftsführer der betriebswirtschaftlichen Fachzeitschrift „Business+Innovation – Steinbeis Executive Magazin", Geschäftsführer und Akademischer Leiter des Sales & Service Research Center Hamburg an der *Steinbeis-Hochschule Berlin* (Förderer: *Telekom Shop Vertriebsgesellschaft mbH*) sowie der *T-Mobile* Business School T-Vertrieb, Gastprofessor u. a. an der *Universität Tai'an* (Provinz Shandong/China), diverse Dozenturen an europäischen Hochschulen, Assoziierter Partner bei *inRESTRUCT* – ein Mitglied der *iKnowledge Group*. 10/2002–08/2004 Vertretungsprofessur für Betriebswirtschaftslehre, insb. Risikomanagement und Controlling, Fachbereich Rechts- und Wirtschaftswissenschaft der *Johannes Gutenberg-Universität Mainz*. Promotion und Habilitation an der *Universität Hamburg* sowie Studium an der *Westfälischen Wilhelms-Universität zu Münster*. Arbeits- und Forschungsgebiete: Investitions- und Finanzierungstheorie, Planungs- und Entscheidungstheorie, Produktion, Medienmanagement, Kostenmanagement, Strategisches Management, Konvergenzmanagement, Kybernetik, Systemtheorie, Unternehmensplanung und -steuerung, Sales & Service Management, IT-Service Management.

KORSUKÉWITZ, CARL: Dipl.-Kfm., Industriekaufmann, geb. 1982, seit 2008 Wissenschaftlicher Mitarbeiter am Lehrstuhl für Betriebswirtschaftslehre, insb. Konvergenz- und Medienmanagement, an der *School of Management and Innovation* der *Steinbeis-Hochschule Berlin*; von 2007–2008 Mitarbeiter im Bereich Assurance bei der *ERNST & YOUNG GMBH* in Berlin; Ausbildung zum Industriekaufman bei der *DR. ING. H. C. F. PORSCHE AG* in Stuttgart.

LÖWE, NICOLAS: Dipl. Wirt.-Ing. (FH), geb. 1976, seit 2002 Mitarbeiter der *BearingPoint GmbH*, dort als Technology Architect in der *SAP* Advisory Gruppe in den Bereichen SAP NetWeaver JAVA Development, User Interface Development sowie *SAP* Business Objects Access Control tätig; weitere Schwerpunkte: Erstellung von User-Interface-Strategien und Governance-Modellen mit dem Ziel der Schaffung von ergonomischen und effizienten Unternehmensanwendungen.

MEHRTENS MATTHIAS: Dr., geb. 1967, Mitglied des Aufsichtsrates und Chief Information Officer (CIO) der *Stadtwerke Düsseldorf AG*, zertifizierter Six Sigma Master Black Belt; 2008 Wahl zu den TOP 10 CIOs des Jahres durch das CIO Magazin & Computerwoche gewählt; Promotion am Lehrstuhl für Wirtschaftsinformatik an der *Universität Paderborn*, Lehrbeauftragter für Wirtschaftsinformatik an der *Hochschule Niederrhein*; zudem Mitglied im Beirat der *Digitalen Stadt Düsseldorf e. V.*, des *Verbandes der Elektrotechnik Elektronik Informationstechnik e.V. Düsseldorf* sowie Sprecher des *Ausschusses Informationsmanagement beim Bundesverband der Energie- und Wasserwirtschaft*; Kerninteressen: Energiewirtschaft, Strategie und Innovationen.

MÖRL, SUSANNE: Dipl.-Kffr., geb. 1978, seit 2007 als Senior Consultant bei der *Siemens AG, Siemens IT-Solutions and Services*, im Bereich Methodenentwicklung und – bereitstellung tätig; insbesondere verantwortlich für die Einführung und Integration von Web-2.0-Lösungen zur Methodenbereitstellung im Outsourcing-Geschäft, zuvor verantwortlich für das Processconsulting bei *Siemens Healthcare* mit den Schwerpunkten Customer-Relationship- und Supply-Chain-Management-Prozessen, davor Tätigkeit bei *Accenture* als Consultant und Projektmanagerin bei der Einführung von *SAP* im Automotive Sektor.

PECHARDSCHECK, STEFAN: Dipl.-Wirt.-Inf., geb. 1969, Partner der *BearingPoint GmbH*, dort verantwortlich für die IT-Managementberatung von Industrieunternehmen und des Öffentlichen Sektors, zuvor bei *KPMG Consulting*; Fokussierung und langjährige europäische Projektexpertise in den Themengebieten IT-Strategie, Governance & Enterprise Architecture, IT-Sourcing, IT-Servicemanagement, IT-Innovationsmanagement und Green IT; diverse Publikationen zu diesen Themen.

PETERS, RALF: Prof. Dr. rer. pol. habil., Dipl. Vw., Dipl. Ing. Informatik, geb. 1966, Inhaber des Lehrstuhls für Wirtschaftsinformatik, insbesondere E-Business (ebusiness.wiwi.uni-halle.de), *Martin-Luther-Universität Halle Wittenberg*. Arbeits- und Forschungsgebiete: Technologien, Anwendungen und ökonomische Modellierung des E-Business; aktuelle Forschungsschwerpunkte: die Konzeption und Analyse elektronischer Märkte, die komponentenorientierte Realisierung von Anwendungssystemen im E-Business, reputationsbasiertes Rechtemanagement in Wikis, Robustheit von Reputationssystemen sowie Bietagenten und Bietstrategien in Online-Auktionen.

PIETSCH, THOMAS: Prof. Dr. rer. oec., Dipl.-Kfm., geb. 1960, seit Herbst 1997 Professor im Studiengang Wirtschaftsinformatik der *HTW Berlin* für das Fachgebiet Informations- und Geschäftsprozessmanagement (http://www.thomas-pietsch.de); davor Bereichsleiter einer Managementberatung, Unternehmensberater und Dozent bei verschiedenen Beratungsunternehmen, u. a. *GMO AG – Gesellschaft für Management und Organisation* sowie Organisator und Moderator von Top-Management-Trainings, u. a. *IMT – Institut für Management und Technologie Berlin GmbH*; zudem Autor und Herausgeber zahlreicher Aufsätze und Bücher; Jury-Vorsitzender bei der Vergabe des CIO Awards für den deutschsprachigen Raum der Zeitschrift *COMPUTERWELT* und *CONFARE* in Wien.

PURITZ, WOLFGANG: Dr. rer. pol., Dipl.-Kfm., geb. 1962, Mitarbeiter im Informationsmanagement der *RWE Power AG*, seit 1990 für den *RWE Konzern* tätig, Tätigkeitsschwerpunkte: IT-Strategie und Grundsatzfragen der IT-Architektur und der IT Governance im Informationsmanagement; aktuelle Themen: SOA und IT-Integration; Studium der Betriebswirtschaftslehre an der *RWTH Aachen*; Tätigkeit als wissenschaftlicher Mitarbeiter am Lehrstuhl für Allgemeine Volkswirtschaftslehre.

REITZENSTEIN, IVO: Dipl. Wirt.-Inf., geb. 1978, Mitarbeiter am Lehrstuhl für Wirtschaftsinformatik, insbes. E-Business (Prof. Dr. rer. pol habil. *RALF PETERS*); aktueller Forschungsschwerpunkt: Untersuchung der Robustheit von Reputationssystemen im E-Business.

RÖDER, STEFAN: MBE®, Dipl.-Bw. (BA), Bankkaufmann, geb. 1979, seit 2007 Wissenschaftlicher Mitarbeiter am Lehrstuhl für Betriebswirtschaftslehre, insb. Konvergenz- und Medienmanagement, an der *School of Management and Innovation* der *Steinbeis-Hochschule Berlin*; von 2003–2007 Vorstandsassistent und Leiter des Vorstandsstabs in der *INVESTITIONSBANK BERLIN*; Arbeits-, Lehr- und Forschungsgebiete: Strategisches Management (insb. Strategisches IT-Management), Controlling (insb. IT-Controlling), Organisation.

SCHEIDER, HENDRIK: Dipl.-Inf., geb. 1975, arbeitet seit einigen Jahren als Geschäftsprozess-Analyst mit dem Schwerpunkt Einzelhandels-IT und Transition Management, war über die Standardorganisation *NRF ARTS* an der Erstellung des „SOA-Blueprint for Retail" beteiligt und hat auf internationalen Konferenzen zu dem Thema referiert.

SCHMIDT, THOMAS: Prof. Dr. rer. pol., Dipl.-Wirtsch.-Ing., geb. 1960, Professor für Wirtschaftsinformatik insb. Betriebliche Anwendungssysteme an der *Fachhochschule Flensburg*, Gastprofessor am *Polytechnic of Namibia*, diverse Dozenturen an amerikanischen, asiatischen und europäischen Hochschulen, umfangreiche Beratungs- und Implementierungserfahrung zu betrieblichen Informationssystemen und Logistik; Arbeits- und Forschungsgebiete: Enterprise Resource Planning, Business Intelligence, Strategisches Informationsmanagement, Integrierte logistische Wertketten, Technologieentwicklung in Afrika.

SCHOLLE, BODO: Dipl. Wirtsch.-Inf., geb. 1971, Manager bei der *BearingPoint GmbH* im Bereich SAP Advisory, umfassende Beratungserfahrung in internationalen Projekten in den Bereichen IT-Strategie, Enterprise-Architektur und Unternehmens-Datenmanagement, zuvor Berater für IT-Architektur, Integration und IT Service Management im *SAP*-Umfeld bei *Deloitte*; derzeitiger Beratungsschwerpunkt: Entwicklung von Service-orientierten Unternehmensarchitekturen im *SAP*-Umfeld.

SERVAES, IVONNE: Dr. rer. oec., Dipl.-Ök., geb. 1968, seit 1998 bei den *Stadtwerken Düsseldorf AG* und dort unternehmensweit verantwortlich für die IT-Strategie und -Architektur; im Jahr 2000 Promotion an der *Gerhard-Mercator-Universität GH Duisburg* am Lehrstuhl für Wirtschaftsinformatik; zusätzlich Lehrbeauftragte u. a. an der *Hochschule Niederrhein* im Bereich Wirtschaftsinformatik; Interessensgebiete: insbesondere die Themen IT-Strategie, IT-Governance, SOA, IT-Architektur.

STEENS, CHRISTOPH: Dipl. Kfm., geb. 1972, seit 2000 Mitarbeiter der *BearingPoint GmbH*, dort als Manager für die Lösung IT-Strategy, Architecture und Governance im Bereich IT-Strategy & Transformation verantwortlich; Schwerpunkte der langjährigen IT-Management-Beratungstätigkeit im nationalen und internationalen Umfeld: Strategieentwicklung, Organisations- und Prozessoptimierung, Steuerungs- und Risikomanagement sowie SAP Business Objects Governance, Risk & Compliance.

STENGER, HANS-JÜRGEN: Dipl. Math., geb 1955, Principal Consultant und Methodology Architect bei der *Siemens AG, IT Solutions and Services*; verantwortlich für Strukturen, Lifecycle und Bereitstellung unternehmensweit genutzter Methoden; 1984 tätig als Systementwickler im Bereich Datenbanken bei *Siemens*; ab 1989 Product Manager für Prolog- und C++ Systeme; Teilnahme an Esprit-Projekten und 1993 Mitgründer der *Prolog Management Group*; seit 1996 beim Methodenteam als Business Consultant und Coach für die Phasen Vision & Strategie und Architektur; nach halbjährigem Aufenthalt in den USA Leitung zahlreicher Methodenentwicklungen; derzeitiger Arbeitsschwerpunkt: Erschließung von Web-2.0-Elementen für die Methodennutzung.

TREFFERT, JÜRGEN: Prof. Dr. rer. pol., Dipl.-Kfm., geb. 1951, seit 17 Jahren Professor für Wirtschaftsinformatik an der *Dualen Hochschule BW Lörrach*, zudem Leiter des „Steinbeis Transferzentrum ManagementCockpIT – SOA- und Open Source Zentrum für Geschäftsanwendungen", weiterhin Gründer sowie Präsident des „Steinbeis Transferzentrums IT-BusinessConsulting" und Initiator und Partner des „S-BOSI Steinbeis Business Open Source Institute", das sich mit der sukzessiven Umstellung von Geschäftsanwendungen auf SOA-Open-Source beschäftigt; einschlägige Praxiserfahrungen u. a. als Hauptabteilungsleiter DV-ORG eines Handels-Großkonzerns, als Leiter ORG-DV eines international ausgerichteten mittelständischen Unternehmens und als internationaler Consultant in einem renommierten, weltweit tätigen Consulting-Haus; fachliche Schwerpunkte: „Business Applications" (ERP-, CRM-, Collaborations-, Büroautomations- und Wissensmanagement-Systeme); aufbauend auf umfangreichen Erfahrungen mit professionellen Closed-licence-Produkten in den letzten Jahren verstärkte Fokussierung auf den Einsatz von Web-2.0-basierter Software (auch auf Open-Source-Basis) in Unternehmen; darüber hinaus verantwortlich für eine Reihe von Fach-Events zur Unternehmenspraxis.

UNKEL, PETER: Dr. rer. nat., geb. 1955, Leiter Informationsmanagement bei der *RWE Power AG*, Mitglied im IT-Governance Board des *RWE Konzerns*; nach dem Studium der Physik am Institut für Angewandte Physik der *Universität Bonn* im Jahr 1985 Eintritt in den *RWE-Konzern* und hier u. a. für die Entwicklung und den Betrieb von IT-Anwendungen sowie die Leitung unternehmensübergreifender Projekte verantwortlich, Aufbau des Informationsmanagements mit Gründung der *RWE Systems IT* in 2000, Übernahme der Leitung für *RWE Rheinbraun* und ab 2003 für *RWE Power*; heutige Tätigkeitsschwerpunkte: IT-Governance, IT-Demand-Management und IT-Service-/Projekt-Management.

VERWAAYEN, ERIC: Dipl. Kfm., geb. 1966, seit 1997 bei der *BearingPoint GmbH*, dort als Partner im Bereich SAP Advisory Services u. a. verantwortlich für das Thema Master Data Management; langjährige und internationale Erfahrung aus business-nahen und strategischen *SAP*-Projekten; verantwortete in den letzten Jahren zahlreiche Kundenprojekte von der Konzeption bis zur Realisation in verschiedenen Branchen, Fokusthemen: Services von der Strategie bis zur Umsetzung, Innovationsmanagement rund um *SAP*-nahe Themen.

VOLLMER, MARCELL: Dr. rer. pol., Dipl.-Kfm., geb. 1970, Vice President Global Finance Projects *SAP AG*; davor bei *DHL Express* als Manager für mehrere Integrationsprojekte, u. a. Zentralisierung der Customer-Service-Center-Standorte, Sales Force Europa und Payroll Deutschland tätig; Unternehmensberater und Projektleiter für eine Call-Center-Zentralisierung (NRW) und ein Telesales Center (Niedersachsen); bis 2000 Geschäftsführer einer selbst gegründeten Transportfirma sowie eines Buchversandhandels.

WESTERHOFF, THOMAS: Dr. math, Dipl.-Math., geb. 1956, Leiter Operations Strategy and Methodologies bei *Siemens AG, Siemens IT-Solutions and Services*; zuvor Leiter strategische Geschäftsentwicklung Outsourcing bei *Siemens Business Services GmbH & Co. OHG*; seit 1995 in der IT-Service Industrie in verschiedenen leitenden Funktionen in Marketing und Strategie, davor in der SW-Entwicklung für Themen der künstlichen Intelligenz und grafischer Benutzeroberflächen bei *Nixdorf Computer AG* sowie als Leiter Business Development Server Systeme in Schweden bei *Siemens Nixdorf Informationssysteme GmbH* tätig; Arbeitsschwerpunkte: Erarbeitung und Umsetzung von Geschäftsstrategien für Service Unternehmen, insbesondere für alle Arten von Betreibergeschäften; Autor und Referent zu den Fachthemen IT-Oursourcing, IT-Services und Strategie.

WILHELM, UWE: Dipl.-Kfm. t.o. der *Universität Stuttgart*, geb. 1963, seit 2008 Senior Manager bei der *BearingPoint GmbH* in Stuttgart mit Fokus auf strategische *SAP*-Beratung; zuvor berufliche Stationen bei *SAP* in Deutschland und in Schweden als Director Consulting *SAP* Nordic, Partner bei *Arthur Andersen Business Consulting* Nordic, Tätigkeit bei der *PerformNet AG*, Basel, und der *SAPERION AG*, Berlin; Fokusthemen: Business- und IT-Strategie im nationalen und globalen Kontext, Methodenentwicklung & Tools (AcceleratedSAP®, BearingPoint Advisory Navigator) sowie Business Process Optimization.

ZACHARIAS, ROGER: Dipl.-Inf., geb. 1977, seit mehreren Jahren in der IT als Architekt und Enterprise-Architekt in unterschiedlichen Umfeldern tätig; aktuell für eine unternehmensweite SOA-Initiative verantwortlich; Erfahrungsschwerpunkte: in den Bereichen IT-Strategie, IT-Governance, Business-IT-Alignment, Produktlinien-Engineering und Architekturmanagement.

Stichwortverzeichnis

A
Anwendungsarchitektur 35, 36 ff., 46, 53, 59, 64, 74, 131, 134
Arbeitsorganisation 446 f., 448 f., 450, 456

B
Business Case 65, 102 ff., 106 ff.
Business Case Team 111 ff.
Business-IT-Alignment 69, 74, 423, 439, 440
Business-IT-Transformation 219 ff., 223 ff., 225 ff.
Business Process Management (BPM) 129, 130, 135 ff., 143 f., 148 ff., 152 f., 350, 434 f., 435
Business-Process-Management-Methodik 152 ff.
Business Process Outsourcing (BPO) 407, 411
Business Suite 134 f., 152, 184 f., 195, 198, 220, 221

C
Chief Information Business Officer (CIBO) 395
Chief Information Officer (CIO) 46, 84, 332, 366 f., 379, 380 ff., 382 f., 386 f.
CIO Award 381
Chief Technology Officer (CTO) 380
Cloud Computing 235, 236 ff., 244 f., 250, 364, 426
CoE-Governance-Modell 325 ff., 328 ff.
CxO-Konzept 380

D
Data Governance 270 f.
Digital Firm 203, 205 f., 206 ff.
duale Funktion 462 f.

E
Effektivität 5, 7, 223 ff., 226, 229, 249, 257 ff., 262, 264 f., 274, 297, 328, 359, 361, 391, 424, 434
Effizienz 5, 7, 223 ff., 226, 229, 257 ff., 262, 264 f., 274, 297, 328, 359, 361, 391, 424, 434
Energieerzeugung 48, 53
Energiewirtschaft 25, 26, 28, 32 f., 48
Enterprise 2.0 377 ff., 451 f., 456, 461, 463 ff.
Enterprise Architecture Management (EAM) 59, 69 f., 73, 74 f., 108, 109
Enterprise-Portal 181 ff.
Enterprise Resource Planning (ERP) 12 f., 15, 20, 26, 32, 43, 55, 59, 62 f., 67, 135, 139 f., 143 f., 182, 184 f., 206, 219, 220, 242, 246, 248 f., 360, 418, 419, 431, 436
ERP-Strategy 229
Enterprise Service Bus (ESB) 65, 121, 192, 195, 196, 197 f.

F
Flexibilität 15 ff., 32, 47, 54, 79, 84, 131, 134, 136, 138, 149, 154, 160, 170, 175, 176, 206, 211, 223, 229, 235, 245, 263 ff., 274, 279 f., 281, 284, 288, 291, 297 f., 306 ff., 323, 331, 346, 348, 430, 432 f., 436
Flexibilitätspotenzial 262, 263 ff., 267

G
Geschäftsprozess 5, 10, 11 ff., 15, 18, 20, 25, 29 f., 32, 34 f., 41, 47, 54, 56, 57f., 59, 63, 65, 66, 70, 72, 74 f., 79, 88, 93, 100, 108, 116, 119, 129 ff., 133, 134 ff., 136 ff., 149 ff., 152 ff., 167, 173, 182, 186 f., 190 ff., 197, 203, 205 f., 207 ff., 210 ff., 220, 222 f., 227, 230, 246, 248, 251, 269, 279 f., 282 f., 286, 287, 288 f., 290, 291, 319, 322, 324 f., 362, 370, 384 f., 386, 387, 388, 391 f.,

401, 407, 410 f., 414, 424 f., 431, 432 f., 434, 435 f., 440
Geschäftsprozessmanagement 106, 129 ff., 152 ff.
Geschäftsprozessmodellierung 89 f., 92, 94
Governance 27, 29, 114, 121, 154, 160, 162, 170 f., 177, 229, 268, 273, 295 ff., 317 ff.
Green IT 359, 363 f., 364 ff., 71, 419

I
iGRC Cockpit 332 ff.
Informationsmanagement 26, 28, 30, 66, 380, 384, 387, 391, 394, 425, 463
Information as a Service (IaaS) 288 ff.
Integrierte Informationssysteme 5, 11, 17 f., 20
Issue Management 505
IT-Architektur 26, 32 ff., 34 f., 36, 53, 59 f., 64, 67, 69 f., 73, 74, 208, 239, 273, 368, 449
IT-Bebauungsplan 69 ff.
IT-Controlling 243, 359 ff.
IT-Governance 29, 30 f., 317 ff., 382, 393, 405, 417 f., 434
IT Infrastructure Library (ITIL) 31, 204, 210 ff., 241, 279, 321, 324, 326, 361, 410
IT-Management 26, 260, 359, 360
IT-Outsourcing 361, 362, 407
IT-Produktportfolio 241 ff., 250
IT-Service 60 f., 204 ff., 206 ff., 210 ff., 213 f., 214, 238, 241, 260, 404, 406, 411, 445
IT-Servicemanagement 60 f., 204 ff., 206 ff., 210 ff., 213 f., 214, 410
IT-Strategie 25, 26 ff., 31 ff., 70, 73, 74, 120, 150, 219 f., 225 f., 230, 259 ff., 321, 322, 331, 359, 360, 361, 364, 369, 371, 382, 388, 393, 410, 418, 429

K
Kollaborationsdiagramm 87, 89
Krisenkommunikation 473 ff.

L
Lemons Market 427

M
Make-or-Buy-Entscheidung 297, 298, 302, 382, 402 ff., 406, 420
Manipulation 290, 475, 479, 482 ff.
Master Data Lifecycle Management 270 ff.
Master Data Management 255, 256 ff., 262 ff., 277 ff.
Master-Data-Management-Kreislauf (strategischer) 265 ff.
Medienmanipulation 489
Meldewesen 340 ff., 354
Meldewesenfabrik 342 ff., 349 ff., 352 ff., 354
Methods 2.0 453 ff.
Modelling 73, 84

N
Nachhaltigkeit in der IT 359, 370

P
Portal 47, 134, 137 ff., 419
Portlet 186 ff., 193 f.
Private Cloud Computing 245, 250
Produktivität 6, 8 f., 85, 94, 122 f., 129 ff., 132, 136, 148, 203, 206 f., 339, 384, 432, 436, 465
Produktivitätsparadoxon 7
Produktivitätsstrategie 27
Public Relations 480, 502

R
Real Options Theory 306 ff.
Reputation 459 ff.
Reputationssysteme 459 ff.
robuste Reputationssysteme 467

S
Service Level Agreement (SLA) 349 f., 361, 403, 404 ff., 415 ff.

Service-orientierte Architektur (SOA)
   18 f., 19, 26, 31, 47, 53 ff., 60 ff., 65 f.,
   68 f., 69, 131, 132 f., 134 ff., 137, 140,
   142, 144, 159, 160, 162, 168, 170,
   175, 176, 177 f., 190, 208, 221, 255,
   262, 267 f., 273, 279, 285, 287, 343,
   346, 351, 432, 434, 435, 440
SOA-Einführung 92 ff., 101, 102, 107,
   109 f., 110, 111, 121, 122
SOA-Enterprise-Portale 179 ff.
SOA-Governance 120, 136 f., 154
SOA-Kosten 120 ff.
SOA-Nutzen 114 ff.
Social Software 181, 450 ff., 453 ff., 455
Stakeholder-Analyse 111, 123
Stammdaten-Management 253 ff., 280,
   281, 287 ff., 291
Systemarchitektur 15, 17, 18, 28, 32, 41,
   45 f., 208, 281, 327, 431, 434

T

Transformation 5, 17, 53, 162, 217 ff.,
   274, 388, 423 f., 437 ff.
Transaktionskostentheorie 303 ff.

V

Vertrauen 388, 461, 462, 470, 477, 480,
   487, 502
Virtualisierung 16, 44, 47, 208, 212, 236,
   238, 363, 369, 271, 426, 445

W

Web 2.0 184, 197, 451, 461, 464, 467,
   469

Mehr wissen – weiter kommen
↗

Ein sich immer schneller vollziehender Wandel und Innovationen rufen die Notwendigkeit hervor, das in Organisationen vorhandene Wissen vollständig aufzudecken, zu bewerten, zwischen den Mitarbeitern zu verbreiten und für sie zugänglich zu speichern sowie weiterzuentwickeln. Unmengen von Informationen machen Entscheidungsprozesse in Unternehmen komplexer und zeitaufwändiger. Langwierige Entscheidungen aber stellen einen Wettbewerbsnachteil für Unternehmen dar. Das Wissens- und Informationsmanagement ist deshalb ein wichtiger Hebel für den unternehmerischen Erfolg.

Renommierte Wissenschaftler, erfahrene Führungskräfte und qualifizierte Unternehmensberater diskutieren die diversen Facetten des Wissens- und Informationsmanagements und stellen aktuelle und zukünftige Herausforderungen dar. Sie betrachten vielfältige Zukunftstrends und den ganzheitlichen Gedanken mit unterschiedlichen Schwerpunkten:

- Organisatorische Aspekte
- Informationstechnologische Aspekte
- Strategische und wertmäßige Aspekte

Prof. Dr. Frank Keuper ist Inhaber des Lehrstuhls für Betriebswirtschaftslehre, insbesondere Konvergenz- und Medienmanagement an der Steinbeis-Hochschule Berlin. Weiterhin ist er Akademischer Leiter und Geschäftsführer des Sales & Service Research Center, dessen Förderer die Telekom Shop Vertriebsgesellschaft mbH ist.

Fritz Neumann ist Managing Director im Bereich Commercial Services, Leiter der Competence Group Finance Excellence.

Frank Keuper / Fritz Neumann (Hrsg.)
Wissens- und Informationsmanagement
Strategien, Organisation und Prozesse
2009, XV, 638 S.
Geb., EUR 59,90
ISBN 978-3-8349-0937-4

Änderungen vorbehalten. Stand: Oktober 2009.
Erhältlich im Buchhandel oder beim Verlag
Gabler Verlag . Abraham-Lincoln-Str. 46 . 65189 Wiesbaden . www.gabler.de

GABLER

Mehr wissen – weiter kommen
↗

Finance Transformation transformiert latente Unternehmensperformance in wahrnehmbaren Unternehmenserfolg.

Renommierte Wissenschaftler, erfahrene Führungskräfte und Unternehmensberater diskutieren Strategien, Konzepte und Instrumente der Finance Transformation, um sämtliche Unternehmensbereiche über alle Hierarchie-Ebenen auf eine nachhaltige und wertorientierte Unternehmensführung und -steuerung auszurichten. Die Autoren analysieren die Barrieren beim Transformationsprozess und geben Einblick in einen effektiven, effizienten und nachhaltigen Einsatz der begleitenden und unterstützenden Maßnahmen. Dabei bedient man sich vier generischer Enabler als Bestandteil der Finance Transformation:

- Organisationsmanagement,
- Merger & Acquisition Management,
- Risiko- und Finanzmanagement,
- Treasury und Controlling.

Prof. Dr. Frank Keuper ist Inhaber des Lehrstuhls für Betriebswirtschaftslehre, insbesondere Konvergenz- und Medienmanagement an der Steinbeis-Hochschule Berlin. Weiterhin ist er Akademischer Leiter und Geschäftsführer des Sales & Service Research Center, dessen Förderer die T-Punkt Vertriebsgesellschaft mbH ist. Fritz Neumann ist Managing Director im Bereich Commercial Services, Leiter der Competence Group Finance Excellence.

Frank Keuper / Fritz Neumann (Hrsg.)
Finance Transformation
Strategien, Konzepte und Instrumente
2008, XIV, 393 S.
Geb., EUR 64,90
ISBN 978-3-8349-0562-8

Änderungen vorbehalten. Stand: Oktober 2009.
Erhältlich im Buchhandel oder beim Verlag
Gabler Verlag . Abraham-Lincoln-Str. 46 . 65189 Wiesbaden . www.gabler.de

GABLER

SUCHEN IST WOANDERS.

Wählen Sie aus dem umfassenden und aktuellen Fachprogramm und sparen Sie dabei wertvolle Zeit.

Sie suchen eine Lösung für ein fachliches Problem? Warum im Labyrinth der 1000 Möglichkeiten herumirren? Profitieren Sie von der geballten Kompetenz des führenden Wirtschaftsverlages und sparen Sie Zeit! Leseproben und Autoreninformationen erleichtern Ihnen die richtige Entscheidung. Bestellen Sie direkt und ohne Umwege bei uns. Willkommen bei **gabler.de**

www.gabler.de

Kompetenz in Sachen Wirtschaft

GABLER